VICTIM JUSTICE

피해자사법

이윤호 ㅣ 이승욱

박영사

머리말

　"피해자사법", 누군가에겐 무슨 뜬금없는 소리인가 고개를 갸우뚱거릴 수도 있을 것이다. 그처럼 우리에게 "피해자사법"이란 낯설기만 하기 때문일 것이다. 이유는 지금까지의 사법제도가 전통적으로 가해자를 중심으로 이루어졌고, 그래서 그 이름조차도 가해자인 범죄자를 뜻하는 "'CRIMINAL' Justice", 즉 범죄자정의, 범죄자사법을 의미하는 '형사사법'이었기 때문이다. 안타깝게도 문제는 절대다수의 피해자가 오로지 그 시간과 그 장소에 있었다는 이유 하나만으로 온갖 범죄의 희생자가 된 완전히 무고한 피해자임에도 사법제도에서 아무런 지위도, 역할도, 권리도, 보호와 지원도 없는 완전히 잊힌 존재에 지나지 않는다는 것이다. 범죄가 국가에 대한 해악이고, 따라서 사법제도는 국가와 피의자 사이의 적대적 대심제도로 운영되어 왔기 때문이다.

　그러나 범죄가 과연 국가에 대한 해악만일까. 대다수 범죄는 오히려 개인과 개인의 갈등으로서, 사인이 사인에 대한 해악임에도 국가를 대표하는 검사가 피해자를 대신하여 사법 절차를 진행한다. 여기에는 어디에도 피해자가 설 자리는 없다. 여기에 더하여 가해자는 상당 수준의 권리가 헌법을 비롯한 온갖 법률로 보호되고 보장되지만 아무런 잘못도 없는 완전히 무고한 피해자의 권리는 아직도 걸음마 단계에 지나지 않는다. 피의자를 위한 '권리 장전'은 있어도 우리에겐 '피해자 권리 장전'은 없다. 아무리 양보해도, 상식적으로 무고한 피해자의 권리, 지원, 보호가 가해자인 피의자의 그것들보다 강하거나 적어도 그보다 못하지는 않아야 하지 않을까. 그리고, 사법제도의 궁극적 목표는 과연 무엇이어야 할까. 억제, 교화 개선, 무능력화, 응보? 사법제도가 사법 정의의 구현과 실현이 목표이고, 죄에 상응한 처벌이라는 사법 정의가 실현될지는 모르지만, 피해자의 피해는 전혀 회복되지 않지 않는가. 그럼에도 우리는 과연 사법 정의가 실현되었다고 할 수 있는가. 당연히 피해자의 입장에서는 가해자에 대한 죄에 상응한 처벌도 중요하지만, 범죄로 인한 피해가 완전하게 회복되어야만 사법 정의가 실현되는 것이 아닐까.

　그렇다면, 당연히 우리의 사법제도는 지금까지의 범죄자, 가해자를 중심으로 가해자를 지향하는 '범죄자사법'이 아니라 피해자를 중심으로 피해자를 지향하는 '피해자사법'이 되어야 마땅하지 않을까. 더 이상 완전히 무고한 피해자마저도 아무런 권리도 제대로 보장받지 못한 채, 잊힌 존재(Forgotten Being)가 아니라 사법제도의 주체로 자리매김해야 한다는 저자의 소박한 바람과 주장을 이 책 "피해자사법"에 오롯이 담아 보았다. 아마도 이런 시도가 우리 학계에서도 처음이고 저자의 한계로 여러 가지 부족한 부분이 있겠지만, 앞으로 지속적으로 보완하겠다는 약속을 드린다. 언제나처럼 본서의 출판을 맡아준 박영사 임직원 여러분, 특히 편집자 여러분께 감사드리고, 공동으로 작업한 아들이자 미국의 Texas A&M 대학교 이승욱 교수, 그리고 언제나 든든한 뒷배가 되어주는 가족 모두에게 감사한다.

2024년 7월 북촌 언덕의 고려사이버대학교 연구실에서
대표 저자 이윤호 씀

목차

Chapter 10   피해자 권리의 이해   314

Chapter 11   피해자-지향 사법으로서 회복적 사법   356

Chapter 12　범죄 피해 방지를 위한 피해자화 예방　406
(Victimization Prevention)

형사사법제도의 심장,
범죄 피해자

CHAPTER

01

우리는 지금 폭력에 대한 대응을 국가가 독점하는 매우 조직화된 사회에 살고 있다. 누군가가 망치로 공격을 당해도, 그는 자신을 때린 사람을 망치로 공격할 수 있게 허락되지 않는다. 그의 분노와 절망은 처음에는 경찰, 이어서 검찰, 그리고 법원이라는 일종의 상비군, 대리인에 의해서 간접적으로만 표현되어야 한다. 즉, 검찰을 통한 대리인에 의한 복수이다. 더욱 심각한 것은, 누군가를 망치로 공격했던 사람은 변호사라는 도우미를 자기 곁에 둘 수 있지만, 망치로 공격을 당한 피해자는 자신과 자신을 공격한 가해자 사이의 연극의 주연이 아니라 기껏해야 증인에 불과한 대우를 받는 것이다. 이처럼 대단히 조직화된 사회에서, 우리는 더 많은 경찰, 검찰, 판사, 교도관 그리고 모든 부류의 고객과 재소자 등 시민 행위에 대한 국가통제를 위한 기관과 제도와 사람의 엄청난 성장을 목격하고 있다. 이는 사회 갈등을 더욱 비인간화, 비인격화하는 거대한 과정이다. 그런 와중에서도 범법자는 이 엄청난 기계, 조직의 중앙, 중심에 서 있지만, 범죄의 피해자로 간주되는 사람은 문지방에서 기다리며 언론을 통하여 무슨 일이 어떻게 벌어지고 있는지 알게 되는 남겨진, 소외된 사람이다.[1]

　범법자 권리와 존엄성의 보호는 현대 형사사법제도 도입과 설치를 가져다주었던 고전주의 범죄학파의 발전으로부터 기인한다. 이는 다시 범법자에 대한 인권적 접근으로 구성되는 범죄사회학파의 개선, 개혁이론의 출현으로 더욱 발전하였다. 이 이론에 따르면, 범법자는 국가가 먹이고, 입히고, 재워야 하는 사회의 피해자로 간주된다. 이러한 인권적 접근에 기인하여, 피의자는 평등과 평등한 법의 보호를 받을 권리를 비롯한 상상 이상의 다양한 각종 권리를 누릴 특권을 가진다. 현행 형사사법제도의 정책에 의하면, 피해자의 이익은 사회의 이익에 종속되고, 형사사법제도의 역할은 개인주의적 근거에서 피해자에게 배상하고 범법자를 법정에 세워서 처벌하거나 교화, 개선시키기보다는 오히려 전체로서의 사회에 도움을 주는 것이다. 이러한 정책이 피해자를 사법제도로부터 멀어지게 밀어내고, 피해자는 사법제도에서 잊힌 사람이 된다는 것이다. 관습적이고 전통적인 형사사법 모형인 현재의 대심제도는 범죄 피해자를 단순

1　N. Christie, "Victim movements at a crossroad," Punishment and Society, 2010, 12(2): 115-122

히 한 사람의 증인으로밖에 취급하지 않는다.

범죄의 역사는 인류의 역사만큼이나 오래다. 범죄는 피해자와 사회에 대한 잘못된 행동이다. 인류사회는 눈에는 눈, 이에는 이라는 오랜 응보의 이론으로 부터 진화해 왔다. 문명화의 진전과 함께, 범죄는 더 이상 개인에 대한 범행이 아니라, 사회 전체에 대한 범행으로 간주되었고, 국가 스스로 범법자 처벌에 나섰다. 형사사법제도는 사회의 근본 규범을 방해하는 범법자에 의한 의도적인 침해에 대항하여 피해자와 기관의 이익을 보호하는 것을 목표로 한다. 피해자의 서로 다른 이익과 관심을 보호하기 위한 방식은 법의 비난을 받는 사람에 대한 처벌을 담보하는 것이다. 피의자는 사법제도라는 기계장치, 조직이 결백한, 무고한 사람을 억압하지 않는 것을 확실히 하기 위한 어떤 권리와 특권이 주어진다. 이처럼 기존 형사사법제도는 범법자, 그의 행위, 그의 권리, 그리고 그의 교정에 더 관심을 갖는다. 이에 반하여, 형법의 개시자인 피해자는 형사사법제도에서 가장 신경을 적게 쓰는 사람이다. 그가 사법제도에 참여하는 것은 기소의 개시자로서, 그리고 검찰이 원한다면 증인으로서 최소한의 수준에 머무른다. 피해자는 범죄자에 대한 사법 절차와 진행의 참여자도 아니고, 형사 기소와 소추에 대한 지시자도 아니다. 심지어 법조차도 제한된 정도를 제외하고는 고통받는 손상이나 해악에 대한 배상이나 보상의 방식으로 어떠한 안도나 구호도 제공하지 않는다. 이런 현실을 인식하고, 1985년 UN 총회는 피해자의 이익을 보호하기 위한 최소 규칙을 규정할 것을 요구하는 "범죄와 권력 남용 피해자를 위한 정의의 기본원칙(Basic Principles of Justice for Victims of Crime and Abuse of Power)"을 선포하였다. 이 원칙은 피해자 권리의 4가지 주요 요소로서 정의와 공정한 처우에의 접근, 보상, 배상, 그리고 지원을 들었다.[2]

범죄학자나 피해자학자들은 권능 강화, 또는 무력화라는 측면에서 피해자를 확인하는데, 이들은 피해자가 형사소추, 기소와 형벌을 통제하는 국가의 지배에 의한 형사사법에의 참여 권리를 박탈당한 것으로 주장한다. 일반적으로 현대 형사사법제도에서의 피해자의 역할을 비판하는 시각에서는 피해자가 법률

---

2 A. Jain and A. Singh, "Victim-oriented criminal justice system: Need of the hour," Indian Bar Review, 2017, 44(3): 125-137

상 특정한 권한과 권리가 없다고 보는 것이다. 이들의 주된 주장은 현대의 피해자는 형사사법이 사회적이고 공적인 권한을 추구하는 과정을 규제하는 데 있어서 국가의 지배적인 역할로 인하여 침묵하게 되었다는 것이다. 피해자학은 피해자의 정통적 권리와 권한을 박탈당하였음을 지적하고 있는 것이다. 그럼에도 불구하고, 국가는 피해자를 대신한 지배적, 독점적 역할과 권한으로도 범죄 문제의 해결에 그리 성공적이지 못하였다. 이러한 국가의 한계는 곧 새롭고 혁신적인 범죄 통제 정책을 필요로 하게 되었고, 이들 혁신적인 새로운 정책은 국가를 범죄 통제의 유일한 위치로 보지 않았던 것이다.3

고전주의 범죄학은 피해자의 사적 관심으로부터 개인 범죄자의 병리로 이동할 것을 제안한다. 이들은 특정한 사회 환경, 조건이 일탈 행위를 조장할 개연성이 높은 것으로 파악한다. 예를 들어, 범죄 원인론으로서 긴장 이론(Strain theory)은 사회를 범죄성이 형성되고 규정되는 기초, 근거로 제시한다. 이들은 범죄와의 전쟁을 수행하는 제도로 국가에 분명하게 자격을 부여하였다. 범죄 위협이 피해자가 다룰 수 있었던 과거 어떤 것을 가지는 것으로 간주되는 것을 고려한다면 국가가 적절한 개입 세력이라고 규정되었다. 이론 범죄학에서도 국가가 피해자의 형사사법에의 참여 능력, 권한을 제한하는 방식을 검증함으로써 현대 피해자의 곤경을 비판하려고 하였다. 피해자학이라는 학문적 측면에서는 피해자의 이익을 지배하는 중앙집중화된 세력의 원천으로 파악되었다. 국가가 피해자의 법원과 재판에의 접근을 제한하는 세력으로 파악되는 것이다.4

형사사법제도가 맞이한 새로운 밀레니엄은 피해자를 위하여 형사사법제도를 다시 균형 잡으려는 약속과 혁신적 개혁에 우선순위를 두는 것이었다. 형사사법제도에서 범법자와 피해자가 권리와 역할과 지위에 있어서 균형을 바로잡아야 한다는 것이다. 이런 변화 추세의 결과는 피해자가 범죄, 범죄 감축, 그리고 예방에 관련되는 정책에 나타나는 중요한 요소가 되었고, 또한 형사사법제

---

3 D. Garland, "The birth of the welfare sanction," British Journal of Law and Society, 1981, 8(1): 29-45; D. Garland, "The limits of sovereign state," The British Journal of Criminology, 1996, 36(4): 445-471

4 T. Kirchengast, The Victim in Criminal Law and Justice, New York: McMillan, 2006, p. 13

도의 성공을 결정하거나, 또는 범법자에 대한 일부 진전을 정당화하기 위한 요소로 활용되기에 이르렀다. 물론, 과거에는 피해자가 종종 형사사법제도의 "잊힌 사람(Forgotten man)", "전문가의 눈에 비치지도 보이지도 않는, 없는 사람(the Non-person in the eyes of the professional participants), 형법의 신데렐라(Cinderella of the criminal law)" 정도로 기술되곤 하였다는 것은 주지의 사실이다. 피해자에 대한 부적절한, 부당한 대우와 처우, 피해자를 경시하거나 완전히 무시하는 그러한 경향과 추세가 이들 표현과 기술에서 고스란히 나타나고 있다. 다행스럽게도 그러나 최근에 들면서 그와 같은 피해자의 낮은 지위는 극적으로 전환되었고, 피해자는 형사사법 단계의 핵심 선수요 행위자로 받아들여졌다. 알려진 바대로, 범법자가 지나치게 오래 중심을 차지해왔음에 따라, 정부도 피해자를 위한 서비스를 향상하고 지위를 증진하기 위한 노력을 게을리하지 않았다. 그 결과는 당연히 의심할 여지도 없이 피해자가 더 존중되고, 더 인정받고, 더 존엄성으로 처우가 되고 대우를 받게 되고, 피해자의 필요, 요구와 권리는 형사사법제도에 필수적이며, 그러한 것들을 처리하고 이루기 위해서는 근본적인 것으로 간주되고 있다.[5]

그럼에도 불구하고, 그러나 학문적으로, 정책적으로 제안된 것과 실제로 실현되는 것은 차이가 있으며, 때로는 일부 모순과 반박도 없지 않다는 주장도 제기되곤 한다. 결과적으로, 피해자는 아직도 중심이 아니라 주변부에 있어 주변부화(Marginalized)된 그대로이고, 적절한 고려를 받지 못하고 있다는 것이다. 이유는 지금까지의 제안들이 피해자 권리나 치료에 있어서 유형적 이익과 영향을 별로 제공하지 못하였고, 실질적 특성보다는 오히려 수사학적이었다고 비판하고 있다. 마찬가지로, 형사사법제도가 피해자에게는 너무나 복잡하고, 익숙하지 못하고, 관료제적이어서 그 중심에 피해자를 두려는 계획을 실현하는 데 어려움을 초래할 수 있다는 것이다. 두말할 필요도 없이, 피해자-지향의

5　J. Shapland, J. Willmore and P. Duff, Victims in the Criminal Justice System, Aldershot: Gower Publishing Company Limited, 1985, p. 1; P. Rock, "Victims, prosecutors and the State in the nineteenth century England and Wales," Criminal Justice, 2004, 4(4): 331-354, p. 331; R. Mawby and S. Walklate, Critical Victimology, London: Sage Publications, 1994, p.58; J. Bednarova, "The heart of the criminal justice system: A critical analysis of the victim," Internet Journal of Criminology, 2011, www.internetjournalofcriminology.com, 2024. 1. 15 검색

의제는 대중들의 마음을 끌 개연성은 있으며, 따라서 정치적으로 투표권자들에게 영향을 미칠 가능성도 높다. 당연히 대중에게 호소력이 있을 피해자-지향 의제들이 법률로 제정될 수 있지만, 그것이 집행되지 않을 수도 있다는 것이다.6

---

6 J. Jackson, "Justice for all: Putting victims at the heart of criminal justice/" Journal of Law and Society, 2003, 30(2): 309-326; B. Williams, Working with Victims oif Crime: Policies, Politics and Practice, London: Jessica Kingsley Publishers Ltd., 1999, p. 13

법률 위반과 사법 정의

범죄와 사법 정의에 대한
두 가지 심리학적 개념

 ## 1. 범죄에 대한 두 가지 시각

사람들이 법률 위반에 대한 대응에 동기를 부여하는 다양한 목표가 있지만, 일반적으로 법률 위반에 대한 어떠한 대응이라도 장래 법률 준수를 담보한다는 의미에서의 행동통제와 다른 말로는 일방적이라고 할 수 있는 응보보다 선호되는 용어인 정의 회복(Justice restoration)이라는 두 가지 목적을 가진다는 것이다. 당연히 이 두 가지 목적은 형벌적인 수단과 건설적인 수단이라는 서로 다른 수단으로 추구될 수 있는 목적이라고 한다. 행위통제(Behavior control)를 위해서는, 범법자에 대한 특별 억제와 일반 대중에 대한 일반 억제라는 두 가지 억제(Deterrence)와 범법자를 구금함으로써, 구금되어 있는 동안 더 이상 범행을 할 수 없도록 범법자의 범죄 수행 능력을 박탈하는 무능력화(Incapacitation)는 분명히 형벌적인 수단으로서, 범법자는 일방적으로 처벌되거나 자유를 박탈당하는 것이다. 이와는 대조적으로, 범법자에 대한 재교육이나 훈련과 치료 등의 처우를 통한 교화와 개선(Rehabilitation)은 범법자와 피해자 두 당사자가 모두 함께 협력하는 행위통제를 향한 보다 건설적인 수단이라고 할 수 있다.[7]

---

7 N. Vidmar and D. T. Miller, "Sociopsychological processes underlying attitudes toward legal punishment," Law and Society review, 1980, 14: 565-602; De Keijser at al., op cit.; Wenzel et al., op cit.

반면, 정의의 회복은 정의감과 도덕 질서의 재정립을 목표로 하지만, 이 목표도 형벌적이거나 건설적인 수단을 취할 수 있다고 한다. 우선, 단순한 일방적인 형벌의 부과로 정의가 재건될 수 있다. 이 경우를 두고 우리는 일반적으로 응보적 정의, 응보적 사법 또는 당위적 공과(Just desert)의 개념으로 이해하고 있다. 누군가가 보편적으로 허용될 수 없는 방식으로 사회 규율을 위반하여 사회에 해악을 끼치면, 정의의 균형이 깨지는 것이고, 그 개인에 대한 제재가 이 깨어진 균형을 회복시킨다는 것이다. 즉, 응보적 정의에 있어서, 형벌 그 자체 또는 형벌이 범법자에게 가하는 고통과 수모, 수치, 망신이 정의를 회복시킨다는 것이다. 사회 구성원이 수용한 규율을 위반하고 도덕적 균형을 깼기에 처벌되는 것이 마땅하며, 이 깨진 정의의 회복을 위해서 형벌이 필요하고 충분한 것으로 간주되며, 당연히 형벌은 범법자에게 일방적으로 부과되고, 따라서 범법자는 형벌에 동의하거나 참회나 후회도 보일 필요가 없게 되는 것이다.[8]

이와는 대조적으로, 회복적 사법은 정의를 회복하기 위한 보다 건설적 형태라고 할 수 있는데, 여기서는 범행을 관련 당사자들 사이의 상호작용에서 해결될 필요가 있는 피해자, 범법자 그리고 지역사회 사이의 갈등으로 이해하기 때문이다. 피해자와 범법자 양 당사자는 범법자에게는 적정하게 알맞은 형벌과 피해자에 대한 배상에 대해서 양자 간에 쌍무적으로 함께 결정하는 것이다. 이와 같은 맥락에서, 법률 위반 이후 건설적인 형태의 정의 회복으로서 회복적 사법의 주요 쟁점은 범행이 초래한 해악과 범행이 위반한 공유된 가치를 되찾는 것이라고 한다. 범행으로 침해된 상응한 원칙과 가치가 사회적 합의를 통하여 재건되고, 다시 정당화될 때 정의가 회복된다는 것이다.[9]

---

8   K. M. Carlsmith, J. M. Darley, and P. H. Robinson, "Why do we punish? Deterrence and just desert as motives for punishment," Journal of Personality & Social Psychology, 2002, 83: 284-299; J. Darley, "Just punishments: Research on retributional justice," in M. Ross and D. T. Miller(eds.), The Justice Motive in Everyday Life, New York: Cambridge University Press, 2002, pp. 314-333

9   L. Walgrave, "Restorative justice for juveniles: Just a technique or a fully fledged alternative?" The Howard Journal of Criminal Justice, 1995, 34: 228-249; L. W. Sherman, H. Strang, C. Angel, D. Woods, G. C. barnes, S. Bennett, and N. Inkpen, "Effects of face-to-face restorative justice on victims of crime in four random- ized, controlled trials," Journal of Experimental Criminology, 2005, 1: 367-395

📃 2. 범죄의 상징적 함의

이름하여, 범죄 또는 법률 위반이라고 하는 행위는 한편으로는 지위/권력에 대한 위협이지만, 다른 한편으로는 공유 가치에 대한 위협으로 간주된다고 한다. 먼저, 범법자는 규율이나 법률의 위반을 통하여 피해자와 광의의 지역사회에서 자신을 다른 사람들 위에 두고 권력을 가지는 우월한 지위를 맡는다는 것이다. 범법자들은 피해자와 그들의 권리를 존중하지 않고, 지역사회와 지역사회의 법률을 존중하지 않고, 그로 인하여 치욕스러움을 느끼는 피해자와 지역사회를 얕보고, 그래서 영향력, 역량이 약해졌다고 느끼게 되는 피해자와 지역사회를 약취, 약탈, 이용한다는 것이다. 이런 견지에서, 범죄, 법률 위반의 한 가지 중요한 상징적 의미는 함축된 지위/권력이라는 것이다.[10]

심리학에서도 범죄와 위법 행위의 상징적 함의를 권력/지위의 측면에서 강조하는데, 피해자들은 자신에게 적용된 권력/지위를 불법적이고 부당하다고 여길 때 해악이나 손상에 대한 대응으로 자신의 자아상과 명예를 회복하기 위하여 복수를 추구한다는 것이다. 보복이 자신의 자아상과 명예를 회복하기 위한 피해자의 시도라는 것이다. 요약하자면, 범죄는 실제가 아니라면 적어도 상징적으로 범법자의 권력과 지위의 침해, 찬탈, 그리고 피해자와 지역사회의 지위 강등과 역량 약화를 함축하고 있다는 것이다. 이런 관점에서 범죄에 대한 대응은 범법자로부터 권력과 지위를 빼앗고, 지역사회와 피해자의 권력과 지위가 다시 효력을 발휘하게 함으로써 권력과 지위를 회복하는 시도라는 것이다.[11]

한편, 위에서도 언급한 것처럼, 범죄는 관련 지역사회에서 범법자와 피해자가 구성원의 자격을 공유하기 때문에 둘 사이에 공유되는 것으로 기대되는 가치의 위반으로도 해석되고 있다. 이러한 공유된 가치의 의도적인 침해, 위반은 범법자가 가치를 의심하고, 가치의 정당성에 도전하고, 또는 그 가치에 정당성

---

10 N. Vidmar, "Retribution and revenge," in J. Sanders and V. L. Hamilton(eds.), Handbook of Justice Research in Law, New York: Kluwer/Plenum, 2000, pp. 31-63;

11 D. T. Miller, "Disrespect and experience of injustice," Annual Review of Psychology, 2001, 52: 527-553; Vidmar, op cit.

을 부여하는 합의, 동의를 약화시킨다는 것을 함축하고 있다. 범행은 사회집단을 함께 엮는 가치와 규율의 올바름(Correctedness), 즉 규율의 도덕적 본성, 특성에 대한 지역사회의 합의에 대한 위협이라는 것이다. 범죄가 관련 사회 공동체의 실질적인 정체성을 규정하는 가치에 대한 도전으로 간주될 수 있음에 따라, 범죄에 대한 대응은 이들 가치의 정당성을 회복시키고 재확인하는 것을 목표로 할 수도 있다고 한다.[12]

---

12 Vidmar, 2000, op cit.; Wenzel, 2008, op cit.

전통적 형사사법과 범죄 피해자

1. 적대적 형사사법제도에서의 피해자

적대적 특성의 전통적 형사사법제도는 최근까지도 범죄 피해자에 대한 보다 현저한 위치, 설 자리를 찾는 데 어려움을 겪고 있다. 이는 피해자와 사법제도에 의미가 있지만, 피해자에게 일정 범위의 참여를 허용하나 국가가 지역사회를 대신하여 공적 기소를 행하는 적대적 절차의 특성을 근본적으로 재편하지 않는 방향으로 피해자의 역할을 찾는 도전이었다. 사법제도의 중요한 핵심 단계마다 피해자에게 개입하는 데에 대해 아무런 제한을 받지 않는 자유를 허용하는 것은 국가-주도 기소제도의 기본적 원리를 약화시키는 것이지만, 반대로 형사사법제도가 피해자에게는 눈을 감은 채 범법자를 기소하고 처벌한다면 그 또한 궁극적으로 침몰하고 말 것이라는 우려이다. 그러나 여기에 더하여 피해자와 지역사회 구성원들이 피해자의 이익이 사법제도에 의하여 빈번하게 주변부화(Marginalized)된다는 것을 잘 알기 때문에 사법제도와 절차에의 참여에 별로 매력을 느끼지 못하고 있다는 것도 사실이다. 이는 궁극적으로 피해자 참여의 정당성에 대한 의문으로 이어지기 마련이다. 이런 의문에 대한 답은 바로 피해자에 대한 적절한 처우라고 할 수 있다. 그러나 적절한 처우를 제공할지라도 범죄 피해자가 배제된다면 여전히 완전한 정당성을 결하는 것이라고 할 수 있다. 형사사법제도에서 완전한 정당성을 확보하는 중심적인 관점은 절차적 정당성을 통해서라는 것은 널리 인정받고 있는 사실이다. 절차적 정의의

한 가지 요건은 모든 사건 관련자가 과정에 있어서 자신의 이야기, 의견을 투입, 개진할 수 있는 기회를 가져야한다는 것이다. 물론 그렇다고 피해자가 언제나 어디서나, 무엇이나 말 할 수 있는 제한받지 않는 참여 권리를 준다면, 이는 '법의 지배'라는 정당성의 또 다른 근원과 충돌하게 된다. 만약 사법제도가 범법자에게 불균형적인, 지나친 형벌의 부과와 같은 피해자의 요구를 들어준다면 공정성에서 나오는 정당성은 사라질 것이고, 만약에 사법제도가 전혀 들어주지 않는다면 피해자들은 자신의 참여 권리는 법률제도를 불신하게 하는 무의미한 엉터리, 가짜라고 주장할 것이다. 바로 여기에 처치 곤란함이 자리하고 있는 것이다.[13]

2. 전통적 사법제도와 피해자 지위와 역할

앞에서 강조한 것처럼 과연 범죄 피해자의 지위가 형사사법제도의 중심에 있는 심장부인가? 이를 검증하려면, 피해자와 피의자의 관계, 피해자의 권리, 형사 절차와 피해자 관련 법률에 있어서 피해자 참여를 고려해야만 가능해진다고 한다. 피해자는 종종 형사소송에서 증인으로 기능하며, 피해자에 대한 상당한 관심은 바로 증인으로서의 그들에게 주어진다는 점을 알아야 할 필요가 있다고 한다.

피해자는 비록 단지 극히 작은 소수만이지만 그래도 형사사법제도가 범죄에 관심을 두게 하는 데 핵심적이라고 할 수 있다. 사건을 신고하는 데서 시작하여, 경찰을 비롯한 사법 기관에 협조하고, 범법자의 신원을 파악, 확인하고, 증인으로서 증거를 제공하도록 요구받는다. 이처럼 중요한 그들의 가치에도 불구하고, 피해자, 범법자, 그리고 형사소송의 관계는 문제가 있는 경향이 있

---

13 R. Paternoster, R. Brame, R. Bachanan, and L. W. Sherman, "Do fair procedures matter? The effect of procedural justice on spouse assault," Law and Society Review, 1997, 31(1): 163-204; T. H. Tyler, "Procedural justice, legitimacy and the effective rule of law," in M. Tonry(ed.), Crime and Justice: A Review of Research, Chicago: University of Chicago Press, 30: 283-357

다고 한다. 이런 문제가 생기는 가장 처음의, 그리고 가장 중요한 핵심 이유
는 범죄를 사회에 대한 잘못(a wrong against society)으로 개념화한다는 점이다.
범죄가 사회에 대한 잘못으로 규정된다면 당연히 개별, 개인 피해자의 요구는
어떠한 중요성도 수반하지 못한다. 이에 더하여, 재판이 국가(검찰로 대표되는)
와 피의자 간의 싸움, 경쟁으로 인식되고, 반대심문이 강력하게 강조되는 사법
의 대립적, 변론적 특성도 피해자 필요와 요구와는 충돌하고 모순되기 마련인
것이다. 당연히 재판은 적과 역경, 패배와 승리, 승자와 패자가 함축되어 있으
며, 이는 곧 궁극적인 목표가 사건을 이기는 것이기 때문에 진실의 발견은 긴
급성이 덜 할 수밖에 없다는 것이다. 당연히 그러한 접근은 피해자에 대해서
충분히 사려깊지 못하고, 둔감할 수 있는 것이다. 실제로 사법제도의 이러한
적대적, 변론적 특성은 공격적인 반대심문이나 굴욕적인 처우와 같은 몇 가지
관점을 수반하게 되고, 이는 쉽게 피해자가 방치되고, 재-피해를 당하고, 불만
족하며, 전형적이고 편견적인 시각으로 판단되도록 하는 결과를 초래한다. 보
편적으로 피해자에게 피해자라는 지위가 완전하게 인정되기 위해서는 어떤 방
식으로 행동할 것이 기대되곤 한다. 특히 성폭력이나 강간에 있어서 소위 '피
해자다움'을 언급하는 것이 좋은 예라고 할 수 있을 것이다. 이런 것들이 바
로 형사사법 전문가들의 전통적 문화와 의견과 상관이 있다는 것이다. 이와는
달리, 규문주의(Inqusitorial system)는 일정 범위의 구두, 진술 증거와 서류증거에
의존하고, 당연히 피해자를 더 잘 수용할 수 있다고 한다.[14]

　피해자와 전통적 형사사법의 또 다른 논쟁은 범법자와 공정한 재판을 받을
범법자의 권리에 대한 형사사법의 일차적 선점, 몰두에 자리하고 있다. 무고한
사람에 대한 유죄 확정이라는 오심을 피하려고 의도된 적법 절차의 권리를 통
하여 피의자에게 필요한 보호가 보장되고 있다. 만약 피해자의 이익이 비합리
적으로 우선시된다면 피의자 권리의 침식, 약화를 초래하는 위험에 놓일 수
있다는 것이다. 피해자 이익이 피의자 이익과 충돌한다고 가정하는 견해, 시각
은 주목할 만한 것이다. 문제는 피해자의 권리와 피의자의 권리가 같은 권리

---

14 C. Pollard, "Victims and the criminal justice system: A new vision," Criminal Law
　　Review, 2000, PP. 5-17; L. Ellison and V. Munro, "Turning mirrors into windows?
　　Assessing the impact of (mock) juror education in rape trials," British Journal of
　　Criminology, 2009, 49(3): 363-383

를 놓고 경쟁하는 '제로-섬(zero-sum)'인가 여부이다. 그러나 대체로 피해자와 피의자의 권리는 서로 다른 것이어서 제로섬이 아니며, 따라서 양자의 권리가 동시에 향상될 수 있다고 한다. 피의자의 권리를 낮추어야 피해자의 권리가 높아지는 것이 아니라 낮은 피해자의 권리를 높임으로써 균형을 맞추자는 것이라고 한다. 물론 한편에서는 피해자의 이익과 권리에 지나치게 초점을 맞춤으로써 오심이 일어날 확률도 증대될 수 있다는 우려도 없지 않은데, 지나치면 사법제도에 의해서 보호되어야 할 무고한 시민이 사법제도의 피해자가 될 수 있다는 것이다. 또한, 피의자 권리를 박탈한다고 피해자에게 더 나은 사법이 전달된다는 보장도 없다. 그래서 이런 논쟁에서, 범법자를 여전히 존중하는 방식으로 피해자의 이익을 증진하는 것이 중요하다는 것이다.15

사실, 피해자와 범법자의 관계를 둘러싼 논쟁은 재판에서의 피해자의 지위, 위치와 피해자 권리에 밀접하게 관련된다고 한다. 검찰과 변호인만이 소송 절차에 임하는 두 당사자이기 때문에, 피해자는 어떠한 공식적인 지위도 주어지지 않는다. 피해자의 참여가 피의자의 적법 절차의 권리를 방해할 수 있기에 피해자가 참여할 어떠한 권리도 없는 것이다. 더구나 피해자 참여는 전통적 방식의 양형에 일치하지 않고, '당위적 응보, 공과(Just Desert)'나 비례성과 객관성의 원리를 제한, 위반하는 것으로 간주된다. 분명히 전통적 사법의 적대적, 변론주의적 특성이 제3자를 수용할 준비가 되어 있지 않다는 것이다. 양형 결정은 합리성과 일관성을 확인하는 것으로, 사적 이익이 아니라 공공의 이익으로 이루어진다는 것이다. 이런 측면들을 고려한다면, 피해자를 형사사법의 중심으로 만드는 목적을 위해서는 피해자-중심의 사법 모형이 더 적절하다고 할 수 있다는 것이다.16

역사적 관점에서만 보면, 피해자가 소송 절차에서 배제된 단순히 수동적인

---

15 H. Fenwick, "Rights of victims in the criminal justice system: Rhetoric or reality?" Criminal Law Review, 1995, pp. 845-853; J. Jackson, "Justice for all: Putting victims at the heart of criminal justice?" Journal of Law and Society, 2003, 30(2): 309-326; I. Edwards, "An ambiguous participant: The crime victim and criminal justice decision-making," British Journal of Criminology, 2004, 44(6): 967-982

16 J. Doak, R. Henham and B. Mitchell, "Victims and sentencing process: Developing participatory rights?" Legal Studies, 2009, 29(4): 651-677; I. Edwards, "The place of victims' preferences in the sentencing of 'their' offender," Criminal Law Review, 2002, pp. 689-702

참여자가 아니라 분쟁을 해결하는 데 있어서 적극적, 능동적인 위치를 가졌었다고 한다. 개별 피해자가 범법자를 기소할 책임이 있었고, 보상의 권리도 있었다고 한다. 사적 개인이 자신의 갈등을 판단하는 데 합류하는 변호인이 없는 절차가 진행되기도 했다는 것이다. 피해자가 범법자를 위협할 수 있는 사적 보복의 시대도 있었다고 한다. 그러나 기소하는 것은 지배적으로 부자들이나 가용했던 돈, 시간, 불편함이라는 비용을 필요로 하였다. 경찰력과 검찰권의 설치, 사법제도의 개혁, 형벌 특성의 변화 등에 따라, 피해자의 역할은 훨씬 덜 중요하게 되었다. 기소 역할은 공익이라는 이름으로 국가에게로 넘겨지고, 이는 곧 피해자의 위치와 피해자에 대한 기대에 엄청난 영향을 미쳤다. 분쟁은 사법제도의 전문가들에게 도둑을 당하고, 피해자는 자신의 사건에 참여도 상실하고, 소송 절차의 주변부로 밀려나고 만 것이다. 이제 피해자를 사법제도로 되돌려보내고, 거기에서 자신의 목소리를 가질 수 있어야 한다는 것이다.[17]

피해자 참여와 권리의 증진이라는 측면에서, 제도 자체를 개혁하기보다는 오히려 자연적으로 논란의 여지가 있지만 소송 절차에 일정 유형의 피해자 진술, 견해를 제공하는 다른 수단이 전개되었다. 대표적으로, 피해자들이 자신의 감정을 표현하고, 정보를 제공하고, 양형에 있어서 자문을 제공하거나 통제력을 가짐으로써 기여할 수 있게 된 것이다. 물론 어떠한 권한이 피해자에게 주어져야 하는지 의견의 불일치도 있으며, 피해자가 갖게 되는 더 영향력 있는 역할에 대해서 제기된 우려도 없지 않았다. 그 밖에도, 피해자 목소리가 더 커질수록 안도라기보다는 오히려 피해자에게 더 큰 부담을 줄 수 있다는 경고도 없지 않았다. 그럼에도, 전통적인 증인 진술에 더하여 피해자의 개인적 진술이 피해자로 하여금 범죄가 자신에게 어떤 영향을 미쳤는지에 관한 지적을 할 수 있도록 했던 것이다. 분명히 논란도 있었겠지만 이런 진전은 사법 정의가 향상되거나, 피해자에게 자신의 권능이 강화되고 지식이 증대되었다는 느낌을 갖게 한다거나, 치료적 이익과 존중받는 처우를 포함하는 다수의 이익, 이점을 피해자에게 가져다 주었다는 것이다. 더구나 피해자 영향 진술(Victim Impact Statement)은 보완적 정보를 제공하고, 죄에 알맞은 양형에 도달할 수 있

---

17 Fenwick, 1997, op cit.

도록 도움을 주고, 피해자가 협조하도록 권장하며, 사법제도에 대한 신뢰와 만족을 증대시킨다는 것이다. 그러나 전통적 사법제도의 적대적 특성은 피해자가 의사결정에 아무런 영향력을 미치지 못하기 때문에 절대적인 영향력은 미치지 않을 수도 있다. 그래도 피해자 진술이 안고 있는 한 가지 단점은 반론이 있을 수 있는 진실함과 범법자에 대한 공정성에 자리하고 있다.[18]

---

18 Edwards, 2004, op cit.; A. Ashworth, "Victim impact statement and sentencing," Criminal Law Review, 1993, pp. 498-509; Erez, 2000, op cit.

SECTION 3

법률 위반, 사법 정의, 그리고 회복적 사법

 ## 1. 회복적 사법 운동

범죄의 정확한 특성이 무엇이건, 그 피해자는 생명, 재산, 존중 등 자신에게 주어진 것으로 고려되는 무언가를 박탈당할 뿐 아니라, 합의된 규율, 법률, 또는 규범도 위반되는 것이다. 심지어 피해자가 상실하였던 것을 피해자에게 되돌려주고, 피해자에게 가해진 해악을 무효화해도 규율 위반이 있었다는 사실은 그대로 남는다. 만약 범죄가 의도적이었고 비난받아 마땅하다면 그 자체가 피해자와 관망자 그리고 아마도 가해자까지도 피해자 손실의 배상 이상으로 다루어져야 한다고 느끼는 부정의(Injustice)인 것이다. 형사사법제도에서 부정의를 다루는 주요 수단은 형벌이다. 형벌이 가해지면 일단은 정의가 실현된 것으로 종종 간주되는 것이다. 물론 이와 같이 정의를 추구하는 것만이 형벌의 유일한 목표는 아니다. 형벌에 대한 정당성은 대체로 더 쉽게 말하자면 무능력화(Incapacitation), 억제(Deterrence), 또는 교화 개선(Rehabilitation)을 통한 범행의 재발을 줄이려는 행동 통제의 동기를 가진 공리성에 바탕한 결과주의와 지은 죄에 상응한 처벌은 당연한 것이라는 사법 정의의 회복이라는 응보주의 정당성으로 구분되고 있다.[19]

---

19 M. Wenzel, T. G. Okimoto, N. T. Feather, and M. J. Platow, "Retributive abd restorative justice," Law and Human Behavior, 2008, 32: 375-389; J. W. De Keijser, R. van der Leeden, and J. L. Jackson, "From moral theory to penal attitudes and back: A theoretically integrated modeling approach," Behavioral Science & the

최근 들면서 그러나 범법자에 대한 처벌, 형벌이 범죄 발생 후 사법 정의를 회복하는 데 충분하다거나 또는 심지어 필요하다는 기존 형사사법제도 저변의 가정에 도전하는 운동이 일기 시작하였는데, 바로 피해자사법, 대표적으로 회복적 사법이 운동의 상징 또는 결과라고 할 수 있다. 과거 응보적 사법 정의에서 범죄가 국가와 범법자 사이의 갈등으로 다루어지던 것을 이제는 범법자, 피해자, 그리고 각자의 지역사회 공동체가 해결하도록 되돌려줄 필요가 있는 갈등으로 간주하기 시작한 것이다. 이를 실무적으로 푼다면, 범죄로 영향을 받은 관련 당사자들이 사법 과정에 직접적으로 참여하는 것이다. 물론 여기서도 형벌이 회복적 사법의 한 부분일 수도 있고 실제로 종종 그러하기도 하지만 그것이 핵심적, 중심적인 것은 아니다. 적정한 회복적 사법의 핵심은 처벌이 아니라 피해자를 치유하고, 손상을 원상태로 돌리고, 범법자의 도덕적이고 사회적인 자신을 교화하고 개선함으로써 범법자를 치유하고, 지역사회를 치유하고 사회관계를 수정하는 치유를 강조하는 숙고의 과정이다.[20]

범죄는 국가의 영역으로 간주되기 때문에, 피해자와 범법자는 자기편 이야기를 제시하고, 자신의 감정을 표하며, 자신에게 중요한 질문과 답변을 하고, 사죄를 하거나 용서를 하는 것으로 당사자들의 역할이 제한되어 있다. 이러한 법원-기초의 사법제도에 대한 좌절에서 1990년대부터 회복적 사법으로 보다 실용적으로 개념화되었다. 핵심 내용으로는, 범행은 당연히 국가가 아닌 피해자와 범법자 사이의 갈등으로 간주되어야 하고, 이 두 당사자가 범죄의 해결에도 참여해야 한다는 것이다. 범행을 갈등으로 이해하는 것이 바로 회복적 사법의 지배적 동기이다. 특정한 범행에 이해관계가 있는 당사자들이 범행의 여파를 어떻게 처리하고 장래에 대한 함의를 집합적으로 해결하기 위해서 함께하는 과정으로 규정되는 데서 알 수 있다. 물론 부정의의 결과에 관한 비지배적 대화로 모든 이해 당사자를 함께 모으는 절차적 요소 이상으로, 회복

Law, 2002, 20(4): 317-335

20 G. Bazemore, "Restorative justice and earned redemption: Communities, victims, and offender reintegration," American Behavioral Science, 1998, 41: 768-813; J. Braithwaite, "Restorative justice: Assessing optimistic and pessimistic accounts," in M. Tonry(ed.), Crime and Justice: A Review of Research,vol, 25, Chicago: University of Chicago Press, 1999, pp. 1-27; N. Christie, "Conflicts as property," British Journal of Criminology, 1977, 17: 1-15

적 사법은 처벌보다는 치유를 더 강조하는 특유의 가치의 틀도 가지고 있다. 물론 회복적 사법이 범법자의 처벌도 내포하고 있지만, 구금과 같이 범법자에게 단순히 고통을 가하는 것의 대안으로서, 보다 건설적인 형벌을 권장한다. 회복적 사법은 범법자로 하여금 피해자나 때로는 그 가족을 위하여 금전적 배상(Monetary Restitution)과 같이 무언가를 하고, 사회봉사명령(Community Service Order)으로 지역사회에 봉사하거나, 수강명령(Attendance Center Order)으로 교육 프로그램에 참여하도록 의무를 지우고 있다는 점에서 건설적이고 의미가 있다는 것이다.[21]

2. 응보적 사법과 회복적 사법의 범죄에 대한 상징적 함의의 구현

응보적 사법은 범법자가 받아 마땅하다고 믿어지는 것과 일관되고 일치되는 형벌을 범법자에게 일방적으로 부과하는 것을 통한 정의의 재건이며, 그와 같은 대응으로도 범죄가 방해를 한 지위/권력관계를 회복하는 데 충분할 수 있다는 것이다. 여기서 일방적 형벌(unilateral punishment)이란 범법자가 자신의 의지에 반한 고통을 감내해야 한다는 것을 의미한다. 형벌의 부가는 사법 정의라는 이름으로는 범법자가 무력하다는 것을 뜻하고, 고통은 그들의 지위가 낮아졌음을 의미한다. 일방적 형벌에서는 범법자가 형벌로 설득될 필요도 없고, 후회하거나 죄책을 가질 필요도 없다. 만약 범법자가 형벌을 자신이 초래한 무언가로, 마땅히 받아야 할 것으로 받아들인다면 형벌은 자기 스스로 부과한

---

21 J. Baithwaite, Restorative Justice and Responsive Regulation, New York: Oxford University Press, 2002, p. 12; J. Braithwaite and H. Strang, "Introduction: Restorative justice and civil society," in H. Strang and J. Braithwaite(eds.), Restorative Justice and Civil Society, Cambridge: Cambridge University Press, 2001, pp. 1-13.
N. Vidmar and D. T. Miller, "Sociopsychological processes underlying attitudes toward legal punishment," Law and Society review, 1980, 14: 565-602; De Keijser at al., op cit.
N. Vidmar, "Retribution and revenge," in J. Sanders and V. L. Hamilton(eds.), Handbook of Justice Research in Law, New York: Kluwer/Plenum, 2000, pp. 31-63; D. T. Miller, "Disrespect and experience of injustice," Annual Review of Psychology, 2001, 52: 527-553.

것으로 고려될 수도 있고, 형벌의 권력/지위 감축 효과는 중화될 수도 있다고 한다. 만약 범죄가 주로 범법자에 의한 권력의 강탈과 피해자와 지역사회의 굴욕, 수치로 간주된다면, 범법자에 대한 형벌의 부과는 피해자와 지역사회의 권력을 회복하고 보여주는 수단, 도구가 될 수 있다는 것이다.[22]

이와는 대조적으로, 회복적 사법은 범죄로 침해된, 위반된 가치를 재확인함으로써 새로운 가치 일치를 통하여 사법 정의를 재건하는 것이다. 만약에 범죄가 주로 관련 지역사회에서 공유되는 것으로 추정되는 가치의 위반, 의심 또는 손상으로 간주된다면, 범죄를 중단시키는 가장 효과적인 것은 이들 가치를 범법자가 다시 확인, 지지하도록 하는 것이다. 즉, 범법자를 지역사회, 공동체의 합의된 가치를 다시 가지도록 하라는 것이다. 사실 범법자가 후회하고 사죄하는 형식으로 공유된 가치를 재확인, 재보증하도록 하는 것이 처음부터 내내 더 잘 알고 있었던 옳음에 대하여 설교하는 것보다 그러한 가치의 정당화, 타당화에 더 크게 기여한다는 것이다. 회복적 사법은 당사자들이 동등한 소리와 상호 존중의 과정인 대화에 참여시킴으로써, 범법자로 하여금 당사자 간의 합의를 재확인하는 것을 지향하여 자신의 행동에 대한 책임을 지고 사죄하도록 권장하는 것이다. 바로 이런 점에서 회복적 사법은 주로 가치의 함의라는 측면에서 간주되는 범죄에 대한 효과적인 대응이라는 것이다.[23]

일반적으로는 그래서 범죄를 지위와 권력에 대한 위협으로 해석하는 것은 응보적 사법 개념의 선호로 이어지고, 반면에 공유된 가치의 침해, 위반으로 해석하는 것은 회복적 사법의 선호로 이어진다는 것이다. 그러나 위에서도 언급했듯이, 응보적 사법의 일환으로서 형벌이 가치를 회복하는 데도 봉사할 수 있으며, 범죄를 공유 가치의 위반, 침해로 보는 회복적 사법의 일환인 배상이나 사죄가 지위/권력의 회복에도 기여할 수 있어서 약간은 복잡할 수도 있다고 한다.[24]

---

22 Wenzel et al., op cit.
23 Vidmar, 2000, op cit.; Sherman et al., 2005, op cit.; Wenzel et al., 2008, op cit.
24 Webzel et al., 2008, op cit.

3. 응보, 회복 그리고 절차적 정의 이상의 피해자 관점

형사사법제도에 있어서 피해자의 곤경이나 역경에 대한 관심이 점증하고 있다. 70년대, 불행하게도 어쩌면 현재까지도, 형사사법의 잊힌 당사자로부터 피해자의 지위, 위치가 조금씩 발판을 마련해가고 있다. 학자들은 유럽 연합이 2012년에 채택한 「범죄 피해자의 권리, 지원 그리고 보호에 관한 최소 기준」이 이런 추세의 이정표라고 입을 모은다. 이런 추세 속에서, 최근 피해자들이 결과를 어떻게 인식하고 받아들이는지 그 차원을 이해하려는 노력들이 이루어져 왔는데, 과거에는 결과에 대한 피해자의 관점이 보복과 응보 또는 전적으로 배상과 동일시되었지만, 현재는 상징적이고 덜 형벌적인 회복의 역할도 인식, 인정되고 있다는 것이다. 그런데 이러한 유력한, 영향력이 있는 견해, 관점은 사법절차의 결과에 대한 피해자의 관점이 응보적 정의와 가치 회복이라는 두 가지 차원의 기능임을 암시하는 것이라고 한다.25

1) 피해자화(Victimization)와 사회적 판단의 양대 기초: 독자성(Agency) 과 융화성(Communion)

독자성과 융화성이란 두 가지 기본적인 주제의 차원이 자신, 타인, 사회집단, 그리고 문화에 대한 판단의 저변에 깔려있다고 한다. 융화성은 사회적 관련성(relatedness), 온기와 따뜻함, 표현력 그리고 친화력 또는 소속감에 관련된 것이라면, 독자성은 개인적 노력, 역량, 권력 그리고 수단 또는 도구성에 관련된다고 한다. 그런데 범죄와 범죄에 대한 대응을 포함한 인간의 행위도 이 두 가지 기초적 동기에서 이해할 수 있다고 한다.26

25 A. Pemberton, P. G. M. Arten, and E. Mulder, "Beyond retribution, restoration and procedural justice: The Big Two of communion and agency in victims' perspectives on justice," Psychology, Crime & Law, 2017, 23(7): 682-698

26 A. E. Abele and B. Wojciszke, "Agency and communion from the perspective of self versus others," Journal of Personality and Social Psychology, 2007, 93(5): 751-763; L. M. Horowitz, K. R. Wilson, B. Turan, P. Zolotsev, M. J. Constantino,

소외감, 오해, 거부감과 같은 융화성에 대한 위협은 투시되거나 이해되고 연결되고 받아들여지게 하는 융화적 동기를 활성화시키고, 반면에 무능하고, 열등하고, 또는 무력하다는 느낌, 감정과 같은 독자성에 대한 위협은 유능하고, 뿌듯하고, 권한을 부여받았다고 느끼고 싶은 독자적 동기를 증대시키는 경향이 있다고 한다. 범죄 피해자화와 관련하여, 독자성 차원에서는 범행 후 피해자들은 일반적으로 무력함과 통제력의 상실과 역량, 지위 그리고 명예의 상실감을 경험하는 것으로 알려지고 있다. 그러나 융화성 차원에서는 융화적 동기에 대한 장애는 피해자보다는 오히려 범법자가 주로 경험하는 것이라는 주장이 제기되기도 하지만, 실제 대부분의 문헌은 이와는 반대로, 범죄 피해자의 경험의 핵심 요소는 다른 사람들과의 융화감에 대한 손상에 자리하고 있다는 것이다.[27]

다른 사람에 대한 융화성의 손상은 글자 그대로여서, 범법자가 근친, 가족, 친구나 이웃 등일 경우, 범죄 피해자화의 결과로 기존의 관계는 더 나빠지거나 고난을 겪을 개연성이 높게 된다는 것이다. 피해자는 다른 사람들과 대표 기관에 대한 신뢰를 잃게 되는데, 만약 그들에 대한 당국의 처우가 많은 것을 필요로 할 때 더욱 그렇다고 한다. 융화성에 대한 영향은 또한 통일성과 일체감에 대한 보다 상징적인 문제에 더 관심을 가진다. 공유 가치에 대한 피해자화의 영향이 핵심 쟁점인 것이다. 범죄 그 자체가 정치적 공동체가 스스로를 법이 지배하는 정치적 조직체로 규정한 바 가치를 위반, 침해했다는 데서 공적 위법 행위 또는 공공 권리 침해로 이해될 수 있다는 것이다. 범행은 규율

and L. Henderson, "How interpersonal motives clarify the meaning of inter-personal behavior: A revised circumplex model," Personality and Social Psychology Review, 2006, 10(1): 67-86; D. P. McAdams, "The psychological self as actor, agent,and author," Perspectives on Psychological Science, 2013, 8(3): 272-295; D. P. McAdams and J. L. Pals, "A new Big Five: Fundamental principles for and integrative science of personality," American psychologist, 2006, 61(3): 204-217; D. P. McAdams, B. J. E. D. Mansfield, and R. day, "Themes of agency and communion in significant autobiographical scenes," Journal of Personality, 1996, 64(2): 339-377

27 I. Simantov-Nachlieli, N. Shnabel, and A. Nadler, "Individuals' and grous' motiva-tion to restore their impaired identity dimensions following conflict: Evidence and implications," Social Psychology, 2013, 44(2): 129-137; K. D. Locke, "Agentic and communal social motives," Social and Personality Psychology Compass, 2015, 9(10): 525-538

의 올바름, 즉 도덕적 본성에 관한 지역사회 합의, 그래서 사회집단을 함께 엮는 가치에 대한 위협이며, 따라서 피해자 자신은 물론이고 피해자가 속한 지역사회, 공동체 사회에 관한 무언가를 말해주고 있다고 할 수 있을 것이다. 사회의 기능에 핵심적인 규범과 가치에 대한 침해, 위반으로서 범죄는 당연히 이들 가치와 규범에 대한 도전인 것이다.[28]

2) 응보와 회복

위에서도 언급했듯이, 범죄 피해자 입장에서의 정의의 필요성은 한편으로는 피해자의 응보적 정의의 필요성의 근원이 되는 피해자의 지위와 권력에의 도전으로서, 그리고 다른 한편으로는 범법자와 피해자가 지역사회, 공동체 내에서 공유하는 가치에 의문을 제기하여, 이름하여 가치 회복을 지향하는 필요성이라는 두 가지 차원에서 가장 잘 검토된다. 전통적으로 오로지 범법자 처벌의 엄중성만이 피해자와 지역사회에 문제가 된다는 견해는 범법자에게 비-응보적 대응의 필요성을 제기하는 가치에 대한 관심과 우려로 철저한 검토가 필요해졌다고 한다.

범법자에 대한 어떠한 반응이나 대응의 결여가 정의가 회복될 수 없다는 것을 의미하는가, 그렇다면 이 경우 가치 회복 기능만이 가능하다는 것을 함축하는 것으로 이해되어야 하는가? 위의 양대 관점에서 바라보면, 응보는 지위와 존중의 손상에 대한 반응으로서, 그리고 따라서 독자성의 관심에 기인하는 것으로 이해될 수 있고, 이와 유사하게 가치 회복은 융화성에 기초한 동기의 한 예라고 할 수 있는 사회 핵심 규범의 침해된, 위반된 상징적, 도덕적 연결성을 바로잡는 것에 초점을 맞추는 것이다.[29] 물론, 독자성 관심과 필요성도 응보 외의 다른 수단을 통해서도 충족될 수 있고, 융화성 재건에도 가치

---

28 R. Campbell, "Rape suvivors' experiences with the legal and meical systems. Do rape victim advocates make a difference" Violence Against Women, 2006, 12(1): 30-45; R. MacMillan, "Violence and the life course: The consequences of victim-ization for personal and social development" Annual Review of Sociology, 2001, 27: 1-22; Wenzel et al., 2008, op cit.; R. A. Duff, "Restoration and retribution," in A Von Hirschi, J. V. Roberts, A. Bottoms, K. Rodach, and M. Schiff(eds.), Restorative and Criminal Justice: Competing or Reconcilable Paradigms, 2003, Oxford: hart Publishing, pp. 43-61; Vidmar, 2000, op cit.
29 Simantov-Nachlieli et al., 2013, op cit.

회복 그 이상이 있음도 분명하다는 것이다.

피해자는 독자성에 기초한 필요성과 융화성에 기초한 필요성 두 가지를 다 겪게 된다고 이해하는 것은 피해자의 사법 절차에의 참여의 복잡한 특성을 설명하는 데 도움이 될 수 있다고 한다. 응보나 가치 회복을 추구하는 것보다 오히려 피해자가 형사사법에 참여하는 것이 충족될 독자성에 기초한 동기와 융화성에 기초한 동기의 일련의 혼합을 다 함축, 내포하는 것으로 더 잘 간주되고 있다. 이런 측면을 가장 잘 보여주는 대표적인 사례가 바로 피해자 영향 진술이며(Victim Impact Statement), 이를 가장 많이 그리고 가장 잘 담아내는 것이 회복적 사법이라고 한다.[30]

3) 절차적 정의-독자성, 융화성, 절차적 정의와 범죄 피해자

피해자의 절차적 정의감에 대한 독자성과 융화성의 관련성에 관한 한 가지 핵심 열쇠는 피해자의 동기 서열, 계층에 대한 더 깊은 통찰의 중요성과도 관련된다고 한다. 문헌과 연구 결과에 따르면, 사법 절차와 과정에 대한 참여자의 판단은, 물론 항상 그렇지는 않지만, 과정-지향의 요소들이 종종 결과 관련 요소보다 더 중시되는, 과정의 특징(절차적 정의)과 과정 동안의 참여자에 대한 처우(상호작용적 정의)는 물론이고 과정의 결과(종종 분배적 정의라고 불림)를 포함하는 것으로 알려지고 있다.[31]

지난 수십 년 동안, 절차적 정의(Procedural Justice)에 대한 대부분의 연구와 이론은 피해자의 목소리, 의견이라는 측면에서 보면, 사법 과정에 대한 전적으로 독자성에 기초한 이해로부터 적어도 암묵적으로는 정의의 융화성 요소를 인정하는 것으로 이동하는 것이었다고 할 수 있을 것이다. 그러나 절차적 정의와 융화성 동기의 연계, 연관성을 더 면밀하게 들여다보면, 아직도 그다지 많은 연구가 이루어지지는 않았다고 한다. 전형적으로, 절차적 정의의 주요 요

---

30 Pemberton et al., 2017, op cit.
31 T. R. Tyler, "Enhancing police legitimacy," The Annals of the American Academy of Political and Social Science, 2003, 593: 84-99; T. R. Tyler, "Procedural justice, legitimacy, and the effective rule of law," Crime and Justice, 2003, 30: 283-357; M. S. Laxminarayan and A. Pemberton, "The interaction of criminal procedure and outcome," International Journal of Law and Psychiatry, 2014, 37: 564-571

소는 각자가 독자성에 관련된 개념으로서 사법 과정이 참여자들에게 가져다주는 목소리, 위치, 또는 존중이라는 관점에서 고려되는 것이라고 한다. 법정에서 자신의 이야기를 진술하는 것처럼, 감정을 사회적으로 공유하는 것은 그러한 에피소드가 다른 사람들과의 연계, 연결을 정립하는 하나의 수단도 되고, 그러므로 융화성에 관련된다고도 할 수 있음을 보여준다는 것이다. 법정에서 감정으로 가득한 경험을 이야기하는 것은 법정에 있는 다른 사람들과의 연결, 연계를 정립하는 시도로 보일 수 있는 반면에, 다수 피해자가 참여를 시도하면서 느끼는 좌절감은 이들 시도가 실패한 결과의 기능으로 보일 수 있다는 것이다.32

4) 소결

독자성(Agency)과 융화성(Communion)은 인간 행위의 두 가지 기본적, 기초적 차원이라고 한다. 독자성은 개인이 역량, 성취, 그리고 권력을 경험하는 것을 말하고, 융화성은 개인이 자신의 공동체 내 다른 사람들과 관계하고 협동하려는 욕구라고 한다. 범죄는 피해자의 주체 의식, 독자 의식(sense of agency)과 융화성에 대한 위협이며, 사법 정의는 이들 방해받은 차원을 회복하는 것이라고 한다. 응보와 가치 회복이 형벌에 대한 피해자의 요구, 필요성의 저변에 깔린 두 가지 동기로 고려되곤 한다. 응보와 회복을 넘어섬으로써, 피해자의 방해받은 독자감과 융화감이 바로잡힐 수 있다는 것이다.

---

32 L. J. Skitka N. S. Wisneski, "Justice theory and research: A social functionalist perspective," in J. Suls and H. Tennen(eds.), The Handbook of Psychology, Hoboken, NJ: Wiley, 2012, pp. 674-715; B. Rime, "Emotion elicits the social sharing of emotion: Theory and empirical review," Emotion Review, 2009, 1(1): 60-85; K. M. E. Lens, A. Pemberton, K. Brans, J. Braeken, and S. Bogaerts, "Delivering victim impact statement: Emotionally effective or counterproductive?" European Journal of Criminology, 2015, 12(1): 17-34

피해자의 현주소

범죄 당사자로서 피해자의 부상(Emergence)

　영국에서 범죄 정책을 책임지는 내무성은 Homepage에 한때 '범죄 피해자에 대한 관심이 우리가 하는 일의 심장부에 자리하고 있다'고 밝힌 바 있다고 한다. 미국에서도, 1981년 이래로 '전국 피해자 권리 주간(National Crime Victims' Rights Week)'을 매년 열고 있다고 한다. 피해자의 이름을 딴 Megan 법, Sarah 법, Jessica 법이란 일종의 특별법이 제정되는 것도 이런 추세와 그 궤를 같이 한다. 그러나 이러한 피해자 권리나 피해자에 대한 관심의 부상이 대중적, 학문적 지지는 받을지라도 법 이론가나 사회 이론가들은 조심스러운 입장을 취하며 피해자 권리 운동이 모두에게 환영받는 것은 아니라고 한다.[33]

　'피해자의 부상'을 보수화의 특징이라고 할 수 있는 처벌의 정도를 높이는 과정으로 보는 사람도 적지 않다는 것이다. 이를 두고, 일부에서는 "엄중성을 섬기는 피해자(Victims in the service of severity)"라고 피해자 권리 운동에 대한 우려를 표하며, 일부 피해자 운동(Victim movement)이 보다 엄중한 처벌을 위해 적극적으로 로비를 벌이고, 범법자와 피해자의 이익을 제로-섬 게임으로 병치시키며, 더 엄중한 처벌을 위한 기제(Mechanism)에 불과한 피해자 진술권을 위한 운동을 벌이고, 범법자의 악마화에 기여했다는 사실을 지적하고 있다. 여기에 더하여, 피해자의 부상이 피해자, 피해자화의 개별화(Individualization)의 한 부분이라고 우려하는 사람들도 있다고 한다. 범죄의 초점을 궁극적으로 국가와 사회보다는 개인의 몫으로 돌리게 된다는 것이다.[34]

---

33 M. Matravers, "The victim, the State, and civil society," in A. Bottoms and J. V. Roberts(eds.), Hearing the Victim: Adversarial Justice, Crime Victims and the State, London and New York: Routledge, 2010, pp. 1-16

대체로 범죄의 한 당사자로서 범법자에 대해서는 아무런 이의가 있을 수 없지만, 그 반대편의 당사자에 대해서는 아직도 논쟁이 진행 중이라고 할 수 있다. 그 옛날에는 물론 범법자와 피해자가 범죄의 당사자였음은 틀림이 없지만, 국가가 형성되면서 국가가 피해자를 대신하게 되고, 그러한 전통은 지금도 계속되고 있다. 하지만 피해자 운동은 범법자와 피해자를 범죄의 양 당사자여야 한다고 믿고 있다. 범법자와 피해자가 범죄의 두 당사자여야 하는 것은 지극히 당연함에도 왜 무슨 이유에서 국가가 범죄를 '도둑질(steal)'하였을까? 그러나 셈법이 그렇게 간단치는 않은 것 같다. 범법자가 피해자에게 단순 폭력을 가하였다면, 그로 인하여 영향을 받는 당사자는 꼭 피해자만이 아니라, 이처럼 사적인 행동이라도 피해자를 훨씬 능가한다는 것이다. 간접 피해는 물론이고, 두려움으로 인한 안전의 도모를 위하여 갖추는 보안 설비나 장비를 포함하는 추가적인 비용을 필요로 하고, 일상 활동을 제한하고 행동 유형이나 일상생활 형태를 바꾸도록 강요받고, 사회를 불안과 불신으로 몰아넣게 되며, 이런 면에서 범죄 당사자는 범법자와 피해자에게만 국한되지 않는다는 것이다.[35]

심지어 범죄는 관련된 당사자들에게 속한다고 해도, 관련 당사자의 행동은 이처럼 대중적 차원의 관점도 있어서, 국가가 모든 사람을 대표, 대변할 수 있는 자원을 가진 유일한 제도, 기구로서, 사건에 대한 정당한 주장, 권한을 가지고 있다는 것이다. 그러나, 설사 범행과 그 해결이 대중을 대신하는 국가의 자산, 몫이라고 말하는 것은 아직도 형사(Criminal) 사법과 관련하여 국가와 피해자의 적정한 역할에 대한 쟁점을 해결하는 것은 아니다. 먼저, 모든 분쟁이 적절하게 국가의 자산이 아니며, 두 번째로 국가가 상응한 범행의 적절하고 비-재량적인 기소를 담보하도록 해야만 한다고 말하는 것이 그렇다고 국가가 스스로 또는 직접적으로 반드시 그렇게 해야만 된다고 말하는 것은 아니라는 것이다. 그런데도 왜 국가는 뒤로 물러나서 회복적 사법 옹호자들이 바라듯이 직접적으로 관련된 사람들이 국가의 지도와 지침 아래 해결하도록 허용하지 않는가?[36]

---

34 A. Ashworth, "Victims' rights, defendants' rights and criminal procedure" in Crawford and Goodey(eds.), 2000, op cit., p. 186
35 Matravers, 2010, op cit., pp. 7-8
36 Ibid.

범죄 피해자, 그들은 누구인가?

 1. 피해자(Victim)와 피해자화(Victimization)

1) 피해자

범죄의 피해자라고 함은 범행의 결과로 직접적인 물리적, 감정적, 또는 금전적 해악으로 고통을 당했거나 위협을 당한 사람을 의미한다. 그런데 이 용어는 종종 연약함, 수동성 등 부정적 의미와 관련이 되며, 일부 어떤 피해자는 심지어 약자로 인식되기도 한다. 이런 이유에서 그 대안으로 '생존자(Survivor)'라는 용어가 때로는 선호되기도 하는데, 생존자라는 용어가 강함의 인상을 권장하고, 범죄 경험의 심각성을 함축하기 때문이다. 물론 개인뿐 아니라 집단도 피해자가 될 수 있는데, 이 경우에는 전형적으로 증오 범죄(Hate crime)가 포함되고 있다. 서양에서의 동양인에 대한 증오 범죄가 예가 될 수 있다. 그리고 피해자가 다른 사람에 대해서 가지는 특정한 기대치와 그들이 피해자에 대해서 가지는 특정한 기대치가 수반함에 따라, 사회적 구성(Social construction)이 어느 정도까지는 누가 피해자로 간주되는지 결정하게 된다. 그러나 무엇보다도 중요한 것은 사실상 누구라도 피해자가 될 수 있어서, 피해자를 쉽게 분류할 수 있는 유형을 찾기란 매우 어려운 일이다. 그럼에도 불구하고, 우리 사회에는 피해자에 관한 어떠한 전형적인 견해가 자리 잡고 있다고도 한다. 대표적인 예로서, Christie 같은 사람은 피해자가 되는 지위나 신분 등이 쉽게 주어지는 사람이라고 할 수 있는 소위 '이상적 피해자(Ideal vic-tim)'라는 개념으로 이를 설명하였다. 이상적 피해자는 피해자가 되기에도, 피해자로서도 가장 이상적인 무고하고, 취약하고, 도움, 동정, 그리고 관심을 받아 마땅한 것으로 인식된다는 것이다. 물론 이러한 견해에는 언론의 묘사가 한몫한 것도 없지 않다.37

피해자라는 용어의 원래 용도는 무언가 초자연적 힘을 달래기 위하여 희생되는 사람을 기술하기 위하여 사용되어, 피해자라기보다는 희생양에 더 가까운 의미로 쓰여졌다고 할 수 있다. 이런 면에서, 피해자와 희생양이란 말은 대체로 동의어이다. 현대적 용도로서는, 그러나 피해자라는 용어는 보다 세속적인 원인의 결과로서 어떤 형태의 어려움, 난관으로 고통받는 사람을 기술하기 위하여 사용된다. 비록 우리가 범죄와 연계시켜서 피해자라는 용어를 가장 빈번하게 사용하지만, 다양한 원인의 어떤 것으로부터 고통이나 손실을 겪고 있는 사람을 언급하기 위하여 보다 포괄적인 방식으로도 사용되고 있다. 피해자의 정의를 공식화하기 위한 한 가지 시도는 누군가 만약, 진짜 만약에 특정한 조건이 충족된다면 그 사람이 피해자라는 것을 요구한다. 이들 특정한 조건은 1) 피해자는 공정하지 않고, 마땅하지 않게, 그리고 그러한 손실을 예방하는 것에 속수무책인 그러한 방식으로 참살이(Well-being)에 있어서 손실이나 상당한 감소를 겪었고, 2) 그 손실이 확인, 파악할 수 있는 원인이 있었고, 3) 그 손실의 법률적이거나 도덕적 상황, 여건이 손실의 고통을 준 사람에게 사회적 관심을 갖게 할 것을 필요로 하는 것이다.38

위의 첫 번째 요건은 피해자, 피해자 의식(Victim consciousness)의 개념을 손실의 개념, 관념과 연계시키는 것이고, 이는 피해자화의 부정적 특성을 강조하는 것이다. 피해자화되는 것, 피해를 당하는 것은 일종의 고난과 약탈을 경험하는 것이다. 이러한 개념은 폭력으로부터 야기되는 손상, 부상의 사례에서처럼, 고통과 고난, 또는 살인의 사례에서처럼 생명의 손실을 함축하고 있다. 다

---

37 U. Smartt, Criminal Justice, London: Sage Publications, 2006, p. 16; N. Christie, "The ideal victim," in E. Fattah(ed.), From Crime Policy to Victim Policy, Basingstoke: Palgrave Macmillan, 1986, pp. 17-30
38 J. E. Bayley, The concept of victimhood," in D. Sank and D. J. Caplan(eds.), Yo Be a Vitim: Encounters with Crime and Injustice, New York: Plenum Press, 1991, 119-141

른 사례로는, 피해자화가 생계의 손실, 사회적 지위나 영향력의 손실도 포함될 수 있다. 그러나 많은 피해자 옹호론자는 실제 범죄가 끝나면 해악과 손상의 과정도 끝난다고 생각하는 것은 오해의 소지가 있다고 주장한다. 그들은 범죄 피해자에 대한 형사사법제도의 부당한 처우가 일종의 "2차 피해자화(Secondary victimization)"를 가져온다고 주장하는 것이다. 한편, 해악이나 손상의 개념이 살인이나 절도와 같은 범죄에 관하여 이야기할 때는 분명해 보이지만 항상 우리가 기대하는 만큼 분명하지는 않을 때도 있다는 것이다. 많은 민사 사건의 경우, 원고가 주장하는 방식과 정도로 해를 당했는지 여부가 핵심 쟁점으로 등장하고, 감정적, 심리적 해악의 피해자도 가해자 행동의 결과에 대한 견해를 가해자와 공유하지 않기도 하는 데서 잘 알 수 있다. 또한, 이 첫 번째 원칙 은 손실이 정당하지 않고, 마땅한 것이 아니어야 한다고 제안한다. 예를 들어, 강도를 당한 사람이나 벌금을 맞은 사람 둘 다 재정적 손실을 경험하는데, 이 첫 번째 원칙에 따르면 강도 피해자는 이에 포함되지만, 벌금을 내는 사람은 이에 해당되지 않는다. 마찬가지로, 살인은 피해자화이지만, 살인범에 대한 사형은 이에 해당되지 않는다. 첫 번째 원칙의 마지막 쟁점은 피해자는 피해자화를 예방할 수 없었어야 한다는 것이다. 여기에는 자기방어라는 민감한 사항이 결부되어 있다.39

피해자 의식에 대한 이러한 공식적 정의의 두 번째 요건은 피해자에게 닥치는 해악에 대한 식별할 수 있는 원인이 있어야 한다는 것이다. 다른 말로 하자면, 피해자가 되기 위해서는, 그는 자신에게 애를 먹이고, 그냥 '불운한' 것만이 아니어야 한다는 것이다. 단순히 손실만으로는 충분하지 않고, 그 손실이 식별할 수 있는 중요한 작용을 하는 사람과 관련되어야만 한다는 것이다. 따라서, 호주머니의 구멍으로 돈을 잃은 것과 돈을 도둑맞은 것 사이에는 중요한 피해자학적 차이가 있다는 것이다. 즉, 전자의 경우는 피해자화의 예가 될 수 없으며, 후자만이 피해자화의 예가 될 수 있다는 것이다. 피해자 의식의 세 번째 공식적 특성은 사회적 관심을 받는 것이다.40

---

39 L. W. Kennedy and V. F. Sacco, Crime Vicrims in Context, New York: Oxford University Press, 1998, pp. 4-5
40 Ibid., pp. 5-6

2) 피해자화(Victimization)

　해악이나 손상, 그리고 이런 결과를 만들어내는 과정에 대한 이해에는 문화적 관념, 개념도 영향을 미치는 것으로 알려지고 있다. 범죄의 경우, 우리는 잃어버린 생명, 부서진 뼈, 도둑맞은 현금이나 물품과 같은 가장 즉시적이고 가시적인 결과의 입장에서 해악을 생각한다. 그러나 더 포괄적인 관점에서는 해악의 개념을 보다 광범위하게 해석할 수 있다고 한다. 예를 들어, 우리는 피해자화의 "비용"을 사회적 필요와 요구의 다른 분야보다 오히려 극단적으로 비용이 많이 드는 형사사법제도의 유지에 쓰여진 돈으로 볼 수 있다. 범죄로 인한 해악은 또한 범죄 다발 지역에서 종종 현저하게 나타나는 사회적 와해나 붕괴도 포함할 수 있다. 범죄와 그로 인한 두려움과 공포로 사람들은 야간 외출이나 대중교통의 이용을 두려워할 수도 있다. 뿐만 아니라, 사람들은 특정한 장소와 특정한 유형의 사람을 피하거나, 자신의 거주지역을 덜 좋아하게 될 수 있다. 만약 범죄 발생률이 높아지면 주택 가격은 떨어지고, 기업은 다른 곳으로 이전하여 지역 경제 발전이 위축될 수도 있다. 이러한 결과나 영향은 우리가 이미 범죄의 피해자라고 이해하고 있는 사람들에게 가해진 해악보다 덜 분명하고, 덜 명확하고, 덜 가시적일 수 있지만, 그러한 해악이라고 그 결과에 있어서는 결코 덜 현실적이고 덜 사실적이라고 할 수는 없는 것이다. 학문적으로는 이러한 결과나 영향을 "간접 피해자화(Indirect victimization)"라고 한다.41

　피해자화 여부에 관한 논쟁은 피해를 가하는 범죄와 피해자가 없는 범죄(Victimless crimes)를 구별하는 능력을 함축하고 있다. 피해자가 있고 없고의 관점에서 보면, 매춘, 마약, 도박과 같은 행위에 대한 범죄적 지위를 다시 생각할 필요가 있는데, 그것은 이들 범죄가 확실한, 분간할 수 있는 피해자가 없기 때문이다. 가해자와 피해자가 같은 사람이거나 불특정 다수가 피해자여서 특정할 수가 없는 경우가 피해자를 분간할 수 없거나 확실하지 않은 경우에 해당된다고 할 수 있다. 반면에 다른 일부에서는 이러한 견해는 그러한 행위가 양산하는 해악을 고려하지 않기 때문에 단편적, 단견적이라고 지적한다. 소

---

41 Kennedy and Sacco, op cit., pp. 8-9

위 "마약과의 전쟁"이라는 수사에서, 불법 약물을 복용하는 부모는 자신의 파트너나 자식들에게 경제적, 감정적 지지와 지원을 제공하는 것이 다른 사람들에 비해 실패할 개연성이 더 높으며, 약물 복용 학생이 학교 규율이나 훈육을 방해하고, 다른 학생들의 교육에도 지장을 초래한다는 것이다. 그렇다면 이런 범죄도 비록 확실하고 분간할 수 있는 피해자는 없다고 할지라도 다양한 사회적, 간접적 피해가 기대된다면 피해자화의 하나로 이해함이 옳지 않을까 주장하는 것이다.[42]

 2. 범죄와 피해자

1) 피해자

그렇다면 과연 피해자는 누구이거나 무엇일까? 흔히 우리는 누군가에 의하여 가해진 해악의 직접적인 대상자인 사람을 피해자로 생각한다. 그러나 우리의 지배적인 문화의 관점에서 보면, 우리는 또한 피해자를 자신은 범법 행위와는 무관하며, 자신의 피해자화에 능동적인 역할을 하지 않은 사람으로 생각하는 경향이 있다. 그렇다고 피해자라는 용어가 개인에게만 적용될 필요는 없다. 이러한 자연인뿐만 아니라 법인체, 그리고 정부와 국가마저 피해자도 될 수 있고 가해자도 될 수 있다. 또한, 살인이나 성폭력 등 보다 전통적인 범죄에 있어서도, 피해자의 범위를 범죄로 직접적인 피해, 영향을 받은 사람만을 포함하는 것이 아니라고 개념화할 수 있다. 일부 범죄는 그 영향이 직접적인 피해자 외에 범죄가 발생한 지역사회, 공동체 사회까지 피해자화시킨다고 말할 수 있다. 또한 살인 피해자의 생존 가족도 성폭력 피해자의 배우자도 직접적인 피해를 특징지우는 것에 유사한 문제들을 경험할 수 있다.[43]

---

42 A. G. Cosby, D. C. May, W. Frese and R. G. Dunaway, "Legalization of crimes against the moral order: Results from the 1995 United States Survey of gaming and gambling," Deviant Behavior, 1996, 7: 369-389

43 Kennedy and Sacco, op cit., pp. 10-11

피해자는 다양한 방식으로 범죄의 영향을 받는다. 일부 피해자는 사실상 현실적으로는 아무런 영향을 경험하지 않는 반면에, 다른 피해자는 매우 심각하게 영향을 받는다. 물론 범죄 피해의 영향에 대한 더 자세한 설명을 위해서는 더 많은 양질의 연구가 필요하겠지만, 양질의 연구에도 불구하고 문제는 남는데, 그것은 피해자 특성, 상황, 그리고 범죄 유형에 따라 결정된 개별 피해자의 범죄에 대한 반응이나 대응이 상당한 차이가 있기 때문이다. 즉, 표준화할수 없어서 정확한 영향을 객관적으로 분석하고 평가하기가 어렵기 때문이다. 이런 이유로, 당연히 다양한 유형의 범죄와 그 피해자들에 대한 연구가 피해자에 대한 전형적이고 정형화된 견해, 시각을 분리하고, 피해자의 경험과 요구와 필요에 대한 더 나은 이해를 조장하는 데 도움이 될 수 있는 것이다. 일반적으로, 범죄의 영향은 피해자 자신의 관점에서 보는 영향의 산물이다. 피해자는 대부분 먼저 자신의 개인적 취약성, 다음으로 세상은 의미가 있으며 질서가 있다는, 그리고 마지막으로 자신에 대한 긍정적 견해에 관한 세 가지 기본적 가정의 엄청난 충격을 경험한다는 것이다. 피해자화는 보통 물리적, 재정적, 심리적, 감정적 영향을 피해자에게 준다. 피해자가 겪는 보편적인 반응은 행동, 태도 그리고 자신의 자기-인식의 변화라고 한다. 이들 변화는 고통, 불안, 두려움, 분노와 충격에서부터 심각한 우울증이나 PTSD에 이르는 일련의 집합적 감정들이 동반된다고 한다. 이뿐만 아니라, 피해자화의 영향은 피해자 주변의 다른 사람들에게도 영향을 미칠 수도 있다고 한다.[44]

2) 피해자의 무고함

의심의 여지도 없이, 피해자에 관한 가장 널리 퍼진 문화적 가정은 피해자라는 꼬리표가 가장 적절하게 붙여질 수 있는 사람은 그들에게 가해진 해악에

---

44 C. Hoyle and A. Sanders, "Police response to domestic violence: From victim choice to victim empowerment?" British Journal of Criminology, 2000, 40(1): 14-36; A. Beaton, M. Cook, M. Kavanagh and H. Herrington, "The psychological impact of burglary," Psychology, Crime and Law, 2000, 6(1): 33-43; J. Dignan, Understanding Victims and Restorative Justice, Maidenhead: Open University Press, McGraw-Hill Education, 2005, p. 24; S. Norris and K. Kaniasty, "Psychological distress following criminal victimization in the general population: Cross-sectional, longitudinal, and prospective analysis," Journal of Consultancy and Clinical Psychology, 1994, 62(3): 2-16

대하여 어떠한 비난도 나누거나 공유하지 않는 그러한 사람이라는 것이다. 글자 그대로 초기 피해자학에서 분류하기도 했던 완전히 무고한 피해자라는 것이다. 이런 가정은 피해자와 그에게 범행을 한 사람 간의 분명한 도덕적 분할, 분리의 인정과 인식을 허용하는 것이다. 만약에 피해자가 완전하게 무고하다면, 범법자가 완전하게 유책하다고 할 수 있는 것이다. 완전히 무고한 피해자는 몇 가지 특성이 관련되는 일종의 이상이라고 한다. 먼저, 무고한 피해자는 약하거나, 아프거나, 또는 늙은 사람들일 경향이 있다는 것이다. 그래서 사람들은 일반적으로 더 취약한 것으로 간주되는 사람들에게 더 편안하게 피해자라는 표식을 붙인다는 것이다. 다른 사람의 착취적, 약탈적인 행동으로 해를 당한 아동이나 노인이 10대나 중년의 사람에 비해서 분개와 분노를 일으킬 개연성이 더 높다는 것이다. 그래서, 놀라울 것도 없이, 우리는 "아동 학대"와 "노인 학대"를 피해자화의 별개의 범주로 인식, 인정하는 것이다. 일반적으로, 이상적 피해자(Ideal victim)는 범법자로부터 자신을 보호할 수 없거나 어려울 것으로 믿어지는 사람들이다. 이런 관점에서 보면, 당연히 아동, 장애인, 노인, 여성이 상대적으로 더 취약한 것으로 가정되는 것이다. 물론 이러한 그들의 취약성은 대부분이 젊은 남성일 개연성이 높은 잠재적 범법자와 이들 취약한 사람 간의 신체적 차이에 기인하는 것이다. 두 번째 이상적인 무고한 피해자는 그들이 피해를 당하는 때에 존중받을 만한, 부끄럽지 않은 과업, 임무를 수행하고 있어야 한다는 것이다. 우리는 불법적이거나 적어도 존중받을 만한 것은 아니라고 보일 수 있는 활동보다 합법적인 활동을 하다가 피해를 당한 피해자에게 동정심을 느낄 개연성이 더 높다고 한다.45

세 번째로, 피해를 당했을 때, 무고한 피해자는 그곳에 있었다고 비난받을 수 없는 장소, 위치에 있어야만 한다. 누군가가 학교나 직장에서 폭력이나 강도를 당한다면, 늦은 심야에 술집이나 길거리와 같은 존중받기 더 힘든 장소에서 강도나 폭력을 당하는 것보다 동정심을 일으킬 개연성이 훨씬 더 높다는 것이다. 네 번째로, 범법자는 나쁜 누군가로 인식되어야만 한다. 범법자가 악마로 인식된다면 당연히 무고한 피해자와 더 대조적일 수 있는 것이다. 그러나 최근 가해자와 피해자의 중첩(Overlap)에 대한 연구에서 보여주듯이, 범법자

---

45 Kennedy and Sacco, op cit., pp. 11-12

와 피해자의 사회적 역할이 문화적 이상이 제시하는 것 이상으로 더 밀접하게 관련된다는 것이다. 즉, 범법자가 종종 피해를 당하고, 피해자가 종종 범행을 한다는 것이다. 가장 전형적인 사례로, 범죄자가 다른 사람에 비해 신체적으로, 감정적으로 학대적인 가정생활을 했을 개연성이 더 높다는 연구 결과가 증명하고 있다. 즉, 학대당한 사람이 나중에 학대를 하고, 청소년 비행 피해 소년이 다른 소년을 가해하고, 가해 소년이 다른 소년으로부터 피해를 당하는 경향이 높다는 것이다. 이상적이라면 나쁜 범법자가 좋은 무고한 사람에게 해를 가하는 것이라지만, 대부분이 나쁜 사람이라고 할 수도 있는 범법자들만 수용되어 있는 교도소에서의 수형자 간 폭력은 설명할 수 없다. 즉, 어쩌면 우리는 가해자와 피해자 사이의 확실한, 분명한 이분법적 구분을 바라지만, 현실적으로 간단하지 않다고 할 수 있다. 끝으로, 이상적 피해자는 그들에게 가해를 한 사람이 전혀 모르는 낯선 사람이어야 한다. 그러나 현실은 완전히 모르는 낯선 사람 사이의 범죄보다 범죄 유형에 따라서는 아는 사람 사이의 소위 면식범에 의한 범죄가 더 많을 수도 있다. 가정폭력, 직장폭력, 학교폭력, 데이트 폭력 등이 바로 그런 유형의 범죄이다.[46]

일반적으로 나쁜 가해자와 무고한 피해자라는 이분법적 구분과 이상적인 무고한 피해자라는 지배적 인상에도 불구하고, 우리는 현실 세계에서 이러한 이상으로부터 심각하게 거리가 있는, 멀어지는 상황에 종종 마주치곤 한다. 지금까지의 논의에 따르면 아동, 노인, 여성이 폭력 범죄의 전형적인 피해자로 간주되지만, 실제 범죄 통계는 전혀 다른 그림을 보여준다. 그들이 가장 취약한 이상적 피해자로 이야기되지만, 실제로는 그들보다 젊은 청장년 남성이 피해자가 되는 개연성이 더 높기 때문이다. 모든 피해자는 피해 당시 존중받을 만한 사업, 일을 하고 있었어야 한다고 하지만, 그리고 합법적인 활동에 참여하고 있을 것을 강조하지만, 음주나 약물 남용 등과 같은 존중받기 어려운 활동에 가담하는 것 자체가 피해자화에 대한 심각한 위험 요소일 수 있다는 것이다. 왜냐하면, 술을 마시고 마약을 하는 것이 피해를 가하는 행위에 가담할 개연성이 높은 사람들과 접촉하게 만들기 때문이다. 그만큼 위험에 많이 노출

---

46 J. D. Wooldredge, "Inmate crime and victimization in Southwestern Correctional Facility," Journal of Criminal Justice, 1994, 22(4): 367-381

되고, 따라서 그만큼 피해 확률도 높아진다는 것이다. 이와 더불어, 스스로 범죄적으로 행동하거나 대중의 비난을 받을 행동을 하는 사람은 특히 좋은 표적이 될 수 있는데, 그것은 그들이 경찰에 신고할 개연성이 아주 낮기 때문에 잠재적 가해자에게 매력적인 표적이 된다는 것이다. 마지막으로, 문화적으로 이상적인 피해자는 자신에게 범행을 한 범법자에게 전적으로 낯선 사람이라지만, 현실적으로 피해자와 범법자가 종종 서로 알거나 관련된 것으로 알려지고 있다. 가정폭력이나 연인폭력 등은 알지 못하는 사람에게는 있을 수 없는 범죄이지 않은가.[47]

3) 피해자 비난

물론 절대다수의 피해자가 무고한, 완전한 피해자임에도 불구하고, 때로는 극히 일부의 피해자가 자신의 피해자화를 촉발한 것으로 믿어지는 경우도 없지 않다는 주장도 나온다. 그 극단적인 사례로 주거침입 절도범이 집주인의 자기방어로 오히려 살해당하는 경우로서 궁극적으로 피해자이면서도 자신의 피해자화가 주거침입 절도라는 자신의 촉발 행위의 결과가 되는 것이다. 이와는 상당한 차이가 있으며 논란의 여지도 많고, 그래서 사실상 잘못된 주장이라고 할 수 있는 성폭력 범죄도 이런 논란의 사례가 될 수 있다. 오래전 Amir는 일부 강간은 피해자 촉발에 의한 것이라고 주장하였다.[48] 이외에도 강도의 경우에 일부 피해자는 자신이 피해를 유혹하거나 범행의 기회를 제공하는 유혹-기회 상황(Temptation-opportunity situation)을 만들었으며,[49] 심지어 일부 살인 피해도 피해자 촉발의 가능성이 있다는 극단적인 주장이 60여 년 전 존재하였었다.[50] 문제는 지금은 일종의 잘못된 통념이라고 할 수 있는 이러한 사고방식이 형사사법제도와 대중의 피해자에 대한 인식과 그에 따른 처우에

---

47 J. Harry, "Derivative deviance," Criminology, 1982, 19(4): 546-564; R. A. Silverman and L. W. Kennedy, "Relational distance and homicide: The role of the stranger," Journal of criminal Law and Criminology, 1987, 78: 272-308; Kennedy and Sacco, op cit., pp. 13-14

48 M. Amir, Patterns in Forcible Rape, Chicago: University of Chicago Press, 1971, Bednarova, 2011, op cit., p. 6에서 재인용

49 A.Normandeau, "Patterns in robbery", Criminology, 1968, 6(3): 2-16

50 M. Wolfgang, Patterns in Criminal Homicide, Philadelphia: University of Pennsylvania Press, 1958, Bednarova, 2011, op cit., p. 6에서 재인용

영향을 미친다는 점이다.

만약에 피해자가 우리가 가지고 있는 이상적 피해자 상에 맞지 않는다면 어떻게 할 것인가? 한 가지 가장 대중적인 문화적 대응, 반응은 그들의 피해 자화에 대해서 피해자들을 비난하는 것이다. 다시 말해서, 다수의 경우에 피해자에게 가해지는 해악에 대해서 적어도 부분적으로라도 피해자에게 책임이 있는 것으로 생각하는 것이 그리 낯설거나 있을 수 없는 일은 아니라는 것이다. 예를 들어, 주거침입 절도범이 자기방어를 하는 집 주인으로부터 반격을 당한 피해가 대표적으로 그러한 경우이다. 즉, 피해자에게 책임이 더 많거나 조금이라도 있거나 아니면 적어도 자신의 피해를 유발, 촉발, 촉진했거나, 그것보다도 더 적게는 어떠한 역할을 했다는 것이다. 뿐만 아니라, 배우자로부터 상습적인 가정폭력에 시달리다 더 이상 견디지 못하고 배우자를 제거하는 길밖에 자신을 보호하고 폭력적인 상황에서 벗어날 방법이 없다고 판단한 여성이 학대하는 배우자를 살해하는 경우도 대표적인 사례이다. 이보다 더 빈번하게는, 매 맞는 아내에게 배우자가 당신을 때리기를 원치 않는다면 배우자를 떠났어야 한다고 책임을 묻고, 문을 잠그지 않아서 주거침입 강도를 당한 사람에게 문을 잠그지 않은 것을 힐책하고, 히치하이킹을 했다가 폭력을 당한 청소년에게 무슨 일이 일어날 것이라고 기대하지 않았냐고 나무라고, 성폭력을 당한 여성에게 부추기지는 않았냐고 따지고, 떼강도 피해자에게 왜 그들과 싸워서 격퇴시키지 않았냐고 따진다. 이런 모든 경우가 발생한 범죄에 대한 책임이 있는 사람이 어느 정도는 범법자라기보다는 피해자라고 암시하는 것이다.[51]

피해자를 비난하는 것이 보편적인 것은 아닐지라도, 어떤 점에서는 범죄에 대한 자연스러운 심리적 반응이라는 것이다. 피해자-비난에 가담하는 모든 사람이 피해자에게 일어난 일을 예방하지 못하고 피해를 당한 사람을 명쾌하게 혐의가 있다고 비난하지는 않는다고 한다. 사실, 조금만 더 자세하게 들여다보면 사람들이 자신이 피해자를 비난한다는 것을 항상 깨닫는 것도 아니라는 것이다. 피해자-비난을 조장하는 가장 큰 요인은 무언가 "정의로운 세계 가설 (Just world hypothesis)"이라고 불리는 것으로, 쉽게 설명하자면, 세상은 공정하기에 다른 사람 대부분은 당하지 않는데 피해자만 당하는 것은 그 사람의 잘못

---

51 Kennedy and Sacco, op cit., pp. 14-15

이며 당연히 자신에게 일어난 일은 당해서 마땅하다는 생각이라고 한다. 즉, 일반적으로 사람들은 좋은 사람에게는 나쁜 일이 일어나지 않는다고 믿는 성향을 가져서, 우리에게 일어난 결과와 산물을 받아 마땅하다고 믿는 실제로 그러한 강력한 믿음이 있다는 것이다. 사람들은 지진이나 태풍 등 자연재해는 피할 수 없는 것으로 받아들이는 경향인 반면에, 많은 사람이 자신이 범죄의 피해자가 되고 안 되고에 대한 통제력을 조금 더 가지고 있고, 자신을 보호할 사전주의를 취할 수 있다고 느낀다는 것이다. 이들 일부에게는 피해자가 자신의 피해자화에 기여하거나 책임이 있다는 것을 부정하기 어렵다는 것이다.[52]

연구에 따르면, 누군가가 피해자를 '부상, 손상'을 당한 것이 아니라 오히려 '오염된' 것으로 평가하고, 그래서 그 사람을 더 범죄 피해자가 되게 하였다고 낙인을 찍는 것과 같은 피해자-비난 행위에 가담할 개연성을 결정하는 데 있어서 그의 도덕적 가치가 상당한 역할을 한다는 것이다. 그러한 중요 역할을 하는 이 도덕적 가치는 결합 가치(Binding values)와 개별화 가치(Individualizing values)라는 두 가지 주요 관점이 있다고 한다. 모든 사람은 이 두 가지 가치가 혼합된 가치를 가지는데, 더 강력한 결합 가치를 보이는 사람은 집단이나 전체로서의 팀의 이익을 보호하는 것을 선호하는 경향이 있는 반면에, 더 강한 개별화 가치를 보이는 사람은 개인에 대한 손상을 방지하고 공정성에 더 초점을 맞추는 경향이 있다고 한다. 결합 가치를 더 높이 지지하는 것이 믿을 만할 정도로 피해자에 대한 낙인화 태도를 예측할 수 있다는데, 결합 가치를 선호하는 사람이 피해자를 비난받을 만하다고 보는 개연성이 더 높은 반면에, 개별화 가치를 선호하는 사람은 피해자에게 동정적일 개연성이 더 높다는 것이다. 이와 유사한 것으로, 더 강한 결합 가치를 보인 사람이 피해자에게 범죄에 대한 책임을 지우거나 결과를 바꾸기 위해 피해자가 취할 수 있었던 행동을 제안하는 개연성이 더 높기도 했다고 한다.[53]

그렇다면, 왜 사람들이 이처럼 피해자 비난에 가담하는가? 한 가지 중요한 이유는 피해자를 비난함으로써 우리에게 자신이 그들과는 다르다는 어느 정도

---

52 K. Roberts, "The psychology of victim-blaming," The Atlantic, 2016. 10. 5. https://www.theatlantic.com/science/article/2016/10/the-psychology-of-victim-blaming/502661, 2023. 12. 25 검색

53 Ibid.

의 심리적 안정을 제공한다는 것이다. 피해자를 비난하는 것이 우리에게 피해를 당한 사람이 바보스럽게 행동했거나, 그렇지 않다면 그들이 겪은 해악을 조장하는 조건을 적극적, 능동적으로 만들었기 때문이라고 믿게 한다. 이렇게 피해자를 폄하함으로써, 사람들은 자신이 받아 마땅한 것을 기본적으로 받게 되고, 나쁜 일은 나쁜 사람에게 일어난다거나, 적어도 우리가 의심스럽게 간주하는 방식으로 행동한 사람에게 일어나는 것이며, 세상은 기본적으로 공정한 곳이라고 우리 스스로를 확신시키는 것이다. 아마도 피해자 비난이 이보다 더 빈번한 경우 범법자 자신이 나쁜 사람이라는 생각을 피할 수 있게 할 뿐 아니라, 범법자의 행동이 다른 사람에게 해악을 초래했을 때 야기되는 죄의식, 죄책감을 "중화하거나(Neutralize)" 적어도 줄일 수 있게 해 줄 것이다. 그러나 이런 설명보다 더 잘 알려진 피해자 비난에 대한 설명은 피해자-비난의 이념, 사상, 사고는 전형적인 중산층의 세계관에서 파생되었다는 것이다. 전형적인 중산층 사람들은 범죄뿐 아니라 인종차별주의나 빈곤과 같은 다른 조건들의 피해자인 사람들의 삶보다 자신들의 삶이 훨씬 더 편안하다는 것을 잘 알고 있어서, 중산층 생활의 상대적 안락함과 사회의 다른 사람들이 경험하는 문제를 알고 있다는 것을 조화시킬 필요가 있다는 것이다.[54]

이러한 딜레마에 대한 분명한 해결책은 중산층 감성을 가진 사람들에게는 받아들일 수 없는 것이다. 전형적인 중산층 사람은 문제가 존재한다는 것을 부정하거나 다른 사람의 고통과 공포에 대한 우려를 방해하거나 좌절시킬 수 있는 극단적으로 보수적인 입장을 취할 수 없다는 것이다. 이들에게는 이러한 관점이 중산층 도덕성의 인본주의적 특성과 양립할 수 없으며, 전형적인 중산층 시민은 혁신적인 변화는 자신의 안락한 지위를 위협할 수도 있기 때문에 혁신적 변화를 옹호하지도 않는다. 그들에게 그보다 더 매력적인 대안은 그래서 피해자화를 인정은 하지만 피해자화가 일어나도록 한 피해자를 비난하는 것이다. 이러한 입장에서 나오는 해결책은 사회의 혁신적, 혁명적 재조직화는 포함하지 않고, 피해를 당한 사람들에 대한 변화만을 포함시키는 것이다. 그래서 피해자학의 뿌리이기도 한 사회 문제의 피해자가 피해를 당하지 않은 나머지

---

54 S. Lamb, The Trouble with Blame: Victims, Perpetrators, and Responsibility, Cambridge, MA: Harvard University Press, 1996, p. 15

지 사람들과 무엇이 어떻게 다른지를 찾아 그들이 계속해서 피해를 당하지 않도록 그들을 변화시키는 정책을 제도화하려고 시도하는 것이 일반적 접근이라고 한다. 예를 들어, 빈곤의 부문화나 인종 차별의 논쟁에서 볼 수 있는 것처럼, 피해자 비난 전략은 사람들이 가난한 것은 그들이 그들을 가난하게 만드는 문화, 여기서는 아마도 빈곤의 부문화라는 문화적 가치를 공유하기 때문이지, 소득 분배의 구조적 불균형 때문이 아니라고 주장하는 것이다. 이 경우, 그 해결책은 가난한 사람들을 교육하여 그들의 가치가 중산층 피해자 비난자들의 가치와 더 같아지게 만드는 것이다.[55]

그러나, 특별히 범죄와 관련해서는, 잠재적 피해자들에게 자신이 피해를 당할 확률을 줄이는 방법을 가르침으로써 범죄를 줄이고자 하는 다수 형태의 범죄 예방에 있어서 피해자 비난은 암묵적, 암시적이라고 비판한다. 이런 유형의 범죄 예방은 범죄로부터 자신을 방어, 보호하기 위한 다양한 정보를 제공하지만, 이들 대부분은 잠재적 피해자들에게 주의와 조심을 요구하는 등 그들의 안전은 실제로 자신의 문제라는 것을 암시하고 있다는 것이다. 문제는 그러한 암시는 피해자에게 피해가 발생하게 되면 피해자들은 대체로 자신이 범죄 예방에 필요한 주의나 조심을 다하지 않았기 때문이라고 믿게 한다는 것이다. 여기에 더하여, 이러한 피해자 비난의 시각은 문제의 원인을 개별화, 개인화하여, 문제의 원인이나 문제 자체를 조장하는 더 큰 구조적 조건들로부터 우리의 관심을 멀어지게 만든다는 점이다.[56]

4) 피해자 비난의 이론적 배경과 틀

왜 사람들은 범죄의 피해를 당한 피해자를 비난하는 것일까? 이에 대해 사람들은 피해의 책임을 피해자에게 귀인시키는 가장 큰 요인은 피해자의 나쁜 운명 때문이라고 믿는 것이다. 이런 생각은 사람은 누구나 똑같은 세상, 즉

---

55 W. S. DeKeseredy, H. Burshtyn, and C. Gordon, "Taking women abuse seriously: A critical response to the Solicitor General of Canada's Crime Prevention Advice," International Review of Victimology, 1992, 2: 1-11

56 A. Karmen, Crime Victims: An Introduction to Victimology(3rd ed.), Belmont, CA: Wadsworth, 1996, p. 127: D. A. Timmer and W. H. Norman, "The ideology of victim precipitation," Criminal Justice Review, 1984, 9: 63-68

공정한 세상에 살고 있기에 피해를 당하는 사람은 그의 운명이 나빠서라고밖에 설명할 수 없다는 소위 '공정한 세상 이론(Just World Theory)'과 '방어적 귀인 가설(Defensive Attribution Hypothesis)'이라는 기치 아래서 논의되고 있다고 한다. 여기서 공정한 세상 이론은 공정한 세상, 세상은 공정하다는 믿음이 증대된 책임에 대한 피해자 귀인의 결정적 동기라고 가정하는 반면에, '방어적 귀인 가설'은 '내적 통제 소재(Internal locus of control)'를 신뢰할 필요성으로 동기가 지어지는 귀인 속성이라고 가정하는 것이라고 한다. 이에 대한 연구에 따르면, 이 두 가지 동기가 개념적으로 연계되고 경험적으로 상호 관련된다고 한다.57

범죄와 같은 악운의 피해자들은 종종 불행한 상황 그 자체뿐 아니라 비난을 받고, 폄하되고, 소외되는 2차 피해자화도 겪게 된다. 이런 현상을 이름하여 "피해자 비난"이라고 한다는 것이다. 위에서도 약술한 것처럼, 구체적으로 사회심리학에 주로 근거하여 "공정한 세상 이론"과 "방어적 귀인 가설"이 이런 현상을 설명하기 위하여 제안되고 있다고 한다. 우선 방어적 귀인 가설의 기본적인 합리적 이유, 논리는 사람들은 피해자가 자기-책임인 것으로 고려함으로써 자신의 삶에 대한 개인적 통제력을 가졌다는 믿음을 지키고자 한다는 것이다. 사람들이 피해자화를 피해자 측의 잘못이나 부주의에 귀인하는 것으로 돌림으로써, 사람들은 "나는 내 삶을 스스로 잘 통제하고 있어서 나에게는 그런 일이 일어나지 않을 것이야"라고 스스로에게 시사한다는 것이다. 사람들은 피해자를 비난하거나 폄하함으로써, 그래서 모든 사람은 자신이 받아 마땅한 것을 얻기 마련이라고 시사함으로써 공정한 세상에 대한 믿음을 유지하려고 한다는 것이다.58

---

57 J. Maes, "Blaming the victim: Belirf in control or belief in justice," Social Justice Research, 1994, 7: 69-90
58 M. J. Lerner, "Evaluation of performance as a function of performers' reward and attractiveness," Journal of Personality and Social Psychology, 1965, 1: 355-360; M. J. Lerner and C. H. Simmons, "The observers' reaction to the "innocent victim": Compassion or rejection?" Journal of Personality and Social Social Psychology, 1966, 4: 203-210; K. G. Shaver, "Defensive attribution: Effects of severity and relevance othe responsibility assigned for an accident," Journal of Personality and Social Psychology, 1970, 14: 101-113; E. Walster, "Assignment of responsibility for an accident," Journal of Personality and Social Psychology, 1966, 3: 73-79; Maes, op cit., p. 70

공정한 세상 이론은 전반적으로, 세상은 좋고, 안전한 장소라는 생각, 사상이라고 할 수 있지만, 공정한 세상이라는 신념이 강한 사람들은 정반대의 정보를 무시함으로써 자신의 목가적인 세계관을 유지하곤 한다는 것이다. 그런데 이러한 세계관이 강간 통념(Rape myths)을 받아들이는 데 부합하는 것으로 알려지고 있다고 한다. 공정한 세상에 대한 신뢰가 높고, 종교를 도구로 이용하는 외부적으로 매우 종교적인 사람이 자신의 종교가 자신의 삶에 동기를 불어넣는 사람보다 상당히 더 피해자를 비난한다는 것이다. 물론 이러한 믿음에는 당연히 성별 차이가 있기 마련이어서, 공정한 세상에 대한 믿음이 높은 여성이 낮은 여성에 비해 피해자를 덜 비난하는 반면에, 이와는 정반대로 남성은 공정한 세상에 대한 믿음이 높을수록 더 피해자를 비난한다는 것이다.[59]

여기에다 특히 성범죄의 경우에는 "양면적 성차별주의(Ambivalent Sexism), 성역할(Sex role), 그리고 강간 통념 수용(Rape myth acceptance)"도 이론적 배경으로 거론되기도 한다. 성범죄에 있어서, 피해자 비난 행위는 남성과 여성에 대한 불평등한 태도에 근거할 수도 있다고 한다. 일반적으로 성 차별주의에는 여성이 남성에 비해 열등하다는 등 부정적 성차별주의(Negative sexism)라고 하는 적대적 성차별주의(Hostile sexism)와 온정적 성차별주의(Benevolent sexism)가 있다고 한다. 온정적 성차별주의는 보다 복잡하여, 긍정적인 경향이 있으며 균형적인 사상, 생각을 포함하고 있지만 여전히 부정적인 영향을 가질 수 있다고 한다. 높은 수준의 온정적 성차별주의는 낮은 가해자 비난과 관련된다고 하는데, 이러한 종류의 성차별주의는 오히려 "친사회적(Pro-social)"인 것으로 간주되기 때문에 사회에 의해서 고쳐지지 않는다고 한다. 이에 더하여, 여성의 자기-대상화(Self-objectification)를 포함하여 적대적 성차별주의와 온정적 성차별주의 모두 여성의 대상화(Objectification: 물건 취급함)와 연결된다고 한다. 전반적으로, 온정적 성차별주의는 종종 해악적으로 간주되지 않지만, 피해자 비난 행위에 상당

---

59 R. M. hayes, K. Lorenz, and K. A. bell, "Victim blaming others: Rape muth ac-ceptance and the just world belief," Feminist Criminology, 2013, 8: 202-220; M. J. Van Deursen, A. D. Pope, and R. H. Warner, "Just world maintenance patters among intrinsically and extrinsically religious individuals," Personality and Individual differences," 2012, 52: 755-758; C. L. Kleinke and C. Meyer, "Evaluation of rape victim by men and woen with high and low belief in a just world," Psycholoy of Women Quarterly, 1990, 14: 343-353

히 기여하는 것임을 암시하는 증거가 점점 늘어나고 있다고 한다.[60]

특히 성범죄와 관련하여, 왜 사람들이 피해자를 비난하는가에 대한 또 다른 이론은 성적 관계에서 남녀가 어떻게 행동하리라 기대되는지를 설명하는 일종의 '성 각본, 대본(Sex scripts)'이라고도 알려진 성 역할(Sex role)에 기초한 것이다. 이는 곧 남자는 성적 경험을 얻기로 되어 있는 반면에, 여성은 순결을 간직하도록 기대된다는 것을 암시한다는 것이다. 성 역할에 대한 높은 집착, 고수가 개인의 성범죄에 대한 시각에 영향을 미친다는 것이다. 이러한 성 역할, 성적 대본, 각본은 강간 통념 수용(Rape myth acceptance)이라고 하는 또 다른 피해자 비난 이론과 밀접한 관련이 있다고 한다. 실제로 개인이 강간 통념을 내재화하면, 피해자에게 덜 동정적이며, 성폭력이 실제로 일어났는지 의심할 개연성이 더 높다는 것이다.[61]

---

60 S. L. Maier, "Sexual assault nurse examiners' perceptions of the victimization of rape victims," Journal of Interpersonal Violence, 2012, 27: 287-315; P. Glick and S. T. Fiske, "The Ambivalent Sexism Inventory: Differentiating hostile and benevolent sexism," Journal of Personality and Social Psychology, 1996, 70: 491-512; G. Viki, D. Abrams and B. masser, "Evaluating stranger and acquaintance rape: The role of benevolent sexism in perpetrator blame and recommended sentence length," Law and Human behavior, 2004, 28: 295-303; M. Duran, M. Moya, J. L. Megias, and G. T. Viki, "Social perception of rape victims in dating and married relationships : The role of perpetrator's benevolent sexism," Sex Roles, 2010, 6: 505-519; M. Liss, M. J. Erchull, and L. R. Ramsey, "Empowering or oppressing? Development and exploration of the Enjoyment of Sexualization Scale," Personality and Social Psychology Bulletin, 2011, 37: 55-68; V. Swami, R. Coles, E. Wilson, N. Salem, K. Wyrozumska, and A. Furnham, "Oppressive beliefs at play: Associations among beauty ideas and practices and individual differences in sexism, objectification of others, and media exposure," Psychology of Women Quarterly, 2010, 34: 365-379

61 M. Roden, "A model secondary school date rape prevention program," in B. levy(ed.), Dating Violence : Young Women in Danger, Seattle: Seal Press, 1991, pp. 267-278; S. Bieneck andB. Krahe, "Blaming the victim and exonerating the perpetrator in cases of rape and robbery: Is there a double standard" Journal of Interpersonal Violence, 2011, 26: 1785-1797; M. L. Blumberg and D. Lester, "High school and college students' attitudes toward rape," Adolescence, 1991, 26: 727-729; A. D. Cowley, "Let's get drunk and have sex: The complex relationship of alcohol, gender, and sexual victimization," Journal of Interpersonal Violence, 2014, 29: 1258-1278; G. Bohner, M. Reinhard, S. Rutz, S. Sturm, B. Kerschbaum, and D. Effler, "Rape myths as neutralizing cognitions: Evidence for a causal impact of antivictim attitudes on men's self-reported likelihood of raping," European Journal of Social Psychology, 1998, 28: 257-268

3. 피해자화 코스프레?

최근 들면서, 피해자, 피해자화라는 용어가 관행적인-보다 제한적인-의미를 잃고, 피해자라는 표식의 사용으로 이익을 얻으려는 사람들에 의하여 지나치게 광범위하게 적용되고 있다는 비판의 소리가 나오고 있다. 대표적으로, 미국의 Charles Sykes는 "미국인의 삶이 점증적으로 '나는 피해자다'라는 애처로운, 구슬픈 하소연의 주장으로 특징지어지고 있다"고 비판하였다. 이러한 비판의 소리는 전에는 전혀 다른 방식으로 개념화되었던 (실제적이고 상상되는) 일련의 조건들을 피해자화로 규정하는 광범위하게 널리 퍼진 문화적 경향, 추세가 형성, 발전되었다고 주장하고 있는 것이다. 그래서 알코올 중독은 유전의 피해자이고, 흡연은 담배 제조 회사의 피해자이고, 빈곤은 사회구조의 피해자라는 식이다. 이렇게 피해자, 피해자화가 느슨하게 규정된다는 것은 누구라도 모든 사람이 언젠가는, 어떤 방식으로건 자신을 피해자로 생각할 수 있다는 것을 의미하게 된다는 점을 우려하는 것이다.62

이와 같은 피해자화의 문화, 즉 스스로를 피해자라고 여기고 주장하는 일종의 부문화, 하위문화의 충격적인 추세는 몇 가지 이유가 있다고 한다. 먼저, 개인적 문제를 피해자화의 언어로 재구성하려는 경향, 추세는 개인적, 개별적 특성의 쇠퇴, 감소를 반영하는 것이다. 만약 사람들이 스스로를 피해자로 본다면, 자신이 처한 상황, 환경, 여건에 대한 개인적 책임을 받아들일 필요가 없다. 약물 남용에 가담하고, 다른 사람들의 신뢰를 배신하고, 혹은 심지어 범죄적으로 행동하는 사람들은 다른 사람들의 신뢰를 저버리고, 후회하거나 양심의 가책 대신에 스스로 옳다고 생각하고, 부끄러워하는 대신에 분개하고, 한 조각 나쁜 판단을 제외하고는 아무런 유책 사항이 없다고 느낄 수 있게 허용한다는 것이다. 이와 같은 주장을 흔히 "학대 변명(Abuse Excuse)"이라고도 하는데, 이는 범법자 자신이 피해자이기 때문에 그의 범죄 행위가 용서되어어 한다는 주장을 기술하려는 것이다. 이렇게 함으로써, 범법자 자신의 피해자화가 유책은 물론이고 양형도 감경하는 요인으로 이해되어야 한다고 주장하는

---

62 Kennedy and Sacco, op cit., p. 17

것이다. 이러한 '학대 변명' 또는 '학대 용서'에는 대표적으로 매 맞는 아내의 때리는 남편 살해와 같은 매 맞는 아내 증후군, 매 맞는 아동 증후군 등이 있다.63

그런데 일반 대중의 대부분이 범죄와 형사사법제도의 해이를 그렇게 우려, 염려하는 동시에 과거 피해자화 경험이 죄를 감경시킨다는 주장에 열린 마음을 갖는다는 것은 역설적으로 보일 수도 있다. 물론 이런 형태의 주장이 대중적 인기를 갖는 것은 형사사법제도가 효과적이지 않은 것으로 간주되기 때문에 스스로 법을 집행하는 일종의 자경 주의(Vigilantism)를 반영하는 것이라고 한다. 그래서 대중들은 왜 자신을 학대하는 남편을 살해한 아내나 자식을 성적으로 학대한 것으로 믿는 가해자를 죽일 수도 있는지 이해하려고 한다는 것이다. 피해자가 그들의 가해자를 살해할 때면, 통상적으로 가해자가 학대에 유책한 것으로 가정되는 것이다. 그러나 법률적인 관점에서는, 이 "학대, 남용 변명, 용서"라는 것의 문제는 유죄인 사람이 책임을 피할 수 있게 허용한다는 점이다. 더구나, 이는 많은 사람이 범죄적 형식으로 행동하지 못하게 제약하는 죄책감, 유죄로부터 잠재적 범법자들을 자유롭게 해준다는 것이다. 또한 피해자가 되는 것이 사람들로 하여금 다른 사람에게 피해를 가하도록 인도한다는 관점을 받아들인다면 피해자가 잠재적으로 폭력적이고 일반적으로 피해자화 경험에 제대로 적응하지 못한다는 것을 제안함으로써 피해자에게 더욱 낙인을 찍게 된다. 그리고 "학대, 남용 변명, 용서"와는 별개로, 다수 행위를 피해자화로 재규정하는 등, 피해자화를 지나치게 광의로 재규정한다면 자격이 없는 집단까지 스스로 주장하기에 자신이 해를 입었다고 주장하는 해악에 대한 배상을 구할 수 있게 허용한다는 것이다. 나아가, 모든 것을 피해자화로 보는 경향은 아무것도 피해자화로 보지 않는 상황을 만들어서, 피해자라는 일상적 딱지가 진실로 사회적 관심을 받아 마땅한 피해자에게 가해진 해악조차도 하찮게 보이게 하는 결과를 가져온다는 것이다.64

---

63 W. Kaminer, I'm Dysfunctional, You are dysfunctional, Reading, MA: Addison-Wesley Publishing Co., 1992, p. 153; A. M. Dershowitz, The Abuse Excuse, Boston, MA: Little, Brown and Company, 1994, pp. 18-19

64 C. J. Sykes, A Nation of Victims: The Decay of American Character, New York: St. Martin's Press, 1992, p. 3; Kennedy and Sacco, op cit., p. 18

그렇다면, 왜 이런 피해자화 문화 또는 부문화의 추세가 이어졌을까. 이런 추세에 가장 크게 기여한 요인으로 전문가들은 소위 "일탈의 의료화(Medicalization of deviance)"를 들고 있다. 물론 그렇다고 이런 관찰이 일탈이 반드시 생물학적 요인을 가진다는 것을 보여주기 위한 의도는 아니며, 단순히 일탈이 도덕적 실패라기보다는 질병으로 널리 간주된다는 것을 의미하려는 것이라고 한다. 좋은 예로, 만약 알코올 중독이 질병이라면, 우리는 중독자를 도덕적으로 비난하기보다는 오히려 치료를 위한 노력과 전략에 더 집중해야 한다는 것이다. 이러한 의료화를 비단 알코올 중독에만 그치지 않고 다양한 범위의 일탈 행위에도 적용하자는 것이다. 이처럼 일탈을 의료화된 조건으로 이해하는 것은 마치 사람들이 암과 같은 생물학적 질병의 피해자일 수 있는 것처럼 일탈도 평판이 나쁜 행위의 피해자일 수 있다는 것이다. 이러한 관점은 실제로 형사정책과 특히 교정 분야에서 그 위세를 더욱 떨치기도 하였는데, 바로 범죄자에 대한 처벌보다는 치료와 처우를 강조했던 교정의 의료 모형(Medical Model)이 그것이다. 즉, 범죄는 일종의 사회적 질병이고, 범죄자는 각종 사회적 환경의 영향으로 그런 질병을 앓게 된 환자이기에 그를 처벌해서는 소용이 없으며, 반대로 그의 사회적 질병을 치료, 치유해야 한다는 것이다. 이와 유사한 추세 하나가 더 있는데, 바로 자조 운동(Self-help movement)이다. 이 운동은 현대 가정 생활의 역기능적 특성을 강조하고, 사람들이 겪고 있는 문제들이 상당한 수준과 정도로 그들이 아동기에 처해졌던 다양한 형태의 물리적, 감정적, 심리적 학대에 그 뿌리를 두고 있다고 주장한다. 당연히 이러한 주장에서 보면 피해자 의식에의 호소는 모든 사람이 쉽게 닿을 수 있는 주장이 되었던 것이다.[65]

65 Kennedy and Sacco, op cit., pp. 18-19

4. 피해자의 정체성

피해자화의 의미는 다른 사람들이 피해자를 어떻게 보는가뿐 아니라 피해자 스스로가 자신에 관해서 어떻게 느끼고 생각하는가에도 관련이 된다고 한다. 비록 우리가 가장 간단하게 보면 피해자는 피해를 당한 모든 사람이라고 시사할 수 있지만, 그러한 기술이 피해자 스스로가 자신을 어떻게 보는지 또는 심지어 그들이 실제로 자신을 피해자로 보는지 여부에 관한 그 어떤 것도 말해주지 않는다. 그냥 누군가가 피해를 당했다는 단순한 사실만으로는 사람들이 그를 피해자로 생각할 것이라는 것을 함축하지는 않는다. 여기에는 몇 가지 이유가 있다고 하는데, 먼저 피해를 일으키는 사건, 사고가 매우 경미하여, 사람들이 자신을 보는 방식에 그리 중요한 영향을 미치지 않는다고 한다. 실제로 통계적으로 대다수 범죄는 그것이 대인 범죄이건 재산 범죄이건 경미한 범행이라고 하며, 심지어 경찰이나 전문가들이 그 사람을 피해자라고 생각할 수 있을지라도 피해자라는 지정이 개인의 자아상의 핵심적, 중심적인 부분은 아니라고 한다. 그리고 비록 심지어 범죄의 결과가 심각하고 중대할 때도 이 사실이 사람들이 자신을 범죄 피해자로 생각한다는 것을 함축하고 있지는 않다고 한다. 범죄 피해자라는 표식, 낙인은 그들 정체성의 다른 관점보다 훨씬 덜 중요할 수도 있다는 것이다. 예를 들어, 폭력으로 실명을 한 사람이라도 자신을 폭력 범죄의 피해자라기보다는 결과적으로 실명의 피해자로 생각할 수 있다는 것이다. 이와 유사한 예로서, 성폭력 피해자가 자신에게 폭력을 가한 범법자의 피해자로서보다는 가부장제의 피해자로 자신을 생각할 수 있다는 것이다.[66]

누군가가 범죄 피해자인지 아닌지는 그리 직설적일 수만은 없다는 것이다. 그것은 사람들이 자신에게 가해진 해악을 범죄로 딱지를 붙이고 있는 사건과 범죄에 대한 피해자의 규정, 정의의 차이 때문이라고 한다. 어떤 사람이 모르는 사람보다는 가족이나 친지로부터 도둑이나 강도를 당한다면 그 사람은 그것이 실제로 범죄가 아니라고 생각할 수도 있다는 것이다. 결국, 이는 유사한

---

66 Ibid., p. 20

사건이라도 가해자와 피해자의 관계, 마치 연인폭력과 낯선 사람 간의 폭력의 차이처럼 사건이 일어난 상황과 여건, 그리고 범죄가 발생한 지역이나 장소에 따라서도 서로 다르게 받아들여질 수 있다는 것을 보여준다. 두 번째 요소는 사건과 관련된 심각성의 수준, 정도이다. 사건의 결과가 심각할수록 사건이 그만큼 덜 모호해지기 때문이다. 경미한 피해나 상처를 초래한 경우보다 심각한 상처나 피해를 초래한 경우에 범죄 피해로 생각할 개연성이 그만큼 더 높아진다는 것이다.[67]

그러나 비평가들의 비판에도 불구하고, 다른 사람의 행동으로 해악을 경험하는 모든 사람이 피해자라는 딱지를 받아들일 준비가 되어 있는 것은 아니라고 한다. 피해자처럼 느끼는 것은 상당한 비용도 함께 수반되기 때문이다. 실제로 피해자들은 무력감, 취약성, 그리고 무기력감을 겪는 것으로 알려지곤 한다. 그로 인하여 그들은 때로는 행동할 수가 없고, 그래서 다른 사람들이 그들이 포기했다는 인상을 가질 수 있다는 것이다. 이러한 견지에서, 피해자라는 딱지가 낙인의 형태와 너무나도 유사하게 기능, 작용한다는 것을 인식하는 것이 매우 유용하다는 것이다. 사람에게 낙인이 붙여지면, 다른 사람들이 그들에게 반응, 대응하는 것은 물론이고, 그들이 자신에게 반응, 대응하는 방식에도 영향을 미친다고 한다. 이러한 피해자화의 낙인, 꼬리표를 극복하려는 시도에서, 사람들은 네 가지 아주 일반적인 전략의 하나나 어떤 결합을 활용하는 경향이 있다고 한다. 그 첫 번째 전략은 피해자 딱지와 그와 관련된 낙인의 수용을 함축하고 있다. 다시 말해서, 피해자는 다른 사람들이 자신에게 대응, 반응하는 동일한 방식으로 자신에게도 대응, 반응한다는 것이다. 이는 무릇 범죄학의 상호작용적 낙인 이론과도 유사한 것으로도 이해할 수 있다. 그런데 이와 같은 관점에서, 가장 보편적인 문제의 하나는 피해자가 자신에게 일어난 것에 대한 책임을 받아들이는 정도까지 자기-비난(Self-blaming)에 가담하는 추세, 경향이라고 한다. 그러나 일부에서는 어떤 방식으로는 자기-비난이 실제로 피해자화 이후 단계에서의 적응을 쉽게 해준다고도 한다. 만약 피해자들이 피해자화의 원인으로서 그들이 변화시킬 수 있는 자기 행동의 특정한 요소 일부

---

67 R. B. Ruback, M. S. Greenberg, and D. R. Westcott, "Social influence and Crime-victim decision making," Journal of Social Issues, 1984, 40(1): 51-76; Kennedy and Sacco, op cit., p. 21

를 콕 찍어서 지적할 수 있다면, 앞으로 더 안전하게 느낄 수 있을 것이라고 주장하는 것이다.68

피해자화의 낙인을 극복하는 두 번째 방법은 피해자화가 일어났다는 사실을 비밀로 하는 것이다. 다양한 유형의 피해자들이 다른 사람들이 부정적으로 자신에게 반응하고 자신을 대할까 두려워 자신에게 일어난 것을 다른 사람들과 공유하지 않는 것으로 널리 알려지고 있다. 이런 현상은 사람들이 자기 가족이나 친지나 연인과 같이 자기들이 아직도 관계하고 관여되어질 사람들로부터 피해를 당할 때 일어날 개연성이 더 높다고 한다. 이런 현상은 또한 일부 성범죄 피해자나 자신의 명예가 훼손될 수 있다고 생각하는 피해자, 사기 범죄 피해 노인, 그리고 부도덕한 피해자나 비난받을 피해자에게서도 나타날 개연성이 높다고 할 수 있다. 피해자화의 낙인을 극복하는 세 번째 방법은 행동에 대한 인지적 재평가를 포함하고 있다. 이 경우, 피해자들은 자신의 부정적 특성이 덜 분명해지도록 사건을 재규정한다는 것이다. 구체적으로, 피해자가 자기보다 더 심각한 해를 경험한 다른 사람과 자신을 비교하는 것이다. 그 대신에, 피해자들은 그들이 겪은 해악에도 불구하고, 적어도 앞으로 자신을 더 안전하게 만들 "교훈을 얻었다"라고 자신에게 말하여 무언가 긍정적인 의미를 찾으려고 한다는 것이다. 이와 관련된 또 하나의 전략은 피해자 딱지와 관련된 낙인에 대응하는 방식으로, 자신에 대한 딱지를 다르게 다시 붙이는 것이다. 이를 가장 잘 대변하는 사례로 성범죄 피해자를 피해자(Victim)가 아니라 "생존자(Survivor)"라고 생각하고 불려지는 것을 선호한다는 사실이다. 그것은 생존자라는 용어, 단어가 강함과 행동하는 사람이라는 인상을 주기 때문이라고 한다. 피해자화 관리의 마지막 기술은 개인주의적이라기보다는 집단인 것으로, 일종의 피해자 자조(Self-help) 집단 등에 가입하거나 그런 운동을 시작하는 것이다.69

---

68 A. J. Lurigo and P. A. Resick, "Healing the psychological wounds of criminal victimization: Predicting Postcrime distress and recovery," in A. J. Lurigo, W. G. Skogan and R. C. Davis(eds.), Victims of Crime: Problems, Policies, and Programs, Newbury Parks, CA: Sage, 1990, pp. 50-68

69 R. Agnew, "Neutralizing the impact of crime," Criminal Justice and Behavior, 1985, 12: 221-239; Lurigo and Resick, op cit.; Ruback et al., op cit.; S. E. Taylor, J. V. Wood, and R. R. Lichtman, "It could be worse: Evaluation as a response to victimization," Journal of Social Issues, 1983, 39(2): 19-40

피해자 구성의 이론적 반영

 1. 피해자 지위의 자기-인식과 사회적 인정

일찍이 70년대, 캐나다의 비판 범죄학자 Quinney는 피해자학자들에게 '피해자'라는 용어를 상호작용적이고 추론적인 관행에서 드러나는 사회적 구성으로서 봐줄 것을 주장하였다. 이러한 맥락에서, Miers는 개인을 피해자로 낙인화하는 사회적 과정과 그러한 낙인이 그 개인에게 미치는 영향 두 가지 모두를 분석할 수 있는 '비판 피해자학(Critical victimology)'을 강조하였다. 그러한 구성주의, 구상파적 관점의 핵심점은 용어 '피해자'-마치 용어 '범죄자'처럼-를 공식, 비공식적 규율에 의거하여 개인에게 부여되는 사회적 지위, 신분(Social status)으로 표현한다는 것이다. 이런 지위, 신분이 없이는, 누구라도 피해자로 간주되지 않을 것이며, 실제로 사회적 세상, 세계에서 피해자가 되지 않을 것이다. 그러한 지위가 없이는 가족이나 친지로부터 감정적 지지도 받지 못하고, 정부나 어디로부터도 물질적 보상도 받지 못한다. 그런데 그러한 지위, 신분을 갖기 위해서는, 개인이 먼저 자신을 피해자로 밝히고, 그리고는 피해자화의 사회적 규정에 준거하는 방식으로 자신의 고통을 제시하는 것이 중요하다고 한다. 그러나, 아래 그림처럼, 논리적으로, 피해자로의 자기-확인과 사회적 인정의 결합은 결국 4가지 유형의 경우를 보여준다.70

---

70 D. Miers, "Positivist victimology: A critique, Part 2," Critical Victimology: International Review of Victimology, 1990, 1: 219-230; R. Quinney, "Who is the victim?" In J.

그림 3-1   피해자 인식하기

		피해자로의 자기-확인(Self-identification)	
		예	아니오
피해자로의 사회적 인식	예	실제 피해자	지정 피해자 (Designated victim)
	아니오	거부된 피해자	비-피해자

만약 손상을 당한 사람과 이 사건에 대해서 알게 된 사람 양측 모두가 사건을 실제 피해자나 또는 비-피해자와 같이 동일한 방식으로 범주화한다면 아무런 문제가 생기지 않는다. 그러나 개인은 자신을 피해자로 보지만, 피해자라는 지위가 거부되거나 다른 중요한 사람들에 의하여 범법자로 치부되는 소위 거부된 피해자라는 상황이 일어날 수 있는데, 이런 상황을 초래하는 데는 몇 가지 이유가 있다고 한다. 먼저, 범법자의 개인적 특성이나 해악적 사건의 상황이 그 사람에게서 피해자 역할을 박탈할 수 있다고 한다. 다른 하나의 이유는 불법적 활동에의 가담으로서, 이는 피해자 지위에 대한 성공적인 주장을 매우 어렵게 만든다고 한다. 한편, 자신을 피해자로 보지 않는 사람에게도 피해자 지위가 주어질 수 있는데, 이를 지정 피해자라고 한다. 어린이나 지적 장애인 등과 같은 무지나 혹은 이민자와 같은 규범이나 가치 지향의 차이와는 별개로, 피해자 역할과 의무의 거절로부터도 초래될 수 있다고 한다. 지식, 문화적 가치, 태도, 그리고 신념의 정도에 따라, 피해자로의 자기-낙인은 상대적으로 쉽거나 어렵거나 아니면 불가능할 수도 있다는 것이다. 자기-확인과 사회적 확인 사이의 상이함, 차이는 이론적으로 중요한 시사점이 될 수 있다고 한다. 피해자 역할, 권리, 그리고 지지와 지원의 차이를 야기할 수 있기 때문이다.[71]

Hudson and B. Galaway(eds.), Considering the Victim: Readings in Restitution and Victim Compensation, Springfield: Charles C. Thomas, 1975, pp. 189-197

71 Miers, op cit., p. 222; D. Black, "Crime as social control," American Sociological Review, 1983, 48: 34-45; D. Miers, "Taking the law into their own hands: Victims as offenders," in A. Crawford and J. Goodey(eds.), Integrating a Victim

2. 피해자 역할의 부여와 철회

이러한 피해자의 사회적 구성은 피해자화에 대한 전형적인 사회적 반응으로 이해할 수 있다. 이 과정은 손상, 해를 당한 사람에게 특정한 권리와 의무를 포함하는 특정한 역할을 부여한다. 현대사회에서, 피해자의 사회적 역할은 1) 보편주의적이고, 2) 기능적으로 특별하고, 3) 감정적으로 중립적이며, 4) 집합적으로 지향하는 것으로 추상적으로 기술되는 일련의 기대감으로 구성된다고 한다. '이상적 피해자(Ideal victim)'가 결정적인 참조의 틀로 법을 선택하고, 개인주의적 사법 정의의 이념을 삼갈 것으로 기대되는 한 보편주의적이라고 할 수 있으며, 두 번째는 그러한 기대는 법전의 범위 안에서 고소와 규범 위반의 범위에 국한된다는 것이다. 세 번째는 피해자는 범법자의 기소에 도움이 되기 위하여 자신의 필요, 요구에 대한 즉각적인 만족을 삼갈 것으로 기대되는 것이며, 네 번째는 경찰을 비롯한 다른 제도, 기관과의 협조가 피해자 역할의 중심적인 요소라는 것이다. 피해자는 경찰과 사법제도의 필요조건을 충족시키기 위하여 자기-이익을 마지막으로 두고, 시간과 같은 비용과 희생을 감수하고, 당혹스러운 질문과 같은 문제도 감내할 것이 기대된다는 것이다. 환자가 의사 등 의료 전문가의 도움을 필요로 하지만 가족, 친지가 아무것도 할 수 없는 것처럼, 피해자도 그들의 가족, 친지 누구도 어떤 종류의 법 집행도 할 수 없기 때문에 오로지 전문가의 도움을 필요로 한다는 것이다. 이런 관점에서, 피해자에 대한 사회적으로 규정된 상황은 무기력함과 전문적 무능함으로 특징지어진다.[72]

더 큰 문제는 이러한 피해자 역할이 모든 사람에게 차별 없이 부여되지 않

perspective within Criminal Justice, Ashgate: Aldershot, 2000, pp. 77-95; M. R. Burt, "A conceptual framework for victimological research," Victimology: An International Journal, 1983, 8: 261-269

72 R. Strobl, "Constructing the victim: Theoretical reflections and empirical examples," International Review of Victimology, 2004, 11: 295-311; D. Miers, "Positivist victimology : A critique," International Review of Victimology, 1989, 1: 3-22; R. Janoff-Bulman, "The aftermath of victimization: Rebuilding shattered assumptions," in C. R. Figley(ed.), Trauma and its Wake: The Study and Treatment of PTSD, New York: Brunner/Mazel, 1985, pp. 15-35

는다는 점이다. 특정한 범주를 충족시키는 일부 사람만이 이런 방식으로 범주화되는 기회를 가질 수 있다는 것이다. 당연히 규범의 위반으로부터의 고통이 필요한 조건이지만, 모든 사회적 규범의 위반이 다 광범위하게 받아들여지는 피해자 지위가 주어지지 않는다는 것이다. 심지어 법률 규범의 위반으로 고통을 받는 사람마저도 만약에 피해자에 대한 사회적 인상을 충족시키지 못하면 사회적 지지를 얻기 어려울 수 있다는 것이다. 사회적으로 주변부의 지위에 있는 사람은 피해자가 될 위험성도 높고, 피해자로 인식되고 인정받는 것도 더 어렵다고 한다. 피해자학에서는 이들이 피해자화 위험성이 높은 이유를 그들의 생활 유형(Lifestyle)과 사회적 접촉(Social contact) 종류의 결과로, 또는 이와 유사하게 '범법자의 기회', '범법자와 피해자의 접촉', 그리고 '범행을 용이하게 하는 요소'를 강조하는 일상 활동(Routine activity)으로도 설명한다. 이에 더하여, 최근 서양에서의 동양인을 표적으로 하는 증오 범죄(Hate crime), 표적 범죄(Target crime)에서 경험했듯이, 정형화와 편견이 특정한 개인이나 집단을 피해자화를 위한 적절한 표적으로 지정하기도 하는데, 문제는 이런 요소가 그들의 피해자화 위험만 높이는 것이 아니라 도움과 사회적 지지를 제공할 수 있는 사회적으로 받아들여지는 피해자 지위가 거부될 위험도 높인다는 것이다.[73]

3. 피해자의 과학적 구성

피해자학에는 피해자를 규정, 정의하는 것과 관련하여 두 가지 전통이 있다고 한다. 피해자학 선구자 중 한 사람인 Benjamin Mendelsohn은 피해자학은 모든 종류의 피해자화를 다루어야 한다는 입장을 견지하고 있다. 그러나 이러한 개념은 생산적인 이론적 논쟁이나 경험적 연구를 위해서는 지나치게 광범위한 반면에, 이와는 대조적으로 Hans von Hentig는 형법으로부터 규범 위반의 규

---

73 E. A. Fattah, "Violence against socially expendable," W. Heitmeyer and J. hagan(eds.), International Handbook of Violence Research, Dordrecht: Kluwer Academic Publishers, 2003, pp. 767-783; Strobl, op cit., p. 298

정, 정의를 채용하는 실용적인 해결책을 견지한다. 그러나 이러한 개념도 주요한 이론적 주장에 직면하게 되는데, 형법으로부터의 규정, 정의에 의존하는 것은 물론 피해자학적 이론을 특정한 사회에서의 법률적 정의에 영향을 미치는 피해자에 대한 사회적 규정, 정의라는 쟁점에 무관심하게 만든다는 것이다.[74]

이러한 쟁점들을 다루는 데 요구되는 기본적 요건은 형법의 개념보다는 상당히 더 광범위하지만, Mendelsohn의 개념과는 대조적으로 이론적으로 그 경계를 정당화했고, 그래서 특정한 부류의 구별할 수 있는 사건을 포함하는 피해자의 개념이라고 한다. 이러한 관점에서, 피해자화의 의미 있는 개념에 대한 5가지 범주가 제시되곤 하는데, 이에 따르면, 이들 5가지 범주를 충족시키는 사건으로 고통을 받는 사람이 피해자로 불릴 수 있다는 것이다. 첫 번째 범주는 확인 가능한 단일 사건이라는 것으로, 구조적이고 잠복해 있는 현상을 배제하려는 것이 목적이며, 좋은 사례로서 외국인 혐오증의 피해자라는 사람이 욕설과 같은 확인 가능한 사건을 직시할 수 없다면 피해자로 간주될 수 없다는 것이다. 이어지는 범주들은 대체로 피해자에 대한 주관적 견해, 시각이라고 할 수 있는 것으로, 먼저 부정적 평가이다. 부정적이고, 해악적이고, 위협적인 것만이 피해자화로 고려할 수 있는 것이지, 복권 당첨자가 피해자가 될 수 없다는 것이다. 세 번째는 통제할 수 없는 사건으로서, 피해자화는 피해자 자신에 의해서 초래되거나 통제되지 않아야 한다는 것이다. 네 번째 범주는 개인적 또는 사회적 범법자 귀인으로서, 개인적인 인간 행위나 사회제도에 기인한 사건으로 피해자화를 제한해야 한다는 것이다. 다섯 번째는 사회적으로 공유된 규범의 위반으로서, 이는 누구도 공유하지 않는 피해자의 사회적 상황, 여건, 환경에서의 특이한 기대를 배제하기 위한 것이라고 한다.[75]

---

74 R. Elias, The Politics of Victimization, Victims, Victimology and Human Rights, New York and Oxford: Oxford University Press, 1986, pp. 24-25; E. A. Zeigenhagen, Victims, Crime, and Social Control, New York: Praeger, 1977, pp. 9-10; Strobl, op cit., p. 299

75 A. J. Reiss, "Foreword: Towards a revitalization of theory and research on victimization by crime," The Journal of Criminal Law and Criminology, 1981, 72: 704-713; J. A. Holstein and G. Miller, "Rethinking victimization: An international approach to victimology," Symbolic Interaction, 1990, 13: 103-122; M. R. Burt, "A conceptual framework for victimological research," Victimology: An International Journal, 1983, 8: 261-269; J. Dussich, "New definitions for victimology and victim services : A theoretical note," The Victimologist, 2003, 7: 1-2;

한편, 여기서 추가되어야 할 관점이 하나 더 있는데, 바로 간접 피해의 문제이다. 사람들이 범행 그 자체의 표적이나 대상은 아니었을지라도 피해자화로 심각하게 고통을 받을 수 있다는 것이다.[76] 앞에서 언급한 바와 같이, 범법자의 동기와 피해자의 손상이나 해악의 원인 두 가지 모두를 고려하면 다음과 같은 피해자화 유형으로 분류될 수 있다고 한다.[77]

그림 3-2   피해자화 분류

		범행 자체로 초래된 손상/해악	
		예	아니오
		직접 피해자화	집합적 피해자화
동기 여부	예	개인적 피해자화	집합적 피해자화
	아니오	대리 피해자화	매개 피해자화

범죄로 인한 개인적이나 사회적인 결과는 자신의 주관적 해석에 달렸기 때문에, 여기서의 피해자화 분류도 피해자의 관점에 기초하고 있다는 것을 염두에 둘 필요가 있다. 이러한 측면에서, 피해자에게 해악, 피해나 그의 재산에 손상을 가하거나 재정적 손실을 직접적으로 초래하는 모든 피해자화는 직접 피해자화(Direct victimization)라고 한다는 것이다. 만약 범법자가 자신에게 해악이나 손실을 가하고자 하는 동기를 가졌다고 피해자가 확신한다면 이는 개인적 피해자화(Personal victimization)라고 하는 반면에, 그렇지 않고 피해자가 다소간 우연하게 피해를 당하였다고 믿는다면 이는 대리 피해자화(Vicarious victimization)에 해당되며, 유탄을 맞은 경호원이 좋은 사례라고 한다. 피해자에게 해악과 재산상의 손실이나 손상을 직접적으로 초래하지 않는 모든 피해자화는 간접 피해자화(Indirect victimization)로 부를 수 있어서, 간접적 피해자가 범행의 일차적 표적을 대변하지 않지만, 그럼에도 그 첫 번째 영향을 받을 공산이 있

Strobl, op cit., p. 300
76 D. S. Riggs and D. G. Kilpatrick, "Families and friends: Indirect victimization y crime," in Lurigo et al., op cit.. pp. 120-138
77 Strobl, op cit., p. 303, Table 2: Classification of Victimization

는 사람이라고 규정할 수 있다는 것이다. 여기에다 범법자의 동기를 더하면, 더욱 차별화할 수 있는데, 만약 영향을 받은 사람이 범법자가 자신을 해칠 의도가 없었다고 생각하는 경우라면 매개 피해자화(Mediated victimization)에 해당될 수 있다고 한다. 살해된 피살자의 가족이 매개 피해자화의 좋은 예라고 할 수 있다. 집합적 피해자화(Collective victimization)는 예를 들어 특정한 특징을 가진 모든 사람에 대한 범행처럼 어떤 사회적 범주에 대하여 직접적으로 가해지는 공격의 결과라고 한다. 그러나 이런 방식이라도 직접적으로 피해를 당하는 사람은 모두 개인적 피해자로 분류될 수 있다고 하며, 아마도 최근 서양에서의 동양인에 대한 증오 범죄, 표적 범죄가 하나의 예가 될 수도 있을 것이다.[78]

 4. 피해자화의 성공적인 소통 조건

사실, 누군가를 피해자로 낙인을 부과하고 피해자 역할을 부여하는 과정은 피해자와 사회 대표자, 대변자들 사이의 소통이라고 기술될 수 있다고 한다. 낙인과 역할 부여의 과정으로서 소통은 우리가 잘 알고 있는 고전적 낙인 이론과 그 접근보다 더 일반적이라고 하는데, 이는 낙인의 지위와 역할 부여를 위한 소통의 과정은 전통적 낙인 이론처럼 낙인을 단순히 사회적 반응으로서만 상상하지 않고, 상호작용의 결과로 생각하기 때문이다. 여기서 강조되는 것은 그래서 피해자화에 대한 성공적인 소통에 초점을 맞추는 것이다. 성공적인 소통이라는 이러한 표현은 곧 피해자의 피해 신고가 그 메시지를 받는 사람이 피해자가 필요로 하는 것을 충족시키는 방식으로 행동하도록 동기를 부여한다는 것을 의미한다. 그러한 소통의 성패 여부는 다음의 4가지 관점에서 결정된다고 한다.[79]

---

78 G. Gulotta, "Collective victimization," Victimology; An International Review, 1985, 10: 710-723; P. Rock, "Murderers, victims and 'survivors', The social construction of deviance," The British Journal of Criminology, 1998, 38: 185-200; E. C. Viano, "Theoretical issues and practical concerns for future research in victimology," Victimology; An International review, 1985, 10: 736-750

79 Strobl, op cit.

그 첫 번째 관점은 피해자화에 대한 실체적 사실로서, 성공적인 소통을 위해서는 청취자가 '실제' 피해자화 사건이 일어났다는 결론에 도달하는 것이 중요하다는 뜻이다. 당연히, 앞에서 설명한 피해자 지위 획득을 위한 다섯 가지 최소한의 조건을 충족시키는 것과는 별도로, 중요한 규범 위반과 심각한 손상이나 재정적 손실은 물론이고, 피해자가 이들 범주에 부합되는 자신의 경험을 소통할 수 있는 능력이 결정적인 역할을 할 수 있다는 것이다. 두 번째 관점은 피해자의 개인적 인상으로서, 피해자의 외관과 행동이 청취자에게 특정한 인상을 준다는 것이다. 그리고 세 번째는 피해자가 소속한 사회집단으로서, 여기서 중요한 것은 피해자가 법을 준수하는 사람들의 내-집단 구성원으로 인식되는 것이다. 내-집단 구성원으로 받아들여지지 못하는 외-집단에 속하는 사람은 피해자보다는 오히려 범법자로 간주되는 경향이 있다는 것이다. 피부색이나 두발과 같은 신체적 외모, 외양, 외관이 이러한 종류의 범주화에서 중요한 역할을 할 수 있음에 따라, 결과에 미칠 수 있는 피해자의 영향은 아주 제한적이 된다는 것이다. 마지막 관점은 도움을 요청하는 피해자의 명료성과 특수성이라고 할 수 있는 관점으로서, 피해자가 자신의 필요에 대해서 얼마나 명확하고 특별하고 독특하게 청취자에게 전달하고 자신의 입장과 필요를 부각시킬 수 있는가 여부이다. 사실 청취자는 만약 피해자화에 대해서 무엇을 할 수 있고 해야 하는지 알지 못한다면 피해자에게 만족스러운 결과를 기대하기 어려운 것이다. 정확한 정보를 제공하고, 자신의 필요와 요구를 분명하게 진술할 수 있는 피해자가 그렇지 못한 피해자에 비해 도움을 받게 될 개연성이 더 높다는 것이다. 물론, 이처럼 피해자의 소통 능력이 피해자화에 대한 성공적인 소통에 중요한 역할을 하지만, 사실은 청취자의 해석에 더 크게 좌우된다고도 한다.[80]

---

80 Strobl, op cit.

피해자화의 정치화-정치적 상황

1. 피해자 역할의 전환

　오늘날 피해자와 피해자 옹호 단체 등 피해자 관련 집단은 종종 형사사법 제도가 피해자를 취급하고 대하는 방식, 방법에 대한 불평과 불만을 제기하곤 한다. 범죄가 개인에 의한 개인에 대한 사적인 갈등이 아니라 국가에 대한 도전으로 인식되면서부터 강도나 성폭력이나 폭행을 당한 사람들은 자기들에게 가해진 범죄가 국가에 대한 범죄인 만큼 실제로 그들에 대한 범죄는 아니라는 공식적 견해로 공격을 받는다. 종종 그들은 형사사법제도가 피해자의 복지보다 범법자의 복지에 더 많은 관심을 가지는 것으로 느끼곤 한다. 실제로 수형자들은 국가의 보호 아래 교육도 받고, 직업훈련도 받고, 상담과 치료도 받는데 비하여 피해자들은 국가의 보호도, 치료도 상담도 교육도 훈련도 전혀 받지 못하는 것이 현실이다. 그들은 또한 형사사법제도가 자신들의 최선의 이익을 위하여 운용되지 않는다고 믿으며, 형사사법제도 관료들의 손에 의하여 그들이 받게 되는 처우가 2차 피해자화가 되기도 한다는 데 분노한다. 피해자들은 피해자들이 겪은 해악을 다루기 위하여 조직된 것으로 믿는 제도에 자신들은 이방인, 하찮은 존재로 느낀다고 주장한다.[81]

　사회가 더욱 도시화가 되고 산업화가 되면서, 부분적으로는 정치 권력이 더

---

81 Kennedy and Sacco, op cit., pp. 50-51

중앙집권화되고, 사회의 집단과 개인 간의 관계가 점점 더 계약적이 되었기 때문에 피해자의 역할은 더 줄어들게 되었다. 피해자 중심의 사적 사법으로부터 국가 중심의 범죄와 법제도로의 이동은 피해자, 피해자 가족, 그리고 범법자 사이의 관계를 특징지었던 유혈사태와 자의성을 최소화하는 데 도움이 되었다. 그러나 동시에, 이는 피해자들이 자신에게 가해진 해악을 처리하는 책임을 가진 바로 그 제도에 의해서 버림받는다고 느끼는 피해자들 사이에서 많은 불만과 불평의 응어리를 발생시키기도 하였다. 60년대 "피해자 운동"으로 기존의 형사사법 관료제에 의하여 부여된 하찮은 역할에 심각한 도전이 시작되었다. 피해자 조직과 단체들은 배상(Reparation)과 기타 다른 형태의 보상은 물론이고, 자신이 범법자에 대한 양형에 있어서 더 많고 더 큰 목소리를 낼 권리를 요구하기 시작하였다. 그들은 자기들에게 주어지는 서비스의 부재에 대한 불만과 형사사법제도가 자기들의 고통과 아픔에 더 민감해질 필요성을 강력하게 표출하였다.[82] 그렇다면 이런 변화와 움직임의 저변의 계기는 무엇이었을까?

1) 범죄율의 상승

범죄 발생률의 상승은 피해자들이 경험한 문제를 더욱 심화시켰고, 형사사법제도로부터 방치되었다는 느낌을 증대시켰다. 이에 경찰은 자원의 한계 속에 인력 운용 효율화의 시도로서 경찰 인력의 배치에 있어서 종종 해결될 것 같지 않은, 해결의 가능성이 낮아보이는 범죄 피해자에 대해서는 관심을 거의 보이지 않게 된다. 이와 유사하게 검찰도 늘어나는 업무량을 관리하려는 의도에서 피해자의 Well-being이 핵심적인, 중심적인 우선순위로 규정되지 않았기 때문에 일상적으로 피해자의 필요와 요구나 바람을 고려하지 않았고 오히려 2차 피해자화를 걱정하기에 이르렀다. 결과적으로 심지어 심각한 범죄를 겪은 피해자조차도 다수가 범죄를 경찰에 신고하거나 형사사법제도와 관련되기를 꺼리게 되었다. 이런 현실은 피해자의 사법제도에의 참여가 증가하는 범죄 문제를 다루는 모든 일치된 노력에 필수적이라고 믿는 정책 입안자들에게 어려

---

82 B. L. Smith and C. R. Huff, "From victim to political activist: An empirical examination of a Statewide Victims' Right Movement," Journal of Criminal Justice, 1992, 20: 201-215

움을 가져다주었다. 만약에 피해를 당한 사람들이 경찰에 신고하리라 믿어지지 않거나 범법자가 재판에 회부되었을 때 증인으로 행동하지 않는다면 법에 의한 처벌의 위협이 잠재적 범법자에게 억제 효과를 가질 것이라 믿을 이유가 거의 없어지는 것이다. 형벌을 통한 범죄 억제는 처벌의 엄중성도 중요하지만, 사실은 처벌의 확실성이 담보되지 않는다면 아무런 소용이 없기 때문이다. 이런 이유로, 초기 피해자 운동이나 프로그램들은 피해자의 고통이나 아픔을 완화시키기보다는 형사사법제도의 기능을 용이하게 하려는 것이었다고 한다.83

이와 관련된 것으로, 다수의 "풀뿌리" 피해자 조직들은 스스로가 피해자였거나 피해자와 관련되었던 사람들의 경험에서 자신의 근원을 찾았다고 한다. 실제로 이들 풀뿌리 조직의 활동가들은 다수가 자기 스스로가 형사사법 과정에 관계되기까지 형사사법제도에 대한 신뢰, 믿음에 대체로 의심을 가졌던 중산층들이었다고 한다. 자신에게 범행을 한 혐의를 받는 용의자들은 종종 국가에 의하여 임명되고 재정이 지정되는 국선 변호사 등의 개인적 옹호와 변호를 받는 반면에, 자신은 스스로 해결해야 한다는 것을 발견하고는 충격을 받고 실망하게 된다는 것이다. 그들은 또한 많은 경우 자기들의 바람과 이익이 검찰의 바람과 이익은 아니라는 것도 알게 된다. 좋은 예로, 피해자들은 피의자에 대한 기소가 법이 허용하는 최대한으로 이루어지기를 바라지만, 검찰은 성공적인 유죄 확정이 어렵다고 생각하거나 성공적인 유죄 확정이 성공적인 기소와 검찰에 대한 평가라고 여겨서 유죄 협상(Plea bargain)에 더 큰 관심을 가진다는 사실이다.84

2) 범죄의 정치화

범죄 문제가 심각해질수록 더 이상 형사 정책으로만 머무르지 않고, 정치적 쟁점이 되기에 이른다. 실제로 냉전이 종식되고 절대적 빈곤이 다소간 해소되면서 이제는 가장 심각한 사회 문제로 전쟁이나 기아가 아니라 범죄라는 인식으로 대체된 것을 각종 여론조사 결과가 보여주기도 하였다. 물론 범죄의 정

---

83 Kennedy and Sacco, op cit., pp. 51-52
84 F. J. Weed, "The victim-activist role in the Anti-Drunk Driving Movement," The Sociological Quarterly, 1990, 31(3): 459-473

치화도 정치적 이념에 따라 상반되기도 하여, 보수 진영에서는 법과 질서 문제의 원인을 다수의 자유주의적 연방 대법원 판결로 기인시키기도 하였다. 가장 중요한 판례가 바로 독이 든 과실 나무에 열린 과일, 과수에도 독이 들어 있어서 먹어서는 안 된다고 하는, 소위 우리에게 '독수 과실'의 이론으로 불리는 Mapp 대 Ohio와 Miranda 경고라고 알고 있는 판례를 남긴 Miranda 대 Arizona이다. 전자의 판결은 불법적인 압수와 수색이나 불법적인 체포의 과정에서 획득된 증거는 증거로 사용될 수 없다는 것이었고, 후자는 피의자는 피의자로서 각종 권리를 고지받아야만 한다는 내용이다. 이런 법원의 판단에 대해서, 보수적 입장에서는 이는 경찰에게 수갑을 채우고, 대신에 구금이 필요한 범죄자를 응석받이로 대하게 된다는 우려를 표하였다. 이들 보수적 비판가들의 관점에서 보면, 그러한 판결이 모든 국민에게 주어진 헌법적 보호의 보장이 아니라 체포되어 재판에 회부되는 범법자들에게 불공정하게 유리함을 주는 단순한 절차상의 문제로만 간주되었다.[85]

마찬가지로 다수 피해자 운동도, 피의자 권리를 신장시키려는 어떠한 시도도 필연적으로 피해자 권리에 부정적인 영향을 미치게 되는 일종의 제로-섬 (Zero-sum) 게임으로 간주하였다. 더 쉽게 말하자면, 피의자에게 더 많은 권리가 주어질수록 피해자 권리는 더 적어질 수밖에 없다는 것이다. 이런 이유에서 실제로 다수 피해자 운동에서는 피해자 권리와 피의자 권리의 균형을 바꾸고자 하였다. 더구나, 투표권을 행사하는 절대다수의 국민들은 잠재적 피의자보나는 잠재적 피해사가 될 개연성이 훨씬 더 크고, 따라서 피해자 운동의 주장에 호응하는 것이 표를 얻는 데 더 도움 된다는 것을 너무나 잘 알고 있다. 여기에 더하여 범죄 문제에 대한 국민의 우려와 관심은 낙태나 총기와 같은 사회적 문제와 쟁점과는 달리 크게 논쟁이나 다양성의 여지도 많지 않다. 그래서 거의 모든 사람이 피해자는 존엄성으로 처우되고, 사법제도는 그들에게 더 예민하고 민감해야 되며, 그들의 권리는 더 강화되어야 한다는 데 동의하기가 쉽다는 것이다.[86]

---

85 Kennedy and Sacco, op cit., p. 53
86 S. Scheingold, "Politics, public policy and street crime," The Annals, 1995, 539: 155-168

2. 피해자 운동의 비판

1) 범법자에 대한 맹비난, 맹공

범죄가 더욱 심각해짐에 따른 정책적 선택이었던 범죄와 범법자에 대한 소위 "강경 대응(Get tough)" 정책은 종종 범죄 피해자에 대한 분명한 관심과 관련이 된다. 점증적으로, 우리는 흑과 백을 가리는 사법적 의사결정 과정에서 결점을 찾아내고, 비난을 부과할 필요가 있다는 것을 제시하는, 처벌과 그를 통한 억제에 초점을 맞추는 형사사법제도를 만들어왔다. 이러한 추세는 우리가 범법자를 너무 쉽고, 편하게, 그리고 가볍게 대해왔으며, 범죄가 피해자에게 미치는 영향을 과소평가해왔다는 믿음으로 정당화되었다. 그러나 일부에서는 형벌을 형사사법제도의 핵심적 초점으로 가지는 것은 도덕적으로 합당하지도 않고, 실무적으로도 효과적이지도 않다고 주장한다. 그럼에도, 범죄 문제의 근원이 형사사법제도의 지나친 관대함이라고 믿는 사람들을 위한 외침의 소리, 구호로서 "피해자 권리"가 "법과 질서"를 대체하였다. 너무나도 빈번하게 그러나, '피해자 권리'의 명분으로 제정된 법률들이 범법자 처분에 초점을 맞추는 것이었고, 그래서 피해자 권리나 지원 등 복지에 대한 순수한 염려, 관심보다는 응보가 핵심 주제일 수 있음을 암시하고 있다.[87]

보다 형벌적이지만 그렇다고 보다 효과적이지는 않은 사법제도를 만드는 것의 위험성은 범법자 권리가 줄 때 피해자 권리가 증대될 수 있다는 가정에서 시작된다. 물론, 다수 피해자는 갈등을 국가와 피의자 사이의 갈등으로 보지 않고, 오히려 피의자와 피해자를 포함하는 갈등으로 이해한다. 만약에 변호인이 피의자의 옹호자라면, 검찰은 당연히 피해자의 옹호자여야 하고, 사법제도라는 상황에서 피의자가 권리를 가진다면 당연히 피해자도 가져야 한다. 이러한 견지에서, 우리는 "권리"라는 용어를 그것의 법률적 의미를 반영하는 방식이 아니라, 선호와 자격을 표현하는 방식으로 사용하고 있다는 것이다. 비판가들은 범법자 권리를 피해자 권리와 다투게, 겨루게 하는 것이라는 주장은 신

---

87 Smith and Huff, op cit.

속한 재판을 받을 권리와 같은 실질적 권리가 모든 시민을 보호하고, 단순한 기술적인 것이 아니라 국가 권력의 자의적 이용에 대한 핵심적인 보호라는 필수적인 사항을 놓치고 있다고 주장한다. 따라서, 피해자 권리와 범법자 권리에 관한 주장이 zero-sum 양태로 제기되고, 피해자 권리를 증진하기 위한 노력이 피의자 권리의 감축을 필요로 한다면, 모든 사람이 잠재적으로 패배하게 된다는 것이다.[88]

2) 형사사법망의 확대(Net Widening)

형사사법망의 확대란 처우의 다양화, 형벌의 다양화 등을 목적으로 한 새로운 제도와 법과 프로그램의 도입으로 기존의 형사사법이라는 그물망을 보다 강하고, 보다 크고, 보다 많게 함으로써 더 많은 사람을 더 강하고 더 다양한 사회통제의 망 안에 둔다는 것이다. 이러한 경향, 현상은 심지어 새로운 시도와 그로 인하여 형법이라는 그물 안에 들어가는 사람과 행위의 증가를 가져오지만, 그렇게 형법의 통제하에 들어오는 사람과 행위가 증가하여도 그로 인한 실질적인 이익이 의문스러운 것으로 평가되고 있다. 그런데 망의 확대가 위험한 것은 망의 확대가 위의 경우와는 달리 오히려 '증오 범죄'나 '스토킹'과 같은 비교적 신종 강력 범죄에 대한 보수적 강경대응책으로 인하여 새롭게 만들어진 법률에 기인할 수도 있다는 것이다. 형법과 형사사법의 관대함이라는 미명으로 인해서도, 그리고 새로운 범죄에 대한 강력한 처벌이라는 이유에서도 형사사법의 망을 확대, 확장시킨다는 것이다. 피해자를 지향하고, 피해자를 보호하기 위한 시도들이 한편으로는 형사사법망의 확대를 초래할 수 있다는 것이다.[89] 이에 대한 대안으로서 학계에서는 과학적이고 체계적인 범죄자 심사와 분류, 특히 재범 위험성의 과학적이고 체계적인 예측을 통한 선별적 구금 등으로 불필요한 구금을 방지할 수 있고, 그럼으로써 사법망의 확충도 초래하지 않을 수 있다고 주장하기도 한다.

---

88 Kennedy and Sacco, op cit., pp. 56-57
89 E. S. Czajkoski, "Criminalizing hate: An empirical assessment," Federal Probation, 1992, 56(3): 227-246; J. B. Jacobs, "Should hate be a crime?" The Public Interest, 1993, 113: 1-17

3) 범죄 원인과 예방의 경시

전문가들은 최상의 형사 정책은 예방이라고 입을 모은다. 그러나 피해자 운동 활동가들이 옹호하는 다수의 정책은 범죄가 어떻게 예방될 수 있을까가 아니라 범죄가 발생하고 난 이후에 더 초점을 맞추어서, 사후 대응적이라는 지적을 받고 있다. 심지어 범죄 예방 정책에 대한 관심이 있을 때라도, 피해자 운동은 보여 줄 만한 효율성이 없는 정책을 강조함으로써 효과적인 예방의 가능성이 약화된다는 것이다. 여기에는 피의자에 대한 가혹한 처벌의 증대와 법률적 보호의 감축을 강조하는 정책들이 해당될 수 있다. 실제로 피해자 운동의 효과, 영향의 하나가 범죄를 예방하는 형사사법제도의 잠재력을 비교적 중요하지 않은 이차적인 것으로 돌리게 하는 것이었다는 자조적인 비판도 나오고 있다. 결국에는 피해자 운동이 점증적으로 범죄가 예방될 수 있는 수단보다는 격분이 표현, 표출될 수 있는 수단에 더 큰 주의와 관심을 기울이는 "표출적 사법 정의(Expressive justice)"라는 주제를 중심으로 사법제도가 조직되고 있다는 것이다.90 물론 이러한 비판에 대해서, 피해자 운동에서는 피해자화의 예방, 특히 피해자에 대한 지원과 보호 등을 통한 반복 피해자화(Repeat victim-ization)를 방지함으로써 그만큼 범죄를 예방할 수 있다고 반박한다.

4) 관습적 범죄에의 집중과 치중

범죄에 관한 다양한 오해와 잘못된 통념 중에서도 중요하면서도 어쩌면 그리 중요하지 않은 것으로 쉽게 받아들이는 것이 있다면 아마도 전통적, 관습적인 노상 범죄(Street crimes)와 화이트칼라 범죄, 엘리트 범죄 등 스위트룸의 범죄(Crimes in suite room)의 피해와 그 심각성에 대한 오해일 것이다. 학자들에 따르면, 화이트칼라 범죄가 노상 범죄보다 우리 사회에 미치는 피해와 영향이 훨씬 크지만, 시민들은 그렇게 인식하지 않고 있다는 것이다. 앞에서도 언급했던 것처럼, 피해자 운동의 시작이 범죄의 심각성에도 영향을 받았지만, 그 발전과 부상은 일반적으로 오직 간접적이거나 천천히 누적되는 손상만 초래하는 다른 종류의 범죄와 비행을 희생양으로 전통적인 약탈적 노상 범죄에 대한 관

---

90 Kennedy and Sacco, op cit., p. 58

심을 더욱 증폭시켰다는 것이다. 그 결과로 강간이나 살인은 피해자 운동의 핵심 주제가 되고 있으나, 화이트칼라나 기업 범죄나 정부 범죄 등 사회와 시민에게 노상 범죄보다 더 큰 피해와 영향을 미치는 범죄는 오히려 관심에서 멀어지게 하였다고 비판하는 것이다.[91] 실제로 각종 화이트칼라 범죄가 일종의 피해자 없는 범죄(Victimless crime)로서 어쩌면 모든 사람을 피해자로 만들고, 그 피해가 장기간 지속될 수도 있으며, 실제로 환경 범죄나 안전사고와 같이 인명을 살상할 수도 있으며, 이를 반영하듯 여러 나라에서는 최근 '기업 살인(Corporate killing)'이라는 범죄까지 규정하고 있음이 이러한 사실을 잘 증명해주고 있다.

5) 범죄 두려움의 증폭

범죄에 대한 두려움, 공포(Fear of crime)가 범죄의 간접 피해 중 하나로 알려진 것은 오래다. 피해자 운동의 옹호자들, 활동가들은 범죄 피해자화의 위험성과 결과를 강조함으로써 형사사법 당국은 물론이고 시민들에게도 범죄 대책, 특히 피해 예방이나 피해자 보호와 지원, 그리고 권리에 대한 변화의 필요성을 일깨우고자 한다. 그중에서도, 비록 '묻지마'식 범죄는 아닐지라도 누구라도 언제 어디서나 범죄의 피해자가 될 수 있다는 범죄 피해자화의 무작위성, 무차별성과 아동, 여성, 노인, 장애인 등 특정 인구집단이나 부분의 범죄에의 취약성이 종종 이들 활동가들이 강조하는 중요한 주제가 되고 있다. 활동가들이 이런 점을 강조한 결과의 하나는 대중의 범죄에 관한 우려, 염려, 걱정 등의 증대, 증폭이라고 할 수 있다. 이와 관련된 것으로, 일반적 기대와는 달리, 형사사법기관의 피해자와의 직접적인 접촉도 때로는 그들의 불안을 오히려 더 고조시킬 수도 있다는 것이다. 범죄 두려움과 공포에 대한 연구 결과, 대부분의 사람들이 실제 범죄 피해를 경험하지 않음에도 범죄 두려움의 수준이 높은 것은 아마도 언론에 비추어진 왜곡된 범죄 상(Crime image)과 그 결과로 초래되는 시민의 왜곡된 범죄 인식이 시민의 범죄 두려움과 불안을 고조, 증폭시킨다고 추정할 수 있다고도 할 수 있을 것이다.[92]

---

91 E. A. Fattah, "Some visible and hidden dangers of victim movement," in E. A. Fattah(ed.), From Crime Policy to Victim Policy: Reorienting the Justice System, New York: St. Martin's Press, 1986, pp. 1-14

6) 갈등의 심화

최근 강조되고 있는 회복적 사법(Restorative Justice)에서도 알 수 있듯이, 어쩌면 형사사법의 궁극적 목표는 물론 사법 정의의 실현이지만, 가해자와 피해자의 갈등의 재발 방지와 화해도 중요하지 않을 수 없을 것이다. 불행하게도, 이런 기대와는 정반대로, 피해자 운동이 오히려 피해자와 범법자를 포함하는 갈등을 더 악화시킬 수도 있다는 우려가 제기되고 있는 것이다. 물론 이런 위험은 피의자와 피해자라는 적대적 두 당사자를 화해시키고 통합시키지 못하거나, 화해시키지 않는 전통적인 형사사법제도의 피의자와 피해자의 적대적 당사자주의 또는 대심제도에 기인한 바 크지만, 이것만이 이유는 아니라고 한다. 때로는 이러한 결과나 우려가 오히려 피해자와 범법자 관계에 대한 특정한 이념적 견해, 시각을 반영하는 의도된 결과일 수 있다는 것이다. 매 맞는 아내들을 위한 쉼터가 때리는 남편에게 되돌아가지 않는다는 것을 쉼터 입소, 수용의 공식, 비공식 요건으로 규정하고 있는 것이 좋은 예라고 할 수 있다는 것이다.[93] 이는 결코 갈등을 화해로 끝내는 것이 아니라 갈등을 더욱 심화, 지속시킬 수도 있다는 것이다.

7) 피해자의 낙인화

범죄와 관련된 부정적 낙인은 비단 범죄자에게 붙는 전과자라는 낙인만이 아니라 사실은 피해자에게도 적지 않은 부정적 낙인을 가져다줄 수 있다고 한다. 특정 유형의 범죄 피해자에 대한 "약하다", "취약하다", "극복할 수 없다"는 등의 낙인이 이들 피해자에게 일종의 사회적 오명을 수반할 수도 있다는 것이다. 문제는 이러한 오명이 우리가 피해자에 대해서 생각하는 방식과 피해자가 스스로를 생각하는 방식에도 심각한 함의를 가질 수 있다는 것이다. 피해자 자아-존중감에 미치는 영향은 깊고 엄청날 수 있으며, 최근 일부에서 피해자에게 보다 더 많은 권한과 힘을 주는 것으로 인식되는 "생존자(Survivor)"를 선호하여 "피해자"라는 용어를 거부하는 이유가 바로 이 때문이라고 한다. 피

---

92 W. G. Skogan and M. A. Wycoff, "Some unexpected effects of a police service for victims," Crime and Delinquency, 1987, 33(4): 490-501
93 Kennedy and Sacco, op cit., p. 59

해자에 대한 정형화된 인상의 전파를 통하여 그러한 의식을 제기하는 것은 피해자에 대한 사회 정책에 아주 현실적인 결과를 가질 수 있다고 한다. 성폭력 범죄의 신고율이 낮은 것도 바로 이런 이유에 기인한 바 크다는 것은 잘 알려진 사실이다. 이는 마치 정신 질환자나 그 가족이 치료를 꺼려하고, 학교에서 선별적 무상급식이 아니라 포괄적 무상급식을 주장하는 이유도 바로 이런 낙인으로 인한 차별이나 부정적 영향을 우려한 결과라는 데서도 알 수 있다[94].

8) 사회적 유대의 약화와 의존성의 심화와 자연적 치유의 지연

범죄 피해자는 이상적 피해자나 범죄 취약계층이나 집단은 어떤 면에서 복지국가의 보살핌을 절실히 필요로 하는 "사회의 고아(Society's orphans)" "사회 약골들의 새로운 무리(New herd of society's weaklings)"로 규정된다고 한다. 범죄의 피해자를 국가의 책임으로 규정하는 것은 점증적으로 범죄 피해자화를 경험하였고, 우리의 지지를 필요로 하는 친지, 이웃, 가족에 대한 개인적 책임을 소홀하게 하는 것이다. 피해자에 대한 서비스가 점점 전문화됨에 따라, 피해자들은 "고객"이나 "서비스 수혜자"로 전환되고, 일련의 다수 다른 피해자는 매일 다루어야 하는 이방인의 손에 두어지게 된다. 뿐만 아니라, 복지국가의 복지 수혜자들에게 있을 수 있는 타인에 대한 의존성을 심화시킬 수도 있다는 지적도 한다. 이는 결국 피해자를 건설적, 생산적, 능동적 사회인으로 복귀시키고 통합시키기보다는 오히려 그들을 사회로부터 점점 더 멀어지게 하고, 소외시킬 수도 있다고 우려하는 것이다. 이와 관련된 것으로, 범죄 피해자에게 보살핌, 지원, 지지를 제공하는 것이 지나치면 범죄와 관련된 스트레스와 불안을 오히려 더 장기화시키고, 피해자 자신의 취약성에 대한 불필요한 불안감을 초래할 수도 있다고 한다. 사실, 시간이 지날수록 범죄 피해자화의 부정적인 감정적, 심리적 영향은 대부분 줄어들게 마련인데, 이런 자연적 치유를 장기화시킬 수 있다는 것이다. 결국, 피해자 운동이 때로는 피해자의 범죄 피해 극복 능력에 장애가 될 수도 있다는 것이다.[95]

---

94 Kennedy and Sacco, op cit., pp. 59-60
95 Fattah, op cit., 1986, p. 9

9) 충족되지 못하는 기대

피해자 운동이 피해자의 권리 향상, 지원과 보호의 증대 등 상당한 기대감을 높였지만, 불행하게도 아직은 크게 기대에 미치지 못한 실정이라고 한다. 우선, 대부분의 실패한 정책이 그 이론적 근거가 없거나 가정이 잘못되었기 때문이기도 한 것처럼, 피해자 운동의 실패도 부분적으로는 옳지 못한 가정에서 비롯되었기 때문이라는 것이다. 예를 들어서, 대부분의 피해자가 형사사법제도에 적극적으로 참여하기를 원할 것으로 가정되었으나, 피해자 영향 진술 등을 통해서 확인된 바로는 그렇지 않았으며, 이런 적극적, 능동적 참여의 결여는 부분적으로는 시간, 비용, 그리고 위협 때문에 참여가 어렵게 되었다는 것이다. 그렇다면 시간, 비용, 위협의 문제가 해소되면 적극적 참여가 실현되어야 하나, 불행하게도 그러한 장애를 해결함으로써 다양한 단계의 사법 과정에의 적극적 참여를 권장하려고 했던 다수의 프로그램이나 정책이 지속적으로 낮은 수준의 참여를 보고하는 실정이라는 것이다. 이런 결과를 놓고 볼 때, 피해자들이 참여하지 않는 아주 간단한 이유는 그들이 참여해도 그들의 기대가 제대로 충족되지 않기 때문이라고밖에 이해할 수 없는 것이다. 피해자 운동의 미사여구에도 불구하고, 피해자는 여전히 사법제도의 이방인으로 남아있고, 그들의 이익은 사건이 해결되는 방식에 너무나도 부응, 부합하지 않은 채로 남아있다는 것이다.[96]

3. 피해자 관련 쟁점의 재규정

1) 피해자 운동의 주창자-쟁점화하는 주체

다른 사람들에게 피해자 관련 쟁점의 심각성을 설득시키려는 사람들에게는 다양한 이유가 있다고 한다. 가장 분명하게는, 피해자 쟁점에 관한 주장을 분

---

96 M. D. McShane and F. P. Williams, 3rd, "Radical victimology: A critique of the concept of victim in traditional victimology," Crime and Delinquency, 1992, 38(2): 258-271

명하게 표현하는 사람들의 일부는 그들이 다른 사람들에게 문제라고 설득하려는 조건의 영향을 직접적으로 받았던 사람이다. 피해자 쟁점에 관련한 입법적 개혁을 요구하는 집단은 종종 "피해자-활동가"들이기도 하다. 이와는 반대로, 다른 한편으로는 피해자 쟁점에 개인적으로 관련되지 않은 사람들, 특히 언론인들의 역할이 크다고 할 수 있다. 이 두 부류의 주창자들을 일반적으로 "일차적 (Primary) 주창자"와 "이차적(Secondary) 주창자"라고 하는데, 이 두 집단을 구별하는 것이 대체로 유용하다고 한다. 일차적 주창자들은 쟁점에 대한 개인적 애착, 관계가 있는 사람들인 반면에, 이차적 주창자들은 개인적으로는 관련되지 않지만 쟁점에 대해서 폭넓은 노출을 시킬 수 있는 주로 언론 관련 사람들이라고 할 수 있다. 그런데, 이차적 주창자들은 단순하게 피해자와 같은 다른 사람들의 주장을 전송하는 것이 아니라, 오히려 쟁점들을 변형시켜서 선택적으로 주의를 기울인다는 점을 인식하는 것이 중요하다는 것이다.[97]

그런데, 주창자들의 자원에 따라서 피해자 쟁점의 성공의 정도와 심하게는 성패 자체에도 영향을 받는다고 한다. 그중에서도, 가장 분명한 것은 경제적 자원이 다양한 서로 다른 토론의 장과 방식으로 광범위하게 자신의 메시지를 전파하는 수단을 가능하게 해준다고 한다. 물론, 경제적 자원과도 무관하지는 않은 것으로서, 조직이나 집단의 규모와 정치적 영향력도 쟁점에 관한 주장의 전파에 영향을 미친다고 한다. 또한, 피해자 쟁점은 문화적 자원을 활용할 때, 보다 더 쉽게 구축된다고 한다. 특히 이는 성공적인 주창은 쟁점이 되고 있는 사항이 기존의 문화적 가치에 관련될 것을 요한다는 것을 의미한다. 예를 들어, 어떤 사항이 쟁점이 되고 있는 그 시기에 그 쟁점이 문화적으로 중요할 때 더 넓게 확산되고, 성공할 개연성도 높아진다는 것이다. 요즘 우리 사회에 크게 반향을 일으키고 있는 '스토킹' 범죄나 음주 운전 사고가 좋은 예라고 할 수 있을 것이다. 스토킹 범죄나 음주 운전에 대한 인식의 변화로 피해자

---

97 S. Hilgartner and C. L. Bosk, "The rise and fall of social problems: A public are-nas model," The American Journal of Sociology, 1988, 94(1): 53-78; J. Best, "Secondary claims-making: Claims about threats to children on the network news," in J. A. Holstein and G. Miller(eds.), Perspectives on Social Problems, Greenwich, CT: JAI Press Inc., 1989, pp. 259-282; J. Best, "Rhetoric in claims-making: Constructing the missing children problem," Social Problems, 1987, 34(2): 101-120

보호는 강조되고 범법자 처벌도 강화되는 일련의 정책적, 입법적 변화를 경험한 것이다.[98]

2) 피해자 쟁점의 주요 내용

그렇다면 우리는 이러한 피해자 쟁점들에 대한 주장들을 어떻게 이해하고 받아들여야 할까? 물론 가장 단순하게는, 누가 피해자이고 누가 피해자가 아닌지, 그리고 무엇이 심각한 문제이고 어떤 것이 그렇지 않은지에 대한 대중의 견해와 시각에 영향을 미치고자 하는 설득적 소통이라고 할 수 있는 하나의 "수사" 정도로 이해할 필요가 있다고 한다. 그러한 주장의 수사적 과정은 주창자들이 문제의 특성을 특징짓는 "정형화"의 과정으로 기술될 수 있다. 그런데 어떤 문제가 정형화되는 가장 기본적인 방식은 바로 이름 붙이기라고 할 수 있다. 예를 들어, 윤창호법, 미란다 경고, 메건 법(Megan's Law) 등이 그런 것들이라고 할 수 있을 것이다. 우리가 무엇엔가 이름을 붙일 때는 그 문제의 존재를 인식, 인정하고, 그 문제를 다루기 위한 구조를 제안하는 것이기 때문이다. 그러나, 어떤 문제이거나 다 잠재적으로 다양하고 상이한 낙인, 딱지, 꼬리표, 이름 붙이기가 가능하다는 것이다. 예를 들어, 결혼 관계에서의 폭력 문제도 서로 전혀 다른 종류의 문제가 될 수도 있다고 하는데, "아내 학대 (Wife abuse)"라고 이름을 붙인다면 그것은 아내들을 일차적 관심의 초점으로 규정하고, 따라서 문제의 범죄적 특성을 강조하게 되고 당연히 학대자의 체포를 요구하는 반면에, 이와는 대조적으로 '가정 분쟁(Domestic disturbance)' 정도로 이름을 붙인다면 아내만이 아닌 가정에 초점을 맞추는 장소적 범주가 되고, 이는 불법적 폭력에만 국한되지 않고 쌍방 폭력도 포함할 수 있고 따라서 체포만이 능사가 아닐 수도 있는 문제가 되는 것이다.[99]

---

98 K. N. Lowney and J. Best, "Stalking strangers and lovers: Changing media typifications of a new crime problem," in J. Best(ed.), Images of Issus(2nd ed.), New York: Aldine de Gruyter, 1995, pp. 33-57; B. A. Stolz, "Congress and criminal justice policy making: The impact of interest groups and symbolic politics," Journal of Criminal Justice, 1985, 13: 307-319; Hilgartner and Bosk, op cit.; Kennedy and Sacco, op cit., pp. 63-65

99 Hilgartner and Bosk, op cit.; D. R. Loseke, "Changing the boundaries of crime: The battered women's social movement and the definition of wife abuse as criminal activity," Criminal Justice Review, 1991, 16(2): 249-262

이와 관련된 사례로서, 1987년 미국 캘리포니아의 고속도로에서 발생한 일련의 연쇄살인 사건을 두고, 언론에서는 무언가 예전의 정형화된 연쇄살인과는 구별되는 것으로 다르게 틀을 잡았다. 먼저, 총격을 문제로 구성하여, 이에 대한 경찰 순찰의 강화와 더 나은 수사와 기소의 필요성을 주장하였고, 두 번째는 고속도로상에서의 총격은 교통체증에 기인한 교통 문제이고, 따라서 더 나은 교통의 흐름이 필요하다고 주장하였다. 세 번째는 살인은 곧 총기 문제이고, 따라서 더 강한 총기 규제의 필요성을 주장하였고, 네 번째는 자기중심적 운전 습관에서 초래된 운전 예절의 문제로 보았고, 마지막으로는 고속도로 총격 살인이 그토록 심각한 사회 문제로 비추어진 것은 언론의 문제로서, 진정한 쟁점은 범죄가 아니라 범죄 보도에 있어서 언론의 선정주의라고 틀을 잡았던 것이다.[100]

그런데 이러한 주장, 주창들은 우리의 주의와 관심을 문제의 특정한 관점으로 향하게 함으로써 문제의 틀을 잡는다. 예를 들어, 피해자의 특성이라는 측면에서 문제를 규정함으로써 정형화하는데, '아동 학대', '노인 학대', '배우자폭력'과 같은 낙인, 표식은 부상이나 해악으로 고통을 받는 사람의 견지에서 이들 쟁점을 이해하기를 권장하는 것이고, '연쇄살인'과 같은 경우는 피해자가 아니라 가해자에게로 사람들의 관심과 주의를 집중하게 한다. 그와 같은 경우, 범법자나 피해자는 독특한 동기, 심리적 프로파일, 행위 유형을 가지며, 최소한 나이, 성별, 인종, 또는 다른 사회적 특성의 측면에서 규정될 수 있는 것으로 기술되고 있다. 또 다른 사례로서, 피해자화가 일어나는 상황, 환경에 관심의 초점을 둘 것을 권장하기도 한다. '직장폭력', '학교폭력', '가정폭력' 등은 "안식처의 침입"이라는 주제를 강조한다. 이들 범죄가 주는 심각하고 충격적인 문제의 특성은 그러한 범죄가 일어나는 장소가 바로 사람들이 안전하다고 느낄 수 있고, 느껴야 하는 장소라고 생각했던 그러한 곳이라는 점에서 더욱 강조되고 있다.[101]

범죄의 쟁점이 어떻게 구축되고 바뀌는가를 잘 보여주는 예가 있다. 한때 미국에서는 노인이 다른 인구집단보다 피해자가 될 위험이 더 높다는 식으로

---

100 Best, op cit.; Kennedy and Sacco, op cit., p. 67
101 Lowney and Best, op cit.; Kennedy and Sacco, op cit. p. 67

틀이 구축되었으나, 실제 피해자 조사 결과는 이와는 반대로 노인보다 오히려 젊은 사람들이 피해자가 되는 확률이 더 높았던 것이다. 그러자 쟁점의 틀이 노인 피해자화의 높은 비율을 강조하는 데서 노인 피해자화로 인한 더 심각한 결과와 고통을 강조하는 것으로 전환되었다. 그러나 연구 결과는 이 또한 사실과 다름을 보여주었고, 또다시 참조의 틀이 바뀌었다. 노인들이 다른 인구집단에 비해 더 빈번하지 않고 그 결과도 더 심각하지는 않지만 그럼에도 불구하고 범죄 피해로부터의 회복이 어렵거나 힘들다는 낮은 회복 탄력성을 지적하고, 범죄에 대한 두려움을 더 많이 더 빈번하게 경험한다는 식으로 참조의 틀이 바뀌었던 것이다.102

이처럼 패러다임이나 참조의 틀은 변할 뿐 아니라 때로는 확장, 확대되기도 한다. 가정폭력의 범주가 스토킹 행위에 대한 새로운 관심과 우려도 함축하도록 확대되었고, 처음에는 물리적 학대에 관한 노인 학대의 개념은 감정적, 심리적, 경제적 특성의 학대까지도 포함하도록 확대되었고, 강간의 범주도 데이트 강간까지 포함하도록 확대되었던 것이다. 이런 이유에서, 쟁점이 되고 있는 문제의 구성은 결과적인 문제가 논리적으로 이전의 문제 위에 구축되는 누적적인 과정으로 고려되어야 한다는 것이다.103

쟁점이 어떻게 틀이 잡히건, 피해자 운동의 주창자들은 통상적으로 피해자 문제가 긴급한 관심을 필요로 하는 중요한 문제라는 것을 보여주는 데 관심을 갖는다. 이를 위한 한 가지 매우 대중적인 방식은 바로 문제의 다양한 차원을 보여주는 것이라고 할 수 있는 통계를 제공하는 것이다. 실제로, 통계적 정보는 종종 중요한 수사적 도구로 등장하곤 한다. 당연히 통계가 문제가 확산되는 추세임을 보여줄 때 그것을 무시하기란 쉽지 않은 것이다. 수치가 보여주는 것은 문제가 얼마나 확산되었는지를 보여주는 데만 그치는 것이 아니라, 통계적 지표가 확대되는 것을 보여주는 것이 안정을 유지하거나 향상되고 있는 경우보다 더 걱정스러운 것으로 보여지는 것이다. 이와 관련된 것으로, 사

---

102 F. L. Cook and W. G. Skogan, "Agenda setting and the Rise and fall of policy issues: The case of criminal victimization of the elderly," Environment and Plan C: Government and Policy, 1990, 8: 395-415

103 Lowney and Best, 1995, op cit.; P. Donat and J. D'Emilio, "A feminist re-definition of rape and sexual assault: Historical foundations and change," Journal of Social Issues, 1992, 48(1): 9-22; Kennedy and Sacco, op cit.

람들에게 무작위적으로 영향을 미치는 것으로 보여지는 문제일수록 인구의 특정 집단에게만 영향을 미치는 것보다 무시하기가 더 어렵다고 한다. 여기에 해당될 수 있는 좋은 사례가 아마도 '무차별 범죄', '무동기 범죄', '묻지마 범죄'라고 할 수 있을 것이다. 그것은 모든 사람이 다 위험에 놓인다면 우리 모두가 다 우려하게 되고, 바로 이런 이유에서 위에서 예로 든 각종 무작위적, 무차별적 범죄를 무시하기 더 어려워지는 것이다.104

무언가를 주장하기에 있어서 통계적 수사의 중요성을 요약하자면, 첫 번째는 큰 수치가 작은 수치보다 좋고, 두 번째로 공식적 수치가 비공식적 수치보다 낫고, 세 번째로 따라서 커다란 공식 수치가 가장 좋다는 세 가지 기본 규칙이 있다고 한다. 그래서 피해자 쟁점에 관한 통계적 정보를 수집하는 데 있어서, 관료집단의 역할이 강조되어야 한다는 것이다. 그래야 크고, 공식적인 통계가 가능해지기 때문이다. 정부가 피해자 쟁점에 대한 활동의 주장을 반영하는 통계적 정보를 수집하고, 이용이 가능하도록 하겠노라고 동의한다면 그 자체가 중요한 상징적 성취라고 할 수 있다. 미국에서 그러한 대표적인 사례가 바로 '증오 범죄' 통계이다. 소위 "증오 범죄 통계법"을 입법하여, 이를 근거로 전국적인 통계를 수집하게 되었기 때문이다. 설사 이런 통계가 아무것도 하지 못하더라도, 증오 범죄를 따로 통계를 작성한다는 그 자체가 증오 범죄가 피해자화 경험의 의미 있는 범주이고, 국가 기관의 주시를 필요로 할 정도로 충분히 심각하고, 중요하다는 점을 정부가 인정한다는 것이어서 의미가 있다는 것이다.105

104 J. M. Johnson, "Horror stories and the construction of child abuse," in J. Best(eds.), op cit., 1995, pp. 17-31; J. Best, 1989, op cit.; J. D. Orcutt and J. B. Turner, "Shocking numbers and graphic accounts: Quantified images of drug problems in the print media," Social Problems, 1993, 40(2): 190-206; J. Best, "Rhetoric in claims-making: Constructing the missing children problem," Social Problems, 1987, 34(2): 101-120; J. Best, "'Road Warriors' on 'Hair Trigger Highways': Cultural resources and the medias' construction of the 1987 Freeway Shootings problems," Sociological Inquiry, 1991, 61(3): 327-345; H. H. Brownstein, "The media and the construction of random drug violence," Social Justice, 1991, 18: 85-103; J. Best, "Missing childeren, Misleading statistics," The Public Interest, 1988, 92: 84-92

105 N. Gilbert, "Miscounting social ills," Society, 1994, 31(3): 18-26; D. L. Gillespie and A. Leffler, "The politics of research methodology in claims-making activities: Social science and sexual harassment," Social Problems, 1987, 34(5): 490-501; Kennedy and Sacco, op cit., pp. 70-71

피해자 의식/피해 의식 (Victim Consciousness)의 심리

   피해자의 심리와 피해자 의식의 역동성은 대체로 실무나 학계로부터 크게 관심을 받지 못하였다. 오히려 과거에는 피해자를 비난하는 경향이 있었지만, 더 최근에는 그 흐름이 뒤바뀌었다고 한다. 결과적으로, 가해자의 심리와 PTSD의 역동성은 철저하게 검증되었지만, 개인적이고 문화적인 현상으로서 피해자 의식은 그렇지 못했다는 것이다. 전통적으로, 두 가지 주요 접근법이 현대 서구사회를 중심으로 피해자화(Victimization)를 바라보는 방식을 지배해 왔다고 한다. 그 첫 번째는 피해자에게 비난의 화살을 두는 접근법으로, 매 맞는 아내, 강간당한 여성, 유색인, 또는 경제적으로 불우한 사람이 여기에 해당되며, 두 번째 접근에서는 오로지 남성이 폭력에 책임이 있는 것으로 간주하는 것이다. 비난에 대한 이런 두 가지 관점의 접근은 가해자의 폭력과 피해자의 고통을 해결하지 못했을 뿐만 아니라, 사실상 폭력과 고통을 영구화시키고 악화시켰다는 것이다. 그러나 비록 피해자를 비난하는 것은 반생산적이지만, 비난하지 않는 정치적으로 올바른 태도도 폭력의 체계, 제도에서 피해자의 역할을 탐색하는 것을 금지한다면 위험하기는 마찬가지라고 한다. 비난하는 것의 두려움은 학대와 피해자화의 체계를 보전하고 영구화시킨다는 주장도 없지는 않다.106

---

106 O. Zur, "Rethinking 'Don't blame the victim': The psychology of victimhood," Journal of Couple Therapy, 2008, 4(3/4): 15-36

1. 피해자 비난의 접근

시민권 운동이나 여성해방 운동은 가난한 사람, 강간 피해자, 소수 인종, 또는 장애를 가진 사람들을 자신의 불행에 책임이 있는 것으로 보는 최상의 부정의에 서광을 비추었다. 이러한 접근의 가장 대표적 예로서 강간 사건을 보면, 여성 피해자가 너무나 빈번하게도 제안하거나, 지근덕지근덕하거나, 그냥 순전히 요구하는 등 자신의 피해에 대하여 촉발적이거나, 유인적이거나, 도발적이었다고 비난을 받는다. 이 잘못된 강간의 통념 속 남성은 속수무책으로 욕정적이거나, 성적으로 좌절된 존재로 성적으로 촉발적인 여성에 반응하는 것으로 간주된다. 이와 유사하게, 가정폭력에 있어서도, 여성 피해자가 피학대 음란증이라거나, 스스로 바랐다거나, 당해도 마땅한 존재로 비난받는 경우로서, 마치 가난한 소수 인종은 그들이 게으르기 때문에 가난하다는 주장과 같은 것이다.107

두 번째 접근도 비난에 집중하지만, 모든 비난을 전적으로 남성에게 하는 것이다. 이 접근법은 세상의 모든 악이 다 남성-지배의 가부장제도에 책임이 있다고 주장하는 여성해방 운동에 의해서 조장되어 왔다. 이 접근의 중심에는 남성의 공격적이고 폭력적인 본성과 여성의 천부적인 선함이라는 분리가 자리하고 있다고 한다.108

2. 피해자 비난의 재고

미국에서는 49년 동안이나 흡연한 사람이 폐암에 걸리자 연초회사를 상대

---

107 S. L. Sundberg, H. E. barbaree, and Marshall, Victim blame and the disinhibition of sexual arousal to rape vignettes," Violence and Victims, 1991, 16: 103-120; L. P. Caplan and I. Hall-McVCorquodale, "Mother blaming in major clinical journals," American Journal of Orthopsychiatry, 1985, 55(3): 345-353

108 O. Zur, "War myth," Journal of Humanistic Psychology, 1989, 29: 297-327; O. Zur and C. Glendinning, "Men/Women - War/Peace: A systems approach," in M. Macy(ed.), Solution for a Troubled World, Boulder, CO: Earthview Press Inc., 1987, pp. 107-121

로, 달리는 지하철에 일부러 뛰어든 사람이 지하철 운영회사를 상대로 손해배상을 청구하여 배상 판결을 받는 등 소위 그러한 미국적 문화가 피해자화, 또는 피해 의식의 함양을 위한 독특하고 점증적으로 기름진 토양을 제공하였으며, 여기에다 자유와 선택을 강조하는 문화 또한 이에 일조를 했다고 한다. 열심히 일을 해서 남보다 앞서거나, 자수성가나 사회적, 정치적 활동으로 자신을 끌어올리거나, 우리 스스로 개인적, 사회적 운명을 완전히 통제할 수 있고, 실제로 통제해야 한다고 믿는다는 것이다. 개인은 행복을 추구할 권리가 있다는 헌법적 약속은 개인은 행복하게 느끼게 되어 있으며, 그럼에도 행복하게 느끼지 못하는 것은 일종의 실패를 가르키는 것이어야 하는데, 피해자들은 행복하게 느끼지 못하는 그 실패가 절대로 자신의 잘못이 아니라고 말한다는 것이다. '피해자화, 피해 의식의 문화'는 소위 '권리 산업(Right industry)'과 밀접하게 관련이 된다고 한다. 여기서 산업이란 여성과 소수자 등 집단의 권리를 위해 싸우는 사람들을 위한 집합적인 단어라고 한다. 이런 점에서 '피해자'와 '권리'의 개념은 종종 밀접하게 연관된다는 것이다. 권리를 위한 싸움, 투쟁은 곧 권리가 거부, 거절되었음을 암시하기 때문이다. 권리 주장의 다수는 누군가에게 도덕적 주장을 부과하는 것이고, 여기서 권리를 위한 투쟁은 너무나 빈번하게도 피해자 지위, 신분을 주장하는 것을 의미한다. 그러나 권리 운동은 한 집단을 제물로 희생시키는 반면에 다른 한 집단은 해방시키게 되어, 피해자 보호를 위한 오래 지체되고, 정당하고, 숭고한 행동으로 보이는 것이 상대를 비난하고 전쟁으로 몰아가기 쉽게 만든다고 한다. 이런 상황이 되면, 갈등, 부정의, 그리고 피해자화는 영속화되고, 해결과 치유의 가능성은 파괴되고 만다는 것이다.[109]

피해자-비난의 접근은 권리나 회복 운동에만 국한되지 않고, 가해자를 파악, 확인하여 기소하고, 피해자에게 보상함으로써 부정의와 침탈에 대응하려고 하는 법률제도의 접근방법의 심장에도 자리하고 있다. 이러한 법률제도의 접근의 잘못된 부분은 바로 지나치게 단순하고 액면-가치 사법 정의에만 초점을 맞추어서, 옳고 그름, 유죄와 무죄라는 이분법적 구분에만 관심을 가지고, 피의자와 원고 양자가 책임을 공유할 수 있는 상황에는 둔감하다는 것이다. 그래서 피해자의 지위를 주장하고 다른 사람에게 모든 비난을 가함으로써, 개인

---

109 Zur, op cit.

은 도덕적 우위를 점하는 반면에, 동시에 자기 행위와 결과에 대한 어떠한 책임은 의절할 수 있다는 것이다. 그래서 피해자는 언제나 도덕적으로 옳고, 어떠한 책임이나 의무도 없으며, 영원히 동정을 받을 권리가 있다는 것이다. 이러한 비난 접근의 중심에는 갈등의 해결과 미래 폭력의 예방보다는 도덕적, 법률적 전투의 결과를 중심으로 하는 전투 체계가 자리하고 있어서, 범죄 원인의 병리를 줄이지도, 피해자를 보호하지도 못한다는 것이다. 때리는 남편을 신고하여 교도소에 구금시킨다고 남편의 폭력적 행동을 고치지도, 폭력적 관계에서의 아내의 미묘한 역할을 가르치지도 못하고, 단지 일시적으로 폭력을 중단시키고 아내에게 정의와 응보의 느낌만을 줄 뿐이라고 한다. 경험적으로 보아, 피해자로서 아내의 지위, 신분을 확정함으로써, 그러한 법률적 해결은 폭력을 더욱 영속화시킬 따름이라는 것이다. 뿐만 아니라 구금된 남편은 더 큰 분노와 폭력적 성향을 가지고 교도소를 나와 또 다른 더 심각한 보복의 범죄를 범하게 될지도 모를 일이다. 피해자가 바라는 것, 희망하는 것은 이렇게 가해자를 비난하는 접근이나 법률적 제도에 있는 것이 아니라, 피해자가 더 높고 강한 자기-존중감을 습득하고, 사랑과 폭력을 구별하는 것을 배우고, 사랑하는 관계를 가질 권리가 있다고 느낄 때 이루어진다는 것이다.[110]

3. 피해자 옹호/비난 금지의 재고

피해자를 비난하는 것은 권력을 가진 사람, 집단의 이익을 위하여 현상을 유지하는 방법이라고 한다. 결론은 결국 '피해자를 비난하지 말라'는 것이다. 물론 역사적 상황에서 보면 타당할지라도, 이 또한 지난 수십 년 동안 피해자 의식, 피해 의식에 대한 어떠한 더 이상의 탐색, 탐구를 침묵시키고, 무심결에 피해자화를 영구화시키는 결과를 초래하였다고 한다. 그 결과, 대부분의 피해자학 이론이나 연구는 가정폭력, 피해자에 대한 외상의 영향, 그리고 처우에 주로 집중되었고, 범죄 피해자를 비현실적이고 궁극적으로 완전히 무고하다고 묘사하는

---

110 Zur, op cit.

것에 반대하는 경우는 거의 없는 반면에, 대부분은 '피해자 비난'으로 비난받는 두려움에 이 분야를 통째로 회피하였다고 한다. 결과적으로, '피해자를 비난하지 말라'는 '피해자의 역할을 탐색, 탐구하지 말라'로 번역되었다는 것이다.[111]

물론, 자기-방어가 있을 수 없는, 그래서 완전히 무고한 피해자라고 할 수 있는 대부분의 성폭력의 경우처럼, 피해자-비난이 오히려 강간의 잘못된 통념으로 받아들여지기도 하는 경우는 당연히 피해자-비난은 있어서는 안 될 것이다. 여기에다, 매 맞는 아내에게 왜 맞으면서도 폭력적인 남편을 떠나지 않는다고 비난하지만, 현실적으로 혼자 살 수 없고, 생활할 공간도 없다는 경제적, 사회적, 가정적인 상황과 조건으로 스스로의 운명을 결정하고 선택하고 통제할 수 없는 매 맞는 여성들을 비난하는 것 또한 정당하지 못하다. 이와는 달리, 음주 운전, 흡연, 약물 남용, 도박 중독, 자해와 자살처럼, 광범위한 자기 파괴적 행위자들은 피해자로 선택되기 더 쉬우며, 반복적으로 문제를 일으키며, 그래서 다른 사람들에 비해 피해를 당하기가 더 쉽다는 주장도 제기되고 있다. 극단적으로는, 대부분의 소위 '피해자 없는 범죄(Victimless crimes)'의 피해자는 스스로 자초한 자신에 대한 가해로 인한 피해자라는 점에서 완전히 피해자를 비난해서는 안 된다는 주장과는 다소 거리가 있을 수 있다는 것이다. 그럼에도 불구하고, 절대다수의 범죄의 피해자는 대체로 불행한 시간에 불행한 장소에 있었다는 이유 하나만으로 범죄의 피해자가 되었으며, 당연히 위에서처럼 일부 예외적인 경우는 있겠지만, 그들을 비난해서는 안 된다는 것이 일차적 원칙에 가깝다고 할 수 있을 것이다.[112]

 4. 피해자의 심리

피해자의 심리를 이해하려면 먼저 피해자와 비-피해자를 구별하는 기준 또는 피해자의 주요 특성을 이해할 필요가 있다고 한다. 그리고 이어서 범죄 피

---

111 Zur, op cit.
112 Capland and Hill-McQuocordale, op cit.; D. Cook and A. Frantz-Cook, "A systematic treatment approach to wife battering," Journal of marital and Family Therapy, 1984, 10: 83-94; Sundberg et al., op cit.

해로 인한 외상을 극복하고 삶을 의미 있게 사는 사람과 극심한 외상 후 스트레스 장애(PTSD)로 오랫동안 고통받는 사람을 어떻게, 무엇으로 구별할 수 있는지 이해해야 한다. 같은 사회, 경제, 정치, 법률적 여건이나 상황 속에서 비-피해자와 피해자의 차이와 피해자화를 극복한 피해자와 그렇지 못한 피해자의 차이는 그런 외부적 요소가 아니라 자신, 자신을 둘러싼 세상, 그리고 외상에 대한 관계를 어떻게 보는가에 달렸다는 것이다.

1) 피해자의 특성

피해자들은 자기 행동의 결과를 자기 자신 내부의 기질적 요인보다는 상황적이거나 외부적인 요소로 돌릴 개연성이 높다고 한다. 낮은 자기-존중감, 수치심, 죄의식, 무력감, 절망감, 그리고 스스로가 나쁘다는 내적 느낌 등이 자신을 피해자로 인식하는 사람들의 심리에 있어서 필수적인 요소라고 한다. 사회교환이론과 행동심리학에 따르면, 피해자의 행동은 언뜻 보기에도 피해자 유형의 행동을 유지하는 데에 대한 충분한 보상과 이익을 제공한다는 것이다. 피해자가 되는 데에 대한 비용이 이익을 초과하지 않는 한, 또는 피해자의 행위가 보상될 때, 그 개인은 당연히 그러한 피해자 행동을 유지할 것이다.[113]

2) 피해자 만들기

과연 피해자는 태어나는 것일까, 만들어지는 것일까? 이 물음은 양육과 본성(Nurture vs. nature)의 논쟁과 운명과 선택의 변증법적 균형에 연계되는 것이다. 물론 피해자학적으로 보아 피해자 의식, 피해자에 대한 유전자는 있을 수 없다. 우리의 삶에서 가장 영향력이 큰 유형의 세력은 사회/정치적인 것과 가족이라고 할 수 있다. 사회적이고 정치적인 현실이 여성, 소수자, 그리고 장애인과 같은 특정 집단을 제도적으로 희생시킬 개연성이 높다. 초기 아동기의 가정, 가족 환경도 개인이 피해자 역할을 받아들이거나 거부하도록 채비시키는 데 영향력이 있다. 초기 아동기 가정폭력과 아동 학대를 당한 아동이 수치심, 죄책, 낮은 자아 가치 등을 내재화하고, 자기 스스로의 나쁨, 불량함이 학대를

---

113 Zur, op cit.

초래하였고, 그런 학대를 받아 마땅하다고 믿게 된다는 것이다. 그러나 초기 피해자학이 피해자의 유형화를 중심으로 발전되었다는 측면에서는 장애인의 경우처럼 선천적으로 범죄에 취약하게 태어날 수도 있다는 것이다. 더구나 자기방어나 보호까지 고려한다면 사회, 경제, 정치적 지위라는 후천적인 환경의 영향으로 범죄에 취약해지고, 그래서 피해자가 될 개연성이 더 높아질 수 있다고 한다면, 피해자가 태어나는 것보다는 만들어지는 경우가 좀 더 보편적, 일반적일 수 있다고 해야 할 것이다. 그러나 어떤 경우이건, 대부분의 피해자는 불행한 시간과 장소에 있었다는 이유로, 자신의 의지와는 무관하게, 아무런 역할도 하지 않았음에도 무고하게 피해를 당한다는 사실은 변함이 없다.[114]

 ## 5. 비난에서 치유로

폭력은 폭력을 부르고, 마찬가지로 비난은 비난을 부른다고 한다. 여성은 남성을 비난하여, 가난한 사람들은 부자들을 비난하여 피해자 신분을 위한 경쟁을 계속한다. 비록 누군가를 비난하여 피해자가 될 수 있지만, 그렇다고 그 전쟁까지 이기지는 못하고 오히려 전쟁에 지고 만다. 피해자의 비난 행위와 책임감의 부족은 오히려 그들이 계속해서 다치고, 손상되고, 학대당하는 바로 그 이유라고 한다. 비난은 그래서 폭력의 문제를 해결하는 데도, 피해자를 더 이상의 피해자화로부터 보호하는 데도, 폭력과 학대의 지속으로부터 미래 세대를 보호하는 데도 효과적이지 않음이 분명하다는 것이다.[115]

---

114 Zur, op cit.
115 Ibid.

범죄 피해자화, 그 이후

04

피해자화의 경험

피해자화의 여파로서, 피해자들은 자신이 고통을 받은 손상과 손실을 극복해야 한다. 그들은 피해자화의 결과를 다루고 관리하기 위한 지원을 받고, 범법자를 대하기 위한 도움을 누구로부터 받을 것인지 결정해야 하고, 유죄 평결과 형벌 확정을 위하여 국가를 위해 행동하는, 주로 증인으로서 범법자에 맞서서 사건에 관여하게 되기도 한다. 이러한 관점은 범법자의 비난과 때로는 범죄 사건에 있어서 피해자의 책임에 관한 숙의를 거듭하는 심의에 피해자를 가담시키기도 한다. 피해자에게 즉각적인 결과를 초래하는 행동 이상으로, 피해자화 경험은 훨씬 더 큰 사회적 중요성을 갖는다.

1. 피해자화의 영향

일반적으로 피해자화의 장기적 영향에 대한 분석은 우리는 피해자화 경험에 끄떡없다, 세상은 의미 있는 곳이며, 우리는 자신과 자신의 행동을 긍정적인 관점에서 바라본다라는 우리의 일상생활에서 작동시키는 세 가지 근본적 가정에 의문을 제기하는 것에서 시작한다. 피해자화는 피해자로 하여금 장래 피해자화로부터 자신과 자신의 재산을 보호하기 위하여 할 수 있는 것과 생활을 재평가하게 만든다. 피해자가 사전에 사고를 예방하지 못한 데에 대하여 자신에게 비판적인 소위 "행위적" 자기-비난으로 알려진 것을 포함한 자기-비난

(Self-blaming)이 이러한 재평가의 한 부분으로 포함된다. 흥미로운 것은, 피해자가 범죄를 방지하기 위하여 자신이 할 수 있었던 것을 찾았을 때 범죄의 결과로 장기적인 심리적 고통을 경험할 개연성이 더 낮았다고 한다.[116]

범죄와 범죄 두려움의 결과로 가장 많은 변화를 일으키는 것 중의 하나가 위험한 시간이나 사람이나 장소를 피하는 등 회피 행동을 포함한 행동 유형의 변화라고 알려진 것처럼, 여기서 피해자의 행위적 자기-비난(Behavioral self-blaming)도 자신이 인식하기에 위험한 유형의 상황이나 사람으로부터 자신을 멀리하고자 하는 것을 통하여 회피 행위(Avoidance behavior)로 이어질 수 있다고 한다. 이들은 거주지를 옮길 수도 있고, 호신 장비를 구입하고, 경비나 보안 장치를 추가로 설치하기도 한다. 그러나 이러한 행위나 행동은 긍정적인 감정적 결과를 가져다주기보다는 오히려 이들 자기-보호(Self-protection)와 회피 행동에 가담하는 피해자들이 그전보다 더 안전하다고 믿을 개연성은 더 낮았다고 한다. 이와는 대조적으로, 피해자화의 원인이 영구적인 인성 기질이나 부적절함에 기인된 것일 때 나타나는 자기-비난이 기질적 자기-비난(Dispositional self-blaming)이라고 한다. 기질적 자기-비난의 수준이 높다는 것은 곧 높은 수준의 우울과 무기력과도 관련될 수 있다고 한다. 이러한 마음 상태는 부적응적인 것이어서, 피해자로 하여금 자신의 피해자화 결과를 극복할 수 있게 하는 데 도움이 되지 않는다는 것을 의미하는 것이다.[117]

또한 자기-비난 이상으로, 피해자들은 일종의 인지 재구성(Cognitive reconstruction)의 형태로 범죄를 대한다고도 한다. 이는 피해자가 사건의 부정적 영향에 대응하는 그러한 방식으로 범죄 경험을 재구성, 재창조하는 하나의 극복 기제이다. 이러한 재해석은 사건에서 의미를 찾으려고 하는 시도를 포함하

---

116 R. Janoff-Bulman and I. H. Frieze, "A theoretical perspective for understanding reactions to victimization," Journal of Social Issues, 1983, 39(2): 1-17; S. Walklate, Victimology: The Victim and the Criminal Justice Process, London: Unwin Hyman, 1989, p. 42; A. J. Lurigo and P. A. Resick, "Healing the psychological wounds of criminal victimization: Predicting postcrime distress and recovery," in A. J. Lurigo, W. G. Skogan and R. C. Davis(eds.), op cit., 1990, pp. 50-68

117 M. R. Burt and B. L. kKatz, "Rape, robbery, and burglary: Responses to actual and feared criminal victimization with special focus on women and the elderly," Victimology, 1985, 10: 325-358; A. J. Lurigo, "Ae all victims alike? The adverse, generalized, and differential impact of crime," Crime and Delinquency, 1987, 33: 452-467; Lurigo and Resick, 1990, op cit., p. 59

여 다양한 형태를 취할 수 있다고 한다. 이런 부정적 사건에서 의미를 찾는 것은 범죄 사건의 장기적 영향을 줄일 수 있는 것으로 알려지고 있다. 피해자는 또한 유사한 피해를 경험한 다른 사람들과 비교함으로써 자신의 피해자화 경험을 재구성할 수도 있다고 한다. 더 많은 상실이나 손상을 당한 다른 피해자보다 자신을 호의적으로 비교하거나, 일어날 수 있는 최악의 상황과 자신의 경험을 비교할 때 자아-존중감(Self-respect)이 높아진다는 것이다.118

사건의 재구성과 범죄 결과의 극복에 도움을 주는 또 다른 요소는 피해자가 자신의 중요한 다른 사람들(Significant others)로부터 받는 지지라고 한다. 이러한 사회적 지지가 피해자의 장단기적인 정신 건강을 향상시키고, 고통을 완화하는 데 중요한 역할을 한다는 것이다. 그러나 문제는 모든 피해자가 항상 필요한 지지를 받는 것은 아니며, 심지어 때로는 그들이 받는 지지가 도움이 되지 않는 것으로 인식하는 경우도 있다는 것이다. 이는 부분적으로는 사람들이 피해자와 관련되는 것이 그들을 불편하게 하거나, 유사한 형태의 범죄에 대한 자신의 취약성을 기억시켜주는 것으로 느낄 수 있어서 피해자가 필요로 하는 지지를 제공하지 못하거나 제공하지 않는 경우도 있기 때문이라고 한다. 피해자들의 불평이나 감정적 고통의 호소가 단순히 피해자를 피하여 자기 불안을 줄이고 자기 삶의 평정을 유지하려는 다른 사람들에게는 불편함을 유발할 수 있다는 것이다.119

1) 피해자화의 심리적 결과

폭력 범죄의 후유증 중 하나는 그 피해자에게 가해지는 지속적인 감정적, 정신적, 심리적 건강 문제의 근원으로 남는다는 점일 것이다. 일부 경우에는 이들 결과가 진단 가능한 정신 장애로 나타나기도 한다. 이와 다른 경우로는

---

118 R. L. Silver and C. B. Wortman, "Coping with undesirable life events," in J. garber and M. E. P. Seligman(eds.), Human Helplessness: Theory and Application, New York: Academic Press, 1980, pp. 279-375; Lurigo and Resick, op cit.

119 M. S. Greenberg and R. B. Ruback, After the Crime: Victim Decision Making, New York: Plenum, 1992, p. 9; D. R. Lehman, J. H. Ellard, and C. B. Wortman, "Social support for the bereaved: Recipients' and providers' perspectives on what's helpful," Journal of Consulting and Clinical Psychology, 1986, 54: 438-446; Lurigo and Resick, 1990, op cit., p.60

그 영향을 분류하기가 더 어렵지만, 피해자는 그럼에도 불구하고 불안하게 느끼고, 괴로워하고, 삶의 질이 낮아지게 된다. 일단 범죄가 발생하여 그 피해자가 된다면, 피해자는 결코 더 나아질 수 없을 뿐 아니라, 피해가 회복되지도 않고, 피해 이전의 자신이 될 수도 없다. 당연히 자신의 정신적, 심리적, 감정적 안정이나 Well-being에도 영향을 미칠 수밖에 없는 것이다. 실제로 많은 연구가 폭력적 피해자화와 PTSD를 관련시키고 있으며, 일부는 피해자화와 우울, 약물 남용, 공황 장애, 불안 장애, 광장공포증, 사회공포증, 강박 장애, 그리고 심지어 자살과의 관계를 기술하고도 있다. 뿐만 아니라, 피해자는 자신감과 자아-존중감의 상실, 불면, 그리고 물리적 증상을 포함하는 광범위한 비임상적 영향을 받는 것으로 보고되기도 한다.[120]

물론 자신의 범죄 피해 사건을 경찰에 신고함으로써 카타르시스를 가져다준다거나, 피해 회복에 도움을 주거나, 자아-존중감을 향상시키는 등 긍정적인 결과와 이익도 있다. 그렇다면 긍정적 혜택을 얻는 피해자와 부정적 영향만 받는 피해자의 차이는 왜 나타나는 것인가. 사건을 신고한 피해자에 대한 형사사법제도의 대응에 따라 치유의 경험이 되거나 반대로 처음의 트라우마를 악화시키는 경험이 될 수 있다는 것이다. 그러나 불행하게도 대다수 연구에서 폭력범죄의 피해자는 법률제도가 잠재적으로 외상과 2차 피해자화를 초래하여 다수 피해자가 자신의 경험에 만족하지 않는다는 결과를 내놓고 있다.[121]

---

120 U. Orth and A. maercker, "Do trials of perpetrators retraumatize crime victims?" Journal of Interpersonal Violence, 2004, 19: 212-227; E. Boudreaux, D. G. Kilpatrcik, H. S. Resnick, C. L, Best, and B. E. Saunders, "Criminal victimization, posttraumactic stress disorder, and comorbid psychopathology among a community sample of women," Journal of Traumatic Stress, 1998, 11: 665-678; R. Campbell and S. Raja, "Secondary victimization of rape victims: Insight from mental health professionals who treat survivors of violence," Violence and Victims, 1999, 14: 261-275; D. G. Kilpatrick and R. Acierno, "Mental health needs of crime victim: Epidemiology and outcomes," Journal of Traumatic Stress, 2003, 16: 119-132

121 J. Parsons and T. Bergin, "The impact of criminal justice involvement on victims' mental health," Journal of Traumatic Stress, 2010, pp. 1-7; J. L. Herman, "The mental health of crime victims: Impact of legal intervention," Crime & Delinquency, 2003, 33: 468-478; R. Campbell and S. Raja, " The sexual assault and secondary victimization of female veterans; Help-seeking experiences with military and civilian social systems," Psychology of Women Quarterly, 2005, 25: 97-106

2) 심리적 해악(Psychological Harm)의 평가

폭력 범죄의 피해자를 포함하여, 어떠한 범죄 피해라도 피해자에게 다양한 형태의 심리적, 정신적 손상을 가한다는 것은 잘 알려진 사실이다. 그럼에도 불구하고, 대부분의 형사법은 전통적으로 피해자의 물리적, 신체적 손상에만 집중되고, 심리적 손상은 등한히 하기 일쑤였다. 그러나 피해자의 심리적 손상이 신체적 손상에 못지않은 영향을 미친다면, 피해자가 그 부정적 영향, 심리적 고통에서 벗어나기 위해서는 고통의 유형과 정도가 평가되어야 그에 따라 상응한 처방이나 처우를 계획하고 실행할 수 있음은 물론이고, 그와 같은 심리적 손상에 대한 적정한 보상을 위해서도 이에 대한 정당한 평가는 더욱 중요한 것이다.[122]

(1) 심리적 해악이란?

심리적 손상은 한편으로는 폭력적 범죄로부터 야기되는 격심한 심리적 손상(Psychological damage)으로서, 어떤 경우에는 시간이 흐르고, 사회적 지원이나 적절한 심리적 처우로 가라앉을 수도 있는 것인 반면에, 다른 한편으로는 개인의 매일의 일상생활을 부정적으로 방해하고, 고질적인 방식으로 지속되는 감정적 결과(Emotional consequences)라고 할 수 있다. 어떤 경우이건, 심리적 해악은 피해자가 극복할 수 없고, 적응할 수도 없는 새로운 상황을 유발하는 부정적 사건의 결과이다. 만약에 피해자가 폭력적인 공격으로 신체적 부상을 당한다면 고통받게 되는 심리적 해악은 더 커진다. 그러나 심각한 부상은 종종 덜 심각한 부상보다 더 나은 심리적 진단을 초래하는데, 그것은 심각한 부상일수록 보다 쉽게 피해자로 이해되고, 그래서 더 많은 사회적 지원과 가족의 지원을 받기 때문이라고 한다. 간접적 피해자와 관련해서는, 겪게 된 심리적 해악은 직접적 피해자가 신체적 부상을 당하지 않는 한, 직접적 피해자의 심리적 해악과 맞먹는다고 한다. 테러의 경우를 보면, 간접 피해자에게 미치는 정신병리학적 영향은 직접 피해자가 생존했지만 심각하게 장애를 갖게 되어 지속적인 보살핌을 필요로 할 때가 사망했을 때보다 더 강하다고 한다.[123]

---

122 E. Echeburua, P. de Corral and P. A. Amor, "Evaluation of psychological harm in the victims of violent crime," Psychology in Spain, 2003, 7(1): 10-18

심리적 해악은 상이한 단계를 거치는 경향이 있다고 하는데, 그 첫 번째 단계에서는 통상적으로 불민(느림), 일반적 허탈감, 불신과 적절하게 반응하는 능력의 결여 등으로 특징지어지는 일반적인 어리둥절함과 의식의 흐릿함과 함께 오는 압도 당하는 반응이라고 한다. 두 번째 단계에서는, 의식이 예민, 날카로워지고, 충격 상태로 말미암아 초래된 어리둥절함이 소멸되어감에 따라, 고통, 분개, 분노, 무력감, 죄책, 또는 두려움이 심각한 실의와 번갈아 나타나는 보다 더 극적인 감정적 반응을 보인다고 한다. 마지막 단계는 범죄와 연관되는 자극이나 폭력 영화나 범죄 기념일 등 보다 일반적인 자극의 결과로 나타나는 회상이라고 한다. 심리적 해악은 과거 정신병리나 취약한 인성 등과 같은 다른 개인적 변수와는 무관하게 경험하게 된 외상과 관련하여 평가되어야만 한다는 것이다. 해악의 평가는 무능력과 장애의 범주에 의거하여 이루어져야 한다는 것이다.124

가. 심리적 손상

심리적 손상이란 폭력 범죄의 피해자가 된 결과로서, 피해자가 고통을 받아서, 피해자가 개인적으로, 직장에서, 가족이나 사회적 수준에서 매일 매일의 필요와 요구와 관련하여 심각하게 피해자를 무력화, 무능력화시키는 심각한 임상적 변화라고 할 수 있다. 적절한 평가도구로 측정이 가능한 이러한 심리적 손상의 개념은 실질적인 심리적 고통보다 자유나 명예라는 비-물질적인 것에 대한 손상의 개인적 인식을 함축하고 있는, 보다 모호하고, 주관적인 개념이라고 할 수 있다. 이러한 심리적 손상의 가장 보편적인 형태로는 적응 장애(우울하거나 불안한 기분), 외상 후 스트레스 장애(PTSD), 그리고 변칙적 인성의 부조화 등이 있다고 한다. 더 구체적으로는, 인지적 수준에서는 피해자가 (모든 종류의 위험에 내몰리게 되어) 심각한 무력감, 무기력함의 인식과 (자기 자신의 삶과 미래에 대한) 통제력의 결여에 압도당함으로써 혼란스럽게 느끼고, 의사결정이 어려워지며, 정신 병리적 수준에서는 피해자가 쉽게 그리고 빈번하게 깜짝깜짝 놀라고, 행위적 수준에서는 피해자들이 소심해지고 일상생활로의 복귀가 어려워질 수 있다고 한다.125

---

123 Echeburua et al., op cit.
124 Ibid.
125 Ibid.

나. 감정적 결과

감정적 결과란 심리적 손상의 안정화, 즉 시간이 흘러도, 처우를 해도 사라지지 않는 영구적인 무력함, 무능력함이라고 할 수 있다. 이는 정상적인 심리적 기능의 되돌릴 수 없는 변경, 또는 법률적이지만 개념적으로 덜 정확한 용어인 정신 건강의 장애로 여겨진다고 한다. 폭력 범죄 피해자에게 있어서 가장 보편적인 심리적 결과는 적어도 2년 동안 지속되고 직장에서의 업무 수행과 대인적 관계의 저하로 이어지는 (감정적 의존, 의심이나 적대와 같은) 새롭고, 안정적이고, 부적응적 인성 기질이 나타나는 인격 특성, 인성의 영구적인 수정을 포함한다는 것이다. 이러한 인성의 변환은 폭력 범죄 피해자가 되는 것의 결과로 야기되는 PTSD의 되돌릴 수 없는 결과 또는 만성적인 상태일 수 있다고 한다. 이런 감정적 결과의 평가가 어렵다고 하는데, 이는 평가의 사후적 특성과 치료 가능성과 불가능성을 결정할 필요에 기인할 수 있다고 한다.[126]

(2) 심리적 해악 평가가 어려운 이유로서 인과성의 문제

위에서 평가가 어려운 이유로 평가의 사후적(Post hoc) 특성도 한몫을 한다고 지적한 것처럼, 종종 이전에 경험했던 폭력적 사건과 현재 고통을 받고 있는 심리적 해악의 관련성을 찾는 것이 어렵다고 한다. 그러나 폭력 범죄와 심리적 손상의 인과적 관계를 설정하는 것은 피해자 지원에 관한 법률에 따라 형사 및 민사적 책임에 관한 결정을 하는 데 필수적이라고 한다. 단순하기와는 거리가 먼, 이 인과 관계는 원인과는 달리, 심리적 손상을 야기하는 데 필요는 하지만 충분하지는 않은 부수적인 요인의 합류로 혼란스러워진다. 이들 부수적 요인들은 (아동기 성적 학대를 당했거나 최근 강간을 당한 여성의 경우에서처럼) 피해자에게 있어서의 취약성과 관련된, 기존의 것일 수도 있고, (성폭력으로 인해서 AIDS에 감염되는 경우에서처럼) 동시적일 수도 있고, 또는 (부모의 성폭력이나 죽음 또는 결과적인 이혼 등으로 고통을 받는 아동의 경우처럼) 결과적일 수도 있다고 한다.[127]

---

126 Echeburua et al., op cit.
127 Ibid.

(3) 심리적 해악과 심리적 취약성

여성, 어린이, 노인, 장애인, 주취자나 약물 복용자 등 잠재적 범법자에게 범행의 표적으로서 더 매력적인 피해자의 특징이라고 할 수 있는 '위험 요소(Risk factors)'를 감정적 균형의 불안정성이라고 할 수 있는 심리적 취약성(Psychological vulnerability)이나 정신 생리학적 활성화의 더 낮은 한계값이라고 할 수 있는 '생물학적 취약성(Biological vulnerability)'과 혼동하지 않는 것이 중요하다. 이 두 가지 형태의 취약성은 범죄로 인하여 피해자에게 가해진 심리적 해악을 증대시키는 것으로 알려지고 있지만, 위험 요소는 공격자에게 쉬운 표적이 되기 때문에 범죄 피해자가 될 특정한 소인을 가지고 있는 반면에, 취약한 피해자는 그들이 위험한 피해자이건 아니건 관계없이 폭력 범죄의 표적이 되거나 간접적으로 영향을 받은 후에 더 극심한 감정적 영향으로 고통받을 개연성이 더 높은 사람이라고 할 수 있다. 실제로 일부 피해자에게 있어서 감정적 불균형이 범죄의 심리적 영향을 더욱 악화시켜서, 유사한 외상적 사건에 직면해서도 어떤 사람은 적응적 극복을 보이는 반면에 어떤 사람은 깊이 외상을 받게 된다는 것이다.[128]

심리학적 관점에서 보면, 낮은 수준의 지능, 이전의 감정적 취약성과 변화에 대한 서투른 적응은 물론이고 외적 통제 소재(External locus of control)와 범죄를 극단적으로 심각하고 되돌릴 수 없는 무언가로 보는 인식과 같은 요소가 상황을 통제하는 데 있어서 그 사람의 심리학적 자원에 대하여 거의 확신하지 못한 채 무력감과 절망감을 일으키고, 좌절감을 유발할 개연성을 높이고 또 증대시킨다는 것이다. 감정적 취약도, 감정적으로 깨지기 쉬움은 과거 다른 폭력 범죄의 피해자로서 기록이 있을 때, 스트레스가 누적되었을 때, 가족의 정신의학적 전례가 있을 때, 그리고 피해자가 청년기에 도달하기 전에 부모가 이혼했을 때 더욱 두드러진다고 한다.[129]

요약하자면, 심리적 해악(심리적 손상과 그 결과)의 정도는 사건의 인식과 강도(고의성의 귀인과 그 의미), 범죄의 예기치 않음과 야기된 실제 수준의 위험, 피해자의 취약성, 직장이나 가정에서의 현재 문제나 과거 피해자화 경험과 같

---

128 Echeburua et al., op cit.
129 Ibid.

은 다른 문제들의 동시 발생 가능성, 가용한 심리학적 극복 자원과 받을 수 있는 사회적 지원과 지지에 의해서 중재될 수 있다는 것이다.

(4) 심리적 해악의 요인으로서 2차 피해자화(Secondary Victimization)

1차 피해자화는 그야말로 범죄 행동으로부터 직접적으로 나오는 것이라면, 2차 피해자화는 경찰, 검찰, 법원을 비롯한 사법-형벌제도와 피해자의 결과적인 관계에 의해서 결정되는 것인데, 이처럼 피해자에 대한 제도적 학대는 피해자에게 심리적 해악을 가중시키며, 하나의 부수적, 부차적인 요인으로 기능한다는 것이다. 2차 피해자화의 근본적, 기초적 관점은 사법 절차의 느려터짐과 더불어 사법 절차의 진행, 진전에 관해서 밝혀진 구체적 정보의 결여라고 할 수 있는데, 이는 반드시 사법권의 원리와 양립되어야 할 필요는 없다고 한다. 결코 끝날 것 같지 않은 법률 과정의 불확실성은 피해자를 거짓말쟁이로 부르고, 모욕을 주고, 위협하는 피의자의 반응과 함께 피해자의 감정적 상황을 악화시키는 데 기여한다는 것이다. 2차 피해자화의 또 다른 하나의 근원은 피해자 삶의 사적 관점을 일반 대중에게 까발리고, 때로는 범죄를 정당화하려는 언론이라고 한다.130

3) 피해자의 정신 건강에 영향을 미치는 형사사법제도의 보편적 특징

(1) 법 집행과 범죄 신고

비록 2차 피해자화 논의가 대부분은 법정 경험의 부정적 영향에 그 초점을 맞추지만, 사실은 대다수 범죄 피해자에게는 경찰이 시작이고, 종종 사법제도와의 유일한 접촉이 되기도 한다. 당연히 경찰은 피해자의 필요에 부응할 책임이 있지만, 피해자, 특히 강간 피해자와 가정폭력 피해자의 필요에 대한 경찰의 대응이 그리 좋지 않다는 기록들이 법 집행 기관의 명성을 흐리게 해왔다. 물론 그동안 많은 진전이 있었지만, 아직도 이 분야에 대한 상당한 문제가 있다는 지속적이고 일관적인 증거도 없지 않으며, 범죄를 신고한 사람들

---

130 Echeburua et al., op cit.

을 위한 기소율도 일반적으로 높지 않은 것으로 보고되기도 한다.[131]

경찰과의 접촉이 강간 후 외상 장애에 미치는 영향에 관한 연구에 따르면, 절대다수의 피해자가 경찰이나 응급구조사로부터 필요한 서비스를 받지 못하며, 법률제도와의 이 부정적 상호작용이 강간 후 외상 장애 증상의 중요한 예측 요인으로 나타났다는 것이다. 이는 아마도 법 집행관, 경찰이 실제로 강간이라는 범죄가 일어났는지, 피해자는 믿을 수 있는지 여부를 결정하는 등 중요한 문지기 역할을 수행하기 때문일 것이다. 영국에서는, 23%에서 43%에 이르는 강간 사건이 범죄를 구성하지 못한다는 경찰의 결정에 따라 불기소된다는 통계가 보고되기도 하였다. 미국에서도 이와 유사한 결과들이 보고되고 있는데, 바로 이러한 기소하지 않기로 한 결정이 외상 후 스트레스 반응의 증가와 관련이 있다는 사실도 보고되었다. 더 중요한 것은 경찰의 불기소, 불송치 결정이 피해자의 인종, 나이, 사회경제적 지위, 알코올과 약물 복용 기록 등 범죄 사실과 무관한 요소들의 영향을 받았다는 점이다.[132]

(2) 법원과 변론 과정

형사 재판은 피의자와 피해자의 일종의 경합으로 이루어진다. 이런 구조의 적대적 특성이 폭력 범죄 피해자에게 특히 정신적 외상을 초래한다는 것이다. 법정에서 자신을 해친 범법자를 마주하여, 자세한 범죄 사실을 되새겨야 하고, 범죄 목격자나 경찰관 등 현장에 있었던 사람들 정면으로 부딪치는 것이 처음의

---

131 D. P. Rosenbaum, "Coping with victimization: The effects of police intervention on victim's psychological readjustment," Crime & Delinquency, 1987, 33: 502-519; P. A. Frazier and B. Haney, "Sexual assault cases in the legal system: Police , prosecutor, and victim perspective," Law and Human Behavior, 1996, 1: 607-628; J. Jordan, "World apart? Women, rape, and police reporting process," British Journal of Criminology, 2001, 41: 679-706

132 R. Campbell, "What realyy happened? A validation study of rape survivors' help-seeking experiences with the legal and medical systems," Violence and Victims, 2005, 20: 55-68; R. Campbell, "Rape survivors' experiences with the legal and meducal systems: Do rape victim advocates make a difference?" Violence Against Women, 2006, 12: 30-45; J. M. Brown, C. Hamilton, and D. O'Neil, "Characteristics associated with rape attrition and the role played by skepticism or legal rationality by investigators and prosecutors," Psychology, Crime & Law, 2007, 13: 355-370; A. Howerton, "Police response to crime: Differences in the application of law by race," Journal of Ethnicity in Criminal Justice, 2006, 4(3): 51-66

외상에 대한 이차적 반응에 불쏘시개가 될 수 있다는 것이다. 피해자들은 종종 개인적이고 외상적인 사건에 관한 자세하고 공격적인 질문을 받아야 하고, 변호인은 범죄에 대하여 피해자와 비난을 나누려고 시도하거나 피해자의 신뢰성과 신빙성을 의심한다. 이 과정에서 특히 성범죄 피해자는 자신의 과거, 행실 등 범죄와 전혀 관련이 없는 사생활까지도 파헤쳐지기도 한다. 이런 경우는 범법자를 재판하는 것이 아니라 오히려 피해자가 심판대에 오르는 꼴이 된다는 것이다.[133]

(3) 피해자에게 법적 절차에 관한 정보의 제공

사건을 기소하여 재판하는 과정은 상당히 복잡하고, 그래서 상세한 일련의 규율에 의존하기 마련이다. 아마도 법정에서의 자신의 경험이 상당히 간단하고 신속한 해결책을 내놓을 것으로 기대할 수 있는 대부분의 피해자에게는, 현실, 실상은 복잡하고, 과정은 불투명하고, 결과는 자의적으로 보일 수 있다. 다수 피해자가 재판의 연기, 양형 결정, 유죄 협상 제안, 피의자 석방 결정을 포함한 재판의 기본적인 세부 사항에 관한 정보를 얻지 못했다고 답한 것으로 한 연구에서 밝혀지기도 하였다. 사건을 기소하는 과정, 시간 단위, 법원 절차, 지원 서비스의 가용 여부에 대한 정보를 제공하는 것이 사법제도에 대한 오해를 떨쳐버리는 데 도움이 될 수 있고, 피해자에게 보다 현실적인 기대를 갖게 할 수 있다는 것이다. 유죄가 확정된 범법자의 석방기일을 피해자에게 고지, 통지함으로써 피해자들이 안도감을 높일 수 있다는 것이다.[134]

(4) 재판 참여의 기회

범법자로부터 공개 사과나, 자신의 시련을 의논할 기회를 구하는 피해자들은 유죄 협상으로 신속하게 정리되거나 그렇지 않으면 참여할 기회를 제공하

---

133 J. L. Herman, "The mental health of crime victims: Impact of legal inter-vention," Crime & Delinquency, 2003, 33: 463-478; U. Orth, "Secondary victim-ization of crime victims by criminal proceedings," Social Justice Research, 2002, 15: 313-325; M. E. Bell and L. A. Goodman, "Supporting battered women involved with the court system: An evaluation of a law school-based advocacy intervention," Violence Againsr Women, 2001, 7: 1377-1404

134 S. Bibas, "Transparency and participation in criminal procedures," New Yok University Law Review, 2006, 81: 1-45

지 않는 사건의 경우로 매우 좌절할 수 있다. 재판에의 참여가 피해자가 자기 결정과 자기 통제감을 높이고, 자신의 경험을 받아들이는 법을 배우는 데 도움이 된다고 한다. 재판에 참여하는 기회가 피해자의 정신 건강 결과에 대한 가장 강력한 예측 요인의 하나라고 한다. 그럼에도 불구하고, 피해자들은 종종 자신이 법정의 운용에서 주변인에 불과하고, 사법 과정과 절차는 자신의 손을 떠났다고 느낀다는 것이다.[135]

(5) 검찰의 역할

사실 검찰의 주요 목표는 사건의 성공적인 기소를 담보하는 것임에도, 피해 자들은 종종 자신과 검찰의 관계가 마치 피의자와 변호인의 관계에 상응하는 것으로 잘못 추정하게 된다. 변호인은 자신의 고객, 의뢰인인 피의자를 위한 변론을 통한 무죄 선고나 형의 감면 등이 주요 목표이지만, 검찰은 피해자를 위한 것이라기보다는 사법 정의의 실현이라는 측면에서 사건을 성공적으로 기소하여 유죄를 확정받는 것이 핵심 목표이기에 검찰과 피해자의 관계가 피의 자와 변호인의 관계와 같을 수가 없는 것이다. 검찰의 결정은 사건을 업무가 과중된 법원으로부터 전환시키거나, 성과평가 표적을 충족시키기 위한 필요성과 같이 피해자의 필요나 사건의 사실과 무관한 요소들이 지침이 될 수 있다는 것이다. 따라서 피해자들은 법원에서 일어날 것으로 기대되는 것에 대해서 검찰로부터 받는 정보에 불만인 경우가 종종 있다는 것이다. 심지어 지원 서비스와 법적 자문을 받을 것으로 기대되는 피해자도 변호인과 검찰의 공조 수준, 정도에 따라서는 매우 실망하기도 한다.[136]

(6) 절차적 정의(Procedural Justice)

용어 그대로, 절차적 정의는 결과보다는 오히려 법정에서 의사결정에 이르는 방법에 관심을 갖는 것이다. 사건 결과에 대한 만족과 감정적 well-being의

---

135 Bibas, op cit.; Orth, op cit.
136 Frazier and Haney, op cit.; L. Bennett, L. Goodman and M. A. Dutton, "Systemic obstacles to the criminal prosecution of a bettering partner," Journal of Interpersonal Violence, 1999, 14: 761-772; A. Konradi, "Too little, too late: Prosecutors' pre-court preparations of rape survivors," Law & Social Inquiry, 1977, 22: 1-54

향상 모두 과정이 공정하고 공평하였다는 피해자의 인식과 강력한 관련이 있으며, 절차적 불공정성의 인식은 낮아진 자아-존중감과 관련이 있다고 한다. 피의자의 절차적 정의감을 높이는 것도 피해자의 안전을 증진시킬 수도 있다고 한다. 연인이나 배우자 등 가까운 사람에 의한 폭력 사건의 경우, 학대하는 배우자, 연인의 절차적 정의에 대한 인식이 폭력적 피해자화율의 감소와 법원의 보호명령 준수 증대와 연관된다고도 한다. 학대자가 절차가 공정하고 공평하다는 인식을 갖는 것이 그가 법원의 보호명령을 준수할 가능성을 높이고 피해자화율은 낮춘다는 것이다. 불행하게도 그러나 기존의 법원 관행은 절차적 정의에 대한 대부분의 측도에서 나쁘게 평가되는 경향이 있다고 한다.[137]

(7) 편견 범죄와 편향된 형사 관행

일부 인종, 종교, 정치집단은 증오 범죄나 편견의 범죄의 높은 위험에 노출된다고 한다. 실제로 편견에 의한 증오의 표출로서 일종의 표적 범죄(Target crime)가 빈발하고도 있다. 이러한 증오와 편견의 범죄 피해자들은 다른 범죄 피해자들에 비해 더 심각한 정신 건강 문제를 겪게 되는 경향이 높은 것으로 알려지고 있다. 실제로 동성애 등 성 소수자들에 대한 연구에서 이들 편견 범죄의 피해자들이 편견이 동기가 아닌 다른 대인 범죄를 겪은 사람보다 더 높은 비율의 PTSD를 보였다고 한다. 형사사법제도 내에서의 편견과 선입견은 정의를 실현하려는 일부 피해자의 노력을 방해할 수도 있다고 한다. 미국 중서부 지역에서 행해진 강간 피해자에 대한 연구에서, 피해자가 아프리카계 미국 여성, 즉 흑인 여성인 경우에 비해서 백인 여성이 피해자인 경우에 당국이 사건을 기소하는 확률이 훨씬 더 높았다고 밝히기도 하였다. 또한 게이나 레

---

137 T. R. Tylor and E. A. Lind, "Intrinsic versus community-based justice models," Journal of Social Issues, 1990, 46: 83-94; M. E. Bell, "Empowerment and disempowerment for victims of intimate partner violence: An overview of the effects of criminal justice system practices," in K. A. Jendall-Tackett and S. Giacomoni(eds.), Intimate Partner Violence, Kingston, NJ: Civic Research Institute, 2007, pp. 21.1-21.15; R. Paternoster, R. Brame, and L. Sherman, "Does fair procedures matter? The deterrent effect of procedural justice on spouse assault," Law and Society Review, 1997, 31: 163-204; G. Koper, D. Van Knippenberg, F. Bouhuijs, R. Vermunt, and H. Wilke, "Procedural fairness and self-esteem," European Journal of Social Psychology, 1993, 23: 313-325

즈비언 편견 범죄 피해자들이 사건을 신고하지 않는 가장 큰 이유의 하나가
잠재적인 2차 피해자화에 대한 우려, 불안, 걱정 때문인 것으로 밝혀지기도
하였는데, 이들 연구 결과들이 일부 집단, 특히 소수집단이 이런 증오나 편견
범죄의 위험에 직면하게 될 개연성이 더 높음을 보여주는 것이다.138

4) 새롭게 부상하고 있는 최선의 관행

(1) 피해자 지원과 옹호

어쩌면 피해자 운동의 계기가 되기도 했던 가정폭력, 특히 배우자폭력 피해
자들의 쉼터나 피난처가 피해자 운동을 가능하게 하였던 데서도 알 수 있듯
이, 최근의 연구에서도 지원망이 없는 여성일수록 사건을 취하할 개연성이 훨
씬 높았다고 한다. 이런 관점에서, 많은 피해자 운동이 피해자 옹호 단체를
활용하여 피해자에게 재판 전반에 걸쳐서 필요한 사회적 지원을 제공하고, 과
정과 절차를 설명하며, 필요로 하는 사회적 서비스를 받을 수 있도록 위탁하
고, 그리고 일부 사례에서는 법정에 피해자를 동반하기도 한다는 것이다. 이러
한 프로그램에 대한 실제 평가에서도 피해자 옹호자, 옹호 단체와의 접촉이
피해자의 형사 절차에 대한 이해를 향상시키고, 일정이나 절차 등에 관한 고
지 서비스는 불필요한 법원 출석이나 방문을 줄여주었다는 것을 알게 되었다.
한편에서는 특히 가정폭력을 표적으로 하는 이런 유형의 프로젝트나 프로그램
이 지역사회 서비스와 긴급 피난처와 접근 금지 또는 보호명령과 같은 다른
자원에 대한 정보를 제공하고, 학대당하는 여성들에게 피해자화를 탈출할 수
있는 계획을 찾는 데 도움을 줄 것을 권장한다. 실제로 이들 옹호자, 옹호 단

---

138 G. M. Herek, J. C. Cogan and E. K. Glunt, "Hate crime victimization among les-
bian, gay, and bisexual adults: Prevalence, psychological correlates and meth-
odological issues," Journal of Interpersonal Violence, 1997, 12: 195-215; J.
McDevitt, A. Farrell, D. Rousseau and R. Wolf, "Hate crimes: characteristics of
incidents, victims, and offenders," in R. C. Davis, A. J. Lurigo and S. A.
Herman(eds.), Victims of Crime(3rd ed.), Thousand Oaks, CA: Sage, 2007, pp.
91-108; R. Campbell, S. M. Wasco, C. E. T. E. Sefl, and H. E. Barnes,
"Preventing 'the second rape': Rape survivors' experiences with community
service providers," Journal of Interpersonal Violence, 2001, 16: 123-125; G. D.
Comstock, "Victims of anti-gay/lesbian violene," Journal of Interpersonal
Violence, 1989, 4: 101-106

체의 서비스를 제공받은 여성들이 더 낮은 재피해자화(Re-victimization) 수준과 감정적 지지의 수준에서도 약간의 향상을 보였다고 한다.139

(2) 피해자 영향 진술(Victim Impact Statement)

피해자의 참여를 높일 수 있는 대안 중 하나는 피해자 영향 진술의 활용이다. 이 진술은 피해자로 하여금 검찰을 통하여 진술서로나, 아니면 직접 재판에 참석하여 구두로 자신의 경험을 법원에 밝히고 소통할 수 있게 허용하는 것이다. 이 진술의 활용이 실제로 검찰에 대한 피해자의 만족을 극적으로 높이는 것으로 연구에서 밝혀지고 있다. 물론 다른 연구에서는 이 진술이 재판의 전반적인 만족도를 높이지는 않는다고 주장되기도 한다. 그렇더라도 진술할 수 있는 권리가 있다는 것을 통보, 고지받은 다수의 피해자가 진술을 하기로 결정한다는 것은 곧 진술이 적어도 상징적 가치는 있다는 것을 보여준다는 것이다. 반대로 다른 한 편에서는, 진술이 피해자에게 자신도 형사 절차, 재판에 포함되었다는 인상을 줄 수는 있을지라도, 양형 결정에는 그다지 또는 전혀 영향을 주지 못하는 것이 현실이며, 바로 이 점이 피해자의 참여 의식에 부정적인 영향을 줄 수도 있다는 것이다. 그래서인지는 분명하지 않지만, 진술서보다는 구두 진술이 피해자에게 더 가치가 큰 것으로 알려지고 있다.140

(3) 회복적 사법(Restorative Justice)

회복적 사법이 아마도 적대적 청문이나 재판에 대한 대안으로서 가장 많이 활용되고 연구되는 대안일 것이다. 이는 피해자와 범법자 간의 중재된 대화라고 할 수 있는 제도로서, 피해자 관점에서 보면 관습적, 전통적인 적대적 재판보다 참여기회가 더 많고, 더 크며, 통제된 환경에서 가해자를 직면, 대면할

---

139 Bennett et al., 1999, op. cit.; Herman, 2003, op cit.; Konradi, 1997, op cit.; R. C. Davis, F. Kunreuther, and E. Connick, "Expanding the victims' role in the criminal court dispositional process: The results of an expereiment," Journal of Criminal Law and Criminology, 1984, 75: 491-505; M. E. Bell and L. A. Goodman, "Suttporting battered women involved with the court system: An evaluation of a law school-based advocacy intervention," Violence Against Women, 2001, 7: 1377-1404

140 R. C. Davis and B. E. Smith, "Victim Impact Statement and victim satisfaction: An Unfulfilled promise?" Journal of Criminal Justice, 1994, 22: 1-12; Bibas, 2006, op cit.

수 있다는 장점이 있다. 회복적 사법의 심리적 결과에 대한 문헌을 보면, 피해자들이 절차와 결과 모두 공정하다고 보는 개연성이 더 높고, 자신의 이야기를 할 수 있었고, 범법자가 자기 행동에 책임을 지는 것으로 느꼈다고 한다. 실제 연구에서도, 회복적 사법 참여 피해자가 전통적 재판을 받는 피해자에 비해 범법자의 범행 동기를 이해하고, 재판 참여에 대한 만족도도 높고, 위험도 낮게 느낄 개연성이 더 높았다고 한다. 더 구체적으로, 전통적 집단이나 회복적 사법 집단 모두 전반적인 만족도가 높아지는 것은 사건의 결과의 차이보다 오히려 재판 참여 정도에 기인될 수 있다는 것이다.[141]

2. 피해자화의 비용

피해자화의 영향은 객관적 범주와 주관적 범주를 참조하여 측정될 수 있다. 객관적 측정은 없어진 귀중품, 작업손실, 신체적 부상의 비용과 같은 물질적 손실에 집중한다. 이는 범법자가 피해자에게 가한 물리적 해악의 특정한 측정에 집중하는 것이다. 학자와 실무자들은 사회와 피해자에 대한 실제 금전적 비용이라는 측변에서 이 해악을 계산하려고 하는 것이다. 다른 한편으로, 주관적 측정은 범죄의 심리적 영향에 더 집중하는 것이다. 주관적 영향을 측정하는 데 있어서 중요한 것은 범죄의 장기적인 감정적 영향과 마주치려고 하는 시도라고 한다. 특정한 해악 이상으로, 피해자화로 거슬러 올라갈 수 있는 장기적이고 지속적이고 재발하는 심리적 증상이 있다고 한다.[142]

1) 범죄의 재정적 비용 산출

대인 범죄의 실제 비용에는 의료비, 소득 손실, 피해자에게 제공되는 피해

---

141 B. Poulson, "A third voice: A review of empirical research on the psychological outcomes of restorative justice," Utah Law Review, 2003, 1: 167-203; Herman, 2003, op cit.;
142 Kennedy and Sacco, op cit., p. 167

자 공공 정책과 프로그램이 해당된다. 그러나 이런 측정은 범죄의 실질적 비용을 과소평가한다는 것이다. 피해자에 대한 범죄의 실제 비용에는 고통, 아픔, 그리고 손실, 손상된 삶의 질도 포함되어야 한다는 것이다. 이들 비용의 계산은 생산성 손실의 가치, 의료 비용, 경찰과 소방 비용 등을 포함하고 있다. 비록 가장 적게 발생하지만, 치명적 범죄일수록 어떤 다른 범죄보다 훨씬 더 큰 비용이 따른다는 것이다.[143]

따라서, 당연히 피해자화의 영향을 측정하려면, 피해자에게 가해진 실제 물리적 해악뿐 아니라, 범죄의 감정적이고 행동적인 영향, 결과까지도 고려하는 것이 마땅하다. 물리적, 심리적 부상과 질환으로 인하여 직장에 나갈 수 없어서 생기는 생산성의 손실, 구호 기관에의 의존은 곧 정신 건강 비용이 높아지고, 피해자 지원 프로그램 비용 또한 상승하는 것을 의미한다. 삶의 질의 손실과 저하는 범죄의 결과로 피해자가 경험하는 변화, 예를 들어 회피 행동(Avoidance behavior)과 같은 행동과 생활 유형(Lifestyle)의 변경이라는 측면에서 측정될 수 있다. 범죄 두려움, 유사한 상황을 피하기 위한 생활 유형의 변경, 피해자가 됨으로써 갖게 되는 우울증으로 초래되는 계속되는 심리적 비용이 모두 이러한 계산, 비용의 한 부분을 이룬다.[144]

분명한 것은 범죄 피해자화의 영향은 직접적인 피해자에게만 국한된 것일 수 없고, 다른 사람, 특히 가족 등 간접 피해자에게도 영향을 미치기 마련이다. 그러나 응급구조인력의 스트레스 장애나 범죄 피해자 가족과 일반 대중 사이의 범죄 두려움과 같은 문제로 인한 제3자 피해자에 대한 비용을 추정하기란 쉽지 않다. 또한 2차 피해자화의 비용도 실제 범죄 사건 이상으로 훨씬 확대되어, 두려움의 수준을 증대시키고, 보다 더 엄격한 법 집행과 더 나은 보호를 요구하기 때문에 계산하기 어렵다고 한다. 이 밖에도, 범죄 피해자화 또는 더 넓게는 범죄의 일반화된 영향 중에는 재산세나 재산 가치, 특히 주택을 비롯한 부동산 가격에도 직접적인 영향을 미친다.[145]

---

143 Kennedy and Sacco, op cit., p. 167
144 Ibid., p. 168
145 A. J. Buck, S. Hakim and U. Spiegel, "Endogenous crime victimization, taxes, and property values," Social Science Quarterly, 1993, 74(2): 334-348; Kenndy and Sacco, op cit., pp. 169-170;

또한, 범죄 피해자는 항상 자연인인 것은 아니어서 기업도, 법인도, 심지어 앞에서도 언급된 것처럼 지역사회가 될 수도 있다. 예를 들어, 범죄는 주택 가격, 영업 활동, 취업률 등 지역의 경제적 활력에도 영향을 미치는 것이다. 가게 절도, 좀도둑, 기물파손, 강도 등의 결과로 인한 직접적인 금전적 비용은 물론이고, 기업은 보험료의 상승을 감당해야 하고, 범죄의 결과로 판매량의 감소도 겪어야 한다. 더구나 범죄 문제로 기업 경영에도 영향을 받아서, 영업시간을 단축하거나 변경하고, 직원의 높은 이직과 채용을 어렵게도 하며, 보안과 경비의 증대도 부담해야 한다. 극단적으로는 기업이 이전을 해야 할 때도 생기기 마련이다. 이런저런 범죄와 관련된 비용의 증대로, 범죄 다발 지역에서는 주민들이 필요한 재화와 용역이 없는 생활을 강요받게 된다. 주민들은 생필품이나 음식을 구매하려면 훨씬 먼 거리를 가야하고, 그런 이유로 주거 안녕과 유지 비용의 증대도 초래하게 된다.146

2) 범죄의 주관적 비용

범죄의 주관적 비용은 피해 경험에 대한 감정적, 정신적 반응과 행위적 대응에 따른 비용이라고 할 수 있다. 범죄로 인하여 가고 싶은 곳을 가고 싶은 시간에 가지 못하고, 하고 싶은 것을 원하는 시간에 하지 못한다면, 그것이 바로 삶의 질을 떨어뜨리는 것이라고 한다. 이 비용은 그래서 피해자의 삶의 질에 직결되는 비용이라고 할 수 있다. 우리가 피해자화의 질적 관점의 측면에 대한 비용을 추산하려고 하면, 범죄가 진정한 감정적이고 행위적인 결과를 초래한다는 것이 분명해진다. 그러나 문제는 피해자의 삶의 질이 범죄로 인하여 어느 정도나 영향을 받았는지 의문을 갖게 한다. 범죄는 피해자는 물론이고 피해자의 가족, 친지들까지도 그들의 감정적 well-being을 박탈하게 되고, 감정적 well-being의 상실, 손상은 사회에 대하여 피해자가 회복하는 데 도움을 주라는 요구, 청구가 되고, 그래서 우리의 법적 제도에서 감정 재산권(Emotional property rights)을 창안할 것을 제안하게 된다. 자신의 감정 재산권이

---

146 B, Fisher, "A neighborhood business area is hurting: Crime, fear of crime and disorders take their toll," Crime and Delinquency, 1991, 37(3): 363-373; Buck et al., op cit.

범죄자에 의해서 침해당하게 되는 피해자는 당연한, 적정한 고려와 심지어 가해진 해악에 대한 회복을 요구, 청구할 수 있어야 한다는 것이다. 감정 재산권에는 어떤 것들이 있을까? 한 가지 요소는 피해자가 죄의식, 분노, 소외, 우울과 같은 감정적 결과와 의도적으로 공공장소를 피하고, 생산성의 상실이나 손실, 주의력 결핍과 같은 행위적 결과를 포함하는, 범법자의 손에 의하여 가해진 고통으로 인한 트라우마의 장기 결과로부터 자유로워질 것이라는 기대라고 한다. 이런 영향들이 피해자의 심리적 무질서로부터 자유로워질 권리를 박탈한다는 것이다. 결과적으로, 피해자화는 우리가 고려해야 할 필요가 있는 일부 감정적 비용을 초래한다는 것은 무시할 수 없다는 것이다.147

따라서 피해자화에 대한 피해자 반응, 대응을 다루는 것은 이 감정 재산권을 회복하기 위한 행동을 취할 것을 요구하게 된다. 아마도, 우선적으로 할 수 있는 것은 피해자가 장기적 영향을 최소화하기 위하여 자신의 경험을 재구성하는 것이라고 한다. 인지적 재구성을 통하여, 피해자들이 사건을 이해하고 무언가 학습을 하며, 사회적 지지와 다른 사람들과의 비교를 통하여 감정적 곤경, 아픔을 줄일 수 있다는 것이다. 불행하게도 그러나 모든 피해자가 다 이런 재구성을 통한 극복에 성공하는 것은 아니며, 일부는 우울함과 강박적 두려움에 시달리게 되고, 이런 반응을 보이는 피해자는 오히려 인성 결함으로 비난받고, 중요한 타자와 지원기관으로부터도 제대로 처우 받지 못하였다는 것이다. 다행스럽게도, 최근 피해자 지원기관이나 사법기관이 개별 피해자의 감정 재산권을 회복시키는 것을 다루게 되었다고 한다. 피해자가 보이는 지속적인 우울증이나 범죄 결과를 극복하는 데 있어서 어려움을 개인의 심리적 부적절성을 비난하는 대신에 이러한 지속적인 심리적 고통의 원인으로 범죄에 더 초점을 맞추기 시작했다는 것이다. 피해자가 정상적이고, 트라우마로부터의 궁극적인 회복이 적절한 처우로 기대될 수 있으며, 피해자라는 개념은 피해자화란 누구에게나 일어날 수 있으며, 그래서 심리적 고통은 거의 모든 사건에서 기대되는 반응이라는 점을 함축한다는 것이다. 이러한 인식의 전환에서 PTSD 증후군, 매 맞는 여성 증후군을 포함하는 새로운 심리적 증후가 파악되기 시작하였다.148

---

147 F. J. Weed, Certainty of Justice: Reform in the Crime Vitim Movement, New York: Aldine de Gruyter, 1995, p. 46; Kennedy and Sacco, op cit., pp. 171-172

3) 외상 후 스트레스 증후(Post-Traumatic Stress Disorder: PTSD)

외상 후 스트레스 장애는 개인이 침투적, 침해적 사고(Intrusive thought), 악몽, 회상과 같은 외상적 사건을 다시 겪게 되는 보편적 인간 경험을 벗어난 사건에 뒤따르는 정신 질환으로 규정되고 있다. 범죄 피해자도 활동에 대한 관심의 감소와 같은 감정적 무감각/회피와 수면 장애와 같은 생리적 자극의 증가 증상을 보일 수 있다고 한다. 전쟁에서 적군에게 사살된 동료의 죽음을 목격한 군인들에게서 나타나는 심리적 영향과 유사한 심리적 영향이 범죄 피해자에게도 나타나는 것으로 조사되고 있다. 피해자에게 적용되는 PTSD 진단은 신체화(Somatization), 강박적/강압적, 대인적 감수성(Interpersonal sensitivity), 우울, 불안, 적개심, 공포 불안(Phobic anxiety), 편집적 사고(Paranoid ideation)의 9가지 하위 척도를 이용하여 조사되고 있으며, 전체 점수가 그 사람의 전반적인 증상의 심각성을 나타낸다. 이는 실제 연구에서도 밝혀지기도 하였는데, 강간 피해 여성들이 비교집단에 비해 대부분의 척도에서 훨씬 더 높은 점수를 보였다고 한다. 이런 통계적 결과를 토대로, 연구자들은 대다수 여성에게 범죄 피해자화의 심리적 여파, 후유증은 공격 이후 수십 년 동안도 지속될 수 있다고 주장하였다. 이런 현실을 기초로, 강간은 영혼의 살인이라는 주장이 헛된 말이 아님을 엿볼 수 있다. 그런데 이보다 더 극단적인 경우로, 한국에서도 있었던 사례이지만, 매 맞던 아내, 즉 지속적인 가정폭력 피해 여성이 견디다 못하고 폭력 관계를 끝내기 위한 어쩔 수 없는 선택으로 학대하는 남편이나 아버지를 살해한 여성에게 부분적으로라도 일종의 정당방위를 인정한 판례가 가정폭력의 외상 후 스트레스 장애에 기초한 것이다.[149]

---

148 Weed, op cit., p. 47

149 C. M. Arata, B. E. Saunders and D. G. Kilpatrick, "Concurrent validity of a crime-related Post-Traumatic Stress Disorder Scale for Women within the Symptom Checklist-90-Revised," Violence and Victims, 1991, 6(3): 191-200; R. I. Mawby and S. Walklate, Critical Victimology: International Perspectives, London: Sage, 1994, p. 37; D. S. Riggs, D. G. Kilpatrick and H. S. Resnik, "Long-term psychological distress associated with marital rape and aggravated assault : A Comparision to other crime victims," Journal of Family Violence, 1992, 7(4): 283-296; Gidyca and M. P. Koss, "Predictors of long-term sexual assault aftereffects among a National Sample of victimized college women," Violence and Victims, 1991, 6(3): 175-190

4) 매 맞는 여성 증후군(Battered Women Syndrome)

PTSD 개념 자체가 원래 전투와 자연재해의 심리적 결과로 주로 다루어졌으며, 가정폭력이 비교적 최근까지도 정상이거나 적어도 규범적인 것으로 인식되어서 통상적인 인간 경험의 범주를 벗어나야 한다는 PTSD 규정의 요건을 충족시키지 못하였고, 가정폭력의 발생이 인지, 인정되어도 피해자가 겪은 심리적 후유증이 아무에게나 일어날 수 있는 그리 심각한 고통으로 생각되지 않았다는 등의 이유로 매 맞는 아내에 대한 PTSD의 적용이 지연되어왔다. 그러나 최근 법원은 여성에 대하여 지속되고 있는 폭력이 PTSD의 특수한 사례로서 간주될 수 있는 "매 맞는 여성 증후군"을 초래할 수 있는 수용 가능한 변론, 변호, 방어가 있을 수 있다는 견해를 받아들이게 되었다고 한다. 그러나, 지속적인 폭력의 결과는 비록 임상적 진단의 요건을 충족시키지 못하는 여성의 인식과 심리적 반응의 변화도 초래하여, 안전이나 취약성의 인식, 장래 폭력에 대한 기대, 자신에 대한 견해, 폭력을 통제하는 자기 능력의 인식과 대안의 가용성 인식 등 인식의 변화를 포함하여 임상적 진단에서 확인되는 것 이상이라고 한다.150

매 맞는 여성에 대한 사법적 특징화, 특징은 학대를 당한 여성은 무력감을 갖게 되고, 학대적인 관계를 떠날 수도, 폭력을 효과적으로 줄이기 위해 제대로 행동할 수도 없기 때문에 그들에게는 폭력이 유일한 자원이라고 믿게 된다는 사고, 생각을 함축하고 있다. 그러한 상황이 신체적으로, 심리적으로 취약한 매 맞는 여성이 자신을 폭력적으로 학대하는 남성이 잠을 자거나 취약할 때 일어나는, 그래서 행사되는 여성의 행동이 마치 사전에 계획된 것처럼 보이게 만드는, 폭력을 초래할 수 있다는 것이다. 앞에서 잠깐 언급했듯이 비교적 최근까지도 그러한 상황에서 자신을 학대하는 남성, 배우자를 살해한 여성이 일상적으로 살인이나 적어도 과실치사 혐의로 유죄가 확정되어 종종 장기 자유형을 선고받기도 하였다. 그러나 최근 들면서, 법원에서 "매 맞는 여성 증후군"에 관해 전문가 증인의 증언을 허용하여, 장기적 학대 경험이 자신을

---

150 M. A. Dutton and L. A. Goodman, "Posttraumatic Stress Disorder among battered women: Analysis of legal implications," Behavioral Science and the Law, 1994, 12(3): 215-234

학대하는 남성, 배우자를 살해한 여성의 현저한 위기감에 얼마나 어떻게 영향을 미치는지를 설명하도록 한다. 물론 대체로 아직도 이러한 "매 맞는 여성 증후군 변론"이 살인 범행에 대한 정당화의 한 범주로 인정되지는 않지만, 그러한 사건에서 전문가 증언이 계속해서 허용되고, 유무죄와 관련한 결정에 영향력이 지속적으로 커지는 것이다. 실제로 캐나다 대법원은 "매 맞는 여성 변론"을 특별 유형의 정당방위의 하나로 공식적으로 인정했다고 한다.151

5) 재산 범죄의 감정적 영향

그렇다면 폭력 범죄만이 그 피해자에게 후유증을 남길까? 당연히 폭력 범죄의 후유증에 가장 큰 관심이 집중되지만, 분명히 다른 유형의 범죄의 피해자도 마찬가지로 감정적이고 행위적인 영향에서 예외일 수는 없다고 한다. 예를 들어서, 강도나 주거침입 절도와 같은 재산 범죄의 피해자가 스스로를 자책하기 때문에 얼마간의 죄책감을 가질 수도 있다는 것이다. 주거침입 절도 피해자는 자신이 문단속을 제대로 하지 않았다고, 노상강도 피해자는 심야 시간에 혼자서 외출을 하지 않았어야 했다고 자신을 질책하는 것이다. 여기에다, 주거침입 절도 피해자가 만약 그 시간에 집에 있었다면 절도가 아니라 강도가 되었을 것이고, 강도는 절도보다 폭력의 잠재성이 더 높은 것이어서 재산 범죄도 그 피해자에게 이런저런 심리적, 감정적 후유증을 남기기 마련이라는 것이다. 심지어, 주거침입 절도의 경우 사람들은 자신의 집, 귀중품을 가지고 있다는 것이 그들에게 자신의 삶, 상황과 환경에 대한 통제감을 제공하는데, 이 개인적 통제감의 상실은 아마도 절도 피해자가 극복해야 하는 가장 중요한 인지적 결과라고 한다. 범법자가 누구인지 신원이 확인되지 않았다면 그로 인하여 초래되는 확산된 두려움으로 원치 않는 방문객을 억제하기 위하여 사회적 접촉과 폐쇄성의 새로운 균형을 찾는 데 어려움을 겪게 되고, 그 결과 낯선 사람들에 대한 불신감과 극단적인 방어, 예방적 행위를 취하게 만든다는 것이다.152

---

151 Dutton and Goodman, op cit., p. 222; Kennedy and Sacco, op cit.
152 J. Van den Bogaard and O. Wiegman, "Property crime victimization: The effectiveness of police services for victims of residential burglary," Journal of Social Behavior and Personality, 1991, 6(6): 329-362

익명의 절도범에 대한 이러한 반응은 피해자가 다른 사람과 유지하는 관계에 영향을 미친다. 범법자와의 직접적인 접촉이 없어도, 자신의 환경에 대한 개인적 통제의 상실에 수반되는 의심과 불신이 그가 매일의 일상을 추구하는 방식에 강력한 부정적인 영향을 미친다는 것이다. 재산 범죄의 피해자는 자신이 범죄에 얼마나 취약한지, 범죄를 얼마나 당하기 쉬운지 심사숙고하도록 강요받는다. 이런 측면에서, 재산 범죄의 피해자가 되는 것의 결과를 소위 '취약성 변환(Vulnerability conversion)'이라고 정의하고 있다. 이러한 취약성 변환을 통하여, 자신이 생각했던 것보다 자신이 삶의 위험에 더 취약하고, 위기에 놓이기 더 쉽다는 갑작스러운 인식, 이해를 하게 된다는 것이다. 당연히 이런 형태의 파괴에 대한 이와 같은 감정적 반응은 심각한 것일 수 있다는 것이다. 그런데, 문제는 재산 범죄가 다만 강도나 절도에만 그치는 것이 나이라 화이트칼라 범죄 피해자에 대한 장기적 결과도 무시할 수 없다는 것이다. 일반적으로 화이트칼라 범죄의 특성, 예를 들어 피해가 가시적이지 않거나, 피해를 알지 못하거나, 알게 되어도 오랜 시간이 지난 뒤에 알게 되거나, 신체적 손상을 수반하지 않는 등의 이유로 실제로는 노상 범죄보다 훨씬 더 큰 피해와 영향을 끼침에도 그리 심각하게 여겨지지 않고 있다. 더구나 화이트칼라 범죄자는 직업적으로 상류 계층에 자리하고 있는 등 전형적인 범죄자 상과는 전혀 다르다는 점도 이런 인식에 일조를 하였다. 화이트칼라 범죄는 피해자의 금전적 손실뿐만 아니라 시장경제 질서를 해치고, 사회적 불신을 초래하는 등의 더 큰 피해를 야기한다는 것이다.[153]

---

[153] N. Shover, G. L. Fox, and M. Mills, "Long-term consequences of victimization by white-collar crime," Justice quarterly, 1994, 11(1): 75-98

3. 폭력의 순환(Cycle of violence)-범법자가 되는 피해자

지금까지 다수의 연구에서 어린 시절 가정폭력이나 학대 또는 방임의 피해 자였던 청소년이 스스로가 폭력적 범법자가 된다는 점을 지적해왔다. 한때의 피해자가 그 후 가해자가 되는 것을 우리는 "폭력의 전이(Transmission of violence)" 또는 "폭력의 순환"이라고 말하는데, 이 개념은 폭력 경험의 영향이 그 사람을 범법자가 되는 경향이 더 크다는 것뿐만 아니라, 이 폭력성이 관찰을 통하 여 학습될 수도 있다는 점도 함축하고 있는데, 이것이 곧 "폭력의 세대 간 전이 (Generational transmission of violence)"를 암시한다는 것이다. 이 경우는 아동이 부 모에게서 서로나 자녀들에게 폭력적, 학대적으로 구는 행태를 목격하게 되면, 성인이 되어 자신의 아내나 자녀에게도 같은 폭력적, 학대적 수법을 사용한다 는 것이다. 물론 이러한 가정과 주장에 대해서는 확실한 결론보다는 논란이 더 많은 편이다.154

대체로 전문가들은 피해자화 이력이 있는 사람은 스스로 자신의 경험을 활 용하여 자신을 비행적이고 폭력적인 행위로 인도하기 때문에 범죄의 후유증이 라는 상황에서 폭력의 순환에 관심을 갖는다. 바로 이점이 사람들이 자신이 해를 당한 곳에서 심지어 부정적인 경험을 통해서도 반사회적 행위를 학습한 다는 생각에 대한 지지를 제공하는 것이다. 그러나 이런 관점은 오히려 "학대 변명(Abuse excuse)"으로 부정적이게 특징지어졌다는 지적을 받기도 한다.155

---

154 C. S. Widom, "The cycle of violence," Science, 1989, 244(4901): 160-166
155 Kennedy and Sacco, op cit., pp. 178-179

재판, 지원, 그리고 대안

여기서는 범죄가 발생한 이후, 피해자의 형사사법제도와의 경험, 주로 형사사법제도와 접촉할 때의 피해자의 부정적 경험이나 '2차 피해자화'를 들여다보는 것이다. 적어도 사법 과정에서의 피해자 역할 증대를 위한 많은 노력에도 불구하고, 실제 실행에 있어서는 한계도 적지 않았다. 경찰, 검찰, 법원 단계에서의 관료들과의 관계에 있어서 피해자의 역할이 엄격하게 검증을 받기도 한다. 이들 상호작용에 있어서 피해자의 권한이나 역할의 증대와 강화는 사건의 효율적인 처리, 진행과 갈등에 이르게 된다는 우려도 적지 않다.

 ## 1. 피해자의 형사사법제도 관여

현대 형사사법제도의 관심은 피해자가 아니라 오히려 형벌 부과의 공정성과 합법성을 확보하고, 범죄자를 교화, 개선시키는 수단을 고안하고, 범죄자 체포와 기소의 효과성과 효율성을 높이는 것을 중심으로 초점을 맞춘다. 물론 피해자를 위한 사법 정의를 담보하려는 법률적 개혁들이 이루어져 왔지만, 그럼에도 아직도 피해자들은 형사사법제도에 있어서 자기들의 역할에 강한 불만을 표하고 있다. 이런 현실과 상황이 피해자를 피해자화와 관련된 더 강한 수치심과 죄책감으로 인도하여, 그들의 삶에 있어서 방향을 잃고 무기력함을 느끼게 한다는 것이다. 이러한 형사사법제도에 의한 피해자통제는 종종 피해자의 이익에 반하여 작동되고, 때로는 형사사법제도에서 수반되는 공식적 규제에 따라 사건을 진행시키는 결과로 나오는 일종의 "2차 피해자화"로 특징지어지기도 한다. 흥미롭게도 이러한 형사사법 과정에 대한 불만은 피해자들이 형사사법제도에 대해서 가지는 부정적 시각에 부당한, 불공정한 결과보다 더 크게 기여한다는 것이다.156

1) 2차 피해자화

피해자들은 의사결정 과정에서 자기들의 관여나 참여가 결여되었다고 느끼고, 형사사법제도로부터 소외되고 좌절될 수 있다. 물론 과거에 비해 피해자 요구, 필요에 대한 민감성의 증대와 피해자에게 서비스가 제공되는 방식의 변화가 피해자들의 일부 부정적인 경험을 완화해왔지만, 아직도 피해자에 대한 2차 피해자화의 예는 어렵지 않게 찾을 수 있다고 한다. 이러한 피해자에 대한 2차 피해자화는 특히 성폭력 피해자에게서 가장 빈번하고도 가장 심각하게 나타나는 것으로 전해지고 있다. 성폭력 혐의로 기소된 남성의 유책이나 무고함을 설정하는 기초로서 피해자의 과거 성적 행동을 그 증거로 허용하는 것을 제한하는 등의 노력에도 불구하고, 형사사법 관리들이 아직도 강간 피해자를 의심과 불신의 눈으로 바라보기도 한다는 것이다.157

2) 피해자의 권리

피해자가 범법자에 대한 처벌과 손상된 해악에 대한 배상을 위하여 형사사법제도에 의지하는 소추의 과정이 실제로는 피해자의 이익에 반하여 작용할 수도 있다고 한다. 그래서 피해자를 강한 무력감을 느끼게 하고, 환멸을 느끼게 한다는 것이다. 2차 피해자화의 결과에 대한 불만이 피해자 권리 운동을 동원하는 데 중요한 세력이 되었다고 한다. 이 피해자 권리 운동의 목표는 범죄의 경제적, 심리적 결과로부터의 회복의 필요성을 포함하여 범죄의 여파로

---

156 Kennedy and Sacco, op cit., p. 182; V. Finn DeLuca, "Victim participating at sentencing," Criminal Law Bulletin, 1994, 30(5): 403-428
157 E. Erez and P. Tontodonato, "Victim participation in sentencing and satisfaction with justice," Justice Quarterly, 1995, 23(4): 363-375

겪게 된 경험에 대한 통제력을 증대시킴으로써 피해자에게 권능을 부여하는 것이다. 이러한 최근의 발전과 함께 형사사법제도에 대한 지속적인 불만이 추가적인 입법적 개혁을 요구하기에 이른다. 양형에 있어서 피해자 참여가 가장 눈에 띄고 대중적인 피해자 권리이며, 그중에서도 양형 선고 시에 소개되는 문서화된 피해자 영향 진술이 대표적이라고 할 수 있다. 이 진술은 문서로도 제출되지만, 구도로 직접 피해의 내용과 정도, 그리고 범죄와 양형에 대한 느낌 등을 포함하는 범죄의 영향에 대한 주관적인 평가를 설명할 수도 있다.158

2. 범죄 사건에 대한 형사사법제도의 대응에 있어서 피해자 역할

1) 경찰과 피해자

경찰과 시민의 관계, 특히 범죄 피해자의 경찰에 대한 태도와 인식에는 범죄 현장에서의 경찰관의 말과 행동이 큰 영향을 미치는 것으로 알려지고 있다. 범죄 피해자를 대하는 데 있어서 경찰의 역할, 특히 경찰 역할이 범죄를 해결하는 노력과 관련되는 경우 더욱 더 장기적인 영향을 미칠 수 있다고 한다. 당연히 범죄가 해결이 되었는지, 범죄 해결을 위하여 얼마나 노력하는지 등이 피해자에게 상당한 영향을 미치는 것이다. 그런데 문제는 경찰이 모든 사람의 모든 범죄 피해에 일정하게 일률적이며 획일적이고 동등하지는 않다는 것이다. 이런 문제는 모든 사건이 다 같지 않고, 모든 피해자도 다 같지 않기 때문이라고 해석되고 있다. 과연 그러면 경찰이 사건을 해결하는 노력의 정도를 결정하는 것은 무엇일까? 피해자의 특성일까 아니면 사건의 특성일까?

절도와 강도 사건에 대한 한 조사 보고서에 따르면, 도난당한 물품의 가격이 절도 사건 수사에 투입된 시간에 가장 큰 영향을 미쳤다고 한다. 용의자 정보의 강점도 중요한 영향을 미쳤다고 보고되었다. 강도 수사에 있어서도, 강

---

158 Finn DeLuca, op cit., pp. 405-408

도를 당한 물품의 가격이 수사에 투입된 시간에 가장 큰 영향을 미쳤으며, 물적 증거의 이용 가능성도 강력한 영향을 미쳤다고 한다. 흥미로운 것은 이 두 가지는 물론이고, 수사에 대한 피해자의 욕구, 바람도 못지않게 중요한 영향을 미쳤다는 것이다. 마지막으로 강도의 유형도 영향을 미치는데, 기업에 대한 강도가 개인에 대한 강도보다 수사 시간이 더 많이 할애되었다는 것이다. 이런 조사 결과를 토대로, 피해자 특성보다는 오히려 사건 특성, 특히 도난이나 강도를 당한 물품의 가격이 수사에 더 큰 영향을 미친다고 결론을 내리고 있다. 그렇다고 피해자 특성이 영향을 미치지 않는다는 것은 결코 아니다. 피해자의 이야기가 진실되게 들리는가, 피해자가 정의롭지 못하다고 느꼈는가 등의 피해자 특성도 영향을 미친다는 것이다. 예를 들어서, 특정한 피해자 특성을 가진 피해자의 이야기나 수상한 상황을 내포하고 있는 사건은 의심을 받기 쉽다는 것이다. 물론 여기에다 피해자의 사회적 지위도 영향을 미치지 않을 수 없다는 지적도 없지 않다. 그렇다고 피해자 특성만으로 수사에 투입되는 시간의 정도에 영향을 미칠 것이라는 주장에는 의문의 여지가 남는다. 그런데, 경찰에 대한 피해자의 태도나 평가는 수사 과정에서의 노력도 수사 결과도 중요하지만, 어쩌면 맨 먼저 범죄 현장에 출동하여 피해자를 처음 접촉한 순찰 경찰이나 지령실 경찰관의 태도, 언행, 결정이 더 큰 영향을 미친다고 할 수 있다고도 한다.159

2) 법원과 피해자

피해자는 과연 중앙무대의 주역인가 아니면 부속품인가? 현대 적대적, 변론적 형사사법제도의 핵심은 우선적으로 국가와 범법자 간의 싸움이라는 점이다. 여기서도 국가는 기소하는 역할과 재판관으로 행동하는 역할이라는 상이한 임무와 규율을 가진 두 가지 역할을 한다. 공개 법정에서의 방청인 외에는 다른 누구도 없다. 그러나 문제는 범법자, 검사, 판사 세 사람의 행위자는 스

---

159 S. G. Brandl, "The impact of case characteristics on detectives' decision making," Justice Quarterly, 1993, 10(3): 395-415; S. G. Brandl and F. Horvath, "Crime-victim evaluation of police investigative performance," Journal of Criminal Justice, 1991, 19(2): 109-122

스로 실제 형사사법을 창달할 수가 없다. 그 결과, 피해자의 역할을 절차상 두 부분으로 융합해야 하는 불행한 추세, 경향을 목격하고 있다. 피해자가 주연들에 필요한 조역으로 단순히 볼 것인지, 아니면 모든 당사자에게 공정할 수 있는 형사사법을 만들기 위하여 중앙무대로 피해자가 더욱 전진하도록 권장되어야 하는가 각각의 역할을 면밀하게 살펴보고 분명히 할 필요가 있게 되었다.[160]

법정에서 피해자는 자신을 적대감으로 대할 수도 있는 피의자의 변호인, 범법자의 유무죄에 대한 공정한 판단을 내리기 위하여 심사숙고해야 하는 판사를 직면하게 된다. 배심제하에서라면 피해자는 또한 배심원단을 대해야만 하고, 자신의 진술에서 자신을 믿을 수 있다는 것을 확고히 하도록 압박을 받는다. 이들 모두가 피해자에게 직접적인 영향을 주는 것은 너무나도 당연하다. 그럼에도 불구하고, 실제로는 피해자들이 자신들의 요구, 필요에 가장 책임이 있는 형사사법기관으로 놀랍게도 절반 이상이 피해자 지원 프로그램의 사람들을 꼽았고, 이어서 경찰, 판사, 그리고 검사의 순으로 꼽았다고 한다. 놀라운 것은 경찰이 제대로 수사하지 않으면 형사사법 절차는 아예 시작도 될 수 없으며, 수사 결과가 좋아도 검찰의 기소가 없으면 재판조차 받을 수도 없음에도 경찰과 검찰을 맨 뒤로 뽑았다는 사실이다.[161]

(1) 재판 단계에서의 세 가지 역할

가. 방청객으로서의 피해자

법원을 방문하는 대다수 피해자는 일반 대중의 구성원에 불과하다. 피해자들도 일반 대중과 마찬가지로 법정에서 그리고 실로 법정 절차 안에서도 '이방인'이 된다. 대중의 한 사람으로서 피해자는 법정에서 이방인이라는 개념은 너무나도 당연시되어 왔다. 법정에는 대체로 네 집단이 있는데, 그중 세 집단은 어느 정도 내부자라고 할 수 있는 사람들로, 우선 법정 안에서 벌어지는 일을 잘 알고 법정 안의 환경, 상황을 통제하는 법관, 긴밀하게 맺어진, 상대

---

160 J. Shapland and M. Hall, "Victims at court: Necessary accessories or principal players at centre stage?" in Bottoms and Roberts(eds.), 2010, op cit., pp. 163-199
161 Erez and Tontodonato, op cit.

적으로 비교적 영구적인 집단인 상주 직원과 전문가, 그리고 이따금 법정을 방문하는 변호인과 기타 전문 인력이 그 세 부류이다. 가장 바깥쪽 집단은 일반인, 즉 피해자, 피의자, 증인, 배심원, 그리고 대중이다. 당연히 대중의 방청객으로서 재판에 참석하는 피해자는 자신을 법정의 내부세계와 연결해주는 실질적인 탯줄이 결여되어 있다는 것이다. 방청객으로서의 피해자는 자신의 사건이고 자신이 사건의 직접 당사자임에도 같은 날 같은 재판에 방청하는 모든 일반 대중 방청객 이상의 어떠한 배려와 고려도 주어지지 않는다. 법정에서 삼각관계의 한 축이 사라진 것이다.162

나. 증인으로서의 피해자

법정에서의 피해자는 증인으로 환생된다고 한다. 그들의 어려움과 주변부화는 여기서 끝나지 않고, 실제로 증인으로서 증거를 제시하는 것에 따르는 또 다른 도전에 직면하게 된다. 우선, 법정은 대부분의 사람에게 처음이기 쉬운 아주 낯선 장소이고, 그래서 무섭고 위협적일 수 있기에, 분명하고 강력한 증거를 제공하기란 쉽지 않다. 특히 피해자가 피의자나 방청석의 지지자들을 두려워한다면 더욱 더 그럴 것이다. 여기에다, 형사 재판 중 실제로 증언할 때, 증인은 매우 부자연스럽고, 익숙하지 않은 방식으로 정보를 전달하도록 요구받는다. 증거 자체가 보편적인 대화와는 아주 다른 방식으로 증인으로부터 나오는 것이어서, 통상적으로 증인은 자신의 반대편에서 심문하는 변호인에 답하는 동시에 배심단에게도 대답하도록 요구받는다. 특히 대질심문을 할 때면, 답변을 요구받는 질문들이 당혹스럽거나 비난하기도 할 뿐 아니라 혼란스럽고, 강압적이고, 모욕적이기도 하다. 자신의 사건임에도 피해자는 자신의 방식대로, 자신의 언어로, 가장 중요한 요소로 생각하는 것을 강조하여 말하는 것이 허용되지 않는다.163

162 P. Rock, The Social World of English Crown Court: Witnesses and Professionals in the Crown Court Centre at Woodgreen, Oxford: Clarendon Press, 1993, p. 195; Shapland and Hill, 2010, op cit., pp. 167-170

163 F. Norris and K. Kaniasty, "Psychological distress following criminal victim-ization in the general population: Cross-sectional, longitudinal and prospective analyses," Journal of Consulting and Clinical Psychology, 1994, 62(1): 111-123; A. Denkers and F. Winkel, "'Crime victims' well-being and fear in a prospective and longitudinal study," International Review of Victimology, 1998, 5: 141-162;

다. 피해자로서의 피해자

재판 단계에서 피해자의 증인이나 일반 방청객으로서의 환생을 설명하였지만, 추가적으로 피해자들은 피해자로서의 특별한 한계에 직면하게 된다. 최근 들면서, 피해자를 형사사법의 중심에 두려는 움직임이 활발하지만, 아직도 형사 절차상 실제로 설 자리가 없거나 많지 않거나 크지 않다. 피해자는 당사자 지위는 물론이고, 이것과 함께 정보를 취득하고 절차에 직접적으로 영향을 미칠 능력과 지위를 가지지 못하고 있다. 아직도 피해자는 자신의 이익을 대변할 자신의 변호인, 법률가를 가질 수 없고, 그래서 사법제도와 절차에 직접 이야기하거나 자신의 이야기를 전달할 수 없다는 사실이 이를 잘 대변해주고 있다. 당사자 지위의 결여와 함께, 어떤 단계에서도 피해자를 피해자로 고려되고 간주되지 않고, 오로지 검찰로 대표되는 국가가 대신할 따름일 뿐인 것이다. 문제는 당연히 검찰이 피해자를 대신하는 것이 피해자가 자신의 이야기를 스스로 직접 전하는 것에 비할 바가 아니라는 것이다.164

(2) 유죄 평결과 양형 단계에서의 피해자 역할

유죄가 확정되기 전 법정에서의 피해자가 증인으로서 환생되었다면, 유죄 확정과 선고 사이에 있는 피해자의 역할은 극히 혼동스럽고 불분명하다. 형의 선고에 있어서 범행이 피해자에게 미친 영향이 워낙 중요한 요소이고 검찰은 유죄 확정과 형의 선고 사이에는 아주 제한된 역할을 할 따름이기 때문에 검찰의 증인으로서 바로 직전의 환생으로는 피해자의 역할로서 부족하기 마련이다. 당연히 피해자가 이제는 검찰의 그림자에서 벗어나야 한다는 것이다. 형의 선고는 특정한 범행을 형사사법이 얼마나 심각하게 여기는가를 보여준다. 만약 피해자가 무시되거나 범행의 영향이 전혀 고려되지 않는다면, 피해자는 형사사법제도가 범행이 자신에게 미친 영향에 관심을 기울이지 않는다고 볼 개연성이 높으며, 이는 결코 성난 물결을 가라앉히는 요리법이 아니다. 여기서 형의 선고와 피해자와 관련되는 몇 가지 관점이 있다고 한다.165

J. Shapland and M. Hall, "What do we know about the effects of crime ob victims?" International Review of Victimology, 2007, 14(2): 175-218

164 Shapland and Hall, 2011, op cit., pp. 174-176

먼저, 형을 선고하는 사람이 범행이 피해자에게 미친 영향에 관한 정보를 가지고 있는지 여부로서, 만약 재판관이 그러한 정보가 없다면 양형에 고려될 수 없는 것이기 때문이다. 두 번째는 재판관이 정보를 가지고 있다고 할 때라도, 그가 범행의 영향을 과연 얼마나 고려할 것인가의 문제이다. 범죄가 피해자에게 미치는 영향은 정적인 것이 아니라 시간의 흐름에 따라 발전하고 변화한다. 대부분의 경우에는, 범행 직후 경찰 단계에서 이루어진 진술이 재판 시에도 범죄가 피해자에게 미친 영향에 관한 정보를 평가하는 주요 수단인데, 만약 유죄 협상이 있거나 피해자가 증인으로 증언하지 못한다면 범행의 영향에 대한 피해자에 의한 직접적인 증거는 없게 되고, 당연히 범행이 피해자에게 미치는 영향에 관한 정보는 재판관에게 미치거나 도달하지도 못하게 된다.[166]

그렇다면, 범행의 영향에 관한 정보는 기존 양형에 문제가 되는가? 범행의 영향에 대한 정보가 항상 재판관에게 도달하는 것은 아니다. 그렇다고 이것이 문제가 되는가? 기존의 선고 관행이 피해자에 관한 어떤 정보라도 필요로 하는가? 물론 지금도 재판관은 피해자에 관한 정보를 취득하고 고려하도록 관련 법률은 요구하고 있다. 이유는 피해자와 관련되는 범행의 관점이 범행이 얼마나 심각하게 판단될 것인지, 그래서 양형에 대해서도 특히 심각성은 양형 철학의 당위적 공과나 응보 그리고 위험성과 대중의 보호 주장 모두를 고려할 때 중요한 영향을 미친다고 할 수 있다.[167]

사실, 재판부는 피해자에 대한 범행 결과의 증거들을 일상적으로 받아들이고, 그에 따라 행동한다. 피해자화의 개별화와도 관련되겠지만, 피해자에 따라서 동일한 범행이라도 재정적, 신체적, 사회적, 정신적 피해와 그 영향의 정도가 크게 다를 수 있기에 피해자에 대한 범행의 결과와 영향에 관련된 정보와 그에 대한 적정한 고려가 중요하지 않을 수 없다. 여기서 특별히 고려되는 것이 바로 피해자의 취약성이다. 어린이와 노인이, 남성보다 여성이, 장애를 가진 사람이 그렇지 않은 사람이, 또는 택시나 버스 운전기사와 같은 직업적 이유로 상대적으로 더 취약한 것으로 간주되고 있다. 이는 범죄 표적으로서 취약성뿐

165 Shapland and Hall, 2011, op cit., p. 176
166 Shapland and Hall, 2007, op cit.; Shapland and Hall, 2011, Ibid., p. 177
167 Shapland and Hall, 2011, Ibid., pp. 180-181

아니라 피해 정도가 더 커질 수 있는 취약성, 그리고 범죄로부터 회복하는 회복 탄력성(Resilience)의 취약성도 함축하고 있다. 여기에다 양형과 피해자를 논할 때 고려되어야 할 한 가지 요소가 더 있는데, 바로 피해자와 범법자의 관계이다. 이 관계에서 추가적으로 범법자가 피해자에게 진정한 사죄를 하고, 피해자는 용서했는지 여부도 중요한 양형 결정 요소의 하나가 될 수 있다.[168]

3) 검찰과 피해자

　오늘날 적대적, 심문적 형사 절차상 피해자의 현실적 지위는 핵심 선수라기보다는 부수적인 존재에 지나지 않는다고 한다. 그래서 피해자 운동은 피해자가 검찰, 검사가 되어야 한다고 주장하는데, 이는 곧 피해자가 범죄의 직접적인 당사자이고, 당연히 자신의 사건에 대한 기소와 같은 주요 결정에 주도적인 역할을 해야 한다는 의미일 것이다. 더구나 피해자와 관련된 검찰의 역할도 일반적으로 잘못 이해되고 있다고 한다. 검찰은 변호인이 피의자를 위하는 방식으로 피해자를 위한 옹호자가 될 수는 없는 것임에도, 검찰이 피해자 권리의 투사라는 주장이 검찰 업무의 대부분이 특성상 피해자의 필요와 요구에 봉사한다는 잘못된 인상을 줄 수 있다고 한다. 당연히 여기서 피해자와 관련하여 어떤 존재가 되어야 하고, 무엇을 해야할 것인지 더 잘 이해할 필요가 있는 것이다.[169]

　형사 사건을 진행하고자 하는 궁극적인 결정은 형사사법제도의 깔때기라고 할 수 있는 검찰에 달려있다. 대부분의 연구는 물론이고 거의 모든 통계에서도 전체 범죄 사건 중 일부만 경찰에서 검찰로 송치되고, 송치된 사건 중에서도 극히 일부만 기소되는 것을 보여주고 있다. 심지어 비교적 강력 범죄라고도 할 수 있는 흉악 범죄, 중범죄 사건에서도 상당수가 검찰이 유죄가 확정될 수 있다거나 사건이 단단하다고 간주하지 않아서 기소되지 못하고 결국 법원까지 가지도 못한다는 것이다. 그렇다면 어떤 이유로 검찰은 사건을 계속하고 안 하고를 선택하는 것일까. 성폭력에 관한 하나의 연구에서, 피해자 신뢰성이

---

168 Shapland and Hall, 2011, op cit., pp. 182-183
169 J. Spencer, "The victim and the prosecutor," in Bottoms and Roberts(eds.), 2010, op cit., pp. 141-162

경찰 수사는 물론이고 검찰의 기소 결정에도 큰 영향을 미친다는 결과를 내놓았다고 한다. 이런 측면에서 보면, 그러한 결정은 피해자 신뢰성에 대한 검찰의 해석과 평가와 전혀 상관없이 이루어질 수는 없음을 엿볼 수 있다. 다른 말로는, 이 피해자 신뢰도는 고정된 것이 아니며, 객관적으로 결정되는 것도 아니라는 것이다. 오히려 검찰과 피해자 사이의 계속되는 평가와 협상의 결과에서 나온다는 것이다. 이 협상에서 중요한 것이 바로 피해자의 신뢰도뿐만 아니라, 유죄 확정을 받아내기 위하여 자신의 이야기를 받아들여야 하는 배심원에게 피해자가 얼마나 설득력이 있을지에 대한 검찰의 판단이라고 한다.[170]

이런 설명은 어쩌면 너무나 당연한 것이다. 검찰에 대한 업무 평가는 유죄 확정 비율이 가장 중요하기 때문이다. 이는 또한 검사 개인의 승진 등 인사에도 중요하지만, 한편으로는 검찰이 지역사회를 보호하기 위하여 일하고 있다는 대중적 이미지를 향상시키기 위해서도 필요한 높은 유죄 확정 비율의 영향을 심하게 받기 때문이다. 이런 이유로, 검찰은 당연히 오로지 이길 수 있는, 유죄를 확정받을 수 있는 단단한 사건만 받아들이기 마련이며, 더구나 유죄 확정 비율을 더 높이기 위해서는 이길 수 없다고 판단되는 사건은 기소하지 않는 것이다. 유죄 확정으로서 업무 성과가 평가되는 이러한 검찰의 조직문화에서, 다수 사건이 기소되지 않는 이유의 하나는 바로 피해자의 주장을 믿지 않고 부정하는 것이다. 그런데 검찰의 피해자에 대한 부정과 불신은 크게 모순되거나 일치하지 않는 설명과 진술, 그리고 숨은 동기라는 두 가지 근원에서 나온다고 한다. 모순되거나 일관성이 없는 진술은 경찰에서의 진술과 검찰에서의 진술의 차이나 모순, 그리고 정형화된 성폭력 시나리오에 어긋난다고 판단되는 상황 등에서 찾는다고 한다. 또한 피해자의 지연된 신고도 피해자의 신뢰성이나 진정성을 의심케 한다고도 한다. 그리고 검찰의 피해자 진술의 신뢰성 평가에 있어서 피해자의 처신이나 품행, 몸가짐, 행실 등도 중요시된다고 한다. 요즘 문제가 되기도 한 소위 '피해자다움'도 이러한 문제의 하나일 수 있는 것이다. 검찰은 이들 요소가 피해자가 법정에서 신뢰받게 될지 여부를

---

170 L. Frohmann, "Discrediting victim's allegations of sexual assault: Prosecutorial accounts of case rejections," Social Problems, 1991, 38(2): 213-226; W. A. Kerstetter, "Who decides? A study of complainant's decision to prosecute in rape cases," Criminal Justice and Behavior, 1990, 17: 268-283

결정하기 위하여 활용될 뿐만 아니라, 피해자가 진실을 말하고 있는지 여부에 대한 검찰 자신의 평가에 상당한 가중치를 둔다는 것이다. 검찰은 비일관성이 유죄 확정을 얻어내기 어렵게 만든다고 믿는 것이며, 따라서 사건을 기소하지 않기로 결정할 때 활용한다는 것이다.[171]

이와 같은 사례들이 검찰과 피해자 관계의 복잡성을 잘 보여주고 있으며, 사건의 진행이 수사 경찰이 제공하는 물리적 증거보다 훨씬 더 많은 것에 좌우된다는 것을 주장하고 있다. 동의 여부가 범죄 발생 여부의 중요한 관점인 성폭력 사건에서는 실제 사건은 문제가 아닐 수도 있다. 오히려 피해자의 신뢰도가 검찰이 사건의 진행 여부를 결정하는 핵심 요소가 된다는 것이다. 성폭력 사건은 검찰이 어떻게 사건을 법정으로 여과시키는 데 있어서 중요한 역할을 하는지에 대한 극단적인 사례이지만, 이와 유사한 평가는 모든 유형의 범죄에서 다 일어나는 것이다. 성폭력 사건에서 개인적 정보를 고려할 때 검찰의 평가 범주의 뚜렷한 특성이 피해자에게 이런 유형의 판단을 특히 어렵게 만든다고 한다.[172]

4) 피해자 협박

형사소추, 형사 재판의 바로 그 특성상 피해자와 가해자가 대면을 필요로 하게 된다. 가해자와의 직접적인 대면이 사실은 피해자에게는 무서운 영향을 미친다. 그 영향이 때로는 범법자, 그 가족과 친지, 심지어 변호인의 협박 전술을 통하여 더욱 높아지기도 한다. 특정 지역이나 조직범죄와 마약 범죄 등 특정한 유형의 범죄의 피해자에게 이러한 협박이나 위협이 특별히 더 심할 수 있다. 이러한 위협이나 협박의 결과는 범법자를 재판에 세우는 동시에 피해자와 증인을 더 이상의 위험으로부터 보호하는 것을 더 어렵게 만든다는 것이다. 위에서 예로 들었던 것처럼, 이러한 위협과 협박은 비단 사건에 특정한 것이 아니라, 심지어 지역사회 전체, 전반이 조직범죄나 마약 범죄로부터 위협을 받을 수도 있다. 협박과 위협은 당연히 지역사회와 피해자가 법정에서 증언하는 것은 물론이고, 경찰에 신고하는 것조차 꺼리게 만든다. 물론 피해자가

---

171 Frohmann, op cit.
172 Kennedy and Sacco, op cit., pp. 193-194

증언을 꺼려하도록 만드는 범죄는 비단 조직범죄나 폭력 범죄나 Gang 범죄에만 국한되는 것은 아니며, 가정폭력에서 매 맞는 아내가 학대하는 남편에 불리한 증언을 꺼리는 것도 마찬가지일 것이다.[173]

그런데, 피해자가 형사 재판과 같은 사법 절차와 과정에 가담, 참여, 관여하기를 꺼려하는 것은 때로는 사건에서 재판이 이루어지고 최종 판결이 나기까지 걸리는 긴 시간도 한몫을 한다는 것이다. 경찰의 수사와 검찰의 기소, 그리고 재판에 이르기까지의 긴 시간과, 그것도 모자라서 각종 이유로 지연되는 관계로 다수 피해자는 보복이나 배상이나 사법 정의를 추구하려는 자신의 다짐이나 결의마저 점점 상실해 가는 경우가 많다는 것이다. 그러는 긴 시간을 이용하여, 피해자를 지치게 하거나 견디지 못하게 하거나, 재정적으로 어렵게 만들거나 직장을 유지하기 어렵게 하거나 일상생활을 불가능하게도 하며, 이보다 더 무서운 것은 가해자나 그 가족으로부터 합의를 종용받거나 심지어 협박당하기도 한다는 것이다.[174]

5) 재판관으로서의 피해자; 피해자 영향 진술의 역할 확대

어쩌면 피해자 운동 성과 중 가장 눈에 띄는 것이 있다면, 피해자 영향 진술이라고도 할 수 있을 것이다. 그것은 피해자 운동의 핵심 중 하나가 피해자의 참여를 증대시키는 것이고, 이런 요구는 자신의 사건이 해결되는 방식, 어떻게 결정되고 끝나는지에 대한 피해자의 이익과 관심을 인정해 주는 필요성에서 나온 것이다. 피해자가 자신의 사건에 대한 관심을 표할 기회와 참여가 형사사법제도에 대한 피해자의 만족을 높이고, 반대로 무력감과 통제력의 상실감은 줄여 준다고 한다. 형사사법제도와 절차와 과정 속으로의 피해자의 통합이 형사사법제도에 대한 피해자의 협조를 증대시키고, 그래서 형사사법제도의 효율성을 높이게 된다는 것이다. 증언이나 영향 진술과 같은 피해자 의견이나 견해나 진술의 투입은 판사로 하여금 범죄의 결과로 피해자에게 가해진 손실을 파악하게 하고, 배상과 보상명령을 높이도록 작용하게 된다. 피해자 영

---

173 Kennedy and Sacco, op cit., p. 195
174 F. B. Rogers, "Develop an accelerated docket for domestic violence cases," Judges' Journal, 1992, 31(3): 2-8, 29-31

향 진술은 당연히 양형의 정확성과 비례성(죄에 상응한 처벌)도 높이게 된다. 또한 범죄로 가해진 해악에 상응하는, 비례하는 형벌을 통한 응보를 측정하는 능력으로도 중요한 것이다. 피해자 의견과 견해의 개진과 투입이 검찰 효율성을 높이고, 이는 다시 제재의 확실성을 높이기 때문에 형벌의 억제 효과도 높아진다고 한다.175

피해자 영향 진술이라는 피해자 참여에 대한 우려의 목소리도 없지는 않다. 몇 가지 고려 사항들이 제시되고 있는데, 먼저 피해자가 재판에서 더 크고 많은 역할, 더 중심적인 역할을 해야하는 것은 분명하지만, 그들의 진술과 같은 투입은 감정적이기보다 사실적이어야 하고, 복수를 지향해서는 안 된다는 것이다. 이는 곧 피해자 진술의 감정적 관점의 배제, 제외를 의미한다. 아직도 대다수 피해자가 법원 선고에 참여하지 않는데, 복수를 추구하는 피해자가 더 큰 소리를 내는 것이 과연 공정한가 묻기도 한다. 반면에, 특정한 범죄 비용의 추정치는 여기저기서 나오고 있지만, 피해자의 상황이 다 다르기 때문에 범죄로 인한 해악에 대한 분명한 계량은 없다. 당연히 같은 범죄라도 피해자에 따라, 상황에 따라 그 해악의 내용이나 정도나, 그로 인한 손실 등은 다를 수밖에 없을 것이다. 이런 관점에서 보면, 피해자 영향 진술이 범법자에 대한 양형의 결정에 고려되어야 마땅한 피해자에게 가해진 해악과 해악의 장기적 결과에 대한 피해자 자신의 평가에 대한 통찰이나 인식을 제공할 수 있다는 것이다.176

이처럼 피해자 영향 진술이 가해자에 대한 적절한 비난의 한 가지 측도가 될 수도 있는 것이다. 피해자 영향 진술이 이들 해악을 평가하고, 피해자에 대한 배상을 판단하기 위한 기초로 활용될 수 있다는 것이다. 물론 대부분의 전문가는 피해자에게 영향 진술에서 피의자를 어떻게 하면 좋을지 묻는 진술에는 우려를 표하고 있다. 이와 함께, 검사들도 피해자 영향 진술이 그들이 사건에 대하여 가지는 통제력을 약화시킬까 우려하고 있다. 더구나 변호인도

---

175 E. Erez and L. Roger, "The effects of victim impact statement on sentencing patterns and outcomes: The Australian Experience," Journal of Criminal Justice, 1995, 23(4): 363-375
176 D. J. Hall, "Victims' voices in criminal court: The need for restraint," American Criminal Law Review, 1991, 28(2): 233-266

피해자 참여가 증대되면 피의자에 대한 그들의 변론, 방어, 보호에 부정적으로 영향을 미친다고 우려한다. 결국, 피해자 영향 진술과 관련하여 앞으로 해결되어야 할 과제는 법정에서 피해자에게 더 권한을 주라는 요구와 제도의 비당파성에 영향을 미친다는 법률 전문가와 형사사법 관리들의 우려를 조화시키는 것이다.[177]

---

177 Hall, op cit., p. 258; R. C. Davis and B. E. Smith, "Victim impact statements and victim satisfaction: An unfulfilled promise," Journal of Criminal Justice, 1994, 22(1): 1-12

피해자의 지위

CHAPTER

피해자 정책 발전의 이해

개별 피해자, 상징적 피해자, 그리고 형사사법제도의 달라진 관계에서 '피해자 의식 또는 피해자다움(Victimhood)의 새로운 의미의 부상을 일부 학자들이 지적하고 있다. 이는 7-80년대 주류를 이루던 소위 "형벌 복지주의(Penal welfarism)"의 퇴색에 그 뿌리를 두고 있다고 한다. 물론 형벌 복지주의의 퇴색은 비공식적 사회통제의 전통적 구조를 느슨하게 만든 사회 변동에 기인할 수 있는 범죄율의 상승으로 더욱 가속화되었다. 형벌 복지주의와 범법자를 교화 개선하고 형벌의 가장 파괴적인 관점을 완화하는 데 초점을 맞추는 것이 범죄 통제의 실패와 관련되게 되었다. 정치적 보수화와 함께 이는 범죄 통제에 대한 새로운 '무관용(Zero-tolerance)' 접근으로 이어지게 되었다. 특히 경찰을 필두로, 형사사법제도가 범죄를 통제하는 데는 한계가 있다는 것이 너무나 분명해짐에 따라, 정책 또한 범법자를 처우하는 것으로부터 범죄의 결과, 영향을 다루는 데 관심을 가지는 새로운 정책의 개발로 이동하게 되었다. 이것이 바로 대다수 현재 피해자 정책의 부상에 기여했다고 한다. 이 변화의 가장 중요한 관점은 피해자의 이익이 더 이상 공공의 이익 속에 포괄되지 않게 된 것이라고 할 수 있다. 이에 더하여, 보다 광범위한 국가-후원의 자원봉사조직 등 범죄를 다루는 추가적인 방식으로 제3분야도 부상하게 되었다. 이들이 함께, 범죄 통제 분야는 이제 국가를 넘어서까지 확대된다는 것을 확인해주고 있다.[178]

---

178 D. Garland, The Culture of Control: Crime and Social Order in Contemporary Society, Oxford: Oxford University Press, 2001, pps. 12, 170; D. H. Reeves and P. Dunn, "The status of crime victims and witnesses in the twenty-first century," in Bottoms and Roberts(eds.), 2010, op cit., pp. 46-71

그러나 한편으로는, 이러한 개혁, 정책의 전환이 범죄에 지나치게 느슨하다는 비판을 의식하지 않을 수 없었고, 이를 피할 수 있는 새로운 방식을 찾게 되었다. 이 새로운 방식은 범죄에 강경하고, 범죄 원인에 강경해지는 것으로 설명될 수 있었다. 피해자에 대한 범죄의 영향을 줄이는 데 관심을 가지는 것은 형사사법 정책에의 이 새로운 접근의 중요한 요소였다고 한다. 그래서 형사사법 정책의 전환은 피해자가 단지 증거의 근원, 원천 그 이상 아무것도 아닌, 형사사법제도에서 거의 역할이 없던 위치에서 피해자가 형사사법 과정의 중심 위치로 변하였다는 것이다.[179]

　　그러나 지금까지의 논의는 범법자가 확인된 경우에만 국한되는 것이었다. 피해자들에게 가용한 거의 모든 새로운 제안은 대부분 형사사법제도 전반에 걸친 절차와 과정 진행을 더 편하고 쉽게 해주고, 참여를 권장하기 위한 것들이었다. 여기서 문제는 실제로 발생하는 범죄의 극히 소수만 법정까지 갈 뿐이며, 이는 곧 아무리 훌륭한 제도요 서비스요 권리라도 사건이 법원까지 도달하는 극히 소수의 피해자에게만 허용된다는 뜻이다. 그렇다면 범법자가 확인되지 않은 범죄의 피해자는 여기서도 배제되어, 이중으로 배제되어야 할 것인가? 범법자가 확인되거나 확인되지 않거나 모든 범죄 피해자는 건강, 주거, 재정은 물론이고 범죄라는 예기치 않았고 원치도 않았던 경험의 결과를 극복하는 데 있어서 일반적인 감정적 지지를 필요로 하며, 이런 필요와 요구는 범법자가 확인되지 않은 범죄의 피해자도 마찬가지로 겪어야 하는 문제이다.[180]

　　이와 함께, 다수 피해자는 자신에게 범행을 가한 범법자에게 만족스러운 제재가 가해지기를 바라지만, 일부는 주거 이전, 손실의 회복, 범법자의 재범행 방지를 목표로 하는 프로그램에의 참여 등을 원하기도 한다. 그러나 이러한 피해자가 바라는 바 결과는 대부분은 기존의 정부 주도 형사사법 정책의 특징이라고 할 수 없는 것들이라고 할 수 있다. 결국, 이런 관점에서 새로운 시도가 필요했고, 그중 하나가 피해자를 사법제도의 중심에 두는 것을 재확인하는 중요성을 포함하고 있는 것이다. 그러나 여기서도 특히 자신의 피해자화를 경

---

179 P. Rock, Constructing Victims' Rights: The Home Office, New Labour, and Victims, Oxford: Oxford University Press, 2004, pps. 7, 100
180 D. H. Reeves and P. Dunn, 2010, op cit., p. 66

찰에 신고하지 않는 다수의 피해자와 관련하여, 사회의 공정성과 정의를 증진하는 것은 형사사법제도의 부분은 아니지만 피해자들이 필요로 하는 보건, 복지 등의 도움을 줄 수 있는 다른 국가 기관의 투입, 개입, 참여를 필요로 한다는 것이다. 실제로 최근 발생하고 있는 흉악 범죄가 정신적 장애와 관련성이 적지 않으며, 이는 형사 정책보다는 보건복지 정책 등 사회 정책의 영역이어야 한다고 주장되고 있다는 사실에서도 확인할 수 있는 부분이다. 형사사법제도에만 배타적으로 초점을 맞춘다면 범법자가 확인되지 않거나 확인되어도 법원까지 가지 못하는 범죄의 피해자들 또는 범죄를 신고조차 하지 않는 피해자들에게는 아무런 의미가 없기 때문이다.[181]

---

181 P. Dunn, "Matching service delivery to need," in S. Walklate(ed.), Handbook of Victim and Victimology, Cullompton: Willan Publishing, 2007, pp. 255-281; Reeves and Dunn, 2010, op cit., pp. 66-67

가해자로서의 피해자

다수 피해자는 자신이 한때는 가해자였다는 것이 때로는 보편적인 관찰이라고 한다. 그러한 개인사로 인하여, 피해자가 자신에게 도움이 되는 유익한 재화와 용역, 특히 상해보상과 같은 것을 구하는 경우 어려움을 야기한다. 그러한 결정은 단순히 피해자와 그의 가해자 사이에 비난과 책임을 분배, 분산하는 문제도 아니다. 피해자화에 대한 사회적 반응, 대응의 중심적, 핵심적 특징은 '피해자'라는 지위의 개인에 대한 인식과 의미의 부여이다.182

 1. 피해자화의 사회적 기능

누군가가 공격적으로 행동하는 경우, 피해자의 존재는 손실과 손상을 파악하고 확인하는 데 기여하며, 범법자에 대한 공식적 반응, 대응을 정당화하고, 그에 대한 권리의 박탈을 확인하게 한다. 그와는 반대로 피해자가 없다면, '범법자'를 비난하는 것이 때로는 논란의 여지를 남기게 된다.183 만약에 피해자가 없다면 비난의 계기가 약화된다는 것이 형사제재의 한계에 관련된 전통적인 주장이었지만, 사실 이 자체가 논란의 대상이다. 세상에는 수도 없이 많은 피해사 없는 범죄(Victimless crime)가 있으며, 피해자가 반드시 자연인일 필요도 없

---

182 D. Miers, "Positivist Victimology: A Critique," International Review of Victimology, 1989, 1: 3-22; D. Miers, "Taking the Law into their Own Hands: Victims as Offenders," Crawford and Goodey(eds.), op cit. p. 77

183 A. Wertheimer, "Victimless crime," Ethics, 1977, 87: 302-318; J. Skolnil and J. Dombrink, "The legalization of deviance," Criminology, 1978, 16: 193-208

으며, 동물도 국가도 피해자가 될 수 있고, 심지어 자연 환경도 범죄의 피해자가 되고 있음을 고려할 때 피해자가 없다는 것도 논란의 여지가 있지만, 그렇다고 가해자를 비난할 여지도 계기가 약화된다는 주장 또한 상당한 논란이 될 수 있다. 오히려 이런 유형의 범죄에 대한 분명한 피해자화가 범죄의 심각성과 경각심을 일깨우고, 비난의 빈도와 강도를 더 높일 수 있게 해준다.

 ## 2. 피해자로의 낙인찍기

1) 비결정성, 불확정성과 관습

분명히, 우리는 개인으로서도 집단으로서도 고통에 획일적으로, 통일적으로 대응, 반응하지 않는다. 즉, 우리는 특정한 사례의 고통에 대해서 동일한 방식으로 반응, 대응하지도 않고, 하나의 고통스러운 사례에 대하여 반응이나 대응을 공유한다고 반드시 다른 사람들에게 동의하는 것도 아니다. 우리가 동정적으로 대응, 반응하고 안 하고 여부는 자신에게 피해를 가하는 사건에 대한 인식에 달려있다. 만약 손상이나 손실을 입고, 다른 사람들이 그것을 그렇게 인정해주기를 바란다면, 통상적으로 피해를 가하는 사건에 대한 그들 다른 사람들의 규정을 따르는 입장에서 그 고통을 제시할 필요가 있다. 관찰자의 입장에서, 고통의 사례에 피해자 지위를 부여하고 안 하고를 결정하는 데 있어서 한 가지 주요 문제는 사회적 눈치와 신호가 사실은 애매하거나 모호하다는 사실에 놓여있다. 이러한 널리 퍼진 사회적 현상에 대한 한 가지 대응, 반응은 피해를 가하는 사건으로서 특정 사례의 고통을 정형화하는 협정, 관습의 발전이라고 한다. 가장 대표적인 사례가 어린이, 노인, 여성, 장애인 등 이름하여 "이상적 피해자(Ideal victim)"라고 하며, 이들 '제한된 범주'의 일부는 법률적, 의료적, 정신의학적 규범으로, 동료집단이나 가족 내에서 벌어지는 다른 일부는 그만큼 공식화되지는 않는다고 한다. 공식화되건 안 되건, 이들 협약, 협정, 관습은 규정의 정확성에서 매우 다양할 수도 있다고 한다.184

2) 피해자 꼬리표의 요구, 부여, 그리고 거부(Claiming, Ascribing, and Denying the Label)

피해자 꼬리표와 관련된 과정은 고통을 받는 사람 또는 그를 대신한 사람이 피해자로 받아들여지기를 바라는 주장, 요구와 그렇게 할 수 있는 힘, 권한을 가진 사람이 꼬리표를 부여하려는 의지 사이의 협상으로 구성된다. 피해자 지위를 위해서 필요한 요소는 해악, 고통이나 손상의 존재이다. 해악의 경험은 피해자 지위가 부여되는 전제 조건이지만, 그와 같은 모든 경험이 다 그렇게 취급, 처리되지는 않는다. 피해자가 된다는 것은 특별히 피해를 가하는 사건의 사회적 규정에 동조하는 방식으로 고통을 받는 것을 의미한다. 즉, 피해자 지위의 결정은 자아-정체성과 동조할 수도, 갈등할 수도 있는 사회적 과정이다.185 전형적으로, 그러한 사건은 다른 사람의 어떠한 작위나 부작위의 결과로 고통받는 사람을 수반하고, 그 고통이 피해자가 아닌 다른 누군가에 의해서 야기될 필요가 있다. 스스로 자초한 고통은 통상적으로 피해자 지위의 자격을 갖추지 못한다. 마치 피해자 없는 범죄처럼 지나친 흡연으로 폐암에 걸린 사람이 간헐적, 수동적 흡연자가 같은 암에 걸린 사람보다 피해자로 간주될 개연성이 더 낮다고 하지만, 문제는 이보다 훨씬 더 복잡하고 미묘하다고 한다. 전쟁 포로나 참전 군인이 전쟁 후유증으로 약물에 의존하게 되는 경우, 그가 피해자가 되는 질병이나 조건으로 인식되게 된다. 그러나 마약과 도박 중독의 경우, 우리는 그를 피해자라고 쉽게 부르지 않는다.186

사람이 해악을 겪었다고 자신이 이것을 피해를 가하는 사건으로 간주하거나 실제로 다른 사람이 그렇게 간주해야 한다는 것은 결코 아니다. 피해자 지위를 주장, 요구하는 사람은 스스로 자신을 피해자로 대변해야 하고, 이는 먼저 자기-낙인(꼬리표 붙이기)의 인지 과정을 포함할 수 있다. 그런데, 어느 하나의 집단에게는 피해를 주는 사건이 다른 집단에게도 그럴 필요는 없는 것이다.

---

184 N. Christie, "The ideal victim," in E. Fattah(ed.), From Crime Policy to Victim Policy, London: Macmillan, 1986, pp. 1-17; D. Miers, "Taking the law into their own hands: Victims as offenders," in Crawford and Goodey(eds.), op cit., pp. 77-95
185 E. Ziegenhagen, Victims, Crimes and Social Control, New York: Praeger, 1978, p. 17
186 Miers, op cit., 2016, p. 80

피해자라는 지위는 지역사회에 따라 집단에 따라 달라질 수 있다는 것이다. 더구나, 여기에 더하여, 꼬리표를 붙일 수 있는 권력, 권한을 가진 사람들은 특정한 사례, 사건에서 그렇게 할 준비가 되어있는 반면에, 동시에 개별적인 고통을 받는 사람은 그것을 거절한다. '피해자'라는 꼬리표를 붙이는 것은 자신이 다른 사람에 대해서 그리고 다른 사람이 자신에 대해서 가질 일련의 기대치를 수반하는 지위가 개인에게 부여되는 것을 초래한다. 사회학습이나 낙인이론과 같은 과정을 통하여 피해자가 된다는 것의 개념을 발전시키고, 상황의 수용이나 의존의 속성들을 고려하는 만큼 일부에게는 못마땅할 수도 있다. 이를 가장 잘 엿볼 수 있는 사례가 바로 성폭력 피해 여성이 정확하게 피해자라는 꼬리표가 주는 역경에서의 수동성과 무력감 때문에 피해자라는 꼬리표를 거부하고, 그 대신 '생존자'로 불리기를 바라는 경우이다. 이와는 반대로, 꼬리표를 붙일 수 있는 권한을 가진 사람이 때로는 그 사람을 피해자로 꼬리표를 붙이기를 거절, 거부할 수도 있다. 이는 대체로 꼬리표를 요구하는 사람이 권한을 가진 사람들이 가지고 있는 가치와 갈등적이거나 상반된 특성을 보이기 때문이라고 한다.[187]

 ## 3. 피해자 역량 강화

피해자의 더 많고 더 큰 참여와 관여는 피해자 자신과 형사사법제도 모두에 바람직하고 유익한 것으로 광범위하게 알려지고 있다. 동시에 그만큼 정확하게 그 장점, 이점, 이익이 어떤 것인지, 형사사법과 형벌 결정의 확정에 있어서 사적, 공적 이익의 배제, 형사사법 주관화의 잠재성, 범법자에 대한 보다 형벌적인 처리 등이 문제로 지적되고 있다.[188]

---

187 Miers, op cit., 2016, p. 81
188 D. Miers, "The responsibilities and the rights of victims of crime," Modern Law Review, 1992, 55: 482-505; H. Fenwick, "Rights of victims in the criminal justice system: Rhetoric or reality?" Criminal Law Review, 1995, pp. 843-853

1) 직접적 사법 정의

실제 가해자 또는 가해자로 알려지고 있는 사람에게 직접적인 행동을 취하는 실제 또는 잠재적 피해자가 증가하고 있다고 하는데, 이는 아마도 범죄 예방을 위한 사적 책임을 권장하는 일종의 새로운 권리 의제를 반영하는 것이다. 넓은 의미에서, 이러한 행동은 수동적 정의(Passive justice), 대응적 정의(Reactive justice), 그리고 사전적, 예방적 정의(Proactive justice)라고 하는 세 가지 범주에 속한다고 할 수 있다. 여기서 요점은 지나치거나 잘못된 대상을 향한 직접적 정의의 행사는 형사사법제도에 내재된 청구 가치는 물론이고, 피해자로 딱지가 붙거나 피해자의 지위를 주장하는 데 내재된 가치를 지지하기보다는 오히려 위협한다는 것이다. 그러나 현대사회에서 매일매일 넘치게 발생하고 있는 대부분 폭력은 자신의 행동을 사회통제에 있어서 완벽하게 정당하고 합법적인 활동, 운동으로 간주하는 보통의 시민들을 포함하고 있다. 권력이나 힘이 없는 피해자, 복수 피해나 반복 피해로 고통을 받는 피해자, 또는 기존에 널리 퍼져 있는 형사사법 가치를 공유하지 않는 피해자에게는 이 직접 정의가 피해자 자신과 자신의 가해자 사이의 도덕적 균형을 재설정해 주는 것이다.189

2) 수동적 직접 사법 정의

1980-90년대의 핵심적인 범죄 예방 전략은 범죄의 표적, 대상이 되는 자동차, 가게, 집의 보안을 강화하는, 이름하여 '표적 강화(Target hardening)'였다. 우리가 살고 있는, 이 악마와 같은 사회에서 사람들이 폭력을 두려워해서 자신의 집을 성곽화하는 것이 전혀 이상할 것이 없다. 용인될 수 없는 것은 심각한 해악을 초래하는 도구를 설치하는 사람이다. 자신의 두려움 때문에 자신을 보호하려다 무고한 사람이 죽어서는 안 되는 것이다. 자신의 자동차에 대한

---

189 D. Garland, "The limits of sovereign state: Strategies of crime control in contemporay society," British Journal of Criminology, 1996, 36(4): 445-471; G. Farrell, "Multiple victimization: Its extent and significance," International Review of Victimology, 1992, 2: 85-102; D. Black, "Crime as social control," in D. Black(ed.), The Social Structure of Right and Wrong, Kondon: Academic Press, 1993, pp. 27-46; D. Miers, "Victim compensation as a labeling process," Victimology, 1980, 5: 3-16

반복된 차량 절도 시도에 대한 대응으로 자동차 소유주가 주차장에 가설한 전류가 흐르는 전선을 만진 사람이 감전되는 사건이나, 정당방위를 위하여 휴대하는 일부 흉기는 오히려 범죄가 되는 것이다.

3) 대응적 직접 사법 정의

가장 대표적인 대응적 직접 정의의 사례는 자신이나 타인에 대한 실제 공격이나 공격 위협에 대한 반응, 대응으로서 또는 자신의 재산에 대한 방어로서 강력한 자기방어 대책, 예를 들어 호신술이나 호신용품을 활용하는 것이다. 자신에게 즉시적으로 불법적인 무력이 가해질 것이라고 정직하게 믿거나, 이미 무력이 가해진 경우, 그에 대한 대응으로서 합리적인 무력을 사용할 수 있도록 하는 것을 우리는 정당방위라고 한다. 그러나 때로는 그것이 법이 통상적으로 허용하는 범위를 넘어서는 경우가 있으며, 이 경우 피해자가 오히려 가해자가 되거나 적어도 쌍방 폭행의 혐의를 받게 되어 때로는 기소되고 때로는 손해배상이라는 민사소송도 받을 수 있게 된다. 당연히 이 부분에 대하여 언론과 시민들은 법과 질서를 유지하고 자신과 제3자를 보호, 방어하고자 했을 뿐인 사람에게 형벌을 가하는 제도의 불공정함을 비난하기도 한다.

먼저 형사 사건의 피의자로서 피해자의 경우를 보자. 자기방어, 정당방위에 있어서 지나친 무력의 사용은 피해자가 가해자가 되고 가해자가 피해자가 되는 결과를 초래할 수 있다는 것이다. 이에 더하여 피해자가 민사 사건의 피의자도 될 수 있다고 하는데, 그러한 경우는 피해자가 오히려 손해배상이나 배상명령을 받을 수 있다는 것이다.

4) 적극적 직접 정의

자율적인 시민 활동은 범행한 것으로 의심되는 사람에 대하여 무력을 사용하거나 위협하는 것은 물론이고 범행한 것으로 알려졌지만 기소나 유죄 확정을 피했거나, 기소되어도 피해자나 그 가족에 의하여 처벌이 충분하지 못하다고 간주되는 사람에 대한 무력 사용 두 가지를 다 함축하고 있다. 이처럼 적극적 직접 정의는 첫째, 피해자와 그 가족에 의해서 행사되는 경우와 두 번째, 항상 그런 것은 아니지만 피해자가 알거나 모르거나 또는 동의하거나 않거나 피해자를 대신하여 다른 사람이 행사하는 경우로 구분할 수 있다. 두 번째 경우의 적극적 직접 정의는 집합적 자조(Self-help)로서 일종의 대리 행동이라고 할 수 있다.

5) 가치와 극단주의

자신의 적극적인 직접 정의를 추구했던 피해자가 결과적으로 민사나 형사소송에서 피의자가 되건 안되건 간에 경찰이 할 수 없거나 아무것도 하지 않을 것이라는 개인적인 자기-결정, '옛날이 좋았어'와 같은 것에 관련하여 취해진 행동을 정당화하려고 한다. '수호천사(Guardian Angels)'와 같은 활동이 적극적 직접 정의의 극단적 사례라고 할 수 있으며, 이런 노력과 활동을 이름하여 일종의 '자경주의(Vigilantism)'와 연계시킬 수도 있을 것이다.

형사사법에 있어서 피해자

CHAPTER

형사사법제도와 피해자

 ## 1. 범죄 피해자의 정의

앞에서 언급한 UN의 피해자 기본원칙 선언은 범죄 피해자를 권력의 범죄적 남용을 규정하는 법률들을 포함하여 회원국 내에서 효력이 있는 형법을 위반하는 행동이나 비행에 의한 그들의 근본적인 권리의 상당한 장애나 신체적 또는 정신적 손상, 감정적 고통, 경제적 손실을 포함하는 해악을 개인적으로 또는 집합적으로 고통을 받은 사람으로 규정하고 있다. 이어서, 그러한 범죄 피해자에는 직접적인 피해자의 직계가족이나 직계존비속 그리고 피해자화를 예방하기 위하여 또는 고통 속의 피해자에게 개입하다가 손상으로 고통을 받은 사람을 포함한다고 규정하고 있다.[190]

 ## 2. 형사사법 과정과 절차에서의 피해자

시민의 보호자로서 국가의 일차적 목적은 국민이나 국민의 재산에 대한 모든 불법적 침해로부터 모든 시민을 보호하는 것이다. 법률은 국가가 이러한

---

[190] UN, Declaration of Basic Principles of Justice for Victims of Crime and Abuse of Power, 1985, http://www.un.org/documents/ga/res/40/a40r034.htm, 2023. 9. 3 조회

목적을 담보하고 시민이 법률을 위반하지 않도록 방지하는 매체이다. 그러나 전체 형사사법제도는 그 초점을 피해자보다는 오히려 피의자에게로 이동시켰다. 물론 그것조차도 검사가 원할 때만 가능한 일이지만, 형법에서 피해자는 매우 소외된 역할만 주어지는, 그냥 범죄에 대한 증인에 불과하다. 국가가 피의자를 처벌하게 하는 검사인 것이다.

물론, 소외된 역할마저도 형사사법제도의 절차와 과정에 있어서 각 단계에 따라 그 역할이 다를 수 있다. 형사사법제도의 기초는 적대적 모형, 즉 피해자를 대리한 검사와 변호인의 조력을 받는 피의자 사이의 적대적 다툼을 기초로 한다. 판사가 이들 두 당사자, 피의자와 검찰 사이의 적대적 다툼에서 증거에 의해서 결정을 하는 심판으로서 행동한다. 그러나 피해자가 당사자로서 재판에 참견하여 적극적, 능동적인 역할을 수행하고, 피의자의 유죄를 입증하기 위하여 검찰기관과 공조할 수 있도록 하는 조항은 어디에도 없다. 사정이 이러한 데는, 범죄가 개인이 아니라 사회 전체, 그리고 국가에 대하여 행해지는 것이기 때문에 기소 단계부터 피해자가 배제된다는 것이 그 이유이다. 이는 국가가 전체 사회를 보호할 책임이 있으며, 그래서 지역사회에서의 범죄자에 대한 재판에서도 국가가 그 선봉장이 된다는 것을 뒷받침하는 것이기도 하다. 이런 사고의 이면에는 만약에 피해자가 재판에 직접 참여하면 보복이나 복수를 원하게 되는 것이 매우 보편적, 일상적인 것이 되고, 이는 공정한 재판에 방해가 된다는 우려가 깔려 있다. 물론 검찰 단계에 앞선 경찰의 수사 단계에서도 피해자는 범죄의 목격자, 증인으로서 정보를 제공하는 진술자에 불과하다. 그나마 경찰 단계에서는 피해자가 자신의 이야기를 직접 할 수 있지만, 검찰 단계에서부터는 검찰이라는 국가가 대신, 대리하기 때문에 상식적으로 일에 임하는 자세가 다를 수밖에 없지 않을까. 당연히 자신이 변호인의 조력까지 받으며 적대적 다툼에 임하는 피의자와의 적대적 다툼은 애당초부터 불공정한 경기일 수밖에 없는 것이다. 나를 대신하는 국가가, 즉 검사가 나보다 나을 것이란 생각은 너무나 먼 꿈에 불과한 것이다.

결론적으로, 범죄 피해자도 분명히 사법 절차와 과정의 한 당사자이기에 그에 상당하는 보살핌과 관심을 필요로 하지만, 기존 형사사법제도에서는 제대로 그들에 대한 관심과 보살핌이 제공되기 힘들다. 이유는 애초부터 전반적으로 형사사법제도 자체가 사회통제제도의 일환, 일부분이기 때문이다. 즉, 사회 구성원에 대한 통제를 위한 기관에서 무고한 피해자를 통제한다는 것은 사리에 맞지 않는다. 피해자가 통제의 대상이 될 수는 없으며, 또 되어서도 안 되지 않겠는가. 이런 견지에서는, 정의(Justice)란 피해자의 이익이 아니라 대중의, 공공의 이익에 있다는 것이다. 관습적으로 교육을 받은 전통적 성향의 변호사에게, 형법은 범법자에 대항한 국가의 문제이지, 범법자에 대항한 피해자의 문제가 아니며, 당연히 분명하게 사회통제의 수직적 제도, 체계일 수밖에 없다는 것이다. 이러한 체계에서 피해자는 단지 증거를 제공하는 증인으로서만 봉사해야 했던 것이다. 그러나 다행스럽게도 오늘날 이 수직적 제도, 체계에 대한 뭔가 다른 요구가 일어나고 있다.

1) 수사 단계에서의 피해자-지향(Victim-oriented)

경찰은 범죄에 관한 피해자의 정보를 받아들이는 데 있어서 자신들의 태도를 일깨우기 위한 훈련을 필요로 한다. 피해자들이 경찰에 가장 바라는 것은 경찰이 좀 더 자상하고 친절하고, 자기들의 이야기를 들어주고 믿어주기를 바란다는 것이다. 당연히 경찰은 시민, 그것도 무고하게 피해를 당한 피해자에게는 더욱 더 공손해야 한다. 경찰은 피해자를 진지하게 생각하고 중대시해야 하고, 그러기 위해서는 피해자의 감정적 상황을 알아야 한다. 그러나 쉽게 들리지만, 결코 쉽지 않은 일이다. 경찰은 범죄를 전문적으로, 직업적으로 다루도록 훈련받고 경험한다. 피해자에게는 심각하지만, 경찰관에게는 특정 피해자의 범죄, 피해 이야기는 끝없이 반복되는 수많은 일련의 범죄 이야기의 하나일 뿐이어서, 일상적인 사건으로 다루게 된다. 그러나 피해자에게는, 전혀 다른 이야기다. 피해자에게, 피해화는 일생에 한 번이라도 있을까 말까 하는 매우 흔치 않은, 특별한, 예외적인, 그야말로 사건이다. 그럼에도, 피해자는 형사사법제도를, 사법 절차와 과정을 잘 알지 못한다. 그들은 점점 한 번도 경험하지 못한 상황과 환경을 겪게 된다. 그러한 불안과 불확실성으로 두렵고, 긴장한다. 그래서 그들은 더욱 경찰의 보살핌과 관심을 더 필요로 하지만 현실은 그렇지 못하고, 오히려 정반대로 흘러가기 일쑤다.191

---

191 Kirchhoff, op cit., p. 116

이런 실정과 관점에서, 경찰에게 피해자의 그러한 감정적 상황을 심각하게, 중요하게 여기고 대할 것을 요구한다. 이에 대한 대답으로서, 성폭력 피해자에 대한 우리의 "원스톱 서비스"를 들 수 있다. 경찰은 또한 피해자의 신분, 신상을 보호할 필요가 있다. 피해자 신상의 노출은 곧 2차 피해자화로 이어질 수 있기 때문이다. 이어서 피해자의 존엄성을 존중하라고도 하는데, 이는 피해자의 두려움을 중대하게 여기라는 뜻으로서, 피해자가 심문이나 청문에 믿을 수 있는 사람을 부를 수 있도록 허가되어야 한다는 것이다.

(1) 범죄 피해자에 대한 초점의 부상

피해자 권리와 서비스는 엄청나게 향상되었고, 그 결과 비록 모든 나라의 모든 피해자는 아니지만, 더 많은 피해자가 보상과 배상을 받고, 법정에서도 피해자 영향 진술도 할 수 있게 되었다. 이에 그치지 않고, 경찰로 하여금 관련된 사건의 기소 상태의 변화와 심지어 때로는 범법자의 위치나 사건의 진행까지도 피해자에게 고지하도록 요구하는 공식적인 정책도 만들어지기도 하였다. 당연히 경찰 관서에도 피해자 지원 부서가 생기고, 특히 가정폭력, 아동학대, 증오 범죄 피해자를 전담하는 부서도 설치되고 있다. 이러한 변화의 저변에는 몇 가지 핵심적인 요인들이 있었지만, 그중에서도 피해자 운동의 성상이 가장 큰 요소였다고 할 수 있을 것이다.[192]

한편, 피해자 운동과 함께 피해자학 문헌들도 경찰이 피해자와 피해자 운동 조직과 협조, 협력해야 하는 다양한 이유들을 제시하였다. 먼저, 경찰은 피해자를 인간적으로 대하고, 사건의 진전과 가용한 서비스에 관해서 고지해야 할 윤리적 의무가 있다는 것이다. 그리고, 경찰이 피해자에게 연연하는 방식이 대중의 만족에 영향을 미치고, 이 시민 만족도는 중요한 경찰 업무성과 측정의 하나라는 것이다. 끝으로, 피해자와 피해자 운동 조직은 정보를 수집하고, 문제를 해결하며, 범죄를 예방하는 데 가치 있는 자원이라는 것이다.[193]

---

192 J. Ready, D. Wiseburd and G. Farrell, "The role of crime victims in American policing: Findings from a National Survey of Police and Victim Organization," International Review of Victimology, 2002, 9: 175-195

193 R. C. Davis, A. J. Lurigo and W. G. Skogan, "Services for victims: A market research study," International Review of Victimology, 1999, 6: 101-115

경찰 활동에 범죄 피해자를 참여, 가담시키는 것은 이제 형사사법제도가 피해자에게 두 번째 손상, 2차 피해자화를 가하지 못하게 방지하는 중요한 방법으로 간주되고 있다. 경찰의 불공정한 관행, 장기간의 재판 절차, 그리고 범죄 수사의 부적절한 처리 결과로 피해자가 겪게 되는 고통, 고난은 익히 잘 알려진 사실이기도 하다. 형사사법 절차의 상이한 단계별로 피해자를 참여시키려는 노력들은 경찰, 변호인, 그리고 사회복지 종사자로부터 소외되거나 그들에게 비난받는다는 느낌으로부터 사람들을 보호할 수 있다는 것이다.194

경찰, 경찰 활동과 서비스에 대한 대중의 만족도는 경찰 업무와 성과평가의 중요한 척도의 하나이다. 대부분의 경우에는, 물론 범죄율, 범죄 발생률, 사건 해결률 등이 주요 성과평가의 척도이지만, 대중의 만족도가 사실 때로는 경찰과 가장 많이 접촉하는 집단과 지역 언론이 묘사하는 경찰 이미지보다 범죄율에 훨씬 관련이 적다. 그런데 형사사법제도의 가장 눈에 띄는, 가시적인 소비자는 바로 범죄 피해자라는 데에는 아무런 이론이 있을 수 없고, 따라서 경찰이 얼마나 효과적으로 그리고 윤리적으로 자기 일을 하는지에 대한 피해자들의 인상이 여론에 상당히 영향을 미친다고 할 수 있다. 당연히 피해자에 대하여 공감하고 그들과의 협조, 공조를 증대시키는 그러한 접근은 경찰에 대한 대중의 태도를 움직이게 할 수 있다는 것이다.195

보다 실무적인 수준에서는, 피해자는 경찰 수사와 기소를 위한 기초가 되는 정보와 증언을 제공한다. 그래서 피해자와 피해자 운동 조직과의 강력한 신뢰 관계는 경찰이 지역사회가 규정하는 범죄 문제를 파악, 확인하고, 통제 불능의 상태로 빠져들기 전에 반복 피해자화(Re-victimization)의 유형을 가로채서 문제를 해결하기 위한 전략을 고안할 수 있게 해준다. 이러한 상황에서 피해자는 자신의 지역사회나 거주지역에서, 지금까지 완전하게 활용되거나 인식, 인정되지 않았던 방식으로 경찰 활동에 의견을 제시할 수 있다. 이러한 주장들은 곧 피해자가 효과적인 지역사회 경찰 활동(Community policing) 접근의 발전에 중요한 동반자가 될 잠재성을 보여준다는 것이다.196

---

194 Ready et al., op cit.
195 Ibid.
196 Ibid.

(2) 피해자와의 협력에 대한 장애물

물론 지역사회 경찰 활동과 피해자 운동의 철학이 경찰-피해자 협력과 협조를 지지하지만, 실무적으로는 그러한 시도와 노력의 진전과 발전에는 다수의 장애물도 놓여있다고 한다. 전형적인 대면 상황에서 경찰과 피해자의 사고방식의 차이, 사회사업에 눈살을 찌푸리는 경찰 문화의 잔재, 그리고 사건이 수사되고 기소되어 재판에 붙여지는 방식의 단편적 특성에 관련된 우려가 그런 장애물들이라고 한다. 범죄 사건 직후의 즉각적인 여파는 경찰과 피해자에게 매우 다른 함의를 갖는다고 한다. 피해자는 혼란스럽고, 감정적이거나 즉각적으로 분노하는 반면에, 경찰은 일상적 업무의 관점에서 피해자의 개인적 위기를 처리하고 다루고, 자신의 평정심을 유지하도록 훈련되었기 때문에 둘의 마음가짐이 다를 수밖에 없는 것이다. 경찰관이 무관심한 태도를 갖는 것으로 보이는 이유는 아마도 경찰관의 직업적 인성 형성에 영향을 미치는 적대적이거나 위험한 업무 환경, 그리고 복잡하거나 애매한 상황에 직면하면 객관적이어야 할 필요성 등의 결과라고 할 수 있다. 또한 범죄 사건이 피해자에게는 극히 이례적이지만 경찰관에게는 이례적이지 않아서 피해자가 때로는 출동한 경찰관이 자신에게 우려와 동정심을 보이지 않았다고 좌절하기도 한다는 것이다. 바로 이런 경찰과 피해자의 마음가짐, 자세의 차이가 경찰과 피해자 관계를 회복할 수 없을 정도로 손상시킬 수 있다는 것이다.[197]

이와 관련된 두 번째 장애는 바로 대중 언론과 문화에서 묘사되는 바, 또는 경찰관 스스로 생각하는, 법을 집행하고 범죄와 싸우는 전사로서의 경찰의 범죄 투쟁 역할과 정면으로 배치, 반대되는 사회사업과 공공 서비스에 경찰 활동과 역할이 아니라고 눈을 찌푸리는 경찰 부문화의 잔재라고 한다. 전형적인 경찰 문화에서는 경찰의 대중 봉사와 복지 서비스는 진정한 경찰 활동이 아니라는 사고로 인하여 이들을 내포하는 지역사회 경찰 활동이나 비록 피해자이지만 시민에 대한 서비스를 진정한 경찰 활동으로 인정하고 받아들이고 싶지 않은 것이다. 이런 부문화뿐 아니라 실제로도 범인의 검거에 비해 피해자에 대한 뛰어난 서비스의 제공에 대한 보상과 혜택은 상대적으로 거의 없거나 적

---

197 J. Goldsmith, "Victim services and the police," Crime Prevention Review, 1978, 5: 1-7; Ibid.

다. 경찰과 피해자가 우호, 협력 관계를 형성하는 것을 방해하는 또 다른 요인은 형사 절차의 단편적이고 분화된 특성이라고 한다.[198]

(3) 피해자-지향의 경찰 활동으로

경찰 활동에 대한 기존의 서구적 개념화는 피해자를 경찰의 주요 관심의 주변부에 두는 경향이 있다. 그러나 최근 들면서 경찰 활동에 지역사회, 공동체 사회를 개입시키려는 많은 노력과 진전이 있었지만, 아직도 피해자의 권리와 필요와 요구는 범법자를 지향하고, 과정을 중시하는 매일매일의 일상 경찰 활동의 핵심 요소가 되지는 못하고 있다고 한다. 지역사회 경찰 활동(Community policing)이 이러한 관점에서 현대적 경찰 활동이 강조하는 선택 모형이지만, 실질적으로는 피해자-지향(Victim-oriented)이라고는 할 수 없다는 것이다. 경찰 활동의 역사적 목적이 사회통제, 법 집행, 범죄 예방, 그리고 국가 이익의 보호에 초점을 맞추는 것으로 만연되어 왔다. 시민과 피해자를 그 핵심에 두는 경찰 활동의 모형은 이보다 훨씬 더 강한 혁신적인 구조적 변경을 요구한다. 이를 위한 잠재적 기제의 하나는 '일차적 또는 이차적 피해자화'를 해결하는 방법을 찾고, 지역사회에 미치는 피해자화의 영향을 줄이는 것이다. 따라서 피해자-지향의 경찰 활동은 경찰 조직이 경찰 활동을 어떻게 개념화하고, 그리고는 보다 실무적인 입장에서 경찰 활동에 대한 이러한 개념화 선상에서 구조, 통치, 동반자 정신, 역할, 기능, 교육과 훈련의 쟁점을 어떻게 해결할 것인가를 생각하도록 하는 것이라고 한다.[199]

경찰 활동은 사회와 문화 현상 양자의 기능이며, 그래서 각 사회적 조건, 여건, 환경에서 그 형태와 모양이 주어지는 권력의 표현이라고 한다. '사회는 각 사회에 맞는, 사회가 가져 마땅한 경찰을 갖는다(Community deserve the police)'라고 하여, 예로부터, 각각의 사회는 그 사회가 받아서 마땅한 경찰을 가진다는

---

198 R. C. Davis and M. Henley, "Victim service programs," in A. J. Lurigo, W. G. Skogan and R. C. Davis(eds.), Victims of Crime: Problems, Policies, and Programs, Newbury park, CA: Sage, 1990, pp. 151-171; J. Shapland, "Victim-witness services and the needs of the victim," Victimology: An International Journal, 1983, 8: 233-237

199 K. Karpiak, "No longer merely 'Good to think': The new anthropology of police as a mode of critical thought," Theoretical Criminology, 2016, 20(4): 419-429

격언이 있었던 것이다. 이는 개인이나 지역사회보다는 국가에 대하여 행해지는 범행에 대한 위에서 밑으로의 해석(Top-down interpretation)을 강조하는 기존의 형사사법제도와 과정의 범법자-중심 초점에서 여실히 나타난다. 따라서, 경찰 개혁이 일어난다면, 법 집행, 범죄 예방, 공공의 보호와 사회통제에 우선순위를 두는 것을 계속해서 강조하는 이러한 범법자-지향의 제도 내에서 피해자를 지원하기 위한 구조를 구축하는 것을 강조하고 있다.

실제로 영국에서는 경찰에 대한 대중의 신뢰를 높이기 위한 경찰 활동의 전략으로서 이 피해자-지향의 경찰 활동의 잠재성이 주창되고 있다. 전반적인 형사사법 과정에 걸친 정책의 기조가 형사사법 과정에 피해자의 이익을 심는 중요성을 계속해서 증대시키고, 이는 곧 피해자를 모든 경찰 대응의 중심에 위치시키는 것의 심리적이고 민주적인 이익을 강조하는 정책의 개발로 이어졌다. 지역사회 경찰 활동 철학과 문제-지향 경찰 활동(Problem-oriented policing) 전략이 새로워진 피해자에 초점을 맞추는 현대적 경찰 활동에 희망을 불어넣었다고 할 수 있다. 그럼에도 불구하고, 범법자-지향(Offender-oriented)의 형사사법 과정, 경찰의 조직 구조, 문화와 리더십으로 인하여, 바라는 만큼의 실용적인 변화를 성취하지는 못했다고 한다. 그러나, 피해자학에서 강조하는 반복 피해자화의 중요성과 심각성이 사실 경찰 활동의 불균형적으로 많은 수요를 필요로 하게 되자, 경찰은 이 반복 피해자화 문제를 해결하면 경찰 수요도 줄이면서 동시에 피해자 보호와 지원도 동시에 강화될 수 있다는 생각을 하게 된다. 구체적으로 경찰은 이들 반복 피해자들의 반복 피해자화를 예방하려는 노력의 일환으로, '표적 강화(Target hardening)' 등의 상황적 예방(Situational prevention) 활동을 강화하고, 반복 피해자화에 대한 개별화된 대응 전략을 수립, 시행하였다는 것이다[200].

2) 검찰 단계에서의 피해자-지향

형사소추에 있어서, 특히 우리와 같이 기소 독점주의를 지향하는 검찰권이 강한 나라에서는 검찰이 더욱 더 중요한 의사 결정권자로서의 역할을 한다.

---

[200] B. Stanko, "Managing performance in the policing of domestic violence," Policing: A Journal of Policy and Practice, 2008, 2(3): 294-302

체포가 미래 학대와 권리의 남용을 억제한다는 연구 결과에 힘입어, 검찰은 피해자의 기소 지지 여부와 상관없이 사건을 진행시키는, 소위 강제 기소 정책(Mandatory prosecution policies), 때로는 피해자-없는(Victim-less) 기소, 증거에 기반한(Evidence-based) 기소로도 알려지고 있는 정책이 주로 가정폭력 사건을 중심으로 성행하고 있다. 이 강제 기소 정책은 주 표적으로 하는 가정폭력을 강력 범죄로 다루겠다는 제도적 전념, 약속을 의미하며, 따라서 가정폭력범에게는 강력한 특별 억제제(Specific deterrent)로, 그리고 잠재적 가정폭력범에게는 일반 억제제(General deterrent)로 작용할 수 있다는 것이다. 이런 정책은 가정폭력이 매를 맞는 피해자만이 아니라 사회에 대한 범죄임을 분명히 했다는 이유로 대중들의 박수를 받았다. 그러므로, 피해자가 아닌, 국가가 피해를 입은 분개한 당사자이며, 검찰이 기소 방향을 통제한다는 것이다. 검찰을 비롯한 일부 학계에서는 이런 강제 기소 정책이 피해자에 대한 가해자의 위협을 줄이고, 가해자의 유죄 인정과 협상을 높였다고 주장한다.201

그러나 강제 기소 정책을 비판하는 사람들은 피해자의 협조가 없이는 유죄 확정을 끌어낼 기회가 거의 없는 사건까지도 진행시킴으로써 자원이 낭비되고, 그래서 법원의 업무 부담까지도 증대시킨다고 비난한다. 여기에 더하여, 강제 기소 정책은 학대 피해자에게 힘을 실어주려는 노력들을 약화시키고, 자기-존중과 통제감도 더욱 약화시킨다고 주장한다. 더구나 강제 기소가 가해자에게 형벌적 행동으로 이어진다면, 가해자의 보복 위험을 더 높이고, 아마도 가장 중요한 것으로 폭력이 재발하더라도 피해자가 경찰에 신고하는 것을 꺼리게 하거나 의욕을 상실하게 할 것이라고 우려한다. 이런 이유들로, 일부에서는 강제 기소가 아니라 피해자-중심 기소(Victim-centered prosecution) 정책을 도입하기 시작하였다.202

---

201 P. Krug, "Prosecutorial discretion and its limit," American Journal of Comparative Law, 2002, 50: 643-664; M. A. Finn, "Overview of: 'Evidence-based and Victim-centered prosecutorial policies: Examination of deterrent and therapeutic jurisprudence effects on domestic violence," Criminology and Public Policy, 2013, 12(3): 441-472

202 M. E. Bell, L. A. Goodman and M. A. Dutton, "The dynamics of staying and leaving: Implications for battered women's emotional well-being and experience at the end of a year," Journal of Family Violence, 2007, 22: 413-428; E. L. Han, "Mandatory arrest and no-drop policies: Victim empowerment in domestic violence cases," Boston College Third World Law Journal, 2003, 23: 159-192; J.

(1) 기소 정책의 토대: 억제적 사법과 치료적 사법

피해자가 원치 않으면 기소하고 처벌할 수 없었던 주요 범죄에 대해서, 피해자의 기소 불원에도 관계없이 기소하는 소위 '친-기소(Pro-prosecution)' 접근으로의 '급진적 변화'를 목격하였지만, 사실 기소 정책은 주로 4가지 유형으로 나눌 수 있다고 한다. '피해자-주도(Victim-led)' 기소는 피해자의 요청에 따라 언제라도 중단되는 경우이고, 피해자-지향(Victim-oriented)은 기소를 지속하는 것에 호의적인 무게를 두는 강력한 이유가 없는 한 피해자 요청에 따라 일반적으로 기수가 중단되는 경우이고, 친-소기(Pro-prosecution)는 피해자의 기소 불원 요청 때문에는 일반적으로 기소가 중단되지 않는 경우이고, 강제 기소(Mandatory)는 피해자의 기소 불원 요청이 기소 결정에 전혀 무관한 경우라고 한다. 이들 기소 정책은 근본적으로 피해자가 사건을 기각하거나 적극적으로 지지하거나, 기소 절차와 과정에 적극적으로 참여하고자 하는 바람이 검찰의 행위에 미치는 영향의 정도에서의 차이라고 한다. 이를 하나의 연속선상에 놓고 보면, 피해자 영향은 '피해자-주도' 기소하에서 가장 강하고, '강제' 기소하에서 가장 약하다고 할 수 있다.203

"강제 기소(Mandatory Prosecution)"라는 말은 원래 피해자의 지원이나 협조 정도를 고려하지 않고, 믿을 만한 증거가 존재하면 검찰이 피의자를 기소하는 정책/행위를 기술하기 위하여 사용된 용어였으나, 연구가 거듭되면서 "증거-기반(Evidence-based)", "피해자-없는(Victim-less)" 등의 용어가 추가되어 이들 용어들이 상호 교환적으로 사용됨으로 오히려 있을 수 있는 중요한 구별, 구분을 가리게 되었다고도 한다. 그럼에도 한 가지 분명해 보이는 것은 이들 용어 모두가 기소 결정의 책임을 피해자로부터 검찰로 이동시키는 추세임을 보여준다는 점이다.204

Zorza, "Empowering battered women, expanding their options, honoring their choices," Family & Intimate Partner Violence Quarterly, 2010, 3: 109-121; R. C. Davis, C. S. O'Sullivan, D. J. Farole and M. Rempel, "A comparision of two prosecution policies in cases of intimate partner violence: Mandatory case filing versus following victim's lead," Criminology & Public Policy, 2008, 7: 633-662

203 M. M. Dempsey, Prosecuting Domestic Violence: A Philosophical Analysis, New York: Oxford University Press, 2009, p. 4

204 Davis et al., 2008, op cit.; A. Gewirtz, R. R. Weidner, H. Miller, and K. Zehm,

물론 그렇다고 모든 사법 당국이 다 강제 기소 정책을 수용한 것은 아니며, 오히려 일부 당국에서는 피의자를 기소할 것인가 기소 결정에 피해자의 의견을 허용하고, 심지어 어떤 곳에서는 권장하기도 한다. 피해자-중심(Victim-centered), 피해자-주도(Victim-led), 피해자-지향(Victim-oriented), 피해자-고지(Victim-informed), 피해자-자율(Victim-empowered) 등 다양하게 알려진 이 기소 정책은 피해자가 분명하게 기소를 지지하지 않는 한 기소를 유지할 개연성이 거의 없다. 이렇게 피해자에게 기소 과정에 적극적으로 참여할 기회를 주는 것은 피해자의 신체적, 심리적 Well-being을 증진시키고, 권한이 있고 능력이 있으며, 자율성을 행사할 수 있다는 것을 재강화시킨다는 면에서 치료적 사법이라는 이론적 틀로부터 가장 잘 이해될 수 있다고 한다. 반면에 형사 절차에의 실질적 영향과 적극적, 능동적 역할의 부재는 피해자의 Well-being에 해로울 수 있고, 피해자에 대한 권한의 강화는 트라우마 회복의 첫 단계라고도 한다. 미래 폭력을 예방하기 위하여 범법자 책임의 중요성에 초점을 맞추는 억제-기반 정책과는 대조적으로, 이 치료적 사법의 틀 안에서의 결정은 형사사법제도와의 접촉이 끝난 오랜 후에까지 개인, 관계자, 사회에 대한 미래의 파문, 영향을 고려하여 이루어진다는 것이다. 그래서 억제와 치유적 사법이라는 기소 정책 저변에 깔린 두 가지 이론적 틀은 둘 다 폭력의 재발생을 줄이고자 하는 것이지만, 억제가 어떻게 법률적 제재를 강화하여 범법자의 재범률을 낮출까에 초점을 맞추는 반면, 치유적 사법은 어떻게 하면 법률제도가 폭력에의 대응과 그 결정에 있어서 피해자의 바람을 반영하고 고려함으로써 피해자의 Well-being을 증진, 향상시킬 수 있는가에 초점을 맞춘다고 할 수 있다.205

"Domestic violence cases involving children: Effects of an evidence-based prosecution approach," Violence and Victims, 2006, 21: 213-229

205 L. B. Cattanco and L. A. Goodman, "Through the lens of the therapeutic jurisprudence: The relationship between empowerment in the court system and well-being for intimate partner violence victim," Journal of Interpersonal Violence, 2010, 25: 481-502; Davis et al., op cit., 2008; Han, op cit., 2003; J. Wemmers, "Victim participation and therapeutic jurisprudence," Victims and Offenders, 2008, 3: 165-191

(2) 기소 정책의 영향

강제적 기소 정책을 활용하는 하나의 정당성은 비록 더 큰 비율의 사건이 궁극적으로 재판 전에 기각되지만, 경찰이 송치한 모든 사건을 기소하는 것은 법원이 더 많은 사건에 대해서 살펴볼 수 있게 하고, 그래서 확실히 범법자의 이어지는 결과적인 위협이나 협박으로부터 피해자를 더 많이 그리고 더 잘 보호할 수 있다는 것이다. 피해자가 원치 않으면 처벌할 수 없는 대부분 민감한 범죄에 대한 처벌 가능성, 즉 처벌의 확실성을 높일 수 있고, 피해자가 미처 알지 못했던 범죄의 가해자도 처벌할 수 있으며, 가족 관계 등 인간 관계와 처해진 상황 등으로 피해자가 차마 신고나 소를 제기하지 못한 범죄에 대해서도 강제 기소 정책에서는 기소하고 처벌할 수 있어서 피해자에 대한 보호는 향상되고 피해자에 대한 추가적인 위협은 줄어들 수 있다는 것이다. 그러나 최근 강제 기소에서 피해자-중심, 피해자-지향의 기소로 무게 중심이 이동하면서 강제 기소가 피해자를 배제한다는 비판도 있었지만, 사실은 강제 기소에도 불구하고 검찰은 지속적으로 피해자 의견을 따른다고 한다. 더구나 증거-기반의 강제 기소가 상당하게 더 나은 사법 결과를 가져다준 것도 아니며, 오히려 궁극적으로는 피해자 안전과 만족의 수준을 더 낮추는 데 기여했다는 연구들이 보고되고 있다고 한다.[206]

증거-기반, 강제 기소 정책은 폭력의 재발이 범법자에 대한 확실하고, 신속하고, 엄중한 처벌을 통하여 억제되고, 그 결과 피해자가 더 안전하게 느낄 것이라 가정한다. 특히, 피해자-중심 사법과 비교하여 이 증거-기반 사법은 실제로 더 신속하고, 더 확실하고, 더 엄중한 처벌이 내려지는 것으로 보고되고 있다. 더구나 재판 진행 중 폭력의 재발도 상당한 수준으로 낮아졌다고도 한다. 궁극적으로 보다 신속하고, 보다 확실하고, 보다 엄중한 처벌이 재판 후의 물리적 폭력과 심리적 공격의 발생도 줄이는 결과를 가져다 주었고, 피해자의 안전에 대한 인식도 좋아졌다고 한다. 이와는 대조적으로, 피해자-중심 기소는

---

206 R. R. Peterson and J. Dixon, "Court oversight and conviction under mandatory and nonmandatory domestic violence case filing policies," Criminology & Public Policy, 2005, 4: 535-558; Davis et al., 2003, op cit.; Davis et al., 2008, op cit. Finn, 2013, op cit.

법정 경험을 하는 대부분의 피해자에게 검찰이 피해자의 의견을 구하고 그들의 의견을 반영할 때 가능해지는 피해자의 힘과 입장을 강화시켜줌으로써, 특히 재피해자화를 예방하거나 줄일 수 있어서 폭력의 재발을 줄이고 피해자의 안전을 증진시킨다고 주장한다. 치유적 사법에 기초하여, 법정에서의 입장과 권한, 힘의 강화는 증거-기반보다는 피해자-중심 사법에서 더 크다고 주장하는 것이다. 법정에서의 피해자 권한과 능력의 강화가 재판 과정에서 그리고 재판 이후 폭력의 재발 위험을 낮추고, 피해자의 안전 인식은 높인다는 것이다.207

(3) 피해자 권한과 능력의 강화(Empowerment)와 법원 판결 결과

일부에서는 강제적 기소가 피해자 강화, 즉 그들의 힘, 권한, 능력과 입장의 강화(Empowerment)와 폭력의 재발에 부정적 영향을 미친다고 우려한다. 피해자-제기 고소 사건 중에서 취하할 수 있지만, 소송을 지속하기를 선택한 피해자가 사건 종료 6개월 후 폭력을 신고한 비율이 더 낮았다고 한다. 이와는 대조적으로, 소송을 취하할 수 있고 그래서 취하한 피해자가 사건 종결 6개월 후 폭력 신고율이 가장 높았다고 한다. 물론 그 이유에 대해서는 정확하고 구체적으로 밝혀지지는 않았지만, 검찰의 행정적 바람과는 반대일지라도 피해자가 처해진 특정 상황에 최선인 피해자의 결정을 존중하고, 피해자의 형사소송의 정당성을 긍정하고, 폭력의 확률을 최소화하기 위한 조치를 취함으로써 검찰이 중요한 역할을 했다고 설명되고 있다. 검찰이 피해자의 입장을 강화하려면, 검찰은 그 해결책을 찾는 데 피해자가 자신의 목소리를 낼 수 있도록 허용하고, 검찰의 결정에 있어서도 피해자에게 권한의 공유를 허용해야만 한다고 주장한다.208

---

207 Finn, op cit.,
208 C. C. Hartley, "A therapeutic jurisprudence approach to the trial process in domestic violence felony trials," Violence Against Women, 2003, 36: 624-638; L. B. Cattaneo and A. R. Chapman, "The process of empowerment: A model for use in research and practice," American Psychologist, 2010, 65: 646-659; L. B. Cattaneo and L. A. Goodman, "Through the lens of theraoeutic jurisprudence: The relationship between empowerment in the sourt system and well-being for intimate partner violence victims," Journal of Interpersonal Violence, 2010, 25: 481-502

(4) 정책적 함의

피해자학적 관점에서나 피해자-지향의 사법이라면 당연히 피해자-중심 기소 정책이 증거-기반의 기소 정책에 비하여 더 나은 결과를 가져다 줄 것이라 기대하기 마련이고, 또 상당수 연구에서도 그렇다는 결론을 내놓기도 한다. Finn은 자신의 연구에서, 증거-기반 정책하에서 사건 종결 후 심리적, 물리적 폭력의 수준이 더 높아졌다는 것을 보여주고, 피의자의 책임을 묻는 동시에 피해자의 필요를 다루는 가정폭력 특별 법원의 설치를 제안하기도 하였다. 그러나 다른 일부에서는 Finn의 그러한 주장에 대한 충분한 증거가 부족하다고 비판한다. 기소 결정에 있어서 피해자의 역할이 피해자-중심과 증거-기반 정책의 핵심적 차이가 아니었으며, 피해자-중심 정책을 추구하는 사법에서 기소 결정에 피해자의 역할이 더 크고 많았을 뿐 아니라 상담, 피난처, 그리고 다른 지원 서비스에 피해자를 연계하는 데 더 많은 시간과 자원을 할애하였다는 것이다.209

이런 견지에서, 어쩌면 피해자-중심보다는 피해자 개입, 관여(Victim engagement)가 더 성공적인 결과의 열쇠일 수 있다는 것이다. 물론 피해자-중심 기소 정책이 더 낫다고 하지만, 증거-기반 정책 도입을 고려하는 사법에서도 형사 절차 전반에 걸쳐서 피해자를 응원하고, 교육하고, 지지, 지원하기 위한 노력을 경주해야만 한다고 덧붙인다. 이 피해자 개입 프로그램이 피해자에게 그들의 감정적, 재정적, 아동 보살핌, 그리고 주거 등의 필요를 충족시키기 위한 대안을 제공함으로써 피해자 권능의 강화(Victim empowerment)에 강력한 영향을 미칠 수 있다는 것이다. 만약 우리가 이 피해자 권능의 강화를 그냥 기소 결정에의 참여만이 아니라 광범위한 피해자 목표와 필요를 포함하는 것으로 규정한다면, 폭넓게 구성되는 피해자 지원 활동이 기소 결정에의 권한, 입장을 강화하는 정책보다 더 중요할 수 있다는 것이다.210

---

209 M. A. Finn, "Evidence-based and victim-centered prosecutorial policies: Examination of deterrent and therapeutic jurisprudence effects on domestic violence," Criminology & Public Policy, 2013, 12(3): 443-472; R. R. Peterson, " Victim emgagement in the prosecution of domestic violence cases," Criminology & Public Policy, 2013, 12(3): 473-480
210 A. P. DePrince, J. Belknap, J. S. Labus, S. E. Buckingham and A. R. Gover, "The impact of victim-focused outreach on criminal legal system outcomes following

(5) 피해자-인지 검찰(Victim-informed Prosecution)

형사사법 과정에서, 특히 연인이나 배우자에 의한 폭력 피해자의 목소리가 없다는 것이 피해자의 안전과 Well-being에 상당한 비용을 초래한다는 증거들이 나오고 있다. 당연히 검찰이나 피해자 모두 피해자의 삶에 있어서 폭력이 끝나기를 바라지만, 같은 목표를 위해서 바라는 전략은 종종 갈등적이기도 하다. 심지어 갈등이 없을 때라도 검찰은 업무 과중으로, 그리고 변호인은 자원과 시간의 부족으로 그들의 주요 관심인 범법자의 책임을 확인하는 일에 급급하다. 이런 현실을 개선하고자 하는 시도의 하나가 바로 피해자-인지 검찰이라고 할 수 있다. 대체로 검찰과 피해자-중심 기관과의 협업을 통하여 피해자 관점이 피해자와 관계를 설정한 서비스 제공자에 의해서 반영되고, 사건의 기소가 일상적인 절차보다 피해자 목표와 관심에 부합되게 수행될 수 있을 것으로 기대하는 것이다. 결과적으로, 피해자 안전과 범법자 책임이라는 쌍둥이 목표에 동등한 무게를 두고, 피해자가 재판 과정에서 자신의 목소리가 전해진 것으로 느낄 것으로 기대하는 것이다.[211]

최근 가정폭력이나 연인 혹은 배우자폭력을 중심으로 피해자의 증언 의지나 선호에 상관없이 사건을 추구해야 하는 정책이 도입되고 있으며, 이 정책하에서 검찰은 피해자가 기소에 참여하도록 권장하지만, 사건의 특성, 범위, 실행 가능성 등에 관한 결정은 아직도 전적으로 검찰에 남는다. 따라서 여기서도 검찰은 범법자에 대한 처벌에 초점을 맞추기 때문에 피해자의 요구나 필요를 충족시킬 수도 시키지 못할 수도 있으며, 장래 폭력을 예방하기 위한 가장 효과적인 방법일 수도 있고 그렇지 않을 수도 있다는 것이 문제로 지적되곤 한다. 특히 아동 학대는 더욱 그렇지만 대부분의 가정폭력 사건에 관련된 가해

police-reported intimate partner abuse," Violence Against Women, 2012, 18: 861-881

211 L. B. Cattaneo, L. A. Goodman, D. Epstein, L. S. Kohn and H. A. Zanville, "The Victim-Informed Prosecution Project: A Quasi-Experimental Test of a collaborative model for cases of intimate partner violence," Violence Against Women, 2009, 15(10): 1227-1247; J. M. Zweig and M. R. Burt, "Predicting women's perceptions of domestic violence and sexual assault agency helpfulness; What matters to program clients?" Violence Against Women, 2007, 13: 1149-1178; D. Epstein, M. E. Bell, and L. A. Goodman, "Transforming aggressive prosecution policies: Prioritizing victims' long-term safety in the prosecution of domestic violence case," Journal of Gender, Social Policy & the Law, 2003, 11: 465-498

자와 피해자의 관계(가족 관계)는 지속되기 마련이어서 적지 않은 피해자가 사건을 취하해 달라고 요구한다는 것이다. 이런 점을 보완하기 위하여 피해자-인지 피해자-중심 검찰은 피해자에게 필요한 서비스를 제공해 줄 수 있는 옹호 단체나 조직이나 개인을 알선하여 필요와 요구를 충족시킬 수 있도록 하고, 모든 피해자에게 변호인과 그를 도울 법학전문대학원 학생으로 하여금 필요한 법률 대리를 하도록 하고, 전담 검사를 제공하는 것이다.[212]

3) 재판 단계에서의 피해자-지향

(1) 특수 '취약한' 피해자의 보호

성폭력 범죄의 피해자나 특히 아동 성폭력 피해자와 같이 특별하게 취약하거나 보복 범죄의 우려와 위험이 큰 경우의 피해자들에 대한 특별한 보호 조치를 필요로 한다. 때로는 영상화면을 활용하거나, 폐쇄회로 텔레비전(CCTV)을 이용하거나, 증언과 진술을 녹화하거나, 피해자의 얼굴을 볼 수 없도록 가림막, 보호막을 설치하거나 음성을 변조하거나 얼굴에 가면을 씌우는 등의 방법으로 이들 특별한 피해자를 보호할 필요가 있다는 것이다. 이는 곧 변호사, 검사, 판사 등 형사사법제도에서 일하는 사람들의 인식의 발전, 진전을 의미한다는 데서 더 큰 의의가 있다.

(2) 피해자의 참여

이미 언급한 UN에서 채택된 선언문에서도 자신의 이익이 고통을 받고, 침해되고, 영향을 받았던 재판의 절차와 과정에서 피해자가 적절한 단계에 피의자에 대한 편견이 없고, 관련된 형사사법제도와 일치하는, 피해자의 견해와 우려가 대변되고 고려될 수 있도록 허가되어야 한다고 주장한 바 있다. 이런 선언문의 내용을 '피해자 참여'라고 한다면, 여기서 참여는 매우 광범위하게 해석될 수

---

212 J. R. Gillis, P. Jebely, V. Orkhovsky, E. M. Ostovich, K. MacIssac, S. Sagrati, "Systemic obstacles o battered women's participation in the judicial system: When will the status quo change?" Violence Against Women, 2006, 12: 1150-1168; R. E. Fleury-Steiner, D. Bybee, C. M. Sullivan, J. Belknap and H. C. Melton, "Contextual factors impacting battered women's intention to reuse the criminal legal system," Journal of Community Psychology, 2006, 34: 327-34

있을 것이다. 그렇지만 '피해자 참여'를 논하는 것은 모든 형사사법제도가 피할 수 없는 현실이다. Nils Christie는 그가 "변호사의 자산(Property of lawyers)"이라고 기술했던 갈등의 해결책을 찾는 데 있어서 피해자의 관여, 개입, 가담의 필요성을 분석하였다. 그는 변호사들이 갈등을 피해자와 범법자로부터 훔쳤다고 도발하였다. 갈등을 피해자와 범법자라는 갈등의 소유자에게 되돌려주는 것이 피해자가 전통적인 수직적 제도에 참여할 더 많은 가능성의 문을 열어준다고 주장하였다. 이는 마치 수평적 피해자 지향적 해결책의 더 많은 요소를 허용하도록 수직적 제도의 문을 열어주는 것과 같다는 것이다.[213]

실제로 캐나다에서는 다양한 형태로 피해자, 특히 성범죄 피해자들이 증언을 하고, 형사사법제도에서 재피해자화(Re-victimization)를 제한하고 보호하기 더 쉬워지도록 하고 있다. 이런 대안들은 법관에게 적절한 사법 운용을 위해서 필요한 경우 대중들을 법정에서 배제하고, 18세 이하 또는 신체적, 정신적 장애나 어려움으로 증거를 소통, 전달, 표현하기가 어려운 피해자나 목격자, 증인에게 피의자가 볼 수 없도록 하는 장치나 도구 뒤에서 또는 법정 밖에서 증언하도록 허용하고, 다양한 형태의 아동 학대나 성폭력과 관련된 재판의 18세 이하 피해자나 목격자, 증인에게 녹화된 증언의 제출을 허용하고, 14세 이하이거나 신체적, 정신적 장애를 가진 피해자나 목격자, 증인에게 보호자 등의 동반을 허용하고 18세 이하 성폭력 피해자에 대한 피의자의 대질심문을 제한할 수 있도록 하는 것이다. 이뿐만 아니라, 요구가 있을 때는 판사가 18세 이하의 성범죄 피해자와 증인의 신분을 보호하기 위하여 출판의 금지를 명령하도록 하기도 한다.[214]

(3) 피해자 영향 진술(Victim Impact Statement)과 피해자 관점의 통합

어쩌면 재판 단계에서, 아니면 전체 형사사법 절차와 과정에서 가장 중요하게 지적되고 있는 피해자와 가해자 권리의 불균형은 바로 재판에서 자신의 목소리를 낼 기회조차 없는 피해자와 변호사의 조력까지 받아 가면서 스스로 자

---

213 N. Christie, "Conflict as property," British Journal of Criminology, 1977, 17(1): 1-15
214 Government of Canada, Making the Criminal Justice System more Responsive to Victims, https://www.justice.go.ca/eng/rp-pr/cp-pm/cr-rc/dig/vict.html, 2023. 9. 6 검색

신을 변호하고, 심지어 선고 전 마지막으로 하고 싶은 말을 다 할 수 있는 최후 진술의 기회까지 주어진다는 점일 것이다. 이와 같이 피해자의 적극적, 능동적인 역할의 부재와 결여가 기존 제도의 주요 결함으로 간주되고 있다. 물론 아직까지는, 최소한 실무적, 현실적으로는 피해자들이 피해자 영향 진술을 하는 등 재판에 관여하는 것에 그렇게 큰 흥미와 관심을 가지지는 않고 있다고 한다. 그럼에도 이 피해자 영향 진술은 피해자사법의 하나의 상징과도 같이 매우 중요하게 받아들여진다고 한다.[215]

법원에서는 당연히 피해자와 사회 전반에 걸친 범죄의 영향과 관련하여 증거를 고려하겠지만, 피해자 영향 진술은 특정한 범죄의 피해자가 고통을 받은 손실이나 피해자에게 가해진 해악을 법원에 진술, 고지하는 것이다. 아직 우리 형사사법 절차에서는 도입되지 않았지만, 이 제도가 도입, 활용되고 있는 나라에서는 법원이 범법자에게 형을 선고할 때 이 피해자 영향 진술을 고려하도록 요구하고 있다. 이 피해자 영향 진술은 피해자가 직접 제출할 수 있고, 부상이나 질병 등으로 직접 진술할 수 없는 경우에는 배우자를 비롯한 피해자 보호에 책임이 있는 다른 사람이 대신 진술을 준비할 수 있게 한다. 이 진술은 재판장에 직접 참석하여 낭독할 수도 있고, 진술서만 제출할 수도 있다. 최근 들면서, 피해자가 원한다면 형의 선고 때 자신의 영향 진술을 큰 소리로 낭독할 수 있도록 허용하는 것을 재확인해줌으로써 피해자의 참여를 권장하고 있다. 구체적으로, 형을 선고하기 전에 피해자 영향 진술을 준비할 기회가 있다는 사실을 고지 받았는지 여부를 묻도록 판사에게 요구하고, 피해자가 진술을 준비하거나 범죄의 영향에 관한 다른 증거를 제출할 수 있게 정회를 할 수 있도록 한다는 것이다.[216]

형사사법에 있어서 최근의 발전을 특징짓는 특색의 하나는 "범법자의 개별화(Individualization of offender)에서 피해자의 개별화(Individualization of victim)로의 전환"이라고 한다. 과거 범죄자에 대한 교화 개선(Rehabilitation)을 목적으로 하는 개별처우(Individualized treatment)가 강조되었듯이 현재 피해자를 지향하는 형사사법제도의 변화 추세에서는 피해자에 대한 보호와 지원 등의 개별화, 피해

---

215 Kirchhoff, op cit., p. 117
216 Government of Canada, op cit.

자 맞춤형 지원과 보호가 강조되고 있다는 것이다. 물론 여기에는 피해자화와 그 후유증으로 초래되는 피해자 필요와 요구는 물론이고 범죄에 대한 형사사법의 대응과 반응까지 포함되고 있다. 이런 변화 중에서 가장 논쟁이 많고 저항이 심한 피해자 지향 개혁으로 형사사법 절차에의 피해자 참여, 투입을 포함시키는 것이었다. 즉 피해자 관점, 시각, 의견을 사법 절차에 투입할 수 있게 하자는 것이었다. 피해자에게 사법 절차에의 투입 권리를 제공함으로써 피해자의 소외는 줄이고, 사법에 대한 만족도와 공정한 처우에 대한 느낌은 높이고, 그들의 존엄성은 회복시킬 수 있을 것으로 기대된다는 것이다.[217]

(4) 흥미로운 최근의 발전

가. "부검사"로서의 피해자

일부에서는 피해자에게 소위 "부검사 또는 배석 검사(Side prosecutor)"와 같은 역할을 허용한다는 것이다. 이 경우, 피해자는 동등한 권한으로서 검사의 지위를 공유한다. 예를 들어, 강간 피해자로 하여금 재판 전반에 걸쳐서 자신을 대변할 수 있다는 것은 매우 흥미로운 일이다. 피해자가 질문에 반응만 하는 것이 아니라 질문도 할 수도 있다는 사실은 상당한 진전이 아닐 수 없다는 것이다. 그러나 한편에서는 이와 같은 시도를 "보복의 사적 도구(Private Instrument of revenge)"라고 비판도 한다.

나. 검찰 불기소 처분의 재검토

검찰이 사건을, 피의자를 기소하지 않는다면, 피해자가 할 수 있는 것은 아무것도 없다. 검찰이 자신을 대신, 대리하여 피의자를 법정에 세우고, 적대적 다툼을 벌여서 그에게 죄에 상응한 처벌이 선고되어야 피해자에게 정의가 실현되는 것이기 때문이다. 그래서 극히 일부에서 피해자에게 검찰의 불기소 결정을 재검토할 수 있는 권리를 주자고 주장한다는 것이다. 그러나 이런 권리는 대체로 주어지지 않고 있다. 특히, 기소 가능한 사건의 거의 96% 정도가 "유죄 협상(Plea bargaining)"으로 끝나는 미국과 같이 유죄 협상이 광범위하게

---

217 E. Erez, Crawford and Goodey(eds.), op cit., 2016, pp. 165-184, p. 165

널리 활용되는 제도에서는 이 권리를 도입하는 것은 상상하기 조차도 쉽지 않다는 것이다. 이 제도가 실시되고 있는 경우, 만약 검찰이 불기소를 결정하면, 피해자에게 고지해야 하고, 피해자는 행정적으로 이의를 제기할 수 있다는 것이다.

다. 사적 기소(Private Prosecution)

일부 제한된 범죄 범주 내에서, 일부에서 "사적 기소(Private prosecution)" 제도를 도입하고 있다. 여기서 "사적 기소"는 피해자가 피의자에 대항한 검사의 모든 권리를 가지는 것을 의미한다. 물론 이 제도에 대해서는 전문가와 실무자 사이에서도 논란이 많다. 그렇다고 이런 유형의 사법 절차가 전혀 생소하고 새로운 것만은 아니기도 하다. 대부분의 민사 사건이 피해자가 소송을 제기하기 때문이다. 여기에 대해서 기소의 남발이나 오남용으로 인한 자원의 낭비를 우려하지만, 소를 제기한 당사자가 재판의 결과에도 책임을 진다는 점을 감안한다면 크게 걱정하지 않아도 될 것이란 목소리도 없지는 않다.

4) 보석. 유죄 협상과 피해자

아직 우리 형사사법제도에서는 공식적으로 도입, 운영되고 있지는 않지만 언젠가는 도입되리라 간주되고 있는 것 중 하나가 아마도 "유죄 협상(Plea bargaining)이 아닐까 한다. 그러나 이 유죄 협상은 과연 누구를 위한 것일까 의문시되고 있는 것도 사실이다. 유죄 협상은 검찰과 변호인 간의 협상으로 사건을 종결시키는 제도로서, 피의자가 변호인을 통해서 피의자의 범죄 사실을 자백하면, 즉 유죄를 인정하면 처벌을 감경해주기로 합의하는 협상이다. 이렇게 되면, 우선 검찰은 유죄가 확정되기 때문에 아주 쉽게 성공적인 기소로 평가받고, 변호인은 빠르고 쉽게 그것도 형을 감경시켜줌으로써 성공 보수도 받고 빠르게 다른 사건을 수임할 수 있어서 좋고, 판사는 사건의 사실 발견과 유무죄를 고민할 이유가 없어서 좋고, 피의자는 형이 감경되어 좋다. 여기서 단 한 사람 피해자만이 자신의 사건임에도 철저하게 제외된 상태에서 자신의 가해자가 더 가벼운 형벌을 받도록 해주는 사실에 더욱 분노할 수밖에 없을 것이다. 이를 감안한다면, 당연히 유죄 협상의 전 과정에 피해자가 참여하거나 적어도 피해자의 의견이 반영되어야 하고, 더 나아가서는 피해자의 합의가 없이는 유죄 협상 자체가 가능하지 않도록 해야 한다는 목소리도 나오고 있다.

보석(Bail)도 예외가 아니다. 보석을 결정하는 의사결정권자들에게 범죄의 피해자나 증인의 안전과 보안을 담보, 확보하도록 요구하고 있다. 특히, 금 보석, 즉 돈을 담보로 보석을 허가받는 경우, 피해자와 그의 안전에 대한 고려는 거의 없다고 할 수 있는데, 이는 바로 시정되어야 한다는 것이다. 구체적인 예로, 재판을 전제로 보석을 허가할 때면, 판사는 보석에 대한 조건으로 피의자가 피해자나 증인과 어떤 형태라도 직, 간접적인 소통을 금지시키고, 피해자의 안전과 보안을 담보하는 데 필요한 모든 다른 조건도 고려하도록 한다는 것이다. 여기에 더하여 피해자의 특성에 따라 필요한 특정의 관심 사항도 고려되어야 한다고 주장한다.218

---

218 Government of Canada, op cit.

피해자 불만과 요구

　범죄 피해자, 특히 성범죄나 가정폭력의 피해자들은 정의의 의미에 관한 가장 기본적인 의문에 직면하게 된다. 특히 타인이나 외부에 잘 보이지 않아서 비가시적(Invisible) 범죄라고 할 수 있는 성범죄나 가정폭력의 피해자들은 자신의 피해 사실, 진실이 어떻게 해야 알려지도록 할 수 있는가, 어느 정도 처벌이 적절한가, 자신이 겪은 해악은 고쳐질 수 있을까, 만약에 가능하다면 해악을 고치거나 바로잡기 위해서는 무엇이 요구되는가, 어떻게 범법자와 피해자가 같은 지역사회에서 생활을 이어갈 수 있을까, 범법자와의 화해는 가능할까 하는 의문을 품는다. 이와 같은 의문들은 물론 많은 피해자가 가지는 것이나 특히 성범죄와 가정폭력과 같은 범죄 피해자에게는 더욱 심각하다. 이유는 성범죄나 가정폭력이 종종 피해자도 잘 아는 사람, 즉 면식범의 소행이기 때문에 그렇다. 의문은 꼬리에 꼬리를 물고 이어진다. 이는 곧 피해자들이 만족하지 못하고 있다는 방증이다.219

📑 1. 피해자에게 미치는 범죄의 영향

　피해자화는 유형적(Tangible) 결과와 무형적(Intangible) 결과 모두에 기여하는 삶의 다양한 분야에 영향을 미친다. 유형의 결과는 의료, 정신 건강 서비스,

---

219 J. L. Herman, "Justice from the victim's perspective," Violence Against Women, 2003, 11(5): 571-602

생산성의 손실, 사법제도의 대응 필요성을 포함하는 반면에, 무형의 결과는 범죄로 야기되는 고통과 고난을 포함한다. 그러나 범죄를 겪은 모든 사람이 도움을 필요로 하거나 원하는 것은 아니다. 일부 피해자는 공식적인 지원 서비스가 없어도 피해자화의 고통과 고난을 극복할 수 있으나, 다른 일부 피해자는 피해자화가 그들의 일상생활과 전반적인 Well-being에 영향을 미치는 전혀 다른 경험을 한다.

1) 일반적인 영향

일반적으로, 범죄가 그 피해자에게 미치는 영향으로 다양한 형태의 손상을 먼저 들 수 있다. 피해자가 피해를 당하는 것, 즉 피해자화(Victimization)는 그래서 이런 다양한 형태의 손상을 경험하는 것이라, 즉 자원(Resources)의 감소, 손실이라고도 할 수 있다. 여기서 손상(Damage)은 감정적, 신체적, 그리고 재정적이라는 세 가지 차원으로 경험될 수 있다. 그러나 현실적으로는 이러한 분석적 범주는 상호 배타적이지도 않고, 분명한 경계가 있는 것도 아니다. 예를 들어, 감정적 부담은 그 자체로서 두통, 근육통, 긴장과 기타 신체적, 물리적 결과로 표현될 수도 있기 때문이다. 이들 손상은 만약 의사의 진료를 받거나 약품을 투약해야 한다면 이는 또 다시 재정적 손상으로 전이될 수 있다. 감정적 손상과 신체적 손상 사이에 분명한 경계가 없는 것이다.[220]

범죄 피해자들의 피해자로서의 경험은 다른 사람에 의하여 의도적으로 초래되었기 때문에 일반적으로 사람들이 경험하는 자연재해나 재난과 같은 피해와는 전혀 다른 경험이지 않을 수 없다. 범죄 피해자는 자신의 삶을 방해하는 누군가에게서 치욕을 당하고, 이 부정적 경험이 그들의 세상을 보는 눈, 세계관을 근본적으로 바꾸게 한다. 그 결과로 인한 분노, 두려움, 죄책감 모두가 보편적, 일반적인 것이고, 정상적이기도 하고 건강한 것이기도 하지만, 만약에 이들 감정을 꿰뚫고 통과하여 그 해결책을 찾지 못한다면 장기적인 문제가 야기될 수도 있다는 것이다. 범죄의 감정적 영향은 다방면에서 범죄로 인한 결

---

220 G. F. Kirchhoff, "Justice for victims of crime," Resource Material Series No. 93, unafei.or.jp/publications/pdf/RS_No93/No93_VE_Kirchhoff.pdf, p. 107, 2023. 9. 3 검색

과적인 물리적, 신체적 손상과 재정적 손실보다 더 중요하다고 한다. 심지어 사사로운 경미 범죄도 주요 트라우마로 이어질 수 있다는 것이다. 적지 않은 범죄가 범법자가 누구인지 알지도 못하고, 알아도 결코 붙잡히지도 않아서, 다수 피해자들이 형사사법 과정을 통한 해결을 기대하고 희망할 수 없으며, 이는 다시 피해자의 이익을 보호하지 못한 경찰을 비롯한 국가와 당국에 대한 분노를 표출시키는 감정인 속상한 감정과 좌절의 감정을 느끼고 갖게 한다는 것이다.221

(1) 신체적 손상

범죄의 결과로 신체적 해악을 경험하는 피해자에게 필요한 의료 서비스에 대한 장기적인 재정적, 신체적 영향은 그들의 삶을 극적으로 바꿀 수 있다. 피해자들은 피해자화로 초래된 심리적 스트레스로부터 파생되는 건강 문제를 악화시키는 경험을 하거나 범죄의 결과로 신체적 해악이나 손상을 겪을 수도 있다.222 아동 피해자에게는 학대와 그와 관련된 심리적 스트레스가 과민성 대장증후군, 당뇨, 심장질환과 같이 학대의 직접적인 손상 이상으로 심각한 신체적 증후를 초래할 수 있고, 성인 여성 학대 피해자는 소화 장애와 만성적인 고통과 같은 다수의 부정적인 건강 결과를 보인다고 한다. 문제는 이러한 신체적 손상의 영향은 수년간 지속되고 극복, 치유, 치료에는 상당한 비용이 요구된다는 것이다.

(2) 심리적 증상과 정신 건강

피해자화는 또한 심리적 증후와 관련된 정신 건강 문제를 초래할 수도 있다. 피해자화가 어린이와 청소년들에게 더욱 심각한 심리적, 정신 건강상의 문제를 초래하고 치유의 필요성을 보이겠지만, 성인에게도 피해자화는 PTSD,

---

221 H. Reeves and K. Mulley, "The new status of victims in the UK: Opportunities and Threats," Crawford and Goodey, op cit., pp. 125-145
222 B. S. Fisher and S. L. Regan, "The extent and frequency of abuse in the lives of older women and their relationship with heath outcomes," The Gerontologist, 2006, 46(2): 200-209; X. Dong, "Medical implications of elder abuse and neglect," Clinics in Geriatric Medicine, 2005, 21: 293-313

불안, 우울 등을 초래한다는 것이다. 이에 더하여, 일부 피해자는 다른 사람들을 믿을 수 없고, 고조된 감정을 겪게 된다고 하는데, 그 모두가 수면과 일상 생활과 기능에 영향을 미칠 수 있다는 것이다. 또 다른 일부 피해자는 생존자로서의 죄책감이나 범죄가 예방될 수 있었다는 감정과 같은 추가적인 심리적 반응을 경험한다고 하는데, 이런 상황이 치유나 애도 과정을 더욱 복잡하게 한다는 것이다. 이런 증후들은 피해자화를 뒤이어 나타나고, 수년 동안 지속되어, 피해자의 전반적인 삶의 질에 영향을 미친다고 한다.[223]

(3) 전반적인 Well-being

폭력이 피해자 삶의 다방면에 걸쳐서 미치는 복합적, 누적적 영향은 당연히 그의 전반적인 삶의 질, Well-being에도 영향을 미치기 마련이다. 학교와 직장을 다니는 등 매일매일의 일상 활동에의 참여를 방해하고, 이는 그의 장기적인 안정성에 영향을 미치는 재정적 부담이나 감정적 고통을 초래할 수 있다. 학대나 방임을 당한 어린이는 학업에 뒤쳐질 수 있고, 비행적이거나 전투적인 행위를 보일 수도 있어서, 사회관계에 영향을 미친다. 범행의 뒤를 이어, 피해자들은 물론이고 심지어 그 가족들도 거주지, 지역사회에서의 안전감과 안전의식을 잃게 되고, 이는 곧 안전하게 집을 떠날 수 없다고 느끼게 되어 스스로를 새장에 가두어서 경제적 스트레스와 사회적 격리를 초래하게 된다.[224]

(4) 다중 피해자화(Multiple Victimization)

피해자화의 영향을 논할 때면 특히 폭력 범죄와 주거침입 절도를 경험한 사람, 즉 폭력 범죄와 주거침입 절도의 피해자는 장래 다시 피해를 당할 위험

---

223 C. A. Cecil, E. Viding, E. D. Barker, J. Guiney and E. J. McCrory, "Double disadvantage: The influence of childhood maltreatment and community violence exposure on adolescent mental health," Journal of Child Psychology and Psychiatry, 2014, 55: 839-848; H. Aldrich and D. Kallivayalil, "The impact of homicide on survivors and clinicians," Journal of Loss and Trauma, 2013, 18: 362-377; M. C. Black, "Intimate partner violence and adverse health consequences: Implications for clinicians," American Journal of Lifestyle Medicine, 2011, 5(5): 428-439

224 J. Connolly and R. Gordon, "Co-victims of homicide: A systematic review of the literature," Trauma, Violence, & Abuse, 2015, 16: 494-505

이 높아진다는 연구 결과와 주장에 유의할 필요가 있다. 가정폭력을 경험한 피해 아동은 다른 유형의 범죄도 겪을 개연성이 더 높고, 가정폭력의 경험이 미래 피해자화의 위험성 또는 더 나아가 범법자가 될 위험성을 상승시키며, 다른 형태의 폭력에도 연계된다는 것이다. 물리적 폭력을 경험하는 것이 성폭력의 확률을 5배 가까이 높아지게 한다고도 한다. 시간을 두고 폭력에 반복적으로 노출되는 피해자는 피해자화의 결과로 부정적인 부작용을 경험할 위험도 높다고 하며, 이처럼 다중 피해자화를 겪은 사람은 심각한 트라우마 증후를 갖게 될 수 있는데, 이는 사회에 대한 피해자화 비용을 함축하게 되고, 그래서 피해자가 다중 피해를 당하지 않도록 피해자의 필요, 요구를 들어주고 해소하는 것이 중요하다는 것이다.[225]

2) 자아 침해(Invasion of Self)로서의 피해자화(Victimization)

범죄 피해자를 다루는 데 있어서 가장 중요한 요소는 위기와 트라우마의 특성을 이해하는 것이라고 한다. 그런 다음에야 이 트라우마-반응을 과학적으로 이해하는 방법을 설명하게 된다. 이러한 과정에는 정상적 평정과 스트레스, 뇌 구조, 뇌의 소통, 뇌 기능, 외상적 사고(외상을 경험하는 동안의 사고 과정), 정상적 기억 과정, 서술적 기억과 대비된 외상적 기억, 위기 반응, 외상적 (Traumatic) 반응, 단순 PTSD와 복합 PTSD와 같은 주제가 포함된다. 그러나 문제 자체의 어려움에 기인한 어려움이 있다. 즉, 피해자에 대한 감정적 영향은 매우 복잡한 문제이고, 이에 더하여 뇌가 외상 정보를 처리하는 방식이 제대로 잘 이해되지 않고 있기 때문이라고 한다.[226]

피해자화는 피해자 자아에 대한 침략, 침해라고 한다. 물론 피해자 자아를 침략, 침해한다는 것은 우화적인 이야기이다. 이런 사고 이면에는 사람에 대한

---

225 S. Hamby, D. Finkelhor and H. Turner, "Teen dating violence: co-occurrence with other victimizations in the National Survey of Children's Exposure to Violence," Psychology of Violence, 2012, 2(2): 111-124; P. K. Trikett, J. G. Noll and F. W. Putnam, "The impact of sexual abuse on female development: Lessons from a multigenerational, longitudinal research study," Development and Psychopathology, 2011, 23(2): 453-476; N. J. Vincent, J. McCormack and S. Johnson, "A comprehensive conceptual program model for supporting families surviving a homicide victim," Child and Adolescent Social Work Journal, 2015, 32: 57-64
226 Kirchhoff, op cit., p. 111

특정한 이미지가 숨어있다고 한다. 이는 마치 양파를 까는 것과도 같아서, 껍질을 깔수록 그 중심에 더 가까워진다. 이는 사람의 심장도 상징하고 의미한다고 할 수 있다. 바로 피해자의 "자아"가 곧 존재의 중심인 것이다. 이러한 우화 같은 이야기를 이용하여 피해자화의 서로 다른 심각성이나 강도를 보여줄 수 있다. 별 가치가 없고 대체하기도 쉬운 것을 우리에게서 빼앗는 것은 기껏해야 양파의 겉껍질을 벗기는 것처럼, 기껏해야 우리의 외피, 표피에만 피해자화를 초래할 것이다. 그러나 만약 우리에게서 뺏어간 것이 우리에게 감정적으로 가치가 있다면, 이야기는 달라질 것이다. 그렇다면 그와 같은 침해는 더욱 깊이 들어가고, 우리의 외투에서 먼지를 털어내는 것처럼 씻어버릴 수가 없을 것이다.[227]

3) 위기의 이해

피해자화가 자아의 침략, 침해이지만, 살인, 강간, 고문, 폭행과 같은 경우에는 굳이 증거로 입증되어야 할 필요가 없다. 그 자체로서도 자아의 침략이라는 것은 분명하기 때문이다. 물론 이러한 신체적, 물리적 침략, 침해와 그로 인한 신체적, 물리적 손상도 매우 중요하지만, 거의 모든 피해자화에 있어서 감정적 손상이 매우 중요하지 않을 수 없다. 인간이 아무런 존중도 없이 피해자를 다루었다는 것만으로도 감정적 손상은 이루 말할 수 없다. 심지어, 사기에서도 감정적 손상은 분명히 있는데, 누군가가 자신을 이렇게 바보스럽게 대했다는 사실로도 피해자는 심각하게 수치심을 갖게 되기 쉽기 때문이다.

위기는 정상적인 위기관리 기능이 차단되는 경험으로 생성되는 경험된 불안, 불안정성의 상황이다. 이러한 차단의 경험은 불안과 공포를 야기한다. 어려운 상황을 다룰 수 있는 통상적인 능력, 힘, 기술은 사라지고, 극복할 자원은 활성화될 수 없다. 피해자는 이해가 되지 않는 상황에 급작스럽게 직면하게 되는 것이다. 피해자는 지금 여기서 어떤 일이 벌어지고 있는지 불안감, 지금 벌어지고 있는 일을 이해하기 위한 설명을 필요로 하는 혼란과 혼돈, 자신이 지금 어디에 있고 왜 여기에 있는지 방향성을 잃고, 지금 자신에게 벌어

---

227 Kirchhoff, op cit., p. 111

지고 있는 일은 완전히 새롭고 예기치 않던 일이라는 놀라움으로, 여기서 빠져나갈 수 있는 길을 찾을 수 없다는 절망감으로, 어떻게 이런 일이 자신에게 벌어졌는지 감도 잡지 못하고, 자신과 가족과 주변 사람들과 심지어 사법기관 사람들 모두에 대한 분노를 가지고 자신의 피해자화에 반응한다. 급기야는 왜 자신이 그곳에 갔는지, 왜 무언가를 하거나 하지 않았는지, 자신의 피해자화에 대해 자신을 비난하고, 물론 다른 사람도 비난하며, 상황을 이해하지 못하고 어떻게 반응할지도 모르고 통제력을 상실하고 무기력해지며, 완전하게 놀라움에 충격을 받고, 자신의 현실이 믿어지지 않으며, 그런 현실을 부정하고, 얼어붙은 공포를 초래하는 공포심에 사로잡히게 된다고 한다.228

　　일반적으로 범죄 피해자들이 반응하는 일련의 형식이 있다고 한다. 두려움이란 불확실성, 인간의 특별한 특성인 계획적으로 상황을 마주하는 능력의 상실과 자율성과 통제력의 상실로 야기된다. 고통이 가해지리라는 위협은 고통의 즉각적인 감각보다 더 강하게 두려움, 공포를 촉발시킬 수 있다. 때로는 이 두려움과 공포가 분노를 초래한다. 이 분노는 범법자나 자신의 외상적 (Traumatic) 사건에 책임이 있는 다른 사람들을 향할 수 있다. 이런 분노가 때로는 신이나 운명과 같은 초자연적 존재, 가족과 친지로 대체될 수도 있다. 이러한 분노와 관련된 것이 바로 보복이다. 보복에 대한 갈증은 다수 개인의 계층, 집단을 향한 분노의 앙양, 증강이다. 사람들은 분노를 다루는 방법을 잘 알지 못한다. 이는 곧 사람들을 공허하고, 씁쓸하고, 피해자나 다른 재앙이나 참사의 생존자들이 윤리적으로 좋은 반응, 대응이라고 믿는 것과의 불협화로 고통스럽게 만든다. 분노에 대한 사회적 반응은 종종 혐오와 거부이다. 피해자 학자들은 피해자들이 전혀 보복적이지 않다는 것을 잘 알지만, 이는 피해자가 보복을 위하여 형사사법제도에 의지해야 한다고 믿고 싶어하는 사람들에게는 타당하거나 그럴 듯 하지도 않다. 피해자들은 일어난 일의 의미를 찾는 상황에 놓이게 되고, 물론 그들은 자기들의 필요를 배려하고 챙겨주는 것으로 가르쳐준 제도에서의 보호를 추구한다. 그러나 피해자들은 종종 자기들이 이해할 수 없는 상황에 스스로 직면하게 된다. 그들이 이해할 수 있는 반응은 그들이 보호를 추구한다는 것이다. 그들은 안전하게 느끼기를 바라는 것이다. 이

---

228 Kirchhoff, op cit., p. 113

러한 혼란 속에서 피해자들은 일어난 일을 기억하려고 한다. 그들에게는 외상적 사건에 대한 흩어진 조각 기억만 있다. 그들은 사건을 융합적으로 재구성할 수가 없다. 이러한 조각난, 부서진, 흩어진 기억이 바로 PTSD의 신호이고, 인지적 행동 요법을 통하여 이해할 수 있다. 혼란은 자기들이 시도했을 때만 기억할 수 있고, 기억해야 한다고 생각할 때 좌절하고 절망하게 된다. 이런 사실은 경찰, 검찰, 판사에게 매우 중요하다는 것은 분명하다. 아마도 가장 중요한 것일지도 모르지만 피해자들은 종종 자신의 피해자화에 대해서 스스로를 비난하곤 한다는 점이다. 그들은 자신이 무언가 잘못이 있고, 유책하다고 생각하고, 스스로를 비난한다. 이러한 피해자의 자기-비난은 자신의 행위를 비난하는 것(만약 내가 이런 것을 하지 않았더라면)과 자신의 개성(내가 이런 사건을 유인하는 그런 종류의 사람이야, 이는 나 자신과 내 개성 때문이야)을 비난하는 두 가지 형태로 나타난다. 이런 자기-비난은 수치심과도 밀접하게 연관되어 있다.[229]

4) 2차 피해자화(Secondary Victimization)

범죄 피해자가 범죄를 경찰에 신고하면, 당국은 의심되는 범죄를 수사하는 것으로 대응하고, 적절한 경우 피의자를 재판에 회부하게 된다. 비록 피해자는 형사사법 절차에서 오로지 미미한 법률적 지위만을 가질지라도 형사사법 절차로부터 혜택을 볼 수 있고, 공정한 평결에서 도덕적 만족을 찾을 수도 있다. 대부분의 경우, 형사사법 당국의 권한과 개입이 없다면, 정의를 회복할 다른 방법이 별로 없다. 안타깝게도 그러나 재판은 종종 피해자가 바라던 결과로 이어지지 못하고, 그 대신에 형이 지나치게 가볍고, 범법자가 무죄를 선고받기도 하고, 절차가 기각될 수도 있다. 이런 호의적이지 못한 결과는 즉각적인 감정적 반응을 넘어서는 심리적 영향을 미친다고 한다. 만약 형사 절차가 관련된 피해자에게 심리적 해를 끼친다면, 형사사법제도의 심각한 바람직하지 못한 영향이며, 동시에 피해자의 이차적 피해자화로 간주되어야 한다는 것이다.[230]

2차 피해자화는 1차 피해자화(Primary victimization)의 결과로서 부정적인 사회

---

229 Kirchhoff, op cit., pp. 113-114
230 U. Orth, "Secondary victimization of crime victim by criminal proceedings," Social Justice Research, 2002, 15(4): 313-325

적 또는 사회의 반응이라고 할 수 있으며, 피해자가 겪게 되는 정당한, 합법적인 권리나 자격의 추가적인 침해라고 할 수 있다. 실제로, 피해자에게 호의적일 것이라는 상식과는 달리 형사사법제도가 범죄 피해자에게 이차적 피해자화를 야기시키는 것으로 종종 비난을 받기가 일쑤다. 1차 피해자화로 야기되는 심리적 어려움에 미치는 영향 외에, 형사 절차로 인한 2차 피해자화는 피해자의 자아-존중, 미래에 대한 확신, 법률제도에 대한 신뢰, 공정한 세상에 대한 신뢰와 같은 다른 심리적 변수에도 부정적으로 영향을 미친다는 것이다. 이들 영향의 잠재적 요인은 형사 절차의 결과와 더불어 형사 절차와 과정 그 자체의 산물이라고 하며, 이를 형사사법제도와 그 절차와 과정에 의한 2차 피해자화라는 것이다.231

먼저, 형사 절차의 결과에 의한 2차 피해자화는 호의적이지 않은 결과가 피해자의 몇 가지 중요한 기대를 침해, 위반하기 때문이라고 한다. 첫 번째 기대는 보복이 형벌 반응의 응보 동기에 부합하는, 범죄 피해자의 핵심적인 형벌 목표라고 한다. 보복이 폭력의 이득과 손실을 재평형화, 재균형화시키고, 권력, 권한을 재평형화, 재균형화시키고, 피해자의 자기-존중을 회복시키는 기능을 하기 때문이다. 만약 범법자에게 가해진 형벌이라는 역해악이 충분하지 않고, 자신보다 더 나은 또는 값비싼 교화 개선을 받는다면, 피해자는 분노하기 마련이다. 두 번째 보복의 기능은 보안, 안전이 형벌 반응의 행동통제 동기에 부합하는, 피해자의 더 핵심적인 형벌 목표라는 것이다. 피해자는 재판과 형의 선고가 피해자에 대한 더 이상의 범행을 예방하거나 억제할 것이라 기대한다. 범법자가 자유형으로 시설에 수용되면 소위 범법자의 범행 능력의 무력화, 즉 무능력화(Incapacitation)로 인하여 적어도 범법자가 수용되어 있는 기간만이라도 위협이 되지 않는다. 그러나 형량이 충분하지 않다면, 형의 선고 시부터 피해자는 범법자의 석방을 이미 두렵게 예견하기 마련이다. 세 번째 기능은 피해자라는 지위의 인정이 피해자의 중요한 동기이다. 법적 처벌을 통해서, 피의자는 공식적으로 범법자로 확인되고, 피해자는 공개적으로 범행의 피해자로 인정된다. 피해자의 지위를 인정받고자 하는 피해자의 요구, 필요를 위반, 침해하는

---

231 L. Montada, "Injustice in harm and loss," Social Justice Research, 1994, 7: 5-28; M. P. Koss, "Blame, shame and community: Justice response to violence against women," American Psychologist, 2000, 55: 1332-1343

것은 특히 심각한 형태의 2차 피해자화로 인식될 개연성이 높다.232

2차 피해자화는 소송의 결과만이 아니라 소송의 절차로도 겪을 수 있다고 한다. 피해자의 절차에 대한 평가도 2차 피해자화의 잠재적 원인으로서 마찬가지로 고려되어야 한다는 것이다. 먼저, 절차적 정의가 형사소송의 평가에서 핵심적인 변수이다. 규율, 규칙이 일관적으로 적용되는가(일관성), 의사결정에 있어서 편견이 억제되는가(편견 억제), 모든 상응한 정보가 정확하게 고려되는가(정확성), 반대와 새로운 정보가 있을 시 의사결정은 제대로 하는가(수정가능성), 관계된 모든 당사자들의 견해가 대표, 대변되는가(대표성), 그리고 일반적으로 받아들여지는 윤리적 가치와 결정이 호환성이 있는가(윤리성)라는 몇 가지 절차적 정의의 범주가 언급되고 있다. 피의자의 무고함을 가정하는 원리, 유죄가 확정되기 전에는 무죄로 추정한다고 가정하는 헌법적 원리는 피해자와 범법자의 이익의 고려에서 심각한 불균형이라고 피해자가 인식할 개연성이 높다. 두 번째 상호작용적 정의(Interactional justice)는 절차의 대인적 관점에 관련된 것이다. 모든 당사자는 존중과 친절로 대하는지, 그리고 판사에 의하여 주어지는 지위에 관심을 집중한다는 것이다. 상호작용적 부정의에 속하는 범주로는 피해자 비난(Victim blaming), 둔감한 발언, 신분 강등, 피해자화로 인한 해악의 최소화 등이 있다고 한다. 세 번째는 형사소송으로 인한 심리적 스트레스라고 한다. 증언 상황, 범법자와의 대치, 청중의 존재가 종종 특히 스트레스 요인이 된다고 한다. 범죄 사건의 발생에서 재판이 끝나기까지의 장기간의 지연도 범죄 피해자에 대한 심리적 스트레스의 또 다른 근원이라고 한다. 그리고 가해자나 그 변호인으로부터의 공격이나 비난도 피해자에게는 상당한 스트레스가 아닐 수 없다.233

---

232 M. E. McCullough, C. G. Bellah, S. D. Kilpatrick and J. L. Johnson, "Vengefullness: Relationships with forgiveness, rumination, well-being, and the Big Five," Personality and Social Psychology Bulletin, 2001, 27: 601-610; D. T. Miller, "Disrespect and the experience of injustice," Annual Review of Psychology, 2001, 52: 527-553; N. Vidmar, "Retribution and revenge," in J. Sanders and V. L. Hamilton(eds.), Handbook of Justice Research in Law, New York: Kluwer, 2000, pp. 31-63

233 D. Tyler, P. Degoey and H. Smith, "Understanding why the justice of group procedures matters: A test of psychological dynamics of the group-value model," Journal of Personality and Social Psychology, 1996, 70: 913-930; Koss, op cit.; Orth, op cit.

그런데, 피해자뿐 아니라 사회도 범죄와 범죄 피해에 반응한다. 이러한 반응은 피해자가 피해자화의 감정적 영향을 극복하는 데 도움을 준다. 그러나 동시에 이들 반응이 전혀 도움이 되지 않는 반면에, 오히려 손상을 가하는 경우도 없지 않다. 즉, 피해자들은 자신에게 도움이 되지 않는, 오히려 더 손상을 가하는 사회적 환경의 반응에 직면하게 되는데, 사회적 반응으로 인한 손상을 이름하여 "2차 피해자화"라고 한다. 이러한 사회적 반응이 2차 피해자화를 초래하는 이유는 그러한 반응이 피해자의 무력감, 자아-존중감의 결여, 자신감과 확신의 결여, 자아-통제의 상실, 증대된 두려움과 취약성, 그리고 자아-존중감의 손상 등을 심화시킬 수 있기 때문이다. 그 결과는 피해자가 혼자이고, 아무런 통제력이 없고, 미래에 대한 희망도 없다는 느낌을 갖게 한다는 것이다.[234]

2차 피해자화는 피해자에 대한 제도와 개인의 반응을 통해서 일어나는 피해자화라고 할 수 있는데, 제도화된 2차 피해자화는 형사사법제도 내에서 가장 분명하다. 그래서 2차 피해자화라고 할 때는 대부분이 대체로 형사사법기관에 의한 형사사법 절차와 과정에서 일어나는 피해자에 대한 각종 손상을 일컫는 경우가 많다. 물론 피해자에 대한 비난이나 역할 등에 대한 사회적 낙인도 중요한 2차 피해자화이기도 하다. 2차 피해자화의 핵심 요소의 하나로서 형사사법제도는 먼저 수사 과정, 검찰의 기소와 재판이라는 전체 형사사법 과정과 절차가 수사로부터 기소 여부의 결정, 재판, 그리고 양형에서 가능한 석방에 이르기까지 2차 피해자화를 야기할 수 있다. 수사 과정에서의 경찰관의 태도와 언행에서부터 검찰의 기소 여부와 재판부의 심문과 양형의 결정 등 거의 모든 단계에서 피해자가 또 다시 피해를 겪을 수 있다는 것이다. 2차 피해자화는 그래서 가해자와 피해자 권리의 균형을 맞추는 어려움이라기보다는 형사사법제도와 사람들의 대우, 판단, 결정이 피해자에게 또 다시 피해를 입힐 수 있으며, 피해자의 관점을 전혀 고려하지 않는다는 것이 문제라는 지적이다.[235]

---

234 Kirchhoff, op cit., p. 114
235 Ibid., p. 115

2. 피해자의 불만과 요구

1) 피해자의 불만

형사소송이나 민사소송의 표준 절차는 너무나도 널리 확산되어 있고, 또 종종 사회적으로도 비난받는 범죄에 대한 해결책을 제대로 제공하도록 설계가 되어있지는 않다고 한다. 대부분 국가의 법률제도는 민사의 경우에는 두 시민 간의, 그리고 형사의 경우에는 시민과 국가 간의 적대적 다툼으로 구성된다. 물론 비록 법정에서 물리적 폭력과 위협은 허용되지 않을지라도, 이와 같은 의례화된, 적대적인 대면이 진실에 도달하는 최선의 방법이라는 가정하에서, 공격적 주장, 사실의 선별적 제시, 그리고 심지어 심리적 공격이 허용되고 있다. 문제는 이런 형태의 갈등, 특히 국가와 시민 간의 형사적 갈등에 대한 헌법적 제약, 제한, 한계는 거의 전부가 국가라는 우월한 권력으로부터 범죄 피의자를 보호하기 위한 것이지 결코 사인을 서로로부터 보호하기 위하여 설계되어 있지 않다는 점이다. 법은 권력 불균형에 기술적, 기계적으로 눈을 감고 있어서, 당사자 중 어느 일방이 누리는 실제 이점, 유리함에 상관없이 모든 시민은 법률 무대에 동등한 지위로 들어서는 것으로 가정되고 있다. 따라서 헌법은 피의자의 권리에 대한 강력한 보장은 제공하지만, 피해자 권리에 대한 그에 걸맞는 보호는 없다는 것이다. 인권의 지침, 상징이기도 한 "권리 장전(Bill of Rights)"도 모든 것이 피의자의 권리 장전이지 피해자의 권리 장전(Victim's Bill of Rights)은 아닌 것이다. 물론, 최근의 피해자 운동(Victim's Movement) 등에 힘입어서 부분적으로는 피해자의 권리를 결정하는 헌법 수정안이 통과되기도 하지만, 이들 수정안이 규정하는 권리는 절차적 문제에 제한되고, 그마저도 집행할 수 있는 것이 아니라는 지적도 나온다. 예를 들어, 미국 인디애나주 헌법 수정안은 피해자들은 전반적인 형사사법 절차와 과정을 통해서 공정, 존엄, 그리고 존중으로 처우되어야 하며, 그리고 이들 권리를 행사하는 것이 피의자의 헌법적 권리를 침해, 위반하지 않는 범위 내에서 공개 심리가 이루어지는 동안 사전에 고지를 받고 참여하고 검찰과 협의할 권리를 가져야 한다고 선언하고 있다.236

2) 피해자가 필요로 하고 바라는 것

피해자의 필요와 요구는 피해자가 범죄의 영향이 야기하는 심각함을 극복할 수 있도록 하기 위한 것들이라고 할 수 있으며, 따라서 당연히 그만큼 중요하게 고려되어야 한다. 피해자가 필요로 하는 것은 매우 개인적, 개별적이고, 여러 가지 요소에 좌우되지만, 전형적으로 사회적, 감정적, 현실적, 재정적인 특성을 가지고 있다. 살인 피해자나 그 가족의 경우처럼 오랜 시간이 필요하거나 결코 완전하게 회복될 수 없는 경우도 있지만, 피해자는 한편으로는 개인적, 개별적 필요를 인식하고 인정하며, 도움과 정보를 제공하는 것으로 구성되는 세심한 접근에 기초하는 적절한 지원이 제공되어야 하고, 다른 한편으로는 피해자 비난, 2차 피해자화를 피하고, 가치있는 피해자와 가치없는 피해자의 전형적인 경계를 최소화하는 것이 필요하다고 한다.237

그러나 불행하게도 비교적 최근까지도, 형사사법기관들은 피해자들의 그러한 요구와 필요를 수행하지 못하였고, 심지어는 아직도 피해자를 대체로 방치하거나 뒷전으로 미룬다고 한다. 지도와 안내와 충분한 정보가 제공되지 않으며, 이는 다시 엄청난 좌절을 초래한다. 물론 피해자를 점증적으로 더 강조함으로써, 그들의 일반적인 처우와 지원을 향상시켰지만, 그럼에도 피해자에 대한 무시는 물론이고, 그들의 필요를 제대로 수용하지 못하는 것도 여전히 일어나고 있다는 것이다. 여기서 문제는 피해자와 피해라는 것이 주관적이고 개별적, 개인주의적인 특성이어서 피해자의 필요, 요구라는 개념 자체가 문제가 있다는 것이다. 더 큰 문제는 다수의 범죄가 발각되지도 않고, 신고되지도 않고, 해결되지도 않아서 다수의 피해자가 정의롭지 않다는 느낌을 가지고 남게 된다는 사실이다. 여기에다, 위에서도 언급한 것처럼, 사법 정의의 개념도 매우 주관적이고, 더 중요하게는 특정한 가치와 규율에 의해서 인도되는 전통적 사법 내에서 특별하게 형성되었고, 그래서 이런 피해자 필요와 요구를 전달하는 것이 상당히 문제가 있다는 것이다. 형사사법제도와 기관에서는 피해자들

---

236 M. M. Gianni, "The swinging pendulum of victims' rights: The enforceability of Indiana's victims' rights laws," Indiana Law Review, 2001, 34: 1157-1198; L. Henderson, "Revisiting victims' rights," Utah Law Review, 1999, pp. 383-442

237 J. Goodey, Victims and Victimology: Research, Policy and Practice, Harlow: Pearson Education Limited, 2005, p. 121

이 응보를 추구한다고 믿고 있지만, 실제 연구 결과는 피해자들이 배상이나 보상을 더 선호한다는 것으로 밝혀지고 있다.238

피해자들이 바라고 요구하는 것들은 종종 법적 절차의 요건과는 판이하게 다르다. 피해자들은 사회적 인정과 지지를 필요로 하지만, 법원은 피해자들의 신뢰성에 대한 대중의 도전을 감내하라고 요구한다. 피해자들은 자신의 삶, 생활에 대해 통제하고 힘이 있다는 의식을 갖기를 바라지만, 법원은 피해자들이 통제할 수 없고, 이해할 수도 없는 일련의 복잡한 규율을 따르라고 요구한다. 피해자들은 자신이 선택한 환경과 여건에서, 자신의 방식으로 자신의 이야기를 전할 기회를 필요로 하지만, 법원은 조리 있고 일관성 있으며 의미 있는 서술을 구성하려는 어떠한 개인적 시도도 깨부수는 일련의 "예-아니오" 질문에만 답하라고 요구한다. 피해자들은 종종 특별히 트라우마를 구체적으로 상기시키는 데 자신이 노출되는 것을 제한하고 통제하기를 바라지만, 법원은 그것들을 다시 체험하라고 요구한다. 피해자들은 종종 자신의 가해자와의 직접적인 대면을 두려워하지만, 법원은 피의자와 원고의 면대면 대치, 대면을 요구한다. 바로 이런 것들이 범죄 피해자가 사법 절차를 거치면서 겪게 되는 또 하나의 고통, 피해, 즉 2차 피해인 것이다. 더구나, 대다수 재판이 무고한 피해자를 만들지 않는 것이 우선시되어야 하지만, 변호사의 조력까지 받으며 자신을 변호, 방어하는 피의자와 기껏해야 자신을 대신, 대리밖에 할 수 없는 검찰을 통하여 간접적으로 다툼하는 피해자에게는 처음부터 불공정한 다툼일 수밖에 없다. 가해자가 피해자에게 가해하지 않았음을 입증하기보다는 피해자가 가해자가 자신에게 가해했음을 입증해야 한다면 이는 더욱 더 힘든 싸움일 수밖에 없다. 의료사고가 나면 의사가 자신의 과실이 없음을 입증하기보다는, 의료지식도 정보도 자료도 없는 환자가 모든 정보와 자료를 쥐고 있는 의료 전문가 의사의 과실을 입증하라는 것처럼, 법률 전문가 변호인의 조력을

---

238 M. Maguire, "The needs and rights of victims of crime," in M. Tonry(ed.), Crime and Justice: A Review of Research, Chicago: University of Chicago Press, 1992, pp. 363-433; J. Jackson, 2003, op cit.; L. Sebba, "On the relationship between criminological research and policy: The case of crime victims," Criminal Justice, 2001, 1(1): 27-58; J. Doak and D. O'Mahony, "The vengeful victim? Assessing the attitudes of victims participating in restorative youth conferencing," International Review of Victimology, 2006, 13(2): 157-177

받으며 직접 자신을 변호, 방어하는 피의자와 직접 참여도 못하고, 기껏 검사가 대리하여 간접적으로밖에 다툴 수 없는 피해자의 싸움이 어떻게 공정할 수 있는가 지적한다. 이런 현실을 놓고 보면, 만약 누군가가 의도적으로 외상 스트레스(Traumatic stress)의 증상을 촉발, 유발하는 제도를 설계, 고안하고 싶다면, 아마도 너무나도 재판소(법정)와 같아 보일 것이다.239

그나마 다행스럽게도 사법제도와 그 절차와 과정에 참여하는 피해자조차도 가해자로부터의 보복 위협으로 자신의 안전을 두려워한다. 불행하게도, 이러한 불안과 두려움은 종종 현실이 되기도 한다. 이미 범죄로 인하여 공포에 떨고, 치욕을 당한 피해자에게, 법률, 사법제도의 일상적, 관례적 절차는 대단한 안심을 제공하지 못하고 있다. 물론 당연히 피해자에 대한 협박이야 통상적으로, 보편적으로 범죄화되고 있지만, 국가가 실질적인 보호를 위해서 하는 것은 별반 없다. 접근 금지 조치 등 일련의 피해자 신변 보호 조치들이 제공된다고는 하지만 현실적으로는 피해자의 안전을 확약할 수 있는 실질적인 조치이기에는 부족한 현실이다. 예를 들어, 가장 보편적인 조치가 접근 금지 조치라고 할 수 있으나, 제대로 감시, 감독되지 않고, 따라서 원래 목적과 의도대로 집행되지 않아서 피해자의 신변을 제대로 보호하지 못하고 있다.240

이와 같은 어려움과 고통과 장애에도 불구하고, 점점 더 많은 피해자들이 사법제도가 자신이 겪고 있는 시련을 잠재적으로나마 가치 있게 만들 수 있는 처방, 방안을 제시했다고 믿는다면 자신의 공식적인 법적 절차와 과정에 참여할 의향을 가질 것이다. 그러나 다수 피해자에게는, 심지어 성공적인 법적 결과 조차도 대단한 만족을 확약하는 것은 아닌데, 그것은 피해자들의 목표가 사법제도가 가하는 제재와 일치하는 것이 아니기 때문이다. 사법제도에 대한 피해자의 바람은 어쩌면 바람일지도 모르지만, 관습적인 가해자-중심의 법률제도 어디에서도 대변되지 않는다. 사실, 피해자들은 오로지 복수를 갈망하기만 하기 때문에 그들의 사법, 정의에 대한 바람이 대변되어서는 안 된다는 보편적 편견이 자리하고 있다. 이는 그야말로 편견에 불과할 뿐, 피해자의 진심

---

239 Herman, op cit., pp. 5-6
240 W. Murphy, "Minimizing the likelihood of discovery of victims' counseling records and other personal information in criminal justice case," New England Law Review, 1998, 32: 4

은 가해자에 대한 보복에만 그치는 것이 아니라는 것이다.[241]

  아무튼 형사사법 절차와 과정에서 범죄 피해자가 겪는 경험을 향상시킨다는 것, 긍정적인 경험을 할 수 있도록 한다는 것은 언제나 계속되어야 할 우선적인 일이다. 피해자는 피해자화의 특성, 성별, 가해자와 지역사회와의 관계, 그리고 자신의 인격 특성에 따라 특징이 지어지는 독특한 자기만의 필요가 있다. 피해자들은 동질적인 집단이 아니며, 피해자가 무엇을 필요로 하고, 어떻게 접근해야 하는지 하나의 목소리를 내지 않는다. 당연히 범죄 피해자들의 모든 필요를 다 충족시켜줄 서비스도 권리도 기준이나 표준도 있을 수 없다. 그만큼 다양한 대응이 필요하다는 이야기이다. 피해자화의 영향은 일생에 걸친 것이고, 적지 않은 피해자에게는 인생을 바꾼 사건일 것이다. 만약 형사사법 과정과 절차에서 피해자의 경험이 향상, 개선되려면, 피해자화의 영향과 피해자를 예의, 공감, 존엄, 민감성을 가지고 처우, 대해야 할 필요를 더 잘 이해해야만 한다.[242]

(1) 복수심에 불타는 피해자라는 잘못된 통념의 극복

  현재 거의 모든 국가에서 피해자가 아닌 국가가 손상을 입은 당사자로 간주되며, 당연히 범법자에 대한 행동을 취하는 배타적 권리도 피해자가 아니라 국가가 갖는 것이다. 형사사법의 주인공으로서, 국가는 유죄를 확정하고 무고한 사람을 보호하기 위한 표준 규율과 절차를 성문화한다. 국가는 또한 양형지침(Sentencing guideline)을 비롯하여 형법 등의 법률을 통하여 범죄의 심각성에 비례하여 합리적이고 공정하게 적용될 형벌의 통일적이고 계량적인 표준을 설정한다. 국가-기반의 형사사법의 진화는 보편적으로 근세의 사적 또는 공동체적 보상제도에 대한 승리로 묘사된다. 관습적인 지혜에 따르면, 피해자로부터 주도권을 빼앗음으로써, 국가가 피의 복수와 유혈 갈등을 억제하고, 자의적이고 잔인하고 과도한 형벌에 제한을 둔다는 것이다. 이러한 관습적 지혜에서 알 수 있듯이, 국가가 피해자보다 더 냉정하고, 공정하고, 덜 형벌적이라는 전

---

241 Herman, op cit., p. 7
242 Government of Canada, Making the Criminal Justice System more Responsive to Victims, https://www.justice.go.ca/eng/rp-pr/cp-pm/cr-rc/dig/vict.html, 2023. 9. 6 검색

제나 가정이 거의 의심받지 않는다. 이런 가정은 피해자의 분노에 대한 뿌리 깊은 불신에 기인한 것으로 보인다. 피해자의 격정적인 분개, 격노는 보편적으로 피해자의 부당함을 바로잡고 보상하도록 요구받는 지역사회, 공동체 사회의 평화를 방해하는 파괴적인 세력으로 간주되는 것이다. 피해자의 곤경에 대한 동정은 빠르게 소멸되지만, 피해자의 기억은 오래 간다. 피해자의 사법, 정의에 대한 부당한 요구는 쉽게 지역사회에 대한 당혹과 곤혹이 된다. 따라서 만약에 피해자가 오로지 "용서하고 잊어버리도록" 설득된다면 엄청나게 편리할 것이다.243

자기 스스로도 그리고 다른 사람들을 대신해서도, 분개함을 느낄 수 있는 능력은 사실 중요한 하나의 사회적 유대의 기반이다. 이를 범죄의 순기능 중 하나로 간주하기도 하는데, 흉악하고 잔인한 범죄가 발생하면 사회를 하나로 뭉치게 하는 힘으로 작용한다는 것이다. 이런 면에서, 분개가 억눌려져야 하는 불량한 유독성의 감정이라기보다는 일종의 동정과 연결의 원천으로 보기도 한다. 사람들은 자신의 명예가 침해되었을 때뿐만 아니라 다른 사람의 불명예를 목격할 때도 분개로 반응할 수 있다는 것이다. 이러한 "공유된 정서"는 일종의 '감정의 공동체'에서 사람들을 하나로 묶는 데 기여한다는 것이다.244

이와 유사하게, 피해자를 대신한 공동체, 지역사회의 분노와 분개함의 표현은 범죄 통제의 핵심적인 긍정적 요소라고 주장한다. 이런 주장은 대체로 회복적 사법의 관점과 견해를 진전시키는 데서 나오는 것으로, 범죄에 대한 좌-우익 모두를 비판하는 것이다. 이러한 관점에서는, 기소, 검찰과 전통적으로 보수적인 처벌적 '법과 질서' 지향이나 전통적으로 자유주의적인 관대함이나 교화 개선적 지향성 모두를 거부한다. 특히, 가해자에게 책임을 묻는 긍정적인 프로그램을 제공하지 않고, 따라서 범죄 문제를 효과적으로 우익에게 맡기는 입장인 범죄 피의자의 권리를 보호하는데 거의 배타적으로 초점을 맞추는 전통적 좌익에 대해서 비판적이라고 할 수 있다. 이런 현실에 대한 대안으로서, 일부에서는 회복적 사법을 제3의 방식으로 제안하고 있다. 즉, 해악을 가한

243 Herman, op cit., p. 8
244 B. Williams, Shame and Necessity, Berkeley, CA: University of California Press, 1993, p. 80

자가 지역사회, 공동체 사회의 분노와 분개에 직면하고 궁극적으로 지역사회와 계약조건에 이르도록 하는, 가해자의 죄, 잘못, 그리고 책임성에 관해서 적극적으로 도덕화하는 것이라고 주장한다.[245]

이처럼 회복적 사법 원리는 전통적인 관습적 사법이 그토록 현격하게 결하였던 피해자의 옹호에 대한 잠재성을 제공한다. 그러나 실무적으로 보면 이 또한 어쩌면 피해자가 아니라 오히려 가해자를 위한 진보, 진화에 가깝다고 비판 받는다. 회복적 사법이 밑바닥 단계에서는 지나칠 정도로 피의자-지향적이기 때문에, 피해자의 권리라는 관점에서 보면 전통적 사법제도와 마찬가지의 결함을 다수 재생산한다는 것이다. 피해자에 대한 관심은 충분하게 대변되지 못하고, 피해자의 이익은 여기서는 처벌보다는 화해의 의제라고 할 수 있는 이념적 의제에 쉽사리 종속되고 만다. 실제로, 피해자가 성가신 사람 정도로까지 간주되었다는 것이다.[246] 그럼에도 불구하고, 회복적 사법은 피해자에 대한 더 큰 관심을 향하여 진화한다. 피해자는 사법 과정에서 단순히 하나의 각주와 같은 부차적인 존재라기보다는 핵심 주주여야만 한다는 주장이 힘을 얻기 시작하였다. 이러한 진전은 당연히 범법자에 대한 관심에서 일차적으로 시작되었던 점을 고려한다면 매우 중요한 진전이지 않을 수 없다. 그렇다고 당장 최근에서야 피해자의 이익을 인정하기 시작한 움직임들이 피해자의 관점에서 사법의 분명한 견해나 시각을 발전시키리라 기대하는 것은 비현실적이라고 할 수도 있다는 것이다.[247]

20세기 후반에 이르러, 피해자가 직면하는 문제점들이 폭넓게 지적되고, 여기에 정책 입안자들도 피해자의 소외와 2차 피해자화를 해소하려는 몇 가지 방법을 제시하는 일련의 개혁으로 화답하였다. 이에 만족하지 않고, 일부 보다 개혁적인 학자와 학계에서는 피해자가 직면하는 가시적인, 눈에 보이는 문제를 바라보는 것을 넘어 형사사법제도 저변의 가치와 과정, 핵심 구조로까지 담론을 넓혔다. 그러나 이러한 움직임과 요구에 대해서 다른 일부에서는 그러

---

245 J. Braithwaite, Crime, Shame and Reintegration, Cambridge: Cambridge University Press, 1989, p. 156

246 K. Daly, "Restorative justice: The real story," Punishment & Society, 2002, 4(1): 55-79; H. Zehr, Changing Lenses: A New Focus for Crime and Justice, Scottsdale, PA: Herald Press, 1990, p. 172

247 Zehr, op cit., p. 195

한 요구를 인정하고 양도하는 것은 형사사법제도의 공공적 특성을 파괴하고, 피의자와 범법자의 권리 보호에 방해가 될 것이라고 우려하였다.[248]

　단순히 정보원으로서 또는 증인으로서 지위로부터 절차적 권리를 가지는 적극적, 능동적 참여자로의 피해자 지위의 진화는 국가와 피의자 간의 다툼으로 전통적으로 인식되었던 사법 절차에서의 피해자 이익의 적절한 위치, 지위와 관련된 몇 가지 주장이 제기되었다. 피해자 권리를 위한 피해자 참여가 피해자 자신에게 더 큰 부담을 야기할 수 있으며, 만약 자신의 기대가 충족되지 않았다고 믿으면 결과적으로 오히려 더 불만스럽게 느끼게 될 수 있다는 우려를 지적한다. 이보다 더 중요한 지적은 피해자 참여가 과거의 응보적, 억압적, 보복적 형벌로의 회귀를 가져올 수도 있다고 우려하는 것이다. 이런 주장에 따르면, 피해자는 형벌의 엄중성을 극대화시키려는 욕망의 동기를 가진, 형벌적 당사자로, 그리고 감정적인 억양으로 피해자 영향 진술 등을 하여, 결과적으로 더 엄중한 형벌을 받게 할 개연성이 높은 것으로 광범위하게 비추어지고 있다. 이는 결과적으로 '인과적 당위(Just desert)', 즉 죄를 지었기에 지은 죄만큼 처벌 받는 것이 당연, 마땅하다거나, 확실성과 객관성과 같은 핵심 원리, 원칙들을 어지럽게 할 것이란 우려이다. 이러한 쟁점의 다수는 다분히 그 특성상 이론적인 것에 지나지 않고, 비교적 경험적 검증 또한 거의 없다고 한다.[249]

　일반의 우려와는 달리, 대부분의 피해자는 응보보다는 배상이나 보상을 우선시하고, 다수는 범법자를 돕고자 하는 바람도 보이기까지 한다는 것이다. 이런 결과는 곧 회복적 사법의 중요성과 회복적 사법에서의 피해자의 역할을 함축적으로 보이는 것이며, 뿐만 아니라 관습적인 형사사법 의사결정에서 피해자가 전통적으로 경험했던 배제에 관한 중요한 의문을 제기하는 것이라고 할 수 있다. 결론적으로, 피해자라고 형사법원의 양형에 대한 태도와 관련하여 일반 대중보다 더 형벌적이지 않다는 것이다.[250]

---

248 J. Doak and D. O'Mahony, "The vengeful victim? Assessing the attitudes of victims participating in restorative youth conferencing," International Review of Victimology, 2006, 13: 157-177

249 Y. Buruma, "Doubts on the upsurge of the victims' role in criminal law," in H. Kaptein and M. Malsch(eds,), Crime, Victims, and Justice: Essays on Principles and Practices, Ashgate: Aldershot, 2004, pp. 1-15; J. Wemmers, "Restorative justice for victims of crime: A victim-oriented approach to restorative justice," International Review of Victimology, 2002, 9: 43-59;

(2) 사법제도와의 대면

형사사법제도에서 자신의 범죄 피해와 손상을 바로잡고 보상받고자 했던 사람에게 있어서 하나의 가장 큰 충격은 자신이 그냥 얼마나 중요하지 않은가를 알게되는 것이라고 한다. 피해자는 물론이고 일반 시민들도 범죄가 무고한 시민으로서 피해자의 삶에 너무나 심대한 영향을 미쳤기 때문에, 피해자는 종종 순진스럽게 자기들 피해자의 일이 당국에게 주요 핵심 관심이리라 기대한다. 불행하게도 그러나 피해자들은 사건의 중심적 초점은 자신이 아니라 피의자, 자신을 가해한 범법자, 가해자에게 주어진다는 것을 알게 되지만 그러한 현실을 이해하기가 힘들다. 앞에서도 언급한 바와 같이, 형사 사건은 국가와 피의자의 다툼이어서 사건은 자신을 대리, 대신하는 검찰의 손으로 넘어가서, 검사로 대표되는 국가와 피의자의 변호인 간에 해결이 되는 반면에, 피해자 자신은 국가 의제의 도구로서만 오로지 유용하고, 그들 자신의 권리로 어떠한 특별한 고려의 가치도 없는 증인으로서의 주변부적이고 부수적인 역할로 강등, 격하되고 만다. 이러한 현실은 어쩌면 당연한 것인지도 모른다. 우리의 사법제도 자체가 그야말로 '범죄자 정의, 범죄자 사법(Criminal justice)'이지 '피해자 정의, 피해자 사법(Victim justice)'이 아니기에 피해자가 아닌 가해자를 중심으로 돌아가기 마련이고, 피의자는 변호인의 조력을 받아가며 스스로를 변호하고 방어할 수 있지만, 피해자는 검사가 대리, 대신할 따름이다. 내가 아니라 제3자인 국가를 대표하는 검사가 나만큼 심각하게, 열정적으로, 책임 있게 내 사건을 대신하여 대리해 주리라 기대할 수는 없지 않은가. 이런 모든 것이 피의자의 편이고 피의자에게 유리한 것이다. 그래서 일부에서는 피해자 자신의 마음의 평화를 위해서라도, 피해자가 가질 수도 있었던 "정의"라는 환상을 과감하게 버리라고 조언한다.251

---

250 M. Hough and A. Park, "How malleable are attitudes to crime and punishment? Findings from a British Deliberative Poll," in J. Roberts and M. Hough(eds.), Changing Attitudes to Punishment, Willan: Cullompton, 2002, pp. 163-183; P. Mayhew and J. Van Kesteren, "Cross-national attitudes to punishment," in Roberts and Hough(eds.), op cit., pp. 63-92

251 Herman, op cit., pp. 15-16

여기에다 오로지 원래 범죄를 너무나도 연상시키는 수모와 수치로서 자신의 주변부적인 역할을 경험하기도 한다. 그중에서도, 피해자들은 자신이 대면했던 사법 관리들의 언행이나 태도에 극단적으로 민감함을 보인다. 많은 피해자가 무관심과 무례함으로 자신이 여겨지고 대접받았던 생생한 기억들을 가지고 있다. 그러한 대접은 불가피하게 피해자의 불명예스러운 지위, 신분과 가해자의 경멸의 태도를 지지하는 것으로 경험하게 된다. 이런 현실은 비단 형사 사건에만 국한되는 것은 아니다. 민사소송을 통하여 자신의 손상이나 침해를 바로잡거나 보상받으려는 사람은 형사 사건의 피해자에 비해서는 좀 더 통제력을 가질 수 있으나, 그들도 또한 종종 스스로 냉소적인 게임으로 인식했던 법률제도의 복잡한 규칙과 절차에 직면하여 자신이 무기력하고 하찮은 존재가 되었다는 기분이 들었다고 불평한다. 소송은 감정에 관한 것이 아니라, 적대적 게임이다. 더구나 규율은 부자와 힘 있는 사람에게 굽혀지는 것이다. 돈과 권력이 사건의 사회적 지위와 신분이 심오한 영향을 미친다. 다수 피해자가 범법자가 범죄로부터 빠져나갈 수 있었던 것은 그들의 부나 사회적 위치 때문이었다고 의심하게 된다. 한때 세기의 재판이라고까지 요란했던 OJ Simpson의 경우를 보라. 이어진 민사소송에서 천문학적인 손해배상명령을 받아 사실상 그가 전처를 살해했음이 확인되었음에도 글자 그대로 '꿈의 변호인단'이라는 "Dream Team"을 구성하여 형사소추에서 무죄를 받아내지 않았던가. 물론, 피해자들은 돈과 지위의 지나친 영향에 대한 우려의 정도를 넘어선 법률제도의 진정성에 대한 의문도 제기한다. 그들에게는, 법률제도가 태생적으로 괴롭히는 사람, 불한당을 보상하려고 고안된 것으로 보는 것이다. 법률 다툼의 적대적 구조는 아무래도 도덕적 양심이 결여되거나 부족하고, 어떤 비용이나 대가를 치르더라도 이기도록 싸우려는 사람에게 유리하고 호의적인 것이다.252

이러한 환경이 범법자에게 그들의 공식적 권리와 보호 그 이상으로 태생적인 유리함을 제공한다는 것이다. 특히, 성폭력이나 가정폭력의 가해자들이 피해자들에게 행했던 통제와 지배의 전략이 이러한 법률제도와 잘 어울리는 것으로 보인다. 가해자들은 당국의 적극적인 담합이나 소극적인 묵인으로 그와 같은 제도를 성공적으로 악용한다는 것이다. 그래서 때로는 극단적으로 범죄

---

252 Herman, op cit., pp. 16-18

자보다도 오히려 범죄자가 책임지는 것을 피할 수 있게 해준 사법 당국에 더욱 분노, 분개하기도 한다는 것이다. 이와 유사한 불평은 비공식적 수단을 통해서 갈등을 해결하려고 했던 피해자들에게도 마찬가지이다. 피해자들이 가해자의 가족이나 지역사회가 가해자의 학대를 소극적으로 용인하거나 그들을 적극적으로 용서하고 보호함으로써 자신들을 가해자와 동맹하는 것으로 여겼다. 예를 들어, 회복적 사법도 피해자사법의 좋은 예라고는 하지만 오히려 가해자의 이익이나 가해자를 위한 부분이 더 크고 많다는 것이다.253

(3) 주위 사람과 지역사회로부터의 인증의 추구

피해자들은 갈등이나 피해의 회복과 보상과 해결을 공식 법률제도를 통해서 하건 아니면 비공식적 수단을 통해서 하건 간에, 그들의 가장 중요한 목표는 지역사회로부터 자신은 아무런 잘못이 없으며 모든 것이 피의자의 잘못이라고 자신을 검증, 인증받는 것이다. 이를 위해서는 범죄에 대한 기본적 사실의 인정과 해악의 인정 두 가지를 필요로 한다. 즉, 피해자가 어떠한 범죄를 당하였고, 그로 인하여 어떤 해를 얼마큼 당했다는 인정이다. 물론 거의 모든 피해자는 자신에게 범행을 한 가해자가 스스로 자기의 범행이라고 인정하기를 원하지만, 가해자의 자백이 피해자의 주장을 인증하는 데 필요하지도 충분하지도 않다. 목격자들의 인증이 가해자의 자백에 못지않거나 오히려 더 중요하기도 하다. 그럼에도 많은 피해자나 범죄 생존자들이 가해자가 자백해주기를 바라는 이유는 그것이야말로 가족이나 지역사회가 자신을 신뢰해줄 어쩌면 유일한 증거라고 믿기 때문이다. 이러한 인정 이후에는 생존자, 피해자들이 가장 빈번하게 추구하는 것은 바로 그러한 인정에 대한 지역사회의 인증이라고 한다. 피해자들은 범행이나 범죄자의 비난에 있어서 지역사회가 분명하고 명백한 자세를 취하기를 바란다. 범죄에 대한 지역사회의 맹렬한 비난은 생존자에게는 엄청나게 중요하다는 것이다. 그것은 지역사회의 그러한 태도나 대응이나 반응이 피해자와 지역사회를 결속시키고, 수치스러움이나 망신스러움 등의 부담을 피해자로부터 가해자로 옮겨주기 때문이다. 여기서 Braithwaite의 "재

---

253 Herman, op cit., pp. 18-19

통합적 수치심(Reintegrative Shaming)"의 원리를 가늠해볼 수 있을 것이다. 생존자들은 범죄가 자기들을 격리시키고 불명예스럽게 하려는 의도였다고 알고 있으며, 그러므로 명예의 회복과 지역사회와의 재연결을 바란다는 것이다.254

(4) 가해자의 사죄

집단으로서 피해자는 자기들의 무고한, 완전한 피해자(Completely innocent victim)임을 확인받고 옹호되기를 바라는 데에는 모두가 만장일치일지라도, 사죄, 사과에 대해서는 거의 반반이라고 한다. 일부는 가해자의 진정한 사죄에 대한 열렬한 바람을 표현하고, 가해자의 진정한 사죄만이 그들이 줄 수 있는 가장 의미 있는 배상이라고 믿는다는 것이다. 심지어 가장 복수심을 강하게 느끼는 사람마저도 가해자의 순수한 사죄로 그 복수심마저도 누그러질 수 있다고 생각한다는 것이다. 피해자의 바람이 그러한데도 불구하고, 실제로는 피해자들이 진정한, 순수한 사죄, 사과라고 생각하고 간주하는 것을 받는 경우는 흔치 않다고 한다. 피해자들에게 있어서 진정한, 순수한 사과와 사죄는 아마도 가해자가 자신의 범행과 그로 인하여 피해자에게 가해진 해악, 손상을 인정하고, 아무런 단서나 핑계가 없는 책임의 감수, 후회와 회한의 표현, 보상의 제안 등을 포함하는 것이라고 한다. 반면에 다른 일부 피해자는 가해자로부터의 사죄와 사과의 가치에 대해서 회의적이라고 한다. 그들은 가해자들이 순수한, 진정한 후회와 회한을 경험할 개연성은 거의 없다고 생각하는 것이다. 범법자들은 공감적으로 장애가 있으며, 의미 있는 사죄와 사과를 할 수 있는 능력이 없어서 유용할 수 있는 어떤 것도 결코 피해자에게 제공할 수 없다는 것이다. 심지어는 일부 피해자들은 가해자의 사죄나 사과를 범법자가 지역사회 동정심을 얻거나 피해자를 무장 해제시킬 수 있게 해주는 또 다른 하나의 착취적, 약탈적 수작이라고까지 말한다. 심지어 이처럼 자기 잇속만 차리는 사죄와 사과가 그렇게 뚜렷하지 않은 경우에도, 다수 피해자는 범법자를 사과와 사죄로 이끈 동기를 믿지 못한다고도 한다. 일반적으로 이들 피해자는 진정한, 순수한 사죄와 사과에 대한 정교하고 미묘한 관점을 가지고 있는 것으로 보인다. 물론 이

---

254 Herman, op cit., pp. 19-21

들도 진정한 사죄와 사과가 가져다 줄 수 있는 화해의 이상, 이념을 중시하지만, 이들은 종종 이러한 이상이 그야말로 현실적으로 성취될 수 없는 현실과는 동떨어진 그야말로 이상으로 간주하는 것이다.255

(5) 책임성

가해자들에게 범행의 책임을 묻고, 이상 세계에서 죄에 딱 맞는 마땅한 처분이 어떤 것이라고 피해자들은 생각할까. 알려지기로는, 대부분의 피해자는 교화 개선이나 처벌이라는 관습적 목표 둘 다 지지하지 않는다고 한다. 일반의 기대와는 대조적으로, 대다수 피해자는 자신의 가해자가 고통받는 것을 보는데 특별하게 관심이 없다고 한다. 처벌을 위한 처벌은 우선순위가 그리 높지 않다는 것이다. '사회에 대한 빚'으로서 처벌의 개념은 피해자들 사이에서는 거의 지지를 받지 못한다는 것이다. 빚의 개념은 민사소송을 개시한 피해자들 사이에서는 복합적이라고 한다. 가정폭력의 피해 여성들에게는, 양육비나 이혼 수당이 부분적으로 손상에 대한 보상의 형태일 뿐만 아니라 개인적인 빚에 대한 상환으로 간주된다. 다른 피해자들에게는, 재정적 손실의 보상은 사적인 손해배상이라기보다는 오히려 가해자의 유책, 유죄에 대한 대중적 상징으로서 더 중요하게 여겨진다고 한다.256

만약, 피해자들이 처벌이나 보복 그 자체를 위한 보복이나 처벌에 특별히 관심이 없다면, 그들은 용서와 화해에도 별 관심이 없다고 할 수 있다. 대다수 피해자는 용서와 화해라는 목표가 비현실적이라고 보았으며, 범법자와의 관계가 회복되기를 바라는 피해자는 거의 없다고 한다. 실제 피해자 중에서는 최근 피해자사법의 상징적 제도 중 하나인 회복적 사법이라는 개념이 매우 흥미롭다고는 생각하나, 자신에게는 적용될 수 있는 방법은 찾지 못했다는 피해자도 있다고 한다. 이런 상황은 특히 강간 생존자들에게 더 보편적인데, 그들에게는 자신을 성폭행한 강간범을 용서하고 화해하는 것은 상상조차 힘든 것이다. 강간범과의 화해란 가능하기나 하며, 심지어 처음부터 필요하기나 한 것인가 묻는다. 일부 피해자 단체는 성폭력 피해자의 가해자에 대한 용서라는

---

255 Herman, op cit., pp. 21-25
256 Ibid., p. 26

기대는 그 자체가 다른 사람들의 편의와 안위를 위해 피해자에게 가해지는 추가적인 또 다른 부정의(Injustice)로 본다. 구경꾼들에게는 피해자가 용서하도록 압력을 가함으로써 얻어질 수 있는 환상적인 종결로 자신을 만족시키기는 너무나 쉽지만, 사회가 가해자와 대치하는 임무를 지기란 훨씬 더 어렵다는 것이다. 따라서 우리가 피해자가 용서하도록 움직이기보다는 오히려 범법자가 참회하고 자신의 행위를 변화시키도록 움직이는 것에 관하여 생각할 필요가 있다는 것이다. 물론 자신의 가해자와의 화해에 관심을 가진 피해자도 일부 있지만, 대다수는 분노와 분개라는 억압적인 짐, 부담으로부터의 자유를 갈망한다고 한다. 이들은 가해자와의 화해보다는 가해자와 그의 범행이 더 이상 자신의 사고를 지배하지 않는 마음의 상태를 갈망한다는 것이다. 그래서 만약에 용서가 분노의 감정을 떨쳐버리고 자신의 삶을 이어갈 수 있는 것으로 이해된다면, 아마도 거의 모든 피해자들이 갈망할 것이라고 한다. 일부에서는 이러한 마음의 상태를 용서보다는 동양의 '선'이라는 관점에서의 '용인(Acceptance)'으로 이해하기도 한다.[257]

최근 우리 사회에서도 논란이 되고 있는 피의자 신상정보 공개와 같이, 피해자들이 가장 빈번하게 바라는 것은 화해나 응보가 아니라 범법자의 노출이라고 한다. 피해자의 입장에서는, 범법자의 자유나 운을 빼앗는 것보다 오히려 그들이 받아서는 안 되는, 받을 자격이 없는 명예와 지위를 박탈하는 것이 훨씬 더 중요하다는 것이다. 이러한 가해자를 공공에 노출시키는 것이 피해자의 가장 보편적인 목적이라는 것이다. 사실, 범죄자 신상정보 공개의 목적 중 하나가 재범의 예방이라고 하는 것 처럼, 거의 모든 피해자가 범법자의 공개 노출 외에 가장 빈번하게 추구하는 목적은 자신과 지역사회의 안전이라고 한다. 바로 이런 이유로 피해자들은 가해자의 행동의 자유를 제한하기를 바란다. 공개 노출이 첫 단계 보호로 기능하며, 접근 금지나 제한과 같은 조치가 다음 단계이며, 체포와 제재는 통제할 수 있는 모든 시도가 실패했을 때를 위한 경우여야만 한다는 것이다.[258]

---

257 Herman, op cit., pp. 29-30
258 Ibid., pp. 32-34

(6) 감정적 회복과 사죄

피해자가 경험할 수 있는 계산할 수 있는 물질적 손상 외에도, 사법제도가 일상적으로 경시해오고, 만약 피해자화 경험이 만족스럽게 해결되려면 바로잡을 필요가 있는 손실에 대한 감정적이고 심리적인 차원도 있다고 한다. 피해자들은 말하기를 감정적 손상은 보상되는 것이 아니라 오로지 감정적으로 바로잡는 행동으로만 치유된다는 것이어서, 감정적 화해가 물질적, 재정적 배상보다 훨씬 더 중요하다는 것이다. 범법자의 진정한 사죄와 피해자의 수용이 아마도 우리가 상상할 수 있는 가장 자연스럽고, 거의 언제나 범행의 성공적인 해결과 참여자들의 회복에 필수적이라고 할 수 있을 것이다. 그러나 피해자와 그들의 가해자 사이의 직접적인 교환의 기회가 존재하지 않는 기존의 전통적 사법에서는 불가능한 일이다.

3) Maslow의 욕구단계설을 활용한 피해자화와 피해자 욕구의 분석

(1) 욕구, 필요의 분석

모든 사람은 과거나 현재 피해자화 지위나 신분에 무관하게 자신이 생존하고 번창하기 위해서 충족되어야 하는 욕구가 있다. 기본적 욕구가 충족되지 않으면 인간의 행동을 추동하지만, 기본적 욕구가 충족되면 더 이상 인간 동기의 추동 장치, 운전자가 아니며, 다시 충족되지 않은 욕구의 다음 단계로 넘어갈 수 있다. 이 모든 욕구가 충족되면, 인간은 성장 욕구, 더 구체적으로는 개인적 잠재력의 성취라고 할 수 있는 자아-실현(Self-actualization)을 향하여 나갈 수 있다는 것이다.

이와 같은 인간 욕구의 단계를 Maslow는 인간의 욕구를 생리적(Physiological), 안전(Safety), 사랑(Love), 존중(Esteem), 그리고 자아-실현(Self-actualization)이라는 5단계(Hierarchy of Needs)로 나누고 있다. 그 첫 단계인 생리적 욕구는 주로 먹고, 마시고, 잠자는 것들을 중심으로 구성된 욕구이고, 두 번째 단계인 안전 욕구는 보호, 보안, 안전, 질서와 같은 욕구인데 이 안전 욕구에 대해서 Maslow는 해악의 위험, 일관성의 결여, 안전 욕구에 대한 위협으로서 폭력에의 노출을 주요 예로 들었다. 생리적 욕구와 안전의 욕구 둘 다 충분히 이루어지면, 사람들은 소속감과 애정을 위한 사랑의 욕구로 진행하게 된다. 이 사랑의 욕구가 충족되면 자아-존중과 타인으로부터의 존중을 포함하는 네 번째 존중의 욕구가 따르게 되고, 존중감이 충족되면, 마지막 성장 또는 자아-실현의 욕구로 옮겨가게 된다는 것이다.[259]

그렇다면 Maslow의 이 욕구 단계를 범죄 피해자의 욕구와 어떻게 연계시킬 수 있을까? 피해자에 대한 직접적인 지원과 서비스는 보편적으로 피난처를 제공하는 등 피해자의 피해자화로 초래되는 안전에 대한 위협에도 대응하는 동시에 피해자들이 가장 기본적인 생리적 욕구를 충족할 수 있도록 도와주고 힘을 실어주기 마련이다. 그런데 학계나 실무에서는 대체로 피해자 욕구를 주로 Maslow의 생리적 욕구에 상응하는 근본적 욕구(Fundamental needs), Maslow의 안전의 욕구와 유사한 현존 욕구(Presenting needs), 그리고 효과적인 서비스 제공에 필요한 요소인 동반, 수반 욕구(Accompanying needs)라는 세 가지 욕구의 하나로 설명한다. 여기서 말하는 근본적 욕구로는 쉼터나 피난처, 음식물이나 생활용품 등 Maslow의 생리적 욕구에 해당되는 서비스와 지원이라고 할 수 있으며, 2단계 현재 생존과 존재의 욕구에는 정신 건강과 의료보호, 그리고 법률 서비스가 해당될 수 있으며, Maslow의 3단계 사랑의 욕구와 4단계 존중의 욕구 두 가지를 모두 함축하고 있는 동반 욕구는 교통과 아동보호와 같은 지원과 서비스를 포함하고 있다.

(2) 정책적 함의

분석된 결과에 따라 피해자들이 필요로 하는 바를 충족하기 위해서는 먼저, 근본적, 기본적으로 피해자가 필요로 하는 것들은 물론이고 현재를 제대로 유지하기 위해 필요로 하는 것들을 충족하기 위해 피해자 서비스를 지속적으로 제공해야 하는 것은 의문의 여지가 없다. 피해자들은 피해자화 경험으로부터 직, 간접적으로 초래되는 기본적 필요나 현상 유지를 위한 필요 욕구, 요구 등을 충족하기 위해 서비스를 지속적으로 필요로 한다. 이들 필요를 충족시키

---

259 A. Maslow, "A theory of human motivation," Psychological Review, 1943, 50: 370-396, http://psychclassics.yorku.ca/Maslow/motivation.htm, 2023. 10. 23 검색

는 것이 피해자가 회복하고 치유할 수 있는 단단한 기초, 토대를 형성하게 되는 것이다. 다음으로, 기본적 필요와 현상 유지 요구가 충족되어도, 그 밖에 수반되는 요구, 필요가 있기 마련인데, 이런 수반, 동반 필요, 요구를 제대로 충족시켜서 피해자에게 제공되는 서비스의 활용, 이용에 대한 장애를 제거하라고 한다. 예를 들어서 아동 보살핌, 교통 지원, 사건 관리 등의 서비스가 제공된다면 서비스에의 접근이나 계속해서 서비스를 받는 것을 어렵게 하거나 방지할 수도 있는 장애를 줄이거나 제거할 수 있는 것이다. 다시 말해서, 기초 요구나 현상 유지 요구가 지속적으로 충족되기 위해서는 그에 수반되는 요구들도 제공되어야 기초 요구와 현상 유지 요구 충족을 위한 서비스 활용을 방해하는 장애를 해소할 수 있다는 것이다. 마지막으로 여기서도 중요한 것은 피해자 요구와 필요를 충족시키기 위해서는 피해는 물론이고 광의의 지역사회도 이런 노력에 가담해야 한다는 것이다.

피해자사법으로의 전환 필요성과 정당성

형사사법의 재균형(Rebalancing)

　피해자를 위하여 형사사법제도의 균형을 다시 바로잡는 것과 대중의 신뢰를 회복하는 것이 최근 형사사법 개혁과 발전의 화두라고도 할 수 있다. 실제로 대중의 신뢰를 높이기 위하여 피해자의 필요와 요구를 형사사법제도의 중심에 더 두는 것을 목표로 정하고 있다. 그런데 여기서 '중심이 된(Centered)' 피해자라는 말이 통상적으로 범법자를 보다 엄중하게 또는 덜 공정하게 처우하려는 의도의 정책과 반사회적 행위와 관련된 대중의 신뢰와 관련하여 적용되곤 한다. 그런데 이 두 가지 목표가 어쩌면 기본적이고 오래되고 광범위하게 공유된 개인적 자유와 절차적 공정성에 관한 이상을 약화시키거나 위반하는 정책과 관행을 정당화하기 위하여 동원된다는 것이다. 재균형의 실질적 의미는 어쩌면 형사사법제도는 실제로 제로-섬이어서, 범법자에게 이익이 되는 모든 것은 피해자를 해친다는 것이며, 추정되는 범법자가 유죄가 확정되지 않거나 피해자가 원하는 것보다 가볍게 처벌되면 피해자는 심리적 손상이나 개인적 좌절로 고통을 받게 되며, 사법제도가 어떤 방식으로건 피해자에게 불리하게 균형추가 잡혀있다고 주장하는 것이라고 한다.260

　그러나 형사사법제도가 어느 일방의 모든 이득은 다른 일방의 손실이 되는 하나의 제로-섬 게임이라는 주장은 잘못이라고 한다. 극단적으로 보면, 피해자에게 도움이나 지원이나 지지를 제공하기 위한 어떤 것도 범법자에게 부정적

---

260 M. Tonry, "Rebalancing the criminal justice system in favor of the victim': The costly consequences of populist rhetoric," in Bottoms and Roberts(eds.), 2010, op cit., pp. 72-103,

으로 영향을 미치지 않는다. 피해자를 더 좋게, 더 잘, 또는 동정적으로 처우한다고 해도 범법자에게는 아무런 손실이나 손상도 가하지 않는 것이다. 반대로, 많은 범법자가 자신의 인생 어느 때, 예를 들어 아동기 가정 학대 등과 같이 피해자였기 때문에, 그들도 피해자가 더 잘 처우 받게 하는 데 실질적인 자기 관심을 가진다는 것이다. 아마도 피해자가 동정적이고 지지적으로 처우되고 다루어져야 한다는 데는 별 이의가 없을 것이다. 그렇다고 이런 현실이 피의자와 범법자를 나쁘게 처우하는 것에는 아무런 함의도 갖지 않는다. 이와는 정반대의 경우도 마찬가지다. 범법자를 더 좋게, 더 잘, 또는 더 동정적으로 처우한다고 피해자에게 손상을 가하는 것도 아니다. 피해자도 공정하고, 효율적이고, 인간적인 형사사법제도를 갖고자 하는 관심을 가지고, 형사사법제도가 다른 모든 시민이 형사사법제도나 범법자가 지위가 강등된다고 피해자에게 이익이 되는 것은 아무것도 없다고 생각한다는 것이다. 또한 피해자-가해자 중첩이라는 개념을 보면, 오늘날 많은 피해자가 언젠가 범법자였고 앞으로 범법자가 될 수도 있으며, 범법자 또한 언젠가 피해자였고 장차 피해자일 수도 있다는 점에서 피해자가 범법자와 피의자를 더 잘 처우하는 데, 그리고 범법자가 피해자를 더 잘 처우하는 데 반대할 아무런 이유가 없다는 것이다. 결국, 제로-섬으로 인한 하향 균형이 아니라 피해자, 국가, 범법자, 지역사회 모두가 이기는 상향 균형이 가능하다는 것이다.[261]

---

261 Tonry, 2010, op cit.

피해자 운동의 부상

　범법자의 교정과 관련한 피해자 역할의 약화가 피해자의 응보적 권한이 국가로 재배치되는 방식으로 일어났다고 한다. 이는 곧 피해자가 기소와 형벌에 대한 개인적 재량을 발동할 수 없게 하였다. 피해자가 현재 겪고 있는 감정적, 재정적 요구와 필요에 더하여, 이러한 좌절은 피해자 권리와 기관의 우위를 옹호하는 일련의 이상, 사상을 총동원하는 최초의 피해자집단의 형성을 목격하게 만들었다. 바로 이러한 동원이 오늘날 피해자가 형사사법제도에 있어서 규정되는 방식에 영향을 미쳤다. 더구나 이러한 운동은 피해자를 교정과 형사 절차 안으로 다시 포함시키는 새로운 프로그램의 탄생으로 이어지게 하였다. 70년대 당시 사회 운동은 일반적으로 역사적으로 피해자가 배제되는 국가 지배에 매우 비판적이었고, 이에 피해자도 형사사법제도에서의 부족함에 대응, 반응하기 위하여 자원을 동원하였던 것이다.262

　피해자 권리의 부상이라는 최고 관심사에 초점을 맞추어, 피해자 운동의 체계는 범죄 피해자가 느낀 경험이 아니라 국가가 설립한 지원 구조를 비판하는 데 관심을 두었다. 여기서 이러한 피해자 운동의 봉기에 영향을 미친 몇 가지 요소를 살펴볼 필요가 있다. 당연히 국가 기반의 보상이 형사사법으로부터 자기들이 배제된 것에 대한 의식, 자각을 일깨웠음은 분명하다. 흥미로운 것은 이 국가 기반 보상이 피해자 욕구와 필요를 충족시키기보다는 사법제도 속 다수 피해자를 좌절시켰다는 것이다. 그러한 좌절은 범죄에 대한 '제3자'로 자신이 취급받는 데에 대한 불쾌함과 함께 피해자 경험에 대한 통제를 다시 찾으려는 시도로 이끌었다는 것이다.263

---

262 T. Kirchengast, The Victim in Criminal Law and Justice, New York: Palgrave Macmillan, 2006, p. 159

1. 국가통제 피해자 보상의 도입

1950년대 영국에서 시작된 피해자 보상의 정당성은 국가가 무고한 시민을 범죄 위협으로부터 제대로 보호하지 못한 결과로서 피해자 손실을 보상하기 위한 배상의 필요성에 기초하고 있다. 이러한 방식으로 피해자를 보상하는 프로그램은 60년대 초 뉴질랜드를 시작으로 영국 등을 거쳐서 오늘에 이르게 되었다고 한다. 이러한 피해자 보상은 범죄의 피해자는 그들이 실제로 재정적 요구와 필요 여부를 막론하고 지원을 받아야 마땅하고, 또 받을 만하다는 가정에서 널리 퍼졌다고 한다. 물론 이런 보상은 재정적인 것뿐 아니라 상담, 긴급 거처의 제공, 법률 지원과 직장 지원 등 다른 비-금전적 서비스도 포함하고 있다. 그러나 이 보상제도는 피해자가 범죄를 경찰에 신고하고 검찰에 협조하도록 의무화함으로써 피해자가 형사사법제도에 가담할 것을 요구한다. 즉, 피해자가 참여 의사가 있을 때만 오직 지원받을 수 있다는 것이다. 당연히 피해자들은 그처럼 국가에 예속, 종속되는 데에 대해서 좌절하게 되기 마련이었다.264

2. 피해자학의 부상

피해자학이란 학문은 형사 절차에 있어서 피해자의 참여, 역할, 권리, 그리고 범죄 두려움 등을 중심으로 발전하였다. 그래서 피해자학은 범죄적 일탈과 그 통제라는 범죄학의 규범적 교리를 벗어난 피해자의 지위를 논하는 기회로 간주되었다. 그래서 피해자학이란 학문 그 자체는 형사사법에 있어서 피해자가 의의가 있는 행위자로서 경시되어 왔음을 암시하고 있다. 피해자학 연구는 2차 세계대전 이후 주로 범죄자-피해자 관계를 개념화하기 위하여 발달하기

---

263 J. Shapland, J. Wilmore, and P. Duff, Victims in the Criminal Justice System, Vermont: Gower Publishing Company, 1985, p. 3
264 Kirchengast, 2006, op cit., p. 162

시작했다고 한다. 피해자학은 피해자의 역할, 특히 범죄 행위를 설명하는 데 있어서 피해자의 역할에 초점을 맞추었다. 어쩌면 피해자학의 선구자라고도 할 수 있을 Mendelsohn은 상이한 형태의 피해자가 범죄 사건에 기여한 정도를 이해하기 위한 피해자의 분류에 초점을 맞추었다. Mendelsohn과 쌍두마차라고 할 수 있는 von Hentig도 범법자와 피해자 사이의 쌍방적 관계에 대해서 유사하게 주장하였다. 사법 절차와 범죄 사건에 있어서 피해자의 역할이 피해자에 대한 권리의 증대를 불러왔다고 분석하였다. 얼마 후 Ellenberger도 피해자가 범법자에게 관련된 관계를 제시하였다. 이런 주장들의 공통분모는 피해자가 범죄 위험에 대한 안전과 복지를 포함하는 범죄 규제에 있어서 더 큰 책임을 공유한다는 생각이었다. 즉, 피해자와 비-피해자는 차이가 있으며, 그 차이가 피해자화를 불러온 이유이고, 그런 이유에 대해서 피해자도 얼마간 책임이 있을 수 있다는 설명이었다는 것이다.[265]

피해자학의 등장은 범죄와 관련한 피해자의 역할에 관한 학문적 논쟁은 물론이고 형사사법제도에서의 피해자에 대한 관심의 증대도 불러일으켰다. 피해자학은 또한 피해자가 경찰 활동과 기소에 대한 신뢰의 상실로 인하여 범죄를 신고하기를 꺼려하는 것을 포함하여 범죄의 증대된 사회적 비용에 대한 인식도 높였다. 이러한 변화가 가져온 가장 큰 결실은 아마도 '피해자 조사(Victim Survey)'라고 할 수 있을 것이며, 이 조사를 통하여 사회의 범죄 수준에 대한 보다 정확한 그림을 그릴 수 있게 되고, 피해자화에 대한 이해도도 높여주었고, 형사사법제도에 왜 환멸을 갖게 되는지 의문도 갖게 하였다. 이런 피해 조사를 통하여 피해자의 위기에 초점을 맞추고, 강간이나 성폭력 신고의 누락, 노인들에 대한 범죄 영향, 그리고 매 맞는 아내 증상의 등장 등을 연구하였던 것이다. 이들 연구를 통하여, 사법제도로부터 배제된 사람으로서 피해자에 대한 범죄 영향의 인식도 높였다. 피해자학은 그래서 피해자가 범죄자와 내재적 관계를 가진다는 것도 깨우치게 하였고, 이는 범법자에 대한 기소의 상태에 대해서 피해자에게 더 잘 고지해주는 것을 포함하여 기소 관행의 변화와 피해자 지원의 증대와 증인으로서의 피해자 부조의 변화도 가져다 주었다.[266]

---

265 Kirchengast, 2006, op cit., p. 165
266 M. Young, Victim Rights and Services: A Modern Saga, NOVA, 2001, pp. 2-3; J.

3. 여성 의식과 페미니즘의 발전

피해자 운동의 시작이 가정폭력 피해 여성들을 위한 피난처, 쉼터에서 시작되었다는 사실만 보아도 여성해방이나 양성평등주의라고 할 수 있는 페미니스트 관심과 피해자 권리 운동이 무관할 수 없는 것은 분명해 보인다. 페미니즘이 남성 학대 피해자의 증대된 독립, 자립에 기여했을 뿐만 아니라 학대당한 여성들의 정당한 요구와 필요를 만족시키는 사적 조직의 잠재적 이점에 대한 국가의 의식도 높였다는 것이다. 페미니즘은 국가 경계 밖에서의 피해자 지원의 중요성을 일깨움으로써 피해자 운동에 일조했다는 것이다.

4. 범죄의 증가, 신종 범죄, 범죄 두려움, 그리고 언론

범죄의 증가는 범죄성의 위협을 통제할 새롭고 혁신적인 관리 구조를 필요로 하게 되었다. 비록 이들 개혁이 피해자의 직접적인 요구와 필요에 대한 대응이 아니라 사회안전에 대한 대응이었지만, 이런 방식으로 경찰 활동도 피해자 없는 범죄는 물론이고 개인적 자산과 자유에 대한 전통적인 위협에 대해서 보호하기에 이르렀다. 산업화의 진전과 함께, 증대된 범죄에 대한 두려움도 국가, 사회, 피해자의 안전을 보호하는 기구, 제도에 의하여 관리되어야 했다. 그러나 국가 시민으로서 피해자에 대한 주권적 보호로부터 피해자화의 역경과는 별개로 범죄자를 발각하고 개선하려는 복지 운동으로의 전환을 목격하게 되었다. 이처럼 현대 사법제도에서 피해자의 배제는 지역사회 경찰 활동(Community policing)과 시장에 기초한, 민간 경비와 같은 신 자유주의적 경찰 활동 방법이라는 측면에서 목격되고 있다. 그러나 이러한 변화에 대한 반응으

Shapland and E. Bell, "Victims in the Magistrates' Courts and Crown Court," Criminal Law review, 1998, pp. 537-546; N. Christie, "Conflict ans property," British Journal of Criminology, 1977, 17(1): 1-15

로서, 피해자들은 범죄자에 관심을 갖는 것으로 보이는 사회에서 점점 더 취약해짐을 느끼게 된다. 개인에 대한 범죄 위험성과 그러한 위험성을 최소화하는 데에 대한 개인적 책임의 강조로, 대다수 지역사회와 피해자집단에서 범죄에 대한 두려움, 공포가 높아졌다. 여기서 이러한 변화가 피해자의 안전이 표적이 되는 피해자 보호의 결여를 중심으로 자원이 동원될 필요가 제기되었다. 피해자집단은 범죄 위험성으로부터 시민을 보호하고 교육하는 것으로 그러한 요구와 필요에 대응하였다. 피해자화를 영구화하는 데 있어서 언론의 역할은 이런 변화에 대한 선행조건으로 인식될 필요가 있었다.267

잠재적인 피해자라고 할 수 있는 시민들이 점점 높아지는 수준의 범죄 두려움에 직면하고 있다는 인식, 깨달음은 피해자 조사를 통하여 지지되었고, 정부도 이 범죄 두려움을 줄이고자 여러 시도도 하였지만, 피해자 운동이 재빨리 범죄 위협이라는 개념에 적용하여 시민의 안전, 특히 노상 안전에 대한 요구와 압박 수준을 높였다. 전문가들은 범죄 두려움은 일반적으로 개인의 통제 소재(Locus of control), 범죄 위험성을 줄이는 가용 자원, 지원 구조, 개인에 대한 범죄의 새로움에 좌우된다고 주장한다. 국가는 범죄 두려움을 국가가 반드시 무언가 해야하는 것이 아니라 개인적 경험으로 파악함으로써 시민의 주관적 세계에 기반을 둔 범죄 두려움을 완화시키기 위한 프로그램의 실행을 꺼려하였다. 이러한 국가의 관점은 정부 정책에서 '공식적 위험'과 '인식된 위험'이라는 용어로 구분함으로써 뒷받침되고 있다. 대부분의 연구에서, 피해자 조사로 측정되는 피해에 대한 공식적 위험은 잠재적 피해자화의 인지, 인식된 위험과는 일치하지 않았다. 결과적으로 잠재적 피해자라고 할 수 있는 사람들은 범죄를 개인적으로 관리해야 하는 더 큰 부담을 안게 되었다. 이는 결과적으로 시민들 사이에 두려움을 형성하는 확률을 높이게 된다.268

---

267 K. Stension, "Community policing as a Governmental technology," Economy and Society, 1993, 22(3): 371-389; P. O'Malley, "Risk, power and crime prevention," Economy and Society, 1992, 21(3): 253-275; P. O'Malley, "Risk and responsi-bility," in A. barry, T. Osborne, and N. Rose(eds.), Foucault and Poliitical Reason: Liberalism. Neo-liberalism and Rationalities of Government, Chicago: University of Chicago Press, 1996, pp. 189-207; A. H. Clarke and M. J. Lewis, "Fear of crime among the elderly: An exploratory study," British Journal of Criminology, 1982, 2291: 49-62; Kirchengast, 2006, op cit., p. 169
268 W. Skogan, "The impact of victimization on fear," Crime and delinquency, 1987, 33: 135-154; K. F. ferraro, "Fear of Crime: Interpreting Victimization, New York:

범죄 두려움을 논할 때면 언제나 사실인가 아니면 허상인가 논쟁이 일기 마련이다. 그도 그럴 것이 사회의 범죄 정도 또는 범죄 현실이나 실상과는 일치하지 않는 수준의 범죄 두려움을 시민들이 보이기 때문이다. 이런 현실과 두려움 인식 간의 차이에 대해서, 다수 전문가는 언론의 범죄 보도와 무관하지 않다고 말한다. 언론이 개인의 안전에 대한 위협으로 범죄의 실상에 대한 인식을 영구화시키며, 이런 어쩌면 과장된, 그래서 조금은 왜곡되었을지도 모를 범죄 보도가 피해자 운동의 발현, 성장으로 이끄는 중요한 요소라는 것이다. 실제로 신문의 범죄 뉴스 보도와 지역사회의 범죄 두려움 사이의 긍정적 상관관계가 보고되고 있기도 하다.[269]

5. 국가 독점에 대한 일반적 비판

사적 자아의 삶에 있어서의 국가 독점에 대한 논쟁은 전혀 새로운 것이 아니다. 특히 복지국가에 대한 비판과 함께 형사사법 분야에서의 국가 독점에 대한 비판의 목소리가 적지 않다. 복지국가의 실패는 지나친 관료제적 형태, 책임성의 결여, 국가와 사회의 내재적 관계에 대한 비판이라는 측면에서 분명해진다. 국가 독점은 표준화로 인한 획일성, 그로 인한 다양성과 역동성의 결여, 관료제 특성으로 인한 비효율성이 형사사법제도 전반에도 큰 영향을 미치게 되고, 결과적으로 형사사법제도에 대한 불신과 불만으로 이어지게 된다. 자원의 한계와 전문성의 부족도 함께 지적되어, 이에 대한 하나의 대안으로서 민영화(Privatization)가 제시되기도 한다. 그리고 피해자에 대한 국가 독점은 어쩌면 피해자에 대한 낙인화를 심화시킬 수도 있기에 이 또한 피해자 운동을 불러오는 계기로 작용했을 수도 있다. 이러한 국가 독점에 대한 비판은 피해자에게는 새로운 가능성의 문을 열어주었다.[270]

University of New York Press, 1995, p. 51; H. Krahn and L. K. Kennedy, "Producing personal safety: The effects of crime rates, Police force size and fear of crime," Criminology, 1985, 23: 697-710; Kirchengast, 2006, op cit., p. 170

269 P. Williams and J. Dickinson, "Fear of crime: Read all about it? The relationship between news paper crime reporting and fear of crime," British Journal of Criminology, 1993, 33: 33-56

피해자사법이 필요한 부수적 요인

전통적 의미의 사법제도는 우리 사회에 누가, 왜, 어떻게, 얼마나 많이, 어떤 범죄를, 누구에게 하며, 이들 범죄자를 어떻게 체포하고 기소하고 재판해서 처벌하고 교화 개선할 것인가를 중심으로 조직되고 운영되어 왔다. 전적으로 범죄자를 중심으로, 범죄자를 지향하는 그런 사법제도였던 것이다. 그러나 피해자는 대부분 아무런 이유도 잘못도 없이 오직 그 시간에 그 자리에 있었다는 이유 하나만 있는 불운한 사람이거나 단지 누군가를 알았다는, 누군가와의 관계가 있다는 이유만으로 범죄 피해자가 되었음에도 누구로부터도 어떠한 지원이나 보호나 관심조차 받지 못하는 완전히 잊힌 존재(Forgotten being)로 남아 있었다. 그래서 지금까지 우리가 알고 지켜온 사법과 사법제도는 형사사법(Criminal Justice), 즉 범죄자사법이라는 범죄자-중심(Criminal-centered), 범죄자-지향(Criminal-oriented)의 사법제도에 지나지 않았던 것이다. 이제는 적어도 범죄 피해자가 더 이상 소외되고 잊힌 존재가 아니라 사법제도의 중심에서, 그들을 지향하는 제도로 전환되어야 한다.

기본적으로 형법을 통한 형사사법의 운용은 요구되는 적정한 정도의 개인의 자유, 안전, 그리고 사회질서를 유지하는 데 필요한 범위, 정도까지 인간의 행위를 통제하는 것을 그 목표로 삼는다. 따라서 효과적인 형사사법제도란 법과 질서를 유지하고, 범죄와 범죄자로부터 사회의 모든 구성원의 보호를 담보하는 것이 가장 중요하다. 당연히 이를 위한다면 효과적인 형사사법제도라면 적

---

270 M. Dean, Governmentality, London: Sage, 1999, pps. 153, 154, 168, 170, 173; Kirchengast, 2006, op cit., pp. 174-176

어도 법을 어기는 범법자, 범죄의 피해자, 그리고 사회 전체의 권리, 이익, 그리고 존엄에 신경을 써야 한다. 여기서 범법자의 권리와 존엄성의 보호는 현대 형사사법제도의 설치를 초래하였던 고전 범죄학파의 발전으로부터 비롯되어, 범법자 지향의 인권적 접근을 구성하였던 범죄사회학파의 개혁이론의 도래와 함께 더욱 발전하였다. 이 범죄사회학파의 개혁이론에서는, 범법자가 국가가 먹이고, 입히고, 재우고, 교육시킬 필요가 있는 우리 사회의 일종의 피해자로 간주되었다. 이러한 인권적 접근으로 인하여, 범법자임에도 어쩌면 지나칠 정도로 권리를 즐기도록 권한을 부여받았다. 그러나 이와는 반대로, 기존 형사사법제도의 정책에 따르면, 피해자의 이익은 사회의 이익에 종속되고, 형사사법제도의 역할은 개별주의, 개인주의적 기초 위에 피해자를 재보상하고, 범법자를 법정에 세워 처벌하거나 교화, 개선하기보다는 전체로서의 사회를 돕는 것이다. 이러한 정책은 범죄의 피해자를 사법 과정과 절차로부터 멀리 밀어냈고, 피해자는 사법 절차와 과정에서 잊힌 사람(Forgotten man)이 되었던 것이다. 결과적으로, 전통적이고 관습적인 모형의 적대적 재판 체제는 범죄의 피해자를 그냥 한 사람의 목격자, 증인으로 취급한다. 이러한 상황은 피의자-중심의 형사사법(Defendant-centered justice)으로부터 범죄 피해자의 권리가 완전하게 인식, 인정되고 제공되는 피해자-중심의 형사사법(Victim-centered justice)으로 옮겨 가야 할 상당한 필요성을 보여주는 것이다.

지금까지의 범죄자 중심 사법제도에서 피해자의 관점을 범법자와 국가 사이의 미묘한 균형 속으로 예속시키고 투입한다는 것이 가지는 함의는 미래 형사사법에 대한 근본적인 쟁점을 파생시킨다. 현재 형사사법제도 내에서의 피해자의 위치는 형사사법제도의 목적과 역할에 대한 광범위한 의문을 불러일으킨다. 이에 더하여, 어쩌면 결과적으로, 80년대 이래로 범죄 피해자에 관한 관심과 우려 및 형사사법에 있어서 그들의 지위에 대한 정교화를 목격하게 만들었다.[271] 형사사법제도에 종사하는 사람이나 형사사법제도를 연구하는 사람들은 비교적 빈번하게도 어느 한 범죄자의 피해자는 형사사법제도의 피해자도 된다는 것을 점차적으로 알게 되었다. 이른바 사법제도와 그 절차에 의한 2차 피

---

271 L. Zedner, "Victims," in M. Maguire, R., Morgan and R. Reiner(eds.), The Oxford Handbook of Criminology, Oxford: Clarendon Press, 1994, pp. 1207-1246

해를 두고 하는 말이다. 물론 이러한 현실은 형사사법이 지금껏 오래도록 피해자의 지위, 위치와 처우를 향상시키기 위한 노력을 게을리하지 않았기에 가능했던 결과이기도 하다.272

 1. "형사사법"과 "피해자"의 재평가

1) 피해자 관점을 넘어서...

피해자학의 시작은 피해자의 유형화 또는 주로 어떤 유형과 특성의 사람이 피해자가 되고, 어떤 사람들이 범죄 피해를 당하기 쉬운 취약한 사람인지를 파악하는 것에서부터라고 할 수 있다. 이런 피해자 관점은 이어서 곧 피해자의 역할과 책임, 또는 피해자 촉발(Precipitation)이나 피해자 비난(Victim blame)으로 이어진다. 피해자 병인, 또는 병리에 관한 이론과 적절한 형사사법적 대응과 반응은 원래 이들 '이상적 피해자(Ideal victim)'의 인상을 염두에 두고 발전되었던 것이다.273 다시 말하자면, 피해자 관점이란 일련의 공유된 피해자 가치를 요하였다. 이들 피해자에 대한 '본질주의적 구성(Essentialist construction)'은 지금 우리에게 알려진 대로 피해자 비난이나 피해자 촉발의 사상을 다양하게 초래하였다. 이런 관점에서는 '비난의 여지가 전혀 없는(Blameless)' 어떤 피해자도 형사사법의 온정주의 우산 아래 놓이거나 들어갈 수 없었다. 형사사법의 관심의 대상도 아니었다는 것이다. 당연히 전과자나 자신의 생활 유형이 스스로를 위험에 처하게 하는 것으로 간주되는 사람들은 겉으로는 '무고하거나' '취약한' 피해자라고 할 수 있는 '이상적' 피해자에게 제공되는 정도로 형사사법의 대응과 제공이라는 조항을 보증받지 못하였다. 예를 들어, 안정적인 관계에 있는 일부 여성은 소위 형사사법의 관심과 대응을 받을 자격이 있는 피해자로

---

272 J. Goodey, "An overview of key themes," in A. Crawford and J. Goodey(eds.), Integrating A Victim Perspective within Criminal Justice, London and New York: Routledge, 2016, pp. 13-36

273 N. Christie, "The Ideal Victim," in E. Fattah(ed.), From Crime Policy to Victim Policy, London: Macmillan, 1986, pp. 1-17

기술될 수 있었지만, 이와는 대조적으로 생활 유형이 독립적이거나 매춘 여성과 같이 성적으로 자유로운 것으로 간주되는 여성에게는 형사사법적 대응을 받을 자격이 있는 피해자라는 형사사법의 구성과 기술에 적합하거나 이를 따르는 피해자에게 주어지는 정도의 서비스와 적법 절차가 제공되지 않았다.[274]

최근 들면서, 기존의 적대적 형사사법(Adversarial criminal justice)은 마치 재판에서 피의자의 최종 진술에 버금가는 '피해자 영향 진술(Victim Impact Statement) 또는 '피해자 진술(Victim Statement)'이라는 이름의 피해자를 '위한' 중요하면서도 논란의 여지도 있는 진전을 목격하게 되었다. 일종의 피해자 권리와 참여 및 역할 확대의 일환이라고 할 수 있다. 그러나 피해자 권리와 가해자 권리가 상호 배타적이거나 'zero-sum' 게임이 아님에도 이 '피해자 영향 진술 또는 피해자 진술'은 종종 가해자와 피해자 권리의 충돌이나 갈등으로 해석되기도 하지만, 그 역할과 기능과 관련한 논쟁에서 다른 고려 사항도 있는데, 바로 피해자의 '개별화(Individualization)'가 재판에서 피해자 목소리의 기회를 배정, 또는 재배정한다는 사실이다. 자신이 겪은 피해 경험이 자신에게 어떤 영향을 미쳤는지를 재판부에 진술함으로써 이루어지는데, 하나의 피해자화(Victimization) 경험을 돌이켜봄으로써 피해 경험을 개인적 손상, 해악으로 재강화하는 것이다. 피해자로 하여금 특정한 사건에 관해서 말하게 하는 것을 강조하여 피해자화나 피해를 개인화, 개별화함으로써 피해자 사이에 공유되는 피해를 일으키는 사건의 병리, 병인과 환경, 여건 및 과정에서 제기하지 못한 한 가지 사건에 대한 자기만의 이야기를 할 수 있는 기회와 공간을 피해자에게 제공하는 것이다.

자격 있는 피해자(Deserving victim)와 자격 없는 가해자(Undeserving offender)라는 이분법적 기술은 잠재적으로 피해자화(Victimization)와 범행(Offending)으로서 '범죄'라는 경험의 연속성(Continuum)을 제대로 반영하지 못한다.[275] 즉, 가해자와 피해자로 마치 두부모 자르듯이 쪼갤 수 없는 범죄 경험도 있다는 것이다. 예를 들어 청소년 비행에 있어서 가해자-피해자 중첩이 좋은 사례라고 할 수 있으며, 피해자 촉발, 촉진, 유발, 용이화 등 피해자의 역할과 책임의 차이도

---

274 Goodey, op cit., p. 22
275 J. Goodey, "Examining the 'White Racist/Black Victim' stereotype," International Review of Victimology, 1998, 5: 235-256

좋은 예가 될 수 있다. 즉, 다수 범죄에 있어서 가해자와 피해자, 완전 무고함과 완전 책임만이 존재하지 않고 부분적 책임의 공유나 분산도 있을 수 있기 때문에 가해자와 피해자라는 이분법적 재단은 이점을 반영할 수 없다는 것이다. 사실, 우리 사회에서 가장 소외된 집단이 가정폭력과 아동 학대와 같이 가장 높은 비율의 가해자와 피해자로 알려진 인구의 일부를 공유한다. 예를 들어, 청년과 실업자와 같은 가장 소외된 사회집단이 생애 과정을 거치며 범행을 하거나 피해를 당하는 두 가지 모두를 경험하게 되는 경우가 많다.[276]

2) 전통적 형사사법을 넘어서...

형사사법이란 말 그대로, 전통적 형사사법은 범죄자를 체포하고 기소하고 재판하여 처벌함으로써 사법 정의를 구현하는 것이다. 안타깝게도 이런 절차와 과정 어디에도 피해자는 존재하지 않는다. 당연히 전통적 형사사법이 범인을 검거, 기소, 재판, 처벌하여 정의를 실현했다고 해도 피해자에게는 달라지는 것이라곤 아무것도 없다. 범죄의 피해는 그대로인 채 전혀 회복되지 않는 것이다. 다행스럽게도 이런 전통적 사법에 대한 대안적 사법이 모색되고 실험되고 있다. 그중 하나가 바로 회복적 사법(Restorative Justice)이다. 회복적 사법은 전통적인 적대적 형사사법제도에도 불구하고, 그리고 또한 중재에 대한 더 많고 더 큰 법률적 범위와 범주를 제공하는 규문주의 사법제도(Inquisitorial system of criminal justice)와 관련하여 피해자를 위한 강력한 대안, 도전자로 점진적으로 부상하고 있다. 이는 곧 피해자에게 더 중점을 두고, 피해자가 직접 당사자로서, 피해자에게 더 큰 목소리를 낼 수 있게 하는 갈등 해결을 위한 대안적 방법을 지향하는 변화의 징표이다.[277]

지금까지 형사사법제도는 사법제도의 다양한 단계에서 사법제도의 내부로의 피해자 관점의 통합을 향하여 상당한 진전을 이루었다. 그중에서도 경찰로부

---

276 Goodey, op cit., 2016
277 F. Dunkel and D. Rossner, "Law and practice of Victim? Offender Agreement," in M. Wright and B. Galaway(eds.), Mediation and Criminal Justice, London: Sage, 1989, pp. 152-177; L. Walgrave and I. Aertsen, "Reintegrative shaming and Restorative Justice," European Journal on Criminal Policy and Research, 1996, 4(4): 67-85

터 검찰에 이어 법원에 이르는 형사사법 종사자들이 특히 여성과 아동을 비롯한 피해자들에 대한 보다 민감한 처우와 결합하여 세계적으로 피해자 진술이 실행되고 있는 것에서 분명하게 알 수 있다. 이러한 진전은 기존의 형사사법제도 안에서 일어나고 있으며, 현재 가장 대표적인 회복적 사법도 전통적 사법과 함께 운영되고 있어서 회복적 사법의 영향을 직접적으로 반영한다고는 주장할 수는 없다. 피해자의 필요와 요구를 고려하기 위한 기존 형태의 사법제도나 새로운 형태의 사법제도 둘 다에 걸친 이런 분명한 전환, 변화, 전이는 피해자, 범법자, 그리고 대중과 관련된 책임감과 서비스 제공에 대한 보다 광범위한 관심을 반영한다는 것이다.[278]

3) 형사사법제도로의 피해자 관점의 통합

피해자 관점의 형사사법제도로의 통합, 즉 피해자를 형사사법제도 속으로 끌어들이는 것은 과연 누구를 위한 것인가? 그 통합이 피해자의 이익을 위하여, 아니면 범법자의 이익을 위하여, 그것도 아니면 형사사법제도나 심지어 지역사회와 일반 대중들을 위한 것인가. 아마도 피해자, 가해자, 사법제도, 지역사회 모두의 이익이 될 수도, 아니면 누구에게만 이익이 될 수도, 혹은 누구의 이익에 도움이 되는 만큼 다른 누구에게는 오히려 방해나 어려움이 될 수도 있을 것이다. 피해자 운동의 상징처럼 된 피해자 영향 진술을 보자. 그 지지자는 법정에서 자신의 목소리를 낼 수 있다는 데에 대한 피해자의 만족을 보여주는 증거를 가리킬 것이고, 반면에 반대자들은 피해자 영향 진술이 범법자의 권리를 침해하거나 감정적 진술로 인한 배심원단의 편향된 평결과 법관의 양형 선고에 영향을 미칠 수 있어서 객관성과 비례성이라는 재판의 기본원리를 해칠 수 있다는 경고를 지적할 것이다. 그러나, 피해자를 지향하는, 피해자를 중심으로 하는 사법이라는 관점에서 본다면, 지금까지의 진전들이 어느 정도나 일차적으로, 주로 피해자를 위한 진전인지, 또는 재범률을 낮추고 범법자의 사회로의 재통합을 목적으로 하는지, 그것도 아니라면 피해자-중심의 프로그램이 형사사법제도가 대중의 지지를 향상시키기 위한 수단인지 물음에 답

---

278 J. Goodey, "An overview of key themes," in Crawford and Goodey(eds.),op cit., pp. 13-34

해야 한다는 것이다.279

다행인 것은 피해자에 대한 '서비스 제공자'로서의 형사사법제도로의 재구성이 종종 피해자, 범법자, 형사사법제도, 그리고 국가 모두에게 이익을 줄 수 있는 4-way 과정으로 해석되기도 한다. 국가는 피해자-친화적이라고 환영받을 것이며, 형사사법제도는 피해자와의 관계가 개선되어 국가와 피해자 간의 정보가 원활하고 활발하게 교류될 수 있고, 이러한 관계의 개선과 정보 교류의 일차적 수혜자는 바로 피해자이다. 범법자 또한 회복적 사법으로 시설 수용을 피할 수 있다는 어쩌면 가장 큰 이익의 수혜자가 될 수 있는 것이다. 더 극단적으로는 범죄가 피해자, 가해자, 지역사회, 사법제도 모두를 피해자로 만들 수도 있다는 점에서 보면, 피해자-중심이라고 해서 반드시 범죄 피해자만을 위한 것은 아님을 알 수 있다. 결론적으로, 형사사법제도로의 피해자 관점의 통합이 형사사법제도에 의하여 순수하게 이타적 이유만으로 취해지지는 않는다는 것이다. 실제로 형사사법제도도 사법 정의를 위하여 피해자가 의지하는 형사사법기관으로부터 존중되고 필요한 존재로 느끼고 싶은 만큼 형사사법제도도 피해자의 협조를 필요로 한다. 그러나 재범률, 반복 피해자화, 범법자와 피해자 사이의 중재자로서 국가의 역할을 고려한다면 피해자의 요구, 필요를 범법자와 형사사법제도의 필요, 요구와 다른 것으로 재구성하는 것이 장기적으로는 피해자의 이익이 아닐 수도 있다. 그래서 이러한 피해자 관점의 통합이 누구의 이익을 위한 것인가보다는 왜 피해자, 범법자, 형사사법제도, 국가가 피해자 관점을 형사사법제도로 통합해야 하는가를 물어야 한다는 것이다.280

반대로, 피해자, 범법자, 지역사회를 형사사법제도로 통합시키지 않는 비용은 없는가? 있다면 어떠한 비용인가라는 의문이 있을 수 있다. 범법자와 국가가 지난 수 세기에 걸쳐 형사사법의 중심적 초점이었던 반면에, 피해자와 지역사회를 고려하지 않은 것으로 인한 사회에 대한 비용은 형사사법제도에 의한 피해자에 대한 2차 피해자화, 피해자와 지역사회/대중의 사법제도와의 협조에 대한 저항의 증대, 범죄에 대한 공포로부터 범죄 피해자화에 이르는 연속체의

---

279 Goodey, op cit., p. 28
280 J. A. Wemmers, Victims in the Criminal Justice System: A Study into the Treatment of Victims and its Effects in their Attitudes and Behavior, Amsterdam: Kugler Publications, 1996, p. 215

부분으로서 범죄 경험에 대하여 통제력이 없다는 지역사회와 피해자의 느낌 등에서 점점 더 분명해진다. 이는 다시 지역사회와 피해자의 형사사법으로부터의 소외와 격리, 특히 형사사법과의 비협조와 관련하여, 만약에 범법자가 검거되지 않고, 지역사회에 되돌려졌다면 사법제도와 사회에 상당한 비용을 초래하게 된다. 끝으로, 학자, 실무자, 정책 입안자 모두가 피해자 관점의 형사사법제도로의 통합에 뜻을 같이 해야 한다, 또는 피해자, 범법자, 지역사회가 통합되어야 한다고 동의하지만, 우리 모두가 통합에 관련하여 일정 수준의 합의에 도달했는지 의문을 남긴다. 지난 수 세기에 걸쳐서 피해자 관점의 형사사법제도로의 통합을 지향하는 변화와 움직임이 있었다는 점에 대해서는 동의하면서, 어떻게 그리고 얼마나 그 통합이 이루어져야 하는가는 아직도 논쟁이 끝나지 않았다는 것이다. 그러나 대체적인 공감대는 피해자 관점의 통합은 아직도 '피해자의 제한된 구성(Bounded construction of victim)'으로 보인다는 것이다.281

결론적으로, 전통적 형사사법제도에 피해자 관점을 통합시킬 필요가 확인되고, 통합을 지향하는 것이 학문적으로, 정책적으로, 그리고 실무적으로도 큰 추세가 되고 있는 데는 나름의 이유가 있다. 우선, 피해자를 지향하는, 피해자를 중심으로 하는 피해자사법(Victim justice)이 당연히 가해자사법(Criminal justice)보다 피해자와 지역사회를 통합시키는 데 훨씬 용이하고 유리할 것이 분명하다. 이론적으로도, 범죄는 하나의 사회 현상이고, 사회적 문제이지, 형사사법만의 문제일 수 없다. 그렇다면 문제의 해결도 문제의 원인을 제공하고 문제가 발생한 바로 거기서 해결되어야 한다면 지역사회, 대중사회가 배제된 해결이란 있을 수 없는 것이다.

 ## 2. 형사사법제도의 소비자로서 피해자

범죄 피해자를 공공 서비스, 용역의 소비자로 본다면 당연히 소비자 만족을 극대화해야 하는 것이 상식이고 기본 전제가 되어야 하고, 이런 관점에서라면

---

281 Goodey, op cit., pp. 29-30

사법 서비스의 소비자로서 피해자에 대한 서비스는 극대화되어야 마땅할 것이다. 그러한 관점으로의 인식의 변화는 피해자를 중심으로, 피해자를 지향하는 사법제도의 모습일 것이다. 그렇다면, 과연 자신의 범죄 피해 문제를 해결해달라고 형사사법제도를 찾은 피해자가 정부가 제공하는 다른 모든 공공 서비스의 소비자와 동일한 맥락에서 소비자로 간주될 수 있는 것인가? 물론 80년대 이후 다수의 학문적, 실무적 발전과 전개들을 보면 긍정적인 대답을 하게 된다. 이러한 관점은 먼저, 공공 기관의 서비스를 요구할 권리가 있는 평범한 시민인 범죄 피해자와 강도를 당하고 도둑을 맞고 폭행을 당한 사법 정의를 제공해야 하는 형사사법제도의 두 행위자가 있다는 점에서 긍정적인 대답이 나오게 된다.282

상대적으로 덜 이론적인 관점에서, 그리고 복지국가의 원리에 기초한 관점에서 보면, 폭력의 피해자가 직장에서의 사고의 피해자보다 더 못한 처우를 받는다는 것은 용인될 수 없으며, 피해자 권리의 개념을 바탕으로 하는 광범위한 국제적인 '친-피해자' 운동은 형사사법 절차와 과정에서 피해자에게 귀속되는 2류의 지위에 대하여 개탄해 왔고, 피해자를 제일 앞 중심에 두려고 노력해 왔다. 이런 노력은 보상받을 권리, 완전하게 참여할 권리, 자기 목소리를 낼 권리, 보살핌과 지원을 받을 권리 등 피해자의 권리를 방어할 수 있는 다양한 도구들을 통하여 이루어져 왔다.

1) 공공 서비스에 대한 법이론상의 형사사법

관습적인 법률의 관점에서는 전통적으로 형사사법 절차와 과정에 있어서 당사자로서의 피해자에 대해서 큰 관심을 보이지는 않았다. 법 이론은 사법 과정과 절차 안에서 피해자의 존재를 복수와 보복의 제도에 가까운 아직도 원시 상태의 법의 생존하는 유물쯤으로 간주하였다. 피해자가 끝이 없고 원시적인 것으로 간주되고, 그래서 사회의 죽음을 향하는 경향이 있는 복수의 개념은 피해자의 배제가 오랫동안이나 안정되어 온 사회에서의 문민화의 주요한 승리로 보이는 고정적이고 제도화된 사법의 정 반대에 놓인 것으로 인식되었다고 한다. 그

---

282 R. Zauberman, "Victims as consumers of the criminal justice system?" in Crawford and Goodey(eds.), op cit., p. 37

러나 현재 우리 사회에서는 우리의 사법 과정과 절차라는 길목, 여정에서 국가를 거치지 않고 피해자를 관찰하는 것은 불가능하다. 국가와 피해자는 말하자면 역사적이고 사회학적인 한쌍을 이루는 것이다. 19세기 후반의 사회적, 경제적 변화가 교육, 에너지, 교통 등의 서비스를 시민들에게 제공하는 것을 목표로, 보다 기술적인 성격의 공공 기관들을 발전시키자 공공 서비스는 의미가 있게 된다. 이런 변화에 내포된 것은 바로 공공 서비스는 그 목적이 개인들을 직접적이고 간접적으로 만족시키는 것이라는 개념이었다. 시민이 그러한 공공 서비스를 취득하기 위해서는 공공 기관에 접촉해야만 하고, 산업이나 기업-형태의 서비스에서는 시민들이 소비자이거나 또는 심지어 고객인 것이다.283

분명한 것은 공공 서비스의 궁극적인 정당성, 정당화는 '소비자 만족'이라는 시장 용어의 측면에서 만들어지거나, '대중에게 제공된 서비스'라는 것이다. 이와 같은 공식은 80년대부터 형사사법과 피해자 관계에서도 사용되기 시작하였다. 공공 분야에 대한 투자가 줄어드는 상황에서, 예를 들어 경찰과 같은 기관이 사건 해결률보다는 피해자-소비자 만족도를 측정함으로써 예산을 정당화하기가 더 쉬웠던 것이다. 그러나 주의할 것은 일반 소비자라면 시장에서 이동, 즉 다른 상품이나 서비스로 바꾸거나 시장을 아예 떠나는 등 이동의 자유가 가능하지만, 공공 서비스로서 사법제도는 통상적으로 이동의 자유도 선택의 자유도 없이 사법제도의 포로로 억류된다는 점이다. 더구나 아무리 민간 경비 산업과 분야가 발전되고 확대되어도, 어떤 방법으로도 이들 민간 보안 분야에서 공동체 사회 구성원들이 국가에 일반적으로 기대하는 전체 사법 서비스의 공급을 다 제공할 수도 없다.284 그렇다면 더더군다나 피해자도 국가 형사사법제도로부터 양질의 서비스를 받아야 마땅한 당당한 소비자가 되어야 한다는 것이다.

2) 국가 기업(State Business)으로서 형사사법

형사사법제도의 설치는 재정과 군의 통제와 함께 시민들과 관련하여 상당한 정도의 자율성을 가지는 중앙집중화된 정치체로서 현대 국가의 건설에 핵심적

---

283 Zauberman, op cit., p. 39
284 G. Burrows and R. Tarling, "The investigation of crime in England and Wales," British Journal of Criminology, 1987, 27(3): 229-251

인 기여를 했다. 민사사법과는 정반대로, 형사사법은 억울한 시민에게 사법 정의라는 이익을 제공하기 위해서가 아니라 공권력을 체험하기 위하여 만들어졌기에 언제나 영토에 대한 주권을 주장하기 위한 정치적 도구로 기능하였다. '친-피해자' 측면에서는 당연히 형사사법제도로부터의 피해자의 배제를 불공정한 일탈로 간주하겠지만, 반면에 역사가들은 형사사법제도 존재의 바로 전제 조건으로 여긴다. 역사적으로 말하자면, 형사 재판은 직접적인 피해자의 이름이 아니라 오히려 주권의 이름으로 행동이 취해질 때 존재하는 것이다. 바로 이 지점에서, 특정한 잘못에 대한 시정이나 보상은 이차적인 것이 되고, 초권력에 대한 공격의 처벌이 일차적 주요 관점이 되는 것이다. 이와 마찬가지로, 경찰의 역사도 경찰력은 시민들에게 서비스를 제공하는 것이 아니라 오히려 법과 질서라고 하여 공공장소에서 주권 질서가 지배할 수 있고, 그래서 현대적 용어의 견지에서 공공질서를 조성하기 위하여 창설되었음을 보여준다.285

형사사법제도와 국가의 선천적 관계, 연계는 사실 제공되는 서비스와 심지어 '소비자'나 수혜자의 본성, 특성을 규정하는 어려움의 원천이라고 할 수 있다. 범행으로 야기된 무질서를 종식시키고, 범법자가 더 이상의 손상을 가하지 못하도록 확실히 하고, 상황을 적절한 상태로 회복시키고, 피해자의 억울함을 보상, 시정하고, 그리고 더 일반적으로는 공공의 평화와 안정을 담보하는 것으로 이루어지는 확고한 서비스가 있다. 여기서 우리는 피해자가 그와 같은 광범위한 서비스의 유일한 수혜자가 아니라는 것이다.

 ## 3. 피해자의 개별화, 개인화, 차별화

1) 피해자 개별화의 근원

거의 반세기 전, Marvin Wolfgang은 "피해자 개별화(Victim individualization)"란 개념을 처음 도입하고, 법률 개혁과 형벌 정책의 틀을 마련하는 데에 대한

---

285 Zauberman, op cit., p. 41

신호로 제안하였다. 그는 피해자에게 가해진 해악과 관련한 다양한 피해자 속성과 특성이 과학적 연구에서만이 아니라 법 조항이나 범법자 재판과 양형에서도 고려되어야 한다는 것이 핵심이라고 하였다. 물론 지금도 아동, 여성, 장애인 등에 대한 범죄는 동일한 범죄라도 가중해서 처벌하는 등의 일부 법 조항이 없지는 않지만, 아직은 충분치 못하다는 것이다. 따라서 더 많은 범죄가 피해자화 과정의 특정한 속성에 기초하여 규정되고 제재되어야 한다는 것이다. 구체적으로, 피해자라는 '변수'로 고려되어야 할 것으로 나이, 성별, 그리고 기간, 손상의 심각성, 감정적 외상과 경제적 손실, 피해자-가해자 관계, 그리고 다중 피해자 가변성 등을 제시하였다.[286]

20세기 후반 개별 처우(Inidividualized treatment)라고 하는 범법자의 개별화에서 피해자의 개별화로의 이동이라는 형벌철학과 행형학적 관행의 변화가 상당한 관심을 끌게 된다. 50년대에도 범법자에 대한 교화 개선이 여전히 지배적이었다. Martinson의 "Nothing works, 즉 범죄자 처우는 극히 예외적인 것을 제외하고는 아무것도 효과적인 것이 없다"라는 극단적인 선언에서도 알 수 있듯이, 교화 개선 사상은 사양길로 접어든다. 이어지는 70년대는 David Fogel의 "We are doing justice"에서 강조된 '정의 모형(Justice Model)'이 그 대안으로 등장함과 동시에 피해 보상 위원회와 피해자 지원 프로그램의 발전은 물론이고 피해자학 국제 심포지움의 개최 등과 함께 피해자 운동과 피해자학의 출현을 목격하게 된다. 비록 이 두 가지 일련의 발전 간에는 직접적인 연계는 없을지라도, 둘의 연대기가 단순한 우연만은 아님이 분명하다. 이념적 측면에서는 지배적인 목적으로 교화 개선이 행형학 담론의 장에서 당위적 응보(Just Deserts)로 대체되었다. '당위적 응보' 모형은 범법자에게 가해지는 양형은 배타적인 것은 아니지만 원칙적으로 주로 피해자에게 가해진 해악, 손상의 정도로 측정되는 범행의 심각성, 엄중성(Seriousness)으로 결정되어야 하는 것으로 주장한다. 물론 이러한 진전이 결코 피해자 권리 운동의 요구에 대한 완전한 표현은 아닐지라도, '정의 모형'과 피해자 사이의 연계, 관계는 그럼에도 불구하고 분명하게 존재한다. 보다 실무적인 관점에서는, 피해자는 전혀 역할을 하지 못

---

286 M. E. Wolfgang, "Basic concept in victimological theory: Individualization of the victim," in H. J. Schneider(ed.), The Victim in International Perspective, Berlin: De Gruyter, 1982, pp. 47-58

하는 과정으로 간주하는 반면에 범법자의 필요를 지나치게 강조하는 형사사법 과정에 이목을 집중시키곤 하였다. 그리고 제도적인 측면에서는 범법자 처우로부터의 후퇴와 그에 투자되던 자원이 피해자라는 이름의 새로운 표적을 위한 에너지가 되었다. 오늘날의 관점에서 보면, 범법자에 대한 관심의 축소와 피해자에 대한 관심의 증대라는 두 가지 진전이 동시에 일어난 것으로 보인다. 결과적으로 그 당시에는 범법자 교화 개선이라는 범법자 개별화의 원리는 이미 폐기되었고, 반면에 피해자 개별화가 단순히 제기되고 있었다. 여기서 개별화라고 하는 것은 가해자나 피해자는 모두가 개별적인 특성을 가졌기 때문에 그들의 문제와 필요가 다르고, 따라서 가해자에게는 개별 가해자에게 맞는 맞춤 처우, 교화 개선이 필요하고, 피해자도 마찬가지로 각자의 필요에 맞는 개별화된 지원과 보호가 필요하다는 것이다. 일찍이 교정 분야에서는 이를 두고 처우의 개별화(Individualization of treatment)라고 이름하였다.287

2) 발전 배경

(1) "당위적 응보(Just Desert)" 운동

"당위적 응보" 운동은 일차적으로는 자의적이고 무원칙한 것으로 인식되었던, 개별화된 사법(Individualized justice)이 교화 개선(Rehabilitation) 모형에 대한 불만의 결과로 발전되었다는 것이다. 실제로 특별히 양형 결정을 포함하여 형사사법 의사결정자의 거의 제한받지 않는 재량을 규범의 구조화된 제도로 대체할 것을 권고한다. 양형은 범행에 비례할 것, 즉 범법자의 필요보다는 범죄에 맞추어야 한다는 것이다. 이러한 비례성의 강조는 마치 18세기 고전주의 철학을 생각나게 하지만, 지금의 이 비례성은 억제보다는 응보이다. 비례성에 기초한 양형은 양형 지침(Sentencing guideline)과 같은 것을 수단으로 점차적으로 확대되었다. 물론 비록 피해자에 대한 구체적인 언급은 없지만, 비례성은 이미 피해자와 연관되어 있다는 것이다. 비례성의 원리는 형벌이 범죄의 심각성을 반영해야 하고, 범죄의 심각성은 피해자에게 가해진 고통과 해악의 정도로 일

---

287 L. Sebba, "The individualization of the victim: From positivism to postmoderniism," Crawford and Goodey(eds.), op cit., pp. 55- 56

차적으로 반영되는 것을 의미한다는 것이다.[288]

'당위적 응보론자'들에 따르면, 범죄의 심각성은 책임성(Culpability)과 해악(Harm)의 두 가지 요소를 가진다고 한다. 범행에 있어서 해악의 요소는 불가분하게 피해자의 경험과 관련이 되는 반면에, 책임성은 금지된 행위를 가할 때 범법자에게 귀속되는 부도덕성과 의도성의 정도에 초점을 맞추는 것이라고 한다. "취약한 피해자"의 선택이나 "고의적인 잔인성"의 이용과 같은 범행의 다른 요소들은 아마도 해악은 물론이고 책임성을 가중하는 것으로 간주될 수 있다. 또한 범법자의 과거 기록도 고려될 수 있다. 그러나 중요한 것은 심각성의 요소들 모두가 실제로는 피해자와는 아무런 관련이 없는 요소들이라는 사실이다. 심각성과 관련된 해악의 요소는 과연 심각성 척도에 근거하고 그에 따라 범법자가 처벌된 해악이 실제로 당해 사건에서 특정한 피해자가 고통을 겪은 것인지, 아니면 전형적으로 평균적인 사건에서 야기되는 것인지 여부가 핵심적인 의문이라고 한다. 당연히 오로지 당해 사건의 특정 피해자에게 가해진 해악만이 참다운 의미로 개별화를 위한 기초, 근거가 될 수 있다고 한다.[289]

(2) 피해자 절차적 권리의 비판

피해자에게 권리를 제공하려는 시도는 법률 공동체에서 상당한 저항을 보이게 되는데, 이유는 형사 절차에서 피해자에게 역할을 제공하는 것은 우선 범죄를 개인이 아니라 국가에 대한 행동이라는 개념에의 도전이라는 것이다. 또 다른 저항 논리는 피해자에게 권리를 제공하면 받아들일 수 없는 압력을 법원에 가하고, 짐작하건대 법원의 객관적 접근을 피해자의 주관적 접근이 대체하는 결과를 초래하는 등 형사사법 절차와 결과에 부정적인 영향을 미칠 것이라는 우려이다. 물론, 법원의 객관적 접근이 피해자의 주관적 접근을 대체할 것이라는 우려는 실제로도 유사한 사건이 피해자가 제공하는 정보나 진술 투입

---

288 A. Ashworth, "Sentencing reform structures," Crime and Justice, 1992, 16: 55-98;
   E. Erez and L. Sebba, "From individualization of the offender to individualiza-
   tion of the victim: An assessment of Wolfgang's conceptualization of a vic-
   tim-oriented criminal justice system," E. Erez and L. Sebba(eds.), The
   Criminology of Criminal Law, 1999, London: Taylor and Francis group, pp.
   171-198
289 Erez and Sebba, op cit.

의 철저함과 면밀함이나 활용 가능성 여부, 또는 피해자의 회복 탄력성(Resilience), 강한 복수심, 또는 다른 피해자의 인성 기질이나 속성에 따라 다르게 처분될 수도 있다는 점에서 재판 결과의 차이를 초래할 수 있다.290

물론, 이러한 반대나 비판에 대해서, 형사 절차에서의 피해자의 권리와 목소리를 찬성하는 측에서는 피해자 영향 진술과 같은 피해자의 견해나 의견의 투입은 당사자 지위에 대한 피해자 소망의 인식, 인정과 피해자 존엄을 제공하는 것이라고 항변한다. 또한 판사, 배심원, 그리고 검사에게 "수사" 뒤에 사건 해결 방식에 이해관계가 있는 진정한 사람, 즉 범죄의 진정한 피해자가 있다는 것을 상기시켜 준다고도 주장한다. 이들은 피해자 해악에 관한 정보가 양형에 있어서 처벌성보다는 정확성과 비례성을 향상시킬 것이며, 피해자에게도 법정에 자기 목소리를 낼 수 있는 동등한 권리를 제공함으로써 피해자에 대한 공정성을 높일 것이라고 설명한다. 그래서 범죄가 피해자에게 어떤 부담을 어떻게 얼마나 가하였는지 알지 못하고서는 재판관이 피의자 행위의 심각성을 평가할 수 없다면서, 양형에 있어서 피해자 참여, 투입은 공정성, 정의, 그리고 형벌적 관심으로 요약할 수 있다는 것이라고 주장한다. 재판관은 피의자가 피해를 가한 사람(피해자)으로부터 듣지 않고는 피의자가 가한 위험에 대한 정확한 결정에 도달할 수 없다는 것이다.291

(3) 실정 형법상의 개별화

대부분의 개별화는 일반적으로 절차적 개혁과 양형에 초점을 맞추고 있지만, 형법 자체의 개혁도 잊지 않아야 한다는 것이다. 그러한 주로 입법적 개

---

290 A. Ashworth, "Victim impact statement and sentencing," Criminal Law Review, 1993, pp. 498-509; H. C. Rubel, "Victim participation in sentencing proceedings," Criminal Law Quarterly, 1986, 28: 226-250; D. J. Hall, "Victim voices in criminal court: The need for restraint," American Criminal Law Review, 1991, 28: 233-266; P. N. Grabosky, "Victims," in G. Zdenkowski, C. Ronalds, and M. Richardson(eds.), The Criminal Injustice System(Vol. 2), Sydney: Pluto Press, 1991, pp. 143-157

291 Hall, op cit.; L. N. Henderson, "The wrongs of victims' rights," Stanford Law Review, 1985, 37: 937-1021; D. P. Kelly, "Victims," Wayne Law Review, 1987, 34: 69-86; E. Erez, "Victim participation in sentencing: Rhetoric and reality," Journal of Criminal Justice, 1990, 18: 19-31; C. J. Sumner, "Victim participation in the criminal justice system," Australian and New Zealand Journal of Criminology, 1987, 20: 195-217

혁은 스토킹이나 배우자 강간과 같이 기존 범행의 범위와 규정을 확장하거나 새로운 범행을 창안하는 일차적 규범 개혁, 아동 학대 미신고 범행과 같이 기존에도 이미 존재하는 범행의 피해자에 대한 더 많은 보호를 추가하는 이차적 규범 개혁, 그리고 아동이나 노인 대상 폭력에 대한 형벌의 강화와 같이 더 엄중한 처벌을 부과하기 위하여 새로운 하위 범주를 신설하는 양형 조항의 수정이라는 세 가지로 분류될 수 있다고 한다. 그렇다면 위의 세 가지 실정법상의 개혁이 피해자의 개별화와는 어떻게 관련이 될까? 먼저, 그와 같은 입법적 변화는 곧 형법의 강조점이 범법자 지향으로부터 피해자 지향으로 변화함을 의미한다. 전통적으로 대부분의 범행이 범법자의 행동과 정신 상태의 측면에서 규정되어 왔으나, 반대로 새로운 범행은 이런 행동의 대상, 즉 피해자에 강조점을 두는 경향이 있기 때문이다.[292]

(4) 형사 절차와 증거상의 개별화와 사례

피해자-지향으로서의 대부분의 변화와 개혁은 절차상의 피해자 권리에 집중되어 왔다. 모든 상응한 형사 절차에서 피해자의 권리가 주어지는 것이었다. 위에서 언급된 피해자가 자신의 의견을 개진할 수 있는 권리, 자신의 목소리를 낼 수 있는 권리와 그 밖에 형사 절차에 가담, 참여할 수 있는 지위와 권리가 주요 내용이었다. 그런데 이러한 변화의 노력들이 결국은 종종 증거법의 개혁을 포함하여, 증인으로서 피해자가 겪는 고통을 완화하기 위하여 고안된 것들이라고 할 수 있다. 강간 피해자 보호법으로 피해자가 증언할 때 변호인의 대질심문을 줄이고, 영상 녹화로 대체함으로써 용의자를 직접 대면할 필요를 줄이는 등 일반적으로는 성범죄 피해자, 특별하게는 아동 피해자들에 대한 외상을 줄이기 위한 노력들이었다.[293]

(5) 양형에서의 개별화와 그 적용

양형 단계에서의 피해자의 개별화는 그 내용의 측면에서, 범죄의 결과로 피해자와 그 가족에게 가해진 고통의 정도와 특성, 피해자의 개인적 속성과 기

---

292 Erez and Sebba, op cit.
293 Ibid.

질, 범법자와 그에게 가해질 형벌과 관련한 피해자와 그 가족의 견해와 관련된 것들이다. 피해자에 대한 범죄의 영향이 객관적으로 측정되고 범법자가 예상할 수 있었다면, 이를 양형 기준에 포함시키는 것이 합당하고 정당할 것이다. 한편, 피해자 속성의 쟁점은 이와는 약간 다르지만, 여기서도 책임성 고려가 형벌 결정에서 고려되기 위해서는 사건의 이러한 특성들이 가해자에게 알려진 것이어야 한다는 것이다. 끝으로, 형의 엄중성에 관한 피해자의 견해를 말할 수 있는 기회를 제공하는 데에 대한 치유적 근거가 있지만, 피해자의 견해는 그러나 형사 재판에서 책임성의 고려로서 예측할 수 없고, 따라서 부적절할 개연성이 높을 수도 있다고 한다.[294]

3) 피해자 교화 개선 모형(Victim Rehabilitation Model)

'가해자 개별화로부터 피해자 개별화로의 이동'은 지금까지 가해자에게 적용할 수 있었던 정책들이 이제는 피해자에게 적용될 수 있음을 시사하고 있다. 가해자의 개별화는 19세기 말에 채택되고서부터 70년대까지 세력을 떨쳐왔던 교화 개선 모형의 좌우명이었다. 가해자 개별화 개념, 사상의 퇴보는 피해자 운동의 봉기와 시간적으로 우연히 일치하였다. 그러나 이념적 견지에서, 피해자 개별화의 진전, 발전은 오로지 자원의 가용성에만 달린 가해자 교화 개선의 지속과는 어떤 방식으로도 양립할 수 없다. 두 정책 모두 실증주의와 사회 방위, 그리고 사회 문제의 해결에 대한 국가 책임의 추정과 궤를 같이 한다. 실제로 피해자학에 대한 초기 비판가들은 범죄학과 피해자학에서의 방법론과 접근법의 특정 유사점을 언급하였다. 이들 비판가들은 피해자학과 범죄학에 있어서 원인론적 연구에 주로 초점을 맞추었다. 즉, 누가 왜 범행을 했고, 누가 왜 범죄 피해를 당했을까를 알고자 시작된 것이다. 이러한 유사성은 각각의 현상에 대한 사회적 반응, 즉 범죄학의 경우 범인성, 범죄성(Criminality), 피해자학에서는 피해자화(Victimization)라는 분야에서 심지어 더 강력하다. 실제로 범죄학은 누가 왜 범행하는가를 알고 싶어 했었다면, 피해자학도 초기에는 피해자를 유형화하는 것에서 시작했다는 점에서도 유사성을 엿볼 수 있다.[295]

---

294 Erez and Sebba, op cit.
295 G. J. N. Bruinsma and J. P. S. Fiselier, "The poverty of victimology," in H. J. Schneider(ed.),

여기서 개별화(Individualization)라는 용어를 사용하는 것은 피해자에 대한 정교한 범주화(Categorization)에 귀속되는 의미를 닮았다고 할 수 있다. 일부 관점에서는, 가해자의 분류(Classification)와 범주화(Categorization)는 20세기 초반에 더욱 집중, 강화되었다. '사회 방위(Social defense)' 학파에서는 교정 자원이 위험한 수형자를 표적으로 삼아야 한다고 제안하는 반면에, 대다수 법제도는 보다 장기적이고 더 엄중한 형벌이 가해지는 누범자, 상습범, 또는 성적이거나 위험한 사이코패스와 같은 새로운 가해자 범주를 만들어냈다. 그러한 분류를 넘어서, 더 극단적인 형태의 개별화도 나타나기 시작하였다.296

피해자에 대한 최근의 접근에서도 이와 유사, 평행한 것들을 다수 찾을 수 있다. 대중은 일반적으로 보호와 피해자가 됨에 따른 도움이 필요한 것으로 인식되지만, 일부 범주의 인구는 피해자화에 특히 취약하고, 그래서 특별한 보호가 필요한 것으로 간주된다. 바로 여기서 위에서 언급한 위험한 가해자에 대한 특례 규정과 닮은 점이 있다. 같은 범행이라도 피해자가 어린이나 여성이나 노인이나 장애인 등 취약자들에 대한 범행이 가중 처벌되고, 아동 학대가 의심되면 교사나 의사가 경찰 등에 신고하도록 강제하는 등의 새로운 법률들이 만들어진다.

가해자 교화 개선과 피해자 교화 개선 사이의 보다 더 구체적인 유사점은 '매 맞는 여성 증후군(Battered women syndrome)'이나 PTSD와 같은 일부 특정한 병리학적 조건으로 고통을 받고 있는 것으로 인식되는 일부 피해자의 진단에 있어서 '의료 모형(Medical model)'의 명시적 발동에서 찾을 수 있다. 마찬가지로, 대다수 피해자화(Victimization)는 비교적 짧은 기간 안에 극복, 치유, 회복되지만 일부는 장기간 지속되기도 하는데, 피해자 지원, 보호가 정해진 기간 아니면 기간을 정하지 않고 필요한 기간 내내 제공되어야 할지 의문이 제기되기도 한다. 이는 마치 범죄자에게 형이 정해진 정기형을 선고할 것인가 아니면 형기가 정해지지 않은 부정기형으로 선고할 것인가의 문제와도 같다. 이는 의료 모형의 입장에서는 유사하거나 동일한 질병이라도 환자의 건강 상태, 연령, 성

The Victim in International Perspective, Berlin: de Gruyter, 1982, pp. 87-95

296 M. Ancel, Social Defence, London: Routledge and Kegan Paul, 1965, pps. 51, 110-111

별, 환경 등에 따라 치료 기간과 방법이 다 다르기 때문에 질병에 따라 모든 환자에게 획일적인 치료 기간과 방법을 정할 수 없는 것처럼, 범죄자도 교화 개선에 필요한 방법과 기간이 다르기 때문에 그렇다는 것이다.297

4) 당위적 응보(Just Deserts)와 피해자 개별화(Victim Individualization)

피해자의 개별화라는 개념은 "단순 응보"라는 양형 모형(Sentencing model)의 발전에 핵심적인 역할을 할 수 있다. 당연히 이 모형에서는 가해자에 대한 개별화는 경시되기 마련이다. 가해자의 인성, 인격적 필요성, 정신 상태, 전과 기록, 감정 상태 등 그 어떤 속성도 양형의 순간에는 그리 중요하지 않으며, 오로지 범죄의 심각성, 엄중성만이 고려되어야 하는 것이다. 여기서 범죄의 '엄중성, 심각성(Seriousness)'은 가해자의 책임이라는 측면에서뿐만 아니라, 특정 피해자에게 가해진 해악, 손상의 정도에 의해서 규정될 수 있다는 것이다. 여기서 오히려 피해자의 속성과 특성에 더 방점이 찍힌다. 사실, 일부는 피해자에 관련되고 일부는 피해자화에 관련되는 잠재적으로 상응한 변수들에 시민들의 설문조사로 얻어진 가중치를 부여하는 형식으로 범죄의 심각성이 규정될 수 있다는 것이다. 한 가지 분명히 해야 할 것은 범죄의 심각성은 가해자의 책임보다는 피해의 심각성에 기초해야 한다는 것이다. 같은 범죄, 같은 정도의 가해자 책임이라도, 피해자에 따라 그 피해의 정도는 천차만별일 수 있기 때문에 당연히 차별화, 개별화되어야 한다. 아동, 장애인, 여성, 노인 등에 대한 범죄를 가중 처벌하는 이유가 바로 여기에 있다.298

실제로, '단순 응보'라는 이념 하의 구조화된 양형은 피해자의 개별화도 함축하고 있다. 대부분의 나라에서 피해자의 나이나 일반적인 '피해자-관련 조정'에 따라 양형의 엄중성, 형량의 다양성을 구체화하고 있다. 아동, 여성, 노인, 장애인에 대한 가중 처벌이 좋은 사례가 될 수 있을 것이다. 이는 정신적이거나 신체적인 부상과 손상을 초래하는 비정상적인 사례나 사건이 양형지침에서 벗어나게 하기 때문이다. 그런데, 양형의 다양성은 어쩌면 피해자에게 가

---

297 Sebba, op cit., p. 60
298 M. E. Wolfgang, "Basic concepts in victimology theory: Individualization of the victim," in H. J. Schneider(ed.), op cit., pp. 47-58

해진 객관적인 해악, 손상에 초점을 맞추는 '단순 응보'의 이념과는 어울리지 않는다. 더구나 특정 사건에서의 지나치거나 심각할 정도의 일탈이나 다양성은 원칙적으로 양형지침과 같은 상응한 양형 규모라고 하는 비례의 원칙, 즉 죄에 상응한 형벌에도 어긋날 수 있고, 그래서 방지하고 있다. 그런데 문제는 가해자와 관련하여 양형의 개별화를 방지하기 위하여 설계된 구조화된 양형이 피해자와 관련한 극단적 형태의 개별화도 방지한다는 것이다. 이런 쟁점을 극복하기 위하여 최근 감정적 손상과 같은 손상에 대한 피해자 특정의 계산을 고려하고, 피해자의 속성을 참고하도록 하는 법률이 제정되고 법원에서도 이를 고려하는 추세라고 한다.[299]

5) '피해자 권리' 또는 피해자 참여 모형(Victim's Rights or Participatory Model)

이처럼 '단순 응보' 모형도 피해자의 중요성을 실제로 높이지만, 피해자의 역할은 일련의 한계에 직면하게 된다. 일단 피해자 자체가 그리 중요한 것이 아니고, 다만 피해자의 손상이 범행의 심각성의 일차적 측도가 되는 양형에 있어서 새로운 한 부분으로 인식될 따름이다. 피해자화 정도에 관련된 정보는 그래서 범행의 심각성을 결정하는 데 있어서 핵심 요소이며, 피해자는 그러한 정보의 중요한 근원이 될 개연성이 높다는 것이다. 그러나 여기에도 인간으로서 피해자에 대한 이해는 없으며, 결과적으로 절차적이건 실질적이건 어떠한 권리도 이 '단순 응보' 모형 안에서의 피해자에게는 부합되지 않는다는 것이다. 그리고, 피해자화의 특성은 정교하지만 표준화도 거의 가능한 양형률표를 개발하는 목적에 부합되는 것이기 때문에, 감정적 고통에 대한 매우 개인적인 표현은 부합되지 않을 것이다. 유사한 경우로, 범행의 기술에 적합, 상응한 것 이상의 피해자의 개인적 속성은 일반적으로 '단순 응보' 모형에 적합하지 않고, 이 두 가지 요소의 부적합성은 책임의 원리를 따르는 것이기도 하다. 그리고 어떠한 피해자 속성이나 피해자화의 보다 주관적인 관점이 그럼에도 '단

---

299 E. Erez and L. Sebba, "From individualization of the offender to individualiza-tion of the victim," in W. Laufer and F. Adler(eds.), Advances in Criminological Theory, New Brunswick, NJ: Transaction, 1999, pp. 171-198

순 응보' 모형하에서 적합하다고 간주되더라도 양형률표에 따른 양형 구조에 미치는 영향은 제한적일 것이라고 한다.300

이러한 한계는 대체로 그 초점이 개인으로서 피해자에게 있고, 피해자 필요나 요구에 관한 조사의 범위가 원칙적으로 제한되지 않고, 정책과 예산에 따라서만 다양해진다고 한다. 그러나 이 모형은 다른 특성의 한계가 있다고 한다. 교화 개선 모형에서는 피해자가 앞서 가해자의 경우와 마찬가지로, 피해자에게 최선의 이익이나 이해가 무엇인지를 결정하는 관료나 전문가들이 실행, 집행하는 정책의 목적이 된다. 이는 실증주의 범죄학이 지배할 때의 개별화에 대한 함의, 함축이다. 그러나 20세기 후반 핵심 개념의 하나로서 개인의 자율성과 함께, 인권에 대한 점증하는 민감성을 목격하게 된다. 이는 실제로 교화 개선 사상의 퇴보 이유 중 하나이기도 하였다. 오늘날, 이 개인적 자율성을 함축하지 않는 개별화의 개념은 더 이상 붙잡을 수가 없다. 이는 다시 교화 개선 모형에서 가해자나 피해자가 소유했던 것보다 훨씬 더 많은 능동적인 역할을 함축하고 있다. 즉, 자율성은 참여, 자기-표현, 그리고 대변과 같은 권리를 불러온다. 이런 추세를 반영하듯, '피해자 권리 장전(Victims' Bill of Rights)'과 같은 다양한 법률이 제정되고 있다. 물론 이런 모든 법률이 다 자율권, 자치권에 관심을 갖는 것은 아니며, 피해자에 대한 서비스와 배상의 제공과 같은 피해자의 교화 개선에 더 관심을 갖는다.301

'피해자 권리'라는 표현은 모든 비재량적 서비스와 지원의 제공에 적용되는 것이며, 여기서는 피해자의 적극적, 능동적 역할을 인정, 허용하는 것에 더 관심을 가지기에 '피해자 권리' 모형보다는 오히려 '피해자 참여' 모형이라는 표현이 더 어울린다고 할 수 있다. 여기에 해당되는 권리로는 피해자에게 형사사법제도의 모든 단계에서 자신의 목소리를 낼 수 있는 권리, 보석, 기소, 유죄 협상, 유죄 확정, 양형, 가석방 등의 결정에도 적용될 수 있다. 이러한 특성의 권리 제공은 피해자를 자신의 피해자화에 관한 단순한 정보의 원천이 아니라 오히려 사법 절차와 과정에서의 능동적인 당사자로 만드는 것이다.302

---

300 Sebba, op cit., pp. 63-64
301 ibid., p. 64
302 L. A. Henderson, "The wrongs of victim rights," Stanford Law Review, 1985, 37: 937-1021; D. J. Hall, "Victims' voices in criminal court: The need for restraint,"

4. 피해자 만족도 향상이 시민의 형사사법 만족도에 미치는 영향

범죄와 같이 무언가가 잘못된 일이 일어날 때면, 사람들은 정의가 실현되기를 원한다. 당연히 사람들은 다른 사람에 의하여 초래된 부정의에 대한 일련의 서로 다른 대응, 반응을 추구할 수 있는데, 그 모든 대응, 반응은 범행으로 장애를 겪은 도덕적 균형을 회복하는 목표를 공유한다. 특히, 사람들은 법률의 위반자가 자신이 범한 잘못에 대한 고통을 겪기를 바라며, 피해자, 범법자, 그리고 지역사회라는 범죄로 인하여 영향을 받은 사람들이 그들이 치유되고 범행이 일어나기 이전으로 되돌아가기를 바란다. 이 두 가지 대응, 반응을 우리는 학문적으로 각각 응보적 사법(Retributive Justice)과 회복적 사법(Restorative Justice)이라고 이름한다. 불행하게도 그러나 응보적 사법의 대다수 피해자는 자신이 겪은 범죄 피해와 그 고통에 비해, 범법자 자신의 잘못에 대한 고통이 충분하지 않다거나, 사법 정의가 제대로 실현되지 않았다고 불만을 갖기 쉽다고 한다. 이와는 반대로 회복적 사법에서는 피해자, 가해자, 그리고 지역사회 모두가 사법 과정과 결과에 만족하는 것으로 알려지고 있어서, 피해자 만족이 이들 지역사회의 사법 만족도에도 영향을 미친다는 것이다. 시민의 사법제도에 대한 만족은 사법제도와 기관에 대한 신뢰를 증진시키고, 이는 사법제도와 그 과정과 절차에 대한 시민 참여도 높이는 부수적인 효과도 기대할 수 있게 한다.303

American criminal Law Review, 1991, 28(2): 236-266; E. Erez, "Victimi participation in sentencing: And the debate goes on," International Review of Victimology, 1994, 3(1-2): 17-32; D. P. Kelly and E. Erez, "Victim participation in the criminal justice system," in R. C. Davis, A. J. Lurigo and W. G. Skogan(eds.), Victims of Crime(2nd ed.), Thousand Oaks, CA: Sage, 1997, pp. 231-244

303 D. M. Gromet, T. G. Okimoto, M. Wenzel and J. M. Darley, "A Victim-centered approach to justice? Victim satisfaction effects on third-party punishments," Law and Human behavior, 2012, 36(5): 75-389; K. M. Carlsmith and J. M. Darley, "Psychological aspects of retributive justice," Advances in Experimental Social Psychology, 2008, 40: 193-236; D. M. Gromet and J. M. Darley, "Punishment and beyond: Achieving justice through the satisfaction of multiple goals," Law & Society Review, 2009, 43: 1-38; M. Wenzel, T. G. Okimoto, N. T. Feather and M. J. Platow, "Retributive and restorative justice, Law and Human

1) 응보적 사법과 회복적 사법

응보적 사법은 범법자의 처벌과 사회적 가치와 경계의 재확인을 다루는 학문 분야로 보통 기술되고 있다. 응보는 따라서 범법자가 자신의 잘못에 대해 고통을 받도록 만들고, 집단의 가치를 상징적으로 재강화하는 것을 목표로 한다. 잘못한 사람에게 처벌적, 형벌적 응징을 가하는 것은 집단 규범, 가치, 그리고 법률을 위반하는 위법에 대한 대응, 반응으로서 사람들이 느끼는 도덕적 분개, 분노에 의해 그 동기가 부여된다. 응보적 사법의 한 가지 특징이자 단점이라면, 사법 절차와 과정이 가해자에게로만 일방적이라는 점이다. 이와는 대조적으로, 회복적 사법은 범행으로 영향을 받은 당사자, 가해자, 피해자, 그리고 지역사회가 함께 범행으로 초래된 해악을 가장 잘 바로잡을 수 있는 방법을 결정하는 쌍방향, 쌍무적 절차와 과정을 이용한다는 것이다. 회복적 사법의 초점은 부정의로 영향을 받은 모든 행위자의 회복에 맞춰져서, 범법자, 피해자, 때로는 그 가족/친지 등 가해자/피해자의 지지자는 물론이고 독립적인 지역사회 구성원을 포함한 지역사회가 범행 이전으로 회복, 되돌아가는 것이 그 초점이다. 회복적 사법에서 중요한 것은 범법자와 나쁜 행위, 행동을 구분하는 것으로, 이를 한편에서는 '재통합적 수치심(Reintegrative shaming)'이라고도 한다. 이는 행위자 자신을 비난하지 않고 나쁜 행위를 비난하는 것을 가능하게 하는 과정으로, 그렇게 함으로써 범법자를 법을 준수하는 지역사회 구성원으로 회복시키자는 것이다. 그러나 이런 내용만 강조된다면 피해자-중심 사법이라고 할 수 없을 것이다. 피해자에 대해서는, 회복적 사법이 피해자를 범행 이전으로 회복시키는 것을 목표로, 피해자에 대한 물질적이고 심리적인 회복을 제공하는 것을 목표로 한다. 이어서 지역사회에 대해서는, 회복적 사법은 실질적이건 상징적이건 지역사회에 초래된 해악을 바로잡고, 범법자의 사회로의 재통합을 돕기 위하여 범법자와 지역사회의 관계 형성을 돕는 것을 추구한다. 따라서 이들 회복적 사법은 가해자 일방이 아닌 가해자, 피해자, 그리고 심지어 지역사회까지 관련된 모두가 참여하는 쌍방적, 또는 더 나아가 다방향적 절차와 과정으로 이루어진다는 점이 특징이자 장점인 것이다.[304]

Behavior, 2008, 32: 375-389
304 Carlsmith & Darley, op cit.; T. G. Okimoto and M. Wenzel, "Punishment as re-

그래서 잘못된 행위에 대한 응보적 대응과 회복적 대응의 기본적, 근본적 차이의 하나는 피해자 관심을 다루고자 하는 시도, 의도에 대한 분명한 초점, 강조라고 할 수 있다. 회복적 사법에서는 피해자가 자신의 관심, 우려를 표할 수 있고, 사법 절차와 결과에 직접적인 역할을 할 수 있게 하고, 이러한 직접적인 참여는 피해자로 하여금 더 높은 수준의 피해자 만족과 공정성의 느낌을 가지게 한다. 반대로 응보적 사법은 범법자에게 자신이 범한 잘못에 대하여 고통을 받도록 하는 데 초점을 맞추고, 피해자에게 초래된 해악을 다루거나 사법 과정에서 그들의 목소리를 내도록 하는 기회를 주는 것에 대한 중요성은 거의 무시되고 있다. 당연히 전통적인 응보적 사법에 대한 가장 분명하고 확실한 비판은 바로 응보적 사법이 피해자의 권리를 '도둑질'하고, 그들의 필요를 도외시한다는 것이다. 두 가지 접근의 바로 이러한 분명하고 현격한 차이를 감안한다면, 당연히 회복적 사법이 특별히 부정의에 대한 피해자-중심의 반응, 대응이라고 하는 것이 전혀 놀라운 일이 아니다.[305]

2) 피해자 만족과 형벌관

지금까지의 연구 결과는 회복적 사법이 피해자의 만족도도 높이는 것으로 알려지고 있다. 더불어, 사법에 대한 이런 피해자 만족도의 상승은 제3자 형벌에도 영향을 미치는 것으로 받아들여지고 있다고 한다. 범죄 피해자들은 자신이 직접 참여한 회복적 사법 절차와 과정에 의해 종종 만족해진다고 하는데, 이렇게 만족한 피해자들은 사법제도를 정당하다고 보는 것을 포함하여 사

---

storation of group and offender values following a transgression: Values consensus through a symbolic labeling and offender reform," European Journal of Social Psychology, 2009, 39: 346-367; C. Menkel-Meadow, "Restorative justice: What is it and does it work?" Annual Review of Law and Social Science, 2007, 3: 161-187

305 T. R. Tyler, L. W. Sherman, H. Strang, G. C. Barnes and D. Woods, "Reintegrative shaming, procedural justice, and recidivism: The engagement of offenders' psychological mechanisms in the Canberra RISE drinking and driving experiment," Law & Society Review, 2007, 41: 553-586; U. Orth, "Punishment goals of crime victims," Law and Human Behavior, 2003, 27: 173-186; R. A. Duff, "Restorative punishment and punitive restoration," in G. Johnstone(ed.), A Restorative Justice Reader: Texts, Sources, and Context, Portland, OR: Willan Publishing, 2003, pp. 382-397; J. Latimer, C. Dowden, and D. Muise, "The effectiveness of restorative justice processes: A meta-analysis," The Prison Journal, 2005, 85: 127-144

법제도에 대한 보다 호의적인 견해를 가질 개연성이 더 높다는 것이다. 그러나 범죄 피해자는 그야말로 전체 인구의 극히 일부에 지나지 않으며, 더욱이 극히 일부 피해자 중에서도 더 지극하게 일부에 지나지 않는 피해자만이 회복적 사법에 참여하는 반면에 사법제도에 대한 전반적인 정당성은 보다 광범위한 대중적 지지에 좌우된다는 점을 고려한다면, 회복적 사법으로 야기되는 피해자 만족이 사법제도에 대한 보다 광범위한 대중의 견해에도 영향을 미칠 수 있을지는 의문의 여지가 남는다는 지적도 있다. 구체적으로, 회복적 사법 과정에 대한 피해자 만족이 제3자 관찰자의 판단에도 영향을 미칠 수 있을까? 만약에 관찰자가 피해자 만족에 가치를 부여한다면, 사법 정의를 성취하기 위한 응보적 사법의 필요성을 느낄 개연성이 더 낮을 것인 반면에, 처벌의 요구는 사법제도의 부당함의 인식을 반영하는 것이고 보다 응보적인 사법에로의 회귀를 옹호하는 것이다.306

비록 피해자 만족은 전통적인 형벌적 양형 절차에서는 별로 고려되지 않을지라도, 회복적 사법에서는 피해자 만족이라는 쟁점이 특별히 중요한 요소라고 할 수 있다. 피해자는 범죄로 인하여 직접적으로 영향을 받고, 따라서 그들의 필요와 관심을 충족시키는 것은 정의 회복의 중요한 한 부분을 차지한다. 피해자가 제외된, 또는 도외시된 응보적 형벌은 형벌 그 자체에 대해서도 피해자가 만족하지 못하는 경우가 다반사인데, 이러한 피해자의 불만이 지역사회에 전파되어 지역사회의 사법제도 전반과 형벌에 대한 인식에도 부정적인 영향을 미치기 마련이다. 반대로, 피해자가 피해자 영향 진술을 통해서 자신의 피해와 고통, 그리고 범법자에 대한 요구를 스스로의 목소리로 직접 낼 수 있고, 그것이 반영되고, 그리고 회복적 사법을 통해 피해의 회복이 이루어지는 것을 목격한다면 제3자 관찰자와 지역사회의 사법제도와 형벌에 대한 인식에도 영향을 미치기 마련인 것이다.307

이처럼 피해자 만족이 제3자의 사법에 대한 인식과 만족, 그리고 형벌이나 응보에 대한 인식과 만족에 영향을 미치는 것은 대체로 이런 이유에서라고 한

---

306 Tyler et al., 2007, op cit.; D. A. Small and G. Loewenstein, "Helping a victim or helping the victim: Altruism and identifiability," Journal of Risk and Uncertainty, 2003, 26: 5-16
307 Small and Loewenstein, op cit.; Gromet et al., op cit.

다. 먼저, 피해자 만족은 피해자가 자신의 범죄 피해에 대한 마무리를 경험했으며, 범법자를 용서할 수 있고, 삶을 이어갈 수 있다고 느낀다는 것을 전파, 소통시킨다는 것이다. 그러나 피해자의 부정의 경험과 정의 회복 과정도 관련되지 않은 제3자에게도 영향을 미칠 수 있다고 한다. 사람들은 부정의의 피해자가 어떻게 다루어지는가에 관심을 가지는데, 타인의 피해자화에 대한 부정적인 감정적 반응이 공정하고, 절차적으로 정당한 처우를 피해자에게 제공하는 당국에 의해서 상쇄될 수도 있다는 것이다. 이런 가정은 곧 제3자도 피해자의 필요와 요구를 다루는 데 특별히 관심을 가진다는 의미이기도 하다. 또한, 피해자의 필요와 요구를 충족시키는 것뿐만 아니라, 범법자의 후회나 반성과 같은 정보를 통해서도 제3자의 범법자와 형벌에 대한 견해에 영향을 미친다고 한다. 범법자의 후회나 반성은 범법자의 가치관이 개혁, 개선되었다는 표시이기도 하고, 이는 그가 장래 유사한 행위를 할 개연성이 낮다고 사람들이 믿게 한다는 것이다. 그런데 이런 정보는 범법자와의 직접적인 상호작용이 없이는 쉽게 얻어질 수 없으며, 회복적 사법을 통한 피해자의 직접 참여와 만족이 정의의 재실현, 회복에 핵심인 행위자에 관한 정보의 근원, 원천으로 기능한다는 것이다.308

3) 형의 선고에 있어서 회복적 접근

21세기 사법 발전 추세의 하나를 이야기하라면 아마도 회복적 사법을 말하지 않을 수 없을 것이다. 양형 절차와 과정이 가능하다면 회복적(Restorative)이고 피해자를 포함시켜야 한다는 것이다. 이렇게 함으로써, 양형 절차와 과정이

---

308 M. E. McCullough, "Forgiveness as human strenth: Theory, measurement, and links to well-being," Journal of Social and Clinical Psychology, 2000, 19: 43-55; A. I. Reed and K. F. Aquino, "Moral identity and the expanding circle of moral regard toward out-groups," Journal of Personality and Social Psychology, 2003, 84: 1270-1286; K. A. Hegtvedt, C. Johnson, N. M. Ganem, K. W. Waldron, and L. M. Brody, "When will the unaffected seek justice for others? Perceptions of and responses to anothers' injustice," Australian Journal of Psychology, 2009, 61: 22-31; D. M. Gromet and J. M. Darley, "Restoration and retribution: How including retributive components affects the acceptability of restroative justice procedures," Social Justice Research, 2006, 19: 395-432; G. J. Gold and B. Weiner, "Remorse, confession, groups identity, and expectancies about repeating a transgression," Basic and Applied Social Psychology, 2000, 22: 291-300

오로지 범법자의 처벌, 형벌에만 초점을 맞추는 대신, 오히려 범법자의 행위로 피해자와 지역사회, 공동체 사회에 가해진 해악을 다루는 데 초점을 맞출 수 있다는 것이다. 양형의 원리와 목적으로서, 오래도록 유지되어온 범죄 행위에 대한 지역사회, 공동체 사회의 비난과 규탄, 재범 방지라는 특별 억제나 다른 사람의 범죄 동기를 억제하여 범죄를 예방하고자 하는 일반 억제, 그리고 범법자의 교화와 개선에 더하여 피해자나 지역사회에 가해진 해악에 대한 배상을 제공하고, 범법자에게 책임감과 피해자와 지역사회에 가해진 해악을 인지하도록 권장하는 두 가지 회복적 목적이 추가되고 있다.309

회복적 사법 지향의 접근 중 어쩌면 가장 오래된 것이라면 아마도 배상(Restitution)제도를 들 수 있을 것이다. 배상이란 글자 그대로 법원이 신체적 손상에서 초래되는 재정적 비용을 포함하여 손쉽게 알 수 있는 범죄로 인한 재정적 손상을 회복하기 위하여 배상을 명령하도록 하는 것이다. 원래 배상제도는 소년사법제도에서 비행소년에 대한 책임감과 전과자라는 낙인을 피하기 위한 시설 수용의 대체로서 시작되었으나 그 적용 범위가 확대되었다고 할 수 있다. 물론 아직도 적용 범위의 제한이 있긴 하지만, 배상이 실제로 명령되고 실천된다면 당연히 회복적 효과가 있다고 할 수 있을 것이다.

4) 형사사법제도에의 피해자 만족과 감정적 회복

범죄로 인하여 피해자가 겪는 고통, 특히 심리적 고통의 근원은 범죄 그 자체만이 아니라고 한다. 경찰에 범죄를 신고하는 사람 중에서 피해자화와 감정적 회복 사이의 경로도 상당히 중요한 요소라고 하는데, 이는 곧 형사사법제도가 피해자를 어떻게 대하는가에 달렸다는 것이다. 지난 60년대 이후, 범죄 피해자들에게 피해자 영향 진술과 같은 능동적인 참여와 진행 상황에 대한 정보를 제공 받는 등 소극적 참여를 높이기 위하여 다수의 절차적 권리를 피해자들에게 제공해 왔다. 그러나 이러한 시도가 결하고 있는 것은 그 모든 시도들이 모든 피해자에게 다 긍정적이지는 않다는 사실을 미처 깨닫지 못했다는 사실이다. 아동 성범죄 피해자와 같은 경우에는 그들의 사법 절차 참여가 법

---

309 Government of Canada, op cit.

정에서 자신의 가해자를 마주해야 하고 범죄를 다시 기억하게 하는 등의 이유로 매우 스트레스가 많은 것이어서 참여 자체를 꺼리고 참여가 오히려 부담이요 부정적 영향과 결과를 초래하고 그래서 참여로부터 얻을 수 있는 이익은 없다고 할 수도 있기 때문이다. 심지어 범죄, 범죄자와 다시 마주치는 것을 두려워하지 않는 피해자도 재판 중 그러한 권리들이 형사사법 관리들에 의하여 정확하게 제대로 집행될 때만 참여함으로써 이익을 얻을 수 있다는 것이다. 그렇지 않고 제대로 집행되지 않는다면, 오히려 피해자의 사법제도에 대한 만족이나 피해자의 감정적 회복에 더 부정적으로 작용할 수도 있고, 극단적으로는 사법제도와 기관에 의한 제2차 피해자화도 초래할 수 있다는 것이다.310

지금까지의 연구에서 일부는 형사사법제도 업무 성과에 대한 분배적 또는 절차적 관점(대표적으로 분배적 정의 또는 절차적 정의)에 대한 만족과 감정적 상태는 중요한 상관성이 있다는 것을 보여주지만, 전반적인 연구 결과는 대체로 일관적이지 못한 것으로 평가되고 있다. 피해자 만족과 감정적 회복의 상관성, 관계는 피해자화 직후 겪게 되는 고통의 정도, 수준에 따라 다양하기 때문에 이와 같은 일관적이지 못한 연구 결과가 나왔을 것으로 설명되곤 한다.311

---

310 I. Elliott, S. Thomas and J. Ogloff, "Procedural justice in victim-police inter-actions and victims' recovery from victimization experiences," Policing and Society, 2013, 24: 588-601; J. Parsons and T. Bergin, "The impact of criminal justice involvement on victims' mental health," Journal of Traumatic Stress, 2010, 23: 182-188; M. Kunst, L. Popelier and E. Varekamp, "Victim satisfaction with criminal justice system and emotional recovery: A systematic and critical review of the literature," Trauma, Violence, & Abuse, 2014. 10. 28 온라인 출판, pp. 1-23

311 Kunst et al., op cit.; W. G. Jennings, A. R. Grove and A. R. Piquero, "Integrating the American criminal justice and mental health service systems to focus on victimization," International Journal of Offender Therapyand Comparative Criminology, 2011, 55: 1272-1290; S. N. Verdun-Jones and K. R. Rossiter, "The psychological impact of victimization: Mental health outcomes and psycho-logical, legal, and restorative intervention," in S. G. Shoham, P. Knepper, and M. Kett(eds.), International Handbook of Victimology, Boca Raton, FL: CRC Press, 2010, pp. 611-637

피해자의 지원

'피해자'라는 범주는 '잊힌 행위자(Forgotten actor)'에서 이제는 '형사사법 정책 개혁의 심장'이 되고 있다. 범죄 피해자를 위한 도움은 주요 의제가 되고, 이를 위한 조직도 설치되고 있다. 우리 사회에서도 예외가 아니어서 검찰과 연계된 범죄 피해자 지원 센터와 주로 경찰과 연계된 활동을 벌이는 "한국피해자지원협회"가 조직되어 활발하게 활동을 벌이고 있다. 이제는 피해자가 더 이상 '잊힌 존재'가 아니라 현대사회와 형사사법에서의 피해자의 역할이 중심에 있고, 이루어지고 있는 개입은 피해자가 포함되는 포괄적인 것으로 알려지고 있다. 당연히 피해자의 권리와 요구가 그만큼 강조되고, 피해자에 대한 서비스를 위한 조직이 설치되기에 이른 것이다. 이러한 조직들은 한편으로는 국가, 특히 범죄자-중심의 형사사법제도와 기관에 대한 불만에 따른 것이고, 다른 한편으로는 그 성장은 복지국가의 변화와 궤를 같이 하는 것으로 보인다.312

피해자를 위한 도움을 조직화하는 근거는 형사사법제도가 피해자를 경시, 무시하고, 그래서 무시당하고, 배제당하고, 잊혀지는 이들 피해자를 위한 새로운 조직이 필요했다는 것이다. 사실, 범죄 피해자는 대부분 우리의 신체와 재산을 지키고 보호하라고 세금이라는 자원과 필요한 권한을 국가에 위임하였음에도 보호받지 못하고, 자신은 아무런 잘못도 없이 오로지 그 시간과 장소에 있었다는 이유 하나만으로 무고하게 범죄의 피해자가 되었지만, 국가로부터

---

312 J. Goodey, Victims and Victimology: Research, Policy, and Practice, Essex: Pearson Education Limited, 2005, p. 4; K. Svenson, "Victim support in a changing welfare state," Social Work & Society, 2007, 5(2): 123-134

필요한 또는 받아 마땅한 지원도 받지 못하는 것이 지금까지의 현실이었다. 피해자 지원의 조직화는 따라서 그러한 국가 주도의 범법자-중심의 형사사법 제도를 보완하는 것이라고 할 수 있다. 물론, 그렇다고 국가, 특히 형사사법제 도와 기관이 범죄 피해자에 대한 아무런 지원도 하지 않는 것은 아니다. 결 국, 피해자 지원은 국가와 그 국가를 보완하는 지원 조직의 상호 보완적 관계 에서 이루어지는 것이다.

40년대, 범죄학자들은 범죄에 관한 상호적 관점을 습득하기 위한 방법으로 범법자뿐 아니라 피해자에게도 초점을 맞추기 시작하였고, 이는 범죄에 대한 더 깊이 있는 이해를 도왔지만, 대신에 보수와 진보의 이념적 쟁점이 되기도 하였다. 사회적 배제에 대한 의문을 갖게 한 것이다. 과학적 피해자학은 범죄 실상에 보다 가까이 가기위한 보완적인 수단으로서 얼마나 많은 범죄가 언제, 어디서, 누구에게 어떤 범죄가 가해지는지 이해하고자 하는 피해자 조사(Victim survey)로 시작되는데, 이 조사를 통하여 범법자와 동일한 범주적 사실, 즉 소 수인종 출신으로 젊고, 미혼의 미취업 남성집단이 범법자는 물론이고 동시에 피해자도 과대하게 많은 것을 보여주었다. 초기 그러한 피해자 조사 이후, 사 회도 변하게 되어, 범인성, 범죄성(Criminality)의 개념화도 사회적 사실로 설명 되던 것에서 개별적인, 개인적인 자기-표출(Self-expression)로 설명되는 문제로 변하였다. 동시에, 피해자 관련 쟁점도 주로 하류 계층의 문제여서 사회 민주 적 문제였던 것이 피해자 조사 결과와 실제로 일치하지 않는다는 강력한 수사 를 가진 신자유주의적(Neo-liberal) 문제로 전환되었다. 범죄는 점점 더 보편화되 고, 매일의 일상적 삶의 경험으로 바뀌었고, 따라서 정의의 문제라기보다는 계 산된 위험의 문제가 되었다. 이런 여건, 상황, 환경에서, 피해자학은 학술적 학문에서 정치적 이념으로 되었고, 그 초점도 피해자 요구와 필요에서 피해자 권리로 옮겨지게 되었다. 이제는 피해자가 다소간 권능이 강화(Empowerment)되 어야 하고, 그래서 소비자-중심(Consumer-centered)의 사법제도를 요구할 수 있는 형사사법의 소비자로서 간주되고 있다.[313]

---

313 E. A. Fattah, Victims and victimology: The facts and the rhetoric," in E. A. Fattah(ed.), Toward a Critical Victimology, New York: St. Martin's Press, 1992, pp. 29-56; D. R. Cressey, "Research implications of conflict conceptions of victim- ology," in E. A. Fattah(ed.), 1992, op cit., pp. 57-73; E. A. Fattah, "The need for a critical victimology," Fattah(ed.), 1992, op cit., pp. 3-26; Svensson, 2007, op cit.

그렇게 범죄 피해자에 대한 논쟁이 사회의 집단보다는 개인의 독특한 생활에 관한 것이 되었다고 한다. 이름하여 "일상 활동(Routine activity)"이나 "생활 유형(Lifestyle)"과 같은 주장들이 피해자학의 핵심 이론으로 등장하게 된 것이 바로 그런 이유에서 일 것이다. 피해자 논쟁, 쟁점이 형사 정책의 중요한 관점으로 등장한 것이다. 80년대, 형사사법에 대한 신뢰가 더욱 약화되고, 피해자의 필요와 요구가 경찰이나 검찰이나 법원에서 충족되지 않다는 것도 분명하였다. 이는 곧 형사사법제도를 더 약하게 보이도록 만들었던 법과 정의에 대한 강력한 요구로 이어졌다. 이에 대한 국가의 대응은 책임을 포기하고, 민간 분야가 피해자 문제에 신경쓰도록 했던 것이다. 그러나 만약에 국가가 시민들에게 범죄자에 대항하여 피해자의 편에 있다는 인상을 주지 못한다면 국가는 자기 기본 임무의 하나를 실패하는 것이라고 주장한다. 당연히 기존에 범법자에 대한 국가 주도의 형사 정책에 못지않은 국가 주도의 피해자-중심(Victim-centered), 피해자-지향(Victim-oriented)의 관점에서 피해자 필요와 요구를 지원하는 것이 요구된다는 것이다.

그런데 모든 피해자가 국가나 민간 분야로부터 필요한 도움과 지원을 다 받을 수 있고, 또 받게 되었는가는 또 다른 문제라고 한다. 그렇다면, 누가 어떤 도움과 지원을 필요로 하는가? 소위 '정신 외상학(Psychotraumatology)' 분야의 연구자들은 정상적인 인간 경험을 훨씬 뛰어넘는 범죄와 같은 매우 심각한 참사나 재앙에 노출된 피해자들의 잠재력에 대해서 놀라움을 표하곤 한다. 독일의 영국 침공 시 영국 시민들과 중동 전에서 이스라엘 시민들이 보여준 신속한 적응(Adaptation)에서 그러한 잠재력을 볼 수 있었다고들 한다. 만약 "적응"이 그와 같은 극단적인 사건에 대한 보편적, 정상적 대응이라면, 범죄 피해자학에서도 유사한 그림이 나타날 것으로 기대할 것이다. 실제 연구로도 평균적인 피해자들의 극복 능력에 대한 긍정적인 그림을 볼 수 있었다고 한다. 대부분 피해자는 심각한 외상으로 고통받지 않고도 위기를 극복할 수 있는 것으로 보였다는 것이다. 이를 두고 최근에는 일종의 '회복 탄력성(Resilience)이라는 이름으로 연구자들의 관심을 끌기도 한다. 대부분의 피해자는 이 '회복 탄력성'을 보이기도 한다는 것이다. 그래서 대다수 피해자는 자신의 well-being이 극적으로 저하되는 것을 경험하지도 않았고, 즉각적이거나 단기적이거나 장기적이거나 두려움의 극단적 증대를 경험하지도 않았다는 것이다.314

그런데, 사실은 거의 모든 국가에서 범죄 피해를 당한 피해자 수와 국가나 민간으로부터 도움과 지원을 받은 피해자 수는 상당한 차이가 있다고 한다. 이유는 절대다수의 범죄가 발각되지도 않고, 또 일부는 자신의 피해조차도 알지 못하여 실제 피해자 관련 기관이나 조직과의 어떠한 접촉으로도 이어지지 않기 때문이라는 것이다. 그렇다면 어떤 피해자가 도움과 지원을 받아야 하는가. 일반적으로 자신의 생활, 삶을 제대로 잘 사는 피해자라면 피해자화도 마찬가지로 잘 다스리고 극복하는 반면에, 생활과 삶에 일반적인 문제를 겪는 피해자는 보다 집중적이고 적극적이고 적절한 도움을 필요로 하고, 이 둘의 중간에 위치한 피해자는 도움을 받을 수 있고 받는 것이 더 좋다는 정도로 알려지고 있다. 그러나 현실적으로는 피해자의 사회적, 경제적 자원에 따라 피해자가 필요로 하는 요구는 분명한 차이가 있다고 한다. 사회에서 제대로 자리가 잡힌 사람이라면 당연히 범죄 피해로부터 회복하는 데 필요한 자원을 가지고 있을 개연성이 가장 높을 것이기에, 자신의 손실을 보상하고, 필요로 하는 정보도 찾을 수 있을 것이다. 이들은 자신뿐 아니라 인간적이고 감정적인 네트워크도 좋기 때문이다.315

그렇다면, 외부 지원을 필요로 하는 피해자를 어떻게 선별할 것인가가 핵심적인 쟁점이 될 수 있을 것이다. 비-피해자와 비교하여, 지원과 도움이 필요한 피해자는 상대적으로 높은 수준의 범죄에 대한 피해자화 이후 범죄 두려움, 상대적으로 낮은 심리적 Well-being, 그리고 상대적으로 높은 수준의 피해자화 이후 고통을 겪는 피해자라고 한다. 희귀하고 제한된 피해자-지향 서비스 등 경제적 고려로 인하여 그러한 피해자를 정확하게 선정하는 것이 매우 중요해진다. 특히, 자원의 한계로 인한 효율성이 강조되는 오늘날에는 더욱 강조되어야 할 과제이기도 하다.

---

314 F. W. Winkel, "Preventing (Re)victimization through communication programs: An overview of some recent experiments by the Dutch Police organization and their implications for victim assistance," in E. C. Viano(ed.), Victims' Rights and Legal Reforms: International perspectives, Onati: Onati Proceedings Series, 1991, pp. 340-347; F. W. Winkel and A. Vrij, 1998, op cit.

315 F. W. Winkel and A. Vrij, "Who is in need of victim support? The issue of accountable, empirically validated selection and victim referral," Expert Evidence, 1998, 6: 23-41; R. C. Davis, A. J. Lurigo and W. G. Skogan, "Service for victims: A market research study," International Review of Victimology, 1999, 6: 101-111; Svensson, 2007, op cit.

그림 7-1 **지원이 필요한 피해자 설명을 위한 기본적 이론 구조**[316]

		회복 탄력성	
	재산-지향적	(내한성)	(지지적 사회관계)
낮음		+	+
필요성	피해자화 유형 +	개인적 자원 +	사회적 자원
		결함(-)	결함(-)
높음	사람-지향적	(외적 통제성)	(파트너 없음 친구 없음)
		취약성	

위의 그림에 의하면, 지원이 필요한 피해자는 개인적 자원의 결함, 사회적 자원의 결함을 보여주는 하위-집단으로 구성된다는 것을 알 수 있다. 그러나 여기서는 사회적 자원보다는 피해자화 사건의 침해적인 영향에 대한 높아진 민감성을 대변하는 개인적 자원의 결함, 또는 소위 말하는 위험 요소에 초점을 맞춘다. 대표적으로 외적 통제성(External locus of control), 강인성의 결여, 피해자화 이전의 생활 스트레스, 이전의 피해자화, 기질적 비관주의, 높은 기질적 불안 등이 여기에 해당되는 위험 요소라고 할 수 있다.[317] 최근에는 여기서 더 나아가 요인 분석적 접근을 통하여 다양한 위험 요소들의 저변에 깔린 공통적 차원을 들여다 보기도 하는데, 위험성 요소들의 저변에 있는 공통적 요소로서 '기질적 비관주의(Dispositional pessimism)',[318] '낮은 수준의 자기-효율성(Low self-efficiency)',[319] '높은 수준의 의존성(High dependency)'[320] 등이 대표적

---

316 Winkel and Vrij, 1998, op cit., p. 25, Figure 1: Basic theoretical structure to explain which victims are in need of 'victim support'.

317 Winkel and Vrij, 2007, op cit.

318 F. W. Winkel, A. J. M. Denkers and A. Vrij, "The effects of attributions on crime victims' psychological re-adjustment," genetic, Social, and General Psychology Monograph, 1994, 120(2): 145-169

319 F. W. Winkel, Politie en Voorkomong Misdrijven: Effecten en Neveneffecten van Voorlichting, 1987, Amsterdam: Stichting Mens en Recht-pers, Winkel and Vrij,

이라고 한다. 그런데 이러한 공통분모들을 파악하여 활용하는 것은 간단한 선정, 선별 도구를 설계하는 데도 분명히 매력적이라고 할 수 있는데, 그것은 에너지와 시간을 그만큼 절약할 수 있기 때문이라고 한다.[321]

2007, op cit., p. 26에서 재인용

320 A. J. M. Denkers and F. W. Winkel, "De Invloed van Persoonseigenschapen op de Verwrking van Slachtofferschap van Criminaliteit: Een Prospectief Onderzoek," in P. A. M. Vab Lange, F. W. Siero, B. Verplanken and E. C. M. Van Schie(eds.), Sociale Psychologie en Haar Toepassingen, Delft: Eburon, 1994, pp. 117-130, Winkel and Vrij, 2007, op cit., p. 26에서 재인용

321 A. Lurigo and P. resick, "Healing the psychological wouns of criminal victimization: Predicting postcrime distress and recovery," in A. Lurigo, W. Skogan, and R. Davis(eds.), Victims of Crime: Problems, Policies, and Programs, Newburry Park: Sage, 1990, pp. 50-68; F. H. Norris and K. kaniasty, "Psychological distress following criminal victimization in the general population: Cross-sectional, Longitudinal, and prospective analysis," Journal of Consulting and Clinical psychology, 1994, 62: 111-123; H. S. Resnick, D. G. Kilpatrick, C. L. best, T. L. Kramer, "Vulnerability stress factors in the development of post-traumatic stress disorder," Journal of Nervous and Mental Disease, 1992, 180: 424-430

피해자사법의 개념

CHAPTER

08

사람들은 대체로 형사사법제도에 대한 신뢰를 잃었다고 한다. 피해자는 무시당하고 있다고 느끼고, 정의와 관심을 부르짖고 있다. 공통의 목표를 이루기 위하여 모든 당사자가 협동하여 작동시키는 화합적, 응집적 제도를 발전시킬 필요가 있다는 것이다. 이러한 내용의 기술이나 생각이 바로 피해자사법의 현주소, 현재 상태라는 것이다. 그러나 분명한 것은 피해자는 세계 어디서나 형사사법제도에 있어서 중요한 당사자이다. 더구나 이러한 현실에 대한 고민으로서 피해자가 마땅히 누려야 하는 정의를 담보하기 위한 개혁이 일어나고는 있지만, 아직도 형사사법제도의 주요 초점은 피해자가 아니라 피의자에게 맞추어져 있음은 부인할 수 없을 것이다.

피해자사법의 개념과 발전 배경

1. 개념

UN 총회가 채택했던 "권력 남용과 범죄 피해자를 위한 정의의 기본원칙 선언"에서 피해자는 범죄와 권력 남용으로 신체적이거나 정신적 손상, 감정적 고통, 경제적 손실이나 기본적 권리의 상당한 방해를 포함하는 해악이라는 고통을 받은 사람으로 규정하고 있다. 이 규정에 의하면, 누구나 자신의 가해자가 확정되고, 검거되어, 기소되거나 유죄가 확정되고 안 되고에 상관없이, 그리고 가해자와 피해자의 가족 관계와도 상관없이 피해자로 간주될 수 있다. 피해자라는 용어에는 적절한 경우 직접 피해자의 직계가족이나 피부양자, 그리고 피해자화를 방지하거나 고통 속의 피해자를 돕기 위하여 개입하다 해악의 고통을 당하는 사람까지도 포함되고 있다. 여기에는 인종, 성별, 연령, 종교, 문화, 국적, 언어, 정치적 이념, 장애 등 그 어떤 종류의 차별이나 구별도 없이 모두에게 적용되는 것이다.[322]

피해자사법은 피해자가 법정에서 정의를 추구할 수 있고, 사법[323] 절차가 진행될 때 그들도 그 절차의 한 당사자로서 포함되는 권리의 보호를 담보할

---

322 UN, Declaration of Basic Principles of Justice for Victims of Crime and Abuse of Power, 1985, http://www.un.org/documents/ga/res/40/a40r034.htm, 2023. 9. 3 조회

323 R. Garg, "Concept of victim justice: Is it an aspiration for progressing society," https://blog.ipleaders.im/concept-vicyim-justice-aspiration-progressing-society. 2021. 2. 8, 2023. 9. 3 검색

수 있는 방식이다. 이러한 방식은 너무나도 필요한데, 그것은 자신에게 일어난 잔혹 행위와 그것이 자신에게 어떻게 영향을 미쳤는지에 대해서 자신의 목소리를 낼 수 있는 플랫폼을 갖게 되고, 그렇게 함으로써 가해자도 자신의 범행에 대한 책임감을 가지게 하기 때문이다.

 ## 2. 발전 배경

1) 피해자 필요와 선호에 대한 더 완전한 그림

(1) 피해자와 가해자 지위의 전도와 종결(Closure)

일부에서는 특히 가정폭력의 경우처럼, 피해자가 자신을 학대하는 배우자나 동거인의 기소에 협조하기를 거부하고, 기소 결정에 대한 피해자통제에 찬성하거나 반대하는 절대적인 규율도 거부하는 현상을 관찰할 수 있다고 주장한다. 여성이 범한 다수 범죄가 가족 구성원이나 배우자, 동거인이 가한 고통을 받은 학대와 연계된다고 한다. 그러한 경우가 여성이 자신의 학대자를 살해하는 현상은 물론이고, 학대자가 피해자로 하여금 다른 범죄 활동에 참여하도록 강요하는 상황도 포함하고 있다. 이런 종류의 사례는 좋은 피해자/나쁜 범법자라는 전형을 극단적으로 약화시키며, 피해자 권리 운동으로 하여금 보다 민감한 양형제도를 자극하게 한다는 것이다. 여성은 판사가 형량을 결정할 때, 단순히 학대하는 남편을 살해한 혐의로 범법자라는 또 다른 지위를 갖게 되었다고 해서 가정폭력의 피해자라는 지위를 잃어서는 안 된다는 것이다.324

한편, 살인에 있어서 피해자 가족들에게는 과연 치유 요구와 필요가 피해자를 위한 최선인가 의문이 제기되기도 한다. 물론 피해의 회복과 피해자의 치유를 강조하는 것은 직관적으로 매우 설득력이 있지만, 동시에 기존 형사사법

---

324 M. S. Raeder, "Domestic violence in Federal Court: Abused women as victims, survivors, and offenders," Federal Sentencing Reporter, 2006, 19(2): 91; M. M. O'Hear, "Victims and criminal justice: What's next?" Federal Sentencing Reporter, 2006, 19(2): 84

의 상황, 여건, 환경에서는 이상하게도 일치하지 않는다고 한다. 피해자의 정서적 요구, 필요는 종종 "마무리, 종결(Closure)"에 대한 가족의 요구를 기초로 정당화되곤 하는, 사형을 둘러싼 정치적 수사에 현저한 역할을 하였다고 한다. 그러나 가능한 것이 어떤 것이라도 있다면, 피해자가 실제로 바라는 종류의 마무리, 종결은 무엇이며, 어떻게 형사사법제도가 그 종결, 마무리를 전달할 수 있으며, 어떻게 종결, 마무리가 치유에 관련될 수 있는지 결정할 수 있도록 더 많은 연구가 필요하다고 한다. 당연히 여기서 모든 살인 피해자의 가족이 바라는 바 또는 이익이 궁극적 형사제재인 사형을 부과함으로써 가장 잘 이루어진다는 가정에는 많은 의문이 제기되고 있다.[325]

(2) 형사사법제도에서의 피해자 필요와 요구의 충족

아마도 피해자 참여와 지위와 역할과 권리의 가장 근본적인 문제는 법정에서 피해자를 누가 어떻게 얼마나 잘 대변하는가일 것이다. 과연 검찰이 피해자의 이익을 적절하게 대변하는가, 한다면 어느 정도까지, 그리고 얼마나 잘 하고 있는가 묻는 것이다. 실제로 독일에서는 여러 상황에서 국가의 비용으로 독립적인 법률 대리인을 제공하고 있다고 하며, 약 20%의 중요 사건에서 "부대 검찰, 부수 검찰(Collateral prosecutor)"로 활동할 기회가 주어진다고 한다. 이렇게 독일에서 피해자를 잠재적으로 검찰과는 다른 관심을 가진 독립된 당사자로 인정하는 것은 기존의 범법자, 피의자 중심의 적대적, 변론적 형사사법제도와는 다르다는 사실을 보여주고 있다. 그럼에도, 심지어 독일에서의 그와 같은 변화마저도 형사사법제도가 현실과 동떨어질 수만은 없으며, 그래서 피해자 이익, 이해, 관심이 응보, 예방, 억제와 같은 형벌의 전통적인 이론적 기초로 통합되어야 한다는 것이다.[326]

피해자 지위, 참여와 권리에 더하여, 일부에서는 세간의 이목을 끄는 범법자라도 자신의 범행으로 어떠한 이익도 챙길 수 없게 하자는 제안도 만만치않다. 물론 이런 제안은 현재의 범죄 수익금 환수와도 유사하지만, 이 제안은

---

325 M. P. Armour and M. S. Umbreit, "Exploring 'closure' and the ultimate penal sanction for survivors of homicide victims," Federal Sentencing Reporter, 2006, 19(2): 105

326 S. Walther, "Victims' rights in the German court system," Federal Sentencing Reporter, 2006, 19(2): 113

그보다 더 나아가서 책을 쓰거나 영화를 만들거나 자신의 범죄와 관련하여 어떠한 이익도 허용되지 않게 하는 것이며, 이런 제안이 피해자와 관련이 있는 것은 그렇게 환수된 이익을 피해자에 대한 배상을 충족시키는 데 적용되도록 하자는 것이다. 결국, 범죄는 범법자에 대한 처벌과 피해자에 대한 배상으로 결론나야 한다는 것이다. 그러나 아직도 피해자들은 종종 긴급한 재정적 필요와 요구를 가지지만, 피해자의 범법자에 대한 실형 선고 바람에 빛을 잃게 하거나, 단호하게 일치하지 않을 수 있다는 경고도 한다. 재정적 욕구만이 아니라, 피해자는 진실한 사죄라는 보다 무형적인 이익도 중요하다고 한다. 범법자의 사죄와 자신이 야기한 해악을 개선하려는 자발적인 노력이 형의 경감을 가져다줄 수 있다고 한다. 이런 면에서, 피해자-가해자 화해(Victim-offender reconciliation)가 피해자와 가해자 모두에게 치유와 관련된 이익을 가져다주기 때문에 바람직한 것으로 권장되기도 한다. 결국, 형사사법제도가 단순히 양형에서 피해자가 자신의 목소리를 내고 의견을 개진할 수 있는 권리를 수여하는 것을 넘어, 재정적, 심리적, 기타 다양한 방식으로 피해의 회복에 기여할 수 있으며, 바로 그러한 부분이 피해자가 진정으로 필요로 하고 요구하는 것이라고 한다.327

(3) 형사 절차 규칙과 지침의 개혁

피해자들이 의미 있는 시간에, 의미 있는 방식으로 자신의 목소리를 낼 수 있어야 한다는 데는 아무런 이의가 없을 것이다. 무수하게 많은 자세한 규칙이나 지침을 중심으로 하는 양형제도에서는, 법정에서의 공식적인 양형 청문은 보호관찰관과 피의자 사이의 막후 상호작용보다 훨씬 덜 중요하다는 것이 일반적인 생각이다. 당연히 양형 청문에서 피해자 진술 권리는 궁극적으로 피해자가 유죄 협상이나 보호관찰관과 소송 당사자 간의 막후 상호작용과 같은 청문 전 대화에 참여할 수 있는지의 여부보다 훨씬 덜 중요하게 된다. 따라서 피해자 중심, 피해자 지향의 사법이라면 이처럼 청문 전 참여가 가능하도록

---

327 P. G. Cassell, "Crime shouldn't pay: A proposal to create an effective and constitutional federal Anti-profiting Statue," Federal Sentencing Reporter, 2006, 19(2): 119; B. McMurray, "The mitigating power of a victim focus at sentencing," Federal Sentencing Reporter, 2006, 19(2): 125; E. A. O'Hara, "Victims and prison release: A model proposal," Federal Sentencing Reporter, 2006, 19(2): 130

할 필요가 있다는 것이다. 예를 들어, 재판 전 보고서(Pre-sentencing report)를 피해자에게 제공하고, 그들의 의견을 간청하도록 요구하는 것이다.[328]

만약에 형의 선고가 어떤 중요한 방식으로라도 피해자 회복을 진전시키기 위한 것이라면, 이처럼 피해자에게 재판 전 보고서를 볼 수 있게 하고, 의견을 청취하는 등의 양형 지침이나 규칙의 개선은 형을 선고하는 판사가 시의적절한 형태로 개별 피해자의 요구, 필요와 상황을 알 수 있도록 담보해주는 분별 있고 실용적인 방법이라고 할 수 있을 것이다. 마찬가지로, 양형 절차와 과정이 피해자가 자신의 견해가 실제로 중요하고 의미가 있다고 느끼게 하는 권능의 재강화(Re-empowerment) 느낌을 피해자에게 줌으로써 피해자 치유를 지원하려는 의도에도 어울리는 개선이라고 할 수 있다. 반대로, 만약 피해자가 양형에 진술을 개진하기 위하여 참석하였는데, 모든 중요한 쟁점이 이미 결정되었음을 알게 된다면 그처럼 피해자 권능을 약화시키고, 힘을 빠지게 하는 일은 없을 것이다. 물론 여기에 대해서도 일부 비판하는 사람들은 피해자가 초래하는 엄청난 감정적 반응은 기존 양형제도의 중심이라고 할 수 있는 합리성과 균일성, 객관성과 비례성의 목표를 약화시킨다고 우려한다.[329]

그럼에도 최근의 피해자 운동이나 그 결과로서의 특별법, 예를 들어 미국의 "범죄 피해자 권리 법"은 피의자의 석방, 유죄 협상 또는 양형과 관련하여 재판정에서 피해자가 합리적으로 자신의 의견을 개진할 수 있어야 한다고 규정하고 있다고 한다. 이를 위하여 일부에서는 지침이나 규칙이 재판 전 보고서에 피해자 영향 정보를 포함시키는 데에 대한 일부 제약의 폐지와 배상과 관련한 정보를 보호관찰관이 수집하도록 하는 확대된 사명을 포함시키고 있다는 것이다. 그렇게 함으로써 양형이 피해자의 개별적, 개인적 요구와 필요, 그리고 상황을 고려할 수 있게 된다는 것이다. 이와 함께, 피해자-증인의 주소와 전화번호의 공시를 찬성하는 추정을 뒤집음으로써 그리고 제3자로부터 개인적 또는 은밀한 정보를 구하는 소환장의 송달 전에 법원의 명령을 요구함으로써 피해자의 사생활이 보호되어야 한다고도 강조한다.[330]

---

328 R. A. Bierschbach, "Allocution and the purpose of victim participation under the CVRA," Federal Sentencing Reporter, 2006, 19(2): 44; O'Hear, 2006, op cit.
329 M. M. P'Hara, "The original intent of uniformity in federal sentencing," University of Cincinnati Law Review, 2006, 74: 749, 751

좀 더 구체적으로, 피해자 이익이 더 잘 보호될 수 있도록 양형 규칙이나 지침이 수정되어야 한다는 것인데, 형사 절차에서의 시의적절한 참여를 강조하고, 유죄 협상이 사건의 종국적인 처분에 있어서 하나의 한도를 정하는 데 중요한 역할을 한다는 것을 인식하여, 검찰이 유죄 협상 동안 피해자 견해를 구하고, 법원에 피해자의 목적을 긍정적으로 자문하도록 규칙과 지침이 개선되어야 한다는 것이다.331

2) 피해자 권리의 재인식

(1) 평등권 패러다임(Equal Rights Paradigm)

피해자 옹호가나 피해자 운동가들은 종종 피해자 권리 운동을 새로운 민권 운동으로 보아, 자신들의 개혁 의제를 피해자 권리와 피의자 권리를 균등하게 하는 문제로 제시한다. 동등한 권리라던가, 법 앞의 평등이라는 외침이 가장 중요시되고 있는 민주사회에서, 법에 의한 동등한 처우는 우리 사회에서 매우 주목할 만한 가치가 아닐 수 없다. 그래서 '선한' 피해자를 희생으로 '나쁜' 피의자에게 유리한 것으로 불평등, 불균등하게 보여진다면, 법률적, 제도적 개선과 개혁을 요구하는 목소리는 더 강해지기 마련일 것이다. 형사소송에 있어서 피해자와 피의자의 이익과 상황은 서로가 극적으로 나뉘기 때문에 '동등한 권리'라는 개념은 빠르게 그 의미를 잃게 된다. 피의자 관심과 피해자의 관심은 극단적으로 다르거나 심지어 전혀 반대일 수 있어서, 동등한 권리라는 이상은 '유사한 상황에 처한' 사람에 대한 동등한 처우에 관한 것이라고 할 수 있으나, 피해자와 피의자는 유사한 상황이라기보다는 오히려 정반대의 상황에 놓였다고 할 수 있다.332

실제로 이와 같은 이유로, 동등한 권리라는 개념 위에 마련된 개혁 의제는 궁극적으로 피해자에게 지나치게 많거나 지나치게 적게 기여할 수밖에 없을 것이라고 우려한다. 한편으로는 대부분의 피해자에게 별로 이익이 되지 않는

330 O'Hear, 2006, op cit.
331 P. G. Cassell, "Recognizing victims in the federal rules of criminal procedure: Proposed amendments in light of the Crime Victims' Right Act," Brigham Young University Law Review, 2005, pps. 835, 868, 869
332 O'Hear, 2006, op cit.

권리, 예를 들어서 궁핍한 피해자에게 형사소송 절차 전반에 걸쳐 몇 가지 서로 다른 중요한 시점에 법원이 지명한 변호인을 가질 수 있는 권리, 증거에 대한 대배심의 검증을 주장하는 권리, 배심원에 대한 질의와 교체에 대한 권리와 같이 사회적 비용이 피해자 이익을 훨씬 초과하게 된다. 다른 한편으로는, 재정적 배상, 사죄, 중재된 피해자-가해자 대화, 개인적 사생활과 신분의 보호, 심리상담, 그리고 재피해자화를 방지할 보호적이고 교화 개선적인 대책과 같은 피의자 권리의 세계에서 서로 병행하지 않고 피해자의 삶을 향상하는 중요한 기회를 놓치게 될 수도 있다는 것이다.[333]

(2) 법률주의(Legalism) 대 해악-환원주의(Harm-reductionism)

평등한 권리와 균형 맞추기라는 측면에서보다 피해자-중심의 개혁에 관한 더 나은 사고방식이 있다고 한다. 이 대안은 기존의 절차적 틀에 피해자라는 새로운 당사자를 단순하게 추가로 밀어 넣는 것보다 형사사법제도에 대한 더 광범위한 함의를 가진다는 것이다. 약물 정책을 예로 들자면, '법률주의자'와 '해악-환원주의자'라는 기본적으로 구별되는 사고의 관점이 있다고 한다. 법률주의자는 합법과 불법의 엄격한 구별을 강조하고, 불법 약물 사용자에게는 도덕적 비난을 쏟아내고, 불법 약물 사용을 억제하기 위하여 강력하고 일관된 법 집행을 강조하고, 도덕 규범에 기초한 법률을 집행하라는 것이다. 이에 따르면, 법률제도의 직무는 분명하고 예측 가능한 방식으로 제재를 가하고, 이 직무가 이루어지면 법률제도의 운영은 실질적으로 전혀 문제가 없는 것으로 가정하는 것이다. 반면에, 해악-환원주의자는 도덕적 비난과 엄격한 합법/불법 양분을 피하고, 상이한 형태의 약물 사용의 다양한 건강상 영향에 기초한 일련의 보다 복잡한 구분을 선호하고, 차단, 교육, 그리고 처우를 통하여 전반적으로 건강에 미치는 영향의 최소화를 강조하며, 법 집행과 법 절차 자체가 역시 최소화되어야 한다는 것이다. 따라서, 이 관점에 의하면, 예측 가능한 제재가 제재의 엄중성과 전체적인 해악 최소화에 대한 기여에 따라서는 제대로 잘 기능하는 법률제도의 신호일 수도 아닐 수도 있다는 것이다. 지금까지는 그러

---

333 Bierschbach, op cit.; E. A. O'Hear, "Victims and prison release: A modest proposal," Federal Sentencing Reporter, 2006, 19(2): 130; O'Hara, 2016, op cit., p. 86

나 법률주의자 측면이 더 강조되고 있다고 한다.334

(3) 해악-환원, 축소로서의 피해자에 기초한 개혁

피해자에 대한 복지라는 의제는 그 자체가 근본적으로 법률주의자 입장과는 일치하지 않는다. 확실히 피해자는 오로지 처벌의 증대에만 관심이 있으며, 피해자 참여는 아마도 예외적으로 처벌을 높이는 것을 제외하고는 결과에 실질적으로 영향을 미치지 않으며, 피해자가 선호하는 것은 검찰의 선호와 거의 다르지 않으며, 피해자 욕구와 필요와 바람은 통일적이고 예측 가능하며, 그리고 피해자 행동은 거의 언제나 범법자 행동에 비해 월등하게 비난을 덜 받는다는 몇 가지 가정이 만들어지면 어려움은 사라진다고 한다. 그러나 사실은 이와 같은 표준 피해자 전형에 의문을 제기하는 경우가 많다. 실제로 일단 우리가 이런 전형을 없애면, 범죄에 대한 법률주의 대응은 피해자 이익에 봉사하는 일을 잘하지 못한다는 것을 인정해야만 한다. 극단적이지만 예를 들어, 가해자가 가족이라면 피해자는 응보보다는 교화 개선적 대응을 선호하고, 재정적 손해를 보고 가해자가 직업을 가지고 있다면, 범법자가 직업을 계속 수행하고 그래서 재정적 배상을 할 수 있도록 허용하는 지역사회에 기초한 제재를 선호할 수도 있다는 것이다. 다수 피해자가 대화, 설명, 그리고 사죄로 상당한 심리적 이익을 보았다고 보고되지만, 경감된 형벌의 관점이 없이는 중재에 참여하기를 꺼려할 수 있다고 한다. 다른 피해자들은 그냥 혼자 남겨지기를 원하지만, 시간을 소모하고, 스트레스를 받고, 잠재적으로 당혹스러운 법절차에 걸려, 말려들게 된다. 이런 경우, 피해자 욕구와 필요나 선호의 충족은 처벌의 예측 가능성, 확실성, 그리고 엄중성을 약화시킨다는 것이다.335

이와는 대조적으로, 피해자 의제는 해악-환원, 해악-감축 형태의 사고와 매우 일치한다는 것이다. 법 집행과 형벌이 범죄에 대한 유일한 정당한, 합법적인 대응으로 인식되지 않고, 상담, 배상, 중재 등의 여러 갈래로 나뉜 일련의

---

334 M. M. O'Hear, "Federalism and drug control," Vanderbilt law Review, 2004, pps. 783, 789-791, 804-805

335 M. M. O'Hear, "Is restorative justice compatible with sentencing uniformity?" Marquette Law Review, 2005, 89 : 305; O'Hear, 2006, op cit., p. 87

사회적 대응에 있어서 적절한 위치를 차지하고 있다는 것이다. 더구나 사법제도의 운용 그 자체가 피해자가 자신의 프라이버시를 상실하거나, 출석하고 싶어 하지만 재판에서 배제됨으로써 해악의 또 다른 하나의 잠재적 원천이 될 수도 있다는 것인데, 조금 더 나아가면 바로 사법기관과 제도에 의한 2차 피해자화가 되는 것이다. 이런 측면에서, 피해자 운동은 법이란 사적 범죄 행동뿐만 아니라 범죄자를 처벌하고자 하는 국가 행위자의 행동으로부터 야기되는 해악의 최소화도 추구해야 한다는 것이다.[336]

---

336 O'Hear, 2006, op cit., p.87.

SECTION 2

피해자 중심, 피해자 지향 사법의 발전

 1. 피해자사법의 발전 배경

지금까지 살펴본 바와 같이, 피해자는 종종 잊혀지고 푸대접을 받아왔다. 2차 세계대전 후 20세기 전반기, 피해자는 정책 입안자, 형사사법기관, 실무자, 언론과 대중들에게는 보이지 않았다. 20세기 후반, 피해자 운동으로 불리는 무언가를 통하여 피해자의 재발견이 나타났다. 이러한 피해자 운동의 기초가 되었던 몇 가지 요소가 있다. 먼저, 가정폭력 피해 여성들을 위한 피난처나 쉼터를 시작으로 한 피해자 지원 계획과 운동들이 일련의 네트워크를 이루면서 1970년대 서구사회를 중심으로 크게 확대되었던 것이다. 물론 이들 단체나 조직은 지금까지도 이어지고 있으며, 다른 자선단체와 사법기관과 공조하면서 정부에도 일부 영향을 미치며 모든 범죄 피해자에게 필요한 서비스를 제공하고 있다. 두 번째, 가해자 중심의 범죄학에 대한 부족함이나 불만, 더구나 범죄율의 증가, 그리고 공식 범죄 통계의 대안으로서 피해자 조사(Victim survey)와 자기 보고식 조사(Self-reported survey)에 의한 암수 범죄(Hidden crimes, Dark figures)의 발견, 범죄로 인한 각종 피해와 손상이나 범죄 심각성에 대한 언론의 보도, 그에 따른 범죄에 대한 공포와 두려움, 범죄 문제에 대한 대중의 무관용, 불용과 학계의 대응으로 인하여 피해자학이 더욱 중요해졌다는 점이다. 세 번째, 취약한 피해자, 특히 가정폭력, 아동 학대, 그리고 성폭력 피해자들이 크게 주목을 받게 되었다는 점이다. 여기에는 여성해방, 양성평등 운동가(Feminists)들이 피해자에 대한 지원의 향상과 강간 위기 센터의 설립, 운영 등에 큰 역할을 했던 것이다. 네 번째, 범죄 피해자들이 상당히 정치화되었다고 할 수 있다. 정치공학적으로, 특히 선거와 관련하여 약자라고 할 수 있는 피해자가 정치적 담론의 좋은 표적이 되었던 것이다. 잠재적 범법자보다 훨씬 더 많은 잠재적 피해자와 입장을 같이 하는 것이 유권자의 표를 획득하는 데 더 큰 도움이 된다는 것을 정치권에서는 너무나 잘 알고 있는 것이다. 분명한 것은 궁극적으로 피해자-초점(Victim-focused)의 정책을 지향하는 점진적인 변화를 초래했던 이 피해자 운동에는 이렇게 다양하고 복잡함이 함축되어 있다고 할 수 있을 것이다. 물론 피해자 운동의 성공은 행동을 취하고자 하는 정부의 의지는 물론이지만 인도주의적 요소가 저변에 깔린 범죄에 대한 더 광범위한 사회적 대응에 기인한 것이라고 할 수 있을 것이다.[337]

1) 연대기적 개관

1970년대, 피해자학자들은 피해자를 형사사법제도에서 "잊힌 당사자(Forgotten party)"로 서술하여, 범죄 피해자들의 역경에 대한 학계, 실무계, 그리고 심지어 세간의 이목을 끌기 시작하였다. 한때는 적극적 참여자였으나, 관습법제도가 피해자를 형사사법제도로부터 완전하게 제거하는 데 성공하게 된다. 결국 범죄 피해자들에게 남은 것 전부가 기껏해야 국가에 대한 범죄의 증인으로 역할을 하는 것뿐이었다. 900여 년 전, 11세기에만 해도 피해자는 범법자의 체포, 기소와 소추에 책임이 있었고, 관습법에서 핵심 지위를 차지했었다. 이런 관습적 제도는 사적 기소(Private prosecution)라고 알려졌던 것으로서, 피해자가 형벌을 포함하여 사법 절차의 모든 관점을 통제했었다고 한다. 학자들은 피해자들이 피해자의 피해 배상에 중심을 두었던 형사사법 절차에서 그러한 중요한 역할을 수행했었기 때문에 그때를 피해자들의 "황금기(Golden age)"라고 부른다. 흥미롭게도 당시에는 피해자에 대한 피해의 배상이 그 사회가 얼마나 진화했는가를 보여주는 하나의 지표였다고 한다. 범법자와 피해자(또는 씨족) 간의 합의, 동의가 더 이상의 폭력을 끝내는 것으로 믿었었다는 것이다.[338]

---

337 Maguire, 1991, op cit.; Bednarova, 2011, op cit.
338 A. Wemmers, "Where do they belong? Giving victims a place in the criminal

13세기 이후부터, 소추를 개시하는 피해자의 절대적 권력은 군주제적 구조의 성장과 함께 쇠퇴하기 시작하였다. 범죄가 피해자를 포함하는 사적인 문제라기보다는 사회적이거나 공적인 질서에 대한 위협이라는 사상, 이념이 이 시기로 거슬러 올라간다는 것이다. 왕의 평화와 반역이라는 견지에서 왕국의 안보에 대한 범행 그리고 그 이후엔 공공질서 범행이라는 개념의 발전이 피해자의 역할에 영향을 미쳤던 변화에 대한 하나의 표식이었다고 한다. 이처럼 공동체적이고 이어서 사회적인 관심이 점증적으로 관습법으로의 도입으로 이어져 사적 검찰로 피해자들의 정통적 지위를 대체하게 되고, 대신에 확실하게 개인적인 권리의 집행을 위한 민법이라는 새로운 영역을 열었다는 것이다. 그렇다면 왜 이러한 변화가 일어났을까에 대한 명확한 결론은 없지만, 보편적으로 법률적 주장보다는 그와 같은 변화된 제도가 왕에게 더 많은 금전을 가져다주었기 때문이라고 믿는 경향이라고 한다. 즉, 피해자에게 보상하기보다는, 범법자가 국가에 보상하도록 명령을 받는 것이기 때문인데, 이러한 관행은 지금도 벌금이라는 이름으로 존재한다. 국가가 왕을 대체하였지만 그렇다고 그 권한이 결코 피해자에게 돌아가지는 않았다. 17세기부터는 의회주권이 성장하는 대신에 왕의 영향력이 줄어들면서 그 결과로 더 이상 왕의 평화를 침해한 것으로 간주되지 않고, 대신 시민사회와 사회 이익에 대한 위협으로 간주되었다. 이런 경향은 18세기 형사사법을 피해자로부터 사회의 안전으로 더욱 이동시켰던 범죄학적 관점의 도입으로 더욱 강화되었다. 심지어 여성해방운동의 영향력이 강화되었던 1970년대가 되어서야 비로소 연구자들이 형사사법제도에 있어서 피해자의 지위를 고려하기 시작했다. 사실, 그때까지만 해도 피해자, 심지어 성폭력과 같은 중대한 폭력 범죄의 피해자까지도 국가에 대한 범죄의 증인으로 간주되었던 것이다. 증인으로서 피해자들은 검찰과 변호인으로부터 서로를 입증하고 반론을 제기하기 위하여 이용되고 학대되었다는 것이다. 그러나 이러한 피해자에 대한 완전한 무시, 경시는 큰 변화를 맞게 되는데, 그 중심과 시작에는 바로 UN의 권력 남용과 범죄의 피해자를 위한 기본원리 선언과 이어진 실질적 변화로서 피해자 영향 진술이 그것이다.[339]

justice systems," Criminal Law Forum, 2009, 20: 395-416
339 Wemmers, op cit., p. 397

2) 1985년 UN 선언과 피해자 영향 진술

범죄와 권력 남용의 피해자는 그들의 존엄성에 대한 열정과 존중으로 처우되어야 한다. 그럼에도 불구하고, 우리의 사법제도는 그렇지 못했다는 비판을 받아왔다. 특히, 피해자 운동가들에게는, 개혁이 너무나 미약하였고, 너무나 느렸고, 충분히 포괄적이고 광범위하지 못하였던 반면에, 보다 보수주의적 정책 입안자들에게는 이미 관습적이고 마음속으로 간직해 온 신념과는 대조적으로 너무 많고 너무 포괄적이고 광범위하다는 것이다. 종종 피해자의 존엄성에 대한 증대된 존중과 동정보다는 사법 절차를 매끄럽게 운영하는 데에 대한 관심이 개혁의 주요 목적으로 보였던 것이다. 조금은 늦고 충분하지는 않지만 피해자사법으로의 관심의 이동은 피할 수 없는 물결이었다. 피해자사법과 피해자 권리의 역사에서 주목해야 할 발전, 진전은 1985년 UN 총회에서 채택된 "범죄와 권력 남용 피해자에 대한 정의의 기본원칙 선언"이라고 할 수 있을 것이다. 이 선언은 피해자의 권리는 물론이고 그 권리들을 집행하는 방법에 초점을 맞추었고, 자유로운 재판을 받을 권리, 범죄로 인한 손상에 대한 보상을 받을 권리, 사건 진행과 관련하여 필요한 어떤 종류의 도움과 지원이라도 받을 권리 등을 포함하는 피해자 권리를 확인, 담보하는 방법을 공식적으로 인정하였기 때문이다. 이 선언에 앞선 1983년, 세계 피해자 학회 집행 위원회 (The Executive Committee of the World Society of Victimology)는 UN 총회 선언의 핵심이 된 문건을 채택하였다. 처음에는 범죄 피해자만을 다루었으나 그 후 권력 남용의 피해자에게까지 확대되었다.[340]

UN 선언에 이어서, 피해자를 다시 형사사법 과정으로 들여보내고, 형사사법 과정에 참여할 수 있게 하는 중요한 걸음의 하나는 바로 '피해자 영향 진술(Victim Impact Statement)' 또는 '피해자 진술(Victim Statement)'이라고 할 수 있다. 알려지기로는 1974년 미국 California에서 처음 도입되어, 현재는 미국 전역에 널리 도입되었고, 영국을 비롯한 세계 각국에서도 도입, 운용하고 있는 대표적인 피해자 권리와 역할 증대 정책의 하나가 되었다. 처음에는 서면으로

---

340 G. F. Kirchhoff, "Justice for victims of crime," Resource Material Series No. 93, unafei.or.jp/publications/pdf/RS_No93/No93_VE_Kirchhoff.pdf, p. 107, 2023. 9. 3 검색

만 제출할 수 있었으나, 이제는 직접 법정에 출석하여 진술서를 자신의 목소리로 읽을 수도 있게 되었다. 대체로 진술서는 유죄 확정 후, 선고 전에 법원에 제출되고 있으며, 검찰이나 변호인이나 재판부가 불러야만 증인으로서 증언하는 것과는 달리, 피해자는 누구나 피해자 영향 진술서를 제출할 법적 권리를 갖기 때문에 재판부, 검찰, 변호인 그 누구의 요청을 필요로 하는 것이 아니다. 당연히 증인으로서 증언하는 것은 피해자가 오로지 수동적 역할, 그들에게 주어진 질문에만 답하고, 요청되지 않은 새로운 정보는 제공할 수가 없는 반면에, 피해자 영향 진술은 피해자가 자신이 느끼기에 재판부가 알아야할 중요한 것을 말할 수 있도록 허용하는 적극적인, 능동적인 역할을 수행하도록 허용되는 것이다. 피해자 영향 진술의 또 다른 하나의 중요성은 대부분의 피해자 권리가 아직도 집행할 수 없는, 강제력이 없는 경우가 많은 반면에, 피해자 영향 진술은 일반적으로 형법에 규정된 법적 권리라는 점이다.[341]

3) 사법의 원리

범죄 피해자도 당연히 범죄만큼이나 오래 우리 곁에 있었지만, 지금까지의 범죄와 범죄자에 대한 입법이 입법자와 행정가에게는 훨씬 더 자세하고 분명히 훨씬 더 중요하였다. 일부에서는 이런 상황을 소위 "분할된 영역 정리 (Divided Territory Theorem)"로 설명한다. 즉, 형사사법은 언제나 범죄에 의해서 주권자의 지위를 위험에 처하게 하는 종속자에 대한 지배자의 권력의 행사였다. 결과적인 형사사법제도는 수직적 제도로서, 권력이 국가로부터 범법자에게 사용되었던 것이다. 18-19세기 형사사법의 인본화, 인간화가 한창이었으며, 이때 한편으로는 범법자를 억압하는 국가의 권력과 다른 한편으로는 범법자의 인권 사이의 '균형'의 개념이 도입되었다. 당시 사회의 새로운 권력집단에게는 범법자의 권리를 유념치 않았던 과거의 옛 형사사법은 너무나 위험한 것이었다. 그 결과, 오늘날 우리는 '피해자를 위한 정의, 사법'을 쉽게 듣고 있다. 1980년대, 형사사법에 있어서 불균형에 대하여 불만을 제기하는 것이 유행처럼 되었다. 대표적으로, 미국의 "범죄 피해자에 관한 대통령 대책위원회

---

341 D. P. Kelly and E. Erez, "Victim participation in the criminal justice system," in Davis et al.(eds.), op cit. pp. 231-244

(President's Task Force on Victims of Crime)"가 있는데, 그들의 슬로건이 바로 "사법제도는 균형을 잃었다(The system is out of balance)" 였다고 한다. 이유는 범법자에게는 다수의 권리가 주어지면서 피해자에게는 아무런 권리도 주어지지 않았기 때문이라는 것이다. 권리의 불균형적 분배를 지적했던 것이다. 그러나 형사사법 절차에서의 범법자와 피해자 사이의 균형을 말하는 것은 너무나 단순하고 너무나 정치적인 수사였다. 형사사법 절차에 있어서 균형은 국가와 범법자 사이의 균형이었지, 범법자와 피해자 사이의 균형이 아니었다.342

이런 면을 이해하기 위해서는, 2차 피해자화(Secondary victimization)의 논의가 필요하다. 그런데 왜 2차 피해자화의 회피가 그토록 핵심적인 목표인가를 이해해야 한다. 형사사법과 형법의 적용은 하나의 사회통제 수단이다. 이는 물론 이상적으로 범법자의 인권을 철저하게 지키는 전제하에서 범법자의 억압에 의한 공식적인 범법자 지향의 사회통제이다. 당연히 형사사법의 주제는 전통적으로 범법자의 통제에 의한 사회통제였던 것이다. 분명히 사회통제의 형태는 논쟁거리이다. 포스트 모던 시대에는, 이러한 공식적 사회통제의 방식을 결정하는 국가의 권리에 관한 열띤 토론이 있었다. 바로 회복적 사법과 억압적 사법 사이의 열정적인 논쟁이 그 증상이다. 회복적 사법의 입장을 취하거나 억압적 사법의 입장을 취하거나 혹은 양다리를 걸치거나 피해자는 형사 절차에 의하여 해를 당하지 않을 권리가 있다는 것이다. 피해자는 범법자로부터 고통을 당했다는 것, 이것으로 충분하다는 것이다. 정의는 피해자가 형사사법제도로부터 절대적으로 필요한 이상으로 고통을 당하지 않을 때 성취된다는 것이다.343

---

342 Kirchhoff, op cit., p. 108
343 K. J. Sternberg and M. E. Lamb, "An example of the priority of protection of victims before state prosecution is seen in the institution of the child inter-rogator in Israel," B. Bottoms and G. Goodman(eds.), Child Sexual Abuse Investigations in Israel: Evaluating Innovative Practices, Thousand Oaks, CA: Sage, 1996, pp. 62-77

2. 피해자사법 발전의 주요 사례

1) 배상적 사법(Reparative Justice)

(1) 배상/배상적 사법의 뿌리

현대사회의 법률과는 달리, 보다 원시사회에서는 대부분의 범행에 대해서 범죄자에 대한 처벌이 아니라 피해자에 대한 보상으로서 금전적 평가를 담고 있었다. 물론 이러한 접근은 사라진지 오래지만, 70년대 초에 배상(Restitution), 가해자-피해자 화해(Offender-victim reconciliation), 피해자-가해자 중재(Victim-offender mediation), 그리고 배상 계획(Reparation scheme)과 같은 시도들이 다시 등장하였다. 그 대표적인 것 중의 하나인 배상(Restitution/reparation)은 범죄로 인해 초래된 손실을 회복하기 위하여 가해자나 그 가족이 피해자나 그 가족, 또는 심지어 지역사회에 금전이나 노동력을 지불하는 것이다. 지불 방식은 금전적으로 배상하거나 노동을 통하여 간접적으로 배상하는 것이다. 노동을 통한 배상에는 직접 피해자나 그 가족에게 서비스 등을 제공하는 것이고, 그 외에 사회에 대한 봉사로서 일종의 사회봉사명령이 이에 해당된다고 할 수 있다. 결국, 배상은 회복하는 행위, 권리가 있는 정당한 소유자에게 피해를 회복시켜 주는 것, 모든 손실, 부상, 그리고 그에 상응하는 선을 행하거나 제공하는 행위, 또는 면책이나 보상이라고 할 수 있다. 이런 배상적 사법에 대한 현대 문헌상의 용어들은 배상, 중재, 화해 등 다양하지만, 상호 교환적으로 사용되고 있으며, 이는 곧 가해자에 의해서 초래된 손상을 회복하고, 전환(Diversion), 지역사회 교정(Community corrections), 또는 중간제재나 시설 수용의 대체 등 기존 형사사법 제재와 구금에 대한 대안을 만들어 내는 것이고, 사회 전반을 보다 인간적이고 인본적으로 만들고, 가해자와 피해자를 화해시키며, 피해자를 참여시키는 등 기본적으로 동일하거나 적어도 동일한 의도를 가지고 있음을 의미한다.

흔히들 인간 사회는 소위 '국가 사회(State society)'와 '비국가 사회(Non-state society)'의 두 가지 광의의 범주로 나눌 수 있다고 한다. 최초 사회 형태인 '비국가 사회'는 대체로 '우두머리, 지도자가 없는' 사회라고들 하는데, 이런 형태의 사회에서는 갈등을 해결하는 가장 보편적인 형태가 아마도 배상의 형태였을 것으로 알려지고 있다. 이런 지도자가 없는 비국가 사회에서의 배상 과정에는 6가지 목적과 기능이 내포되어 있다고 한다.[344]

- 더 이상의, 더 심각한 갈등을 예방하고, 특히 불화를 피하기 위해
- 범법자를 가능한 빨리 교화 개선시켜서 사회로 돌려보내 부정적 낙인을 피하기 위해
- 피해자의 요구와 필요를 제공하기 위해
- 가해자와 피해자 모두의 필요를 다룸으로써 사회의 가치를 다시 언급하고, 그래서 사회가 구성원 모두에게 일정 형태의 정의를 바랐다는 것을 보여주기 위해
- 사회의 가치와 규범을 구성원들에게 사회화시키려고
- 구성원들에게 규제는 물론이고 억제를 제공하기 위해

이들 기능과 목적은 한 가지 형태의 제재로서 배상/배상적 사법은 당시 사회에서 복합적인 다수의 목적을 가지고 있었다는 것을 분명하게 보여준다. 배상/배상적 사법의 역사적 원천은 인간이 공동체를 형성하기 시작한 이래 존재해왔다. 사실, 규범 위반자에 대한 가장 보편적인 대응 방식은 처벌일 것으로 가정하기 쉽지만, 피해자와 그 가족에게 배상하는 것이 범법자에 대한 행위에 우선했었다는 것이다. 물론 가해자가 피해자에게 배상하는 것도 가해자로부터 무언가를 가져오는 것, 빼앗는 것이지만, 응보나 보복의 형태로서의 처벌, 형벌로부터 초래되는 결과와 목적과 형태는 전혀 다른 것이다. 원시의 지도자, 우두머리가 없는 사회에서는 어떤 형태이건 배상/배상적 사법이 광범위하게 존재하였고, 현대적 관점에서의 '형벌'은 규범이라기보다는 오히려 예외적이었다는 것이다. 그런데 이러한 배상/배상적 사법이 원칙적, 원론적으로 더 현명하여, 그 영향력에 있어서 더 개선적이고, 성향에 있어서 더 억제적이고, 지역사회 공동체에는 더 경제적이었다는 것이다. 이런 면에서 일부에서는

---

344 L. Nader and E. Combs-Schilling, "Restitution in cross-cultural perspective," in J. Hudson and B. Calaway(eds.), Restitution in Criminal Justice, Lexington: Heath, 1977, pp. 27-44

오늘날 우리는 관계된 모든 사람을 해치며 이런 관행들을 포기한 반면에, 우리의 원시 조상들은 손상을 당한 사람(오늘날의 용어라면 피해자)에 대한 배상 이론을 채택, 적용하여 오늘날의 우리보다 더 현명하고 더 정의로웠다고도 하는 것이다.345

(2) 피해자의 재발견

범법자를 교화하고 개선하는 데에 대한 관심의 증대에도 불구하고, 일부에서는 원시의 지도자 없는 비국가 사회에서 갈등을 해결하는 주요 형태로 기능했지만 점점 사라져 간 배상과 보상이, 50년대를 시작으로 70년대 초반에 이르면서 다시 활성화의 불을 지피기 시작하였다. Fry와 Schafer가 두 주역으로서, 영국의 개혁가인 Fry는 피해자가 형사사법 과정에서 무시당하고 있다고 느끼고, 배상을 공식적으로 활용할 것을 제안하였다. 배상을 형벌에 대한 보조적 도구로 보았던 Schafer도 동일한 제안을 하였던 것이다. 물론 하나의 형벌적 제재로서, 이러한 배상/배상적 사법의 재발견 이면에는 그만한 몇 가지 이유, 합리성이 있다고 한다. 그 첫째가 바로 형사사법제도에서의 피해자의 재발견이라는 것이다. 물론 범죄 피해자를 돕기 위한 프로그램으로서 배상/배상적 사법을 권장하는 것이 대중적인 것이 되었지만 의문의 여지도 없지는 않았다. 범법자가 검거되고 유죄가 확정된 사건에서 피해자가 범죄 피해나 손실에 대한 보상을 받는다면 피해자에게 이익이 아닐 수 없지만, 원래 역사적 함의를 보면 배상은 범법자에 대한 보다 엄중한, 강력한 제재를 피할 수 있게 됨으로써 범법자에게 이익이 되도록 설계된 것이라는 주장이 제기된 것이다.346

위에서 의문이 제기되기도 한 배상이 피해자가 아니라 오히려 가해자를 위해 설계된 것이라는 면에서, 배상이 범법자에게 덜 가혹하고 더 인간적인 제

---

345 M. Fry, Arms of the Law, London: Victor Gollancz, 1951, p. 124; H. E. Barnes and N. K. Teeters, New Horizon in Criminology(3rd ed.), New York: Prentice-Hall, 1959, p. 401

346 E. C. Viano, "Victims, offenders, and criminal justice systems," in B. Galaway and J. Hudson(eds.), Offender Restitution in Theory and Action, Lexington: Heath, 1978, pp. 91-100; H. Edelhertz, "Legal and operational issues in the implementation of restitution within the criminal justice system," in J. Hudson and B. Galaway(eds.P), Restituion in Criminal Justice, Lexington: Heath, 1977, pp. 63-76

재를 제공하는 것이 그 목적이라고 한다. 이런 측면에서 일부에서는 배상이, 심지어 나중에는 회복적 사법까지도 피해자를 위한 것이라는 데 의문이 제기되곤 한다. 분명한 것은 현재로서는 배상이 구금에 대한 하나의 실행 가능한 대안으로 간주되고 있다는 것이다. 물론 이러한 접근으로 특히 범법자만 이익을 얻을 뿐만 아니라 사회 전반적으로 이익을 본다는 것이다. 범법자들을 시설에 구금, 수용함으로써 요구되는 막대한 수용경비를 국가, 즉 국민의 세금으로 부담해야 하고, 수용에 따른 부정적 효과로서 범죄 학습과 그로 인한 범죄성과 위험성의 집중적 배양과 그에 따른 재범의 증가라는 사회적 부담을 배상으로 해소하거나 적어도 줄일 수 있다고 생각하기 때문이다. 뿐만 아니라, 배상하기 위하여 범법자는 일을 해야하고, 이는 곧 세금의 징수를 뜻하며, 지역사회 봉사는 우리 사회 전반에 도움과 이익이 되지만, 만약에 배상이 없이, 시설에 구금된다면 이 모든 것은 있을 수 없기 때문이다. 더구나, 과밀 수용(Overcrowding)으로 이미 어려움을 겪고 있는 마당에서는 교정 문제를 완화할 수 있는 실행 가능한 하나의 대안이 될 수 있는 것이다.

배상/배상적 사법의 개념적으로 뚜렷한 목적은 범법자의 교화와 개선이다. 구금에 의한 각종 시설 수용은 그 부정적 영향으로 상당한 수준의 재범율을 보이고 있다. 반면에 배상/배상적 사법은 시설 수용을 대체할 수 있다는 점에서 시설 수용의 부정적 영향으로부터 자유로울 수 있다는 점에서 오히려 교화 개선 효과를 더 높일 수도 있다고 기대하는 것이다. 그리고 범법자의 입장에서는 범죄로 인한 손상의 정도에 이성적, 합리적으로 연관이 되고, 보다 정의로운 것으로 인식될 수도 있기 때문이다. 범법자는 또한 프로그램에의 적극적, 능동적 참여자여서, 예를 들어 배상 프로그램은 범법자 자신에게 거의 모든 부담을 지우고, 사회에 대한 부담은 상당히 줄여준다. 더구나 배상은 범법자에게 죄의식, 유죄를 표현할 확고한 방법을 제공하며, 반면에 교도소로 보내지는 범법자에 비해 가해지는 낙인의 영향은 훨씬 적다는 것이다.[347]

---

347 G. Del Veechio, "The problem of penal justice," in J. Hudson and B. Galaway(eds.), Considering the Victim, Springfield: Charles C. Thomas, 1975, pp. 85-101; H. Spencer, "Peison ethics," in J. Hudson and B. Galawy(eds.), op cit., pp. 71-84

(3) 배상의 현실

배상이 이론적으로나 실무적으로나 단점보다 장점이 많은 미래지향적, 피해자 중심의, 피해자 지향의 사법으로 보임에도 불구하고, 뭔가 부족하고 한계도 있다고 한다. 우선, 거의 모든 배상/배상적 사법과 관련되는 또는 이를 목적으로 하는 프로그램들이 재산 범죄자와 초범자에게만 적용된다는 점이다. 이어서 이런저런 한계나 제약 때문이겠지만, 배상/배상적 사법을 옹호하는 많은 전문가나 실무자들이 있음에도 구금에 대한 대안으로까지는 존재하지 않는 것으로 평가되고 있다. 대체로 보호관찰의 부수적인 조건에 지나지 않고, 범법자에 대한 통제를 감소시키기보다는 오히려 강화하는, 이름하여 '형사사법망의 확대(Widening the net)' 현상을 초래할 수 있다고도 우려한다.348

또한 배상/배상적 사법 프로그램 대부분이 성인 범법자보다는 청소년 범죄자에게 훨씬 빈번하게 적용된다는 점이다. 더구나 이 프로그램들이 대체로 금전적 배상을 중심으로 하기 때문에 청소년 범죄자 중에서도 주로 중산층 이상에게 적용된다는 것도 지적받고 있다. 물론 이런 추세, 특히 주로 청소년에게 적용시키고 있다는 것은 그들이 성인에 비해 위험성이나 재범의 가능성 등이 낮다고 판단하는 것이 그 이유 중의 하나일 것이다. 그리고 아마도 가장 중요한 관점으로서 이들 프로그램이 과연 재범율을 낮추었는가 하는 의문이다. 이에 대한 분명한 평가는 더 많은 연구를 필요로 하는 것으로 판단되고 있다는 것이다.349

(4) 몇 가지 이론적 개념

일반적으로, 배상적 접근이 윤리적으로, 이론적으로, 그리고 실무적으로도 인간 복지를 담보하는 데 다른 접근 방식보다 더 낫다고들 한다. 이는 아마도

---

348 J. Hudson and S. Chesney, "Restitution program model," in B. Galaway and J. Hudson(eds.), Offender Restitution in Theory and Action, Lexington: Heath, 1978, pp. 131-148; J. Austin and B. Krisberg, "The unmet promise of alternatives to incarceration," Crime and Delinquency, 1982, 28: 374-409; R. B. Coates, "Victim offender reconciliation programs in North America," in B. Galaway and J. Hudson(eds.), Criminal Justice, Restitution, and Reconciliation, Monsey: Criminal Justice Press, 1990, pp. 245-265
349 E. Weitekamp, "Reparative justice," European Journal on Criminal Policy and Research, 1993, 1(1): 70-93

배상이라지만 그 또한 하나의 처벌, 형벌이라고 할 수 있는데, 그것은 배상 프로그램이라도 재산과 권리의 손실로 이어질 수 있는, 국가에 의해서 규제되는 불유쾌한 결과를 동반하기 때문이다. 더구나 배상 프로그램이 인식할 수 있는 불유쾌한 결과를 함축하고 있으며, 범법자에게 "응분의 대가, 당연한 대가, 마땅히 받아야 할 대가(Just Deserts)"를 되돌려주는 것을 포함하기 때문에 응보도 함축하고 있으며, 마지막으로 작동하고 있는 경제 체제 내에서 일을 하도록 요구받고 있는 반면에 자신의 생활과 피해자의 '참살이(Well-being)'에 대해서 사회적으로 책임지는 것도 내포하고 있기 때문에 교화 개선 작용도 한다는 것이다. 결국, 범법자에게는 수용에 따른 범죄 학습과 낙인이라는 부정적 영향을 피하는 동시에 지역사회에서 일과 생활, 관계를 지속할 수 있어서 사회와 격리되지 않고, 배상을 위하여 일하는 것이 교화 개선적 작용을 하고, 피해자에게 배상함으로써 죄책감을 들 수 있으며, 사회는 수용경비 부담을 덜 수 있어서 이익이 된다는 것이다. 이러한 주장을 뒷받침하듯, 대체로 전문가들은 구금, 시설 수용은 일상이나 규범이 아니라 예외여야 하고, 교도소 수용경비와 범죄로 인한 손상을 되갚는 데 충분할 정도의 기금을 벌기까지만 수용기간이 제한되는, 다른 사람들에게 위험을 초래할 수 있는 반복 폭력 범법자에 대한 마지막 수단이어야 한다는 의견을 다수 내놓고 있다. 당연히 이들을 제외한 대다수 범법자는 교도소 밖, 그리고 지역사회 안에서 감시되어야 한다는 것이다. 따라서 배상적 접근은 수용을 필요로 하지 않고, 지역사회 내에서 감시되고 작동되는 프로그램이라는 점에서 권장된다는 것이다.[350]

그러나 이러한 주장, 특히 배상이 범법자의 재산과 권리의 손실로 이어질 수 있다는 측면에서 하나의 형벌이 될 수 있다는 주장에 대해서, 일부에서는 억제, 교화 개선, 또는 응보라는 근거로 정당화될 수 없다는 점을 근거로 형벌로 받아들일 수 없다고 거부한다. 이들은 전통적 형태의 형벌을 폐지할 것을 주장한다. 대신에 범법자들은 범죄의 결과로 초래된 손실이나 손상에 대하여 피해자에게 보상하도록 강제되어야 한다는 것이다. 이런 주장은 범죄를 다른 사람의 권리에 대한 개인의 범행으로 간주한다. 피해자가 범죄로 인한 손실로 고통을 받으며, 범법자는 자신이 야기한 손실을 보상해야 한다는 것이다.

---

350 Weitekamp, op cit.

한때는 범행을 사회, 국가에 대한 것으로 보았으나, 이제는 개인 피해자에 대한 범행으로 봐야 한다는 것이다. 예를 들자면, 무장 강도는 사회를 강도질하지 않으며, 그는 단지 피해자에게 강도를 할 따름이다. 당연히 그가 지어야 할 빚은 사회에 대해서가 아니라 그가 강도질 한 개인 피해자에 대한 빚이라는 것이다. 강도라는 범법자의 공격적인 행동이 피해자에게 빚을 지게 되었기 때문에, 다만 범죄자를 자신의 실수에 대하여 의도적으로 고통을 당하게 만드는 것으로 간주되는, 국가가 통제하는 형벌로 마무리되어서는 안 된다는 것이다. 더구나 시설 수용이라는 구금의 형벌은 그 수용경비와 그에 수반되는 부수적인 사회적 경비가 엄청나면서도, 사형수나 종신 수형자를 제외한 수형자 대부분은 언젠가는 사회로 되돌아가기 때문에 수용이라는 형벌의 효과는 일시적인 것에 지나지 않기 때문이라는 것이다. 실제로, 피해자에게 가해진 해악과 수형 기간 사이에는 아무런 합리적 연계가 없으며, 범죄에 상응한 형벌이 가해질 수 있는 객관적인 기준도 없다는 점도 형벌로 마무리되어서는 안 된다는 주장의 근거가 되기도 한다. 마지막으로, 교화 개선과 관련된 것으로, 교도관들이 범법자를 교화 개선시킬 아무런 당근이 없다는 것이다. 교도관이나 교도소에 대한 평가는 교화 개선 여부가 아니라 교정사고의 유무가 더 중요시 되기 때문이다. 그 결과는 교화 개선의 실패로 이어지고, 범법자를 구금 이전보다 더 나빠지게 만드는 결과를 초래한다는 것이다.[351]

실제로, 극단적으로 만약 우리가 모든 형사사법제도를 다 문을 닫으면, 지금 우리가 범죄로 낙인을 찍는 행위의 정도가 아마도 줄어들 것이라는 주장도 나오기까지 한다. 결국 교도소는 범죄자를 위한 일종의 번식장, 또는 적어도 중·누범자를 잉태시키는 거대한 '콘크리트 자궁'이 되어 우리 사회의 범죄 문제를 해결하기보다는 오히려 더 큰 문제를 만든다는 것이다. 이런 이유에서, 일부에서는 형법을 폐기하고 범법자를 민사법정에 세움으로써 범법자의 처우를 개선할 수 있다고 주장한다. 당연히 이러한 주장은 사법 과정에서의 피해자의 참여를 보장하며, 법원은 하나의 중재자로 이용될 수도 있다는 것이다. 이러한 제도는 범법자, 피해자, 사회 일반 모두에 봉사할 수 있다는 것이다.[352]

---

351 R. Barnett, "Restitution: A new paradigm of criminal justice," in R. Barnett and J. Hagel(eds.), Assessing the Criminal, Cambridge: Ballinger, 1977, pp. 349-384

(5) 새로운 형사사법?

지금까지의 논의와 발전을 바탕으로, Marshall은 아마도 가장 설득력이 있고 확실하며 개혁적인 배상적 사법 모형을 제안한 바 있다. 그는 다양한 분야에서의 새로운 발전을 평가하고는 주요 목표가 생존이라는 새로운 변화가 일어나고 있다는 것을 알게 되었는데, 이는 우리가 생존하고자 한다면 극단적으로 변하지 않으면 안 된다는 것을 의미한다고 강조하였다. 이러한 변화의 추세에는 형사사법도 예외일 수 없다는 것이다. 그가 이러한 변화의 전개와 그 의미를 형사사법제도로 옮겨와서는 배상적 접근을 수반하는 새로운 형사사법의 패러다임을 전개하였던 것이다. 그의 대표적인 제안은 소위 '갈등 해결(Conflict resolution)'이다. 그의 갈등 해결 이론의 원리는 자기들의 갈등을 해결하는데 당사자의 직접 참여, 결과에 관련된 모든 당사자의 참여, 상대의 견해를 듣고 이해하려는 노력, 사람이 아니라 문제를 공격하는 등 모든 사람에 대한 존중, 싸움이나 적대적 투쟁이 아니라 협조적 문제-해결을 지향하는 다른 사람들과의 협조의 강조, 모두에게 개방된 갈등 해결 기술 훈련, 당사자 간의 권력 차이를 완화하기 위한 개입 등 자체 갈등 해결을 위한 개인, 집단, 지역사회의 힘, 능력 배양, 고려될 수 있는 해결 범위에 대한 관료적 제한이나 한계와 정해진 위치, 입장을 피하는 등 문제 해결에 있어서 창의성과 개혁성, 분쟁 중인 물질적 쟁점에 관한 사람들의 신념과 감정에 동등한 가중치 주기, 분쟁 해소의 일부로서 관계 또는 공동체 구축에 대한 관심 등을 포함하는 것이었다.[353]

2) 피해자 지향, 피해자 중심 경찰

그동안 피해자의 목소리와 관련된 지원 기제(Mechanism)를 경찰 전략과 전술로 함축하려는 의심할 여지도 없는 움직임이 있어왔다는 것은 주지의 사실이다. 사실, 피해자 중심, 피해자 지향 형사사법의 논의는 지금까지는 대체로 형

---

352 G. Cantor, "An end to crime and punishment," The Shinglke, 1976, 39: 99-114
353 T. Marshall, "Criminal justice in the new community: Bending to the trends in politics, society, economics and ecology," Paper presented at the British Criminology Conference, York, 1991, Weitekamp, op cit., p. 86에서 재인용

사소추를 중심으로 이루어졌기에 피해자 지향의 경찰이라는 논의나 변화는 놀라울 정도로 적다. 일부에서는 이런 논의의 결여가 먼저 지역사회 경찰 활동(Community policing)의 진화가 요컨대 피해자-지향적이라는 부적절한 가정에 기인하고, 두 번째는 지금까지 경찰 연구를 지배해온 범법자-지향의 분석때문이라고 설명한다.354

(1) 왜 피해자-지향의 경찰인가?

지역사회를 경찰 활동에 개입, 참여, 가담시키는 데는 상당한 진전이 있었다고 하지만, 피해자의 필요, 요구와 권리는 아직도 범법자-지향과 과정을 중시하는 오늘날 경찰의 일상 활동의 핵심 요소가 되지는 못하였다는 데에 대체로 동의하고 있다. 지역사회 경찰 활동이 경찰에 있어서 가장 큰 변화요 핵심 요소로 자리하지만, 사실 지역사회 경찰 활동은 요컨대 피해자-지향이라 할 수 없다는 것이다. 시민과 피해자가 핵심, 중심인 경찰 활동의 모형이라면 지역사회 경찰 활동보다 훨씬 더 혁신적인 구조의 변경을 필요로 한다는 것이다. 한 가지 잠재적 기제(Mechanism)가 있다면 그것은 바로 '일차적' 또는 '이차적' 피해자화를 해소하는 방법을 찾아서, 피해자화가 지역사회에 미치는 영향을 줄이는 것이다.355

(2) 피해자 지향 경찰 개혁

경찰에 대한 시민의 신뢰를 높이기 위한 피해자-지향의 경찰 활동 전략의 잠재성은 이미 잘 알려진 상태이다. 형사사법제도 전반에 걸친 정책 궤적은 피해자의 이익을 형사사법제도로 통합, 함축시키는 것의 중요성을 계속해서 제기하고, 이는 다시 모든 경찰 활동의 중심에 피해자를 위치시킴으로써 얻게

---

354 J. Q. Wilson and G. Kelling, "Broken Windows: The police and the neighborhood safety," The Atlantic Monthly, 1982, 249: 29-38; C. Patterson and A. Williams, "Toward victim-oriented police? Some reflections on the concept and purpose of policing and their implications for victim-oriented police reform," Journal of Victimology and Victim Justice, 2018, 1(1): 85-101

355 P. Manning, "Reflections," Theoretical Criminology, 2016, 20: 502-506; M. Clark, "The importance of a new philosophy to the post-modern policing environment," Police: International Journal of Police Strategy and Management, 2005, 28: 642-653

되는 심리적, 민주적 이익을 강조하는 정책 개발과 발전으로 이어졌다. 따라서 경찰-지역사회 관계가 드러나는 것을 통하여 사회적 관계를 재구축하고, 경찰 행위에 대한 공중의 신뢰를 높이고, 보다 효율적이고 효과적인 경찰 서비스를 전달할 수 있는 것이다. 이러한 지역사회 경찰 활동 철학과 문제-지향 경찰 활동 전략이 현대 경찰 활동에 새로운 피해자 초점을 불어넣었다. 그럼에도 불구하고, 범법자-지향의 형사사법 절차, 경찰의 조직 구조, 문화와 리더십으로 인하여 옹호론자들이 기대했던 패러다임의 변화까지는 이루지는 못하였다고 한다.[356]

　피해자 지향 관점은 지역사회 경찰 활동이나 문제-지향 경찰 활동(Problem-oriented policing)을 실행하고자 하는 사람들을 위한 하나의 조장자가 되어야 한다. 반복 피해자(Repeat victims)가 경찰 조직에 상당한 요구를 유발한다는 인식, 인정이 이것을 범죄 예방과 서비스 전달에 있어서 효율성의 제고를 위한 기제(Mechanism)로 만든다. 이 반복 피해자화를 다루는 것은 예방적 경찰 활동 전략을 위한 정보와 자료를 활용하는 예방 기능을 확대하는 것이다. 초기의 반복 피해자화 관련 활동은 주로 범법자의 범죄 표적에의 접근을 어렵게 만듦으로써 범행을 억제하거나 차단하려는 소위 "표적 강화(Target hardening)"만으로도 반복 피해자화율에 상당한 영향을 미치는 재산 범죄, 특히 주거침입 절도를 중심으로 이루어졌다. 덕분에 주거침입 범죄는 상당히 줄어들었고, 따라서 전체 범죄율도 낮아지고, 특히 반복 피해도 줄었음에도 불구하고, 흥미로운 것은 경찰에 대한 대중의 신뢰는 오히려 낮아졌다는 것이다. 이처럼 경찰이 예방적 전략을 도입함에 따라 대중의 신뢰가 오히려 낮아진 것에 대하여 일부에서는 경찰이 반복 피해자화에 초점을 맞춤으로써 시민들의 삶에 가장 해로운 영향을 미치는 복잡한 사회 문제보다는 오히려 해결하기 쉬운 범죄에 초점을 맞추었기 때문이라고 설명한다.[357]

---

[356] Patterson and Williams, op cit.; B. Bradford, J. Jackson, and E. Stanko, "Contact and confidence: Re-visiting the impact of public encounters with the police," Policing and Society, 2009, 19: 20-46

[357] E. Stanko, "Managing the performance in the policing of domestic violence," Policing: An International Journal of Policy and Practice, 2008, 2: 294-302; G. Laycock, "Hypothesis-based research: The repeat victimization story," Criminology and Criminal Justice, 2001, 1: 59-82; T. Tyler, "Procedural justice and policing: A rush to judgement?" Annual Review of Law and Society, 2017, 13: 29-53

피해자-지향 경찰 개혁은 시민사회에서의 피해자 목소리, 형사사법 절차와 과정에서의 피해자의 역할에 대한 관심, 피해자 권리 조직과 경찰 개혁의 요구 등에 영향을 받은 것으로 인식되고 있다. 이러한 개혁의 요구와 변화에도 불구하고 아직도 피해자-지향 경찰 활동은 어떤 모습이어야 하는지가 그리 명쾌하지 않다. 그래서인지, 어떠한 피해자-지향 정책 혁신도 근본적으로 공식 형사사법 과정과 피해자의 관계를 재구축하지는 않았지만, 기존 제도 속으로 더 큰 피해자-지향성을 구축하려는 시도를 대변하고 있다. 역사적이고 그리고 문화적으로 강제적이고 훈육적인 기법으로 사후적 대응과 법 집행에 우선순위를 두었던 경찰 활동에서 시민 참여, 관여, 개입과 피해자 지향성을 구축하는 것이란 상당한 도전임에 틀림이 없다. 당연히 경찰은 시민의 자유를 제한하고, 무력을 사용할 수 있는 대중에 대한 막강한 권한을 가졌기 때문에 경찰 활동은 근본적으로 강제적이고, 훈육적이며, 권위와 권한을 가진 사람에 의하여 전달되는 것이다. 그래서 이 경찰의 무력 사용 패러다임은 역사적이거나 현대적 모형의 경찰 활동의 특성을 개념화하는 데 만족스러운 기초를 제공하기 위한 국가-중심인 것이다.358

비교적 최근까지도, 경찰 활동에 관한 지배적인 사고 형태는 경찰이 대부분 사후 대응적 접근을 통하여 범죄와 무질서를 해결하는 것이었다. 이러한 담론은 근래에 들어서면서 처음부터 범죄가 발생하지 않도록 하려고 하며, 형사사법 대응에 있어서 범죄 피해자의 위치를 우선적으로 순위를 다시 정하려는 경찰 활동에 대한 보다 사전적이고 예방적인 접근으로 부분적으로나마 대체되어 왔다. 지금도 피해자 운동의 지속은 비록 피해자-지향 경찰 활동의 진면모에 대한 논의가 충분치 않았을지라도 민주국가에서의 정치적, 대중적 논쟁의 장으로 확산되었다.

(3) 피해자-지향 경찰 활동이란?

지금까지 언급한 것처럼, 피해자의 목소리와 관련된 지원 기제(Mechanism)를 경찰 활동 전략과 전술로 통합시키는 방향으로의 의심할 여지도 없는 확실한 변화를 우리는 목격하고 있다. 흥미롭게도 그러나 아직은 과연 피해자-지향의 경찰 활동이란 어떤 모습이며, 더 정확하게는 경찰이 어떤 모습이어야 하는지

---

358 Paterson and Williams, op cit.

에 대한 학문적 논의는 거의 없었다고 한다. 아마도 이는 지역사회 경찰 활동 (Community policing)이 요컨대 피해자-지향적이라는 잘못된 가정과 경찰 연구를 지배해 온 범법자-지향 분석에 기인한다는 것이다. 그 결과, 피해자-지향 지지 와 지원은 법 집행, 인구 관리통제, 범죄 예방, 그리고 낮은 수준의 사회통제 라는 기존 경찰 사명에 대한 보충으로서 기존 지역사회 경찰 활동 서비스에 곁들여지는 경향이 있다고 한다.359

민주국가에서의 경찰 활동에 대한 피해자-지향적 접근은 범죄, 해악, 그리고 피해자화는 상이한 지역사회와 서로 다른 사람들에 의하여 서로 다른 방식으 로 경험된다는 인식과 함께 생명의 보호를 그 최우선의 목표로 삼는다. 따라 서 피해자-지향의 경찰 활동은 피해를 당한 사람들의 필요를 최우선 순위로 한다는 데서 권리에 기초한(Rights-based), 그리고 경찰기관은 피해를 당한 사람 들을 지원하기 위하여 경찰 활동 기능을 수행하는 일련의 관계 기관들 중에서 오로지 경찰 활동이라는 오직 하나의 마디를 대표한다는 인식에서 협력적이라 고 할 수 있다. 그러므로 피해자-지향 경찰 활동은 민주사회의 비공식, 공식 경찰 활동 기능을 부여받은 사람들에 대한 협력적 목표를 구축하고자 하는 체 계적 프로그램이라기보다는 오히려 열망적 목표라고 할 수 있다. 지역사회를 경찰 활동에 가담, 개입시키려는 상당한 진전이 있었다는 인식은 있었지만, 피 해자의 필요와 권리는 범법자-지향의, 과정-지향의 경찰 활동의 핵심 요소가 되지는 못하고 있다는 일반적인 합의가 더 우세하다.360

국가 경찰의 역사적 목적은 사회통제, 법 집행, 범죄 예방, 그리고 국가 이익 의 보호에 그들의 초점을 맞추는 것으로 가득하다. 지역사회 경찰 또한 경찰 활 동에 대한 기존의 사고방식에 대한 도전을 표하기보다는 경찰 업무에 관한 이 러한 사고방식의 한 갈래이다. 시민과 피해자를 그 핵심에 두는 경찰 활동 모형 은 이보다는 훨씬 더 혁신적, 개혁적인 재구성, 재구축을 필요로 한다.361

---

359 C. Patterson and D. Best, "Policing vulnerability through building community connections," Policing : An International Journal of Policy and Practice, 2016, 10(2): 150-157

360 P. Manning, "Reflections," Theoretical Criminology, 2016, 20(4): 502-506

361 S. Walklate, "Reframing criminal victimization: Finding a place for vulnerability and resilience," Theoretical Criminology, 2011, 15(2): 179-194; C. Paterson, "Adding value? A review of the International literature on the role of higher education in police training and education," Police Practice and Research: An

보다 피해자-지향적 접근의 실현을 위한 한 가지 잠재적 메커니즘은 '일차적,' '이차적' 피해자화를 해소하는 방법을 찾고, 피해자화가 지역사회에 미치는 영향을 줄이는 것이라고 한다. 피해자-지향의 경찰 활동은 그래서 경찰 활동을 전달하는 임무를 부여받은 조직으로 하여금 해악의 위험이 가장 큰 지역사회를 포함하는 공조 체제를 구축하고, 경찰 활동이 필요로 하는 것을 어떻게 함께 집합적으로 개념화할 것인가를 생각하도록 요구하는 것이다.362

문제는 경찰이 피해자-지향 경찰 활동 어디쯤에 들어맞는가이다. 특히, 질서 유지와 범죄 통제라는 렌즈를 통하여 지역사회를 바라보는 국가, 경찰, 경찰 조직에 의하여 피해를 당했다고 느끼는 지역사회와의 오랜 역사적 긴장이 존재하는 그런 경찰로서 더욱 그렇다. 민주사회에서 경찰 활동은 경찰이나 기관이나 제도가 공정하고, 효과적으로 기능하기 위해서는 시민과 제도, 기구 사이의 신뢰를 필요로 한다. 그런데 신뢰, 확신, 정당성은 모든 이해 관계자의 이해와 이익을 지지하는 협력적인 관계, 협정이 있을 때 향상된다는 강력한 증거들이 즐비하다. 민주 시민은 동등한 사법 정의에 대한 권리를 가지고, 공공 기관은 이를 지지하도록 요구받는다. 당연히 불평등, 불균형이라도 악화시키는 모든 활동은 가능한 경우 회피되어야 하고, 따라서 사회의 가장 불리한 구성원들에게 가장 큰 이익이 돌아가는 경우의 활동은 권장되어야 한다는 것이다. 이런 측면에서, 피해자-지향 경찰 활동을 결부시킨다면, 어쩌면 우리 사회의 범죄 피해자 대부분이 사회적, 신체적, 정치, 경제적 약자일 개연성이 높다는 점에서 피해자에게 최대한의 이익이 돌아갈 수 있는 경찰 활동은 그 가치가 크지 않을 수 없는 것이다. 구체적으로, 범죄 다발 지역 경찰 활동(Hot-spot policing), 정보에 의한 경찰 활동(Intelligence-led policing) 등이 그러한 예라고 할 수 있다.363

International Journal, 2011, 12(4): 286-297

362 M. Clark, "The importance of a new philosophy to the post modern policing environment," Policing: An International Journal of Police Startegies and Management," 2005, 28(4): 642-653; Paterson and Best, 2016, op cit.; C. Paterson and A. Williams, "Towards victim-oriented police? Some reflections on the concept and purpose of policing and their implications for victim-oriented police reform," Journal of Victimology and Victim Justice, 2018, 1(1): 85-101; A. Williams and C. Paterson, "What future for policing? Some reflections on the concept and purpose of policing and their implications for police reform," International Journal of Law and Public Administration, 2019, 2(1): 12-22

(4) 수사단계에서의 외상인지 피해자 중심 접근(Trauma Informed Victim Centered Approach)

경찰은 직업적, 직무상으로 피해자는 물론이고 피의자와도 일정 수준의 거리를 두고, 객관성과 전문성을 유지하기 마련이다. 그러나 때로는 완벽한 사건을 구성하려는 경찰관의 열정에서, 피해자가 그 와중에 실종되어 피해자가 피해자라기보다는 오히려 증인으로서 더 취급되는 결과를 초래할 수 있다고 한다. 슬픈 현실은 이런 상황에서, 피해자가 종종 재-피해자화(Re-victimized), 재-외상화(Re-traumatized) 당한다고 느끼거나, 또는 자신을 도우려는 사람조차도 믿지 못하게 된다는 것이다.[364]

외상-인지(Trauma-informed)라고 함은 사람들은 종종 상이한 여러 형태의 외상을 가질 수 있음을 인지하는 것이다. 피해자들은 종종 사람들이 생각하기에 어떻게 행동해야 하는가에 대한 인식과 갈등적인 행동을 보여주며, 이것이 경찰관들이 피해자 진술의 신뢰성에 의문을 가지게 할 수 있다는 것이다. 다시 말해서, 외상을 인지한다는 것은 모든 사람이 외상을 서로 다르게 경험하며, 그것이 때로는 기대와는 정반대일 수 있는 상이한 방식으로 나타날 수 있음을 기본적으로 이해하는 것이라고 할 수 있다. 여기서 외상-인지에 더하여 피해자-중심이 추가되는데, 피해자-중심의 기본 개념은 경찰 수사에서 피해자가 원하는 것, 그의 필요를 찾아내고, 피해자에게 사건에 의견을 개진, 제시할 수 있게 함으로써 그에게 힘을 실어주는 것이다. 따라서 피해자-중심 접근은 비심판적, 비판단적(Nonjudgemental) 방식으로 서비스를 열정적이고 감각적으로 전달하는 것을 담보하기 위하여 피해자의 필요와 관심에 체계적으로 초점을 맞추는 것이라고 규정할 수 있다. 결국 피해자-중심 접근이란 피해자의 필요를 확인하고, 가용한 서비스를 알려주고 제공하며, 수사 절차와 사법 과정에 대하여 피해자를 교육시키는 것이며, 결론적으로 피해자-중심 접근은 피해자에게 대안과 정보를 제공하는 것에 관한 것이라고 할 수 있다.[365]

---

363 S. Mastrofski, M. Reisig, and J. McClusky, "Police disrespect toward the public: An encounter-based analysis," Criminology, 2002, 40(3): 519-552

364 K. Rich and P. Seffrin, "Police interviews of sexual assault reporters: Do attitudes matter?" Violence and Victims, 2012, 27(2): 263-279

365 J. G. Long, Introducing expert testimony to explain victim behavior in sexual

문제는 이러한 외상-인지 피해자-중심 접근은 전체적인 수사 체계의 변화를 의미한다. 이는 상황실의 신고 접수와 경찰관 배치 방식, 초동 수사의 방식, 수사관의 업무 방식, 그리고 심지어 가용 서비스의 시간과 방법과 지지, 후원자의 대응 방식까지도 바꾸는 것이다. 결국 이는 경찰의 전반적인 인식의 변화를 필요로 하는 것이다. 경찰이 형사사법제도의 문지기 역할을 하기에 경찰의 대응 방식은 매우 중요하지 않을 수 없다. 외상-인지 피해자-중심 접근은 그래서 경찰이 피해자 서비스와 연계하여 피해자에게 대안과 정보를 제공하는 일종의 다학제적(Multi-disciplinary) 과정이라고 할 수 있다.366

당연히 외상인지 피해자 중심 접근은 신고율을 높일 것이다. 이를 위해서는 경찰기관이 피해자가 직면하는 장애가 무엇인지 결정해야 한다. 연구에 따르면, 피해자를 침묵하게 하는 세 가지 영향 요인이 있다고 한다. 그 첫 번째가 소위 전문가로부터의 부정적인 반응이며, 이런 부정적 반응은 피해자에게 범죄를 신고하는 것이 효과적이지 못하고, 이어서 가족과 친지들의 반응을 믿게 하고, 이는 다시 피해자의 '자기-비난'(Self-blame)으로 이어질 수 있게 하고, 이런 반응들이 자신이 경험한 것이 범죄, 특히 성범죄인 경우엔 더욱 더 성범죄였는지 의문을 갖게 만든다는 것이다. 사회적 반응이 피해자로 하여금 벌어진 일, 사건, 특히 성범죄에 관해서 공개하는 두려움을 갖게 만든다는 것이다. 그래서 피해자들은 자신을 믿지 않을까 또는 자신을 비난하지 않을까 두려워하고, 이런 행동은 경찰의 부정적 반응과 성폭력, 성차별, 그리고 다른 편견들에 대한 사회적 통념으로 더욱 재강화된다는 것이다.367

피해자의 이러한 경험은 경찰의 범죄 수사 능력에 대한 확신을 잃게 하고, 경찰 정당성과 신뢰성에 의문을 갖게 한다. 경찰 정당성과 확신에 대한 함의는 피해자의 사건 신고와 경찰 협조에 직접적으로 영향을 미친다. 피해자들은 경찰이, 경찰의 권한이 정당하다고 믿을 때 경찰에 협조할 개연성이 더 높기

and domestic violence prosecutions, National District Attorneys Association, 2007, https://ndaa.org/resource/introducing-expert-testimony-to-explain-victim-behavior-in-sexual-and-domestic-violence-prosecutions/

366 A. L. Robinson and M. S. Stroshine, "The importance of expectation fulfillment on domestic violence victims' satisfaction with the police in the UK," Policing, 2005, 28(2): 301-320

367 C. E. Ahrens, "Being silenced: The impact of negative social reactions on the disclosure of rape," American Journal of Community Psychology, 2006, 38(3-4): 263-274

때문이다. 경찰 정당성에 대한 대중의 인식은 대중이 경찰에 대해 가지고 있는 믿음의 정도와 상관관계가 있다고 한다. 경찰과 경찰관에 대한 대중의 확신, 신뢰는 경찰이 정직하다, 자신의 일을 잘 하려고 노력한다, 그리고 범죄와 폭력으로부터 지역사회를 보호하려고 노력한다는 믿음을 내포하는 것이다. 당연히 경찰과 경찰관에 대한 대중의 확신과 신뢰는 범죄의 신고뿐 아니라 전반적인 피해자 만족에도 영향을 미친다는 것이다.[368]

그런데, 외상-인지 피해자-중심 접근이 이 피해자 만족을 엄청나게 높일 수 있다는 것이다. 피해자는 자신의 외상을 경찰이 인지하기를 바라고, 피해자의 외상을 이해하고 외상을 인지하고 있음을 보여주는 경찰관은 피해자 협조를 크게 증진시킨다는 것이다. 경찰이 피해자의 기대를 충족시켰을 때 피해자 만족이 높아졌으며, 경찰이 피해자를 존엄과 예의로 대할 때도 피해자 만족은 크게 높아졌다고 한다. 경찰이 피해자의 처우에 대한 기대를 충족시키는 데 전향적인, 능동적인, 사전적인 역할을 취하는 것이 매우 중요하다는 것이다. 외상-인지 피해자-중심 접근의 또 다른 긍정적인 영향은 향상된 서비스의 전달이다. 이는 피해자가 치유할 수 있고, 힘을 실어주는 데 필요한 서비스에 피해자를 연계시키는 기회를 제공하는 것이다. 그런데 일반적으로 경찰이 충족시켜야 하는, 또는 피해자가 바라는 것은 안전, 지지, 정보, 접근, 지속, 목소리, 그리고 정의라고 한다. 이는 피해자가 더 이상의 해로부터 안전하게 느끼고, 수사와 사법 절차와 과정에 참여할 수 있는 충분한 정보와 기회를 가지며, 그리고 용의자가 책임을 지는 것을 볼 수 있게 되는 것이다.[369]

물론, 이런 주장에 대한 반대가 없는 것은 아니다. 바로 경찰관의 역할-갈등이다. 일반적으로 경찰관은 공명정대, 불편부당, 공평무사하고 객관적인 사실 발견자, 조정자라 믿고 그렇게 기대하지만, 외상-인지 피해자-중심 접근은 경찰관이 피해자에게 '상담가'이기를 요구하고, 이는 곧 경찰관이 외상-인지 피

---

368 T. R. Tyler, "Enhancing police legitimacy," Annals of the American Academy of Political and Social Science, 2004, 593: 84-99; T. R. Tyler, Legitimacy and Procedural Justice: A New Element of Police Leadership, Police Executive Research Forum, 2014, https://www.ncjrs.gov/App/Publications/abstract.aspxID=268357

369 International Association of Chiefs of Police(IACP), Enhancing Law Enforcement Response to Victims: A 21st Century Strategy, http://www.theiacp.org/Portals/0/pdfs/responsetovictims/pdf/pdf/IACP_Strategy_REV_09_Layout_1.pdf

해자-중심 접근을 취함으로써 헌법이 보장하는 피의자에 대한 무죄추정을 위반한다는 것을 함축하고 있다. 피해자가 하는 진술이 진실이라는 가정에서 시작하고, 이는 곧 경찰을 객관성이나 불평 부당함이라는 중요 가치를 지키지 못하고 수사 등의 과정에도 영향을 미치게 된다는 것이다. 문제는 여기서 끝나지 않고, 심지어는 확정 편향(Confirmation bias)을 초래할 수도 있다는 것이다. 즉, 이어지는 거의 모든 법 집행이 이런 확정 편향적 가정에 입각하게 되는 것이다. 경찰은 더 이상 객관적이지 않고, 용의자의 유책을 확정, 확인시켜주는 정보와 증거만 추구하게 된다는 것이다.[370]

3) 피해자-중심, 피해자-지향 형벌: 징벌적 정서

상식적으로도, 거의 모든 정책의 결정이나 법률의 제정에 있어서, 대중적 태도, 즉 시민의 태도가 적지 않은 영향을 미치기 마련이다. 그러나 중요한 형사 정책의 하나인 형벌에 관한 대중적 태도는 좀 더 복잡하다고 한다. 이유는 사람들이 범법자뿐 아니라 피해자에 관련된 분명한, 특유의 형벌적 태도를 가지기 때문이다. 즉, 사람마다 태도가 다르고, 같은 사람이라도 피해자와 범법자에 따라서도 달라질 수 있다는 것이다. 지금까지는 대체로 범법자에 대한 태도를 중심으로 양형을 결정하고 범법자 중심의 형벌적 태도를 그 토대로 삼아왔다. 그런데, '이에는 이' '눈에는 눈'이라는 함무라비 법전을 시작으로 고전주의 범죄학에서 주장하는 죄에 상응한 처벌, 이를 지칭하는 '비례성' 또는 '비례의 원칙'도 사실은 피해자에 끼친 피해 정도를 기본으로 하는 것으로 보이지만, 실제는 범법자의 특성, 동기 등이 더 중시되고 있다고 할 수 있을 것이다. 이를 우리는 일반적으로 '범법자-중심의 형벌(Offender-centered punitiveness)'이라고 할 것이다. 그러나 죄에 상응한 처벌이라면, 그 죄는 피해의 정도여야

---

370 C. Perry, Victim-entered investigations undermine the presumption of innocence and victimize the innocent: The Report of an expert panel, Center for Prosecutor Integrity, 2016, http://www.prosecutorintegrity.org/wrongful-conviction-day/victim-centered-investigations-undermine-the-presumption-of-innocence-and-victimize-the-innocent-report-of-an-expert/ ; D. P. Rosenbaum, D. S. Lawrnce, S. M. hartnett, J. McDevitt, and C. Posick, "Measuring procedural justice and legitimacy at the local level: The police-community interaction survey," Journal of Experimental Criminology, 2015, 11(3): 335-366

하고, 피해의 정도는 같은 범죄라도 피해자에 따라 상당한 차이가 있기 마련이다. 마치 다리가 부러지는 폭행을 당해도 1-20대 청년과 7-80대 노년 피해자의 손상의 정도는 사뭇 다를 것이다. 당연히 이를 고려하여 양형이 결정되는 것이 옳다는 주장을 하는 것이다. 이를 우리는 "피해자-중심의 형벌(Victim-centered punitiveness)"이라고 한다. '범법자-중심 형벌'이 범법자에 대한 형벌적 대응을 함축, 내포하고 있다면, '피해자-중심 형벌'은 서로 다른 유형의 피해자에게 영향을 미치는 행동에 대한 형벌적 대응이라고 할 수 있다. 동일한 행동이라도 피해자에 따라 서로 다른 영향을 미칠 수 있다는 점을 강조하는 것이며, 형벌은 반드시 이 점을 고려, 함축해야 한다는 것이다.[371]

(1) 공공의 형벌관

지금까지 공공의 형벌관, 형벌에 대한 대중의 태도는 대체로 응보(Retribution), 교화 개선(Rehabilitation), 억제(Deterrence), 그리고 무능력화(Incapacitation)를 포함한 다양한 형벌의 목표를 지지하는 것으로 알려져 왔다. 세 가지 이론적 관점에서 학자들은 사람들이 형벌 정책을 지지하는 정도에 있어서 다양성을 설명하려고 하였다.[372]

먼저, 형벌, 또는 형벌관이란 어쩌면 적어도 미국에서는 일종의 인종적 반감 또는 적대감의 표현일 수도 있다고 한다. 이는 역사적으로 미국에서의 범죄는 소수 인종에 의하여 범해지는 것으로 정형화되어 왔기 때문에 대중이 선호하는 형벌 정책은 당연하게 소수 인종으로부터의 인식된 위협에 대한 반응과 대응, '반 흑인(소수 인종) 정서'라는 분통을 "터뜨리는" 방식 또는 통제의 도구임을 반영한다는 설명이다. 사실, 인종적 분노와 분개가 형벌관을 예측하는 하나의 가장 중요한 예측 요인이라고 하며, 이는 실제로 적어도 통계적으로는 맞는 것이기도 하지만 상당 부분 인종적 편견과 차별이 함축되어 있다는

---

371 J. R. Silver, "Moral foundations, institutions of justice, and the intricacies of punitive sentiment," Law & Justice Review, 2017, 51(2): 413-451

372 F. T. Cullen, B. S. Fischer, and B. K. Applegate, "Public opinion about punishment and corrections," Crime & Justice, 2000, 27: 1-79; E. K. Brown and K. M. Socia, "Twenty First Century punitiveness: Social sources of punitive American views reconsidered," Journal of Quantitative Criminology, 2017, 33(4): 945-959

비판을 받기도 한다.373

사람들은 범죄를 우려하기 때문에, 특히 만약에 법원이 범법자를 다루는 데 효과적이라고 믿지 않는다면 더욱 범죄를 우려하기 때문에 형벌적 정책을 지지한다는 것이 두 번째 설명이다. 이와 관련된 설명으로서, 범죄 수준, 범죄에 대한 두려움, 그리고 피해자화에 대한 위험성 인식과 같은 다른 도구적 관심이나 우려도 포함될 수 있다. 즉, 사람들이 사회의 범죄를 우려하고, 범죄에 대한 공포가 심하거나 피해를 당할 위험성을 인식하기 때문에 형벌적 정책을 선호하고 지지한다는 것이다. 그러나 지금까지의 연구에서는 이런 설명에 대한 찬반이 엇갈린다고 한다.374

세 번째는 사람들의 형벌적 태도는 일종의 '표현적'인 것이라는 설명이다. Durkheim을 비롯한 고전적인 사회학적 이론에 그 뿌리가 있는 것으로, 이러한 관점은 사람들이 처벌적, 형벌적인 것은 범죄를 공유된 사회적 가치를 위협하는 것으로 간주하기 때문이라는 것이다. 그래서 형벌, 처벌은 공공의 대중적 감성을 위반하는 행위에 대한 반감, 불승인, 불용을 표현하고, 도덕적으로 수용할 수 있는, 받아들일 수 있는 행위의 경계를 표시하는 역할을 한다는 것이다. 실제로, 범죄와 같은 사회적 쇠퇴에 대한 우려가 형벌적, 처벌적 태도를 강력하게 예측하는 경향이 있는 것으로 알려지고 있다. 사회적 경계의 유지를 권장하는 권위주의적이고 보수적인 세계관도 더 강한 형벌, 형벌관과 연계되는 것으로도 알려지고 있다. 따라서 이러한 연구 결과들이 형벌적, 처벌적 태도가 "표현적", "표출적"인 것이라는 관점을 지지하고 있다는 것이다375.

373 J. Soss, et al., "Why do White Americans support death penalty?" Journal of Politics, 2003, 65: 397-421; J. D. Unnever and F. T. Cullen, "The social sources of Americans' punitiveness: A test of Three competing models," Criminology, 2010, 48: 99-129

374 Unnever & Cullen, op cit.; G. Kleck and D. B. Jackson, "Does crime cause punitiveness?" Crime & Delinquency, 2016, 63(12): 1572-1599

375 Silver, op cit., p. 415; T. Tyler and R. J. Boebeckmann, "Three strikes and you are out. But why? The psychology of public support for punishing rule breakers," Law & Society Review, 1977, 31: 237-265; Unnever & Cullen, op cit; J. D. Unnever et al., "A liberal is someone who has not been mugged: Criminal victimization and political beliefs," Justice Quarterly, 2007, 24: 309-334

(2) 범법자와 범행에 대한 형벌, 형벌관(Punitiveness)

전반적으로, 범법자라는 사람에 대한, 범법자를 지향하는 형벌, 형벌관과 행동으로서 범죄에 대한, 범죄를 지향하는 형벌, 형벌관은 구분할 필요가 있다고 한다. 특히, 서로 다른, 상이한 유형의 피해자에게 가해진 범죄에 대한 형벌, 형벌관은 더욱 더 구별되어야 한다는 것이다. 더구나 형벌적, 처벌적 판단은 도덕적 관습, 제도, 도구에 그 뿌리를 두기 때문에, 개인의 도덕적 기초가 범법자-중심과 피해자-중심 형벌, 형벌관에 다양한 방식으로 영향을 미칠 개연성이 높다는 것이다.376

범법자-중심 형벌, 형벌관은 범해진 특정한 범죄에 상관없이, 소년 범죄자나 여성 범죄자와 같이 특정한 유형의 범죄자나 또는 일반적으로 범죄자를 향한 형벌, 형벌관을 기술하는 것이다. 다수의 도덕적 기초가 이러한 범법자-중심 형벌의 동기를 제공하는 것으로 알려지고 있다. 일련의 도덕적 반응, 대응의 하나는 공유된 사회적 또는 종교적 가치를 위협하는 것으로 범법자를 보는 관점으로부터 나오는 것으로 볼 수 있다. 구체적으로, 충성(Royalty), 순수(Purity), 권위(Authority)와 같은 도덕적 기초는 집단 규범, 규율, 그리고 관습을 중심으로 하는 것이기에 이런 점에서 집단-지향 또는 '구속력을 가진, 의무적인 (Binding)' 것으로 고려되고 있다. 이들 도덕적 기초에 대한 위반은 곧 사회에 대한 범죄인 것이다. 이러한 도덕적 기초를 지지하는 사람들에게는 그러면 개념 정의상으로는 사회의 규율을 어긴 사람인 범법자는 사회에 대하여 도덕적으로 침해한, 해를 끼친 것으로 간주될 수 있는 것이다. 이는 다시, 충성심, 권위, 그리고 순수성과 같은 구속력이 있는 이러한 도덕적 기초의 지지는 범법자-중심 형벌, 형벌관과 관련될 수 있을 것이다.377

'개별화' 토대라고도 알려지는 개인에 초점을 맞추는 형벌의 토대는 범법자-중심 형벌과도 상응한 것이라 할 수 있다. 오로지 이 '개별화' 토대만을 강력

---

376 P. H. Robinson et al., "The origins of shared institutions of justice," Vanderbilt Law Review, 2007, 60: 1633-1688

377 R. Canton, "Crime, punishment, and moral emotions: Righteous minds and theuir attitudes toward punishment," Punishment and Society, 2015, 17: 54-72; J. Graham et al., "Liberals and conservatives rely on different sets of moral foundations," Journal of Personality and Social Psychology, 2009, 96: 1029-1046

하게 지지하는 사람들에게는, 범죄가 사회에 대한 공격이 아니라 오히려 개인이 다른 개인에 대하여 행한 행동인 것이다. 이와는 대조적으로, 피해자-중심 형벌은 서로 다른 상이한 유형의 피해자에게 가해진 범죄에 대한 대응, 즉 범법자가 아니라 피해자를 중심으로 형벌이 결정된다는 것이다. 유사하거나 동일한 범죄라도 피해자에 따라 형벌이 달라질 수 있음을 암시하는 것이다.

(3) 피해자-지향 형벌 이론

가. 규범의 정당화인가, 피해자 정당화인가?

우리가 사람들을 처벌하는 이유는 무엇인가? 그들이 규율을 지키지 않고 어겼기 때문인가, 아니면 해악, 손상을 초래했기 때문인가? 그 대답은 형법의 주된 목적이 정부 기관, 제도에 대한 충성을 담보하기 위한 것인가, 아니면 피해자의 권리를 담보하고 보호하기 위한 것인가에 달렸다. 만약에 우리 형사사법제도의 일차적 목표가 법률 준수를 보장하기 위함이라고 우리가 믿는다면 사람들의 단순한 법률 위반이나 불복종을 이유로 처벌하는 것이 이해가 된다. 반면에, 형법의 가장 중요한 목적이 사람, 개인의 권리를 보호하는 것이라고 우리가 생각한다면, 다른 사람의 권리를 부당하게, 정당화할 수 없이 방해함으로써 다른 사람을 해칠 때만 처벌한다는 것도 이해가 된다. 누군가가 단순히 규율을 어겼기 때문에 처벌되어야 한다고 진술하는 것은 규범적으로는 매력적이지는 않다고 하는데, 그것은 규범이란 완전히 부당하고 자의적이기 때문이라고 한다. 이런 이유에서, 단순히 규범 위반으로 사람을 처벌해야 한다는 가정은 지지하기 어렵다는 지적도 나온다.[378]

사실, 다른 사람들의 권리를 방해하지 않는 사람도 때로는 단순히 규율을 위반한 것으로 처벌된다고 주장될 수도 있다. 이런 주장을 가장 잘 뒷받침해 주는 사례가 바로 약물 남용과 같은 피해자 없는 범죄(Victimless crimes)이다. 개인적으로 이용할 목적으로 소량의 마리화나를 소지한 사람은 다른 사람의 어떤 권리도 방해하거나 침해하지 않았음에도 처벌되는 것이다. 이 경우에 처

---

378 L. E. Chiesa, "Taking victims seriously: A Dworkinian theory fo punishment," Pace Law Faculty Publications, 561, 2007, pp. 123, https://digitalcommons.pace.edu/lawfaculty/561

벌되는 사람은 그의 행동이 다른 사람, 즉 피해자에게 해를 초래했기 때문에 처벌되는 것이 아니라, 오로지 규율을 지키는 데 실패했기 때문에 처벌되는 것이다. 이처럼 사람들이 가끔은 단지 그들이 규율을 어겼기 때문에 처벌되지만, 그렇다고 법의 불복종과 미준수를 처벌하는 것이 규범적으로 정당화되는 것으로 결론을 내리는 것은 실수가 될 수 있다고 한다. 마찬가지로, 단순히 규범을 어겼다는 이유만으로 처벌을 가하는 것도 정당화할 수 없다. 누군가에 대한 처벌을 정당화하기 위해서는, 국가는 규율이 위반되었고, 규율로 금지된 행위를 처벌하는 데에 대한 충분한 확고한 이유가 존재한다는 점을 보여주어야 한다. 용의 범법자가 규범을 어겼다는 사실만을 단순히 보여주는 것으로는 충분하지 않다는 것이다.379

과거에는, 사람들이 자신의 행동이 왕이나 정부에 대한 경멸을 보일 때 당연히 처벌을 받아 마땅하다고 주장하였다. 이런 사고는 국가에 대한 권위주의적이고 가부장적 개념과 일맥상통한다. 그러나 사회가 더 민주화되고, 정부는 덜 권위적이게 됨에 따라, 형벌의 정당화에 대한 이러한 이론은 만족스럽지 않은 것으로 증명되었다. 형법의 초점은 이제 국가를 보호하는 것에서 개인을 보호하는 것으로 옮겨졌다. 오늘날, 범죄는 왕의 평화를 방해하는 것이지 않으며, 따라서 그에게 범죄를 저지르는 것도 아니며, 오히려 개인의 권리를 방해하는 것이다. 범죄의 핵심은 주권에 대한 복종과 충성 의무의 위반이 아니라, 개인 이익의 침해인 것이다. 이것이 바로 우리의 형벌제도가 위반, 침해된 규범을 입증하는 기제가 아니라 피해자의 이익, 권리를 입증, 정당화하는 도구로 이해되는 것이 더 낫다고 하는 이유이다.380

나. 자기-결정과 평등의 원리와 처벌

민주국가의 시민들은 두 가지 기본적 원리를 공유한다는 것이다. 그 하나는 모든 사람은 각자 자기 자신의 삶의 성공을 실현시킬 특별한 책임, 어떠한 종류의 삶이 자신에게 성공적인 삶인가를 판단하는 것을 포함하는 책임이 있다는 자기-결정의 원리(Principle of self-determination)이다. 이는 우리는 다른 인간

---

379 Chiesa, 2007, op cit., pp. 123-124
380 Ibid., p. 124

존재의 의지에 자신을 종속시키지 않아야 하고, 우리는 어떤 누구도 우리 삶의 기본적인 결정을 강요할 권리를 받아들일 아무런 이유가 없으며, 바로 그런 이유로 그런 선택을 하지 않는다는 것이다. 두 번째 원리는 평등의 원리로서, 모든 인간 삶의 평등한 객관적 중요성을 인식하는 것이다. 이 원리에 대한 확실한 인식과 존중은 어떠한 인간의 삶이라도 그 본질적인 고유한 중요성을 부정하는 방식으로 행동해서는 안 된다는 것을 의미한다. 이런 관점에서 보면, 범죄란 피해자와 가해자 두 사람이 상호작용하는 행동이고, 이 상호작용으로 인해서 가해자는 피해자의 권리를 희생하여 자신의 이익을 발전시키는 것이다.381

강간을 예로 들자면, 가해자가 피해자의 성적 자기-결정권을 침해, 위반함으로써 자신의 쾌락을 추구하는 것인데, 이러한 합의되지 않은 성적 관계에 가담함으로써 가해자는 피해자가 선택하지 않았을 강요된 행위에 참여하도록 강제하였으며, 이는 곧 위의 자기-결정 원리의 침해이고, 가해자가 자신의 행동으로 피해자의 삶과 바람이 자신의 사적 이익보다 자신에게 덜 중요하다는 것을 보여준다는 점에서 평등 원리의 침해이기도 하다는 것이다. 민주국가의 시민이라면 정부가 부당한 방식으로 자신의 자율성을 침해하는 행동으로부터 자기들을 보호하리라 기대하며, 누군가가 이 자기-결정과 평등의 원리를 침해하면 자신의 권리의 보호자로서 국가에 대한 기대는 좌절되는 것이다. 처벌이 바로 이러한 좌절된 기대에 대한 반응을 대변한다는 것이다. 가해자를 처벌함으로써 국가가 자기-결정과 평등의 원리의 근본적인 중요성을 재확인하고, 그래서 정부가 시민의 기본적 권리를 보호하기 위하여 최선을 다한다는, 법을 준수하는 시민들이 가지는 기대를 재강화한다는 것이다. 이렇게 볼 때, 처벌은 정부가 가해자의 해로운 행동을 거부하고 피해자와의 연대와 결속을 보여줌으로써 정부가 개인의 권리를 정당화하는 방식으로 대변한다는 것이다.382

---

381 Chiesa, op cit., p. 125
382 Ibid., p. 126

다. 피해자-지향 형벌의 쟁점

이렇게 피해자 또는 피해-지향의 형벌 이론을 따른다면, 첫째는 소위 피해자 없는 범죄를 범한 사람의 처벌의 정당성에 대한 의문이 제기되고, 둘째는 피해자의 동의가 살인을 포함한 모든 범죄에 대한 변호, 방어여야 한다는 것을 보여준다. 만약 처벌의 핵심 목적이 자기-결정과 평등 원리의 기본적 중요성을 재확인하는 것이라면 피해자 없는 범죄를 범한 사람을 처벌하는 것에 대한 정당성은 분명하지 않을 수 있다. 평등과 자기-결정 원리는 누군가가 피해자의 자율성을 정당화할 수 없이 방해함으로써 그의 삶의 가치의 본질적 중요성을 부정할 때 침해되는 것이다. 형법의 관점에서 보면, 이들 원리를 침해한 사람이 가해자, 범법자이고, 가해자의 행동으로 자신의 권리가 침해, 위반된 사람이 피해자인 것이다. 그렇다면, 만약 피해자가 없다면 범법자를 처벌함으로써 바로잡혀야 할 필요가 있는 자기-결정과 평등 원리의 침해도 없는 것이다. 예를 들어, 마리화나 소지나 사용은 다른 어떤 사람의 자율성도 방해하지 않으며, 어떤 다른 사람의 삶의 가치도 부정하지 않으며, 다른 사람의 권리도 방해, 침해하지 않았다. 당연히 자기-결정과 평등의 권리가 범법자를 처벌함으로써 고쳐질 필요가 있는 피해자도 없는 것이다. 이런 측면에서, 규범의 위반이 피해자에게 해악을 초래했을 때만 처벌이 가해져야 한다는 것이다. 당연히 마리화나를 개인적으로 소지한 사람은 누구에게도 해를 가하지 않았기 때문에 그를 처벌하는 데에 대한 정당성은 의문스럽다는 것이다.[383]

피해자-지향의 형벌 이론은 또한 동의의 원칙에도 함의를 가진다. 자기-결정의 원리는 누군가가 우리가 원치 않는 무언가를 하도록 우리를 강요할 때만 위반, 침해되는 것이어서, 누군가가 자신에게 수행하기를 바라는 행동에 동의할 때는 자기-결정 원리의 침해도 없다는 것이다. 이 피해자의 동의는 처음에는 강요된 정복의 정당화할 수 없는 행동으로 보였던 것이 자기-결정의 허용할 수 있는 행동으로 바뀌게 된다. 따라서 동의한 피해자는 처벌을 부과함으로써 정당화될 필요가 있는 어떠한 권리의 방해로 어떠한 고통도 받지 않는 것이다. 어쩌면 피해자로 추정되는 사람이 자신이 동의한 행동을 자신에게 수

---

383 Chiesa, op cit., pp. 126-127

행한 사람을 처벌하는 것은 피해자 없는 범죄를 행한 사람을 처벌하는 것에 버금간다. 만약에 피해자가 행동에 동의했다면 그는 전혀 피해자가 아니라는 것이다. 동의된 행동에 가담한 범법 용의자를 처벌하는 것은 피해자에게 해를 초래하지 않은 행동을 범한 사람에게 처벌을 가하는 것만큼이나 못마땅한 것이되고 만다.384

4) 피해자 권리와 언론에서의 범죄 갈등의 극복

피해자 권리 운동은 뉴스 매체에 범죄가 어떻게 규정되고, 형사사법제도에서 어떻게 심판되는 방법에 대한 갈등의 장으로 해석한다. 범죄-피해자 권리를 그 기준점, 준거점으로 취하는 범죄에 대한 언론보도를 생산하기 위하여 일부 피해자 권리 운동 조직이 개발, 발전시키는 특정한 전략에 눈을 돌림으로써 상징적인 범죄 피해자에 대한 높아진 대중적 가시성과 피해자 권리의 수사를 이해할 수 있다. 그런데, 피해자 권리 뉴스 활동은 뉴스 출처 활동(News Source Activism)과 정서적 문해력에 있어서 기자 훈련(Journalistic training in emotional literacy)이라는 두 가지로 나누어진다.385

(1) 뉴스 출처 활동

피해자사법 옹호론자들은 뉴스를 범죄의 의미에 대한 갈등의 현장으로 인식한다. 이를 뒷받침하는 시도로서 미국의 전국 범죄 피해자 센터(National Center for Victims of Crime)는 언론의 이야기 전개 특권을 통제하고자 하여, 전국 피해자 지원 조직(NOVA: National Organization for Victim Assistance)과 함께 피해자 권리 옹호자들이 자기들의 피해자 권리 운동이 규정하는 범죄 피해자의 위치에서 범죄를 묘사하기 위하여 어떻게 언론 기관과 언론 프로그램들과의 네트워크를 구축하는가 그 방법을 교육 훈련 자료와 영상으로 보여주고 있다. 교육과 훈련을 통해서 범죄 피해자에 대한 언론 가시성을 높이고, 뉴스 매체들이 자신의 뉴스 주체인 피해자를 대하는 방법을 변화시키고자 하는 것이다. 이들

---

384 Chiesa, op cit., p. 127
385 Rentscheler, op cit., p. 222

피해자 권리 옹호론자들은 자신들의 뉴스-매체를 범죄 이야기, 기사를 누가 소유하는가에 대한 점유권 다툼으로 틀을 짠다. 이러한 사고 선상에서, 만약 피해자나 그 가족이 자기들의 범죄 이야기, 기사를 소유한다면, 피해자가 범죄 이야기를 다시 만드는 것을 억누르거나 적어도 피해자와 악마 사이의 갈등을 보여주는 극화(Dramatization)를 고집, 주장할 수 있어야 한다는 것이다.386

전국 범죄 피해자 센터는 "프라이버시와 존엄성: 범죄 피해자와 언론"이라는 보고서에서, 하이에나와 늑대 무리에 에워싸인 부상당한 동물처럼, 살해당한 아이의 부모와 조부모 등 가족들은 일종의 악마의 합창으로 그들이 느끼고 응보의 방식으로 원하는 것을 묻는 기자들에 둘러싸이게 된다. 더 나아가 가족들은 재판이 시작도 하기 전에 신문이나 TV에서 피해자의 성격은 이미 폭파되기 일쑤라고 경고하였다. 센터의 편람은 자기들의 견해로는 언론의 피해자가 되는 범죄 피해자 가족의 프라이버시와 존엄성 회복을 편람의 목적으로 기술하고 있다. 편람에서, 그들은 옹호자들이 피해자의 고통을 통하여 범죄를 묘사하려는 운동으로 언론을 협력자로 만들 수 있다는 것이다. 편람은 또 피해자 가족을 향한 언론의 행위를 무례와 비행으로 해석하고, 범죄 피해자의 가족은 그들의 언론과의 상호작용에 대한 일종의 위험 인식을 가져야 한다고 경고한다. 피해자나 그 가족이 언론 접촉의 시간이나 장소 등은 선택할 수 있지만 인터뷰 이후 기사 제목이나 인용 등에 대해서는 선택의 여지가 없이 전적으로 언론의 손에 달린 것이다. 법과 질서라는 이름 아래 폭력을 당한 신체의 동영상을 어떻게 보여주고, 그것을 어떻게 상업화할지 전혀 통제할 수 없는 것이다. 이런 것들이 소위 말하는 언론에 의하여 저질러지는 "2차 부상(Secondary wounding)"이다.387

당연히, 피해자 운동가나 옹호론자들은 뉴스 매체와의 관계를 더 큰 범죄 피해자 운동과 범죄 피해자의 개인적, 정치적 이익에 부합, 기여하게 하는 수단으로 언론을 활용할 것을 강조하여, 우리 사회의 범죄와 폭력의 영향에 대해서 증언하기 위하여 언론을 활용할 수 있도록 피해자와 그 가족에게 힘과

---

386 F. Weed, Certainty of Justice: Reform in the Crime Victim Movement, New York: Aldine de Gruyter, 1995, p. 90
387 Sarat, op cit., p. 25; Government of Canada, op cit., p. 5; Rentschler, op cit., p. 224

권한을 주어야 한다고 주장한다. 대다수 언론, 뉴스 매체는 범죄를 이익을 위하여 팔릴 상품으로 바꾸기 때문에, 피해자를 선정적인 뉴스 작품이 아니라 피해자로 묘사하는 경우는 아주 드물다고 한다. 피해자 운동가나 옹호론자들은 이런 이유에서 범죄 뉴스가 형사사법에의 피해자 운동의 이익에 더 잘 부합되고 기여하도록, 즉 범죄-피해자 가족이 폭력적인 범법자의 형벌을 추구하는 과정에서 자기들의 슬픔과 손실에 대한 확인을 받는 단계로서 뉴스 미디어를 교육시켜야 한다는 것이다. 그렇지 않으면, 언론, 뉴스 매체가 피해자 가족에 대한 가해자가 되는 것이라고 경고한다. 이런 유형의 뉴스 미디어, 매체를 "법의과학, 과학 수사 저널리즘(Forensic journalism)"이요, 그들의 보도 행태를 '과잉 환상(Hyperfascination)'이라고 부른다. 이러한 '과학 수사, 법의과학 언론'은 예를 들어 여성이 살해된 살인 범죄에 있어서 여성의 피살이 더 잘 이해될 수 있도록 우선적으로 남성의 폭력과 학대 이력과 가해자와 피해자의 삶보다는 오히려 범행 수법이나 시신의 시각적 영상의 노출 등 범죄 그 자체에 대한 즉각적인 상황적 역동성을 보도하는 것을 관례화한다. 이런 측면에서, 일부에서는 이러한 뉴스 매체들의 관례나 관행적 범죄 보도를 또 다른 범죄라고까지 주장하고, 언론은 피해를 가하는 당사자이고 피해자 가족이 그 피해자인 상황에서 운동가와 옹호자들은 보호자여야 한다는 것이다.388

(2) 언론의 정서적 문해력 훈련

시청률이나 구독률을 놓고 벌이는 과잉 경쟁으로 선정성과 폭력성까지도 마다하지 않는 언론의 범죄 보도는 그 자체가 또 다른 하나의 범죄일 수도 있을 정도에 이르고, 특히 피해자에 대한 배려나 보호에는 인색하여 2차 피해까지도 우려하는 현실을 놓고 피해자 운동가와 옹호자들은 언론이 범죄 피해자를 너무나 무감각하게, 둔하게 대하고 다루었다고 비난하고 비판한다. 그들은 언론을 "고통스러운 감정, 느낌의 장소"로 직격하고 나섰다. 범죄 피해자 옹호자들은 그러나 다른 한편으로는 언론을 피해자 가족들이 대중 매체를 통하

---

388 N. Websdale and A. Alvarez,"Forensic journalism as patriarchal ideology: The newspaper construction of homicide-suicide," in F. Y. Bailey and D〉 C. Hale(eds.), Popular Culture, Crime, and Justice, Belmont, CA: West/Wadsworth Publishing, 19998, pp. 123-142

여 광범위하게 자기들의 이야기를 전할 수 있는 가능한 치료적 피해자 추천의 장으로도 인식하기 때문에 피해자와 그 가족들을 향한 뉴스 미디어의 행위를 바꾸고 싶어 한다.389

범죄 피해자와 그 가족에 대하여 언론이 보다 민감해질 수 있도록 피해자 운동이 일종의 외상 과학(Traumatic science) 훈련으로 언론인들에게 "피해자"는 PTSD와 같은 심리적 용어로 정의될 수 있는 범죄로부터 고통을 받는 사람으로 규정될 수 있는 피해자의 심리적 손상을 통하여 범죄를 재구성하기 위한 해석적 틀을 제공하자고 제안한다. 여기에는 중요한 몇 가지 처방이 있어야 한다. 우선, 범죄는 일상적이거나 삶의 매일의 한 부분이 아니라 그야말로 한 번의 사건이라는 것이 처방전의 핵심이다. 그렇다면 그런 한 번의 사건인 범죄의 주 피해자도 단 한 번의 피해자여야지 사회적 위치와 매일의 삶이 규칙적으로 폭력 경험을 접하게 하는 반복 피해자가 되지 않아야 한다는 것이다. 여기에는 반복이나 재피해자화도 해당되지만 언론에 의한 2차 피해자화도 마찬가지이다.390

---

389 Rentschler, op cit., p. 230
390 L. Berlant, "The subject of true feeling: Pain, privacy and politics," in J. Dean(ed.), Cultural Studies and Political Theory, Ithaca, NY: Cornell University Press, 2000, pp. 42-62

피해자사법의 범위

지금까지 강조되고 요구되고, 그리고 일부 시행되기도 하는 피해자사법의 중요 분야는 피해자의 권리, 참여와 역할, 지원과 보호, 그리고 피해의 회복으로 크게 나눌 수 있을 것이다.

 ## 1. 피해자 권리의 향상

일련의 정치적 주장으로서, '피해자 권리'는 피해자로서 그들의 역할에 있어서 사회적 인정, 인식에 대한 범죄 피해자와 그들의 대변자의 권리를 의미한다. 사회적으로 인정되기를 요구하는 권리들은 자신의 관점에서 자기 이야기를 말할 수 있게 하는 언론 접근의 권리, 경찰 수사, 법원 절차, 유죄 협상, 양형 결정, 그리고 가석방에 관한 형사사법 절차와 정보에의 참여 권리, 위의 어떤 경우에도 참여하지 않기로 선택할 권리를 포함한다. '피해자 권리' 주장은 범죄가 형사사법제도와 대중 언론에서 상징적으로 대변, 대표되고 합법적으로 심판되는 제도 안에서 인정되기를 요구하는 것이다. 피해자 권리 운동 주창자들은 '범죄 피해자'의 정체성이 인정되지 않은, 인정받지 못한 문화적, 정치적 무관심의 형태를 이루고 있다고 주장한다. 피해자 권리 옹호, 주창자들은 우리의 법률제도가 피의자의 권리를 지나치게 보호한다는 것을 주장하기 위하여 권리 없는 범죄 피해자의 담론과 인상을 전략적으로 활용한다. 피해자에 대한 범법자의 약탈이 범법자의 권리는 보호하면서 피해자를 대표하는 권리는 부정하는 관대한 법률제도의 신호, 상징으로 해석되어, 근본적으로 피의자에 대한 헌법적 권리 보호가 범죄 자체로 인한 해악 이상의 추가적인 해악을 초래한다고 주장하고 있다. 그래서 피해자의 권리라는 언어는 범법자에 대한 교화 개선(Rehabilitation)과 예방(Prevention)보다는 통제(Control)와 무능력화(Incapacitation)를 더 강조하여 법과 질서라는 범죄 통제 주도권을 다시 재포장하는 방법을 제공하는 것이 되어, 그들의 개혁이 일부 범죄 피해자 가족들의 형벌에 대한 응보적 요구에 답하는 것으로 보이게 된다. 이런 점에서 한때는 피해자 권리가 범죄가 대체로 지나치게 관대한 형사사법제도의 결과물이라고 믿는 사람들을 위한 시위 구호로서 법과 질서를 거의 대체하였다.391

1) 고지(Notification)

피해자는 사건의 당사자임에도 사법 절차와 과정에서 거의 전적으로 배제되기 때문에 자신의 사건이 지금 어디까지 왔으며 언제 그리고 어디로 갈 것인지 전혀 알지 못하는 실정이다. 더구나 피해자들은 많지 않은 권리마저도 자신에게 주어질 수 있는 권리가 어디에, 어떤 것이 있는지도 누구로부터도 듣지 못하여 전혀 알지 못하고 있다. 당연히 피해자들은 자신에게 주어진 가용한 권리를 행사할 수도 없게 된다. 따라서 피해자에게 가능한 서비스나 권리가 어떤 것이 있고, 어디서, 어떻게 받을 수 있는지, 그리고 사법 절차가 어떻게 진행될 것인지 고지해 주는 것, 피해자가 그런 정보를 통지, 고지받을 권리는 어쩌면 가장 기본적이지만 가장 중요한 피해자 권리라고도 할 수 있을 것이다. 이는 마치 범죄나 경찰 영화에서 흔히 볼 수 있는 것처럼 경찰관이 범인을 체포할 때 피의자의 제반 권리를 알려주는 미란다 경고를 떠오르게도 한다. 여기에는 용의자의 체포, 기소 여부와 재판 절차와 결과, 그리고 수용 후 석방과 관련된 정보 등이 대표적으로 피해자들이 알고 싶어 하는 중요한 정보에 해당된다고 한다.392

---

391 C. A. Rentschler, "Victims' rights and the struggle over crime in the media," Canadian Journal of Communication, 2007, 32: 219-239; N. Fraser, "From retribution to recognition? Dilemmas of justice in a 'post-socialist' age," in N. Fraser(ed.), Justice Interuptus: Critical Rflections on the 'Post-socialist' Condition, New York: Routledge, 1997, pp. 11-40; A. Sarat, "Vengeance, victims and the attitudes of law," Social & Legal Studies, 1997, 6(2): 163-189
392 R. C. Davis, "Victim rights and new remedies: Finally getting victims their due,"

2) 참여와 상담

피해자 참여로서 가장 잘 알려진 것은 형을 선고할 때 피해자 영향 진술서 (Victim Impact Statement)를 제출하는 것이라고 할 수 있다. 피해자에게 피해자에 의한 보다 주관적인 평가로서 적절한 양형에 대한 의견을 진술할 권리를 주는 것이다. 이와 더불어, 형사사법 관리들에게 보석, 유죄 협상, 또는 가석방 등의 결정 전에 피해자들과 상담하도록 강제하기도 한다. 실제로 미국에서는 가장 빈번하게 활용되는 피해자 참여 형태로서, 이 권리를 통지받은 피해자의 90% 이상이 이 권리를 행사했다고 보고되기도 하였다. 물론, 반대론자들이 주장하는 이 확대된 피해자 권리인 피해자 영향 진술서에 대한 한 가지 두려움은 피해자 참여가 많아질수록 판사가 보다 엄중한 처벌을 할 개연성이 더 높아질 수 있다는 우려이다. 양형 결정에 개인적인 감정을 주입하는 것은 양형에 있어서 통일성을 약화시키고, 임의성의 정도를 더 높이며, 유죄가 확정된 피의자에 대한 더 혹독한 처우를 초래할 수 있다는 우려인 것이다.[393]

3) 보상과 배상

범죄 피해는 다양하지만, 그 중에서도 금전적 비용도 만만치 않은 것이 사실이다. 신체적 또는 정서적, 정신적 외상과 관련된 의료비, 재산 범죄와 관련된 수리와 대체의 비용, 범죄와 관련된 부상 등으로 인한 직장과 노동력의 상실이나 손실, 범죄로 인한 각종 기회비용(Opportunity costs)이 그런 것들이다. 이론적으로는, 당연히 피해자가 이런 비용들을 배상명령을 받은 범법자로부터나 또는 공공 보상을 통하여 회복할 수 있다. 예를 들어, 미국에서처럼, 교정기관에서 가석방의 조건으로 배상을 요구하도록 하거나, 형의 유예나 외부 통근(Work release)의 일부로서 범법자에게 배상을 지불하게 하는 것이 그런 이유이다. 범죄 피해자에 대한 국가 보상의 경우에도, 일부에서는 그 기금을 범법자가 지불하는 수수료나 요금으로 모금하기도 한다.[394]

Journal of Contemporary Criminal Justice, 2008, 24(2): 198-208

393 D. P. Kelly and E. Erez, "Victim participation in the criminal justice system," in R. C. Davis, A. Lurigio and W. Skogan(eds.), Victims of Crime(2nd ed.), Thousnad Oaks, CA: Sage, 1999, pp. 231-244; P. A. Talbert, "Relevance of victim impact statement to the criminal sentencing decision," UCLA Law Review, 1988, 36: 199-232

4) 보호받을 권리

형사사법 관리들은 점점 더 범죄 피해자, 특히 스토킹, 교제폭력이나 갱이나 조직폭력의 피해자와 증인들의 안전에 관심을 가지게 된다. 스토킹 범죄 피해자 보호를 위하여 접근 금지명령을 내리고, 이를 감시하기 위하여 스마트 워치를 피해자에게 제공하거나 더 적극적으로는 가해자의 접근을 차단하기 위한 일환으로서 가해자에게 전자발찌를 채우기도 한다. 이런 노력들은 당연히 피해자가 자신의 안전을 위하여 보호받을 권리가 있기 때문이다. 더 나아가서는 법원 기록과 법 집행 기관에서의 피해자 신상 정보의 공표를 제한하거나 공개 법정에서의 증언에서 직장이나 거주지 주소를 제공할 것을 요구하지 않음으로써 가능한 가해자의 위협과 협박으로부터 피해자를 보호하기도 한다.395

5) 신속한 재판을 받을 권리

대부분의 나라에서 형사사법 절차와 과정과 관련된 문제점이나 애로 또는 시민 불평과 불만의 하나가 사법 절차의 지연이라고 한다. 이는 여러 가지 원인이 있겠지만, 민사의 경우에는 절차가 지체되면 될수록 피해자는 자신은 아무런 잘못도 없는 무고한 피해자임에도 길어지는 시간만큼 시간과 노력과 비용의 부담도 증대되기 일쑤이고, 결과적으로 일부 피해자는 소송 자체를 포기하기까지 한다는 것이다. 형사에 있어서도, 이론적으로 형벌을 통한 범죄 억제 효과는 더 신속하고 확실하고 엄중할수록 커진다는 것인데, 늦어질수록 그 효과는 떨어질 것이고, 피해자에게는 사법 정의의 실현이라는 측면에서도 지체된 정의가 되어 그 의미가 퇴색되거나 약화되기 마련일 것이다. 이를 우려하여, 다양한 방식으로 피해자에게 신속한 재판이나 처분을 받을 권리를 제공한다는 것이다.396

---

394 B. E. Smith and S. W. Hillenbrand, "Making victims whole again: Restitution, victim-offender reconciliation programs, and compensation," in R. C. Davis et al.(eds.), op cit., pp. 245-256

395 S. Howley and C. Dorris, "Legal rights for crime victims in the criminal justice system," in Davis et sl.(eds.), op cit., pp. 299-314

396 ibid.; Davis & Mulford, op cit., p. 202

2. 피해자 참여와 역할의 증대

대체로 피해자학에서는 피해자 참여를 피해자가 결정권을 가지는 적극적, 능동적 참여(Active participation)와 피해자가 결정권은 가지지 않지만 자신의 사건에 대한 전개와 진전에 대해서 고지받고 자문을 받는 수동적, 소극적 참여 (Passive participation)의 두 가지 형태로 구분하고 있다. 이를 좀 더 구체적으로, 통제, 자문, 정보 제공, 그리고 의사 표현이라는 4가지 형태로 나누기도 한다. 먼저, 통제(Control) 형태의 참여는 형사사법 당국이 피해자의 선호를 묻고 적용해야 할 의무가 있음을 함축하는 것으로, 실질적으로 피해자가 의사결정자인 능동적 참여와 동일하다. 두 번째 참여 형태인 자문(Consultation)은 형사사법 당국으로 하여금 피해자의 선호를 구하고 고려할 의무가 있는 경우로서, 수동적 참여라고 할 수 있다. 세 번째 참여 형태는 정보 제공(Information provision)으로서, 이는 당국이 피해자 정보를 구하고 고려할 의무가 있는 경우로서, 피해자는 정보를 제공할 의무가 있으며, 피해자에게 선택의 여지를 주지 않는다. 이 세 번째 형태의 참여는 실질적으로 형사사법에서의 증인의 역할이며, 피해자는 요청을 받으면 증언할 의무가 있다는 것이다. 마지막 형태의 참여는 의사 표현(Expression)으로서, 피해자가 정보를 제공하거나 감정을 표현할 선택의 여지를 가지고, 당국은 피해자 의견을 허용하지만 그것을 고려할 의무는 없는 경우이다.397

피해자-지향에서나 심지어 가해자-지향 사법에서도 형사사법제도의 기능에 피해자의 참여는 핵심적이라고 할 수 있다. 피해자는 당국에 피해자화를 신고하고, 진술서를 제출하고, 정보를 제공하고, 증거를 제출하고, 심문에 출석하고, 증인으로서 증언을 하고, 대질심문에 응하고, 다양한 용도로 서류를 제출하고, 형사 절차에 참석함으로써 참여하는 것이다. 형사사법은 다수의 조직, 의사결정자로 구성되고, 상당한 시간을 소모하는 복잡한 제도이며, 그러한 제

---

397 I. Edwards, "An ambiguous participant: The crime victim and criminal justice decision-making," British Journal of Criminology, 2004, 44: 967-982; Wemmers, 2008, op cit.

도에의 참여 활동 또한 당연히 광범위하게 퍼져있기 마련이다. 형사사법 과정의 모든 단계에서의 피해자 참여는 시간, 교통, 돌봄 지원을 포함하여, 피해자로부터의 노력과 자원을 필요로 한다. 피해자들은 형사사법제도라는 잘 알지 못하고 매우 기술적인 제도에 직면할 때면 공포, 혼란, 불확실성을 겪게 된다. 그리고 물론 피해자화의 유형에 따라 차이가 있겠지만, 피해자는 또한 피해자의 참여를 완전하게 또는 전혀 참여하지 못하도록 억제하려는 범법자와 그 가족 또는 친지로부터의 위협, 희롱, 학대를 겪을 수도 있다.[398]

피해자가 참여할 때도, 특정한 피해자 전형에의 의존을 포함하여 당국이 피해자의 필요를 충족시키지 못하고, 피해자에게 제대로 고지하지 않는 일상적 실패와 같은 공통의 실패 지점들이 지적되곤 한다. 결과적으로, 피해자들이 참여할 때도, 거의 대부분은 양형에 대한 실망과 법원의 진실을 발견하지 못하는 무능함 등으로 실망하게 된다고도 한다. 그럼에도, 형사사법에 대한 만족도 연구들은 당국의 공정성과 당국에 의한 처우, 그리고 응보적 결과와 피해자 만족이 높은 상관관계가 있음을 밝혀내고 있다.[399]

1) 피해자 참여의 논쟁

70년대 전까지만 해도, 범죄 피해자는 형사사법 과정에서 잊힌 존재(Forgotten being), 잊힌 당사자(Forgotten party)였으나, 거의 모든 나라에서 앞다투어 피해자 권리를 다양하게 높이고 있다. 형사 절차의 모든 단계에서 인정과 존중받을 권리, 사건 전개에 관한 정보를 받을 권리, 범법자와 관련된 결정에 책임이 있는 관료에게 정보를 제공할 수 있는 권리, 피해자 수단에 무관하게

---

398 R. L. Holder and E. Englezos, "Victim participation in criminal justice: A quantitative systematic and critical literature review," International Review of Victimology, 2023, 30(1): 1-25; C. Cerulli, C. L. Kothari and M. Dichter, "Victim participation in intimate partner violence prosecution: Implications for safety," Violence Against Women, 2014, 20(5): 539-560

399 E. Stover, M. Balthazard and K. A. Koenig, "Confronting Duch: Civil party participation in Case 001 at the Extaordinary Chambers in the Court of Cambodia," International Review of the Red, 2011, 93(882): 503-546; A-M, De Brouwer and E. Ruvebana, "The legacy of the Gacaca courts in Rwanda: Survivors'views," International Criminal Law Review, 2013, 13(5): 937-976; M. Laxminarayan, M. Bosmans, R. Porter et al., "Victim satisfaction with criminal justice: A systematic review," Victims and Offenders, 2013, 8(2): 119-147

가용한 법률 상담을 받을 권리, 피해자의 사생활과 안전을 위한 보호받을 권리, 범법자와 국가로부터 보상받을 권리, 피해자 지원을 받을 권리 등이 주요한 피해자 권리라고 할 수 있다. 존중과 존엄으로 대할 것이나, 정보를 고지받을 권리나 지원받을 권리 등 이들 권리의 다수는 비교적 논란의 여지가 별로 없다. 그러나 이들 권리가 해석되는 방식에 따라 피해자에 대한 더 강한 절차적 지위를 함축하는 일부 권리에 대해서는 일부 논란의 여지가 있다고 한다. 아마도 그중에서 가장 논쟁의 여지가 많은 것은 '피해자 영향 진술'이 아닐까 한다. 피해자 영향 진술은 그 형태와 방식은 다양할지라도 한 가지 공통적으로 분명한 것은 재판 절차의 일부로서 자신이 경험한 범죄로 인한 해악을 표현할 권리를 피해자에게 준다는 점이다.400

피해자 영향 진술이라는 피해자 참여와 관련된 논쟁은 대체로 두 가지라고 하는데, 그 하나는 이 피해자 영향 진술이 범법자의 권리와 적법 절차와 비례의 원칙과 같은 다른 핵심적인 형사사법 규범에 미치는 압박, 압력이고, 두 번째는 피해자 영향 진술의 효과성에 관련된 논쟁이라고 한다. 한편에서는 더 많은 이유를 근거로 피해자 영향 진술이 논쟁의 대상이 된다고도 한다. 먼저, 피해자가 자신이 겪은 해를 표현하는 것은 법원이 피해자에 대한 보상을 인정하는 하나의 도구로 이용되고 있다는 것이다. 다음은 피해자 영향 진술이 피해자의 2차 피해자화를 줄여줄 수도 있다는 것으로, 형사 절차상 피해자 역할의 부재가 피해자 불만의 주요 근원인 반면에, 피해자에게 가해진 해악의 사회적 인지는 외상적 불평의 발전에 대한 하나의 보호 요인이 될 수 있기 때문이다. 세 번째도 위와 관련된 것으로 피해자에게 자기 목소리를 낼 수 있는 기회라는 것이다. 실제로 피해자에게 형사 절차상의 역할을 제공하는 것이 형사 절차의 정당성과 그 결과의 수용을 높인다는 것이다. 바로 이 기능이 어쩌면 피해자 영향 진술의 핵심이라고도 할 수 있는데, 중요한 것은 양형에 영향을 미치는 것이 아니라 피해자에게 절차상의 역할을 준다는 단순한 사실이라

---

400 A. Pemberton and S. Reynaers, "The controversial nature of victim participation: Therapeutic benefits in victim impact statement," in E. Erez, M. Kilchlinch and J. J. M. Wemmers(eds.), Therapeutic Jurisprudence and Victim Participation in Justice International Perspectives, Carolina Academic Publishing, 2011, pp. 229-248

는 것이다. 끝으로, 피해자 영향 진술이 피해자가 범법자에 대한 양형에 영향을 미칠 수 있는 수단, 도구로 알려지고 있다는 것이다. 문제는 바로 이 점이 피해자 영향 진술의 논란의 여지가 가장 큰 부분이라는 것이다. 먼저, 피해자 영향 진술이 더 엄중하고, 일관성이 없고, 비례의 원칙에 어긋나는 양형으로 이어질 수 있다는 우려이며, 더 근본적인 문제로는 그 동기가 피해자-지향적 패러다임을 형사사법 절차로 끼워넣게 된다는 것이다.401

피해자 영향 진술이 양형에 미치는 영향과 관련된 논쟁은 두 가지 구별되는 문제로 귀착된다. 주요 우선적, 일차적 우려와 관심은 피해자 영향 증거가 양형에 영향을 미치도록 허용하는 것은 더 엄중한 처벌로 이어질 수 있다는 것이다. 이와 관련하여, 일반적으로 피해자가 복수심이 강하고, 처벌적이며, 그리고 양형의 엄중성을 극대화하려는 욕망이라는 동기를 가진 것으로 알려지기도 하지만, 실제는 피해자가 아닌 사람들에 비해서 처벌적인 면에서 결코 크게 다르지 않으며, 오히려 다수 피해자가 회복적 사법을 더 선호한다고 한다. 그럼에도 불구하고, 아직도 여전히 피해자가 제3자인 재판부보다 더 처벌적, 형벌적일 가능성은 여전하다는 것이다. 이런 주장에 힘을 더해주는 것은, 피해자의 상대적으로 관대한 입장은 대규모 모집단 설문에 기초했으며, 이런 조사의 피해자들은 대체로 상대적으로 경미한 범죄의 피해자이며, 당연히 살인과 같은 강력 범죄의 피해자는 이러한 일반적 형태를 따르지 않는다는 것이다. 이들 집단에 대한 조사는 당연히 더 높은 수준의 형벌성(Punitivity)을 보여준다는 것이다.402

형벌의 일관성과 관련해서는, 피해자의 차이에 따라 범법자가 득을 볼 수도 있고 손해를 볼 수도 있다는 것이다. 자신이 바라는 양형에 대한 피해자의 의견은 재판의 핵심 쟁점인 가해자의 책임 그 이상의 다른 요소의 영향을 받을 개연성이 있다는 것이다. 행해진 잘못이라는 견지에서 재판의 결과를 보는 대신, 피해자들은 자신에게 가해진 해악을 일차적 범주로 활용할 개연성이 높으

---

401 Pemberton et al., op cit.; J. V. Roberts and E. Erez, "Comminication in sentenc-
ing: Exploring the expressive function of Victim Impact Statement,"
International Review of Victimology, 2004, 10: 223-244; U. Orth, "Punishments
goals of crime victims," Law and Human Behavior, 2003, 27(2): 173-186
402 Pemberton et al., op cit.

며, 바로 이 점이 비일관성으로 이끌 수 있다는 것이다. 만약 피해자의 의견이 직접적으로 양형으로 현실화된다면, 일관성의 원리는 위협받게 될 것이다. 이러한 원칙론적 우려에도 불구하고, 그러나 아직까지는 피해자 영향 진술이 양형에 있어 비일관성이나 보다 엄중한 형벌로 이어진다는 연구 결과는 나오지 않고 있다고 한다. 아마도 피해자 영향 진술이 배심단이나 재판관에게 가중처벌 요소로 크게 작용하지는 않는다고 할 수 있을 것이다. 더구나, 과연 피해자들이 양형에 직접적인 영향을 미치기를 바라는지조차 분명치 않다고도 한다. 대부분의 피해자들은 단지 자신의 목소리, 의견을 말하고 들어주기를 바라는 것이지 양형에 대한 결정을 통제하고자 하지는 않는다는 것이다. 물론 일부 피해자에게는 범법자에 대한 양형에 영향을 미치는 것이 참여의 주요 이유가 되기도 한다. 절반 정도의 참여자는 비록 자신의 진술이 양형에 어떤 영향도 미치지 않더라도 진술할 의향이 있다고 답하였으며, 만약 영향을 미칠 수 있다면 참여할 의사는 더 높아진다는 것이다.[403]

두 번째 논쟁은 피해자 영향 진술의 효과에 관련된 것이다. 이 논쟁은 피해자 영향 진술이 피해자에게 미치는 치유적 효과와 관련된 연구가 부족하다는 점에서 문제가 있으며, 여기에다 효과의 척도로서 대부분 피해자 만족을 이용하고 있으나, 만족이나 불만족 둘 다 치유적 또는 반-치유적 효과 어느 것으로도 직접적으로 해석될 수는 없다는 것이다. 여기에 더하여, 이는 만족이라는 것이 서비스의 질뿐만 아니라 너무나 다양한 것을 측정하기 때문에 방법론상으로 만족의 구성 타당도(Construct validity)가 의문스럽다는 것이다. 만족은 서비스에 대한 기대와 서비스의 본질적인 면에 영향을 받으며, 더구나 서비스의 질과는 무관하게 서비스 이용의 빈도, 서비스에 대한 이해, 서비스의 동질성, 접촉의 직접성에도 영향을 받는다고 한다. 이와 더불어 어쩌면 피해자학에서는 더 중요한 것으로, 만족은 치유적 이익의 척도로서는 적절치 않다는 것이다. 오히려 심리적 복기(Psychological debriefing)가 PTSD의 출현을 방지하고, 심

---

403 M. E. McCullough, C. G. Bellah, S. D. Kilpatrick and J. L. Johnson, "Vengefullness: Relationships with forgiveness, rumination, well-being, and big five," Personality and Social Psychology Bulletin, 2001, 27: 601-610; J. M. Wemmers and K. Cyr, "Victims' perspective on restorative justice: How much involvement are victims looking for?" International Review of Victimology, 2004, 11: 1-16

리적 고통을 완화하기 위하여 더 폭넓게 이용되고 있다는 것이다. 피해자 영향 진술의 효과에 대한 평가 연구에서도 만족도를 변수로 활용하고 있어서 마찬가지의 결함이 있다고 할 수 있다는 것이다. 양형에서의 의견이 피해자를 만족스럽게 할 수 있을지 모르나, 그것이 피해자의 외상을 의미 있는 정도로 줄여주는가 하는 것은 또 다른 문제라는 것이다. 마찬가지로, 피해자의 상승된 기대를 충족시키지 못하면 실망으로 이어지겠지만 그것이 2차 피해자화와 동의어는 아니라는 것이다.[404]

피해자 영향 진술에 임하는 피해자의 일차적 관심은 '목소리', 즉 자기 사건에 대해 자신의 목소리를 낼 기회라는 것이다. 그래서 일부에서는 이런 자기표현이 치유적 이익의 일차적 메커니즘이라고 서명한다. 그러나 다른 일부에서는 이와는 반대로 확신과 안전이 주요한 치유적 환경이지만 법정은 그러한 환경이 결코 아니어서 치유적 효과, 이익을 기대하기 어렵다는 것이다. 물론 그렇다고 피해자 영향 진술이 치유적 이익이 없다는 것을 함축하지는 않는다고 한다. 예상되는 이익으로 이끄는 것은 단순한 표현 행동이 아니라 재판 동안의 표현의 중요성이라는 것이다. 무엇보다도, 자기 사건에의 참여 가능성은 높은 수준의 절차적 정의로 이어지고, 절차적 정의의 향상은 분노와 응보적 경향을 줄여준다는 것이다. 분노의 감소는 또한 용서의 과정으로도 간주되고, 이는 또한 피해자의 정신 건강에도 이익이 되는 결과, 효과를 가져다준다는 것이다.[405]

---

404 A. Sanders, H. Hyle, R. Morgan and E. cape, "Victim impact statement: Don't work, can't work," Criminal Law Review, 2001, June, pp. 447-458; J. Chalmers, P. Duff, and F. Leverick, "Victim impact statements: Can work, do work," Criminal Law Review, 2007, May, pp. 360-379; G. Bouckaert and S. van de Walle, "Comparing measures of citizen trust and user satisfaction as indication of "Good Governance": Difficulties in linking trust and satisfaction indicators," International Review of Administrtive Sciences, 2003, 69(3): 329-343; R. J. MvNally, R. A. Bryant, and A. Ehlers, "Does early psychological intervention promote recovery from posttraumatic stress" Psychological Science in the Public Interest, 2003, 4(2): 45-79; E. Zech and B. Rime, "Is talking about an emotional experience helpful? Effects on emotional recovery and perceived benefits," Clinical Psychology and Psychotherapy, 2005, 12: 270-287; Robert and Erez, op cit.; Orth and Maercker, op cit.
405 J. L. Herman, "The mental health of crime victims: Impct of legal intervention," Journal of Traumatic Stress, 2003, 16(2): 59-166; J. C. Karremans and P. A. M. Van Lange, " Does activating justice help or hurt in promoting forgiveness?" Kournal of Experimental Social psychology, 2005, 41: 290-297; T. M. Tripp, R.

2) 피해자 참여와 치료적 사법(Therapeutic Jurisprudence)

치료적 사법은 법규, 법 절차, 그리고 변호사나 재판관 등 법률 행위자의 역할을 법의 영향을 받는 사람들에게 때로는 치료적이고 때로는 반-치료적인 행위와 결과를 양산하는 사회 세력으로 간주한다. 이러한 접근은 사법 과정과 법률의 감정적이고 심리적인 측면에 관심을 모으게 한다. 따라서 법을 제정하고 집행하는 사람들은 관련된 사람들의 정신 건강에 미치는 영향을 인지해야만 한다는 것이다. 당국의 무감각한, 민감하지 못한 반응은 피해자의 고통을 증대시킬 수 있으며, 이를 우리는 2차 피해자화라고 부르기도 한다. 법정은 사실 침해적인 외상 후 증상을 촉발시키기 쉬운데, 반면에 형사사법제도에의 만족은 폭력 피해자의 외상 후 적응에 긍정적으로 관련된다는 것이 밝혀지고 있다. 즉, 공정한 절차가 치료적일 수 있다는 것이고, 이는 곧 공정하다고 느낄 때 피해자화로부터의 회복에도 도움이 된다는 것이다.406

절차적 정의(Procedural justice) 이론에 따르면, 공정성은 피해자들이 자기 집단의 구성원들에게 가치 있고 존경받는다는 것을 전해주기 때문에 중요하다는 것이다. 피해자의 공정성 판단이 형사사법제도에 대한 피해자의 신뢰, 믿음에 영향을 미친다는 것이다. 특히, 경찰과 검찰이 자신에게 관심을 보였다고 느끼고, 피해자의 바람을 표현할 기회를 주고, 피해자의 바람을 고려해 주면, 피해자들은 자신이 공정하게 처리, 처우되고 대우받고 있다고 느낄 확률이 더 높아진다는 것이다. 형사 절차가 피해자의 집단 내 위치에 관해 참여자에게 전

J. Bies and K. Aquino, "A vigilante model of justice. Revenge, reconciliation, forgiveness and avoidance," Social Justice Research, 2007, 20(1): 10-34; E. L. Worthington, Jr. and M. Scherer, "Forgiveness as an emotion focused coping strategy that can reduce health risks and promote health resilience: Theory, review and hypotheses," Psychology and Health, 2004, 19: 385-405

406 B. Winick, "Redefining the role of defense lawyer at plea bargaining and sentencing: A therapeutic jurisprudence/preventive law model," in D. Stolle, D. Wexler and B. inick(eds.), Practicing Therapeutic Jurisprudence: Law as a Helping Profession," Durham, NC: Carolina Academic Press, 2000, pp. 245-308; E. A. Waldman, "The evaluative-facilitative debate in mediation: Applying the lens of therapeutic jurisprudence," Marquatte Law Review, 1998, 82: 155-170; K. van den Bos, E. A. Lind, and H. Wilke, "The psychology of procedural and distributive justice viewd from the perspective of fairness heuristic theory," in R. Cropanzano(ed.), Justice in the Workplace: From Theory to Practice(vol. 2), Mahwah, NJ: Lawrence Earlbaum Associates, 2001, pp. 49-66

하는 메시지 때문에, 공정한 절차가 피해자의 치유와 회복에 영향을 미친다는 것이다.407

3) 피해자 참여와 형사사법 의사결정

비록 형사사법의 최근 추세가 범죄로 손상을 당한 피해자의 위치, 지위를 향상시키는 것이지만, 그럼에도 피해자 관련 가장 논란이 많은 쟁점은 형사사법제도의 의사-결정 과정에의 피해자 참여 문제였다. 초기의 개혁은 피해자를 국가가 제공하거나 지원하는 서비스의 수혜자 또는 수령인으로 널리 알렸으나, 더 최근의 개혁은 피해자를 형사사법 의사결정 과정에 자기 의견이나 진술을 투입할 권리가 있고, 투입하도록 요구받고, 허용되고, 권장되는 것으로 간주하고 있다.

피해자-중심의 개혁을 정당화하기 위해서는, 균형이라는 개념이 핵심이 되어야 한다는 것이다. 지나칠 정도로 오랫동안, 범법자가 형사사법의 중심이었으나, 이제는 피해자와 범법자 사이의 이 불균형을 바로잡아야 한다는 것이다. 피의자는 일련의 권리를 누리는데, 왜 피해자는 안 되는가 묻고 있는 것이다. 더구나 대중 매체에 의해서 형성되는 범죄와 형사사법에 관한 대중적 담론은 선과 악, 무고와 유죄라는 피해자와 범죄자의 양극화된 인식이 지배해 왔다. 정치적으로도, 이런 양극화된 인식을 바탕으로 피해자를 향한 형사사법제도에서의 불균형을 바로잡을 필요성을 수용하여 피해자를 더 공정하게 취급할 것을 강조한다. 더 최근에는, "모두를 위한 정의(Justice for All)"라고 하여, 개혁은 피해자와 지역사회에 이익이 되도록 형사사법제도의 균형을 다시 바로잡아야 한다는 하나의 분명한 우선순위가 되는 개혁을 부르짖고 있다.408

그렇다면 왜 균형이 그토록 중요한가? 거의 모든 산업국가에서는 지속적으

---

407 J. Wemmers and K. Cyr, "Can mediation be therapeutic for crime victim? An evaluation of victims' experiences in mediation with young offenders," Canadian Journal of Criminoloy and Criminal Justice, 2005, 47(3): 527-544; J. Wemmers, "Victim participation and therapeutic jurisprudence," Victims and Offenders, 2008, 3: 165-191

408 I. Edwards, "An Ambiguous participant: The crime victim and criminal justice decision-making," British Journal of Criminology, 2004, 44: 967-982, pp. 968-969

로 높은 수준의 범죄에 직면해오고, 그에 대하여 두 가지 방식으로 대응하는 경향이라고 한다. 우선, 범죄는 정부가 크게 할 수 있는 것이 없는, 일상적인 현상으로 보이게 한다. 이에 따라 정부는 범행 기회를 제한하고, 위험을 이동시키고, 비용을 재분배하며, 불이익, 저해 요소를 만들어냄으로써 경제적, 사회적 생활의 일상을 수정하는 것을 목표로 하는, 소위 "공급 측면의 범죄학(Supply-side criminology)"을 강조한다. 국가가 그러한 책임을 다할 수 없거나 의지가 없음에 따라, 지역사회와 민간 분야와 피해자 스스로가 범죄의 예방을 위한 책임을 맡을 것이 권장되고 있다. 또 다른 하나의 대응은 범죄 감소(Crime reduction)를 성공으로 규정하는 대신에 바람직한, 좋은 소비자 관계를 구축하고 유지하며, 피해자와 증인의 표출된 요구와 필요에 대응해 주는 것으로 성공을 재규정하는 것이다. 여기서 피해자의 위치, 자리가 현저해지고, 다수 피해자가 자신의 이야기를 할 수 있는 기회를 좋아함에 따라, 의사-결정 과정에의 피해자 참여는 부분적으로 피해자의 필요와 요구에 대한 반응, 대응으로서 드러나게 된다.409

두 번째 반응은 일종의 범죄와 범죄자에 대한 강경 대응 정책(Get-tough policy)이라고도 할 수 있는 것으로, 향상된 통제와 표출적인 형벌을 강조하고, 피해자를 수사적 존재로 무대 중앙에 두는 것이다. 강제 양형(Mandatory sentencing)을 규정하고, Megan 법이나 Jenna 법, Jessica 법이라 하여 피해자의 이름을 딴 각종 특별법을 제정한다. 피해자는 보호되어야 하고, 그들의 목소리를 들을 수 있어야 하고, 그들의 기억은 존중되어야 하며, 그들의 분노는 표출되어야 하고, 그들의 두려움은 해결되어야 한다고 강조한다. 여기서 '피해자를 위한 것'은 자동으로 범법자에게 강경해지는 것을 의미하여, 범법자의 이득은 피해자의 손실이라는 zero-sum 게임의 정책이 가정된다.410

피해자가 관심의 초점으로 등장하게 된 것은 무엇보다도 피해자와 피해자집단이 주장하는 바, 피의자의 특권적인 법률적 위치에 대한 우려와 분노에서 비롯된다고 한다. 실제로 피해자 지위와 위치의 향상을 부르짖는 사람과 피의

---

409 D. Garland, "The limits of sovereign state," British Journal of Criminology, 1996, 36, pp. 451, 456

410 D. Garland, "The culture of high crime society: Some preconditions of recent 'Law and Order' policies," British Journal of Criminology, 2000, 40, pp. 350-351

자 권리와 보호에 대한 억제를 요구하는 사람이 상당수 중첩된다는 것을 볼수 있다. 80-90년대 피해자 운동과 개혁은 실질적으로 피의자에게 주어진 보호와 권리를 제한하거나 반대하는, 형벌적 대책들이었다. 자연스럽게, 피해자 권리의 확대는 피의자 권리의 축소와 같은 공간을 차지하는 것이었다. 결과적으로, 유죄 협상의 제한이나 배제의 원칙, 즉 위법 수집 증거 배제에 대한 제한의 요구와 같은 실질적인 변화로 이어졌다. 이러한 변화나 개혁은 어떤 면에서는 Herbert Packer가 제안한 형사사법제도의 패러다임이라고 할 수 있는 형사사법 모형으로서 "범죄 통제(Crime control)"와 "적법 절차(Due process)" 모형의 구별, 구분이 최근 나타나고 있는 형사사법에 있어서의 긴장을 설명하기엔 충분하지 않는데, 그 이유가 바로 피해자가 배제된 모형이기에 이제는 형사사법 모형의 논의에 피해자 관점이 포함되어야 한다는 주장이 힘을 얻고 있는 것이다. 현실적인 긴장은 피해자 권리와 전적으로 피의자 권리에 관련된 적법 절차의 충돌이나 갈등으로 인한 것이었다고 하는데, 그것은 피해자 권리가 실질적으로 형벌적 대책으로서, 억압적 범죄 통제 대책을 정당화하는 반면에 적법 절차와는 상반되기 때문이었다.[411]

그래서 수사학적으로는 피의자 권리와 피해자 권리의 '균형'을 이야기하지만, 무엇의 균형이 바로잡혀야 하는지, 어떤 요소와 이익이 포함되고 배제되어야 하는지, 특정한 가치와 이익에 어떤 가중치가 주어져야 하는지 정확하게 규정하지 못하기 때문에 그리 간단치가 않다는 것이다. 균형을 바로잡기 위해서는 가치와 이익을 더 깊이 고려해야 한다는 것이다. 언제라도 피해자와 피의자를 비교할 때면 무엇을, 어떤 균형을 바로잡고자 하는지 정확하게 기술할 필요가 있다는 것이다. 단순하게 피의자가 자신에게 주어진 참여의 권리를 즐기기 때문에 피해자에게도 참여 권리를 부여하는 것을 정당화할 수는 없다는 것이다. 피의자에게 특정한 권리를 부여하는 데에 대한 정당성, 정당화가 피해자에게 같은 권리를 부여하는 정당성, 정당화로는 적절하지 않을 수 있다는 것이다.[412]

---

411 L. Henderson, "The wrongs of victims' rights," Stanford Law Review, 1985, 37: 937; W. Hellerstein, "Victim impact statements: Reform or reprisal/" American criminal Law Review, 1989, 27: 391; H. Packer, The Limits of Criminal Sanction, Stanford: Stanford University Press, 1968, Edwards, 2004, op cit., p. 970에서 재인용
412 Edwards, 2004, op cit., p. 972

형사사법에 있어서
피해자 관점의 통합

CHAPTER

09

피해자 참여를 통한 피해자 관점의 통합

　피해자 운동의 상징적이고 대표적인 결과의 하나로 '피해자 영향 진술'을 들고 있다. 피의자는 전 사법 과정에 출석하여 자신의 의견을 개진하고 심지어 양형 단계에서는 최후 진술까지 허용되고 있음에 비추어 양형에 있어서 의견을 개진할 수 있는 피해자의 권리도 중요하지 않을 수 없다. 이러한 피해자 권리는 크게 두 가지 주요 피해자 운동의 노력의 결과라고 하는데, 그 하나가 범죄학에서의 사법 모형의 전환이라고 한다. 70년대, 양형에 있어서 개별화된 처우나 교화 개선 모형을 정의 모형(Justice model)이나 당위적 공과(Just desert), 즉 당연히 받아야 마땅한 형벌로 대체하려는 강력한 움직임이 있었던 것이다. 비례의 원칙(Principle of proportionality)에 입각하여, 정의 모형은 개별화된 처우 모형의 한 가지 특징이기도 했던 양형 편차(Sentencing disparity)를 줄일 것으로 기대되었다. 정의 모형에서는, 피해자가 겪는 해악으로 측정되는 범죄 심각성(Crime seriousness)과 범죄 의사의 형태와 범행 시의 부도덕성의 정도로 결정되는 범법자의 책임(Culpability)이라는 두 가지 요소가 형벌을 결정하는 것이었다.413

　'당위적 공과(Just desert)'에 대한 관심과 나란히 형사사법제도에서의 피해자의 곤경을 향상, 증진시키고, 법 절차에서 전통적인 피해자 목소리의 결여를 바로잡고자 하는 피해자의 목소리가 높아졌다는 것이다. 정의 모형은 피해자에게 가해진, 피해자가 겪은 또는 겪고 있는 해악을 범죄 심각성의 측도로 고려하기 때문에, 직접적인 피해자가 겪은 손실과 손상에 관한 진술은 논리적이고 보장

---

413 E. Erez, "Integrating a victim perspective in criminal justice through victim impact statement," in Crawford and Goodey(eds.), op cit., pp. 165-184

되어야 하는 것으로 보인다. 이 두 가지 운동이 결합하여 양형에 미친 영향, 결과는 범법자의 개별화에서 피해자의 개별화로의 전환이었던 것이다.414

이러한 피해자 참여 권리의 지지자들은 피해자 의견이나 진술의 개진이 당사자 지위에 대한 피해자 소망이나 개인적 존엄성의 인정으로 작용하며, 판사, 검사, 배심원에게는 '국가' 뒤에는 어떻게 사건이 해결되어야 하는지에 관심, 이해관계가 있는 실제 인물이 있음을 상기시켜준다고 설명한다. 피해자 해악에 관한 정보는 또한 양형에 있어서 비례성과 정확성을 높이며, 다양한 형벌의 목표를 진전시킨다고도 한다. 뿐만 아니라, 참여 권리가 범법자와 피해자 모두에게 다양한 치료적 이익도 가져다 준다고 말한다. 피해자 진술이나 의견이 가해자가 피해자에게 미친 자기 행동의 영향을 이해하고, 그래서 피해자에 대한 동정심을 발전시켜서 범법자 교화 개선을 성취할 수 있게 한다는 것이다. 물론 의견의 개진과 진술이 피해자의 심리적 치유, 치료도 향상시키는 것은 물론이다. 또한 참여 권리는 재판 결과에 상관없이 피해자의 사법 정의에 대한 만족도도 높이는 반면에, 참여 권리가 주어지지 않을 때는 범죄 결과로 야기되는 무력감과 통제력의 상실을 더욱 심화시킨다는 것이다. 그리고 피해자 의견 개진이나 진술을 허용하는 것은 또한 법정에 자기 이야기를 개진할 권리를 주고 그래서 피해자에 대한 공정성을 높이기도 한다는 것이다.415

---

414 E. Erez, "The impact of victimology on criminal justice policy," Criminal Justice Policy Review, 1989, 3(3): 236-256; E. Erez and L. Sebba, "From individualiza-tion of the offender to individualization of the victim," in W. Laufer and F. Adler(eds.), Advances in Criminological Theory, New Brunswick: NJ: Transaction, 1999, pp. 171-198

415 D. J. Hall, "Victims' voices in criminal court: The need for restraint," American criminal law Review, 1991, 28(2): 233-266; L. N. Henderson, "The wrongs of victims' rights," Stanford Law Review, 1985, 37: 937-1021; D. P. Kelly, "Victims," Wayne Law Review, 1987, 34: 69-86; A. S. Goldstein, "The victim and prose-cutorial discretion: The Federal Victm and Witness Protection Act of 1982," Law and Contempory problems, 1984, 47: 225-248; E. Erez, "Victim participation in sentencing: Rhetoric and reality," Journal of Criminal Justice, 1990, 18: 19-31; P. A. Talbert, "The relevance of victim impact statement to the criminal sen-tencing decisions," UCLA Law Review, 1988, 36: 199-232; R. P. Wiebe, "The mental health implications of crime victims' rights," in D. Wexler and B. Winick(eds.), Law in a Therapeutic Key, Durham, NC: Carolina Academic Press, 1996, pp. 213-241; T. R. Tyler, "What's procedural justice? Criteria used by citi-zens to assess the fairness of legal procedures," Law and Society review, 1988, 22: 103-135; D. G. Kilpatrick and R. K. Otto, "Consetitutionally guaranteed par-ticipation in criminal justice proceedings for victims: Potential effects of psy-

당연히 피해자의 의견 개진과 진술로 대표되는 피해자 참여 권리에 대한 반대와 우려도 없지 않다. 먼저, 피해자 참여의 전제라고 할 수 있는 것으로, 범죄의 개념을 국가가 아닌 개인에 대한 침해로 보고, 피의자 권리를 포함하여 변론주의적 사법제도의 근본 원리에 대한 도전이라고 비판한다. 또한 범법자 책임성보다 피해자 해악을 더 강조하는 것은 예측되지 않은 뜻밖의 결과에 대해서 범법자를 처벌하지 않는다는 전통적 양형 원리도 침해한다고 주장한다. 더불어 피해자 진술이나 의견의 투입이 법정에 대한 받아들일 수 없는 압박과 압력으로 작용할 수 있으며, 형벌에 대한 "당위적 공과(Just desert)"의 저변에 깔린 양형 통일성을 위협한다는 점을 우려하고 있다.416

법률 전문가들은 피해자 의견 개진이나 진술의 투입 권리가 '법과 질서' 운동과 동맹하거나 '법과 질서'에 의하여 악용되는 것을 우려한다. 피해자의 비통함이 보수주의적 이념에 대한 지지에 활용되고, 피해자를 법 절차와 과정으로 통합시키려는 시도가 보다 더 엄중한 처벌의 성취를 위한 방법이 될 수 있다고 주장한다. 실제로 형벌의 엄중성이 증대된 것을 보여주는 최근의 추세가 피해자의 목소리를 형사사법으로 통합하려는 시도에 기인하는 것으로 주장하기도 한다. 반대론자들의 주장은 여기서 끝나지 않고, 참여 권리가 피해자들에게 충족될 수도, 충족되지도 않는 기대를 가지게 하여, 결과적으로 사법제도와 결과에 불만을 가지게 한다고도 주장한다. 관리적 차원에서도, 피해자 참여가 절차의 지연, 장기화, 그리고 추가적인 부담을 초래한다고도 비판한다. 피해자 진술이 제공하는 정보는 대부분 수사 과정에서 거의 밝혀진 것들이어서 기소나 재판에 그리 큰 의미가 없으며, 따라서 비용-편익의 차원에서도 그리 긍정적이지 않다고 비판하는 것이다.417

---

chological functioning," Wayne law Review, 1987, 34: 7-28; C. J. Summer, "Victim participation in the criminal justice system," Australian and New Zealand Journal of Criminology, 1987, 20: 195-217

416 A. Ashworth, "Victim impact statements and sentencing," Criminal Law Review, 1993, pp. 498-509; H. C. Rubel, "Victim participation in sentencing proceedings," Criminal Law Quarterly, 1986, 28: 267-286; S. Bandes, "Empathy, narrative and victim impact statements," The University of Chicago Law Review, 1996, 63(2): 361-412

417 Henderson, 1985, op cit.; Bandes, 1996, op cit.; Ashworth, 1993, op cit.; D. R. Hellerstein, "Victim impact statement: Reform or Reprisal?" American criminal Law Review, 1989, 27: 391-430; D. Miers, "The responsibilities and rights of victims of crime," Modern Law Review, 1992, 55: 482-505

피해자 참여가 피해자 관점의
통합에 미친 영향과 결과

1. 적대적 변론주의에 있어서 사법 정의의
개념과 피의자 권리에 미치는 영향

주로 피해자 영향 진술의 형태로 피해자에게 자신의 의견을 제시할 수 있게 한다고 해서 변론주의의 저변에 깔린 근본적인 원리에는 영향을 주지 않는 것으로 알려지고 있다. 실제로 피해자 영향 진술이 피해자를 형사 절차의 한 당사자로 전환시키지 못하였고, 피의자 권리를 나쁘게 하지도 않았다. 피해자 영향 진술에 참여한 피해자들이 피해자 영향 진술을 피의자에 대한 선동적인, 명예를 훼손하는, 정당화되지 않은 편견적인 진술을 하거나, 밝혀지지 않거나 과대한 혐의를 범법자에게 씌우기 위한 기회로 활용하지는 않는다는 것이다. 피해자 영향 진술이 범행의 영향을 과대 진술하기보다는 오히려 과소 진술하는 경향이 더 많다고 하며, 피해자 진술이 과장, 선동적이고 명예를 훼손하거나 또는 복수심이 강한 진술을 하도록 권장하지도 않는다는 것이다. 또한, 피해자 영향 진술이 양형 원리의 변화를 조장하지도 않았다고 한다. 법률 전문가들도 피해자 영향 진술을 도입하는 목적은 양형의 우선순위를 재구조, 재구축하는 것이 아니라 피해자에게 의견을 진술할 수 있도록 하기 위한 것임을 강조하고 있다. 형벌을 부과함에 있어서 피해자의 해악보다는 범법자의 책임성을 더 강조하고 중시하며, 실제 양형의 결정에 있어서도 피해자 해악을 양형에 있어서 다른 무엇보다 더 중요한 최우선의 범주로 고려하지는 않는다는

것을 재차 강조하고 있다.[418]

그럼에도, 피해자 의견과 진술의 투입이 재판을 검찰의 기소와 변호인의 변론 간의 전투로 개념화하는 변론주의 법률제도에 있어서 양형을 범행에 보다 어울리고 비례하게 만들어서 '사법 정의'를 증진시키는 잠재력을 가진다고 설명하고 있다. 사실, 검찰은 피해자의 이익이나 이해보다는 유죄 확정에 더 관심을 가질 수 있고, 판사도 범죄의 결과로 피해자가 겪게 된 해악에 대해서 정확하게 알지 못할 수도 있지만, 피해자의 직접적인 진술은 이런 부분을 보완할 수 있다는 것이다. 피해자의 직접적인 진술과 의견의 투입이 이들 검찰과 재판부로 하여금 특정한 사건에서 인정된 해악을 알게 하는 것은 물론이고, 다양한 범죄 사건의 장단기적 영향에 대해서도 익숙해지도록 하는 데 도움이 될 수 있다는 것이다. 이런 피해자 영향 진술에 노출되었던 법조인일수록 자신이 다양한 피해자화의 정도, 다양성, 그리고 지속성 등에 관하여 제대로 알지 못하고 있었으며, 제대로 준비된 피해자 영향 진술을 통해서 범죄가 피해자에게 미치는 영향에 관하여 많은 것을 배울 수 있었음을 토로하기도 한다는 것이다.[419]

 ## 2. 피해자의 복지와 사법 정의에 대한 만족에 미치는 영향

대체로 지금까지의 연구 결과들은 적절한 안전장치가 있다면, 자신의 의견을 개진하는 경험은 전반적으로 긍정적이고 권능을 강화하는 것일 수 있으며, 실제로 피해자들은 자신의 소리를 내는 것에 관심이 있다는 것을 보여준다고

---

418 P. G. Cassell, "Barbarians at the gate?: A response to the critics of the victims' rights amendament," Utah Law Review, 1999, pp. 479-544; R. Delgado, "Storytelling for oppositionists and others: A plea for narrative," Michigan Law Review, 1989, 87: 2411-2441; E. Erez and L. Rogers, "Victim impact statement and sentencing outcomes and processes: The perspectives of legal professionals," British Journal of Criminology, 1999, 39(2): 216-239

419 A. S. Goldstein, "Defining the role of victim in criminal prosecution," Mississippi Law Review, 1982, 52: 515-561; Erez and Rogers, 1999, op cit.; Cassell, 1999, op cit.; Erez, 2016, op cit.

한다. 피해자들은 자기 의견이나 진술을 제공하고, 자신의 의견이나 진술이 의사 결정자에게 전달되었다는 것을 알게 되는 데서 압박을 받거나 부담을 느끼지 않았다고 한다. 오히려 그들은 자신의 이야기가 개진될 수 있기를 바라고, 자신의 진술을 판사가 고려해주기를 바란다는 것이다. 참여자들은 소송 절차에 있어서 이 역할에 매우 만족하였으며, 사법 정의에 대한 그들의 만족 수준은 그들의 참여 정도와 긍정적인 상관관계가 있었다고 한다. 피해자의 참여 정도가 높을수록 사법 정의에 대한 만족도도 높아졌다는 것이다. 범죄의 영향에 관한 진술을 투입, 개진할 수 있는 기회가 대부분의 피해자들에게 긍정적인 경험이라는 것이다. 이러한 절차적 정의에 대한 피해자 만족은 몇 가지 이론적 설명이 가능하다고 한다. 절차적 정의 이론에 따르면, 원고의 사법 정의와 결과의 공정성 느낌에 대한 만족은 결과보다는 그 결정이 내려지는 절차에 의해서 더 많은 영향을 받는다고 한다. 피해자에게 자기 의견을 제공하거나 과정을 통제할 수 있게 하는 절차가 사법 정의와 공정한 처우의 느낌을 높인다는 것이다.420

실제로, 절대다수의 피해자는 심지어 자신의 의견이나 진술이 무시되거나 사건의 결과에 영향을 미치지 않는다고 생각할 때도 참여하여 진술이나 의견을 제공하기를 바란다는 것이다. 이처럼 피해자들이 참여하여 자기 의견이나 진술을 제공하기를 바라는 데는 여러 가지 동기가 있다고 한다. 먼저 의견이나 진술의 기회가 피해자와 범법자 사이의 불평등한 균형을 바로잡아 준다는 것이다. 특히, 사건이 유죄 협상(Plea bargaining)으로 마무리되는 경우에는 피해자는 증언하거나 자기 의견을 제시할 기회가 전혀 없기 때문에 더욱 그렇다고 한다.421

피해자가 자신의 진술이나 의견을 제출함으로써 정신 건강도 향상되고, 사법 과정의 외부에 있고 침묵을 당하고 있다는 느낌이 피해자에게 줄 수 있는

---

420 E. Erez and P. Tontodonato, "The effect of victim participation in sentencing on sentence outcome," Criminology, 1990, 28(3): 451-474; E. Erez and P. Tontodonato, "Victim participation in sentencing and satisfaction with justice," Justice Quarterly, 1992, 9: 393-427; E. Erez and E. Bienkowska, "Victim participation in proceedings and satisfaction with justice in continental legal system: The case of Poland," Journal of Criminal Justice, 1993, 21: 47-60

421 E. Erez, L. Roger, and F. Morgan, "Victim harm, impact statements and victim satisfaction with justice: An Australian experience," International Review of Victimology, 1997, 5: 37-60; Erez, 2016, op cit.

영향도 다루어질 수 있다고 한다. 진술이 피해자가 형사사법 경험을 극복하는 데 도움이 될 수 있으며, 정보를 제공한 뒤에는 안도하거나 만족스럽게 느끼기도 한다는 것이다. 실제 연구에서도 진술을 제공한 피해자가 말하기를 진술의 경험이 자신이 더 좋게 느끼도록 만들었고, 영향을 기록하는 것의 카타르시스 효과도 무시할 수 없다고 한다.[422]

---

422 P. Hora Fulton and W. G. Schma, "Therapeutic jurisprudence," Judicature, 1998, 82(1): 9-12; Erez, 2016, op cit.

형사 절차에 있어서
피해자 권리와 피의자 권리

　최근 많은 나라에서는 범죄의 악화와 재범률의 상승 등으로 범죄자에 대한 강경한 대응과 그 결과로서 더욱 엄중한 형벌의 요구와 피해자의 지위와 권리의 신장이라는 피해자-지향, 피해자-중심 사법 운동이 공존하는 형국을 볼 수 있다. 이들 나라에서는 범죄자에 대한 강경한 대응으로서 '삼진 아웃(3 Strikes-out)'이 도입되는 동시에 피해자 운동으로서 피해자의 참여, 지위, 권리, 그리고 보호와 지원이라는 회복적 사법을 대표로 하는 피해자 관점도 강조되고 있는 것이다.

　회복적 사법의 배후 원동력 중 하나는 피해자들이 관습적인 사법 과정에서 부당하게 주변부화(Marginalized)되고, 심지어는 배제된다는 신념이라고 한다. 결과적으로 피해자 참여가 이제는 더욱 강조되고, 현실화되고 있는 것이 사실이다. 그렇다면, 이러한 피해자 참여를 강조하는 정확한 이유는 무엇일까? 먼저, 범죄는 피해자 자신은 물론이고 광의의 지역사회, 공동체 사회에 대해서 행해졌기 때문에 피해자가 참여할 수 있어야 하는 것은 전적으로 옳은 것이라고 주장할 수 있을 것이다. 피해자에게 가해진 범죄에 대해서 피해 당사자가 참여하는 것은 어쩌면 당연한 권리라는 것이다. 물론 그렇다고 모든 범죄가 오로지 직접적인 피해자에게만 가해진다고 주장하는 것은 아니며, 단지 가장 심각한 고통을 받는 사람은 바로 그 피해 당사자라는 주장일 따름이다. 만약에 양형의 적정한 목적이 범법자가 피해자에게 보상하거나 배상하도록 하는 것이라면, 피해자 영향 진술을 제출하는 것과 같은 역할을 가지는 것은 지극히 적절하다는 것이다.[423]

---

423 J. Dignan and M. Cavadino, "Towards a framework for conceptualizing and

두 번째는 피해자에게 범행에 대한 자신의 생각을 표현하도록 허락하는 것은 곧 일어난 일을 받아들이는 과정이나 '재통합'에 도움이 될 수 있다는 주장이다. 물론 피해자가 피해자화 고통을 끝내고, 일상으로 복귀, 재통합하는 데 도움이 될 수 있는, 어쩌면 더 좋은 다른 더 효과적이고 더 적합한 방법들도 다양하기 때문에 이 이유만으로 피해자 참여를 정당화하는 것은 의문의 여지가 없지도 않다. 그럼에도 여기서 권장되는 이유는 피해자가 범죄를 극복하고 또한 물질적 보상이나 배상을 담보하는 데 도움이 되는 범행 후 절차의 과정 중 하나가 될 수 있기 때문이다.[424]

셋째, 약간은 부끄러운 일이기도 하지만, 형사사법제도는 제대로 기능하기 위하여 어쩔 수 없이 피해자의 협조에 의존할 수밖에 없고, 바로 그런 이유로 피해자가 양형 절차에 그들이 기여할 수 있다고 느끼도록 만들어야 한다는 것이다. 물론 이는 피해자 참여를 일종의 '감미료' 정도로 이용하는 것으로 보일 수도 있지만, 그럼에도 이런 논리에 수긍하는 것은 형사사법에 대한 피해자 기여의 중요성을 인식, 인정하는 보다 더 효과적이고 효율적이며, 보다 더 적절한 수단이 있는지가 의문스럽기 때문이다.[425]

evaluating models of criminal justice from a victim's perspective," International Review of Victimology, 1996, 4: 153-182; A. Cretney, G. Davis, C. Clarkson and J. Shepherd, "Criminalizing assault: The failure of the 'offense against society' model," British Journal of Criminology, 1994, 34(1): 15-29; A. Ashworth, "Victims' rights, defendants' rights and criminal procedure," in Crawford and Goodey(eds.), op cit., 2016, pp. 185- 204
424 Ashworth, 2016, op cit. p. 197
425 Ibid., p. 197

다중-피해자 관점(Multi-victim Perspective)의 통합

형사사법 안에서 어떻게 '피해자 관점'을 통합시키는가에 대한 논쟁들은 범죄를 한 개인에 대한 또 다른 개인의 침해를 수반하는 것으로 비추는 경향이 있다. 그러나 일부에서는 피해자화의 개별화, 개인화라고 할 수 있는 이런 개별적, 개인적 피해자라는 인상이 오해의 소지가 있으며, 범죄를 전형적으로 다중의 피해자에게 다양한 방식으로 영향을 미치는 것으로 이론화하는 것이 보다 생산적이라고 주장한다. 그런데 이러한 다중-피해자 관점의 접근은 '가족집단 회합(Family group conferencing)'과 같은 피해자-지향 사법의 대표주자로서의 회복적 사법의 필수적인 부분이어야 한다고 주장되고 있다.[426]

 ## 1. 형사사법에 있어서 피해자 관점의 이론화

비록 상당하게 개선되었다고는 하지만, 과거로부터 현재에 이르기까지 아직도 형사사법에 피해자가 설 자리는 그리 많지 않으며, 당연히 인정된 역할도 별로 없다고 할 수 있을 것이다. 이유는 마치 사회 계약론처럼 범죄가 주로 사회 법률의 위반으로 개념화되었고, 국가가 범죄를 규정하고, 피의자를 기소

---

426 R. Young, "Integrating a multi-victim perspective into criminal justice through restorative justice conferences," Crawford and Goodey(eds.), 2016, op cit., pp. 227-251

하고, 범법자를 처벌하는 과정을 통제했기 때문일 것이다. 그러나 이와 같이 형사사법을 '사회에 대한 범행'으로 보는 모형은 다양한 이유로 점증하는 비판을 받게 되었다. 먼저, 이 모형이 불가피했다기보다는 오히려 역사적으로 우연한 것이었다고 깨닫게 된 것이다. 이런 사회에 대한 범행 모형은 피해자에게 가해진 해악을 보상하고 회복하고자 함에 있어서 사법 절차와 과정이 피해자가 이용할 기제를 제공해야 한다는 한참 오래된 개념을 대체하였다. 두 번째 이유는 범죄를 경찰에 신고하고, 법정에서 증거를 제공하는 데 있어서 피해자의 역할이 필수적이라는 인식이 커졌기 때문이다. 사실 신고가 없이는 어떠한 사법 절차도 있을 수 없고, 피해자의 협조가 없이는 수사도 기소도 재판도 어려워지기 마련이다. 당연히 국가 기소 절차와 과정과의 피해자 협조를 권장해야 할 도구적 필요성이 형사사법제도 내에서의 피해자 이익이나 관심에 대한 더 큰 인식이나 인정이 충분히 정당화될 수 있다는 것이다. 세 번째 이유는 범죄는 근본적으로 피해자에게 직접적으로 관련된 문제이며, 따라서 피해자는 당연히 형사사법에 있어서 핵심적으로 개입, 참여할 권리가 있다는 철학적 신념의 제기이다.427

이런 이유로 이제는 형사사법 내에서 피해자의 적절한 역할과 이 피해자 관점을 형사사법으로 통합시키기 위하여 형사사법 모형이 바뀌어야 하는 다양한 방법에 대한 논쟁이 활기를 띠는 것이다. 물론 바람직한 통합의 정도는 선호되는 형사사법 모형에 따라 달라진다. 응보나 당위적 공과 또는 당위적 응보 모형을 고수하는 사람은 정보 제공과 같은 기소와 양형 관련 의사결정에 있어서 피해자의 상대적으로 작은 역할만을 인정할 것인 반면에, 회복적 형태의 사법을 선호하는 사람이라면 범행으로 야기된 해악이 어떻게 바로잡혀야 할 것인지에 관한 논의에 적극적이고 능동적으로 참여할 모든 권리가 피해자에게 있다고 주장할 것이다. 피해자에 대한 높아진 관심은 범죄를 개인적인 확인 가능한 피해자에게 행해진 무언가라는 단순화한 인상을 만들었다. 이런 관점에서는, 범죄 행위가 일차적으로 또 다른 사람에 의한 한 개인에 대한 침

---

427 N. Christie, "Conflict as property," British Journal of Criminology, 1977, 17(1): 1-15; R. Barnett, "Restitution: A new paradigm of criminal justice," Ethics, 1977, 87(4): 279; M. Cavadino and J. Dignan, "Reparation, retribution and rights," International Review of Victimology, 1997, 4: 233-253

해로서, 범죄가 일어나면 해를 입는 사람은 피해자이지 국가가 아니며, 따라서 범법자는 국가가 부과하는 일정 형태의 형벌을 경험함으로써 지워져야 하는 '사회에 대한 빚'을 지는 것이 아니라 범죄로 야기된 손상을 보상함으로써만 갚아질 수 있는 '피해자에 대한 빚'이라는 것이다.[428]

📜 2. 다중-피해자 관점과 회복적 사법

피해 당사자는 물론이고 학계와 피해자 운동 단체와 옹호자들 모두가 하나같이 피해자 관점으로의 전환과 통합을 부르짖지만, 안타깝게도 형사사법제도와 과정은 그 구조와 절차 내에서 심지어 전형적인 개별 피해자를 수용하는 것조차 꺼려하는 것이 현실이어서 남은 과제는 그렇다면 어떻게 이 복잡한 다중-피해자 관점을 사법 과정으로 통합시킬 것인가이다. 일찍이 호주의 Braithwaite는 범법자의 지역사회로의 재통합을 조장하는 방식으로 자신의 행위에 대하여 수치스러워하도록 만듦으로써 가장 효과적으로 통제된다고 주장하였다. 그런데 바로 이 수치심은 범죄자의 행위에 대하여 가족과 친지 같은 범죄자가 가장 마음을 쓰고 관심을 가지는 사람들의 반감이나 불승인에 노출시킴으로써, 그리고 피해자나 다른 사람들이 범행으로 인한 고통과 해악에 대하여 말하는 것을 듣게 하는 등의 방법으로 범죄자가 자신의 범죄 행위의 결과를 알게 함으로써 가장 효과적으로 유발될 수 있다는 것이다. 그들의 사회 재통합은 범행을 한 사람에 대한 공개적인 낙인화와 비하를 피하고, 다른 사람들이 그에게 관심을 가지고 신경을 쓰고 있다는 것을 알게 하고, 자신의 행위에 대하여 배상하도록 하여 자기-존중감을 얻게 함으로써 성취된다는 것이다. 여기서 마지막 부분, 자신의 행위에 대하여 배상, 보상한다는 부분이 회복

---

[428] Dignan and Cavadino, 1996, op cit.; Cavadino and Dignan, 1997, op cit.; J. Wundersitz and S. Hetzel, "Family conferencing for young offenders: The South Australian Experience," in J. Hudson, A. Morris, G. Maxwell and B. Galaway(eds.), Family Group Conference, Annadale, NSW: The Federation Press, 1996, pp. 111-139; R. Young, 2016, op cit., p. 229

적 사법 이론과 확실한 연결고리를 만든다는 것이다. 그러나 문제는 모든 범법자가 자신이 해를 가한 피해자에게 직접적으로 노출될 수 없고, 또한 피해자 없는 범죄와 같이 개별적인 피해자가 분명하지 않은 경우도 적지 않기 때문에라도 오로지 범행에 의하여 간접적으로 해를 당한 사람까지도 포괄하는 다중-피해자 관점을 채택함으로써만이 모든 사건이 회복적이고 재통합적이 될 수 있다는 것이다.429

---

429 J. Braithwaite, Crime, Shame and Reintegration, Cambridge: Cambridge University Press, 1989, R. Young, 2016, op cit., p. 236에서 재인용; J. Braithwaite and K. Daly, "Masculinities, violence and communitarian control," in T. Newborn and E. Stanko(eds.), Just Boys Doing Business?, London: Routledge, 1994, pp. 189-213; J. Braithwaite and S. Mugford, "Conditions of successful re-integration ceremonies: Dealing with juvenile offenders," British Journal of Criminology, 1994, 34(2): 139-171

피해자 권리의 이해

CHAPTER

10

피해자 권리의 진전

현대의 형사 사건에서는 범죄 피해자가 아니라 검사가 사건을 개시하고 통제한다. 이는 개인이 사건을 시작하는 민사 사건과는 대조적이라고 할 수 있다. 만약에 검사가 범죄로 손상을 당한 지역사회를 대신하는 것 이상 아무것도 아닌 것으로 간주된다면, 검사는 단순히 피해자의 기능을 대리하는 대리모에 지나지 않는 것으로 보이기 마련이다. 그러나 검찰은 전형적으로 피해자의 동의나 승인이 없이 사건을 기소하거나 기소하지 않을 수 있다. 지역사회의 특정한 구성원, 이름하여 피해자의 의지로부터의 독립과 재량의 요소가 현대 검찰권의 경계를 표시하는 것이다. 이 권한이 정확하게 피해자 권리의 담론이 약화시키고자 위협하는 것이다.430

50년대를 전후하여, 영국 등 유럽을 중심으로, 범죄학의 새로운 학파, 또는 하위 분야라고 할 수 있는 피해자학이 범죄 연구에 있어서 피해자의 행위, 주로 역할과 그에 따른 책임에 초점을 맞추기 위하여 발전되었다. 피해자학은 처음에는 확연하게 피해자-중심의 담론으로 부상하였으나, 피해자 권리 운동에 의하여 그 후에 거부된 '피해자 비난 접근'을 지향하는 경향이 있었다. 피해자 권리 운동은 70년대 초 강간 피해자가 형사사법제도에서 겪게 되는 문제점을 대중에게 알리기 위한 노력으로 시작하였으나, 결국 일반적으로 피해자 처우까지 다루도록 확대시키기에 이르렀다. 미국에서는 풀뿌리 여성해방

---

430 V. Kanwar, "Capital punishment as 'Closure': The limits of a victim-centered jurisprudence," New York University Review of Law and Social Change, 2001, 27: 215-252, p. 225

운동과 당시의 보수주의적 '법과 질서'라는 사회 분위기가 당시 레이건 정부의 범죄 피해자에 관한 태스크 포스를 구성하게 만들었고, 무고한 범죄 피해자가 간과되었고, 사법 정의에 대한 그들의 바람은 무시되었고, 그들의 감정적, 정신적, 재정적 상처는 방치되었다고 결론을 내리고, 피해자 권리의 보호를 보장하는 헌법적 수정을 권고하기에 이르렀던 것이다. 그 결과, 드디어 범죄 피해자 법(Victims of Crime Act)이 1984년 미국 하원을 통과하기에 이른다.[431]

만약 피해자 권리 운동의 공통적 의제로 찾는다면, 권리 운동의 주요 목적은 보상, 참여, 그리고 종결이라고 할 수 있다고 한다. 보상은 통상적으로 피해자를 대체로 피해 이전의 위치로 회복시키려는 의도의 물질적 배상이라고 할 수 있다. 참여는 이보다는 좀 더 복잡하여, 모든 법원 청문에 대해서 미리 통지받을 권리, 유죄 협상 전에 상의를 받을 권리, 형의 선고 전에 범죄의 영향에 관하여 진술할 권리, 그리고 가석방 심사, 석방 날짜나 탈주 등에 관해서 통지받을 권리를 포함한다. 전형적으로, 피해자 권리 옹호자들은 참여를 '통지, 고지, 통보'나 어떤 것도 빼지 않고 피해자 목소리만 추가하는 것쯤으로 가장 온건한 목표를 강조하는 반면에, 반대론자들은 잠재적으로 지대한 영향을 가져올 결과를 강조한다. 세 번째 종결의 요구는 가장 주관적이고 이해가 어려운 것으로, 단순한 참여를 넘어 사건의 결과에 의존한다.[432]

우리가 피해자 권리를 논할 때면, 언제나 참여와 보상을 중심으로 하지만, 일부 경우에는 사건의 마무리, 사건이 피해자가 바라는 대로 끝나고 마무리되는 종결을 바라기도 한다는 것이다. 그런데 어떻게 종결되기를 바라는가는 대체로 복수와 자비라는 두 가지 극단적인 지향이 있다고 한다. 먼저 사건의 종결로서 복수를 보자. '만족의 요구'는 2차 피해자의 카타르시스적 필요, 요구의 공식화 또는 합리화였으나, 이제는 '종결(Closure)'에 대한 요구라고 한다. "종결"과 "만족"은 우리 문화의 낯익은, 친숙한 표식에 있어서 서로 다르게 반영되는 카타르시스의 쌍둥이 개념이다. 피해자에게 있어서 '종결'이란 슬픔과 최종성(Finality)과 같은 치료적 여건, 상황, 환경에서 탐구되고, "만족"은 보복과 최종성이라는 형벌의 상황, 여건, 환경에서 속삭여지는 것이다. 자비

---

431 Kanwar, op cit., p. 226
432 Ibid., p. 228

(Mercy)는 종결의 다른 한 측면이다. 오로지 국가만이 살인범을 처벌하거나 또는 그 살인범에게 자비를 베푸는 권한을 가지지만, 국가는 용서할 도덕적 지위, 도덕 표준을 반드시 가지고 있는 것은 아니다. 보복으로서의 종결은 양형과 관련된 부분으로 형량에 만족함으로써 사건에 종지부를 찍고 마무리하는 것으로 종결에 이르는 것이고, 자비로서의 종결은 용서라는 자비를 베풀어서 사건을 마무리하는 것이다. 보복이건 자비이건, 모두가 결국은 피해자의 의견, 진술을 참고로 법원의 최종 판단으로 공식화되겠지만 피해자 의견이나 진술의 투입을 전제로 한다면 그것이 곧 피해자 참여 권리의 마지막 핵심이라고 할 수 있을 것이다.433

---

433 W. A. Logan, "Declaring life at the crossroad of death: Victims' anti-death penalty views and prosecutors' charging decisions," Criminal Justice Ethics, 1999, 10: 41; P. Boudreaux, "Booth v. Maryland and the individual vengeance rationale for criminal punishment," Journal of Criminal Law and Criminology, 1989, 80: 177, 184; V. Kanwar, 2001, op cit., pp. 237-252

SECTION 2

인권과 권리 – 인권으로서의 피해자 권리

    지난 반 세기 이상을 우리는 피해자학과 피해자 운동의 탄생과 발전을 목격해 왔다. 형사사법제도에서의 피해자의 곤경, 역경을 향상시키기 위한 다양한 법적 제도가 개발, 발전되어 온 것도 사실이다. UN을 비롯한 국제기구에서도 범죄 피해자 권리 선언 등을 공표하고 그에 필요한 국제기구도 설치하기도 하였다. 이에 호응하여 각 국가에서도 피해자 권리 선언(Declaration of victims' Rights)이나 피해자 권리 장전(Victims' Bill of Rights)을 비롯하여 피해자의 권리를 신장하고 참여와 역할을 확대하며, 그들에 대한 지원과 보호를 강화하려는 노력을 경주해 오고 있다. 그럼에도 불구하고 피해자들은 아직도 스스로 자기들이 형사사법제도로부터 차단당하였다고 느낀다는 것이다. 대체로 형법은 범죄 피해자를 일차적으로 국가에 대한 범죄의 증인으로 간주하여, 그 결과 피해자는 하나의 객체로 다루어지고, 당해 사건을 진행시키기 위하여 법률 행위자에 의하여 이용되는 것이다. 증인으로서의 역할을 제외하고는 형사사법제도에서 그들의 역할이 없다는 것이 종종 형사사법에 대한 피해자의 좌절의 근원이요, 2차 피해자화의 중요한 원천, 출처로 간주되곤 한다. 기본적으로 피해자의 권리는 인권이고, 범죄는 국가에 대항하는 행동임과 동시에 피해자 권리 침해도 함축하고 있으며, 그래서 피해자는 법 앞의 인격체, 사람이라는 인식을 가질 필요가 있다는 것이다.434

---

434 A. Young, "Crime victims and Constitutional rights," Criminal Law Quarterly, 2005, 1: 432-471; R. C. Davis and C. Mulford, "Victim rights and new remedies: Finally getting victims their due," Journal of Contemporary Criminal Justice, 2008, 2: 198-208; J. Wemmers, "Victims' rights are human rights: The im-

인권(Human rights)이란 우리의 완전한 잠재력을 발전, 개발시키기 위하여 그리고 인간으로서 없이는 살 수 없는 모든 인간이 가져야만 하는 것으로 일반적으로 고려되는 기본적 권리이다. 인권은 보편적(Universal), 천부적(Inherent), 불가분의(Indivisible), 그리고 양도 불능(Inalienable)이라는 4가지 특성이 있다. 보편적이라는 것은 모든 곳의 인간에게 적용된다는 것이며, 천부적이라는 것은 주어지는 것이 아니라 인간됨에 대한 내재적, 본질적이고, 존재하기 위한 어떠한 법전화나 외부적 타당화에 의존하지 않는다는 것이다. 불가분하다는 것은 이들 권리는 상호 의존적이고 상호 관련되어서 다른 권리에 영향을 주지 않고 어느 하나의 권리를 우선시할 수 없다는 것이며, 양도할 수 없다는 것은 누구도 이들 권리를 빼앗을 수 없다는 것을 의미한다.435

문제는 인권기구들이 타인의 권리를 침해하고 해를 끼친 범죄를 범한 것으로 비난을 받는 피의자들에게는 광범위한 권리들을 포함시키면서, 당연히 보장되고 보호되어야 할, 자신의 아무런 잘못도 없이 범죄 피해를 당한 무고한 피해자 권리는 언급조차 하지 않는다는 사실이다. 피의자와 피해자의 잘잘못을, 책임을 따지기 전에 무엇보다도 피해자도 인간이라는 것이다. 이러한 불균형은 아마도 형법의 역사에서 나온 것이라고 할 수 있다. 우리의 초기 법률제도는 시민 간의 갈등을 다루었는데, 어느 피해자학자는 오히려 이 시기를 "피해자들을 위한 황금기(Golden age fo victims)"라고 불렀다. 중세기가 되어서야 비로소 범죄가 국가나 왕의 평화에 대한 행동으로 간주되었다. 시간이 지나면서 점점 형법은 진화했고, 국가가 사법 과정에서 피해자를 대신, 대체하였다. 이러한 전환의 결과가 바로 오늘날 대부분 국가의 형사사법제도인 것이다. 즉, 국가가 피의자에 대하여 기소하고 피해자는 국가에 대한 범죄의 증인에 불과하게 된 것이다.436

국가가 형사사법제도로부터 피해자를 축출하자, 전능한 국가와 범죄로 비난받는 피의자 사이의 권력, 힘의 불균형이 생긴 것이다. 폭군적 왕의 권력 남용이 당대 학자들로 하여금 국가 권력에 대한 제한의 도입과 피의자에 대한

---

portance of recognizing victims as persons," TEMIDA, 2012, pp. 71-84
435 Wemmers, op cit., p.73
436 A. Young, "Crime victims and Constitutional Right," Criminal Law Quarterly, 2005, 1: 432-471

권리의 설정을 요구하게 만들었다. 그 결과, 오늘날에는 피의자의 권리는 법률에 견고하게 자리를 잡게 되었지만, 이런 이유로 역설적이게도 피해자는 그들의 자유가 위태롭지 않기 때문에 별도로 피해자의 권리를 필요로 하지 않았다는 것이다. 현대의 형사 절차는 피의자에 대한 국가의 비난에 초점을 맞춘다. 이러한 형사 절차에는 국가를 대신하는 검사, 피의자나 그를 대변하는 변호인, 그리고 판사만 있을 따름이지 피해자는 그 어디에도 없다. 이러한 현실은 재판의 초점이 피의자의 유죄를 입증하는 것임을 고려하면 이해될 수도 있다. 그래서 오늘날 대부분 국가가 취하고 있는 대심제도(Adversarial system)에서는 국가와 피의자만 있을 뿐이다. 피의자가 유죄임을 입증하는 것은 국가의 일이며, 합리적 의심을 보여주는 것은 변호인의 일이다. 피해자가 형사사법 과정에 참여, 참가하는 것은 자신의 의지와는 무관하게 전적으로 변호인과 검찰의 손에 달린 것이다. 유죄 협상으로 재판이 열리지 않거나, 재판이 열려도 검사나 변호인이 증인으로 요청하지 않은 경우라면 피해자는 실질적으로 형사사법 과정에서 완전히 배제되는 것이다. 만약에 진실로 범죄가 개인에 대하여 범해지는 것이 아니라 국가를 겨냥하는 것이라면, 검사와 피의자라는 양자 구도를 이해할 수 있지만, 현실적으로는 범죄는 국가가 아니라 개인에 대해서 행해진다. 이렇게 자신에 대해서 행해진 이들 개인-범죄의 피해자-는 당연히 자신에게 가해진 범죄를 인정받고자 하는 것이다.[437]

권리는 힘이 없는 사람에게 권한을 준다. 이렇게 힘이 없는 피해자의 곤경을 향상시키기 위하여, UN 총회는 피해자 권리가 적절히 인식, 인정되지 않았다는 것을 깨닫고, 1985년 "권력 남용과 범죄의 피해자를 위한 기본 원리 선언"을 선포하게 된다. 이 선언은 피해자에게 인정과 존중으로 처우 받을 권리를 제공한다. 피해자가 때로는 범죄의 영향을 다루기 위하여 지지와 지원을 필요로 한다는 것을 인정하고, 그들이 적절한 지원 서비스에 회부될 권리도 준다. 피해자는 범죄를 '자신의 피해자화'로 간주하고, 선언은 사건 진행, 진전에 관한 고지를 받을 피해자의 권리도 인정하고 있다. 선언은 또한 형사사법 과정의 적절한 단계에서 자신의 견해와 관심과 우려를 표현할 권리도 줄 것을 권고한다. 당연히 프라이버시와 신체적 안전을 보호받을 권리도 인정한다. 마

---

437 Wemmers, op cit., pp. 74-75

지막으로, 국가로부터의 보상은 물론이고 범법자로부터 배상을 받을 권리도 인정한다. 그러나 문제는 UN의 이 선언이 구속력이 없으며, 단지 회원국들을 인도하고자 하는 시도여서 글자 그대로 선언일 따름이라는 것이다. 당연한 결과이지만, 아주 소수의 국가에서만 선언에 따라 형사사법제도를 수정했다는 것이다. 그러나 이 선언을 주도했던 캐나다에서는 1988년 피해자들에게 피해자 영향 진술서(Victim Impact Statement)를 허용하도록 형법전이 개정되었고, 이 개정과 함께 "피해자"라는 용어가 처음으로 형법전에 소개되었다고 한다.[438]

---

438 Wemmers, op cit., p. 76

피해자 권리의 침해로서 범죄

    범죄 피해자는 범죄에 대한 대중의 관심에도 민감하지만, 자기들의 견해로는 범죄는 사회에 대한 범행임과 함께 개인 피해자에 대한 범행이기도 하다. 그럼에도 불구하고 국가가 자신을 증인으로서의 역할 외 아무런 역할로서도 자기들을 인정하지 않는 이유를 이해할 수 없다. 범죄와 고문의 근본적인 차이가 범죄가 개인 피해자에게 영향을 미치지 않는 것이 아니라 범죄가 사회에도 영향을 미치는 반면에 고문이 사적이고 사회를 포함하지 않는다는 것이다. 고문에 반대되는 것으로서 무엇이 범죄를 구성하는가는 특정 사회에서 범죄가 어떻게 규정되는가에 순전히 의존하는 것이다. 어떤 행위를 범죄로 규정하고 경찰에 신고하는 것은 피해자에 의한 주관적 판단이다. 형사사법제도가 피해자를 국가에 대한 범죄의 증인으로 간주한다면 이는 근본적으로 피해자의 관점에 반하는 것이고, 불가피하게 피해자는 실망할 수밖에 없는 것이다.[439]

    인권이라는 렌즈를 통하여 피해자를 바라본다는 개념은 그렇다고 전혀 새로운 것은 아니라고 한다. 피해자학자인 Elias도 일찍이 1985년에 이미 "인권의 피해자학(Victimology of Human Rights)"을 주장하였던 것이다. 그는 피해자학자들이 연구의 대상을 범죄 피해자에게만 국한한다면 학대적인 정부의 전당포가 되는 위험을 각오해야 할 것이라고 경고하면서, 범죄는 물론이고 인종 청소, 노예 노동, 고문과 같은 심각한 인권 침해까지도 포함하는 모든 인간이 만든 피해자화를 연구해야 한다고 강조하였던 것이다. 이런 견지에서 그는 인권 침

---

439 J. Doak, Victims' Rights, Human Rights and Criminal Justice: Reconceiving the Role of Third Parties, Oxford, UK: Hart Publishing, 2008, p. 27

해가 피해자학의 영역, 분야에 포함되어야 한다고 주장한 반면에, 범죄를 피해자 권리의 침해로 보지 않았다고 한다.440 이러한 주장은 미국의 Rand 연구소의 부부 범죄학자 Schwendinger 부부도 범죄를 "인권을 침해하는 모든 행위"로 규정하고 있다.

최근에는, 유럽 연합을 중심으로 범죄를 피해자 권리의 침해로 인식, 인정하는데 상당한 진전이 있었다고 한다. 2011년, 유럽연합이사회와 유럽연합의회는 범죄 피해자에 대한 최소 기준(Minimum Standards for Victims of Crime)이라는 지침에서 범죄는 사회에 대한 범행임은 물론이고 피해자의 개별적 권리의 침해로 분명하게 간주하였는데, 이는 엄청난 진전이라고 할 수 있다. 10년 전까지만 해도, 유럽 연합의 관련 지침에서는 범죄가 피해자 권리의 침해라고 명확하게 규정되지 않았었기 때문이다. 그때까지만 해도, 회원국들이 절차상 피해자 이익을 고려할 것을 권장하는데 지나지 않았으나, 10년 후 새로운 지침은 사법 절차가 진행되는 동안 피해자의 특별한 권리가 고려되도록 하는 것을 목표로 하였다는 것이다.441

이렇게 인권의 틀을 이용한다면, 피해자에게 적용될 수 있는 구체적인 실질적 권리(Substantive rights)는 물론이고 절차적 권리도 파악할 수 있다고 한다. 실질적 권리와 관련하여, 범죄는 개인의 삶, 자유, 그리고 안전에 대한 피해자 권리나 재산권의 침해로 간주될 수 있다. 피해자를 존엄과 존중으로 대하기 위해서는 먼저 개인들은 도덕적이고 합법적인 사람으로 인정되어야 한다. 이는 다시 법 앞에 인정받을 권리와 같은 몇몇 개인적인 기본 권리를 요구한다. 바로 이 점이 피해자 참여와 피해자에 대한 절차적 권리의 개념을 불러일으킨다. 이는 피해자가 단순한 증거로서 취급되지 않아야 하지만, 형사 재판에서 개인적이고, 개별적이고, 독립적인 위치, 지위를 가지는 주체로 간주되어야 한다는 점을 제시한다.442

---

440 R. Elias, "Transcending our social reality of victimization: Toward a victimology of human rights," Victimology, 1985, 2: 6-25

441 Wemmers, op cit., p. 79

442 S. Walther, "Victims' rights: Procedural and constitutional principles for victim participation in Germany," in E. Erez, M. Kilchling and J. Wemmers(eds.), Therapeutic Jurisprudence and Victim Participation in Justice: International Perspectives, Durham, NC: Carolina Academic Press, 2011, pp. 97-112

형사사법 과정 참여의 권리

전통적으로 범죄 피해자는 피의자의 재판 전 석방에 대해서 전혀 고지받지 못하며, 요구받은 법정 출두 이전 검찰과 사전에 적절하게 상의할 기회도 주어지지 않으며, 소추의 진행에 대해서도 통지받지 못하며, 증언이 끝나고 재판정에 머물도록 허가되지 않으며, 피의자에 대한 양형과 관련하여 판사에게 편지를 하거나 직접 의견을 제시하는 것도 허락되지 않으며, 보호관찰부 가석방 청문에도 참석이 허락되지 않으며, 피의자의 가석방에 대해서도 전혀 통고받지 못한다. 이런 현실을 타파하기 위한 노력의 일환으로, 새로운 법률 등이 제정되고, 이런 법제화를 통해서 일부 피해자에게나마 형사사법 과정에의 참여 권리를 제공하려는 시도가 이루어지고 있다. 그 중에서도 가장 빈번하게 다루어지고 있는 참여 권리는 핵심 절차와 결과에 대해 통지받을 권리, 소추에 있어서 중요한 결정에 관하여 검찰과 상의할 권리, 그리고 중요한 법정 또는 교정 절차에 출석하고 목소리를 낼 수 있는 권리라고 알려지고 있다.[443]

---

443 P. M. Tobolowsky, D. E. Beloof, M. T. Gaboury, A. L. Jackson and A, G. Balckburn, Crime Victim Rights and Remedies(3rd ed.), Durham, NC : Carolina Academic Press, 2016, p. 15

1. 형사사법 과정에서의 주요 참여 권리 존재를 고지 받을 권리

구체적인 권리에 앞서서 우선 고지되고 고지받아야 할 권리 분야는 이 고지받을 권리와 기타 참여할 권리의 존재 자체를 피해자에게 고지하고 피해자는 고지받는 것이라고 할 수 있다. 어떤 단계에서 어떤 참여의 권리가 있는지를 고지받을 권리이다. 피해자가 권리를 행사하기 위해서는 어떤 권리가 존재하는지부터 먼저 알아야 하는 것이다. 당연히 피해자가 이들 권리를 빨리 알면 알수록 그 권리들을 행사할 기회는 더 많아지기 마련일 것이다. 그래서 형사사법 과정과 절차의 최일선이라고 할 수 있는 경찰이 처음으로 피해자에게 그들의 권리를 고지하고, 법원이 일상적으로 이들 권리를 자문해주고, 모든 사법기관이 피해자들이 자신의 권리에 대한 의미 있는 정보를 받는 것을 담보하도록 도와야 한다는 것이다. 실제로 다수의 국가에서 이미 피해자가 참여와 기타 권리의 존재에 대해서 고지받고, 수사하는 법 집행기관, 검찰, 피해자 서비스 관계자, 또는 심지어 법원에 이 고지의 책임이나 의무를 특별히 요구하고 있다는 것이다.[444]

사실, 범죄 피해자가 형사사법 과정에 참여할 권리가 있다는 것을 고지받는 것은 여러 가지 측면에서 모든 권리 중에서도 가장 중요한 피해자 참여 권리라고 할 수 있으며, 그것은 모든 다른 구체적인 권리의 행사가 여기에 달려있기 때문이라는 것이다. 즉, 피해자가 자신이 행사할 수 있는 권리가 어떤 것이 있는지조차 알지 못한다면 그 어떤 권리도 행사될 수 없기 때문이다. 당연히 이 권리의 실행의 효과성, 즉 얼마나 효과적으로 이 권리가 존재한다는 사실을 고지할 의무와 고지받을 권리가 실행되었는지가 나머지 참여 권리의 행사에 대한 장애일 수도 아니면 핵심이 될 수도 있다는 것이다.[445]

실제 권리의 존재에 대하여 고지받을 권리가 효과적으로 고지되고 실행되었는가 여부에 관한 연구 결과들은 최악의 경우 상당수의 피해자들이 권리의 존

---

444 Tobolowsky et al., op cit., p. 25
445 Ibid., p. 28

재에 대한 고지를 받지 못하였으며, 최소한 상당수의 사례에서 적용 가능한 권리의 존재에 대한 고지가 효과적으로 이루어지지 않았음을 보여주었다고 한다. 권리에 대한 효과적인 고지의 부재는 이들 권리 행사의 어려움이나 감소를 초래하기 마련이고, 반면에 이들 권리를 고지받은 피해자일수록 고지받지 못한 피해자에 비해 형사사법제도에 만족하는 개연성이 더 높았다고 한다. 이는 결국 사법기관의 피해자 권리의 존재에 대한 고지 의무와 피해자의 고지받을 권리의 중요성을 보여주는 것이라고 할 수 있다. 종합하면, 고지 의무가 있는 기관에 의하여 권리의 존재를 고지받을 권리가 효과적으로 실행되도록 해야 한다는 것이다. 이처럼 권리 존재를 고지받을 권리의 효과적인 실행은 범죄 피해자의 다른 권리 행사의 전제가 될 정도로 절대적임은 물론이고, 형사사법 제도 자체에 대한 피해자의 인식에도 영향을 미치기 때문이다.

2. 형사사법 과정의 중요 절차와 결과의 통보

피해자들은 자신의 권리를 행사하기 위하여 참여 권리의 존재에 대해서 고지되고 알 수 있도록 해야 되는 것처럼, 어떤 권리를 어떤 단계나 절차에서 행사할 수 있는지 알 수 있기 위하여 특정한 절차에 대해서 고지받아야 한다. 심지어 피해자가 상응한 절차에 적극적, 능동적으로 참여하지 않기로 결정하여도, 범법자의 기소와 처벌에 있어서 중요한 행동과 결과를 고지받는다면 사법 과정에의 참여, 가담을 유지할 수 있다는 것이다.

경찰과 관련해서는, 피해자들이 자신에게 가해진 범죄에 대한 경찰 수사의 상황에 관해서 받은 정보가 부족하거나 아예 없어서 피해자가 좌절하기도 한다고 지적하고 있다. 이런 연유에서, 경찰기관이 수사의 진행 상황과 종결에 대하여 주기적으로 고지받을 수 있도록 담보하기 위한 절차를 도입할 것을 권고하고 있는 것이다. 피해자가 자기 사건의 상황에 관한 정보를 얻는 데 도움이 되도록 사건 수사관에 관련된 신분 정보와 접촉 정보가 피해자에게 고지되어야 한다는 것이다. 그런데, 어쩌면 검찰이 사건의 모든 절차와 결과를 잘 알 수 있을 뿐만 아니라 그러한 절차의 법률적 중요성을 설명할 수도 있는 가장 좋은 위치에 있다는 것이다. 따라서 검찰이 최초의 혐의와 기소 여부의 결정에서 유죄 협상과 가석방 결정에 이르기까지 사건의 상황에 대해서 피해자에게 지속적으로 알려주어야 한다는 주장도 제기된다. 법원에서는 피해자 참여 권리와 관련하여 가장 빈번하고 중요한 권리라면 아마도 가석방과 관련된 것이라고 할 수 있을 것이다. 가석방 후 피해자에 대한 보복과 두려움이 우려됨에도, 가석방 심사나 청문에 피해자 참여는 허가되지 않기 때문이다. 이 문제와 관련해서, 가석방 심사위원회(Parole Board)가 피해자나 피해자 가족에게 심사나 청문에 대하여 사전에 고지해주고, 특히 가석방되는 범법자의 보복으로부터의 방어와 보호를 위하여 범법자의 가석방을 사전에 미리 고지해 줄 것을 권고하고 있다.446

이러한 권고에도 피해자 고지 과정과 절차에서의 간극이 지속되자 보석, 유죄 협상, 양형, 그리고 상위법원에의 항고 등과 같은 핵심적인 법정 절차, 유죄 확정 후 석방 절차, 피의자 신분의 중요 변동, 요청이 있다면 재소자의 석방, 탈출, 또는 사망 등에 대하여 모든 피해자에게 통보할 것이 권고되기도 하였다. 그럼에도 현실은 피해자 권리를 고지받은 피해자는 그리 많지 않다는 것이 일반적인 평가라고 한다. 이런 문제를 해소하기 위하여 자동화된 고지 (Automatic notification)제도 등 기술적 향상을 권고하기도 한다.

 3. 형사사법 절차에의 출석 권리

피해자 옹호와 지원의 관점에서는, 당연히 모든 형사 기소에 있어서 피해자가 사법 절차상 모든 중요한 단계에 참석할 권리를 가져야 한다고 주장한다. 그런데, 재판 절차로부터 피해자를 배제하는 것과 포용, 즉 참석시키는 데는

---

446 President's Task Force on Victims of Crime, Final Report, Washington, DC: US Government Printing Office, 1982, pps. 33-34, 60-61, 64, 18, 83-84; Tobolowsky et al., op cit., p. 31

어쩌면 두 가지 갈등적, 경쟁적 이해가 얽혀있을 수 있다고 한다. 법정으로부터 증인을 배제시키는 것은 판사가 '진실-발견(Truth-finding)' 과정의 진정성을 유지하는 하나의 방식이라고 한다. 범죄가 종종 피해자와 그 가족의 삶에서 가장 중요한 사건의 하나라는 것을 인지함으로써, 피해자가 피의자에 못지않게 사건의 공정한 심판에 정당한 관심을 가지며, 따라서 증인을 배제시키는 일반적 규율에 대한 예외로서, 전체 재판에 참석, 출석하는 것이 허용되어야 한다는 것이다. 진실-발견을 위한 배제와 정당한 관심과 권리를 지지하는 두 가지 경쟁적인 이해와 관심의 균형을 맞추려고 시도함으로써, 판사는 피해자와 그 가족에게 재판에 출석, 참석할 수 있도록 허용해야 한다는 것이다.447

그렇다면 피해자가 재판에 출석할 권리는 과연 얼마나 실행되고 얼마나 효과적일까? 물론 충분한 연구가 부족한 이유로 결론적이지는 않지만, 그리고 비록 실제로 형사사법 절차에 나갔던 피해자의 정도나 범위는 다양하지만, 분명한 것은 상당한 수의 피해자가 실제로 그러한 절차에 출석, 참석하지 않는다는 것이다. 중요한 권리임에도 그처럼 권리의 행사가 저조한 이유는 그러한 권리를 행사할 자격이 있는 피해자나 다양한 절차에 출석, 참석할 권리에 대한 남아있는 제약, 출석할 권리를 미리 알려주는 적절한 통보, 고지의 결여, 피해자가 출석에 두는 가치가 이전에 믿었던 것보다 덜하거나, 출석, 참석할 수 있는 기회가 실제로 참석, 출석하는 것보다 더 가치 있다는 예전에 기술된 가설에 기인한다는 것이다. 물론 제한된 연구이지만, 법정 출석이 피해자의 인식과 만족에 미치는 효과나 영향에 대한 결과도 다양하다고 한다.448

 ## 4. 기소 결정과 유죄 협상에서 의견을 제시하는 권리

지금까지는 형사사법 절차에 참석하고 형사사법 과정의 중요 사건과 결과를 고지 받을 권리가 피해자 운동의 주요 부분이었지만, 참여할 권리라는 견지에서의 피해자 권리 운동의 궁극적인 목표는 기소에 영향을 미치는 중심적인 결

447 Tobolowsky et al., op cit., pp. 52-53; President's Task Force, op cit., pp. 82-89
448 Tobolowsky et al., op cit., p. 67

정에 피해자의 의견을 더 많이 투입하는 것이라고 할 수 있다. 물론 지금까지도 검찰 단계에서는 피해자와 상의하여 기소여부 결정에 참고도 하지만, 법원 단계에서는 그러한 기회조차 거의 없다고 할 수 있다. 그러나 유죄 협상과 같은 분야에서는 검찰과 상의할 수 있도록 피해자 권리가 확장되고, 법원에서도 피해자 참여 권리의 의미 있는 확장도 있었다고 한다. 그리고 양형과 가석방 심사에서도 그러한 결정에 의견을 개진할 피해자의 권리가 광범위하게 인정되고 있다고 한다.[449]

1) 기소 결정에 관련한 의견 제시 권리

사실 피해자들은 처음부터 범죄를 당국에 신고하는 결정이나 신고하지 않기로 한 선택을 통하여 언제나 범죄 용의자를 기소하는 결정에 중요한 의견을 제시할 수 있었다. 그러나 일단 범죄가 당국에 신고되면, 용의자를 기소할 것인가, 기소한다면 어떤 혐의로 기소할 것인가, 혹은 기소하지 않거나 유예할 것인가 등의 결정은 일반적으로 검찰의 재량으로 남게 된다. 이러한 현실에서, 검찰이 기소할 것인지 아니면 기소하지 않을 것인지에 대해서 피해자에게 고지, 통보해주도록 하는 것이 권장되고 있다. 동시에 기소 결정을 포함하는 검찰의 다양한 단계에서 피해자와 상의할 것도 권장되고 있다. 특히 사건을 기소하지 않을 경우, 미리 피해자와 상의하여 기소하지 않는 결정의 이유를 설명하도록 권장하고도 있다. 심지어 폭력 범죄의 피해자에게 자신의 입장을 밝힐 기회를 제공하고, 피해자의 의견, 견해를 법원에 제시하도록 권고하기도 한다. 사건의 주요 결정 이전에 검찰이 피해자와 의미 있는 상의를 할 것을 권고하는 것이다.[450]

물론 이 참여 권리는 검찰의 기소 결정과 피해자의 의견이 정반대라도 검찰의 기소 결정에 도전하거나 진정이나 항소를 하는 피해자 권리는 인정하지 않고, 단지 상의하는 권리로 제한할 것을 권고하고 있어서, 이러한 검찰의 상의 임무를 일종의 윤리적 임무라고 한다는 것이다. 여기에다 이러한 피해자 권리가 활성화되도록 하기 위하여, 검찰의 장래 이 윤리적 상의 임무 위반을

---

449 Tobolowsky et al., op cit., p. 69
450 Ibid., pp. 70-71

억제하려는 측면에서, 검찰이 기소 결정과 관련하여 피해자와 상의하지 않는 경우 피해자가 당해 검사에 대한 징계를 요구할 수 있도록 할 것도 권고하고 있다. 이처럼 피해자에게 기소 결정의 본질을 결정하는 권리가 아니라 의견을 제시할 권리를 주는 상의할 권리가 기소 결정에 있어서 피해자 참여로 인한 결점은 줄이고 이익은 극대화할 수 있다는 것이다.[451]

2) 유죄 협상과 합의와 관련한 의견을 제시할 권리

기소 결정에 피해자 의견을 제시하는 권리가 보다 제한되는 반면에, 검찰이 피해자 의견을 들어주어야 하는 피해자의 공식적 권리의 상당한 확대와 유죄 협상과 합의에 관련하여 법원이 피해자 의견을 들어주어야 하는 권리의 의미 있는 확대를 경험하고 있다고 한다. 아직 우리에게는 도입되지 않았지만 도입이 신중하게 검토되고 있으며, 특히 미국처럼 형사 판결의 90%가 유죄 협상을 통하여 이루어지는 현실에서는 유죄 협상과 합의에 관련된 피해자의 확대된 권리는 특별히 더 중요한 것이지 않을 수 없다.

이 권리의 핵심은 검찰이 유죄 협상의 합의에 도달하기 전에 항상 피해자의 견해를 고려해야 한다는 것이다. 대체로 변호사와 판사, 심지어 검사도 자신들의 일정 관리 도구로서 이 유죄 협상에 주로 의존하지만, 피해자들은 사건의 양형과 해결을 자신에게 가해진 손상의 평가로 간주한다. 그 결과, 검찰이 유죄 협상에 대한 폭력 범죄 피해자의 의견에 법원이 관심을 갖도록 해야 할 의무가 있다는 것이다. 검찰은 피해자들에게 이런 문제에 대해서 자신의 견해가 전해지고 인지되도록 하는 기회가 주어지도록 해주어야 한다는 것이다. 이런 권고와 같은 맥락에서, 판사는 검찰이 피해자와 상의했음을 먼저 확인하지 않고는 유죄 협상을 수용해서는 안 된다는 것이다. 그런데, 미국처럼 90%에 달하는 형사 판결이 유죄 협상에 의존한다면 협상이 받아들여지기 전에 피해자가 법정에서 자신의 견해, 의견을 제시할 권리를 가져야 한다는 것은 어쩌면 너무나 당연한 것처럼 보이기도 한다.[452]

당연히 유죄 협상 합의와 관련한 피해자 의견의 투입을 증대시키는 것에

---

451 Tobolowsky et al., op cit., pp. 81-82
452 President's Task Force, op cit., pps. 33-34, 65-66; Tobolowsky, op cit., pp. 83-84

대한 다양한 관점에서의 지지에도 불구하고, 더 증대된 공식적 피해자 개입에 반대하는 사람들은 그처럼 피해자 의견, 견해의 투입, 제시가 과연 의사결정권자에게 실질적으로 추가적인 이해나 통찰을 가져다 줄 것인지 의문스럽다고 주장한다. 더구나 확대되는 피해자의 공식적 의견 제시와 투입이 행정적인 업무 부담의 증대를 초래할 수도 있다고 우려한다. 그러나 가장 근본적으로는 유죄 협상과 합의에 관한 피해자 참여의 역할을 증대시킴으로써 부정적으로 영향을 받을 수 있는 대중적 이해와 검찰 재량과 정책의 쟁점들을 인용하고 있다. 반면에 옹호하는 사람들은 피해자들이 유죄 협상과 합의에 관련한 자신의 의견을 제시하고 투입하는 다양한 기제의 이익, 이점을 강조하고 있다. 이를 위하여 유죄 협상과 관련한 피해자 참여의 권리에는 제안된 유죄 협상과 관련하여 단순히 검찰과 상의할 권리보다는 법원에 의견을 제시할 권리가 포함되어야 한다는 것이다. 이는 궁극적인 결정권자와의 직접적인 소통이 유죄 협상에의 참여 의식을 높인다는 이유에서이다. 더구나 유죄 협상에 대해서, 검찰과 피해자의 의견이 다를 경우 법원과의 직접적인 소통은 검찰의 역할에 있어서 갈등을 회피하고, 피해자 의견이 법원에 소통된다는 것을 보장한다는 것이다. 그러나 피해자 참여의 권리는 법원에 의견을 제시하는 것에 국한되어야 하고, 법원은 피해자 의견을 반드시 따를 의무는 없으며, 피해자가 피해자의 반대를 받아들이지 않고 법원이 유죄 협상을 수용하는 데에 대해서 이의를 제기할 권리까지 주어져서는 안 된다고 권고한다. 그러나 법원이 피해자의 이 권리를 거절한다면 이의를 제기할 수 있어야 한다고 강조한다.[453]

여기서 한 걸음 더 나아가서는, 단순히 의견 개진이나 투입에 그치는 권리가 아니라 유죄 협상 관련 청문에서 한 "당사자"로 참여할 권리로 확대되어야 한다는 주장도 제기되고 있다. 피해자에게 당사자 지위라는 권리를 제공하자는 목적은 피해자의 기분을 더 좋게 하는 것에 그치지 않고, 관료제와 정치와 유죄 협상의 압박, 압력으로 그러한 쟁점들이 수면 아래로 가라앉을 수 있는 위험성이 상존하는 정확성과 합법성에 대한 보다 깊이 있는 고려를 보장, 담보하는 것으로 확장시키는 것이다. 이보다도 더 나아간다면, 피의자와 협상하기 전에 피해자에게 공식적으로 거부할 권한을 주라고도 한다. 이러한 피해

---

453 Tobolowsky et al., op cit., pp. 95-96

자 거부 권한, 절차가 사건의 결과에 피해자의 투입을 증대시키고, 이는 형사 사법제도에 대한 만족과 참여, 그리고 범죄 신고의 증대를 초래하게 된다는 것이다. 또한 이러한 권한은 궁극적으로 형사사법제도에 있어서 중요한 행위 자로서 피해자의 재부상을 시인, 인정하게 됨에 따라 상당한 실질적인 상징적 중요성도 제공한다는 것이다.[454]

 5. 양형과 가석방에 의견을 제시할 권리

1) 양형에 대한 의견 제시 권리

가장 폭넓게 채택되고 있는 피해자 권리의 하나로서, 일반적으로는 양형과 가석방 심사에 자신의 의견을 알릴 권리는 대표적으로 피해자 영향 진술을 통해서 판사에게 범죄로 인한 직접적인 심리적, 경제적, 신체적 영향을, 그리고 일부에서는 범죄, 범법자, 바라는 형량에 대해서도 소통할 수 있는 권리이다. 미국의 범죄 피해자에 관한 대통령 Task Fore는 폭력 범죄의 피해자가 재판 전 보고서(Pre-sentence report) 과정에 관하여 통지를 받고, 이 보고서에 자신의 의견을 반영할 수 있는 기회가 있다는 것을 보증할 책임이 검찰에 있다고 지적한 바 있다. 검찰은 또한 피해자가 재판에 출석하여 양형에 의견을 제시할 기회가 있다는 것도 담보해야 한다고 권고하였다. 부과되는 양형은 범법자는 물론이고 피해자의 삶에도 지대한 영향을 미치기 때문에 법원은 인지된 양형 결정을 하기 위하여 양측의 의견을 다 들어야 한다는 것이다.[455]

검찰뿐 아니라 재판관도 폭력 범죄의 피해자로부터 의견을 제시하도록 허용하고, 적절한 가중치를 줄 것을 권고한다. 특히 양형이 형사사법 절차에서 중요한 역할을 수행한다는 점을 인식하여, 폭력 범죄 피해자가 양형에서 범죄의

---

454 Tobolowsky et al., pp. 96-97
455 President's Task Fore on Victims of Crime, op cit., 1987, pp. 76-78; L. L. Lamborn, "Victim participation in the criminal justice process: The proposals for a Constotutional Amendament," Wayne Law Review, 1987, 34; 125, 187-200

영향에 관한 정보를 제공하고 말할 수 있도록 허용되어야 한다는 것이다. 양형 과정에 피해자를 참여시키는 것은 범죄가 피해자에게 미친 영향에 관한 결정적인 인식, 인정이며, 법원이 정의롭고 균형 잡힌 양형, 선고에 도달하는 데 필요한 모든 정보를 가지고 있음을 확인하는 데 핵심적이라는 것이다. 판사는 범죄가 피해자에게 어떤 부담을 얼마나 주었는지 알지 못한 채 피의자 행동의 심각성을 평가할 수는 없으며, 범법자가 피해를 입힌 사람으로부터 이야기를 듣지 않고는 피의자가 초래한 위험에 대한 인지된 결정에 다다를 수 없다는 것이다.456

양형에 관련하여 범죄 피해자에게 의견을 개진할 권리를 주는 것에 반대하는 사람들은 양형에 피해자의 의견을 투입하는 것은 과정상의 객관성을 해치고, 정당한 양형 요소로부터 관심의 초점을 멀어지게 하고, 피해자의 복수와 응보에 대한 부적절한 고려로 관심을 돌리게 하여 불평등하고 차등적이고 또는 더 엄중한 양형을 초래하며, 검찰 기능을 약화시키고 기소를 통제하게 되고, 행정적으로 복잡하고 느려지고 시간 소모가 많으며, 자신의 바람에 반하여 피해자를 양형 과정에 참여하도록 강요하거나 또는 피해자 의견 투입의 효과에 관한 충족되지 않는 기대를 갖게함으로써 피해자를 더욱 엄청난 충격을 준다고 주장한다. 반대로 피해자에게 양형에 의견을 투입할 수 있는 권리를 주는 것에 찬성하는 옹호론자들은 그와 같은 피해자 조언, 의견 투입, 개진은 피해자로 하여금 더 많이 알게 되고, 정확하고, 민주적인 양형 결정을 향상시키고, 기소에 있어서 손상당한 당사자로서 범죄 피해자의 지위를 인정해 주고, 피해자화 이후 피해자의 치유와 통제력 만회에 도움을 주고, 형사사법제도에 대한 피해자 만족과 형사사법제도와의 협력을 증대시키고, 가해진 손상의 정도를 파악, 확인시킴으로써 범법자로 하여금 범죄와 응보의 영향의 실체와 직면하게 함으로 교화 개선이나 기타 양형 목표를 증진시킬 수 있다고 주장한다. 물론 지금까지는 옹호론자들의 최고 기대치에 미치지는 않았지만 그렇다고 비판가들의 최악의 두려움도 실현되지는 않았다는 것이 현실적인 평가라고 한다457.

---

456 Tobolowsky et al., op cit., p. 100
457 Ibid., pp. 117-118

양형에 피해자가 의견을 개진할 권리에 대한 비판과 옹호는 대체로 세 가지, 행정에 미치는 부담과 효율성, 더 엄중한 양형 결과의 초래, 그리고 피해자 만족과 관련된 것이라고 할 수 있다. 먼저 양형 단계에서 피해자가 자신의 의견을 제시, 개진할 수 있는 권리를 준다면 형사사법제도 행정에 부담을 가중시키고, 그래서 효율성을 떨어지게 한다는 우려이다. 당연히 얼핏 보아도 그렇고 실제로도 추가된 절차 또는 과정인 만큼 업무 부담이 늘어나는 것은 사실이나, 이렇게 증대된 업무 부담은 그러나 범죄로 인한 피해자 손상과 영향과 관련한 일부 정보가 피해자 권리 요구에 앞서 보고서에 담겨진다는 사실로 경감된다고 한다. 결과적으로 재정적 영향이나 행정적 부담은 극히 미미하거나 존재하지 않는다는 것이다. 결론적으로, 양형에서의 피해자 의견 개진 권리가 형사사법제도 행정과 효율성에 중요한, 심각한 장애나 방해가 되지는 않는다는 것이다.458

그리고 이 권리에 대한 어쩌면 가장 큰 우려는 이 권리가 비례성의 범위를 벗어나서 불평등, 차등적, 또는 지나치게 엄중한 양형을 초래할 수 있다는 것이었다. 이런 우려에 포함되는 관심 분야에는 피해자가 제공하는 정보의 유형에 따라, 특히 피해자가 이 권리를 범법자에 대한 응보나 보복을 추구하는 데 활용할 것인가 여부가 그 하나이고, 또 다른 하나의 관심 분야는 특히 검사나 판사 중 어느 형사사법 관리가 양형에 관련된 피해자의 의견을 들을 것인가라고 하는 관심이라고 한다. 이 두 가지 쟁점 모두 양형 결과가 양형 과정에 피해자의 의견을 투입한 결과로 바뀔 것인가에 관한 기대와 관심에 직접적으로 관련된다고 한다. 첫 번째 우려는 곧 피해자들은 자신의 양형 의견에 있어서 극단적으로 처벌적이거나 응보나 보복을 추구할 것이라는 우려인데, 결론부터 말하자면 지금까지의 연구와 경험에 따르면 전혀 그렇지 않다는 것이다. 일반적으로는, 물론 피해자들은 처음에는 시설 수용을 필요로 하는 양형을 바라지만, 종종 추가적인 대안적 형벌(Alternative punishment), 대안적 제재(Alternative sanction)가 주어지면 덜 엄중한 제재나 처우나 배상이 수반되는 지역사회 형벌(Community punishment)로 양형 권고를 수정할 의사를 보이곤 한다는 것이다. 피해자들은 범죄가 발생하고 시간이 많이 흐를수록 시설 수용에 대한 대안적 형벌을 고려할 의사가 더 강하고 개연

---

458 Tobolowsky et al., op cit., p. 121

성이 더 높아진다고 한다. 물론 당연히 개인에 따라 또는 개별 사건에 따라 양형 쟁점에 대한 접근방법이 다르다고 한다.459

피해자 의견 개진이 양형 결과에 미치는 영향과 관련된 두 번째 우려, 관심사는 판사나 검사가 이들의 의견을 들어줄 것인가 여부라고 한다. 일반적으로, 피해자 영향 진술이 법원에 중요한 정보를 제공하고, 피해자 권능을 강화하며, 피의자에게 영향을 미치고, 사법 과정의 인간화라는 이점을 가지고 있다고 한다. 실제로 범죄 영향에 관련한 구체적인 명세, 범죄와 관련한 감정적이고 객관적인 성찰의 균형, 사법제도의 목적에 대한 이해, 그리고 양형에 대한 합리적인 요구 등이 보다 설득력이 있는 영향 진술의 요소들임이 확인되기도 하였다. 물론 이런저런 연구 결과와 주장에도 불구하고, 혐의의 특성과 피의자의 전과 기록이 피해자 영향이나 피해자 의견의 투입, 개진과 같은 추가적인 요소보다는 양형 결과에 가장 일관되게 중요한 예측 요인으로 알려지고 있다. 이와 함께 피의자-관련 요소들도 피해자 진술과 영향보다 더 중요한 예측 요소이기도 했다는 것이다. 결과적으로 양형과 관련된 피해자 권고는 범죄 심각성과 전과 기록과는 무관하게 양형 결과에 중대한 영향은 미치지 않는 것으로 나타나고 있다는 것이다.460

피해자 진술이나 의견이 양형 결과에 그다지 영향을 미치지 않는 데에 대한 설명으로는 피해자 영향이 이미 유죄가 확정된 범행의 심각성, 엄중성-양형 결과에 대한 매우 예측력이 높은 요소의 하나-에 반영되었다는 사실과 피해자 영향이나 다른 요소들에 허용되는 변동성, 변량을 제한하는 양형 지침이나 부정기형 양형 구조의 점증 등이 가장 빈번하게 지적되고 있다. 이처럼 피해자 진술이나 의견이 양형 결과에 그다지 큰 영향을 미치지 않는다는 것을 전제로, 일부에서는 피해자 영향 진술과 권고를 요구하는 것은 '무언가'가 행해지고 있다는 인상을 만들어냄으로써 일종의 "플라세보(placebo)" 가치를 가진다고도 설명하고 있다. 결국 피해자 양형 권고는 일부 약간의 상징적 가치를 가지고, 때로는 판사가 양형 결과에 확신을 가지지 못한 경우에는 약간의 실질적인 가치도 가진다고 할 수 있다는 것이다. 이런 주장을 바탕으로, 한편에

---

459 Tobolowsky et al., op cit., pp. 122-123
460 Ibid., pp. 124-126

서는 따라서 재판 과정에 피해자를 참여시키는 수단으로서 영향 진술의 실행 가능성, 실현 가능성에 의문을 표한다는 것이다.[461]

이와는 반대로, 다른 일부에서는 보다 긍정적인 결론도 내리고 있다고 한다. 비록 피해자 영향 진술과 그것이 제공하는 정보가 빈번하게 기소에 반영되지만, 때로는 형을 선고하는 판사에 의해서 활용될 수 있는 추가적이고 상응한 정보를 제공한다는 것이다. 더구나 피해자 영향 진술의 활용이 결코 피해자의 주관적 접근이 법이 요구하는 객관적 접근을 대체하지 않았다는 것이다. 결론적으로, 두 가지 평가를 다 반영하면 양형 결과에 미치는 피해자 진술의 영향은 최대 기대도 최악의 두려움도 실현되지 않았다는 것이다.

2) 피해자 만족에 미치는 영향

일반적으로, 피해자의 양형에의 의견 진술이나 투입이 피해자의 형사사법에 대한 만족도에 영향을 미치는지 여부에 대해서는 그 연구 결과가 다양하여 결론을 내리기는 어렵다고 한다. 지금까지 알려지기로는 자기 사건의 처리에 있어서 검찰에 대한 피해자의 만족과 불만족을 좌우하는 가장 많이 언급되는 요소는 양형의 결정이나 선고였다고 한다. 이는 결국 피해자 만족은 자기 의견의 개진보다는 양형 결과나 선고에 좌우된다고 하지만, 피해자가 자신의 의견이 사건 결과에 영향을 미쳤다는 믿음과 만족도 사이에는 상관관계가 있다는 것으로도 알려지고 있다. 특히, 형사사법제도와 절차와 과정으로부터의 소외가 피해자 불만족의 이유 중 하나였음을 고려한다면, 피해 진술이나 의견의 제시 그 자체가 참여 권리의 하나이기도 하고, 따라서 자기 의견을 투입하거나 진술하는 피해자가 그렇지 않은 피해자에 비해 일반적으로 사건의 결과와 형사사법제도에 대한 만족도 약간 높다고 할 수 있다는 것이다.[462]

---

461 Tobolowsky et al., op cit., pp. 125-126
462 Ibid., pp. 127-128

6. 가석방 심사위원회에 의견 진술과 투입의 권리

미국에서는 캘리포니아주를 필두로 보호관찰부 가석방(Parole)을 폐지하는 경우가 있는데, 이들의 논리는 보호관찰을 조건으로 해서까지 형기 이전에 미리 가석방하는 것은 사회적으로는 위협이고, 사법 정의 측면에서는 정의롭지 못하다는 것이다. 이들은 그래서 부과된 형기는 그가 살아야 할 형의 기간인 그러한 양형제도로 대체하고, 보호관찰부 가석방은 폐지되어야 한다는 것이다. 그렇지 않다면, 가석방 심사 청문을 대중에 개방, 공개할 것을 권고한다. 이러한 주장의 이면에는 가석방 심사 청문 진행의 비밀성이 가석방 심사 결정에 관련된 책임으로부터 보호관찰 심사 당국을 단절시킨다는 점을 비판하고 있다. 기존의 가석방 심사는 심사 절차의 비밀성을 유지하는 데 있어서 잠재적인 가석방 대상자와 아마도 심사위원회의 이해와 관심이 피해자와 잠재적 피해자에 대한 관심과 제도의 진정성을 위하여 양보되어야 한다는 것이다. 이처럼 심사 과정이나 절차를 대중의 철저한 검토에 붙임으로써 형사사법제도에 대한 대중의 신뢰를 회복하는 데도 도움이 된다는 것이다.463

이를 위하여, 구체적으로 가석방 심사위원회가 피해자나 그 가족 또는 변호인이 심사 청문회에 출석하여 범죄가 피해자에게 미친 영향을 알리도록 허용해야 한다는 것이다. 그것은 범죄 피해자는 가석방 절차의 결과에 타당한 이해관계가 있을 뿐만 아니라, 범법자에 대한 피해자의 경험에 관한 정보는 정통한 의사결정에도 적절하기 때문이라는 것이다. 피해자는 자신의 공격자가 적절하게 처벌되는 것뿐만 아니라 다른 사람들을 해치도록 너무 일찍 석방되지 않는 것을 보는 데에 대한 정당한 관심을 가진다는 것이다. 이 권리의 옹호자들의 주장은 바로 피해자 Well-being과 만족, 그리고 제도의 효율성과 가석방 결정에의 부적절한 요소의 삽입에 관한 우려에 대비되는 보다 정통한 가석방 결정이라는 균형 잡힌 기대라고 할 수 있다.464

---

463 Tobolowsky et al., op cit., p. 129
464 Ibid., pp. 129-130

가석방과 관련한 피해자 의견의 개진과 투입의 적합성을 주장하는 사람들은 수형자, 재소자 File에서 반영될 수 없을지도 모르는 범죄 관련 정보를 가석방 심사위원회에 제공한다는 점에서 유용성이 있다고 지적한다. 그들은 또한 범죄로 인하여 지속적으로 미치는 영향에 관련된 정보도 재소자의 보호관찰부 가석방 준비나 위험성의 평가에도 기여할 수 있다고도 지적한다. 그러나 반대론자들은 그러한 정보가 범법자의 현재 행동이 그의 가석방 준비나 위험성 평가와 가석방 적합성 여부의 결정에 관한 무엇보다도 중요한 의문에 적절하지 않으며, 단순히 심사위원들을 위협하여 가석방을 거부하도록 하기 위하여 설계되었을 따름이라고 주장한다. 그러나 이러한 주장에 대하여, 피해자 증언의 존재 그 자체가 가석방 거부 결정과 관련된 가장 중요한 변수였으며, 심지어 재소자의 불리한 수형 성적, 전과 횟수, 그리고 피해자가 신체적 손상을 입었다는 사실보다 더 중요한 변수라는 것이 밝혀지고 있다. 피해자의 가석방 반대 의사 표현이 가석방 거부 결정에 심각하게 관련이 된다는 것이다. 따라서 일부에서는 가석방 심사와 결정에 미치는 피해자 의견의 지나칠 정도로 절대적인 영향을 감안하여, 당국으로 하여금 피해자 의견의 목적을 명확하게 하고, 그 목적을 객관적으로 가석방 심사 구조에 객관적으로 반영될 수 있게 하고, 전달된 정보의 신뢰성을 담보하기 위한 안전장치를 마련할 것을 권고하였다.465

---

465 Tobolowsky et al., op cit., pp. 137-138

SECTION 5

피해자 권리의 미래와
미래 지향의 피해자 권리

1. 피해자 권리의 미래

　피해자 운동은 50년 이상 지속되며 피해자 권리와 역할 등 다양한 진전을 이루었지만, 아직도 갈 길이 멀다는 것이 일반적인 평이라고 한다. 실제로 비교적 활발하게 피해자 운동을 벌여온 것으로 평가되는 미국에서도 형사 절차에서의 핵심적인 전개에 대하여 피해자가 고지, 통보받을 권리, 핵심적인 기소 결정에 피해자가 의견을 개진할 권리, 양형 단계에서 피해자가 범죄의 영향을 진술할 권리, 피해자가 가석방 심사에 자기 의견을 투입할 권리, 양형의 부분으로서 배상명령, 모든 피해자에게 서비스를 제공하기 위한 기금의 조성 등 피해자-지향 사법의 가장 기본적이면서도 중요한 것들이 제대로 자리 잡지 못하고 있으며, 비록 범죄 피해자 보상 등은 미국 대부분의 주에서 도입은 하고 있으나 아직도 최적의 수준으로 작동하지는 않고 있다는 평가이다. 이런 현실을 감안하여, 미국의 "범죄 피해자에 관한 대통령 특별위원회(Task Force)"에서는 형사사법 과정에의 피해자 접근과 참여를 확대하는 것과 함께 피해자 서비스를 향상시킬 것을 권고하였다. 이 권고로 인하여 미국에서는 범죄 피해자 권리가 상당한 진전을 이루었다고 한다. 그 결과, 다수의 주에서 소위 "범죄 피해자 권리 장전(Crime Victim's Bills of Rights)"이나 기타 피해자-관련 조항을 담고 있는 법률 등을 제정하였다는 것이다. 이러한 노력의 결실로, 형사사법 과정에서의 중요한 사건과 행위에 대해서 피해자에게 고지, 통보하고, 형사사법 과정에 참여하여 의견을 투입할 수 있게 하며,

범죄 피해자 보상, 보호관찰의 조건이나 독립된 양형으로서 배상명령 등을 대부분의 주에서 도입하였다고 한다. 그럼에도 아직은 거의 모든 국가에서 형사사법은 범법자-지향(Offender-oriented), 범법자-중심(Offender-centered)에서 벗어나지 못하고 있는 실정이라고 하며, 그래서 피해자-지향(Victim-oriented), 피해자-중심(Victim-centered)의 사법을 위한 핵심 요소로서의 피해자 권리의 미래가 더욱 궁금해지지 않을 수 없는 것이다.466

흔히들 범죄 피해자 권리의 실행은 전체적인 형사사법제도라는 환경과 상황에서 일어나는 일련의 사건과 행위로 구성되는 "선형의 과정(Linear process)"이라고 한다. 그 사슬에서 필수적인, 핵심적인 고리로서 "강력한 법률의 통과, 피해자 권리 관련 교육, 권리를 실행하고 동기를 증진시키고, 피해자 권리를 집행할 수 있는 자원"을 들고 있다. 더 구체적으로는, 강력한 피해자 권리를 규정하는 법률의 통과가 범죄 피해자 권리 조항을 담보하는 데 있어서 그 첫 번째 단계이지만, 피해자 자신과 그 집행을 맡고 있는 형사사법기관과 그 소속 관료들이 법률에 대해서 교육받고 알지 못한다면 피해자 권리 조항의 존재는 아무런 의미가 없다고 한다. 법안이 제정되고, 피해자 당사자와 사법 관료들이 제대로 교육받고 숙지한 다음 단계의 핵심 고리는 법률을 실행할 자원의 가용성 여부이다. 실제로 관계자들 다수가 피해자 권리 조항을 제대로 실행할 수 없는 가장 큰 이유로 자원의 한계를 들고 있기도 한데, 이러한 자원의 한계는 실제 자원의 부족이나 피해자 권리 실행에 우선순위가 주어지지 않는 데서 초래될 수 있다고 한다. 실제 자원의 부족은 정보의 추적과 회계제도를 이용하여 관료들이 피해자 권리의 보다 효율적인 집행을 지향하는 방향으로 기존 자원을 더 극대화할 수 있도록 도와줌으로써 어느 정도 해결될 수 있으며, 예산 확보와 집행에 있어서 피해자 권리가 차지하는 낮은 우선순위의 문제는 피해자 권리가 잠재적으로 보다 더 높은 우선순위를 확보하도록 피해자 권리의 중요성에 관련한 교육을 강화함으로써 나아질 수 있다고 한다. 그러나 법안이 제정되고 예산이 확보되어도, 거의 모든 정책이나 프로그램의 성패는 결국 그 정책과 자원을 직접 실행하고 집행하는 사람에 달렸다고 한다. 피해자 권리를 집행할 형사사법 관료들의 동기가 중요하지 않을 수 없다는 것이다.

---

466 Tobolowsky et al., op cit., pp. 257-258

관료들의 동기를 강화하기 위하여 관료들에 대한 감시와 평가를 강화하고, 그럼에도 제대로 실행하지 않는 경우에는 해당 관료에게 징계를 요청하는 권리를 피해자에게 주자는 주장도 나오고 있다.467

피해자 권리 증진과 관련하여 지금까지 제안된 거의 모든 정책적 제안들은 기존 형사사법제도의 개선을 통한 증진을 제안하는 것이었다면, 다른 일부에서는 범죄 피해자의 요구와 필요에 보다 더 민감하고 더 잘 반응할 수 있도록 기존의 형사사법제도에 대한 대안이 탐구되어야 한다고 주장한다. 그러한 대안으로서 가장 빈번하게 제안된 것 중의 하나가 바로 "회복적 사법(Restorative Justice)"이라고 한다. 이 대안적 사법은 범죄 사건을 해결하고 공공의 안전을 성취하기 위한 통합된 노력에 정부, 지역사회, 범법자, 그리고 피해자가 포함되어야 한다는 원리, 원칙을 공유하고 있다. 당연히 이 대안적 접근의 목표는 범죄로 인한 피해자와 지역사회의 손상을 바로잡고, 범법자가 그 손상에 책임을 지게 하고, 손상을 바로 잡는 데 도움을 주는 것, 그야말로 이름 그대로 올바른 사법 정의라면 범죄 피해가 범죄 이전의 상태로 회복되는 것이다.468

 ## 2. 미래 지향의 피해자 권리

지난 수년 동안, 형사 정책이나 형사사법의 변화는 정도의 차이는 있지만 대체로 삼진 아웃(3 Strikes-Out)이나 가석방 없는 종신형(Life-sentence without parole)을 비롯한 범죄에 대한 강력한 대응(Get-tough)으로 보수화하고 있다는 것과 그 반대쪽의 피해자 정책은 형사사법 과정에서의 광범위하고 다양한 범죄 피해자를 위한 권리를 인정하는 정책의 개발과 진전을 통하여 점증적으로 피해자를 중요한 위치에 두기 시작했다는 점일 것이다.469

이들 피해자 권리는 이름하여 서비스 권리(Service rights)와 절차적 권리

---

467 Tobolowsky et al., op cit., pp. 258-259
468 Ibid., pp. 264-265
469 H. Fenwick, "Procedural rights of victims of crime: Public or private ordering of the criminal justice process?" Modern Law Review, 1997, 60: 317-318

(Procedural rights)로 불리는 두 가지 범주로 나누어진다고 한다. 서비스 권리는 피해자들에게 형사사법제도 내에서 더 나은 처우와 더 나은 경험을 제공하는 것을 목표로 하는 것들로 규정되는 것으로, 여기에 해당되는 서비스로는 사건의 진행 과정이나 주요 일정 등에 관한 정보/고지 받을 권리(Rights to information/notification), 취약한 피해자에 대한 지원, 그리고 보상 등이 있다. 절차적 권리는 반면에 형사사법 절차와 과정에 있어서 의사결정에 피해자에게 더 많은 참여적 역할을 제공하는 것들이기 때문에 대심제도의 환경, 상황에서 논란의 여지가 더 많은 것으로 평가되고 있다. 이들 절차적 권리에는 피해자가 형사사법제도와 법원에 기소, 보석/구금, 형의 선고, 보호관찰부 가석방, 피해자 영향 진술서 제출과 같은 핵심 형사사법 결정에 관한 정보와 때로는 자신의 견해와 의견을 제공할 기회를 포함하는 권리이다.[470]

피해자 참여와 가담이 강조되고 실현되는 저변의 논리나 합리성은 피해자들이 너무 오래도록 형사사법 과정에서 무시, 도외시되고 배제되었고, 그 결과로 2차 피해자화의 고통을 받고, 사법제도와 공조하는 데 실패했다는 사고와 현실에 특히 영향받은 바 크다는 사실이다. 2차 피해자화를 최소화하고, 형사사법제도와 피해자의 공조를 증대시키기 위하여, 그리고 UN의 피해자 권리 관련 선언을 수행하기 위하여, 각국에서는 이들 쟁점 사항을 다루기 위한 피해자-관련 정책을 개발하기 위한 지침과 기본 원리의 틀이 되는 도구를 제정, 입법하는 결과라고 할 수 있을 것이다.

1) 피해자와 서비스 권리

지금까지의 연구에 따르면, 범죄 피해자가 가장 크게 그리고 빈번하게 말하는 불평과 불만의 하나가 자신의 일임에도 아무런 정보를 갖고 있지 못하고, 아무 것도 알지 못한다는 지적이었다. 당연히 피해자들이 바라는 것, 요구하는 것의 하나가 사법 절차와 과정 등 사건 진행에 관해서 구체적으로 고지, 통보 받는 것이라고 한다. 따라서 피해자에 대한 이 권리는 어쩌면 불가피한 것이라고 할 수 있다. 피해자들은 진술서를 작성하는 것 그 자체만으로 사법제도

---

470 M. Manikis, "Imagining the future of victims' rights in Canada: A comparative perspective," Ohio State Journal of Criminal Law, 13(1): 163-186, p. 164

가 자신의 사건을 어떻게 처리하는가에 대해서 더 좋게 느끼게 하지는 않을 것이다. 피해자들은 자기 사건의 진전에 관해서 고지 받기를 원하고, 형사사법 제도가 어떻게 돌아가는지에 관한 정보를 원하는 것이다.471

이에 더하여, 더 큰 문제는 피해자가 암흑 속에 남겨져서 자기 사건의 진행에 관해서 고지받지 못하고 알지 못할 때, 2차 피해자화가 일어난다는 사실이다. 실제로, 범행으로 가장 큰 영향을 받는 피해자는 과정과 절차에 관해서 고지받지 못하면 범행 그 자체로 야기된 것과 유사한 수준의 스트레스를 겪게 된다는 증거들이 적지 않다. 재판 전후에 걸쳐서 형사사법 과정의 모든 단계에서 어떤 진전과 전개가 왜 일어나는지 완전하게 고지받지 못한 피해자는 심리적 회복에 필요한 기간을 연장, 지연시키고, 심리적 Well-being을 감퇴시키는 형태의 스트레스를 겪을 수 있다는 것이다. 실제로도 절차에 관한 지식, 정보를 가질 수 있는 권한을 부여받는다는 것은 특히 성폭력을 당한 여성의 치유 과정을 당기는 데 큰 힘이 된다고 한다.472

범죄 피해자가 자기 사건의 진행 과정이나 절차에 대해서 만족하게 고지받을 권리는 이제 불가피하기보다는 당연한 것이 되었지만, 남은 문제는 어떤 것을, 얼마나, 누가, 어떻게 고지할 것인가를 규정해야 한다는 사실이다. 이를 위해서 우선 고지 의무의 범위를 명확하게 하고 규정해야 한다. 자기 사건의 진행에 대하여 피해자가 어떤 것을 고지받아야 하는지 얼마간 광범위한 개념을 보다 명확히 하기 위해서는 사실적 정보에 대한 권리와 비공식적 관점에 대해 고지받을 권리라는 두 개의 별개의 범주로 고지받을 권리를 분류할 것을 제안한다. 사실적 정보에 대한 권리는 주의, 기소, 구금, 보석과 보석 조건, 법원 심리, 석방 등에 관련된 정보를 포함하는 것이고, 비공식적 관점은 반대로 사건과 관련된 핵심적인 결정 이면의 사고와 설명을 포함하고 있는 유죄 협상과 같은 요소에 관한 정보로서, 예를 들어서 기소 여부의 결정, 특정 혐의의 선택, 그리고 최종 심리와 선고의 결과를 피해자에게 설명하는 것으로 구성되는 것이다.473

---

471 J. Wemmers, "Victims in the Dutch criminal justice system: The effects of treat-ment on victims' attitudes and compliance," International Review of Victimology, 1995, 3: 323, 338
472 Manikis, op cit., p. 167
473 Ibid., p. 168

피해자는 사실적 정보를 받아야 하고, 일반적으로 형사사법의 전반적인 과정에 걸쳐서 이루어지는 결정에 관한 더 이상의 설명을 피해자에게 제공하라는 요구를 받지 않아야 한다고 대부분의 전문가와 입법에서 제안되고 있다. 예를 들어, 캐나다 British Columbia의 "범죄 피해자 법(Victims of Crime Act)"은 정보를 세 가지로 분류하는데, 정보의 첫째 범주는 형사사법제도에 관한 일반 정보를 포함하는 것이고, 두 번째 범주는 수사의 상태, 사건의 결과, 그리고 법정 출두 고지를 포함하는 특정 사건에 관해서 피해자가 받을 권리가 있는 정보를 일컫는 것이며, 세 번째 범주는 구금된 피의자에 관련한 정보를 말하며, 만약 피해자의 이익이 피의자/범법자의 프라이버시를 능가한다면 이들 정보도 제공할 것을 제안하고 있다. 여기서 조금 더 나아간다면, 소위 말하는 '피해자 권리 장전(Victims' Bill of Rights)' 같은 데서는 피해자에게 정보를 제공하고, 범행의 수사, 기소, 재판 과정, 그리고 교정 서비스라는 다양한 단계에서 피해자들의 권리를 자세하게 설명하고 있다. 또한 이 권리 장전은 절차가 이루어지는 장소, 시간, 날짜, 증인 보호 신청 권리, 피해자 영향 진술서 작성의 도움과 제출의 권리 등을 어디서, 어떻게 파악하고 확보하는지 등 피해자가 사법제도로부터 기대해야 마땅한 다수의 권리를 열거하고 있다. 더구나, 피해자들은 법원이나 전문가 결정, 특히 배심의 기각, 양형, 그리고 조기 석방 결정의 결과와 그 함의를 오해하곤 하기 때문에, 설명적 정보 또한 피해자가 가지는 매우 중요한 필요, 요구이다. 그러나, 정보에 대한 권리를 행사하기 위하여 피해자가 따라야 하는 과정은 그리 명확하게 구체적으로 적시되지 않는 편이라고 한다. 피해자 권리 장전을 준수하기 위해서는 책임 있는 기관이 자동으로 피해자에게 정보를 제공해야 하는지, 아니면 피해자의 요구가 있어야 제공되어야 하는지 구체화하는 것이 매우 중요하다고 한다. 권리에 대한 사항을 명확하게 하고 구체화하는 것은 그 권리를 준수하는 것을 쉽게 해주고 책임 있는 기관의 역할에 대한 이해를 도와줄 뿐 아니라 이런 권리를 활용하기 위해서는 피해자가 요청하도록 요구하는 경우에는 피해자에게도 도움이 된다고 한다. 그래서 피해자는 과정의 다양한 요소들에 대하여 자동으로 고지되는지, 아니면 특정 기관으로부터 정보를 요구할 필요가 있는지 알 수 있어야 한다는 것이다.[474]

---

[474] Manikis, op cit., pp. 168-172

2) 피해자와 절차적 권리

(1) 양형에의 피해자 참여

우리에게는 아직도 피해자의 권리로 인정되지도 않고, 주어지지도 않고 있지만, 지금까지 도입된 다른 나라에서의 양형에 있어서 피해자 참여는 '피해자 영향 진술(Victim impact statement)이나 피해자 진술(Victim Statement), 또는 피해자 개인 진술(Victim's Personal Statement)' 등의 이름으로 인정되고 있다. 이러한 외국의 추세는 당연히 피해자 영향 진술이 범죄로 인한 해악을 평가하고, 판사로 하여금 범죄와 그 피해에 보다 상응하고 비례하는 양형 결정에 도달할 수 있게 해주는 데 유용한 것으로 일반적으로 간주된다는 초기 경험적, 실증적 자료에 근거한 것이라고 한다. 사실, 사법 정의란 그야말로 범죄의 피해에 상응한 처벌이 비례의 원칙일 것이고, 범죄 피해는 피해자의 개별화가 말해주듯 피해자에 따라 피해의 정도나 피해가 주는 영향이 달라질 수밖에 없고, 따라서 범죄 피해가 피해자에게 미친 영향이 중요한 측도가 되어야 하고, 그 측도의 가장 직접적인 당사자인 피해자의 진술이 전제되어야 하는 것은 어쩌면 당연하지 않을까. 이 밖에도, 피해자 영향 진술이 참여하는 다수 피해자에게 치료적이고 이익이 될 수도 있다는 점도 연구 결과 밝혀지고 있기도 하다. 결과적으로, 피해자 영향 진술서를 제출하거나 구두로 진술하는 피해자가 형사 사법 과정에 더 만족한다는 사실도 연구로 밝혀지고 있다.[475]

이러한 긍정적인 인식과 평가에도 불구하고, 문제가 전혀 없지는 않은 것도 사실이다. 판사의 입장에서는 과연 피해자의 진술이 확실하고 분명한지 그 명확성이 결여되었다고 우려한다는 것이다. 현재의 글귀대로라면, 이 진술에 주어지는 가중치와 진술이 고려되도록 의도하는 방법이 이해가 어렵고 불투명하다는 것이다. 그 결과, 재판부에 따라서 일부에서는 피해자에게 가해진, 그래서 피해자가 겪는 해악을 이해하기 위해서 형의 선고에 의의가 있는 증거로 고려되고, 그래서 또한 양형에 있어서 가중이나 감경 요소로 고려될 수 있다고 판단한다. 그러나 다른 일부 법원에서는 피해자 영향 진술이 형의 결정에 도구적인 것이라기보다는 오히려 순수하게 표출적인 것으로 간주하고, 진술이

---

475 Manikis, op cit., pp. 173-174

형에 영향을 미치는 것으로 이용될 수 없다고 강조한다. 그래서 일부에서는 법으로 피해자 영향 진술은 사실적 진실을 위한 것이 아니며, 범행이 원고에게 미친 감정적 영향과 다른 효과나 영향의 표현, 진술, 설명이라고 보기도 한다는 것이다.[476]

이에 대해서, 당연히 보다 더 명확하고 분명한 목표와 한도가 규정되어야 할 필요가 있다. 가능하다면, 피해자의 치유, 치료라는 목표에서 표출적이고 동시에 보다 비례하는 형의 결정이라는 측면에서 도구적인 두 가지 기능을 다 함축할 수 있어야 한다는 것이다. 여기서, 도구적이라고 함은 진술 자체가 어떠한 목적이 아니라 다른 목적을 위한 도구로 작용, 기능하는 것인 반면에, 표출적이란 진술을 표출하는 그 자체가 진술의 목적인 경우라고 하는데, 도구적인 면에서는 양형에 직접적인 영향을 미칠 수 있는 것이 좋은 예라면, 표출적인 목적으로는 자신의 고통 등을 표출함으로써 치유의 효과를 얻는다는 것이다. 이처럼 피해자 영향 진술의 도구적 기능과 목적이 양형에 직접적인 영향을 미칠 수 있다면, 모든 당사자에게 공정성을 담보하기 위해서 보다 상세한 한도가 개발되어야 한다는 것이다. 이런 도구적 목적을 위해서는 진술의 신뢰성을 담보하기 위한 기제가 개발되어야 한다는 것이다. 더구나, 이러한 도구적 목적과 함께 표출적 목적도 있다면, 적절성, 비례성의 개념, 정의에서 전통적으로는 적절한 것으로 고려되지 않았지만, 피해자 치유를 위하여 적절한 것으로 고려될 수 있는 정보도 포함될 필요가 있다고 한다.[477]

(2) 피해자-검사 관계의 재정립

어쩌면 피해자의 불만을 크게 만드는 가장 큰 이유 중 하나가 바로 이 문제일 수도 있다. 피해자의 입장에서는 자신의 사건, 자기 일임에도 자신이 직접 챙기지 못하고 자신을 대신하는 검사의 손에 전적으로 의존해야 하는데, 제3자라 할 수 있는 검사가 나보다 더 열정적으로 내일을 대신해 주리라 기

---

476 J. V. Roberts and E. Erez, "Communication at sentencing: The expressive function of Victim Impact Statement," in A. Bottoms & J. V. Roberts(eds.), Hearing the Victim: Adversarial Justice, Crime Victims and the State, Cullompton: Willn Publishing, 2010, p. 232
477 Manikis, op cit., p. 175

대하기는 그리 쉽지 않기 때문이다. 물론, 나라에 따라 다르긴 하지만, 캐나다처럼 검찰이 피해자에게 피해자 진술을 제공할 기회를 고지하기로 되어 있어도 둘의 관계는 그 이상 나아가지 않는 경우가 대부분이며, 영국과 같이 고지에 더 적극적인 나라에서는 피해자와 협의해야 하고, 검찰의 결정 이유를 설명할 검찰 의무를 인정함으로써 단순한 고지를 넘어 사법 과정의 다른 단계로 확대되는 피해자에 대한 광범위한 정보 제공 의무가 검찰에 주어지기도 한다. 이와 유사하게 미국에서도 결정적인 의사결정을 함에 있어서 피해자와 상의하도록 하는 검찰의 의무를 인정하기도 한다. 예를 들어, 법원은 검찰과 협의할 피해자 권리가 사후 비판하거나 검찰 결정을 거부하는 것이 아니라 오히려 피해자에게 정부로부터 정보를 획득하고, 정부와 법원에 대한 자기 의견을 형성하고 표현하도록 허용하는 것이라고 구체적으로 적시하고 있다. 더 구체적인 예로서, 유죄 협상의 경우, 검찰과 상의할 피해자 권리는 협상에 합의하기 전에 검찰과 상의하는 것으로 확대하는 것이라고 확인하고 있다고 한다.[478]

그렇다면, 검찰이 피해자들과 상호작용할 더 크고 더 많은 임무, 의무를 가져야 하는가? 지금까지는 검찰이 사법 정의의 관장자로 간주되었고, 개별적 당사자나 피해자보다는 공공의 이익은 물론이고 지역사회, 공동체 사회를 대표, 대변하는 것으로 되어 있었다. 검찰은 어떠한 외부 압력이 없이 독자적, 독립적으로 자신의 결정을 하도록 되어 있었다. 그러나 피해자 또한 지역사회, 공동체의 일원이기 때문에 독립적, 독자적인 검찰 기능의 행사에서 고려되어야 할 적절한 요소로서 피해자의 이익도 포함하도록 검찰 기능을 조정하는 것이 정당한 것으로 보인다. 물론 그렇다고 피해자와의 상호작용의 증대가 검찰의 기능에 상반되거나 검찰의 객관성에 영향을 미치지는 않아야 하고 또 그럴 것으로 간주되고 있다. 이들 결정과 과정에 있어서 피해자와의 상의가 검찰의 의사결정에 대한 거부권을 피해자에게 허용하거나 검찰의 역할을 피해자 대변이나 대표로 전환시키는 것은 결코 아니다. 대신에 마치 피해자 영향 진술이 독립적인 양형 임무에 있어서 판사에게 도움이 되듯이, 검찰 의사결정에 있어서 피해자 의견의 개진은 피해자가 겪은 해악을 이해하는 검찰에게 도움이 된

---

478 Manikis, op cit., p. 176; M. Manikis, "Recognizing victims' role and rights during plea bargaining: A fair deal for victims of crime," Criminal Law Review, 2012, 58: 411

다는 것이다. 뿐만 아니라, 검찰과 피해자의 더 많은 두서없는 관계는 핵심적, 결정적인 결정과 판단의 이면에 자리한 합리성, 논리는 물론이고 형사사법 과정에서의 그들의 제한된 역할을 이해하는 데 도움이 된다는 것도 분명하다는 것이다. 또한 검찰이 자신의 결정을 피해자에게 설명함으로써 의사결정 과정에 대한 일말의 투명성과 자아-성찰을 더하고, 전통적으로 피해자와 지역사회와 정보를 거의 공유하지 않던 기관에 대한 확신도 높여준다는 것이다. 심지어 영국에서는 이보다 한 걸음 더 나아가서, 피해자가 기소하지 않기로 한 검찰의 결정을 재검토하는 권리를 허용하기까지 한다는 것이다. 그러나 대부분의 경우에는 아직도 피해자와 검찰의 관계는 매우 제한적이고, 검찰 재량은 여전히 가장 투명하지 않고 규제되지 않는 권력의 하나이다. 아직도 검찰은 과정상의 남용이 입증되지 않는 한 어떠한 설명도 제공하지 않고, 누구로부터도 사후에 비판을 받거나 재검토를 받지 않고 사법 절차의 과정에서 다수의 결정을 내릴 수 있다. 여기에다, 판사와는 대조적으로, 검찰은 양형에 영향을 미치는 결정을 할 때 비례의 원칙을 적용할 헌법적 의무가 없다고도 한다. 이런 현실에는 유죄 협상이 가장 대표적인 것이라고 할 수 있다. 지은 죄는 1급 살인임에도 죄에 상응하거나 비례하지 않는 3급 살인으로 유죄 협상에 도달할 수도 있지 않은가.[479]

(3) 진술 권리의 집행과 비-동조에 대한 결과

가. 피해자 권리의 법적 집행 불능

피해자 권리에 대한 관심과 그에 상응한 다양한 변화가 있었음에도 불구하고, 아직도 충분하지 못하다는 것이 일반적인 견해이지만, 그보다 더 중요한 것은 피해자 권리가 위반되었을 때 누가 어떻게 책임을 질 것인가가 명확하지 않다는 것이다. 이는 아마도 대부분의 피해자 권리가 선언적인 것이어서 법적으로 집행될 수 없는 실정 때문일 것이라고 한다. 형사사법기관에 주어진 임무가 제대로 실행되는 것을 감시하기 위한 기제가 필요한 것인가? 그렇다면,

---

479 Manikis, 2016, op cit., pp. 176-178; P. Paciocco, "Proportionality, discretion, and the role of judges and prosecutors at sentencing," Canadian Criminal Law Review, 2014, 18: 241

지키지 않고, 따르지 않고, 동조하지 않은 결과도 따라야 하는가?

이처럼 피해자 권리를 법률적으로 집행하지 못하는 데에 대해서, 캐나다의 한 피해자가 근본적 사법 정의의 원칙은 아무런 조치가 없는 권리는 없다고 주장하며 소송을 제기하였으나 고등법원에서는 소송을 기각하면서 피해자 권리장전(Victims' Bill of Rights)은 범죄 피해자에게 권리를 제공할 의도가 아니었고, 제공하지도 않았다고 판시하였다고 한다. 법원의 판단은 이들 권리가 권리로 고려되지 않고, 단순히 형사사법기관이 존중해야 하는 좋은 관행의 원칙이라는 것이다. 따라서 심지어 강제적 용어가 사용되었어도 강제적인 것으로 간주될 수 없다는 것이다.480

나. 비-동조에 대한 결과 인정의 중요성

가) 피해자

이처럼 대부분의 피해자 권리가 법률적으로 집행될 수 없다고 하는데도 불구하고, 일부에서는 '권리'라는 용어를 분명하게 적시하고 있어서 불가피하게 범죄 피해자에게 잘못된 희망과 기대를 갖게 한다는 것이다. 이러한 잘못된 허위 희망과 기대를 만드는 것은 일종의 희망 고문이고, 결국에는 일종의 2차 피해자화를 초래할 개연성을 높인다고 한다. 틀림없이, 이런 형태의 2차 피해자화는 형사사법기관이 원래 그들의 임무를 제대로 수행하지 못했을 때 피해자의 진정이나 민원에 적절하게 대응하지 못한 데서 야기될 수 있다는 것이다.481

나) 형사사법기관

비동조에 대한 결과를 인식, 인정하는 것은 책임성을 증진시키고, 집행, 실행을 용이하게 할 수 있다고 한다. 형사사법기관에 부여된 의무는 결과가 그것을 지키지 않은, 동조하지 않은 데에 대해서 부과되지 않는 한 심각하게 받아들여질 개연성은 아주 낮다고 한다. 당연히 우리가 변화를 원한다면, 형사사법기관이 동조하지 않거나 준수하지 않으면 그에 따른 결과, 대가도 인정되어야만 한다는 것이다. 그렇지 않다면, 피해자가 자신의 권리에 의존할 수 있다는 것을

---

480 Manikis, 2016, op cit., pp. 179-180
481 Ibid., pp. 180-181

담보하기 위한 어떠한 것도 궁극적으로는 무의미하다는 것이다. 마찬가지로 책임성에 대한 도구화된 제도가 다양한 기관이 자신이 해야만 하는 기능, 의무, 권한을 제대로 수행하도록 담보하는 방법을 제공할 수 있다는 것이다.[482]

3) 현재 부상하고 있는 피해자의 주요 권리

(1) 법정 심리에 대한 알 권리(The Right to Notice of Court Hearing)

피해자와 그 가족들은 직접적으로 그리고 회복할 수 없을 정도로 손상되었기 때문에 모든 결과적인 기소와 관련된 심리, 청문에 관해서 아는 것에 중요한 관심을 가지기 마련이다. 형사 절차의 결과로 피해자가 자유를 상실하는 고통을 받지는 않겠지만, 형사사건의 절차, 과정에 관해서는 충분하게 정보를 가지고 있어야 한다고 강력하게 주장하는 것이다. 자신의 사건이 어떻게 되고 있는지, 어떻게 될 것인지 구체적으로 안다는 것은 형사 절차와 과정에 대한 불안을 크게 줄일 수 있다. 이런 이유로, 특히 검찰이 기소할 것인지 최초 결정 때부터 사건의 상태, 위치에 대하여 피해자에게 고지해야 한다는 것이다.[483]

(2) 법정 심리에 출석할 권리

피해자는 범죄와 관련된 모든 공개 절차에 출석할 권리를 가져야 마땅하다. 이 권리의 기초는 '범죄는 종종 피해자와 그 가족의 생애에서 가장 중요한 사건의 하나이고, 따라서 피해자는 피의자 이상으로 사건의 공정한 소추에 정당한 관심을 가진 이해 당사자이며, 따라서 전체 재판에 참여 또는 적어도 출석할 수 있도록 허용되어야 한다'는 것이다. 이에 대한 이유로서, 재판에 출석할 권리는 피해자가 범죄의 심리적 손상으로부터 회복할 수 있도록 하는 데 있어서 핵심적이기 때문이다. 그리고 재판 과정 동안 피해자의 존재는 범죄 피해로 고통을 받은 심리적 손상의 치유를 용이하게 할 수 있다고도 널리 알려지고 있기도 하다. 피해자들은 재판에 출석할 권리도 없다면, 형사사법제도가 단순히

---

482 J. D. Jackson, "Justice for all: Putting victims at the heart of the criminal justice?" Journal of Law and Society, 2003, 30: 309, 319; Manikis, 2012, op cit., 411
483 P. Cassell, "Crime victims' rights," Utah Law Faculty Scholarship, 2017, 33

범죄 피해 이후에 느끼는 통제의 상실을 더욱 심화시킨다. 피해자들은 종종 자신은 재판이나 심리 동안 방청조차도 허용되지 않는다는 것을 알게 되고는 깜짝 놀라게 되고, 왜 추정키로 공개 재판임에도 지켜볼 수조차 없는지 이해할 수가 없으며, 그들이 원하는 전부는 피의자가 법정에서 자기들의 권리를 완전하게 이용하는 데 비해 그들도 피의자와 똑같이 처우받는 것이라고 한다.484

(3) 적법 절차에서의 의견 제시할 권리

범죄 피해자는 형사사법 과정의 적절한 시점에 자신의 목소리, 의견을 개진할 권리가 있어야 하고, 그래서 형사 절차에 직접적으로 참여할 수 있어야 마땅하다는 것이다. 그렇게 피해자에게 형사 절차에의 참여를 허용함으로써 판사에게 중요한 정보를 제공할 수 있다는 것이다. 실제 피해자가 자신의 이야기를 할 수 있도록 하는 것은 얼굴도 없는 추상이 아니라 독특한, 특정한 인간에 대한 해를 계측하기 위해서는 그 특정 피해자가 어떻게, 어떤 고통을 얼마나 겪었는지 증거를 필요로 하기 때문이다. 피해자 참여는 또한 중요한 치유적 이익으로 이어질 수도 있다. 피해자에게 힘을 실어주고 치유해주는 것은 다름 아닌 단순한 참여라는 것이다. 그러면 참여자는 사법 절차의 궁극적인 결과에 상관없이 자신이 사법 절차에 대한 얼마간의 통제를 가지고, 자기 목소리를 낼 수 있었을 때 법을 더 공정하고 정당하게 본다는 것이다. 피해자의 목소리를 듣는 것은 형사처벌에 대한 어떠한 공식적 여부와 무관하게 중요할 수 있다는 것이다. 이런 점을 고려하여, 일부에서는 피해자에게 석방, 유죄 협상, 양형, 소추, 처분이나 보호관찰 가석방, 그리고 피해자 권리가 적용되는 모든 절차에서 피해자의 말할 권리를 약속하기도 한다.485

구체적으로, 보석 심리와 같은 모든 석방 절차와 관련하여 피해자가 의견을 개진할 기회를 제공하는데, 예를 들어 만약 피의자가 보석이 되면 가정폭력 피해자가 법원에 가능한 폭력에 대해서 경고할 수 있는 것이다. 물론 이 경우에도 피해자가 자기 의견을 개진할 뿐 궁극적인 결정은 판사에게 있기 때문에 피해자가 피의자의 석방을 거부할 수 있는 것은 아니며, 단지 판사에게 결정

---

484 Cassell, op cit.
485 Ibid

을 기초할 더 많은 정보를 제공하는 것이다. 이 권리는 대부분의 경우 보석뿐 아니라 보호관찰부 가석방에도 마찬가지인데, 가석방 심사위원회에서의 피해자 진술은 특정한 재소자가 석방되면 피해자와 지역사회에 가져다줄 위험의 정도와 특성을 위원회가 완전하게 평가할 수 있게 해주기 때문에 특히 중요하다는 것이다. 의견 개진의 권리는 유죄 협상에까지 확대되는데, 사실 유죄 협상만큼 피해자가 소외되고, 유죄 협상과 관련된 모든 당사자 중에서 어쩌면 피해자만이 아무런 이익이 없고 오히려 불만만 더 키우는 것으로 인식되기 때문에 더욱 중요해진다. 검사는 확실하게 기소할 수 있고, 변호인은 시간과 노력 크게 들이지 않고도 의뢰인, 피의자의 형을 감경해줄 수 있어서 성공 보수도 받을 수 있고, 판사는 유죄 확정의 고민 없이 유죄를 확정할 수 있고, 피의자 본인은 형이 감경되어 좋은 것인 반면에 이 모든 결과는 모두 피해자에게는 아무런 이득이 되지 않고 오히려 분노하게 만들 뿐이기 때문이다. 마지막 단계의 참여는 양형 단계에서의 피해자 영향 진술이다. 피의자는 형이 선고되기 전에 판사에게 직접 자신의 최후 진술을 할 수 있듯이 피해자에게도 마찬가지로 최후 진술에 버금가는 권리가 주어져야 한다는 것이다.486

(4) 재판 중 안전이 배려될 권리와 피의자의 석방이나 도주 시 통고받을 권리

이 권리는 피해자의 보호를 위한 권리라고 할 수 있다. 석방되는 피의자나 유죄가 확정된 범법자가 그들의 피해자에게 특별한 위험을 초래할 수 있다. 유죄가 확정되지 않은 피의자는 피해자를 영구히 침묵시키고 결과적으로 증언하지 못하도록 위협하거나 폭력을 행사할 수도 있다. 유죄가 확정된 범법자는 후에 보복 공격을 가할 수 있다. 이런 위험으로부터 피해자를 보호하기 위하여, 범법자가 더 이상 구금되어 있지 않을 때면 언제라도 피해자에게 통보해주라는 것이다. 형사 사건에서 피해자 안전에 대한 우려로, 소송 과정 동안 피해자는 자신의 안전이 배려될 권리를 인정하고 있다. 피해자에게 해를 끼칠 수 있는 재량적 의사결정을 하는 법원, 가석방 심사위원회, 그리고 기타 정부 행위자로부터 피해자의 안전이 고려될 것을 요구하는 것이다. 예를 들어, 보석

---

486 Cassell, op cit.

을 허가할 때 피해자의 안전을 배려하도록 요구하는 것이다. 물론 이 경우에
도 피해자는 피의자의 석방에 대한 아무런 거부권도 없으며, 단지 석방 결정
과정에서 피해자의 안전에 대한 적절한 배려가 있어야 한다는 것이다.[487]

(5) 사생활과 존엄성을 보호받을 권리

피해자도 형사 절차에 있어서 상당한 사생활과 존엄성의 이해관계를 가진
다. 예를 들어 성폭력 피해자는 범죄로 인하여 궁극적인 사생활 침해로 고통
을 받으며, 형사사법 과정 내내 지속적으로 사생활을 잃어버릴 위험을 감내해
야 한다. 당연히 형사사법제도는 피해자의 존엄성에 대한 모욕과 불필요한 사
생활 침해를 피할 수 있도록 구조되어야 한다는 것이다. 이른바 이차적 피해
자화를 피할 수 있도록 구조되고 운영되어야 한다는 것이다.[488]

(6) 피해를 배상받을 권리

모든 국민은 자신의 신체와 재산의 보호를 위하여 국가에 세금을 내고, 국
가에 그와 관련된 모든 권한을 위임한다. 그럼에도 무고한 시민이 아무런 잘
못도 없이 형사 피해를 당하였다면 국가도 그에 대한 일정한 책임에서 자유롭
지 못하다는 것이다. 이런 이유로 대부분은 무고한 형사 피해자들에게 일정 수
준의 배상을 할 책임을, 피해자에게는 배상을 청구하여 받을 권리를 인정하고
있다. 이와는 별개로, 일찍부터 가해자나 그 가족이 피해자나 그 가족에게 범죄
로 인한 피해와 손상에 대하여 금전적이나 물리적으로 배상하도록 하는 소위
'배상(Restitution)'이 행해지고 있다. 이런 독립적인 전환의 일환으로서 '배상명령'
과는 별도로, 법원에서도 가해자가 피해자에게 배상하도록 명하기도 한다.[489]

---

487 Cassell, op cit.
488 Ibid
489 Ibid.

피해자-지향 사법으로서 회복적 사법

회복적 사법과 배상적 사법

 1. 피해자는 어떡하라고?

대응 규제(Responsive regulation)라 함은 정부가 다소간의 개입주의적 대응, 반응(Interventionist response)이 필요한지 여부를 결정하는 데 있어서 규제하려는 사람들의 행동에 대응해야 한다는 것을 의미한다. 형사사법에서는, 일반적으로 국가가 규제하려는 것은 범법자의 행동이다. 범법자의 행위 결과로 범법자를 직면한다는 것은 범법자를 부끄럽게, 수치스럽게하는 것뿐 아니라 범법자가 유발한 해악을 바로잡고 선행을 할 기회를 제공하는 것이다. 회복적 사법의 시작이라고 할 수 있는 재통합적 수치(Reintegrative shaming)라고 알려진 이러한 과정이 회복적 사법이 어떻게 작동하는지 설명하고 이해하기 위한 이론적 틀을 제공한다는 것이다. 여기서는 당연히 국가의 개입의 대상이 범법자와 그의 변화 과정이다. 재통합적 수치가 피해자의 참여도 포함하고 있지만, 피해자의 역할은 범법자와 관련하여 규정되고, 그 초점도 피해자의 치유 과정이 아니라 범법자의 교화와 개선에 맞추어진다.490

Braithwaite의 재통합적 수치 모형에 대한 또 다른 하나의 비판은 피해자를 그들 자체로 고려하지 않는다는 것이다. 즉, 그의 모형이 피해자를 포함한 관

---

490 J. Wemmers, "Restorative justice: How responsive to the victim is it?" The International Journal of Restorative Justice, 2020, 3(1): 30-37; J. Braithwaite, Crime, Shame and Reintegration, Oxford: Oxford University Press, 2002, p. 29

련된 모든 사람의 권리를 강조하는 인권적 접근을 따르지만, 재통합적 수치는 그럼에도 불구하고 범법자와 관련된 특정한 목표를 성취하기 위해서 피해자를 '이용'한다는 것이다. 실제로 회복적 사법의 보편적 유형의 하나인 가족집단회합(Family Group Conferencing)의 거의 절반 이상이 피해자를 포함시키지 않았다고 하며, 대신에 종종 지역사회의 대리인이 활용되었다고 한다. 지역사회 대리인이 피해자를 대체하는 것은 여기서는 피해자의 역할이 순수히 도구적인 역할에 지나지 않음을 반영하는 것이다. 이와 유사한 현실은 경찰-주도 회합 프로그램에서도 나타난다고 한다. 거기에다, 이런 유형의 프로그램 중 다수는 일종의 보호관찰부 형의 유예(Probation)로부터 진화, 발전되었으며, 그래서 당연히 피해자가 아니라 범법자를 위한 프로그램이며, 비록 피해자를 포함하더라도 따라서 피해자-중심이라고 할 수 없다는 것이다.[491]

물론 피해자 중심이 아니라고 해도, 회복적 사법이 피해자에게도 이익을 제공한다. 범법자에게 수치심을 주는 과정이 범법자에게 자신의 행동에 대한 책임을 지게 할 뿐만 아니라 범법자가 피해자의 고통을 인지하는 동시에 피해자를 인정하고 지역사회가 그것을 인증하기 때문이다. 사실, 형사 재판에서 피해자가 가장 원하고 바라는 것은 자신이 무고한 피해자임을 확인하는 것이다. 실제로 피해자가 회복적 사법에 참여하는 경우에 관습적 사법제도의 피해자에 비해서 물질적 손상에 대한 보상이건 상징적 배상이건 배상을 받고 만족하는 경향이 더 높으며, 범법자가 책임을 졌다고 믿는 가능성이 더 높고, 회복적 사법이 피해자에게 치유와 종결을 증진하는 것으로 밝혀지기도 했다는 것이다.[492]

---

491 A. Morris and G. Maxwell, "Restorative justice in New Zealand: Family group conferencing as a case study," Western Criminology Review, 1(1),www.western criminologyreview.org/documents/WCR/v01n1/Morris/Morris.html.; Wemmers, 2020, op cit.

492 T. Van Camp and J. Wemmers, "Victim satisfaction with restorative justice: More than simply procedural justice," International Review of Victimology, 2013, 19(2): 117-143; I. Vanfraechem and D. Bolivar, "Restorative justice and victims of crime," in I. Vanfraechem, D. Bolivar, and I. Aertsen(eds.), Victims and Restorative Justice, London: Rutledge, 2015, pp. 48-76; B. Poulson, "A third voice: A review of empirical research on the psychological outcomes of restorative justice," Utah Law Review, 2003, 15(1): 167-203; H. Strang, "Conferencing and victims," in E. Zinsstag and I. Vanfraechem(eds.), Conferencing and Restorative Justice: International Practices and Perspectives, Oxford: Oxford University Press, 2012, pp. 83-98

이와 같이 회복적 사법에 대한 피해자 만족에도 불구하고, 피해자가 중심이 아니라 범법자와 관련한 역할로 이용된다는 회복적 사법에서의 피해자의 도구화가 일부 피해자 운동가와 옹호자들의 저항을 불러일으키기도 하였다. 회복적 사법이 범법자에 초점을 맞추는 범법자 중심이라는 점을 지적하면서, 회복적 사법을 포용하고 받아들이는 데 시간을 필요로 하였다. 특히, 성폭력과 연인이나 배우자폭력이 회복적 사법에는 적절하지 못한 것으로 일부 여성주의자들이 지속적으로 지적하였다. 물론 그럼에도 시간이 지나면서 서서히 피해자 봉사와 지원집단에서도 피해자를 위한 잠재적 이익을 인지하고는 점점 회복적 사법을 받아들이게 된다. 그럼에도 불구하고, 회복적 사법의 주 목적이 범법자의 행위를 규제하는 데 있는 한, 회복적 사법에 있어서 피해자의 도구화(Instrumentalization)는 여전히 위험으로 남는다. 여기서 회복적 사법은 과연 진정으로 피해자 중심일 수 있는지 의문을 갖게 한다는 것이다.493

2. 배상적 사법(Reparative Justice): 피해자-중심 회복적 사법

회복적 사법을 받아들이는 것을 일부 피해자 옹호와 지원자들이 저항함에도 불구하고, 피해자들은 종종 배상의 필요성을 설파하고, 일부 학자들도 피해자의 필요, 요구나 피해자들이 필요로 하는 것을 더 잘 충족시키기 위해서 회복적 사법을 채택, 도입하는 것이 중요하다는 점을 강조해왔다. 이들은 다른 이해관계가 있는 당사자들과 구별, 구분하는 방식으로 피해자를 개념화하기 위하여 필요한 언어를 회복적 사법이 결하고 있다고 주장하며, 뚜렷한 피해자-중심의 접근을 주장한다. 진정으로 피해자 중심적이기 위해서는, 피해자가 필

493 H. Reeves and K. Mulley, "The new status of victims in the UK: Opportunities and threats," in A. Crawford and J. Goodey(eds.), Integrating Victim a Perspective Within Criminal Justice, Aldershot: Dartmouth Publishing, 2000, pp. 125-146; A. Nelund, "Policy conflict: Women's groups and institutionalized restorative justice," Criminal Justice Policy Review, 2015, 26(1): 65-84; Vanfraechem and Bolivar, op cit.; Wemmers, 2020, op cit.

요로 하는 것들이 형사사법제도와 범법자가 필요로 하는 것들로부터 빠져나와야 한다는 것이다. 배상적 사법은 그 자체 용어를 가지는 피해자학적 개념으로서 회복적 사법과 구별하기 위해서 의도되는 것으로 표현되고 있다. 범죄학적 개념이고, 범법자의 행위를 표적으로 하는 회복적 사법과 달리, 배상적 사법은 배상에 대한 피해자-중심적 접근을 제안하고 있다. 회복적 사법은 그래서 범법자의 교화와 개선보다는 피해자의 권리와 필요에 초점을 맞춘다. 대체로 심각한 인권 위반의 피해자들을 위한 업무로 영감을 받아, 배상적 사법은 배상(Reparation), 절차적 권리(Procedural rights), 그리고 절차적 정의(Procedural justice)라는 세 갈래에 기초하고 있다.[494]

배상적 사법의 첫 번째 구성 요소는 배상이다. '배상'이라는 단어는 사람이 행한 잘못에 대하여 보상을 하거나 배상하는 것으로서, 회복적 사법에서 종종 발견되는 배상, 보상, 그리고 사죄를 포함하는 다양한 형태를 포함하고 있다. 그러나 배상적 사법은 만족, 비-반복(Non-repetition), 그리고 재활(Rehabilitation)을 포함하여 이보다 훨씬 더 많은 형태의 배상을 포괄한다. 여기서 만족은 피해자화를 인정하고, 진실을 조장하고 범죄를 비난하는 다양한 척도를 내포하는 것이다. 비-반복의 보장이란 범죄 예방과 억제를 말하며, 범법자의 재범 위험성을 줄이는 것을 목표로 하는 구체적인 척도뿐만 아니라 법률의 개정 등과 같은 보다 일반적인 척도도 포함하는 것이다. 실제로 피해자 운동의 상당 부분이 피해자들이 다른 사람에게 같은 피해가 일어나지 않도록 예방하기 위하여 법을 개정하려는 투쟁으로 가득하다. 윤창호 법, 메건 법 등이 바로 그런 사례들이다. 이러한 행동주의(Activism)는 종종 특히 피해자들에게 그렇지 않았다면 아무 의미 없는, 시사점도 없는 범죄에 의미를 부여하고, 통제감을 되찾게 해주는데, 이 두 가지가 모두 치유 과정에 매우 중요하다는 것이다. 피해자를 위한 의료적, 심리적, 사회적임은 물론이고 법률적 서비스도 포함하는 재

---

494 M. P. Koss, "The RESTORE program of restorative justice for sex crimes: Vision, process and outcomes," Journal of Interpersonal Violence, 2014, 29(9): 1623-1660; S. Green, "Victims' movement and restorative justice," in G. Johnstone and D. W. Van Ness(eds.), Handbook of Restorative Justice, Cullompton: Willan Publishing, 2006, pp. 171-191; M. Goetz, "Reparative justice at the International Criminal Court: Best practice or tokenism?" in J. Wemmers(ed.), Reparation for Victims of Crimes Against Humanity: The Healing Role of Reparation, London: Routledge, 2014, pp. 53-70; Wemmers, 2020, op cit.

활도 일종의 배상이라고 한다. 피해자의 회복은 해악의 인정과 여러 단계에서 조각난 경험들을 통합하는 과정에 의존한다. 이는 비록 형사사법제도에서는 불가능할지라도, 피해자 지원을 통하는 것과 같은 다른 방식으로 가능하다고 한다. 이처럼 다양한 형태의 배상은 피해자의 필요와 상황에 맞는 맞춤형 해결책을 마련하기 위한 융통성을 제공한다는 것이다.[495]

배상적 사법의 두 번째 구성 요소인 절차적 권리는 피해자가 효과적으로 사법 정의를 추구하고 얻는 것을 용이하게 하고 가능하게 해주는 것으로, 피해자의 정보와 참여, 보호, 지원과 법률부조와 같은 실무적 권리를 포함하는 것이다. 배상의 세 번째 구성 요소는 절차적 정의와 관련이 되고, 피해자의 공정성과 신뢰는 물론이고 치유와 권한 강화(Empowerment)를 포함하는 것이다. 절차적 정의는 피해자에 있어서 그냥 단순히 양형에만 관한 것이 아니라, 그런 결과에 어떻게 도달하게 되었는지에 관한 것이기도 하다. 피해자의 형사사법제도에서의 경험과 공정성에 대한 그들의 인식은 2차 피해자화와 관련하여 매우 중요하다. 절차적 정의는 회복적 사법에 대한 피해자 만족의 상당 부분을 설명한다는 것이다.[496]

결론적으로, 배상적 사법은 범법자의 행위를 변화시키는 데 초점을 맞추는 Braithwaite의 회복적 사법과 대응적 규제(Responsive regulation) 개념과도 다수의 유사점도 공유하지만, 배상적 사법은 피해자와 그들의 필요에 초점을 맞추고,

---

495 Wemmers, 2020, op. cit.; R. Letschaert and T. Van Boven, "Providing reparation in situations of mass victimization," in R. Letschert, R. Haveman, A.-M. De Brouwer and A. Pemberton(eds.), Victimological Approaches to International Crimes: Africa, Antwerpen: Intersentia, 2011, pp. 153-184; H. Rombouts and S. Parmentier, "The International Criminal Court and Its Trust funds are coming of age: Towards process approach for reparation of victims," International Review of Victimology, 2009, 16(2): 149-182

496 J. L. Herman, "The mental health of crime victims: Impact of legal intervention," Journal of Traumatic Stress, 2003, 16: 159-166; Goetz, 2014, op cit.; B. Bradford, "Voice, neutrality and respect: Use of victim support services, procedural fairness and confidence in the criminal justice system," Criminology and Criminal Justice, 2011, 11(4): 345-366; U. Orth, "Secondary victimization of crime victims by criminal proceedings," Social Justice Research, 2002, 15(4): 313-325; J. Wemmers, "The meaning of fairness for victims," in P. Knepper and S. Shoham(eds.), International Handbook of Victimology, Boca raton: CRC Press, 2010, pp. 27-43; T. Van camp and J. Wemmers, "Victim satisfaction with restorative justice: More than simply procedural justice," International Review of Victimology, 2013, 19(2): 117-143

범법자는 피해자의 치유 과정에 도움이 되는 범위에서만 포함된다는 데서 상당한 차이를 보이며 그래서 피해자-중심이나 피해자-지향에 한 걸음 더 다가가는 것이라고 할 수 있다.

 ## 3. 배상적 사법으로서의 배상명령(Restitution Order)

1) 배상제도의 개념과 정당성

범죄가 발생하게 되면, 사회와 피해자 모두에게 다양한 비용을 발생시키게 된다. 사회는 일반적으로 형사사법 경비로서 범법자를 수사하고, 기소하여, 재판하고 처벌하는 비용을 감당해야 할 뿐만 아니라 피해자에 대한 정부-지원의 각종 서비스를 제공하는 부담도 떠안게 된다. 사회는 또한 민간이나 정부-지원의 보험을 통하여 범죄-관련 손실에 대한 피해자 변제나 상환 비용도 부담하게 된다. 더 크게는 사회가 범죄 피해자화의 결과로 빚어진 피해자의 생산성 손실이라는 부가적 비용도 떠안게 된다. 반면에, 피해자는 자신의 보험이나 정부-지원 보험으로 변제나 상환되지 않는 재산과 의료 및 정신 건강 관리 비용은 물론이고, 형사사법 과정에 연계되거나 범죄로부터 회복하는 동안 직장이나 학교에 가지 못하거나 집안일을 하지 못하게 되는 손실도 떠안게 된다. 피해자학에서는 언제나 범죄는 유형과 무형의 비용을 초래한다고 주장하는데, 범죄 피해 관련 유형의 비용은 피해자의 정신 건강 및 의료 관련 비용, 재산상의 손실이나 손상, 생산성의 손실, 피해자 서비스, 피해자에 대한 초기 경찰, 소방, 응급의료 경비 등을 포함하는 것이고, 무형적 비용에는 피해자의 두려움, 고통, 고난과 손상 또는 손실된 삶의 질이 해당된다고 할 수 있다.[497]

물론 민간 보험이나 정부-지원 또는 사회적 자원이 범죄 피해자화로 인한 유형적 비용의 상당 부분을 감당하지만, 그럼에도 불구하고 피해자는 대부분의 무형적 비용에 더하여 어떠한 것이건 감당되지 않은 모든 유형적 비용의

---

497 Tobolowsky et al., op cit., p. 165

상당 부분 남아있는 손실을 떠안아야 한다. 이런 측면을 감안한다면, 피해자 운동의 초기 목표 중 하나가 고대의 아주 초기는 물론이고 현대화 이전과 심지어 초기 현대 형사사법제도를 특징짓기도 하는 배상적 개념의 일부를 회복하는 것이었다는 점은 전혀 놀라운 것이 아니라고 할 수 있다. 어쩌면, 범죄로부터의 부상이나 손실로 고통을 받는 피해자에 대한 범법자의 상환, 되갚음은 초기 피해자-중심 형사소추의 핵심적 특징이었지만, 피해자에 대한 손해배상이 현재의 정부-중심의 공소제도에서는 더 이상 적극적으로, 능동적으로 추구되지 않고 있다. 배상적 제재는 피해자 운동이 형사 제재에 관심을 돌리고, 그래서 형사 제재로서 배상의 확대 적용이 지지를 받기까지는 형사사법 과정에서 무시되었던 것이다.498

현대 형사사법 초기를 거치면서 어쩌면 사라졌던 배상적 사법으로서의 범죄 피해자 배상제도가 광범위하게 제도화되고 종종 추정적으로 요구되는 형사 제재로 부활되었다고 하는데, 이는 형사사법 과정에서의 더 넓은 범주의 피해자 권리를 받아들이려고 하는 사람들이 적극적으로 노력한 결과이다. 이러한 배상제도의 귀환은 배상의 부과가 다수의 사법 과정과 형벌 과정의 기본적 목표를 더욱 확대시킨다는 근거에서 그 정당성을 찾고 있다. 일부 이론가들이 사법 정의나 형벌의 배상적 개념을 진전시키지만, 그렇다고 과거 사법 정의의 피해자-지배적 제도(Victim-dominant system)로의 회귀를 추구하는 것이 아니라 사법 정의와 형벌의 추구에 있어서 범법자와 정부는 물론이고 피해자에 대한 역할도 인정하자는 것이었다. 범법자를 처벌하고, 사회의 법과 질서를 유지하는 수단으로서 형사사법의 집행에 더하여, 피해자 배상을 형벌의 제3의 요소로 하자는 것이었다. 물론 당연히 범법자에 대한 유죄의 확정과 형벌이 주는 만족이 범죄 피해자에게 최소한 '정신적' 만족감을 제공할 수 있을지라도, 범죄의 결과로 초래된 손상이나 손실에 대한 물질적 배상은 형벌의 보다 완전한 배상적 요소를 필요로 한다는 것이다. 여기에 더하여 다른 일부 이론가들은 이 배상이 교화와 개선, 억제, 그리고 응보와 같은 대부분의 기존 형사사법 과정의 목표를 발전시킨다고 주장한다. 이들은 배상이 범법자로 하여금 자신의 행동이 범죄 피해자에게 끼친 특정한 손상을 인식하게 함으로써 범법자의

---

498 Tobolowsky et al., op cit., pp. 166-167

유책성과 책임감을 증대시켜서 교화 개선적 목표를 조장하고, 범법자는 자신의 배상 의무의 만족을 통하여 더 큰 자아-가치와 자아-성취감을 얻을 수 있다는 것이다. 나아가, 범법자가 자신의 범죄 행위의 비용을 깨닫게 하는 것도 자신과 다른 사람들의 미래 범죄 행위를 억제할 수 있다고 가정하며, 범법 행동의 잘못됨과 그에 대한 도덕적 책임성을 강조함으로써 배상이 응보적 목표에도 기여한다는 것이다.[499]

이와 같은 형벌의 목표에 더하여, 배상이 형사사법 과정 참여자들의 특정한 몇 가지 목표도 조장한다는 것이다. 피해자의 손실을 감당하는 배상이 부과되고 변제된다면, 피해자의 경제적 목표에 기여하는 것이고, 이는 다시 범행으로부터 피해자의 심리적 회복을 증진하는 것으로도 간주된다. 반면에 범법자의 관점에서는, 배상의 형벌 목표들이 성취된다면, 당연히 배상은 범법자의 재범률을 줄일 것이다. 범법자에 대한 이보다도 더 즉각적인 이익은 배상제도의 활용이 종종 더 엄중한, 그래서 더 침탈적인 형벌에 대한 대안으로 옹호되고 있다는 점이다. 이와 같이 시설 수용의 대안으로서 배상이 이루어진다면 사법 경비, 특히 교정 경비의 절감에 기여할 수도 있다는 것이다. 더 나아가, 일부에서는 배상제도가 형사사법제도에 대한 대중적 신뢰도를 높일 것이라고도 주장한다.[500]

2) 피해자 경제적 손실의 회복

범죄 피해자화와 관련된 의료, 재산, 그리고 생산성 비용은 엄청남에도 불구하고, 범죄 피해자들은 비록 배상제도를 통하더라도 이들 비용의 아주 일부만 회복하는 데 그친다. 이처럼 손실 비용의 회복 결여는 다수의 요인에 기인할 수 있는데, 먼저 표면적으로는 배상이 피해 손실 회복의 유일한 기제는 아니며, 보험, 정부-지원 범죄 피해자 보상, 민사소송, 그리고 기타 다른 수단으로도 회복을 취할 수 있기 때문이라는 것이다. 그러나 배상제도 자체도 모든 다른 형사 제재와 마찬가지로 그 적용이 제한되는 제재라는 것이다. 우선, 범죄가 신고되어 체포되고, 기소되고, 유죄가 확정되어 배상명령이 선고되어야

---

[499] Tobolowsky et al., op cit., p. 180
[500] Ibid

하기 때문이다. 여기서 더 나아가면 결국 배상명령의 성패는 범법자가 실제로 자신의 배상 의무를 실천하는가에 좌우되는 것이다. 현실적으로는 대부분의 피해자는 범죄를 신고하지 않아서 처음부터 배상명령을 통한 피해의 경제적 회복이 불가능하며, 설사 신고되어도 절대다수의 범죄는 기소되지 않고, 기소되어도 유죄가 확정되지 않으며, 유죄가 확정되어도 배상명령이 선고되지 않는다. 이런 현상을 우리는 소위 "깔때기" 효과("Funneling" effect)라고 하며, 이 "깔때기 효과"의 결과로 절대다수의 피해자가 배상명령의 대상조차 되지 못하는 것이 현실이라는 것이다. 이와 같은 배상명령 부과의 장애에 더하여, 배상의 명령이 곧 피해자의 손실이 회복된다는 것을 자동적으로 의미하지는 않는다는 사실이다. 이런 현실은 소위 "Bad Father"라고 하는 이혼 조건으로 부과된 양육비 지불 의무를 다하지 않는 배우자의 경우처럼 당사자의 의지가 없다면 별 소용이 없음을 잘 보여주고 있다. 즉, 피해자의 손실이 어느 정도 회복되는가는 범법자의 경제적 능력과 배상 의지에 크게 좌우된다. 그러나 이런 현실에도 불구하고, 정치인, 학자, 실무자, 검찰, 재판부, 언론, 심지어 일반 대중들도 이 배상명령제도에 광범위한 지지를 보내고 있어서 앞으로 그 활용이 증가하리라 기대하는 것이다.501

3) 피해자의 심리적 손실의 회복과 만족도

범죄로 인하여 초래된 손실에 대한 완전한 배상을 받지 못하는 범죄 피해자는 자신의 경제적 회복은 물론이고, 범죄로부터의 심리적 회복과 형사사법 과정에 대한 전반적인 만족도도 감당하게 된다. 연구에 따르면, 부분적이거나 완전한 배상이 줄어든 피해자의 고통은 물론이고 범법자에 대한 양형의 선고와 형사사법제도에 대한 만족과도 관련이 된다고 한다. 즉, 완전한 또는 부분적인 배상의 수령이 피해자의 피해자화의 고통은 줄이고, 범법자에 대한 양형과 형사사법제도에 대한 만족도는 높인다는 것이다. 배상의 수령이 또한 범죄 피해자가 범법자에게 부과된 양형이 지나치게 경미하다고 믿는 개연성도 줄인다는 것이며, 이러한 양형 공정성에 대한 피해자 인식은 선고된 양형에 대한

---

501 Tobolowsky et al., op cit., pp. 181-185

피해자 만족에 영향을 미치는 핵심 변수라는 것이다. 나아가 양형에 대한 만족은 다시 피해자의 형사사법제도에 대한 만족을 결정하는 데 있어서 핵심적인 역할을 한다는 것이다. 물론 이러한 긍정적인 결과에도 불구하고, 범법자의 양형과 관련하여 성취되지 않은 기대로 인하여 초래되는 배상의 피해자 만족에 미치는 부정적 영향에도 주의를 기울여야 한다는 경고도 없지 않다. 예를 들어, 불완전하거나 지연된 배상의 상환이나 변제라도 적어도 최소한 피해자에 대한 일정 정도의 공정성과 평등성의 회복을 통한 심리적 이익을 제공하고, 범죄와 관련된 일부 비용을 부담하거나 돌려주기 때문에 피해자들에게 가치가 있을 수 있다고 한다. 반면에 다른 일부에서는 불완전하거나 지연된 배상은 배상과 관련된 피해자의 미성취 기대로 초래되는 범법자에 의한 2차 피해자화를 초래하거나 피해자화 경험을 생생하게 지속시킴으로써 범죄 피해자에게 충분하지 않은 경제적 이익을 제공하지만 반면에 부정적인 심리적 영향을 초래한다고 주장하기도 한다.[502]

4) 사법제도의 침해 축소와 범법 재범률의 감소

어쩌면 이 장점으로 인하여 과연 배상명령이 피해자-지향의 사법인가라는 의문에 봉착하게도 되는데, 바로 배상명령은 시설 수용(Institutionalization), 즉 자유형을 선고하여 교정시설에 수용하는 것에 대한 대안으로서 범법자에 대한 사법제도의 개입이나 침해가 최소한으로 줄게 되고, 범죄의 학습이라거나 전과자라는 낙인화 등 수용의 부정적 영향도 피하게 되어 결과적으로 그들의 재범률도 낮추고, 그래서 교화와 개선도 기대할 수 있게 한다는 것이다. 물론 당연히 교화와 개선과 그로 인한 재범률의 감소는 형사사법제도와 일반 대중과 사회에도 이익이 될 수 있다고는 하지만, 아직까지는 이러한 장점이 분명하게 확립되지는 않았다고 한다. 아마도 배상명령이 대부분 형의 유예와 연계되어 부과되기 때문에 종종 구금, 시설 수용에 대한 대안이고, 그래서 시설 수용보다는 범법자를 훨씬 덜 침입, 침탈하는 것으로 인식될 수 있다는 것이다. 그러나 배상명령을 비-배상적(Non-reparative)인 다른 지역사회 명령과 비교

---

502 Tobolowsky et al., op cit., p. 189

한다면, 오히려 배상적 제재가 더 침입적, 침탈적일 수 있다고 반박한다. 실제로 배상명령을 받은 대다수 범법자가 교화 개선이나 기타 다른 목표가 아니라 오히려 응보적 형벌을 성취하기 위하여 부과되는 것으로 인식한다는 것이다. 즉, 그들이 배상명령의 부과가 그들에게 아주 심각한 고난이나 박탈을 초래하는 것으로 느낀다는 것이다. 이런 측면에서, 배상명령이 형사사법제도의 개입, 침해를 줄이고 교화 개선을 향상시킨다는 범법자 목표를 성취한다는 주장에 의문이 제기되기도 한다. 따라서, 이와 연관된 것으로 당연히 배상명령이 재범률을 줄인다는 이익 또한 분명하게 확립되지 않았다는 것이다.[503]

종합하자면, 전문가들은 재범률을 낮추는 것은 배상명령의 부과가 아니라 배상명령의 이행이 더 중요한 요소라는 점을 강조한다. 배상명령이 범법자의 의사나 경제적 능력을 도외시한다면 오히려 역기능으로 작용할 수도 있지만, 의사와 능력을 감안한 적절한 배상명령의 부과는 그 이행 개연성도 높이고 그에 맞게 재범률도 낮출 수 있다는 것이다. 배상의 이행이 비현실적이거나 배상명령의 집행이 우선순위가 아닌 상황에서의 배상명령의 부과나 요구는 유사한 재범률의 감소라는 결과를 가져다주지 못한다는 것이다. 결과적으로, 배상명령의 가능성은 오로지 범법자가 배상명령의 배상적 의도를 이해하고 명령된 배상을 이행할 수 있는 합리적인 기회를 가져야만 그 효과가 있을 수 있어 "유망하지만 불확실"하다는 것이다. 결과적으로 배상명령은 범죄를 줄이는 만병통치약은 아닐지 모르지만, 조심스럽게 제대로만 적용한다면 범법자가 피해자에게 보상할 수 있는 효과적인 방법이고, 배상이 제대로 이행된다면 범법자의 재범률도 낮출 수 있다는 것이다.[504]

5) 사법비용의 감축과 사법 신뢰도의 향상

배상명령의 부과로 인한 재범률의 감소는 아직은 분명하게 확립되지는 않았던 것처럼, 다른 형사사법제도의 목적들도 분명하게 입증되지는 않았다. 그럼에도 불구하고, 형사사법제도의 비용 절감은 배상명령의 목적의 하나로 지적되고 있다. 그러나 이 또한 시설 수용의 대안으로서만 비교되었지, 다른 대안

---

503 Tobolowsky et al., op cit., p. 191
504 Ibid., pp. 193-194

적 제재와 비교한 비용 절감에 대해서는 제대로 분석되지 않았다. 시설 수용으로 인한 수용경비가 전혀 요구되지 않는다는 점에서 상당한 비용 절감은 당연한 것일 수 있지만, 과연 다른 시설 수용의 대안으로서의 지역사회 제재 (Community sanctions)에 비교해서도 비용이 절감될 수 있는지 알아야 한다는 것이지만, 사실 배상명령은 대체로 시설 수용이나 다른 지역사회 양형을 동반하는 다수의 다른 제재에 추가적으로 병과되는 경우여서 그 직접적인 비교가 쉽지 않다. 따라서 배상명령을 부과하기 위해서 요구되는 피해자 비용의 조사, 배상 액수의 결정, 범법자의 이행 여부 확인 관찰, 그리고 배상명령 집행이 비용의 절감이라기보다는 오히려 배상명령의 부과와 관련된 추가적인 비용을 초래한다는 것이다. 또한 배상명령에의 참여는 범법자의 형사사법제도와의 접촉 기간을 장기화시킬 수 있어서, 결과적으로 이 또한 추가적인 비용을 발생시킬 수 있다고도 한다. 그리고 배상명령이 병과되는 지역사회 양형의 조건을 위반하여 재수용되는 경우라면 궁극적인 수용 비용은 오히려 추가될 수도 있다고도 한다.505

그러나 배상명령이 대부분 다른 시설 수용의 대안적 제재와 병과되는 이유로 비용이 추가될 수 있는 것이라면, 더 많은 비용을 필요로 하는 제재에 대한 진정한 대안으로서 활용하면 해결될 수 있는 문제일 것이다. 물론 이 경우에도 여전히 배상명령의 집행과 감시 감독을 위한 비용은 피할 수 없지만, 보다 일반적인 보호관찰이나 보호관찰을 위해 가석방되기 전까지의 최초 시설 수용의 비용은 절약할 수 있다는 것이다. 그럼에도 불구하고, 일부에서는 진정한 수용의 대안 또는 병과가 아닌 독립적 제재로서의 배상명령이 형벌의 모든 목적을 성취할 수 없기 때문에 범죄에 대한 독자적인 형벌이 아니어야 한다고 주장한다. 그러나 이와는 반대로 다른 한편에서는 형사 정책은 단순히 경제적 관점에서만 평가할 수 있는 것은 아니어서 사법제도 비용의 절감이 배상명령의 바람직한 목표가 아니어야 하며, 배상명령의 추구와 관련된 어떠한 약간의 비용 증대는 범죄 피해자, 범법자, 그리고 형사사법제도와 지역사회에 대한 다른 이익으로 정당화될 수 있어야 한다고 주장한다.506

---

505 Tobolowsky et al., op cit., pp. 194-195
506 Ibid., p. 195

배상명령이 형사사법제도의 신뢰도 향상이라는 목표의 성취 여부는 평가하기 더욱 어렵다고 한다. 한편으로는 배상명령이 기대하는 다른 목표의 성취로 사법제도에 대한 신뢰도가 높아졌다고 판단할 수도 있다지만, 앞에서 기술한 것처럼 이들 다른 목표도 아직은 확실하고 분명하게 그 성취 여부가 확립되지 않아서 사법 신뢰도가 향상되었는지 여부를 알 수가 없다고 한다. 다른 한편으로는 배상명령에 참여한 범법자와 피해자가 배상명령의 과정과 결과가 공정하다고 인식하는 정도로 판단할 수도 있다는 것이다. 결론적으로, 참여자들이 절차와 결과가 다 공정하다고 받아들인다면 당연히 배상명령은 물론이고 더 나아가서는 형사사법 전반에 대한 사법 신뢰도도 높아지리라 추정할 수 있다는 것이다.507

---

507 Tobolowsky et al., op cit., pp. 195-196

회복적 사법

현재 세계적으로 범죄를 다루기 위한 새로운 주요 정책 개혁의 하나인 회복적 사법은 범죄의 해악을 줄이며 동시에 범법자와 범행이라는 잘못을 바로 잡는 데 초점을 맞추고 있다. 당연히 회복적 사법은 범죄의 결과로 야기된 해악과 피해자를 공공연하게 인정하고 있다. 회복적 사법을 특징짓는 특정한 가치 중의 하나는 개인의 존엄성에 대한 존중이다. 얼핏 보면, 이런 가치가 낡고 상상력도 부족한 것으로 보일 수 있지만, 피해자는 관습적 형사사법제도에서 전통적으로 인정된 당사자가 아니며, 형사사법에서 그들의 역할은 형사사법절차와 과정을 위한 증인의 역할에 국한된다는 것을 기억한다면 피해자를 권리를 가진 한 사람으로 인정, 인식하는 것은 과거와의 중대한 단절이자 차이이지 않을 수 없다. 즉, 피해자의 권리는 인권으로 고려되지 않았으며, 그런 면에서 피해자 권리를 인권으로 고려한다는 것은 완전히 새로운 것일 수밖에 없다. 민주사회에서 모든 시민은 시민권과 헌법적 권리를 가지며, 이러한 인권 도구들은 전형적으로 피의자에 대한 특별한 일련의 권리를 포함하고 있지만, 그러한 인권 도구 어디에도 피해자에 대해서는 아무런 언급조차도 없었다. 반면에 존엄성의 개념은 종종 피의자가 법의 대상이 아니라 법의 주체로서 다루어져야 한다는 것을 의미하는 것으로 해석되곤 하였다. 당연히 피의자와 피해자 모두 인권 관점에서 보면 법의 주체로 다루어져야 한다는 것이 분명해진다.508

---

508 J. Wemmers, "Where do they belong? Giving victims a place in the criminal justice process," Criminal Law Forum, 2009, 20: 395-416; T. marshall, "The evolution of restorative justice in Britain," European Journal of Criminal Policy and Research, 1996, 4: 21-43

회복적 사법의 두 번째 가치는 피해자와 범법자의 참여나 포용이다. 피해자 참여는 그들을 법의 대상보다는 오히려 주체로 인정하는 것이다. 회복적 사법은 하나의 과정이며, 어떻게 결과나 결정에 도달하는지가 중요한 가치여서 피해자는 그 과정으로 초대되고, 자신의 관점, 시각과 우려, 관심을 표현할 기회가 주어진다. 적극적, 능동적 참여자로서, 피해자와 범법자는 권한이 강화되고, 벌어질 일에 영향을 미칠 수 있다. 회복적 사법의 세 번째 가치는 바로 배상이다. 범법자가 자기 행동의 결과를 인정하고 책임을 질 것을 권장하는 것이다. 회복적 과정은 피해자와 그들의 고통을 분명하게 인정하고 입증하며, 피해자의 피해를 바로잡으려는 것이다. 여기서 배상은 재정적 보상에서 상징적 배상이나 사죄에 이르기까지 다양한 형태를 취한다. 배상 그 자체가 치유를 증진할 수도 있다는 것이다.[509]

여기서 말하는 소위 회복적 사법의 가치의 대부분은 피해자의 요구나 필요로 하는 것들과도 그 궤를 같이 한다. 피해자학 문헌에서 주장되어 온 피해자들의 핵심 요구는 정보, 지지와 지원, 배상, 보호, 그리고 형사사법제도에서의 지위와 인정이라고 한다. 피해자들은 자신에게 일어난 일(범죄)에 대한 인정과 입증을 구하고자 형사사법제도에 오게 된다는 것인데, 실제 연구에서도 피해자들의 가장 중요한 목적은 지역사회로부터 확인을 받는 것이었다고 한다. 이런 확인은 종종 범법자의 자백을 의미했지만, 목격자들에 의한 확인, 확증, 가족 구성원, 대중사회, 또는 사법 당국에 의한 인정과 마찬가지로 중요하였다. 피해자들은 자신의 사건이 어떻게 진행되고 있는지 알고 싶어 하고, 기대되는 것이 무엇인지, 어떻게 될 것인지 고지받고 알고 싶어한다. 정보를 받는 것은 피해자화로부터의 회복에 도움을 줄 수 있지만 반면에 아무것도 알지 못하는 것, 불확실성은 피해자를 불안하게 만들고 스트레스를 가중시킨다는 것이다. 피해자들은 자기 사건에 포함되기를 바라고, 형사사법 절차에서 인정받기를 바란다. 존중과 배려로 취급받는 것은 피해자의 정의감과 well-being에 매우

---

509 M. Umbreit, B. Voss, R. B. Coates and M. P. Armour, "Victims of severe violence in mediated dialog with offender: The impact of the first multi-site study in the U.S.," International Review of Victimology, 2006, 13: 27-48; J. Wemmers and K. Cyr, "Can mediation be therapeutic for crime victims? An evaluation of victims' experiences in mediation with young offenders," Canadian Journal of Criminology and Criminal Justice, 2005, 47: 527-544

중요하다고도 한다. 피해자들은 자기 사건의 결과보다 오히려 형사사법제도 관료들이 자신을 어떻게 취급하는지에 초점을 더 맞추기도 하며, 이들 피해자에게는 공정한 절차가 존엄성과 존중으로 취급받는 것을 의미한다는 것이다. 실제로도, 피해자의 공정성 인식, 판단과 자신의 심리적 Well-being은 상당한 상관관계가 있다는 것이다. 피해자 참여는 피해자 권능을 강화시켜서 자기 삶에 대한 통제감을 되찾을 수 있게 한다는 것이다. 피해자들은 종종 지지와 지원, 주로 비공식적이지만 때로는 공식적인 지지와 지원을 구하며, 당국으로부터의 지지와 인정은 피해자들이 자기-효능감(Self-efficacy)과 자기-확신(Self-confidence)을 되찾는 데 도움이 될 수 있다는 것이다. 그런데 회복적 사법이 피해자가 필요로 하는 인정을 제공한다는 것이다. 모든 인간은 안심하고 안전하게 느낄 필요가 있다. 피해자화는 그들에게서 이 안심감을 빼앗아가서 취약하다고 느끼게 만든다. 피해자들은 자신이 치유를 시작하기 전에, 자신의 안전한 느낌, 안전감이 회복될 필요가 있다.510

---

510 Shapland, op cit.; Wemmers, op cit.; J. Herman, "Justice from victim's perspective," Violence Against Women, 2005, 11: 571-602; P. carr, K. Logio, and S. Maier, "Keep me informed: What matters for victims as they navigate the juvenile justice system in Philadelphia," International Review of Justice, 2003, 19: 117-136; M. Maguire, "The needs and tights of victims of crime," in M. Tonry(ed.), Crime and Justice: A Review of the Research, Chicago: University of Chicago Press, 1991, pp. 363-433; J. Herman, "The mental health of crime victims: Impact of legal intervention," Journal of Traumatic Stress, 2003, 16: 159-166;

회복적 사법의 적용 단계와 방식

1. 전통적 사법 폐지론(Abolitionism)

많은 사람이 회복적 사법의 탄생을 폐지 운동의 공으로 돌리고 있다. 초기 이후에서는 국가가 피해자와 범법자로부터 갈등을 도둑질하였다고 전통적 형사사법제도를 비판한다. 그들은 갈등이 원래의 정당한 소유자들에게로 되돌려져야 하고, 피해자와 범법자가 범행을 그들 스스로 다룰 수 있는, 해결할 수 있는 기회를 가져야 한다고 주장한다. 이들 관습적 형사사법제도를 폐지하기를 바라는 사람들은 회복적 사법과 응보적 사법을 두 가지 매우 다른 접근으로 보고, 응보적 사법을 회복적 사법으로 대체하는 패러다임의 이동을 바라는 주장을 한다. 이들이 전통적 응보적 사법의 대체와 폐지를 주장하는 것은 이 두 접근 사이에는 협상의 여지가 전혀 없기 때문이라면서, 회복적 사법을 응보적 사법과 결합하는 것은 곧 필연적으로 회복적 사법을 버리는 것을 의미한다는 것이다. 그러나 현실적으로는 회복적 사법이 관습적 형사사법을 완전하게 대체하는 것은 언제나 불가능한 일이라고 한다. 회복적 사법 운동이 형사사법 패러다임의 변동을 이야기하는 한, 회복적 사법 운동은 실패할 수밖에 없는 운명이라는 것이다. 형사사법 관료들은 자기들이 믿었던 모든 것을 포기하는 것을 의미하는 한 결코 회복적 사법을 완전히 받아들이지는 않을 것이라고 주장한다. 분명히 형사사법 관리들은 현상 유지를 바라겠지만, 과연 그것이 피해자에게도 최선인가는 또 다른 문제이다.511

폐지론자들은 피해자와 범법자에게 범행을 어떻게 할 것인지에 관한 완전한 통제권을 주고, 범행에 대한 사회의 이익은 사실상 무시하고 있다. 그러나 범죄는 특히 피해자 개인은 물론이지만 전체적으로 사회에도 영향을 미친다. 관습적 형사사법이 피해자의 이익은 무시하고 사회의 이익에만 배타적으로 초점을 맞춘다고 비판받고 있지만, 그렇다고 사회가 이해관계가 없다고는 할 수 없다. 예를 들어, 살인 피해자의 가족과 살인범이 교도소 수용 대신에 금전적 보상으로 마무리하기로 했다고 가정한다면, 대부분의 사람에게 잘못된 일이며, 정의가 실현되지도 않았고, 생명의 매입이라는 비난을 받는 것을 피할 수 없으며, 시민의 범죄에 대한 공포와 불안을 심화시키기 때문이다. 또한 피해자에게 완전한 통제권을 준다는 것은 곧 범법자를 처벌하는 책임도 피해자 스스로 홀로 수행해야 하며, 이는 엄청난 부담이지 않을 수 없는 일이다. 피해자들은 의사결정 과정에 포함되고, 결정 이전에 의견을 개진하고 상담을 하는 것은 좋지만, 양형 결정에 책임을 지는 것을 바라지는 않는다는 것이다. 피해자들은 자신에게 가해진 행동(범죄)의 범죄적 특성을 강조하고, '범죄' 대신에 '갈등'이라고 말하는 폐지론의 용어에 동의하지 않는다. 또한 폐지론은 피해자를 범법자에게 완전히 노출시키며, 비록 사법 절차와 과정에서 배제되는 것에 대해 불평하고 불만을 제기하지만, 범법자로부터 피해자를 보호할 이유도 많이 있다. 일부 범법자는 위험하여 피해자와의 대면이 옳지 않을 수도 있다. 불행하게도 폐지론은 이런 피해자와 범법자들을 제대로 고려하지 않고 있다는 것이다.[512]

---

511 N. Christie, "Conflicts as property," The British Journal of Criminilogy, 1977, 17: 1-23
512 M. Cavadino and J. Dignan, "Reparation, Retribution and rights," International Review of Victimology, 1997, 4: 233-253; J. Wemmers and K. Cyr, "Victims perspective on restorative justice: How much involvement are victims looking for?" International Review of Victimology 2004, 11: 259-274; J. Shapland, "The criminal justice system and the victim," Victimology; An International Journal, 1985, 10: 585-599; D. G. Kilpatrick, B. Saunders, L. J. Veronen, C. L. Best and J. M. Von(eds.), Criminal victimization: Lifetime prevalence, reporting to police and psychological impact," Crime and Delinquency, 1987, 33: 479-489;

2. 형사사법에 회복적 사법의 가미

폐지론이 관습적 형사사법을 대체하는 것이었다면, 두 번째 방식은 기존 관습적 형사사법에 회복적 사법을 가미하는 것이다. 즉, 관습적 사법에 회복적 사법을 결합시키는 것이다. 그런 점에서 일부에서는 이런 방식을 '통합적 회복적 사법 모형(Integrative Restorative Justice Model)'이라고도 하는 것으로, 응보적 사법과 회복적 사법이 결합되는 것이다. 이 모형에서는 형사사법 관료가 피해자와 범법자 간의 가능한 합의의 상하한선을 정하고, 사건이 마무리되기 전에 마지막 결정권을 가지는 것이다. 여기서 한 걸음 더 나아가서, 절차보다는 오히려 결과를 강조하는 또 다른 접근이 시도되기도 한다. 소위 과격주의자 접근이라고 하는 것으로, 회복적 사법이 형사사법제도에서 우선권을 갖는 것이다. 이 접근에서는 관습적 형사사법제도의 완전한 변형을 선호한다는 점에서 어쩌면 이 과격주의 접근이 폐지론으로 보일 수도 있지만, 민법으로 형법을 대체하자는 폐지론과는 달리 사건에 대한 사회의 이익도 인정하고 있다. 그런 점에서 이 과격주의 접근은 피해자, 범법자, 그리고 지역사회 대표자라는 세 당사자가 중재에 참여하는 것이다. 또한 과격주의 접근 모형은 회복적 사법이 범죄에 대한 유일한 대응일 수 없으며, 응보나 교화 개선과 같은 다른 사회적 대응과 공존할 것이라고 설명한다. 따라서 과격주의 접근은 형사사법을 폐지하는 것이 아니라 회복적 사법을 형사사법제도 속으로 통합시키는 것에 대한 제안이라고 할 수 있다. 즉, 대체재가 아니라 보완, 보강재인 것이다.513

폐지론과 마찬가지로, 관습적 형사사법제도에 회복적 사법의 관행, 프로그램을 가미하는 것은 피해자가 인정, 인식되고, 형사사법 대응에서도 설 자리가 주어진다는 것을 의미한다. 그러나 중재(Mediation)와 같은 회복적 사법의 관행은 이런 접근 모형에서 제한된 역할만 할뿐이기 때문에 피해자 참여와 인정 또한 제한적이다. 범죄를 사적인 문제로 보는 폐지주의 접근과 범죄를 완전히 공적인 문제로 보는 관습적 형사사법제도와는 달리, 이 접근에서는 범죄에 대한 피해자와 사회 양자 모두의 이익을 인정하고 있다. 이런 관점은 범죄를 개

---

513 Cavadano and Dignan, op cit.; Wemmers, 2009, op cit.

인적으로 피해자에게 가해진 행동이지만 동시에 대중사회나 지역사회 공동체에도 영향을 가지는 것으로 보는 피해자의 인식과도 일치하는 것이다.[514]

그러나 어떻게 조직되건, 일단 회복적 사법 프로그램이나 관행이 관습적 형사사법제도에 추가, 가미되면, 이는 불가피하게 피해자는 자기 사건의 처리에 참여하고 인정받기 위해서는 회복적 사법에 동의해야 한다. 만약 피해자가 거절한다면 피해자는 여전히 관습적 형사사법제도에 남아야 하고, 그의 역할은 국가에 대한 범죄의 증인의 역할로만 제한되는 것이다. 피해자는 형사사법제도 밖으로 밀려나는 것이다. 피해자 참여는 범법자의 유죄가 확정된 후에만 가능한 피해자 영향 진술에 국한된다. 유죄가 확정되기 까지는 "혐의가 있는 범죄(Alleged crime)"의 "피해 호소인(Alleged victim)"만 있지 피해자(Victim)는 없으며, 오로지 법원의 선고 후에만 법원에 의하여 피해자로 인정되는 것이다. 이는 곧 인정받고 싶고, 사법 절차에 효과적으로 참여하기를 바라는 피해자는 회복적 사법에의 참여에 동의해야 한다는 것을 의미하는 것이다. 또한 이처럼 회복적 사법을 관습적 사법에 '추가' 또는 '가미'하는 접근은 실질적으로 관습적 형사사법이 변하지 않은 채 두는 것이다. 회복적 사법과 응보적 사법이 나란히 함께 작동하는 두 가지 별개의 제도로 존재하는 것이다. 두 제도 사이에 아무런 통합이나 교류도 없으며, 법정에서의 대화, 피해자에 대한 태도, 피해자의 법원에의 참여는 변하지 않은 그대로이다. 피해자는 여전히 증인의 역할 외에는 법정에서 역할이 없는 이물질인 것이다.[515]

3. 형사사법제도에서의 회복적 사법 가치의 통합

세 번째 접근 방식은 회복적 사법 관행 대신에 회복적 사법 가치를 형사사법제도 속으로 통합시키는 것이다. 다시 말하자면, 중재나 회합이나 기타 회복적 사법 프로그램을 형사사법제도로 통합시키는 대신에 피해자 존엄성의 존중

---

514 Shapland, op cit.; Wemmers and Cyr, op cit.
515 Wemmers, 2009, op cit.

과 피해자 참여와 같은 회복적 가치를 형사사법 과정 속으로 짜 넣는 것이다. 이 접근 방식은 국가와 피의자에 더하여 피해자도 인정되고 공식적인 역할을 가지는 세 당사자 제도처럼 피해자에게 참여 권리를 주는 것이다. 물론 그렇다고 이것이 피해자가 피의자가 갖는 모든 권리와 동일한 권리를 반드시 가져야 된다거나 피해자가 동등한 당사자로 간주되어야 한다고 말하는 것은 아니지만, 피해자가 공식적인 지위를 가진다는 것을 의미한다. 당연히 이는 국가와 피의자 양 당사자만 강조하는 기존의 형사사법제도에서는 해당되지 않는 일이다.516

이런 접근 방식에 대해서 폐지론자들은 지금도 이미 법정에는 너무 많은 법률가, 변호사들로 가득한데, 더 추가하자는 것은 피해자와 범법자 사이의 갈등을 피해자로부터 더욱 멀어지게 할 것이라고 말할 것이다. 피해자가 법률 대리인, 변호인을 가진다고 해서 피해자가 개인적으로 법정에서 적극적, 능동적이 된다는 것은 아니다. 그러나 만약에 피해자가 형사사법 과정에 직접적이고 적극적인 참여를 추구한다면 문제가 될 수도 있다는 것이다. 다행스러운 것은 피해자들이 형사사법제도에서 하고 싶어 하는 역할에 대한 연구들이 피해자는 일반적으로 상담과 배려를 원한다고 한다. 즉, 피해자는 적극적, 능동적인 의사 결정 역할을 추구하지 않는다는 것이다. 더 구체적으로는, 피해자들은 완전한 배제도 아니고 완전한 통제도 아닌 중간치 역할을 수행하고 싶어 한다는 것이다. 대부분의 피해자는 상담받거나 배려받기를 바라지만 형사사법제도에서 피해자에게 의사 결정권을 주는 것은 부적절하다는 것이다. 피해자들은 의사결정의 부담을 원치 않는다는 것이다. 이 방식이 피해자에게 너무 많은 책임을 져야 하는 부담은 없이 추구하는 인정은 가져다준다는 것이다.517

당연히 사법 당국에 의한 피해자의 인정은 형사사법제도에 대한 만족을 향상시킬 개연성이 높다. 피해자들은 사건 전개에 대해서 아무런 고지나 통지도 받지 못할 때보다 고지, 통지받을 때 사법 절차와 과정이 공정하다고 느낄 개연성이 더 높다는 것이다. 피해자들에게 그들이 추구하는 인정을 제공하고 법률 상담을 통하여 형사사법제도의 작동에 대한 분명한 이해를 시켜줌으로써 형사사법 과정에의 피해자 참여는 피해자를 강하게 하고 형사 절차 동안 피해

---

516 Wemmers, 2009, op cit.
517 Wemmers and Cyr, op cit.; Shapland, op cit.; Wemmers, 2009, Ibid.

자가 느끼는 무력감과 싸우는 데 도움이 될 수 있다고 한다. 또한 피해자에게 형사 절차에서 공식적 지위, 신분을 제공함으로써, 형사사법제도에서의 피해자 배제 문제의 근원을 해소할 수 있다는 것이다. 그 근원이 피해자의 불-인정 때문이라고 할 수 있는 변호사, 경찰, 사법부에 의한 피해자의 경시, 무시는 고질적인 것이라고 주장하기도 한다. 따라서 만약에 피해자가 실정법상에서 인정받으면 형사사법 당국으로부터 무시나 경시당하지 않을 것이라고 주장한다. 따라서 피해자가 법률적 지위를 가질 때 실질적인 권리를 성취하는 것이라고도 주장한다.[518]

---

518 D. E. Beloof, "The third wave of crime victims' rights: Standing, remedy and review," Brigham University Law Review, 2005, pp. 256-370 ; J. Wemmers, "Victims in the criminal justice system and therapeutic jurisprudence," Victims and Offenders, 2008, 3: 165-191

회복적 사법에 대한 피해자-지향적 접근

 ## 1. 피해자가 필요로 하는 것들과 회복적 사법의 충족 정도

회복적 사법을 옹호하는 사람들은 대립과 복수로 특징지어지는 전통적 형사 사법제도는 피해자가 필요로 하는 것을 해결할 수 없다고 믿는다. 대신에 그들은 회복적 프로그램에 피해자가 참여하는 것의 중요성을 강조하고, 회복적 프로그램이 관습적 형사사법 대응보다 피해자의 필요를 더 잘 충족시킨다고 주장한다. 그럼에도 불구하고, 아직도 형사사법제도의 일차적 우선순위는 피해 자에게 보상하고 피해를 회복하는 것보다 오히려 범법자를 처벌하는 것이며, 그래서 피해자의 필요는 언제나 이차적이라는 것이다. 이와는 대조적으로, 회복적 사법 프로그램은 피해자에게 가해진 해를 바로잡고, 그래서 피해자의 필요를 제일의 우선순위로 만드는 데 초점을 맞춘다는 것이다. 피해자 운동이 잉태된 이래, 형사사법제도는 피해자의 필요에 제대로 대응하지 못했다는 비판을 받아왔다. '2차 피해자화(Secondary victimization)'라는 용어도 형사사법 당국의 대응, 반응이 피해자의 고통을 악화시킨다는 점을 기술하기 위한 것이었다는 데서 이를 잘 알 수 있다. 회복적 사법을 옹호하는 사람들은 당연히 회복적 사법이 더 나은 대안이라고 주장한다. 문제는 과연 회복적 사법이 피해자에게 더 좋은 조건을 제공하는가이다.[519]

---

519 J. Wemmers, "Restorative justice for victims of crime: A victim-oriented approach

1) 정보

피해자가 형사사법제도와 절차에 대해서 가장 불만인 것 중의 하나가 정보의 부재, 즉 피해자가 자신의 사건임에도 그 진행 상황을 전혀 고지받지 못하고 아무런 정보도 받지 못한다는 것이라고 한다. 반면에 피해자가 그러한 정보를 받는 것은 오로지 회복적 사법 프로젝트 상황 내에서만 가능하다는 것이다. 피해자의 정보 욕구가 피해자들이 대표적인 회복적 사법 프로그램의 하나인 중재(Mediation) 프로그램에 참여하기로 결정한 하나의 이유라고 한다.

피해자들은 자신의 사건이 어떻게 돌아가고 있는지 알고 싶어 하고, 고지받고 싶어 한다는 피해자의 정보의 필요성은 너무나 강조되고 잘 알려졌지만 아직도 피해자들은 자기 사건의 전개에 대해서 형사사법 당국으로부터 거의 고지받지 못하는 실정이다. 오직 회복적 사법이라는 여건, 상황 안에서만 피해자들이 그러한 정보를 받는다는 것이다. 실제로 피해자가 회복적 사법의 하나인 중재에 참여하기로 결정한 이유의 하나가 바로 정보에 대한 욕구, 바람 때문이라는 것이다.520

2) 보상

관습적 형사사법에 대한 피해자의 불만과 불신을 초래하는 이유 중 하나는 범죄의 피해는 피해자 본인이 입었는데 자신의 피해는 전혀 보상, 배상, 회복되지 않고 단지 범법자를 국가가 기소하고 재판에 회부하여 형사처벌함으로써 정의가 실현된 것으로 간주한다는 사실일 것이다. 원칙대로라면, 피해가 피해 이전의 원래 상태로 회복되는 것이 진정한 정의의 실현이 아닐까 하는 것이다. 피해의 회복, 그것도 원상회복에는 피해의 유형과 정도에 따라 다양하겠지만 배상(Restitution)이나 보상(Compensation)이 대표적인 것의 하나라고 할 수 있을 것이다. 다수의 사기 범죄에서도 범법자에 대한 양형 결정인자의 하나로서 피해의 회복이 고려되고 있다라는 점에서도 보상의 중요성을 엿볼 수 있다. 이를 반영하듯, 피해자가 회복적 사법 프로그램에 참여하는 다양한 이유 중 하나라고 한다.521

---

to restorative justice," International Review of Victimology, 2002, 9: 43-59
520 Reeves and Mulley, op cit.
521 A. Morris, G. M. Maxwell and J. P. Robertson, "Giving victims a voice: A New

한때 UN에서는 범법자가 피해자에게 보상하도록 하는 입법과 관행을 회원국에 권고하였지만, 그렇다고 피해자가 이런 방식으로 배상을 받는 경우는 거의 없다고 한다. 보상에 대한 주요 장애는 형사 절차와 과정에서 피해자의 이익을 위한 보상에 대한 검찰과 사법부의 부정적 태도가 광범위한 것으로 알려지고 있다. 피해의 배상이나 보상은 다수 회복적 사법에는 핵심적인 것이며, 물론 전통적 형사사법과는 정반대로 그러한 회복적 사법 프로그램은 피해자의 피해 보상에 대해서 개방적인 태도를 취하고 있다. 이처럼 회복적 사법에 있어서 보상이 갖는 중요한 역할에도 불구하고, 아직도 불가피하게 극히 소수의 피해자만 그러한 보상이나 배상을 받을 개연성이 있다고 한다. 이유는 경찰에 신고된 다수의 범죄가 해결되지 않으며, 결과적으로 보상이 청구되어야 할 범법자가 별로 많지 않아진다는 것이다. 이와 더불어, 보상이 이루어지더라도 범법자가 보상할 수 있는 상한선이 정해져 있고, 범법자도 종종 보상할 재정적 능력이나 수단에 한계가 있으며, 피해자에게 완전하게 보상할 수 없다는 것이 현실이기도 하다. 심지어 이런 경우일지라도 보상 자체가 일종의 상징적 의미와 가치가 있어서, 적지 않은 피해자들은 국가나 보험회사와 같은 제3자로부터의 완전한 보상보다는 오히려 범법자로부터의 부분적 보상을 더 선호한다는 것이다.522 피해자가 중요하게 원하는 것의 하나가 바로 자신이 무고한, 진정한 피해자임을 공식적으로 인정받는 것이기 때문이다.

상식적으로도 거의 대부분의 재산 범죄 피해자는 재정적 손실을 겪기 마련이고, 이처럼 자신의 피해자화로 물질적 손상을 당한 피해자들 대부분은 범법자로부터의 배상(Restitution)에 관심을 가진다고 하며, 당연히 그래서 재산 범죄 피해자가 폭력 범죄 피해자보다 중재(Mediation)에 참여할 확률이 더 높다고 한다. 그러나 어떤 범죄 피해자이건, 보상(Compensation)이 회복적 사법에 참여하는 피해자들의 여러 가지 참여 이유 중 하나라고 한다. 그런데 흥미로운 것은

Zealand Experiment," Howard Journal of Criminal Justice, 1993, 32(4): 301-321; L. Netzig and T. Trenczek, "Restorative justice as participation: Theory, law, experience and research," in B. Galaway and J. Hudson(eds.), Restorative Justice: International Perspectives, Monsey, NY: Criminal Justice Press, 1996, pp. 241-260
522 R. Du Wors, "The justice data factfinder," in J. Roberts(ed.), Criminal Justice in Canada, Toronto: Harcourt Brace, 2000, pp. 24-38; J. Shapland, "Victim assistance and the criminal justice system: The victims' perspectives," in E, Fattah(ed.), From Crime Policy to Victim Policy, London: MacMillan, 1986, pp. 218-233

기대와는 달리 현실에서는 오로지 소수의 피해자만이 범법자로부터의 보상을 원해서 참여한다고 하며, 더구나 범법자와의 대화가 진행될수록 우선순위가 바뀌고 보상은 종종 원래 의도되었던 것보다 점점 덜 중요해진다는 것이다.[523]

3) 감정적 필요

피해자화는 피해자를 속상하게 만들고, 두렵게 만들고, 화나게 만들고, 우울하게 만들고, 불안을 촉발하는 경험이며, 동시에 피해자들은 당연히 일련의 다양하고 상이한 감정을 겪게 된다고 한다. 우리는 일반적으로 재산 범죄보다는 폭력 범죄가 더 심각하고 엄중하다고 생각하는 경향이 있지만, 법률적으로 범행의 엄중성이 반드시 감정적 영향의 좋은 지표는 아니라는 것이다. 약간 중간 정도로 엄중한 범죄로 알고 있는 침입 절도나 강도가 피해자에게 심각한 영향을 미친다는 것을 잘 알고 있다. 또 한 가지 범죄 피해자화의 감정적 영향과 피해자화에 대한 반응으로, 피해자들이 스스로에게 '왜 나야?'라고 되묻는 '왜-나야 증후군(Why-me syndrome)'을 들고 있다. 이런 측면에서, 피해자의 감정적 필요가 피해자에게 도움을 줄 수 있다고 한다.[524]

피해자의 감정적 필요를 인식, 인정하는 것이 피해자 지원 운동과 활동의 발전으로 이어졌다고 한다. 이들 프로그램은 전형적으로 피해자화의 감정적 영향을 다루고, 형사사법 과정 전반에 걸쳐서 피해자에게 지지와 지원을 제공하는 것이다. 흥미로운 것은 회복적 사법을 옹호하는 사람들은 회복적 사법이 피해자의 치유에 도움을 줄 수 있다고 주장하는 반면에, 회복적 사법에 적극적으로 참여하는 피해자 지원 계획은 별로 없으며, 피해자 지원집단은 종종 회복적 사법 계획을 조심스러워한다는 것이다. 대체로 재산 범죄의 피해자는 중재에 참여할

---

523 I. Aertsen and T. Peters, "Mediation for reparation: The victims' perspective," European Journal of Crime, Criminal Law and Criminal Justice, 1998, 6(2): 106-124; A. Morris, G. M. Maxwell and J. P. Robertson, op cit.; L. Netzig and T. Trenczek, "Restorative justice as participation: Theory, law, experience, and research," B. Galaway and J. Hudson(eds.), Restorative Justice: International Perspectives, Monsey, NY: Criminal Justice Press, 1996, pp. 241-260

524 M. Maguire, "The impsct of burglary upon victims," British Journal of Criminology, 1980, 20(3): 261-275; A. J. Lurigo, "Are all victims alike? The adverse, generalized and differential impact of crime," Crime and Delinquency, 1987, 33(4): 452-467; Wemmers, 2002, op cit.

의사가 강하다고 하는데 이는 아마도 재산상의 손실을 보상이나 배상받고자 하는 의도가 작용한 것으로 이해되는 반면에, 폭력 범죄의 피해자는 재정적 영향보다는 감정적 영향을 받을 개연성이 더 높아서 재산 범죄 피해자보다 회복적 사법의 가능한 치유 효과가 더 중요한 것으로 알려지고 있지만, 동시에 폭력 범죄 피해자들이 가장 취약하고 그래서 참여도 가장 꺼린다고 한다.525

4) 참여

  알려지기로는, 일반적으로 피해자들은 자신이 형사사법 과정에서 소외감을 느끼고, 그래서 그 과정에 참여하기를 원한다고 한다. 참여를 바라지만, 여기서 분명하지 않은 것은 피해자들이 적극적, 능동적으로 참여하려는 것인지 아니면 소극적, 수동적으로 참여하기를 원하는지가 분명하지 않다는 것이라고 한다. 적극적, 능동적 참여는 압력을 가하고, 의사 결정권을 갖기를 원한다는 것을 함축하고 있는 반면에, 소극적, 수동적 참여는 사법 과정 전반에 걸쳐서 상의를 받기를 바라지만, 압력을 가하거나 결정에 책임을 지는 것은 바라지 않는다는 점을 함축하는 것이라고 한다. 적극적 참여를 옹호하는 사람들은 피해자화가 피해자의 개인적 자율성을 낮추기 때문에 이 개인적 능력, 권능감을 되돌려 받을 필요가 있다고 주장한다. 실제로 피해자 영향 진술에 참여한 피해자들은 양형 결정에 자신의 목소리를 내야 한다는 것을 느꼈다고 한다. 반면에 적극적 참여에 반대하는 사람들은 피해자들은 이미 형사사법제도에서 극단적으로 엄청난 부담을 안고 있으며, 자신의 피해자화에 대한 사법적 대응에도 책임을 갖도록 하는 것은 그 부담을 배가시킬 뿐이라고 주장한다. 그들은 피해자들은 상의를 받기를 원하는 것이지 의사 결정권을 바라지 않는다고 주장하는 것이다. 실제로 대부분 피해자들은 형사사법 절차에서 단순히 증인만 되는 것에도 더 적극적인 역할을 하는 것에도 관심이 없으며, 그 대신 형사사법 과정 전반에 걸쳐서 고지받고 상의받기를 바란다는 것이다.526

---

525 H. Reeves and K. Mulley, "The new status of victims in the UK: Opportunities and threats," in A. Crawford and J. Goodey(eds.), Integrating a Victim Perspective within Criminal Justice, Aldershot, UK: Asgate Publishers, 2000, pp. 125-146; Wemmers, 2002, op cit.
526 D. Kelly and E. Erez, "Victim participation in the criminal justice system," in R.

형사사법제도에의 피해자 가담과 참여는 상당한 논쟁을 일으키기도 했다. 회복적 사법을 옹호하는 입장에서는, 회복적 사법이 피해자에게 적극적, 능동적 역할을 제공할 수 있다는 점을 과시하였으나, 피해자가 과연 적극적, 능동적 역할을 원하는지, 특히 사건 처리에 대한 책임까지 원하는지 여부는 아직도 분명치 않다고 한다. 사실, 일부 피해자는 회복적 사법에의 참여가 범법자를 위한 책임 또는 부담으로 느낄 수도 있다고 한다. 아마도 이런 점에서 회복적 사법이, 특히 회합과 같은 프로그램이 피해자를 지향하는 피해자 중심의 사법인가 의문을 제기하기도 하는 것이다. 실제로도 일부 피해자들은 범법자에 대한 의무감, 사명감, 특히 범법자가 청소년일 경우에는 더 강한 의무감이나 사명감으로 회복적 사법에 참여한다는 것이다. 물론 당연히 회복적 사법에의 참여 여부는 자발적인 것이지만, 극히 일부 피해자는 사실상 참여에 대한 압박을 느낀다는 것이다. 그럼에도 불구하고, 형벌은 피해자의 필요를 해소하거나 해결하지는 않지만, 배상은 피해자의 손실에 초점을 맞추기 때문에 피해자에게는 더 만족스러울 것이라 추정하고 있다.[527]

5) 보호

어떤 범죄의 피해자라도 마찬가지지만, 특히 폭력 범죄의 피해자라면 더더욱 자신이 취약하고 불안하다는 느낌과 감정을 갖기 마련이고, 그 결과 생활양식이나 행동 양식까지 바꿔야 할 정도로 생활 전반에 영향을 미치기 때문에 당연히 자신의 안전감을 회복할 필요가 있는 것이다. 심지어 피해자들은 일부 범죄를 중심으로 반복 피해자화(Repeat victimization)의 위험에 놓이고, 범법자로부터의 협박과 보복을 두려워한다는 것이다. 뿐만 아니라 성범죄나 교제폭력

Davis, A. Lurigo and W. Skogan(eds.), Victims of Crime(2nd ed.), Thousand Oaks, CA: Sage Publications, 1997, pp. 231-244; Lurigo, op cit.,; Reeves and Mulley, op cit.; J. Shapland, "Victims and criminal justice: Creating responsible criminal justice agencies," in Crawford and Goodey(eds.), op cit.

527 A. Ashworth, "Victims' rights, defendants' rights and criminal procedures," in Crawford and Goodey(eds.), op cit., 2000, pp. 185-206; E. Erez, "Whos' afraid of big bad victim? Victim impact statement as victim empowerment and enhancement of justice," Criminal Law Review, 1999, pp. 545-556; M. Cavadino and J. Dignan, "Reparation, retribution and rights," International Review of Victimology, 1997, 4: 233-253; Reeves and Muley, op cit.; Morris et al., op cit.

또는 스토킹과 같은 일부 범죄의 피해자들은 다른 사람들로부터의 반응도 걱정하고, 그래서 자신의 프라이버시가 지켜지기를 바라기도 한다. 피해자들은 일반적으로 범죄에 대해서 더 불안해하고, 시민을 보호하고 범죄를 통제하는 형사사법제도의 능력을 우려하고 걱정한다.528

회복적 사법에 참여한다는 것이 피해자에게 미칠 수 있는 가능한 영향이나, 그러한 부정적 영향으로부터 피해자를 보호하는 데에 대한 우려와 염려가 따른다고 한다. 사실, 피해자가 범법자를 대면으로 직접 마주한다는 것은 피해자에게 두려움을 야기할 수 있는 것이다. 그래서 때로는 피해자들이 이렇게 범법자를 직접 마주해야 하는 두려움으로 참여하지 않기로 결정하는 경우도 종종 있다고 한다. 일부 피해자는 심지어 자신에게 가해진 범죄가 형사사법적 대응을 필요로 하는 심각한 중대 범죄라고 주장하여 중재와 같은 회복적 사법의 제시를 자신에 대한 모욕으로 간주하기도 한다는 것이다. 아무튼, 회복적 사법 프로그램의 참여가 일부 피해자에게는 기분을 상하게 하는 것이고, 두려움을 줄 수도 있다면, 반드시 주의가 필요하다는 것이다.529

따라서 회복적 사법 종사자들은 피해자를 보호해야 할 책임이 있으며, 피해자가 범법자를 만날 준비가 되어 있지 않은 것으로 보일 때는 중재가 심지어 제안되거나 시도되지도 않아야 한다고도 주장되고 있다. 즉, 회복적 사법으로 피해자의 두려움을 불필요하게 증대시키는 것을 피해야 한다는 것이다. 피해자들은 범법자들에게 직접적으로 노출될 때 특히 취약하며, 따라서 특히 자신의 행동에 죄책도 느끼지 않는 범법자로부터 더욱 보호되어야 한다는 것이다. 범죄 피해자에게는 범법자 책임이 매우 중요한데, 아무런 죄책도 보이지 않는 범법자와 직면해야 하는 피해자는 회복적 사법 이후 더욱 악화된, 나빠진 느낌을 가지기도 한다는 것이다. 그러나, 일부에서는 선택의 여지도 주어지지 않고 단지 증인으로 출석하라는 명령만 하는 형사사법 과정보다는 회복적 사법은 자발적이어서 피해자를 더 잘 보호할 수 있다고도 주장한다.530

---

528 Lurigo, 1987, op cit.; H. Reeves, "The victim support perspective," in M. Wright and B. Galaway(eds.), Mediation and Criminal Justice: Victims, Offenders and Community, London: Sage Publications, 1989, pp. 44-55

529 R. B. Coates and J. Gehm, "An empirical assessment," in Wright and Galawat(eds.), op cit., pp. 251-263; Morris et al., op cit.; Aertsen and Peters, op cit.; Netzig and Trenczek, op cit.; Reeves and Mulley, op cit.

6) 소결: 몇 가지 제안

회복적 사법이 피해자에게 주는 장점 중에는 범법자에게 배상을 요구하는 기회가 있다. 이는 특히 물질적 손상을 겪고, 일반적으로 중재에 관심이 있는 재산 범죄 피해자에게 특히 중요한 장점이다. 형사사법제도에서는 피해자가 배상을 요구하고 받는 기회는 거의 없기 때문이다. 이런 면에서 회복적 사법은 재산 범죄 피해자의 요구, 필요에 잘 맞는다고 할 수 있다. 두 번째 장점은 특히 폭력 범죄 피해자에게 더 중요한 치유 과정에 도움이 될 수 있는 잠재성이다. 비록 대다수 폭력 범죄 피해자는 중재에 별 관심이 없을지라도, 소수의 폭력 범죄 피해자는 때로는 가장 많을 것을 잃을 수도 있지만 회복적 사법으로부터 상당한 이익을 얻을 수 있다는 것이다.[531]

그러나 회복적 사법은 피해자의 다른 필요, 요구와 관련해서는 그다지 성공적이지 못하다고 한다. 어쩌면 거의 모든 회복적 사법 프로그램들이 피해자의 참여를 전제로 하는데, 참여가 전혀 없는 형사사법제도와는 대조적으로, 피해자들이 자신이 원하는 것보다 더 큰 책임에 대한 부담을 느끼고, 참여에 대한 압박이나 범법자에 대한 의무감도 느낀다는 것이다. 참여에 따른 피해자를 위한 안전과 보호도 확실하고 분명하지 않다는 우려도 따른다. 이보다 더한 우려는 회복적 사법이 일부 피해자들에게 두려움을 증대시키고 2차 피해자화를 불러올 수도 있다는 사실이다. 즉, 회복적 사법이 피해자를 범법자에게 직접적으로 노출시켜서, 범법자에 의한 2차 피해자화에 취약하게 만든다는 것이다. 중재와 같은 회복적 사법에의 참여를 전제로 할 때, 회복적 사법 프로그램 참여의 가능한 이익, 장점을 활용하되 2차 피해자화의 위험을 줄일 수 있는 방법을 찾아야 하는 것이다.[532]

---

530 Aertsen and Peters, op cit.; Strang, 2002, op cit.; Morris et al., op cit.; Reeves and Muley, op cit

531 Strang, 2002, op cit.; Wemmers, 2002, op cit.

532 Morris et al., 1993, op cit.; Strang, 2002, op cit.; Wemmers, 2002, op cit.

2. 능동적 피해자와 회복적 사법 – 피해자 권능의 강화(Empowerment)

최근, 피해자 옹호와 지원 업무를 선도하고 사회에 팽배하고 있는 피해자에 대한 인상이 전반적으로 비뀌었다고 한다. 전통적으로, 고통, 슬픔, 괴로움, 상실, 위약함, 외로움, 무력함, 의존성과 능력과 수완의 결여와 같은 피해자에게 주어지는 부정적 기질의 피해자에 대한 인식, 개념이 자신의 믿음을 장악하려는 의지가 있고 그렇게 할 준비가 된 얽매이지 않은 피해자로 대체되었다는 것이다. 점증적으로, 피해자들이 형사 절차에 대한 이방인이요 수동적 존재로서의 범죄 피해자의 개념을 거부하고, 피해자가 되는 것이 피해를 당했던 사람이 경험에 의미를 부여하고 피해자의 지위를 채택하고 받아들이는 선택인 자기-확신적 인지 과정(Self-confident cognition process)을 포함한다는 것이다. 그래서 오늘날의 피해자들은 상당한 내적 힘을 소유하고, 일반적으로 생각했던 것보다 훨씬 더 회복력이 있다는 것이다. 전통적으로 수동적이었던 피해자 역할도 그에 따라 근본적으로 재정비되어 침묵 속에서 고통을 받는 수동적 개인으로서의 피해자에 대한 전통적 인상이 참여적 역할을 강력하게 권고하는 피해자와 경쟁하게 되었다는 것이다. 피해자는 이제 능동적이 되어서 새로운 정체성과 역할을 추구한다. 정체성은 피해자(Victim)에서 생존자(Survivor)로, 취약성(Vulnerability)은 회복 탄력성(Resilience)과 권능 강화(Empowerment)로 대체되었다.533

---

533 D. Garland and R, Sparks, "Criminology, social theory and the challenge of our time," British Journal of Criminology, 2000, 40: 189-204; T. Kearon and B. S. Godfrey, "Setting the scene: A question of history," in S. Walklate(ed.), Handbook of Victims and Victimology, Cullompton: Willan Publishing, 2007, pp. 17-36; D. garland, "The culture of high crime society," British Journal of Criminology, 2000, 40: 347-375; P. Rock, "On becoming a victim," in C. Houl and R. Young(eds.), New Visions of Crime Victims, Oxford: Hart Publishing, 2002, pp. 1-22; J. Dignan, Understanding Victims and Restorative Justice, Berkshire: Open University Press, p30; R. Strobl, "Constructing the victim: Theoretical reflections and emprical examples," International Review of Victimology, 2004, 11: 295-311; I. Aertsen, D. Bolivar, V. De Mesmaecker, and N. Lauwers, "Restorative justice and the active victims: Exploring the concept of empowerment," TEMIDA, 2011, pp. 5-19

이처럼 얼핏 보기에는 회복적 사법은 분명히 '해방된, 얽매이지 않은 피해자'라는 이미지를 조장한다. 회복적 사법은 피해자에게 중재나 회합과 같은 회복적 사법에 적극적으로 참여할 기회를 제공한다. 그러나 여기서 궁금한 것은 과연 피해자의 '적극적, 능동적(Active) 역할'이란 무엇이며, 회복적 사법에서 적극적, 능동적 역할이란 어떻게 개념화되는가? 이런 의문과 궁금증이 생기는 것은 비록 피해자의 참여 의지와 참여로 인한 과정과 결과에 대한 만족, 그리고 별도의 감정적, 사회적, 심리적 이익이 있다고 강조되고 있지만, 회복적 사법에 참여할 때 피해자의 이익을 의심하고, 오히려 심리적 비용에 대한 의문을 표하기도 하기 때문이다. 오히려 참여하는 피해자에게 부정적 영향이 보고되기도 하는데, 참여하도록 압박을 받거나, 범법자와의 대면으로 오히려 위협을 느끼거나, 범법자에 초점을 맞춤으로써 2차 피해자화를 야기할 수도 있다는 것이다. 실제로, 극단적으로는 회복적 사법이 과연 누구를 위한 것인가 의문을 제기하기도 한다. 피해자를 위한 피해자를 지향하는 피해자 중심이라고는 하지만 결과적 이익은 범법자에게 간다는 것이다. 설사 피해자에게도 이익이 있다고 해도, 그 이익에 비해서 궁극적인 이익은 범법자에게 더 크게 돌아간다고 의심하는 것이다. 범법자는 수형이나 형벌을 피할 수 있다는 엄청난 이익이 있지만 이에 비해서 피해자의 이익은 그리 크지 않기 때문이다.[534]

---

534 I. Aertsen and T. Peters, "Mediation for reparation: The victims' perspective," European Journal of Crime, Criminal Law and Criminal Justice, 1998, 6: 106-124; D. Gustafason, "Exploring treatment and trauma recovery implications of facilitating victim offender encounters in crimes of severe violence: Lessons from the Canadian Experience," in E. Elliott and M. R. Gordon(eds.), New Directions in Restorative Justice: Issues, Practices, and Evaluation, Cullompton: Willan Publishing, 2005, pp. 193-227; M. Umbreit, R. Coates and B. Voss, "Victim-offender mediation: Three decades of practices and research," Conflict Resolution Quartwely, 2004, 22: 279-303; K. daly, "A tale of two studies: Restorative justice from a victim perspective," in Elliott and Gordon(eds.), op cit., 2004, pp. 153-174; Aertsen et al., 2011, op cit.; Wemmers, 2002, op cit.

3. 피해 배상과 회복적 사법

1) 버려진 피해자

(1) 피해자로부터 범죄를 훔치다

피해자는 범법자의 기소와 형의 선고에 있어 그들의 필요나 선호하는 것이 통상적으로 전혀 고려되지 않는, 그야말로 형사사법 과정에서 방치된, 버려진 당사자로 인식되고 있다. 물론 한때 범죄에 대한 사회의 지배적인 대응인 회복적 사법에서는 그 초점이 응보와 유혈의 복수로 인한 더 이상의 해악을 제한하는 데 두고 있다. 회복적 사법의 방법은 동등하고 공정한 척도의 고통을 가하는 것이라기보다 오히려 가해진 과거의 해악을 배상하는 것이었다. 그러나 과거 피해자에게 돌아갔던 보상으로 지불되는 '왕의 평화'를 설정하는 것이 더 이익이 될 수 있다는 것을 알게 되면서 이런 회복적 사법은 사라지게 된다. 이를 두고 피해자학에서는 왕이 그 보상으로 상당한 보호를 제공할 수 있기 훨씬 전에 피해자로부터 범죄를 훔쳤다고 설명하고 있다. 당연히 국가는 더 이상 범법자와 피해자 사이의 그냥 단순한 중재자가 아니며, 국가가 피해인 것이다.

(2) 피해자는 실제로 주장되고 있는 만큼 응보적인가?

언론, 관료, 시민운동가, 로비스트 등 다양한 분야의 다양한 사람과 단체에서 형사사법제도에 대한 피해자의 시각, 관점, 견해 등에 관한 자기들의 입장을 밝히고 있다. 그들이 보는 피해자의 관점은 일반 대중의 관점에 비해 더 형벌적인 것으로 가정되고 있다. 바로 이러한 가정과 주장이 보다 응보적인 형사사법 정책을 지지해왔으나, 동시에 피해자가 양형의 원리와 일관적인 절차를 유지하려는 법원의 노력을 왜곡시킬 것이라는 구실로 피해자를 형사사법 절차로부터 배제시키는 데도 이용되어 왔다. 즉, 피해자가 범법자에 대한 사법 정의에 장애가 된다는 이유로 피해자를 배제시키는 것이 정당화되었던 것이다.[535]

---

535 H. Reeves and K. Mulley, op cit.

그러나 비록 개별 피해자가 분노하고, 그래서 처음에는 보복을 추구할지도 모르지만, 대다수 피해자는 이런 감정을 갖지 않는다고 한다. 그럼에도 다수 피해자가 형사사법에 대하여 만족하지 못한다고 하는데, 이유는 형벌의 관대함이 아니라 자신들이 다루어지는 방식에 대한 불만이 더 큰 영향을 미친다는 것이다. 피해자들은 기소를 위한 증인으로서의 역할 그 이상 자기 사건의 전개에 있어서 정당한 역할의 부재, 자기 사건의 전개에 관한 자문, 상담 기회의 결여, 자신이 경험한 감정적, 물질적 해악에 대한 인정의 결여, 그리고 사법제도 전반에 걸쳐서 받게 되는 존중과 공정의 결여에 대한 불만을 갖는다고 한다. 다수 피해자는 사실 양형에 대한 자신의 관점, 견해가 아주 '관대'하다고 한다. 실제로 만약에 피해자들이 자신이 자기 사건이 다루어지는 방식과 과정에 역할을 할 수 있다면, 자신의 범법자에 대한 수용, 구금을 대신하는 대안적 형벌도 고려할 의지가 있다고 답한다는 것이다.[536]

비록 이처럼 피해자도 많은 사람이 가정하고 주장하는 것만큼 그리 응보적이지 않더라도, 일반 대중은 피해자를 대신하여 압도적으로 응보를 보다 선호하는 것으로 알려지고 있다는 것이다. 대부분의 조사에서 대중은 형사사법에 대한 상당한 불만을 표출하며, 이는 '범죄에 대해 관대한(Soft on crime)' 양형 관행 때문이라는 것이다. 그러나 사실 불만의 원인이 분명하게 관대함과 직결되지는 않으며, 오히려 반복 범행을 예방, 방지하기 위한 효과적인 방안의 결여에 기인할 개연성이 그에 못지않다는 것이다.

2) 과연 회복적 사법은 피해자를 위하여 피해자가 바라는 바를 더 많이 하는가?

(1) 정보

피해자들이 반복적으로 자기들을 좌절하게 하는 가장 큰 근원의 하나가 자기 사건임에도 진행, 진전 사항에 관한 아무런 정보도 가질 수 없다는 것이라고 하소연한다. 피해자에게 주어질 가능성이 있는 정보의 종류와 정보의 정도

---

536 L. H. Shaerman and H. Strang, "Repairing the harm: Victims and restorative justice, ResearchGate, 2014. 6. 21, pp. 15-42, https://www.researchgate.net/publication/228 799673

나 양은 사법 절차의 각 단계에서 그들이 검찰-변론이라는 대심에 얼마나 가치가 있는가에 좌우된다고 한다. 실제로도 피해자들은 피해자가 기소를 위한 정보원으로서 가장 가치가 높은 형사 절차의 지점이라고 할 수 있는 경찰의 처우에 매우 높은 수준의 만족도를 보였다가, 수사 중간지점에서부터 피해자의 만족도가 떨어지기 시작하여 계속 떨어진다고 하는데, 이는 사건 전개에 관한 정보의 결여에 대체로 기인한 것이라고 한다.

(2) 참여

피해자들의 주요 불평과 불만의 하나는 자신의 사건임에도 사법 절차의 한 당사자임을 느끼도록 권장하지 않는다는 점이라고 한다. 자기 사건의 절차와 과정에의 참여가 피해자의 감정적 회복과 자신이 아무런 통제력도 지위도 없다고 믿는 데서 오는 소외감을 줄이는 데 있어서 모두 피해자에게 도움을 줄 수 있다고 한다. 피해자 참여 증대를 위해 개발된 전략의 하나는 소위 피해자 영향 진술이라고 한다. 그러나 이제는 사법 과정에 대한 더 큰 참여 의식과 결과에 대한 더 큰 만족감을 주는 데 있어서 그 효과성에 대해서 광범위한 의문이 제기되고 있다는 것이다.[537]

(3) 감정적 회복과 사죄

회복적 사법이 범법자와 면대면으로 대면할 수 있게 해주는 기회는 분명히 범법자가 사죄할 개연성을 높이는 것으로 알려지고 있으며, 실제로 사죄가 회복 과정에서 결정적인 핵심이라고 한다. 범법자가 후회와 진술한 화해를 바라는 것이 범법자의 장래 범행의 중요한 예측 요소라고도 한다. 특히, 피해자 측면에서는 범법자의 진정한 사죄는 곧 모든 피해자가 바라는 자신의 무고함과 범법자의 책임성을 정당화해주는 것이 된다는 점에서 상당한 가치가 있다고 할 수 있을 것이다. 범법자와 피해자의 완전한 화해를 위해서는 먼저 범법

---

537 E. Erez and P. Tontodonato, "The effect of victim participation in sentencing on sentencing outcome," Criminology, 1990, 20: 451-470; R. C. Davis and B. E. Smith, "Victim Impact Statements and victim satisfaction: An unfulfilled promise?" Journal of Criminal Justice, 1994, 22, pps. 1,2-3

자의 사죄가 있어야 하지만, 당연히 피해자의 용서도 반드시 있어야 하는데, 회복적 사법이 여기에 크게 기여할 수 있다는 것이다. 용서가 피해자를 처벌과 보복에 대한 욕구로부터 해방시켜주는 힘이 있다는 것이다.

회복적 사법의 가능성, 도전,
그리고 내재적 한계

    형사사법의 과정과 절차에서 범죄의 피해자에게 좋은 소식이 전해지는 경우는 거의 없다. 대다수 피해자는 절차에도 불만이고, 결과에도 불만인 그야말로 절차적으로도 분배적으로도 그 정당성을 인정하지 못하는 것이다. 물론 그동안 피해자를 위한 각종 지원 서비스, 자조-집단, 그리고 법률적 권리가 많이 향상되고 증대된 것은 사실이다. 그러나 대부분의 피해자에게는 아직도 사법 정의는 불미스럽고 불쾌하고 만족스럽지 못한 경험으로 남는다고 한다. 이런 현실을 초래한 가장 큰 요인은 많은 사람들이 피해자의 권리, 특히 참여의 기회와 역할이 박탈된 것이라고 지적한다. 결여되거나 박탈된 기회와 역할을 해결하는 가장 선명한 대안이 있다면 바로 회복적 사법이라는 것이다. 회복적 사법은 법률제도 저변의 사법 정의의 규정 그 자체부터 문제가 있다고 주장하며, 범죄에 대한 정의와 대응에 있어서 피해자에 대한 해악이 중심인 그러한 사법의 개념화와 접근에 다시 집중하려는 것이다. 피해자에 대한 해(Harm)를 중심으로 한다는 것은 곧 피해자가 사법에 있어서 중심적인 역할을 해야하고, 범법자 책임은 피해자에게 가해진 이들 해악과 결과로 초래되는 피해자에 대한 의무라는 관점에서 규정되어야 한다는 것을 함축하고 있다. 그러나 회복적 사법은 과연 이러한 가능성의 약속을 피해자에게 지킬 수 있는가는 아직도 분명치 않다.[538]

---

538 M. Achilles and H. Zehr, "Restorative justice for crime victims: The promise, the challenge," in G. Bazemore and M. Schiff(eds.), Restorative Community Justice: Repairing Harm and Transforming Communities, Cincinnati: Anderson Publishing Co., 2001, pp. 87-100

1. 가능성과 도전

1) 가능성과 기대

회복적 사법은 전통적 사법에서 잊혀지고 배제되었던 피해자의 다양한 필요를 제공할 수 있다고 약속한다. 종합하자면 결론적으로 형사사법은 피해자에게 힘과 능력을 다시 강화해주는 권능의 강화(Empowerment), 피해자 권능을 다시 강화해주도록 설계되어야 하며, 이는 곧 사법 절차와 과정이 피해자를 위해 가능한 많은 참여, 목소리, 선택의 기회를 함축해야 된다는 것을 의미한다는 것이다. 그러나 불행하게도 우리의 형사사법제도는 피해자의 필요를 거의 해결하거나 충족시키지 못하고 있다는 것이다. 피해자들은 계속해서 아무런 법적 지위도 갖지 못하고, 핵심 이해 당사자로 간주되거나 취급되지도 않는 것이 현실이다. 형사사법제도에서의 그들의 경험은 비자발적 참여자의 지위라는 범행 동안의 지위를 그대로 보여주고 있다. 형사사법제도는 피해자의 정의감에 아무런 것도 해주지 못한다. 그들에게 주어진 기회, 역할은 오로지 증인으로서 심문을 당하는 것뿐이라는 것이다. 범죄는 개인으로서 피해자에 대한 무례와 경멸의 심오한 표현을 보여주는 것이다. 법률, 사법제도가 피해자를 경시할 때, 이런 경멸과 무례는 또다시 영구화될 것이라고 주장한다. 회복적 사법은 기존 제도에는 존재하지 않는 대안들을 제공함에 따라 피해자를 위한 장밋빛 약속을 하고 있다.539

의무를 불러일으키는 위반으로의 범죄의 재규정은 사법 과정에서 핵심적이고 중심적인 이해 당사자로서 그리고 해를 입은 개인으로서 매우 필요했던 인식과 인정을 사법제도와 지역사회로 하여금 제공하도록 하는 것이다. 이런 태도는 그런데 피해자는 옆으로 밀려난 채 국가를 범행 당한 당사자로 보는 현재의 제도와는 정반대라고 할 수 있다. 그런 피해자를 핵심 이해 당사자로 격상시키는 것은 피해자에게 기존 사법 과정에서 거의 회복되지 않고, 범행에서 피해자로부터 종종 앗아간 지역사회 구성원으로서의 자신의 가치를 정당화해

---

539 Achilles and Zehr, op cit.

주는 것이다. 위반은 의무를 불러일으킨다는 개념은 피해자를 범법자가 우선적으로 그리고 가장 책임을 져야 하는 사람으로 확인하는 것이다. 즉, 범법자가 그들의 피해자에게 그들에게 가해진 특정한 해에 대하여 책임이 있는 것으로 확인하는 것이다. 그리고 회복적 사법은 손해의 배상에 초점을 맞추기 때문에, 피해자들이 생각하기에 범법자와 사법제도와 지역사회로부터 피해자가 필요로 한다고 믿는 것을 포함하는 필요한 것의 파악, 확인과 손해의 파악과 확인에 피해자의 보다 의미 있고 더 큰 참여 기회를 제공한다는 것이다. 손해의 파악과 확인 시점으로부터 시작함으로써, 회복적 사법은 모든 범죄 피해자에게 범죄 후의 여파에 있어서 즉각적이고 직접적인 지원과 도움을 제공하는 것이 얼마나 중요한지 그 중요성을 강조한다. 중요한 것은 바로 이 점이 범법자가 파악되지 않았을 때 범죄 피해자에 대한 대응 가능성, 확률을 높인다는 점이다. 기존 제도에서는 파악된, 검거된 범법자에 주로 초점을 맞추어서 그들이 어떤 짓을 하였고, 어떤 처벌을 받아야 마땅한지에 초점을 맞추었기 때문에, 범법자, 가해자가 파악되거나 검거되지 않았을 때 피해자가 사법 과정에 참여할 기회는 전혀 없는 것이다.540

한편, 사법의 출발점으로서 피해자 필요성, 피해자가 무엇을 필요로 하는가를 파악하는 데 초점을 맞추는 것-특히 피해자가 지역사회, 범법자 그리고 사법제도로부터 필요로 하는 것을 파악하는 데 초점을 맞추는 것은 피해자의 회복/재구축의 필요성보다 범법자가 우선시되는 현행 사법제도로부터의 중요하고 가치있는 변화라고 할 수 있다. 피해자가 무엇을 필요로 하는지 파악하고 확인하는 데 있어 피해자를 지원하는 것이 피해자의 회복/재구축으로의 여정에서 실질적인 첫 단계이기 때문이다. 구체적으로, 손해와 손상의 파악과 그에 따라 필요로 하는 것을 파악하는 것, 사법 과정의 출발점으로서 피해자 손상의 인정과 자신의 이야기 말하기, 안전과 보안이 모든 범죄 피해자에 대한 개입 서비스의 핵심 요소이고, 회복적 사법이 이들 기본적 요소를 반영하고 있다는 것이다. 결국, 회복적 사법은 피해자들이 필요로 하는 많은 것들을 해결할 수 있는 엄청난 잠재력을 가지고 있다는 것이다. 회복적 사법이 피해자에게 하는 핵심적인 약속인 피해자가 이해 당사자가 되고, 사법 과정의 핵심 목적은 피해자에게 가해진 손상

---

540 Achilles and Zehr, op cit.

을 해결하는 것이 피해자와 피해자 옹호자들에게 매력적인 것이다. 피해자 입장에서는 사법 과정을 가해진 손상과 그 손상을 배상하는 데서부터 시작하는 것보다 피해자를 더 크게 격상시킬 수 있는 것은 없을 것이다. 피해자가 더 이상 옆길로 빠져있지 않고 핵심 이해 당사자로서 중심에 위치한다는 것 그 자체가 피해자에게 희망과 편안함을 주는 개념인 것이다.541

2) 비판과 불만

피해자나 관련 집단과 조직과 단체의 몇 가지 우려는 지난 수년 동안의 피해자 운동으로 어렵게 얻어지고 깨지기 쉬운 소득들을 잃어버릴지도 모른다는 매우 근거 있는 두려움이라고 한다. 그러나 그 이상으로, 심각한 우려가 새로운 접근(회복적 사법)이 오래된 또는 기존의 것(전통적, 관습적 가해자 중심 사법)으로 편입될 때 불가피하게 일어나는 공동-선택의 경향에서 초래된다는 것이다. 회복적 사법이 대부분은 전통적, 범법자 지향의 사법제도 내에서 작동하기 때문에, 피해자가 또다시 옆으로 밀려나거나 잘못 활용되는 방식으로 회복적 사법이 왜곡될 것이라고 우려한다는 것이다. 역사적으로, 소위 형사사법 개혁이라는 것은 대체로 '구'제도와 실무자들의 필요성을 충족시키도록 모양을 갖추는 것으로 끝나기 일쑤였기 때문이다. 범법자들의 시설 구금을 대체하는 시설 수용의 대안들도 기껏해야 교도소에 대한 보충에 지나지 않고, 최악의 경우는 교도소 밖에서도 통제하고 처벌할 수 있는 새로운 방법이 되고 만다는 것이다. 바로 이름하여 "형사사법망의 확대(Criminal Justice Net-widening)"로 또는 그냥 흉내만 내는 '눈가리고 아웅(Window dressing)'하는 꼴이 되고 만다는 것이다. 불행하게도 이런 상황은 피해자-지향의 개선과 개혁에도 예외가 아니라고 우려한다. 피해자 지원 프로그램들이 너무나 자주 근본적으로 피해자를 돕고 권능을 강화해주기보다는 검찰의 기소를 강화시켜주는 도구로 활용되곤 한다는 것이다.542

---

541 Achilles and Zehr, op cit.
542 Ibid.

결과적으로, 회복적 사법은 어쩌면 피해자를 지향하는, 피해자를 중심으로 하는 새로운 사법이라기보다는 오히려 범법자를 위한 또 하나의 새로운 전환 (Diversion) 프로그램이 될 우려가 크다는 것이다. 소위 "배상적 보호관찰 (Reparative Probation)"이나 가장 대표적인 회복적 사법 프로그램의 하나인 "가족 집단 회합(Family Group Conferencing)"을 예를 들어 보자. 이 프로그램에서는 일련의 지역사회 자원자들이 범법자와 피해자와 함께 또는 회합 프로그램에서는 가족과 함께 범법자에게는 책임을 묻는 반면에, 피해자와 지역사회의 요구와 필요를 충족시키는 적정한 양형을 결정하는 그야말로 피상적으로 보면 전형적인 피해자-지향의 프로그램으로 보이지만, 그 핵심은 여전히 범법자가 받아 마땅한 것이 무엇인지를 중심으로 작동하는 것이라고 비판한다. 즉, 회복적 사법이 대부분은 피해자-지향, 피해자-중심을 외치지만 현실은 오히려 범법자-지향, 범법자-중심의 범법자를 위한 프로그램이 되고 만다는 것이다. 회복적 사법의 결과, 과실은 누구 것이 더 클까. 금전적 손실이 배상되고, 진정인지 진심인지 알 수 없는 범법자의 사죄를 받는 피해자인가, 아니면 사죄와 금전적 배상으로 모든 공식적인 사법 절차와 과정을 다 마무리하고, 시설에 수용되지도 않고, 전과의 기록도 남겨지지 않는 범법자의 이익이 더 클까. 그 대답은 어렵지 않을 것이다. 결론은 회복적 사법이 우리의 기대와 우리에게 한 약속이 제대로 잘 지켜지지 않는다는 것이다.[543]

또 다른 한 가지 최근의 회복적 사법의 변화도 감지되고 있다. 바로 지역사회와 피해자의 각자의 역할과 관련된 변화이다. 초기 회복적 사법의 개념에서는, 피해자와 범법자가 중심적인 참가자이고, 지역사회는 어느 정도 이차적인 지원 역할을 했던 반면에 최근 들면서 일부 회복적 사법 프로그램에서 지역사회 구성원들을 포함시키고, 새로운 형태의 권능 강화요 참여 민주주의로 옹호하고 있다는 것이다. 이는 당연히 회복적 사법에서 중요한 수정이지만, 지역사회가 피해자를 지배하는, 그래서 예전의 전통적 사법에서 범법자 중심으로 국가가 지배하는 예전의 우려가 되살아나는 것은 아닌지, 또는 실무자들은 과연 지역사회의 요구나 필요와 피해자의 요구와 필요를 동등한 것으로 가정할 것인지 묻게 만든다.[544]

---

543 Achilles and Zehr, op cit.

2. 내재적 한계

회복적 사법은 범죄 행위에 책임이 있는 사람이 자신의 행위로 다른 사람과 관계에 초래한 손상을 바로잡을 것을 권장함으로써 범죄 행위를 다루어야 한다는 것을 제시하고 있다. 또한 범죄 행위로 직접적으로 손상을 당한 사람들, 그리고 그러한 손상을 초래한 사람이 어떤 손상이 초래되었으며, 범법자가 이 손상을 바로잡으려는 시도로 자신의 의무를 다하려면 무엇을 해야 할 것인지를 심사숙고하고 결정하는 데 있어서 중심적인 역할을 해야 한다고도 제안한다. 문제는 만약 우리가 회복적 사법 운동을 이처럼 현대사회에서 범죄 행위가 다루어져야 하는 방식과 관련한 핵심적인 가정의 변화와 같은 원대한 포부를 성취하는 데서의 성공이라는 관점에서 평가한다면, 아직은 그리 성공적이었다고 할 수 없을 것이다. 이유는 우리의 형사사법은 여전히 범법자가 받아 마땅한 형벌을 결정하는 범법자-중심, 범법자-지향의 국가가 지배하는 전통적 사법에서 크게 벗어나지 못하였고, 피해자의 지위와 권리와 역할 또한 크게 달라지지 않았기 때문이다. 국가 형벌의 관행이 형사사법의 주변부에서 작동하고, 형사사법제도의 우선순위가 범죄로 초래된 손상을 바로잡는 것이며, 손상을 야기한 사람(범법자)과 당한 사람(피해자)이 무엇이 행해져야 할지 의사결정과 논의의 중심에 자리하는 그러한 미래를 예상하고, 상상하고, 그리는 회복적 사법을 옹호하는 사람들에게는 실망스러운 현실인 것이다.[545]

그렇다면, 여기서 무엇을 어떻게 할 수 있을까? 물론 하나의 의견이지만, 우선 회복적 사법 운동의 열망을 수정하는 것이라고 한다. 범죄 행위를 어떻게 다루고 처리해야 하는지에 관하여 우리 사회에 팽배한 가정들은 너무나 그 뿌리가 깊어서 쉽게 바꾸기 어렵다는 것이다. 그러한 가정들을 바꾸기보다는

---

544 Achilles and Zehr, op cit.
545 G. Johnstone, "Restorative justice for victims: Inherent limits?" 2017, http://www. tandfonline.com/doi/full/10.1080/20504721.2017.1390999, 2023. 12. 8 검색; J. Braithwaite, "A future where punishment is marginalized: Realistic or Utopian?" UCLA Law Review, 1999, 46: 1727-1750; D. Sullivan, L. Tifft, and P. Cordella, "The phenomenon of restorative justice: Some introductory remarks," Contemporary Justice Reviw, 1998, 1(1): 7-20

오히려 단순히 회복적 사법의 관행을 가능한 한 광범위하게 가용할 수 있도록 만들고, 이들 관행에 대한 정부와 대중들의 지지를 확보하는 것이 훨씬 더 현실적이라는 것이다.546

만약에 회복적 사법 운동이 피해자 권리가 점증적으로 더 강조되고 있는 환경에서 꽃을 피우려고 한다면, 회복적 사법 개입에 피해자를 가담, 참여시키는 동기를 분명히 하고, 정직하고 정확하게 회복적 사법이기 때문에 회복적 사법이 할 수 없는 것에 대해서 솔직해져야 한다는 것이다. 그것은 사법 과정에의 피해자 참여가 회복적 사법에서 핵심적이기 때문이다. 그런데 왜 피해자의 참여가 그토록 중대하고 결정적인가 그 이유에 대해서는 서로 긴장 관계에 있고, 그래서 이 긴장을 더 많이 알게 될수록 회복적 사법의 더 이상의 확산에 중요한 장애물을 발견하는 데 도움이 되는 두 가지 다른 이유가 있다고 한다. 피해자가 참여해야 할 이유의 하나는 만약에 범법자가 자신의 범행이 실제 사람에게 실제 손상을 초래하였다는 것을 완전하게 알게 되려면, 범법자가 자신의 피해자와 면대면으로 만날 필요가 있다는 사실에 기초한다는 것이다. 피해자와의 대면에서 실제 피해자의 설명과 범죄로 인하여 그들의 삶에 어떤 영향을 미쳤는지를 들음으로써 범법자의 태도와 행동에 있어 근본적인 변화를 불러일으킨다는 것이다. 바로 이렇게 피해자가 참여하여 자신의 고통 등을 진솔하게 들려줌으로써 범법자가 후회하고 반성하는 변화를 유도하게 되는 등 범법자의 개선에 결정적으로 중요한 역할을 하기 때문에 피해자에게 회복적 사법이 요구된다는 것이다.547

회복적 사법에 있어서 피해자 참여가 결정적으로 중요한 또 다른 하나의 이유는 단순히 회복적 사법의 목적 중 하나가 바로 피해자를 치유하는 것이기 때문이라는 것이다. 회복적 사법을 통하여 피해자가 치유되기 위해서는 피해자가 참여하지 않고는 불가능하기 때문이다. 피해자가 원하고 필요로 하는 중요한 것 대부분이 충족될 수 있는 것은 바로 범법자-피해자의 그러한 대면을 통해서 가능해지기 때문이다. 피해자는 범죄가 자신에게 미친 영향을 진술하

---

546 Johnstone, op cit.
547 D. Cayley, The Expanding Prison: The Crisis in Crime and Punishment and the Search for Alternatives, Cleveland, OH: Pilgrim Press, 1998, p. 229

고, 범법자가 책임을 인정하고 정직한지 알 수 있고, 사죄나 후회와 같은 상징적 형태의 배상, 보상도 받는 등 피해자의 외상적 경험의 회복에 도움이 되는 회복적 사법이 피해자에게 줄 수 있는 이익들이지만, 그러한 모든 이익도 오로지 피해자가 실제로 참여할 때만 주어질 수 있다는 것이다.[548]

이처럼 피해자 참여는 두 가지 다른 이유로 회복적 사법에 요구된다는 것이다. 첫째는 피해자가 범법자 개선을 위하여 설계된 과정에서 필수적인 역할을 한다는 것이고, 두 번째는 회복적 사법의 요점의 일부는 피해자에게 사법 정의의 경험과 치유를 가져다주는 것이지만, 그것을 성취하기 위해서는 피해자가 참여하는 것이 필요하다는 것이다. 그런데 이렇게 피해자의 참여가 반드시 필요함에도 왜 일부만 참여하고 나머지 피해자는 참여하지 않으며, 참여하는 이유는 무엇이고 참여하지 않는 이유는 무엇일까?

피해자가 회복적 사법에 참여하는데도 두 가지 다른 이유가 있다고 한다. 첫째로 가장 분명한 이유는 회복적 사법이 약속하는 치유와 사법 정의의 경험을 얻기 위하여 참여한다는 것이다. 만약 이것이 참여의 이유라면, 피해자는 치유와 사법 정의의 필요성을 느낄 필요가 있고, 회복적 사법에의 참여가 이 필요성을 충족시킬 것이라는 확신이 있어야 한다. 두 번째 이유는 참여함으로써 피해자들이 범법자 개선에 필수적인 기여를 할 수 있어서라는 것이다. 그런데 자신에게 손상을 가한 범법자의 개선에 왜 피해자들이 흥미를 가질까? 다양한 이유가 있겠지만, 일부 피해자들은 순수한 '이타주의' 또는 다른 말로 '친-사회적 욕구(Pro-social desire)'에 동기를 부여받거나 자극을 받아서라고 한다. 즉, 회복적 사법에 참여하여 범법자를 개선시키는 데 조력함으로써 누군가를 불행한 삶으로부터 구제하고, 다른 사람들이 자신의 범법자로부터 자신이 고통을 받은 방식으로 고통을 받지 않고 또 다른 피해자가 되지 않도록 하는 데 도움을 주는 것으로 볼 수 있다는 것이다.[549]

이렇게 참여에 따른 긍정적인 결과가 분명함에도 불구하고, 왜 다수 피해자가 참여하지 않을까? 피해자가 참여하지 않는 가장 보편적인 이유는 아마도 참여

---

548 D. Bolivar, I. Vanfraechem and I. Aertsen, "General introduction," in I. Vanfrachem, D. Bolivar, and I. Aertsen(eds.), Victims and Restorative Justice, London: Routkedge, 2015, pp. 1-11

549 ibid., p. 3; Johnstone, op cit.

의 기회를 얻지 못했기 때문일 것이라고 한다. 물론 기회를 얻지 못한 데에도 서로 다른 이유가 있다고 한다. 우선, 피해자에게 행해진 범행이 범죄로 공식적으로 규정되지 않거나 범죄로 규정되어도 공식적 사법 절차를 거치지 않기 때문일 수 있다는 것이다. 설사 범죄로 규정되어 공식적인 절차를 거치더라도 회복적 사법 개입이 조직되거나 운용되지 않아서라고 한다. 실제로 대부분의 회복적 사법 프로그램은 특정한 유형의 범행이나 특정한 유형의 범법자로 제한하거나 초점을 맞추기 때문에 회복적 사법이 조직되고 운영되는 기회는 그리 흔치 않다는 것이다. 또한, 회복적 사법이 가능하기 위해서는 범법자와 피해자 모두가 참여에 동의해야 하고, 그리고도 범법자가 자신의 범행을 인정해야 하는 등 충족시켜야 할 요건들이 많은 것도 회복적 사법에 개입, 참여할 기회가 피해자에게 흔히 주어지지 않는 이유라고 한다. 물론 여기에다 피해자가 범법자와의 대면을 원치 않아서도 중요한 불참의 원인인 것도 사실이다.550

또 하나의 한계는 실무상 현실적으로 회복적 사법 계획들은 범법자들을 처리하는 용역 내부에 기반한 경향이 있으며, 특정한 사건이 회복적 사법에 적합한지 여부를 결정할 때 가장 먼저 묻게 되는 질문이 범법자에 기초한 질문인 경향이 있다는 사실로부터 파생된 것이라고 한다. 다양한 형태의 회복적 행동은 거의 대부분은 피해자 자신이나 피해자 지원 조직이나 단체의 바람에서 나오는 것이 아니라, 대개 범법자에 중점을 둔다는 것이다. 대부분은 보호 관찰부 형의 유예(Probation), 보호관찰부 가석방(Parole), 시설수용의 대체라는 여건과 환경에서 범법자에게 작동하는 서비스, 용역으로 시작되기 때문에 비록 피해자의 필요에 대응하는 것이 없지는 않지만, 그렇다고 가장 중요한 위치에 있는 것은 아니라고 할 수 있는 것이다. 이런 현실이 가지는 함의는 비록 이론상으로는 회복적 사법이 범법자와 피해자 양자 모두를 회복시키고자 하는 것이고, 두 가지 목표 중 어느 하나가 다른 하나보다 우선한다고는 하지 않지만, 실제로는 전통적이고 아직도 일차적 사명이 범법자와의 업무라고 할 수 있는 제도와 서비스 내부에 기초한다는 것이다. 따라서 불가피하게 피해자 치유에 대한 전념이 얼마나 진정성이 있고 진실되건 간에 피해자 참여를 담보

---

550 L. Hulsman, "Critical criminology and the concept of crime," Contemporary Crisis, 1986, 10(1): 63-80; Johnstone, op cit.

하기 위한 노력은 범행이나 범법자가 회복적 사법에 적당한가 아닌가의 의사 결정을 따르는 경향이라는 것이다.[551]

그렇다면, 이제 왜 회복적 사법에 참여할 기회를 제안받은 일부 피해자들은 참여를 거부하는가? 아마도 그들이 참여하는 데에 대한 이유나 이익으로 충분하게 설득되지 않았거나, 물론 참여에 따른 몇 가지 이익도 볼 수 있지만 동시에 참여로 얻을 수 있을 것으로 인식되는 이익을 능가하는 참가하지 않는 데에 대한 이유도 있다는 것이다. 회복적 사법에 참여함으로써 피해자는 무슨 일이 벌어졌으며, 범행의 이유는 무엇이었는지를 이해하기 위하여 범법자에게 물을 수 있어서 필요한, 알고 싶은 정보를 얻을 수 있고, 손상을 가한 사람에게 그 행동이 어떤 영향을 미쳤는지 직접적으로 범행의 영향을 표현할 수 있으며, 범행 이후 어떻게 처리하며, 어떤 일이 일어날지에 관련된 의사결정 과정의 한 부분이 되어 피해자 권능이 강화될 수 있고, 범법자에게 손상의 배상을 요구하여 배상받을 수 있으며, 절차와 결과에 대한 통제력을 가질 수 있는 기회가 주어진다는 것이 기대되는 이점이라고 한다. 만약 이러한 기회가 제공된다는 확신이 있고, 별 중요한 위험이나 불리한 면이 없다면, 참여하게 될 확률은 높아지기 마련일 것이다. 그러나 기대와는 달리 대다수 피해자는 그러한 기회를 바라지 않는다는 것이다. 많은 피해자가 국가나 기타 다른 정보원으로부터 정보, 충고, 지원을 받기를 원치 않으며, 자신을 외상으로 고통을 받는 사람으로 파악하지 않고 치유가 필요한 사람으로도 보지 않으며, 오히려 자신의 특정한 권리가 침해된 사람으로 파악하며, 원하는 것은 범법자는 처벌되어야 하고, 국가는 이 과정에 책임을 지고 주도해야 된다는 관습적으로 인식되는 "사법 정의"라고 할 개연성이 더 많다는 것이다.[552]

---

[551] Johnstone, op cit.

[552] S. Green, "The victims' movement and restorative justice," in G. Johnstone and D. Van Ness(eds.), Handbook of Restorative Justice, Cullompton: Willian, 2007, pp. 171-191; C. Angel, L. Sherman, H. Strang, B. Ariel, S. Bennett, N. Inkpen, A. Keane and T. Richmond, "Short-term effects of restorative justice conferences on post-traumatic stress symptoms among robbery and burglary victims: A Randomized Controlled Trial," Journal of Experimental Criminology, 2014, 10(3): 291-307; J. Choi, G. Bazemore, and M. Gilbert, "Review of research on victims' experiences in restorative justice: Implications for youth justice," Children and Youth Services Review, 2012, 34(1): 35-42; B. Poulson, "A third voice: A review of empirical research on the psychological outcomes of restorative justice,"

심지어 피해자가 외상을 느끼고, 참여 기회를 받으려고 하고, 참여가 회복에 도움이 된다고 설득된 경우에도, 이러한 요소들을 능가하는 불참의 이유가 있다고 한다. 먼저 참여 그 자체가 부담으로서, 시간과 노력을 필요로 하는 것이며, 회복적 사법의 장점이라고 하는 의사 결정에 참여할 권리가 때로는 범법자의 운명을 결정하는 책임이 되는 큰 부담으로 작용할 수 있고, 피해자들은 스스로의 의사 결정보다는 오히려 관료나 전문가에게 위임하기를 더 바라기도 하며, 사법 과정을 국가가 자신과 범법자의 갈등을 훔쳐간 것으로 보기보다는 국가가 자기 본연의 기능을 수행하는 것으로 본다는 것이다. 그리고 피해자들 다수는 회복적 사법에 관한 이야기나 설명을 들으면 그것이 주로 범법자의 필요를 충족시키는 것에 관한 것이라는 인상을 갖는다고 한다. 실제로도 주로 범법자와의 업무를 중심으로 작동되고 있으며, 관계자들도 피해자와의 업무에 거의 경험이 없고 교육과 훈련도 부족한 현실도 이를 대변하고 있다.[553]

그렇다면 왜 이런 현상이 벌어질까? 아마도 그것은 회복적 사법의 천부적 한계이거나 아니면 우연에 기인하는 것으로 간주되기도 한다. 회복적 사법은 태생적으로 대부분의 피해자를 빠뜨릴 수밖에 없고, 회복적 사법이 피해자의 필요를 충족시키는 것을 지향하지만 피해자는 회복적 사법으로 충족될 수 없는 광범위한 필요와 요구를 가지고 있다. 손상의 배상이나 복구는 사죄, 배상, 관계 복원보다 훨씬 더 복잡하여 회복적 사법이 충족시킬 수 없을 정도로 장기적이고 세련된 상담, 안전 계획을 동반하는 지원, 삶을 재건하기 위해 요구되는 다수의 서비스 등을 필요로 할 수 있다고 한다. 순간적으로 범법자가 초래한 손상은 피해자에게 평생의 영향을 주고, 배상은 범법자나 지역사회와의 계속 진행 중인 관계와는 거의 관계가 없을 수 있다는 것이다. 결국, 종합하자면, 회복적 사법이 피해자를 위하여 할 수 있는 한계는 회복적 사법이 가지는 태생적, 내재적인 것이며, 회복적 사법은 범법자와 이해 당사자 지역사회가 내놓을 수 있는 자원에 국한되는 것으로 동정심, 배상과 관계 재건 등으로 제

Utah Law Review, 2003, 1: 167-203; H. Strang, L. Sherman, C. Angel, D. Woods, S. Bennett, D. Newbury-Birch and N. Inkpen, "Victim evaluations of face-to-face restorative justice conferences," Journal of Social Issues, 2006, 62(2): 281-306; J. Shapland, G. Robinson and A. Sorsby, Restorative Justice in Practice, Oxford: Oxford University Press, 2011, pp. 139-148; Johnstone, op cit.
553 Johnstone, op cit.

한되나, 피해자는 그런 것들 이상을 필요로 한다는 것이다. 그리고 회복적 사법 개입이 형사사법 과정과 결부되어있는 한, 관습적 개입과 얼마나 다르건 관계없이 진실로 피해자의 필요에 대응할 수 없는 것이다.554

554 Johnstone, op cit.

범죄 피해 방지를 위한 피해자화 예방
(Victimization Prevention)

피해자-지향, 피해자-중심 예방으로서 피해자화 예방

📜 1. 피해자화 예방과 범죄 예방

 범죄 예방(Crime prevention) 전략은 범죄의 원인과 범행의 동기를 제거하거나 해소함으로써 이루어질 수 있는 목표이다. 이는 곧 범행의 원인과 동기가 될 수 있는 빈곤, 노숙자, 실업 문제와 같은 위험 요소의 해소나 해결 또는 적어도 감축, 가정, 학교, 이웃과 같은 보호 요소의 강화, 그리고 효과적인 처우와 교화 개선 프로그램에 대한 적절한 자원의 할애라는 야심적인 목표를 성취하기 위해서는 전체 사회의 집합적인 노력을 필요로 한다는 것이다. 불행하게도 그러나 이러한 노력은 적어도 지금까지는 범죄 발생률이나 범죄에 대한 두려움과 공포 등 주요 지표로 보아 결코 효과적이거나 더구나 효율적이었다고 말할 수 없어서 성공보다 실패한 것으로 평가되고 있다. 그에 반해, 피해자화 예방(Victimization prevention) 전략은 이러한 범죄의 사회적 뿌리, 근원과 맞불거나 도시의 쇠락과 마약과 같은 사회 문제 해결을 의도하지 않는다. 피해자화 예방 전략은 대학이나 공항과 같은 공식 조직, 외부인의 출입을 제한하는 주택단지(Gated community)나 입주민 순찰(Tenant patrol)과 같은 소규모 집단, 그리고 두려움에 떠는 개인에 의해서 취해지고 있다. 피해자화 예방은 위험성 평가, 취약지점을 파악하기 위한 보안 감사, 범죄자의 접근과 범행을 더 어렵게 만들기 위한 표적의 강화(Target hardening), 그리고 공격자의 표적에 대한 매력을 줄이기 위한 기타 전술 등을 포함하는 것이다.555

결국, 범죄 예방보다 피해자화 예방에 초점을 맞춤으로써 형사사법제도와 범죄 피해자가 지역사회에서 일어나는 학대와 범죄의 수를 줄이는 데 도움이 된다는 것이다. 피해자화 예방은 잠재적 범죄 피해자가 자신의 행동 유형을 조정, 적응시켜서 가능한 위협과 공격을 피하도록 하는 데 도움을 주는 범죄에 대항하는 효과적인 도구라는 것이다. 심지어 피해자학자까지도 다수의 범죄 피해자가 자신을 범죄로 이끌었던 자신의 행동에 대한 책임이 있기 때문에 형사사법제도에 피해자가 참여하는 것이 매우 중요하다고 주장한다. 아마도 이는 피해자 촉발, 피해자 유발 등의 범죄를 두고 하는 주장일 것이다. 정부나 입법자들이 거의 통제할 수 없는 아주 다루기 힘들고 뿌리가 깊은 일탈 행위의 문제에 직면하게 되면, 입법자와 정부는 새로운 법률을 제정하는 한 가지에 기대는 경향이 있다고 하며, 그 결과는 새로운 범죄의 발현, 범죄 건수와 범죄자 수의 증대, 그리고 범행의 엄중성과 처벌의 엄중성 요구 등을 초래하게 된다는 것이다.556

피해자화 예방을 말할 때면 흔히 방어 운전을 예로 들기도 하는데, 운전자의 조심하지 않는 행동 유형, 운전 행태, 즉 방어 운전을 하지 않는 운전자가 조심하여 방어 운전을 하는 운전자에 비해 더 빈번하게 자동차 사고에 관련된다는 것이다. 운전자의 조심하지 않는, 조심성 없는 행동 유형이 자동차 절도나 접촉사고와 같은 피해자화로 이끌 수 있다는 것이다. 이 경우, 자동차 소유주가 가족과 재산을 보호할 책임이 있다는 것이다. 특히 잠재적 범법자가 자신의 범행 대상, 표적을 보호나 방어되지 않고, 그래서 접근하기 쉽고, 결과적으로 범행하기 쉬움과 동시에 발각되고 붙잡힐 확률은 낮은 매력적인 표적을 선택한다는 점을 감안한다면, 이러한 논리와 가정과 주장은 매우 설득력이 있다고 할 수 있을 것이다. 물론 이런 주장과 설득에 대해서 사람들은 왜 우리가 고통과 비용을 감내해야 하는가 불만을 제기할 수도 있다. 그러나 범죄 피해의 심각성과 피해는 회복이 불가능하거나 어렵고 희생이 따른다는 점에

---

555 "The distinction between crime prevention and victimization prevention is a matter of comprehensiveness and scale," www.crimevictimsupdates.com/?page_id=1147, 2004. 1. 3 검색

556 "Victimization prevention is an effective tool against crime", https://studycorgi.com/victimization-prevention-is-an-effective-tool-against-crime, 2024. 1. 3 검색

서, 그리고 '경찰이 모든 사람을, 언제, 어디서나 다 지켜줄 수는 없다(Police can not be everywhere)'는 현실 앞에서 어쩌면 감내할 이유와 가치가 충분하다는 설명도 틀리지 않을 것이다.557

피해자화 예방이 중요한 또 다른 이유는 "상처받은 사람이 다른 사람에게 상처를 준다(Hurt people, hurt people)"는 말로 대신할 수 있는 것으로 이를 청소년 비행의 경우에는 "가해자-피해자 중첩(Offender-victim overlap)"으로, 일반 폭력 범죄 등의 경우에는 "폭력의 전이(Transition of violence)"라는 것으로 설명되기도 한다. 다른 사람에 의한 부정의하고 잔인한 처우라고 할 수 있는 일부 형태의 피해자화를 경험한 사람이 그 스스로 범법자가 될 개연성이 훨씬 더 높다는 것이다. 이런 일부 경우에는 그래서 피해자화가 미래 폭력과 기타 범행의 한 가지 예측인자라는 것이다. 사실, 가해자-피해자 중첩은 범죄와 범죄 행위에 관한 연구의 가장 일관적이고 오래된 발견이라고 한다. 결국, 이를 종합하면, 폭력을 효과적으로 줄이려면, 범법자 자신의 피해자화가 해결되어야 한다는 것이다. 다시 말해서, 폭력 피해자화가 곧 미래 잠재적인 폭력 가해자화의 시작이고, 따라서 미래 폭력을 방지하려면 지금 피해자화를 방지하는 것이 필요하다는 가정인 것이다. 아동기 피해자화의 예방이 일차적, 우선적이며, 피해자화가 일어난다면, 신속하게 다루어지고 해결되어야 한다는 것이다. 이와 함께, 피해자에 대한 장기적인 지원 또한 장차 그들의 가해자로의 전이나 반복 피해자화를 방지하기 위해서 반드시 제공되어야 하는 것 또한 요청되고 있다. 이런 노력을 학계에서는 피해자 지원을 통한 피해 예방 또는 범죄 예방이라고 설명하고 있다.558

소년사법이나 형사사법제도와 맞닥뜨리게 되는 청소년은 물론이고 심지어 일부 성인 범죄자 중 다수는 종종 약물 남용과 가족 갈등은 물론이고, 가정폭력과 아동 학대와 같은 부정적인 아동기 경험과 피해자화 경험과 이력을 가진 것으로 알려지고 있다. 그런데 문제는 여기서 끝나지 않고, 이들 아동기 학대와 피해자화 이력과 경험을 가진 청소년들이 폭력적이고 상습적인 범법자가

---

557 https://studycorgi.com, op cit.
558 E. Gebo, "Hoe addressing victimization can help reduce violence," https://schol-ars.org/contribution/how-addressing-victimization-can-help-reduce-violence, 2024. 1. 3 검색

될 위험성을 증대시키는 청소년 갱(Gang)에 가담하게 될 개연성이 더 높다고
한다. 따라서 피해자화 정책이나 프로그램은 이들 학대와 피해자화 경험과 이
력이 있는 집단을 표적으로 할 필요가 있다는 것이다.[559]

2. 이론적 배경

범죄 피해자화를 예방할 책임은 정부나 비-정부 단체만이 아니라 지역사회
도 가담되어야 한다는 것이다. 일반적으로 피해자가 자신의 피해자화에 중요
한 역할을 한다고 주장하는 피해자학자들이 제시하는 피해자화 이론은 많이
있다. 그들에 따르면, 피해자화 예방 전략에 우선순위가 주어져서, 그러한 프
로그램이 잠재적 피해자들에게 범죄를 의식하게 되고, 그래서 자신이 더 잘
보호될 수 있도록 만들어야 한다는 것이다.[560] 이는 마치 범죄학이 범죄자와
비-범죄자가 어떤 차이가 있는지를 밝혀내려는 것을 목적으로 하듯이, 피해자
학은 피해를 당하는 사람과 당하지 않는 사람의 차이를 밝히고 싶어하는데,
누구는 평생 한 번도 피해를 겪지 않는 반면에 누구는 왜 피해를 당하고 심
지어 일부는 반복적으로 당하는지 알고자 한다. 여기서 당하는 사람과 당하지
않는 사람의 차이가 바로 그 사람의 역할의 차이라고 한다. 그렇다면 왜 사람
마다 역할의 차이가 날까를 설명하고자 하는 이론들이 어쩌면 피해자화 이론
의 핵심일 것이다.

오랜 기간, 범죄학자들은 범죄자의 행동에 초점을 맞춰 온 반면에, 피해자
의 역할은 사실상 무시해왔다. 그럼에도 불구하고, 지난 수십 년에 걸쳐서 피
해자의 역할이 직접적으로 또는 간접적으로 피해자의 운명에 영향을 미치고,
범죄자에게 동기를 부여하기 때문에 피해자의 역할이 실제로 중요하다는 것이
알려져 왔다. 비록 어떤 특정한 행위가 범죄에 대한 감수성으로 이끄는지 확

---

559 Gebo, op cit.
560 N. Hussin and M. Zawawi, "Preventing criminal victimization through community
    education: An Islamic formula," Social and Behavioral Science, 2012, 68: 855-864

실하지는 않을지라도, 이것이 그렇다고 피해자화가 단순히 우연에 의해서 피해를 입은 당사자에게 갑작스럽게 닥치는 무작위 과정(Random process), 불운의 문제만은 아니라는 사실을 부정하지는 않는다. 초기 피해자학자인 Von Hentig는 피해자의 천진난만함(Naivety)이 종종 범죄 행동에 대한 기여 원인의 하나이며, 그래서 그에 대해서 집합적으로 책임이 있으며, 따라서 피해자의 범죄 촉발 기능에 더 많은 관심이 주어져야 한다고 강조했다고 전해지고 있다. 피해자학자들은 또한 개인의 범죄 피해자가 될 상대적 확률이 예견될 수 있고, 그래서 만약에 잠재적 피해자가 잠재적 범죄자에 대하여 눈치를 챘다면, 피해자화를 예방, 방지하기 위한 대책, 대안이 취해질 수 있어서 피해자가 범죄자에 대해서 더 많이 알고, 불안전한 상황과 거리를 둘 수 있다고 믿고 있다는 것이다.561

이론적으로는, 누구라도 범죄의 피해자가 될 수 있지만, 그럼에도 불구하고 특정한 사람이나 특정한 집단의 구성원이 다른 사람과 다른 집단의 구성원보다 더 취약한 것으로 알려지고 있다. 위험 요소를 연구한 첫 피해자학자라고 할 수 있는 Von Hentig는 어떠한 특정의 개인적 속성이 일부 개인의 범죄에 대한 취약성을 결정하는 데 일부 영향을 미친다고 믿고, 새로운 이민자, 교육 수준이 낮은 사람, 문맹자와 같이 경험이 없고 정신적으로 연약한 사람들이 속임수와 사기로 범법자들이 약취하고자 하는 매력적인 표적이 될 수 있다고 설명한다. 노인, 장애아, 여성, 아동과 같이 신체적으로 연약한 사람들이 신체적 공격이나 강도의 쉬운 표적이라고도 설명한다.562

이런 주장에는 그럴만한 이유도 있다. 범죄학이나 피해자학에서 잠재적 범법자들도 대체로 사고의 능력을 가지고(Reasoning criminal), 따라서 합리적 선택을 할 수 있어서 표적도 선택(Target selection)하는 경향이 있는데, 표적을 선택, 결정할 때, 이 스마트한 범죄자들은 선택지가 주어진다면 당연히 연약한 표적

---

561 A. Karmen, Crime Victim: An Introduction to Victimology(5th ed.), Belmont, CA: Thompson Wadsworth, 2004, p. 87; H. Von Hentig, "Remarks on the interaction of perpetrator and victim," Journal of Criminal Law, Criminology and Police Science, 1941, 31: 303; Hussin and Zawawi, op cit.

562 K. Chokalingam, "UN Declaration of Basic Principles of Justice for Victims of Crime and Abuse of Power," The 7th Asian Postgraduate Course on Victimology and Victim Assistance, Mito. Japan, 2007, Hussin and Zawawi, op cit., p. 856에서 재인용

을 선택한다고 설명하고 있기 때문이다. 여기에 더하여, 표적의 선택에서, 잠재적 피해자에의 접근도 그 사람이 피해자가 되고 안 되고를 결정하는 데 중요한 요소라고 한다. 잠재적 피해자에의 접근성은 그에 대한 범행의 충분한 기회를 제공하기 때문이라고 한다. 뿐만 아니라, 잠재적 피해자가 처해진 상황에 따라서도 범죄에 더 취약해지기도 하는데 이를 우리는 상황적 취약성(Situational vulnerability)이라고 하며, 여행객, 운행 중인 버스나 택시의 운전기사와 같이 직업적인 이유로도 범죄에 더 취약해지기도 하는데 이를 직업적 취약성(Professional vulnerability)이라고 부르는 것이다. 결국, 잠재적 범죄자들은 이처럼 더 취약하고 접근이 쉬운 표적을 선택하기 때문에 사람에 따라 피해자가 되는 개연성이 다 다르다는 것이다. 이러한 취약성과 피해자가 될 개연성의 차이를 설명하는 데에 대체로 피해자 촉발(Victim precipitation), 생활 유형(Lifestyle), 일탈적 장소(The Deviant Place), 그리고 일상 활동(Routine activity)이론이라고 하는 4가지 이론이 등장하고 있다.[563]

먼저, 피해자 촉발이론은 일부 사람은 결국 자신이 죽음이나 부상을 당하는 피해자가 되도록 이끄는 어떤 특정한 대치나 대립을 스스로 일으키거나 부추긴다고 주장한다. 자신의 범죄 피해를 촉발하는 촉발에는 적극적, 능동적(Active) 촉발과 소극적, 수동적(Passive) 촉발이 있으며, 능동적 촉발은 피해자가 의도적으로 촉발적인 방식으로 행동하고, 모욕적인 언어를 사용하거나 위협하거나 심지어 먼저 공격할 때 일어나는 경우로, Amir의 강간 연구에서는 이를 피해자가 언제나 수동적 당사자만이 아니라 때로는 촉발적으로 의상을 입거나 가해자와의 관계를 추구함으로써 자신의 피해자화에 기여한다고 설명했던 것이다. 물론, 현재 이러한 주장은 강간에는 자기방어가 있을 수 없기에 어떤 경우에도 피해자의 촉발이나 그로 인한 책임이 있을 수 없다는 점에서 극단적인 하나의 강간에 대한 잘못된 통념으로 확인되고 있다. 더 쉬운 예를 들자면, 때로는 예전 부모들은 밖에서 싸우고 들어온 아이의 억울함을 듣고는 '맞을 짓을 했네'라고 말하는 것과도 유사하다. 더 적극적인 사례로는 주거침입 절도가 집주인에게 공격을 당하는 경우로서 자신의 주거침입이 자신의 피해를 촉발했다는 것이다. 이에 반해, 수동적 촉발은 피해자가 자기도 모르게 공격자를 위협하거나 선동하는 어떤 특성을 가지고 있을 때 일어난다고 한다. 예를 들어,

---

563 Hussin and Zawawi, op cit.; Karmen, op cit., pp. 88-89

두 사람이 애정 상대, 승진, 직업, 또는 어떠한 바람직한 이해관계로 경쟁하는 것과 같은 개인적 갈등에 기인하여 일어날 수 있다는 것이다. 구체적인 사례로, 어떤 여성이 승진을 하자 그것을 질투하는 배우자나 파트너의 가정폭력의 피해자가 되는 경우이다. 이러한 유형의 촉발은 피해자가 누군가의 경제적 Well-being, 지위나 명성을 상처를 주거나 침해하는 특정한 집단의 부분이거나 구성원일 때도 존재한다는 것이다. 그런데 연구에 따르면, 이 수동적 촉발은 권력과 관련된다고 한다.564

두 번째는 생활 유형(Lifestyle) 이론으로서, 대부분의 범죄학자나 피해자학자들은 자신의 생활 유형이 범죄에의 노출(Exposure to crime)을 증대시키는 사람들이 범죄의 피해자가될 개연성이 높다고 가정하고 있다. 심야 시간에 야간 외출이나 출근을 하거나 심야 활동을 하거나, 젊은 사람들과 접촉을 하거나, 도심에 거주하는 등과 같은 일부 생활 유형이 그 사람의 범죄에의 노출을 증대시키고, 그만큼 피해자가 될 위험성도 높이게 된다는 것이다. 반대로, 야간 외출을 삼가고 집에 머물거나, 도심 대신 교외 지역에 거주하거나, 공공장소를 피하거나, 결혼을 하는 등의 생활 유형은 피해자가 될 기회와 확률을 줄일 수 있다는 것이다. 그래서 이 생활 유형 이론은 범죄는 무작위적이지 않으며, 대신 개인이 선택한 생활 유형의 기능이라는 주장을 견지한다. 약물을 남용하거나, 음주를 하거나, 범죄 활동에 가담하는 것을 포함하는 위험성이 높은 생활 유형을 선택하는 사람들은 자신이 피해자가 될 위험의 수준도 훨씬 높다는 것이다. 누구나 길거리 생활에 더 많이 노출되면 노출될수록, 자신이 피해자가 될 확률도 그만큼 더 높아진다는 것이다. 물론, 이런 생활 유형 이론의 한계도 없지 않은데, 그것은 위험한 생활 유형을 피해자 스스로가 선택할 수도 있어서 이런 경우라면 스스로 자초한 위험이기에 피해자 촉발의 주장도 큰 문제가 안 될 수도 있지만, 주거지역이나 주거 형태 또는 직업과 같이 사회, 경제적 이유로 선택한 생활 유형이 아닌, 선택할 수 없는 경우라면 그가 스스로 자신의 피해자화를 촉발했다고 주장하고 비난할 수 있을까.565

564 M. Amir, "Patterns in Forcible Rape, Chicago: University of Chicago Press, 1971, p. 275
565 Hussin and Zawawi, op cit., p. 857

세 번째 이론은 일탈적 장소 이론(Deviant place theory)이라고 하여, 피해자가 범죄의 동기를 부추기지는 않지만, 오히려 그들이 조직이 해체되고, 범죄율이 높고, 그래서 자신의 생활 유형이나 행위와는 무관하게 범죄와의 근접성(Proximity)이라고 하여 범죄자들 또는 범죄 다발 지역(Hot spot)과 물리적으로 근접함으로 범죄자와 접촉하게 되는 위험성이 가장 높아진다는 사실로 인하여 피해자가 되는 개연성이 더 높은 것이라고 설명한다. 마지막 네 번째는 일상 활동(Routine activity)이론으로, 이는 약탈적 범죄의 양과 분포는 미국의 전통적 생활 양식, 생활 유형에서 행해지는 전형적인 '일상적 활동'을 대변하는 세 가지 변수와 밀접하게 관련되는 것으로 설명하고 있다. 그 세 가지 변수는 1) 판매할 수 있는 고가의 물품을 갖고 있지만 출입문이 열려있는 가정집과 같이 가용하고 적정한 표적, 2) 경찰, 집주인, 이웃이나 친지 등 적절한 수호자, 보호자의 부재, 3) 약물이나 알코올 중독자와 실업자 등 잠재적 범죄자의 존재로서, 이들 요소의 존재가 범죄 발생의 확률을 높인다는 것이다.566

결론적으로, 물론 아직도 범죄를 다루는 가장 보편적인 접근은 범법자의 검거와 그들이 유죄가 확정되었을 때 응보의 모형으로서 형벌이 가해지는 것이다. 그러나 범죄가 발생하게 되면 그 피해는 회복할 수 없거나 회복되더라도 상당한 비용, 고통, 시간과 노력을 요구하고, 그럼에도 피해 전보다 더 좋게 회복되기는 거의 불가능하기 때문에, 범죄에 대한 가장 바람직한 접근은 당연히 피해자화를 예방하는 것이어야 한다. 그래서 범죄 피해자화 예방 이론은 범죄에 대한 최종 결과, 즉 형벌에 집중하는 것에서 범죄가 발생하기 전의 상황에 집중할 필요성으로 우리의 인식을 바꾸게 한다. 이러한 접근은 특히 피해자 자신이 남을 잘 믿고 잘 속아 넘어가는 피해자가 되지 않도록 하기 위하여 취할 수 있는 예방적 방법에 초점을 맞추는 것이다. 이는 한편으로는 피해자, 잠재적 피해자가 사법제도의 주체적인 당사자로서 역할이 강조된다는 점에서도 의미가 크다고 할 수 있다.

---

566 Hussin and Zawawi, op cit. p. 858

반복 피해자화 예방으로서
피해자의 회복 탄력성(Resilience)

 ## 1. 회복 탄력성의 개념

범죄 피해자들은 종종 세상이 뒤집혀지고, 그럼에도 할수 있는 한 최선을 다하여 극복해야 하는 위압적인 도전에 직면하게 된다. 일부 피해자들은 너무나 외상을 크게 받아서 자신의 일상 존재마저 더욱 휘젓는 개인적이고 정신적인 문제를 가지게 될 수도 있다고 한다. 그러나 다행스럽게도, 다수의 피해자는 전문적인 도움을 찾거나, 심지어 피해자 지원 서비스의 관심을 받지도 않고도 폭풍우, 고비를 넘기는 것으로 보인다고 한다. 실제로, 범죄 피해자들은 다양한 수준의 회복 탄력성과 광범위한 긍정적이고 부정적인 극복과 반응, 그리고 앞으로 나아가는 능력을 보일 확률이 높다고 한다.[567]

이처럼 범죄 피해자 중에도 누구는 도둑을 맞고, 강도를 당하고, 심지어 성적으로 폭행을 당하고도 다시 일어나는 것으로 보이는 반면에, 다른 누군가는 심각한 정신적, 육체적 건강의 급락을 겪게 된다고 한다. 그 이유를 알고자 하는 노력들은 대부분 피해자의 정신 병리에 초점을 맞추었고, 많은 사람들은 범죄 피해자화에도 불구하고 아주 잘 적응한다는 사실과 바로 이런 사실이 시

---

567 J. K. Hill, Victimization, Resilience and Meaning-making: Moving Forward in Strength, Victims of Crime Research Digest, Issue No. 2, 2009, https://www.justice.go.ca/eng/rp-pr/cj-jp/victim/rd09_2-rr09_2/p1.html; B. S. Nelson, S. Wangsgaard, J. Yorgason, M. Higgins Kessler, and E. Carter-Vassol, "Single-and dual-trauma couples: Clinical observations of relational characteristics and dynamics," American Journal of Orthpsychiatry, 2002, 72(1): 58-69

사하는 '회복 탄력성'의 이해에는 별로 관심을 보이지 않았다고 한다. 그러나 사람들이 범죄 피해를 당하면 서로 다른 정도와 형태와 방식으로 영향을 받는 다는 사실, 즉 사람마다 범죄 피해의 영향과 극복이 다르다는 점에서 이 회복 탄력성에 대한 이해의 확장, 확대 필요성이 강조되고 있다. 이 회복 탄력성을 더 잘 이해하고 안다는 것은 그래서 범죄 피해자화 후에 긍정적인 결과로 이 끄는 경로에 대한 새로운 접근을 제시할 수 있다는 것이다. 이는 어쩌면 피해 자가 피해를 극복하고 일어날 수 있음으로써 다시 범죄 피해를 당할 위험성을 제거하거나 줄일 수 있다고 기대하는 것이고, 이것이 바로 피해자 지원을 통한 범죄 예방, 적어도 반복 피해자화를 방지함으로써 더 이상의 범죄와 범죄 피해자화를 예방할 수 있다는 것이다.568

그렇다면 여기서 회복 탄력성이란 대체 어떤 것일까. 역사적으로도, 회복 탄력성의 의미와 그 조작적 정의에 대해서, 그리고 기질인지 과정인지 아니면 결과인지 생애 과정 발달의 형태인지, 다면적인지 아니면 일차원적인 것인지, 단기적인지 장기적인지, 회복은 물론이고 저항도 수반하는지, 내적 적응기능인지 외적 적응기능인지, 내적 자원인지 외적 자원인지에 대한 논쟁이 지속되고 있다. 하지만 대체로 회복 탄력성을 세 가지 접근으로 규정하는 경향이 있다. 인성 특징, 생물학적 특성, 사회적/문화적 요소, 그리고 지역사회 특성과 같은 보호 요인(Protective factors)으로서, 자기-고양, 긍정적 인지평가(Cognitive Appraisal), 극복 형태, 그리고 정신성과 같은 적응의 과정으로서, 그리고 심각한 사건에 따르는 증상의 결여와 같은 긍정적 결과라는 세 가지 접근에서 회복 탄력성을 규정한다는 것이다.569

회복 탄력성은 부정적이거나 외상적(Traumatic)인 사건에 직면했을 때 보호가 되는 성격, 기질, 또는 자질의 문제로 이해되고 있다. 이런 관점에서 보면, 회복 탄력성은 일부 역동적으로 또는 일부는 정적인 방법으로 범죄 피해자화 이전에 존재하고, 부정적인 결과에 대항해서 보호하고 긍정적인 적응을 조장하

---

568 M. A. Dutton and R. Greene, "Resilience and crime victimization", Journal of Traumatic Stress, 2010, 23(2): 215-222; A. S. Masten, "Resilience in developing systems: Progress and promise as the fourth wave rises," Developmental Psychology, 2007, 19: 911-930
569 Dutton and Greene, 2010, op cit.

는 일련의 요소들로 구성된다고 할 수 있을 것이다. 따라서 회복 탄력성은 인성, 생물학적/사회문화적 특성, 과거 외상 기록과 같은 개인적 특성뿐 아니라 회복 탄력성에 기여하는 지역사회 특성도 고려되어야 한다.[570]

급성적인 또는 상습적인 부정적 상황에 직면했을 때 도움이 되고 보호 요인이 되는 것으로 파악된 개인적 인성 요소는 다수가 있다. 이들 중 다수는 강인성(Hardiness)과 같은 외향적 인격 특성과 관련이 된다. 이 강인성, 강인함은 스트레스에 노출되었을 때 더 나은 결과로 인도한다고 하는데, 그것은 강인한 사람은 위협하는 상황을 덜 괴로운, 덜 고통스러운, 덜 비참한 것으로 평가하고, 더 자신감이 있어서 적극적인 극복을 더 잘 할 수 있고, 사회적 지지와도 더 잘 관계를 맺을 수 있기 때문이라고 한다. 이 밖에 회복 탄력성과 관련이 되는 개인적 인격 특성은 내적 통제성(Internal locus of control), 자아-존중, 이타주의, 자기방어 등이 있다고 한다.[571]

회복 탄력성과 관련된 개인의 생물학적 특성은 뇌 구조와 기능의 신경 가소성(Neural plasticity), 경악 반사(Startle reflex), 반구형 뇌전도 반응(Hemispheric electroencephalogram reactivity)과 같은 감정적 반응성, 반구형 비대칭성, 신경 내분비계, 면역 체계 등 다수가 포함된다고 한다. 여기에, 감정적 회복 탄력성을 스트레스와 외상에 직면하였을 때의 건강하고 안정적인 심리학적 기능의 수준으로 규정하는 사람들은 일부 유전자 표지들도 비록 회복 탄력성에 관련된 특정한 유전적 요소가 확인되지는 않았지만 보호 요소로 기능할 수 있다고 주장한다.[572]

회복 탄력성과 관련된 사회, 문화적 요소로는 성별, 연령, 인종과 민족, 사회 지지망, 과거 외상 기록 등 다양한 요소가 있다고 한다. 이들 요소는 피해

---

570 Dutton and Greene, op cit.

571 S. C. Kobasa, "Stressful life events, personality and health: An inquiry into hardiness," Journal of Personality and Social Psychology, 1979, 37: 1-11; C. E. Agaibi and J. P. Wilson, "Trauma, PTSD, and resilience: A review of the literature," Trauma Violence and Abuse, 2005, 6: 195-216

572 R. Yehuda, J. D. Flory, S. Southwick and D. S. Charney, "Developing an agenda for translational studies of resilience and vulnerability following trauma exposure," Annals of the New York Academy of Science, 2006, 1071: 379-396; E. A. Hoge, E. D. Austin, and M. H. Pollack, "Resilience: Research evidence and conceptual considerations for posttraumatic stress disorder," Depression and Anxiety, 2007, 24: 139-152; Dutton and Greene, op cit.

자화에 직접적으로 또는 다양한 다른 행동 기제들과의 상호작용을 통하여 중재하거나 서로 다른 방식으로 작동할 수 있다고 한다. 인종, 성별, 나이와 같은 개인의 인구 사회학적 요소들이 개인의 회복 탄력성에 영향을 미친다는 것은 크게 놀라운 일이 아니며, 여기서 사회적 지지망은 아동 성 학대 생존자의 우울해진 어머니, 소방관, 아동기 학대와 방치를 당했던 성인 등에 대한 연구에서 회복 탄력성에 아주 중요한 요소로 폭넓게 인정되고 있다는 것이다.[573]

회복 탄력성은 개인만이 아니라 개인의 회복 탄력성을 높일 수 있는 지역사회와 사회적 지지망에도 영향을 받는다고 한다. 지역사회 특성은 총기 난사와 흉기 난동과 같이 대중사회 전반에 영향을 미치는 범죄 피해자화가 발생할 때 특히 더 그렇다고 한다. 신뢰받는 정보원과 효과적 소통, 지역사회 적응 능력, 지역사회 능숙함, 경제 발전, 그리고 외상에 관한 집합적 소통, 연결성을 높이기 위한 친지의 자연스러운 사회 지지를 보완하는 기제 등이 '지역사회 회복 탄력성'의 저변의 능력, 기능, 요소라고 한다.[574]

2. 범죄 피해자화에 있어서 보호 요소로서의 회복 탄력성

만성적인 PTSD를 가진 폭력 피해자들의 회복 탄력성 향상을 위한 처우 효과에 대한 한 연구에서, 처우 전후 비교연구 결과 인지-행동 처우를 하고 안하고에 따라 상당한 차이가 있는 것으로 밝혀졌다고 한다. 이 연구에서는 회

573 M. O. Wright, J. Fopma-Lay and S. Fisher, "Multi-dimensional assessment of resilience in mothers who are child sexual abuse survivors," Child Abuse and Neglect, 2005, 29: 1173-1193; C. S. North, L. Tivis, J. C. McMillen, B. Pfefferbaum, E. L. Spitznagel, J. Cox, et al., "Psychiatric disorders in rescue workers after the Oaklahoma City bombing," American Journal of Psychiatry, 2002, 159: 857-859; K. A. DuMont, C. S. Widom and S. J. Czaja, "Predictors of resilience in abused and neglected children grown-up: The role of individual and neighborhood characteristics," Child Abuse & Neglect, 2007, 31: 255-274

574 M. R. Harvey, "Towards an ecological understanding of resilience in trauma survivors: Implications for theory, research and practices," Journal of Aggression, Maltreatment & Trauma, 2007, 14: 9-32; F. H. Norris and S. P. Stevens, "Community resilience and the principles of mass trauma intervention," Psychiatry, 2007, 70: 320-328

복 탄력성을 상대적으로 덜 심각한 PTSD 증상의 심각성과 더 나은 자기-보고식 신체적 상태와 관련되는 처우 결과의 예측 요인으로 활용하였다고 한다. 강간과 성폭력 범죄 생존자들을 대상으로 한 유사한 연구에서도, 낮은 회복 탄력성 점수가 PTSD와 관련되는 것으로 밝혀졌다고 한다. 회복 탄력성과 관련이 있는 것으로 파악되는 사회문화적 요소들에 대한 비슷한 연구에서도 높은 수준의 사회적 지지가 아동 학대와 성인 강간을 겪었던 여성들의 더 낮은 PTSD 수준을 예측할 수 있었지만, 아동 학대와 성인 강간 피해를 겪지 않은 여성들에게서는 이를 발견할 수 없었다고 한다. 더불어 부모 유대가 약하거나 보다 통제적인 아버지는 격심한 스트레스 장애와 더 큰 임상적 심각성과 관련이 있었다고 한다.575

보호 요소로서 강인함, 자율성, 자기-확신은 자신이 원하는 삶을 자아내는 능력과 기술을 가지는 것이라고 하는데, 강인함(Hardiness)은 자신의 삶에서 의미 있는 목적을 찾는 것, 자신이 환경과 사건에 영향을 미칠 수 있다는 신념(일종의 자기-효율성), 그리고 긍정적이고 부정적인 삶의 경험이 성장 기회라는 신념의 세 가지 관련된 요소로 구성된다고 한다. 다시 말하자면, 자신의 삶이 의미가 있다고 느끼고, 생활 사건들을 학습 기회로 볼 수 있고 통제할 수 있다고 느끼는 피해자들이 도전을 성공적으로 직면할 확률이 더 높다는 것이다. 호신술을 배우고, 소송전을 벌이고, 활동가나 피해자 옹호가가 되고, 자신의 경험을 사회활동에 적용하는 등의 소위 '자기 권능 강화(Empowerment)' 활동이 그 대표적인 것이라 할 수 있다고 한다. 미래에 대한 희망이라는 형태로 긍정적인 전망과 세계관, 인생관을 가지는 피해자는 회복 탄력성이 더 강할 가능성이 높다고 한

575 J. Davidson, D. S. Baldwin, D. J. Stein, R. Pedersen, S. Ahmed, J. Musgnung et al., "Effects of venlafaxine extndd release on resilience in post traumatic stress disorder: An item analysis of the Connor-Davidson Resilience Scale," International Clinical Pscyahopharmacology, 2008, 23: 299-303; K. M. Connor, J. R. Davidson and L. C. Lee, "Spirituality, resilience and anger in survivors of violent trauma: A community survey," Journal of Traumatic Stress, 2003, 16: 487-494; J. A. Schumm, M. Briggs-Phillips and S. E. Hobfoll, "Cummulative in-terpersonal traumas and social support at risk and resiliency factors in predict-ing PTSD and depression among inner-city woemn," Journal of Traumatic Stress, 2006, 19: 825-836; S. Hauck, S. Schestatsky, L. Terra, L. Kruel and L. H. F. Ceitlin, Parental bonding and emotional rsponse to trauma: A study of rape victims," Psychotherapy Research, 2007, 17: 83-90

다. 이는 대다수 피해자가 피해를 당한 후 안전하게 느끼고 희망을 갖는 데 힘들어하는 것을 보면, 어떠한 희망을 가질 수 있고, 안전하다고 느끼는 피해자라면 범죄 피해자화의 위기를 훨씬 더 잘 견뎌낼 가능성이 높다는 것이다.[576]

한편, 회복 탄력성은 감정적 요소들과도 관련이 있다고 하는데, 복잡한 감정들을 관리하고 경험할 수 있는 사람이 도전적인 상황에 압도되지 않고 그 상황을 더 잘 직면한다는 것이다. 이들 피해자는 피해자화라는 도전과 사법제도를 대할 때 자신의 감정을 아주 잘 다루고, 그래서 회복 탄력성도 더 높다는 것이다. 이와 연관된 것으로, 긍정적인 감정을 경험하는 것도 부정적 감정을 대체하고, 부정적 감정의 영향에 대응하는 두 가지 방안으로 피해자를 도울 수 있다고 한다. 기본적으로 불안, 우울, 두려움 등 부정적 감정은 피해자로 하여금 관심을 집중하도록 강제하지만, 긍정적 감정은 새로운 사고방식과 새로운 견해에 더 개방적일 수 있게 하여서, 창의성과 문제 해결 능력을 증진시키고, 또한 사람들도 이런 긍정적 감정을 표하는 피해자를 더 지지하게 되기 때문에 긍정적 감정이 궁극적으로는 회복 탄력성에 도움이 된다는 것이다.[577]

사회적 지지와 양질의 사회관계를 가진 피해자도 상대적으로 많지 않거나 적은 사회적 자원을 가진 피해자에 비해 더 큰, 더 강한 회복 탄력성을 보인다고 한다. 범죄 피해자에 대한 사회적 지지의 이점에 대해서는 많은 이론과 연구가 있어 왔는데, 요점은 긍정적인 사회적 지지를 받는 피해자가 적응을 더 잘하는 것으로 보고되고 있다는 것이다. 이런 지지가 피해자로 하여금 괴로운 감정이나 심경을 날려 보내거나, 생각, 행동, 감정에 대한 현실 검증, 확인을 할 수 있도록 한다는 것이다. 당연히 다른 사람들로부터 지지와 지원을 받고 있다는 믿음이 특히 분노가 문제라면 더욱 더 피해자로 하여금 기분이

---

576 Bonnano, 2004, op cit.; E. Bondy, D. D. Ross, C. Gallingane and E. Hambacher, "Creating environments of success and resilience: Culturally responsive class-room management and more," Urbam Education, 2007, 42(4): 326-348; M. E. Haskett, K. Nears and C. S. Ward, "Diversity in adjustment of maltreated children: Factors associated with resilient functioning," Clinical Psychology Review, 2006, 26(6): 796-812; G. A. Bonanno, "Resilience in the face of potential trauma," Current Directions in Psychological Science, 2005, 14(3): 135-138;
577 K. G. Koifman, G. A. Bonanno and E. Rafaeli, "Affect dynamics, bereavement and resilience to loss," Journal of Happiness Studies, 2007, 8: 371-392; M. M. Tugade and B. Fredrickson, "Regulation of positive emotions: Emotion regulation strategies that promote resilience," Journal of Happiness Studies, 2007, 8: 311-333

후련하고 좋아지게 할 수 있다고도 한다. 물론, 가족이나 친지와 같은 자연적 지지는 물론이고, 경찰, 법률가, 의료인 등 전문적 지지도 피해자에게 도움을 줄 수 있다고 한다.578

 ## 3. 적응 과정으로서 회복 탄력성과 범죄 피해자화

역경 이후의 적응에 대한 연구를 하는 사람들은 인성과 관련된 변수보다는 오히려 성공적인 적응의 과정과 그로 인한 결과에 더 초점을 맞춘다. 인성에 초점을 맞추는 것은 일부 어떤 사람들은 '필요한 무언가를 가지고 있지 않다'는 것을 암시하며, 긍정적인 적응에 관련된 역동적인 과정을 연구할 기회를 놓친다는 것이다. 이들은 회복 탄력성을 심각한 역경의 상황 안에서 긍정적인 적응을 아우르는 역동적인 과정으로 규정하여, 개인적 요소에서 가정과 지역사회 상황과 환경으로 회복 탄력성의 개념화가 전환되어야 한다고 주장한다. 이런 관점에서 보면, 회복 탄력성은 먼저 범죄 피해자화와 같은 심각한 위험 요소나 역경에의 노출, 그리고 다음으로 좋은 결과로 이어지는 긍정적인 적응을 필요로 하는 발전적 과정으로 간주되는 것이다. 적응 과정으로 규정되는 회복 탄력성은 긍정적인 결과나 좋은 상태를 초래하는 것으로 가정한다. 적응의 과정이 긍정적 결과로 이어질 때만 회복 탄력성으로 고려되어야 하는지 또는 진행 중인 범죄 피해자화와 같은 상황에서 보여주는 '최선의 노력'에 기초한 회복 탄력성을 보여줄 수 있는지는 분명하지 않다. 즉, 과연 결과는 상대적인가 아니면 절대적인가 분명하지 않다는 것이다.579

---

578 A. Gewirtz and J. Edleson, "Young children's exposure to intimate partner violence: Towards a developmental risk and resilience framework for research and intervention," Journal of Family Violence, 2007, 22(3): 151-163; R. C. F. Sun and E. K. P. Hui, "Building social support for adolescents with suicidal ideation: Implications for school guidance and counseling," British Journal of Guidance and Counseling, 2007, 35(3): 299-316; D. L. Green and E. C. Pomeroy, "Crime victims: What is the role of social support?" Journal of Aggression, Maltreatment and Trauma, 2007, 15(2): 97-113

579 A. S. Masten, "Resilience in individual development: Successful adaptation de-

4. 긍정적 결과로서 회복 탄력성과 범죄 피해자화

Masten과 동료들은 역경을 겪고 모범적인 결과를 보인 사람, 예외적으로 뛰어난 기능을 보이진 않았지만 긍정적인 발전을 보인 사람, 그리고 역경을 겪었을 때 처음에는 부정적 결과를 보였으나 그리고는 시간이 지나면서 적응적 기능을 회복한 사람의 세 가지 유형으로 회복 탄력적인 사람을 구분하였다. 회복 탄력성을 적응으로 측정하는 것은 범죄 노출 이전의 개인의 상태에 관해서 무언가를 알아야 한다는 것을 요구하고 있다. 회복과 유지를 구별, 구분하는 것은 반드시 종단적 관점을 요구하지만, 아직도 회복 탄력성에 대한 경험적 문헌에서는 그리 흔치 않다고 한다.580

회복 탄력성에 관한 논의는 음으로 양으로 시간상의 정해진 어느 시점보다는 시간의 흐름에 따른 궤적의 개념을 포함하고 있다. 그래서 일부에서는 회복 탄력성을 정상적 형태의 기능에서 상태가 나빠졌다가 결국에는 정상적인 수준으로 돌아오는 것으로 규정되는 회복 궤적과 구별되는 시간의 흐름에도 정상적 기능을 유지하는 것으로 정의하고 있다. 그러나 다른 일부에서는 이와 같은 정의의 편협함에 도전하고, 회복 탄력성을 시간의 흐름에 따른 궤적으로 회복 탄력성을 이해하는 것이 중요하다는 점을 인식, 인정하여, 대신에 회복 탄력성은 부적응 기간 이후 회복을 포함하는 생애 과정 유형의 계보로 봐야 한다고 주장한다. 범죄 피해자화와 관련한 회복 탄력성의 논의는 정상적인 기능의 회복과 유지 모두를 포함하는 긍정적인 결과로의 복수의 경로를 설명하기 위한 광의의 구성에 의존하는 것이 더 바람직하다는 것이다. 회복도 외상

---

spite risk and adversity," in M. C. Wang and E. W. Gordon(eds.), Educational Resilience in Inner-City America: Challenges and Prospects, Hillsdale, NJ: Erlbaum, 1994, pp. 3-25; S. S. Luthar, D. Ciccehetti, and B. Becker, "The construct of resilience: A critical evaluation and guidelines for future work," Child Development, 2000, 71: 543-562; M. Rutter, B. M. Lester, A. Masten and B. McEwen, "Implications of resilience: Concepts for scientific understanding," Annals of the New York Academy of Science, 2006, 1094: 1-12

580 A. S. Masten, K. M. Best and N. Garmezy, "Resilience and development: Contributions from the study of children who overcome adversity," Devlopmental Psychopathology, 1990, 2: 425-444; Dutton and Greene, op cit.

후 성장이나, 위험에의 노출 이후 전망이나 기능에 있어서 긍정적 변화의 발전도 포함하고 있다. 그러나 외상 후 성장과 회복 탄력성의 관계는 아직은 분명하지 않다고 한다.[581]

긍정적 결과로서의 회복 탄력성은 종종 정신 의학적 증후가 없는 것으로 규정되곤 한다. 예를 들어서, 수백 명의 지역사회 성인 표본의 회복 탄력성의 정도를 결정하고, 회복 탄력적인 사람과 그렇지 않은 사람을 구별, 구분하는 요소, 요인들을 파악하기 위하여 회복 탄력성을 오래 지속되고 심각한 신체적 학대와 성적 학대를 겪은 후 30년 이상 동안 정신 의학적 장애나 자살 경향성이 보고되지 않은 것으로 규정하였던 것이다. 성인기의 회복 탄력성에 대한 다변량 예측인자로는 부모의 보살핌, 청소년기 또래 관계의 질, 청소년기 정신 의학적 장애, 그리고 성인기 신경증적 경향성 등이 파악되었다.[582]

5. 피해자화 과정과 의미 부여하기(Meaning-making), 그리고 회복 탄력성

역경의 긍정적 극복을 이해하려면 피해자화 과정을 이해해야 한다는 것이다. 즉, 어떻게 일반 대중의 한 사람이 피해자가 되고 다시 생존자가 되는지를 이해할 필요가 있다는 것이다. 사람들은 범죄 이전(Pre-crime) 상태, 범죄 피해자화 이전(Pre-victimizaion)에서 범죄 사건(피해자화)으로, 그리고 초기 극복과

---

581 G. A. Bonanno, "Loss, trauma and human resilience: Have we underestimated human capacity to thrive after extremely adverse events?" American Psychologist, 2004. 59: 20-28; G. I. Roisman, "Conceptual clarification in the study of resilience," American Psychologist, 2005, 60: 264-265; R. G. Tedeschi and L. G. Calhoun, "The Posttraumatic Growth Inventory: Measuring the positive legacy of trauma," Journal of Traumatic Stress, 1996, 9: 455-471; S. Z. Levine, A. Laufer, E. Stein, Y. Hamama-Raz and Z. Solomon, "Examining the relationship between resilience and posttraumatic growth," Journal of Traumatic Stress, 2009, 22: 282-286

582 S. Collishaw, A. Pckles, J. Messer, M. Rutter, C. Shwater and B. Maughan, "Resilience to adult psychopathology following childhood maltreatment: Evidence from a community sample," Child Abuse & Neglect, 2007, 31: 211-229

적응의 전이(Transition)로, 다시 앞으로 나아가는 해결로 이동한다는 것이다. 이러한 과정은 사람들이 범죄 전후에 적용할 수 있는 심리적 장점, 강점과 사람들이 범죄를 대하고 처리하여 앞으로 나아감에 따라 더욱 분명해질 수 있는 강점들에 초점을 맞추면 더욱 간단, 명료해진다고 한다.583

먼저 범죄 전과 범행 중에 적용될 수 있는 강점들을 보자. 이는 피해자화 이전에는 각자 범죄 피해자화를 포함한 어떠한 스트레스 요인을 대하고 다루는 방법에 영향을 미치게 되는 기술과 강점들을 가지고 있다. 물론 회복 탄력성과 관련하여 위에서 설명한 일부 특성들에 있어서 개인적 차이가 있다고 한다. 그가 사회적 지지를 받고 있는지, 이전의 피해자화를 성공적으로 극복하고 그것을 학습했는지 등에 따라 개인적 차이가 있다는 것이다.584

범행 중이거나 범행 후 몇 시간 안에, 피해자의 심리적 강점이 문제 해결, 주의력, 그리고 도움 요청 등에서 나타날 수 있다고 한다. 비교적 빈번하게 피해자들은 자신이 무엇을 어떻게 할 것인가에 대한 결정을 하기 위하여 정보지원을 추구하게 되고, 나아가 이 기간 동안 자신의 지지망을 활성화하고, 그래서 대체로 지지를 받고, 정보를 얻고, 결정을 하고, 금전이나 피난처도 얻게 된다. 초기 극복 전략도 이 기간 동안에 보여질 수 있다. 당연히, 범죄 피해자화의 위기에 직면하고, 성공적으로 형사사법제도를 극복하거나 법정에서 피의자를 대면하는 것은 여러 심리적, 기질적 강점들을 요구하기 마련이다. 실제로, 일부 피해자 지원 활동가들은 피해자의 강점들 다수를 구축하고 증강하는 데 많은 시간을 보낸다고 한다. 임상적 관점에서 보면, 그 사람이 이미 가지고 있는 강점들을 발전시키는 것이 새로운 것을 추가하기보다 더 쉽기 때문이다.585

583 R. Casarez-Levison, "An empirical investigation of coping strategies used by victims of crime: Victimization refined," in E. Viano(ed.), Critical Issues in Victimology: International Perspectives, New York: Spribger Publishing Co., 1992, pp. 46-57

584 C. A. Byrne, H. S. Resnick, D. G. Kilpatrick, C. L. Best and B. E. Saunders, "The socio-economic impact of interpersonal violence on women," Journal of Consulting and Clinical Psychology, 1999, 67(3): 362-366; P. Nishith, M. B. Mechanic, and P. A. Resick, "Prior interpersonal trauma: The contribution to current PTSD symptoms in female rape victims," Journal of Abnormal Psychology, 2000, 109(1): 20-25

585 Hill, 2009, op cit.

범죄가 발생한 다음, 범죄 피해자화로부터 앞으로 나아가는 데도 적용될 수 있는 강점들이 있다고 한다. 최초 반응, 대응이 지나가면, 피해자는 손실이나 외상으로부터 앞으로 나아가는 데 매우 중요할 수 있는 의미-부여하기 활동을 시작한다는 것이다. 의미-부여하기, 만들기는 자신의 피해자화를 이해하는 데 서부터 시작된다고 한다. 일부는 정보를 찾으려고 한다는데, 이는 보편적 대응, 처우의 선택, 사법제도, 권리 등을 이해하는 데 도움을 줄 수 있다는 것이며, 다른 일부는 감정적으로 극복하기를 선호하여, 자신의 부정적 감정을 딛고 일어서고자 한다는데, 연구에 따르면 감정에 초점을 맞추는 극복이 특히 일부 여성들에게는 스트레스를 줄이고 피해자의 자기 평가를 향상시키는 데 도움이 된다고 한다.586

범죄 피해자화 같은 역경의 해결은 피해자가 범죄의 피해자임에 초점을 맞추는 것이 아니라 단순히 자신의 삶을 살아간다는 점에서 어쩌면 피해자화 이전(Pre-victimization)과도 유사하다는 것이다. 물론 그렇다고 마치 범죄가 발생하지 않은 것처럼 과거로 돌아가는 것을 뜻하지는 않는다. 오히려 범죄와 자신의 대응, 극복을 자신의 새로운 정체성으로 통합시키는 것이다. 이처럼 외상후 성장(Post-traumatic Growth)은 사람이 외상의 영향을 받았을 때 새로운 극복 전략을 학습하고 문제를 직면함으로써 새로운 관점을 습득하는 것이라고 할 수 있다. 사실 사람들은 범죄 이전보다 자신이 더 약해졌다고 보기 쉽기 때문에 외상 후 성장은 더 중요하다고 할 수 있다. 그러나 외상 후 성장이 외상을 다루고 대하는 것이 피해자들의 삶에서 긍정적인 경험이라는 것을 뜻하지는 않는다. 대부분의 사람들은 얼마나 자신이 성장했는지 인정, 인식하기보다는 외상 자체를 통째로 피했기를 바란다고 한다.587

---

586 S. Cadell, C. Regehr and D. Hemsworth, "Factors contributing to posttraumatic growth: A propsed structural equation model," American Journal of Orthpsychiatry, 2003, 73(3): 279-287; D. L. Green and N. Diaz, "Predictors of emotional stress in crime victims: Implications for treatment," Brief Treatment and Crisis Intervention, 2007, 7(3): 194-205; D. L. Green and E. C. Romeroy, "Crime victims: What is the role of social support?" Journal of Aggression, Maltreatment and Trauma, 2007, 15(2): 97-113

587 C. McFarland and C. Alvaro, "The impact of motivation on temporal comparisons: Coping with traumatic events by perceiving personal growth," Journal of Personality and Social Psychology, 2000, 79(3): 327-343; M. Thompson, "Life after rape: A chance to speak?" Sexual and Relationship Therapy, 2000, 15(4): 325-343;

📜 6. 소결

 범죄 피해자들에게 하나의 보호적 요소로서의 회복 탄력성은 대체로 강인성과 지속성, 개인적 능력, 자신과 자기 삶의 수용, 그리고 자아-존중을 포함하는 인격 특성에 초점을 맞추었다. 그리고 사회적 특성으로서 회복 탄력성은 주로 일부 유형적 지지와 부모 유대와 함께 사회적 지지에 초점을 맞추었다. 지금까지의 연구에서는 이들 인성 특성과 사회적 특성으로 정의되는 회복 탄력성이 낮은 외상 후 증상과 다른 심리적 증상에 관련되는 것으로 일관되게 밝혀지고 있다. 그럼에도, 어떻게 이 보호 요인들이 범죄 피해자화에 따르는 역경적 결과로부터 피해자를 보호하는지에 대한 이해도는 그리 높지 않은데, 이유는 현재까지의 연구들이 거의 전부가 횡단적인 것이어서 회복 탄력성 척도를 두 가지 시점 이상에서 측정할 수 없기 때문이라고 한다. 종단적 자료와 관점이 없이는, 기존의 회복 탄력성 요소가 실제로 보다 호의적인 결과를 가져다주는지 별로 확신할 수 없다는 것이다.[588]

 L. G. Calhoun and R. G. Tedschi, "The foundations of posttraumatic growth: An expanded framework," in Calhoun and Tedschi(eds.), Handbook of Posttraumatic Growth: research and Practice, Mahwah, NJ: Lawrence Erlbaum, 2006, pp. 3-23
[588] Yehuda et al., 2006, op cit.; Dutton & Greene, 2010, op cit.

회복적 사법으로서의 피해자 권능의
강화(Empowerment)

　피해자에게 역량을 강화해주고 권한을 증대시키는 소위 권능의 강화는 어쩌면 회복적 사법의 핵심 요소일 수 있다는 것이 중론이라고 한다. 그래서 권능 강화가 하나의 가치로서, 목표로서, 기대할 수 있는 결과물로서, 그리고 회복적 사법 과정의 본질적인 요소로 기술되고 있기도 하다. 권능 강화는 또한 실제로 실무적으로 회복적 사법이 우선순위를 두어야 하는 기본적인 절차적 안전장치로 간주되기도 한다. 더구나 일부에서는 회복적 사법의 성공이 이 권능 강화에 달렸다고도 하는데, 이는 만약 범행의 이해 당사자, 즉 피해자가 회복적 프로그램에 참여한 후에 권능 강화를 경험하지 못한다면 회복적 사법은 실패라고도 할 수 있을 정도라는 것이다.589

　그런데 이처럼 권능 강화 개념이 회복적 사법 이론에서 핵심적인 위치를 점하는 이유는 아마도 권능 강화가 회복적 사상의 심장부를 차지하고 있다는 사실이라는 것이다. 권능 강화라는 개념이 개인의 권능을 약화시키고, 그들로

589　Ashworth, "Responsibilities, rights and restorative justice," British Journal of Criminology, 2002, 42: 578-595; J. Braithwaite, "Principles of restorative justice," in A. Von Hirschi, J. Roberts, A. Bottoms, K. Roach, and M. Schiff(eds.), Restorative Justice and Criminal Justice: Competing or Reconcilable Paradigms? Oxford and Prtland: Hart Publishing, 2003, p. 9; C. Barton, "Empowerment and retribution in criminal justice," in H. Strang and J. Braithwaite(eds.), Restorative Justice: Philosophy to Practice, Aldershot: Ashgate/Dartmouth, 2000, pp. 55-76; A. W. Dzur and S. M. Olson, "The value of community participation in restorative justice," Journal of Social Philosophy, 2004, 35: 91-107; J. Larson and H. Zehr, "The ideas of engagement and empowerment," in G. Johnstone and R. Van Ness(eds.), Handbook of Restorative Justice, Collumpton: Willian Publishing, 2007, pp. 41-58; H. Strang, "Is restorative justice imposing its agenda on victims?" in H. Zehr and B. Toewa(eds.), Critical Issues in Restorative Justice, Monsey, NY: Criminal Justice Press, 2004, pp. 95-105

부터 갈등을 가로챈다는 형사사법제도에 대한 비판과 범죄 행동의 결과로 겪게 된 무력감이 배상되기 위해서는 반드시 해소되어야 한다는 회복적 사법에 있어서 두 가지 핵심적 쟁점에 대한 대답을 제공한다는 것이다.[590]

📜 1. 권능 강화의 정의

회복적 사법 관련 문헌을 보면, 권능 강화는 피해자뿐 아니라 범법자와 지역사회, 즉 범죄 관련 모든 이해 당사자와 관련해서 언급되고 있다. 피해자와 관련해서는, 물질적 필요와 감정적 필요를 충족시키기 위하여 형사사법 문제를 대처하고 논의하고 해결하는 행동으로 기술되는데, 피해자에게 있어서 권능 강화는 자기 자신의 문제를 해결하는 데 가용한 서로 다른 대안을 선택할 수 있는 권한, 힘으로써 그러한 결정을 할 수 있는 대안, 조건이 사법 과정 전반에 걸쳐서 주어져야 한다는 것이다. 결론적으로 권능 강화는 피해자에게 있어서 범행에 대한 대응에 참여하고, 효과적으로 영향을 미칠 수 있는 진정한 기회라는 것이다. 그래서 피해자에게 있어서 권능이 강화된다는 것은 자신의 목소리를 내고, 과정 전반에 걸쳐서 역할을 할 수 있는 권한과 능력인 것이다. 그리고 자신의 필요를 규정하고, 언제 그리고 어떻게 그 필요들이 충족되어야 하는지를 규정할 수 있는 기회임을 의미하기도 한다. 자기 사건의 전개와 그에 따르는 대안에 관해서 고지를 받는 것도 권능 강화의 기회라고도 한다. 권능 강화가 사건에 참여하는 권한일 뿐만 아니라 필요한 자원을 파악하고, 자기 사건에 관련된 여러 관점에 대한 결정을 하고, 그러한 결정에 대하여 추적하는 능력으로 설명되기도 하고, 더 쉽게는 자신의 소리를 내고, 자기 이야기를 말할 수 있고, 자기가 필요로 하는 것을 분명하게 표현할 수 있는 가능성으로 기술되기도 한다. 결국, 권능 강화는 피해자가 자기 자신의 가치를 깨닫는 경험이요 어려움을 극복하는 능력으로 규정될 수 있다는 것이다.[591]

---

590 N. Christie, "Conflicts as property," British Journal of Criminology, 1977, 17: 1-15; Barton, 2000, op cit.; Van Ness and Strang, 2006, op cit.; Zehr, 2005, op cit.; Aertsen et al., 2011, op cit.

이와 같은 개념 규정에서 볼 수 있듯이, 회복적 사법이라는 여건에서의 피해자 권능 강화는 의사 결정 과정에의 능동적, 적극적 참여의 결과, 영향으로 인식될 수 있다고 한다. 이를 더 공고히 한다면, 권능 강화는 다른 여러 대안 중에서 선택하거나 범행에 대한 대응에 영향을 미침으로써 범죄 문제 해결에 적극적, 능동적으로 대처하고 논의하고 참여하는 과정을 통하여 경험된다는 것이다. 그런데 회복적 사법에서의 권능의 강화는 다른 여러 사회과학에서 핵심 개념을 차용했다고 하며, 그중에서도 핵심적인 이론적 지위를 가지는 것은 바로 지역사회 심리학(Community psychology)이라고 한다.[592]

지역사회 심리학에서는 권능 강화를 가치와 이론이라는 두 가지 관점에서 보는데, 가치의 관점에서는 사회 문제를 자원의 불균등한 분배와 접근의 결과로 보고, 개인은 자신의 운명을 완화하려는 시도에 적극적, 능동적으로 참여할 기회를 가져야 한다는 것이다. 지역사회 심리학은 그래서 개인은 외부로부터 도움을 받는 단순한 수동적 수혜자로서보다는 문제 해결에 적극적으로 참여할 때 자신의 문제 해결 능력을 개발, 발전시킬 더 좋은 기회를 갖게 된다고 주장한다. 적어도 지역사회 심리학적으로는, 권능 강화가 개인이 자신의 운명을 통제하는 결과일 뿐만 아니라 기회를 얻는 과정이기도 하다는 것이다. 따라서 이러한 측면에서의 권능 강화는 개인이 자신에 대해서 어떻게 생각하는지라고 할 수 있는 대인적 요소(Interpersonal component), 자신이 살고 있는 환경, 여건을 이해하는 정도라고 할 수 있는 상호작용적 요소(Interactional component), 그리고 결과에 영향을 미치기 위해 취해진 행동이라고 할 수 있는 행위적 요소(Behavioral component)의 세 가지 요소로 구성된다고 한다.[593]

그런데 권능 강화에 대한 이와 같은 개념 정의는 회복적 사법과 관련하여 중요한 함의를 갖는다고 한다. 먼저, 이러한 심리학적 권능 강화는 자기-확신

591 P. McCold, "Restorative justice and the role of community," in B. Galaway and J. Hudson(eds.), Restorative Justice: International Perspectives, New York: Criminal Justice Press & Amsterdam: Kugler Publications, 1996, pp. 85-101; Barton, 2000, op cit.; Van Ness and Strang, 2006, op cit.; Larson and Zehr, 2007, op cit.; Strang, 2004, op cit.; Toews and Zehr, 2003, op cit.; Pemberton et al., 2011, op cit.

592 Pemberton et al., 2011, op cit.

593 M. Zimmerman, "Empowerment theory: Psychological, organizational and com-munity-levels of analysis," in J. Rappaport and E. Siedman(eds.), Handbook of Community Psychology, New York: Kluwer Academic, 2000, pp. 43-63; Pemberton, 2011, op cit.

(Self-confidence)의 동의어로 간주되거나 축약될 수 없다는 것이다. 물론 자기-확신도 권능 강화의 한 부분이지만, 권능 강화는 그보다 훨씬 광의의 개념이라는 것이다. 권능 강화는 또한 자신의 지역사회에의 적극적인 참여와 자신의 사회정치적 환경에 대한 이해뿐 아니라 사회적, 정치적 환경에 영향을 미치는 자신의 영향력에 관한 신념도 내포하는 것이라고 한다. 이런 점에서 권능 강화는 자기-효능감, 자기-존중, 역량, 정신 건강과 같은 다른 심리학적 구성과 구별된다는 것이어서, 권능 강화는 사회 변화를 조장하는 능력과 전념을 함축하고 있다는 것이다. 다음으로, 권능 강화는 사회적 책임감의 이념적 모형으로 인식되기 때문에 개인은 사회적 서비스에 의존적인 개인이 아니라 권리를 가진 시민으로 인식된다고 한다.594

🗒 2. 권능 강화와 회복적 사법

그렇다면 이제 남은 의문은 과연 회복적 사법은 권능 강화를 증진할 것인가이다. 위에서 언급한 권능 강화의 세 가지 심리학적 요소 중에서 대인적 차원과 상호작용적 차원이라는 적어도 두 가지 차원에서는 권능 강화가 회복적 사법에의 참여로부터 초래될 수 있다고 한다. 실제로, 피해자가 이들 두 차원에 관련된 회복적 사법에 참여할 때 긍정적 감정을 경험하게 된다는 것이다. 범법자로부터 설명을 받는 것이 피해 회복에 기초라고 하는데, 그것은 이런 정보가 자기 삶에 대한 통제감과 세상을 안전하고 의미 있는 곳으로 생각하는 믿음을 회복시키기 때문이라는 것이다.595

---

594 M. Zimmerman, "Psychological empowerment: Issues and illustrations," American Journal of Community Psychology, 1995, 23: 581-599; M. Zimmerman, B. Israel, A. Schulz and B. Checkoway, "Further explrorations in empowerment theory: An empirical analysis of psychological empowerment," American Journal of Community Psychology, 1992, 20: 707-727; J. Rappaport, "In praise of paradox: A social policy of empowerment over prevention," American Journal of Community Psychology, 1981, 9: 1-25

595 J. Beven, G. Hall, I. Froyland, B. Steels and D. Goulding, "Restoration or renovation? Evaluating restorative justice outcomes," Psychiatry, Psychology and Law, 2005, 12: 194-206; M. Umbreit, R. Coates and V. Voss, "Victim-offender mediation: Three decades of practices and research," Conflict Resolution Quarterly, 2004, 22: 279-303 ; J. A. Wemmers and K. Cyr, "Can mediation be therapeutic for crime victims? An evaluation of victim's experiences in mediation with young offenders," Canadian Journal of Criminology and Criminal Justice, 2005, 47: 527-544

피해자-중심 접근의
과제와 전망

CHAPTER

피해자 참여와 권리에 대한 논쟁

　20세기에 시작되어 21세기를 거치면서 피해자가 직면하는 문제들이 폭넓게 인지되고 논의되고 개선되기도 하였다. 이러한 변화의 이면에는 피해자가 형사사법제도와의 접촉 과정에서 더 나은 지지와 보호를 받고자 하는 정당한 기대를 갖는 것은 당연한 것으로 대체로 받아들여지게 되었다는 사실이 존재한다. 그러나 여기에 만족하지 않고, 더 혁신적인 일련의 관점에서 피해자 담론이 형사사법제도를 뒷받침하는 핵심 구조, 과정, 그리고 가치에 대해서 피해자가 직면하는 가시적인 문제를 바라보는 이상으로 나아가야 한다는 것이다. 형사사법 의사 결정에 피해자의 참여를 수반하는 피해자의 역할에 있어서 보다 혁신적인 전환을 더 용이하게 해주기 위하여 기존 패러다임의 재검토, 심지어 대체를 요구하기에 이르게 된 것이다. 그러나 동시에 다른 일부에서는 피해자의 참여 권리가 형사사법제도의 공공적 특성을 왜곡하거나 범법자와 피의자의 권리 보호를 방해할지도 모르기 때문에 그러한 요구에 양도하는 것이 파괴적일 수도 있다고 우려를 표한다.596

　단순한 증인-정보원(Witness-informant)으로서의 지원과 보호 정도의 가치를 지니는 지위에서 절차적 권리를 가지는 능동적 참여자로의 지위의 진화는 국가와 피의자 간의 대항으로 전통적으로 인식되어 온 사법 과정에서 피해자 이익의 적절한 위치에 관련한 다수의 잘 준비된 주장을 제기한다. 제기된 하나의 쟁점

---

596 J. Doak, "Victims' rights in criminal trialss: Prospectds for participation," Journal of Law and Society, 2005, 32: 2924-2316; J. Doak and D. O'Mahony, "The vengeful victim? Assessing the attitudes of victims participating in restorative youth conferencing," International Review of Victimology, 2006, 13: 157-177

은 범법자 행동의 잠재적으로 예견할 수 없는 결과에 따라서, 즉 개별 피해자가 어떻게 대응하는가에 따라서 양형이 다양해야 하는가 여부에 관한 의문을 제기하였다. 즉, 동일한 범죄에 대한 동일한 양형이 아니라 피해자의 대응에 따라 양형이 달라져야 하는가 의문을 제기하는 것이다. 이에 더하여 피해자 참여가 피해자 자신에게 추가적인 부담을 안길 수도 있으며, 만약 피해자가 자신의 기대가 충족되지 않았다고 믿으면 심지어 더 큰 불만을 느끼는 것으로 끝날 수도 있다는 두려움도 있다. 그러나 불안과 의혹 중에서도 가장 중요한 것은 피해자 참여가 응보적, 억압적, 보복적 형벌로의 회귀에 영향을 미칠 수 있다는 위험의 인식이다. 즉, 피해자 참여, 특히 피해자 영향 진술과 같은 양형 단계에서의 참여가 양형 공식에 새롭고 예측할 수 없는 변수를 유입시키고, '당위적 공과 또는 공과적 당위(Just Desert)'나 확실성과 객관성과 같은 핵심 원리를 해칠 수 있다고 두려워하는 것이다. 그러나 이들 쟁점은 대부분 그 특성상 이론적인 것이며, 따라서 상대적으로 경험적, 실증적 검증은 거의 없었다고 한다.[597]

1. 피해자-지향, 피해자-중심 사법은 범법자 권리를 위태롭게 하는가?

1) 범법자 권리와 피해자 권리는 Zero-sum 게임인가?

만약에 피해자 권리가 아무리 향상되어도 그것이 범법자 권리를 희생한 대가라면 의미가 없을 것이다. 결론부터 말하자면, 그렇지는 않다고 한다. 이유는 피해자 권리가 향상되고 신장된 어떤 경우에도 범법자가 권리를 상실했다거나 그들의 권리가 축소되었다거나 아니면 그들의 적법 절차가 침해되거나

---

597 Y. Buruma, "Doubts on the upsurge of the victims' role in criminal law," in H. Kaptein an M. Malsch(eds.), Crime, Victims, and Justice: Essays on Principles and Practice, Ashgate: Aldershot, 2004, pp. 1-15; J. Wemmers, "Restorative justice for victims of crime: A victim-oriented approach to restroative justice," International Review of Victimology, 2002, 9: 43-59; E. Erez, L. Roeger and F. Morgan, "Victim harm, impact statement and victim satisfaction with justice: An Australian experience," International Review of Victimology, 1997, 5: 37-60; Doak and Mahoney, op cit., p. 158

남용되었다는 보고는 없다고 하는데, 그것은 대부분의 경우 회복적 사법처럼 자발적 참여를 전제로 하기 때문이라고 한다.

지난 수십 년 동안, 범법자 옹호와 피해자 옹호 행동주의 양측은 모두가 상대방의 권리나 이익의 어떠한 향상이라도 다른 상대방의 비용과 희생으로 가능하다고 가정하는 zero-sum 게임으로 상대의 목적을 특징짓는 보수성으로 신물이 났다고 한다. 양측은 어쩔 수 없이 형사사법제도에 있어서 피해자-범법자 거래에 있어서 이기거나 지는 특성을 가정하는 것이다. 회복적 사법을 비판하는 사람들도 마찬가지여서, 가해자-피해자 거래가 양측 모두에게 내재적 위험이며, 특히나 범법자에게 더 그렇다고 가정하는 것이다. 그런데 불행하게도 피해자 입장에서도 특히 검찰 단계에서부터 유죄 협상처럼 범법자를 전환시키는 목적으로 하는 프로그램에서처럼 지나치게 범법자에 초점을 맞춘다고 우려하고 있다.598

물론 회복적 사법의 이론적 입장은 승/패가 아니라 승/승, 즉 양측 모두를 승리자로 전환시킬 수 있다는 것이다. 이는 피해자와 범법자가 서로 직접적으로 대면하는 기회가 법정에서 보다는 감정의 동반 상승효과를 위한 더 큰 기회를 제공하기 때문이라는 것이다. zero-sum 옹호자들의 주장과는 달리, 형사사법은 승/승과 패/패의 경험으로 가득하며, 승/승의 경험이 회복적 사법의 여건에서 더 보편적이고, 패/패의 경험이 법정사법에서 더 보편적이라고 한다. 이러한 결과는 감정적 손상의 경우에 가장 강한 것으로 알려지고 있는데, 법정에서는 분노와 복수심이, 그리고 회복적 사법에서는 특히 동정심과 같은 감정적 회복이 강하다는 것이다. 어쨌거나 분명한 것은 승/패로 갈리는 경험이 결코 형사사법의 피할 수 없는 결과만은 아니며, 실제로 회복적 사법과 같은 피해자-지향, 피해자-중심 사법에서 상대적으로 훨씬 덜 일어난다는 것이다.599

2) 범법자에게 더 이익이다?

범법자들은 회복적 사법의 회합(Conference)이 자기들에게 스트레스를 준다고

---

598 E. Erez, "Victim participation in sentencing: Rhetoric and reality," Journal of Criminal Justice, 1990, 18: 19, 28-29

599 H. Strang and L. W. Sherman, "Repairing the harm: Victims and restorative justice," https://www.researchgate.net/publication/228799673

말하지만, 스트레스는 인권의 침해가 아니며, 실제로 기소와 재판이 더 스트레스를 주는 것으로 알려지고 있다. 회복적 사법 회합이 주는 수치심이나 스트레스는 궁극적으로 그 누구보다도 범법자에게 이익이 되는 범법자의 개선 과정에 없어서는 안 될 필수적인 것일 수도 있다고 한다. 그 외에도, 범법자에게 아무런 스트레스도 주지 않으면서 범법자에게 이익이 되는 것들은 더 있다고 한다. 먼저 범법자들은 회복적 사법을 통하여 높아진 자기-존중감을 가지게 되고, 자신의 비행에도 불구하고 가족이나 친지들이 자신을 얼마나 사랑하는지도 알게 되고, 피해자나 사회에 진 빚을 되갚음으로써 자신이 가한 손상에 대한 양심의 가책을 갖게 된다는 것이다. 그러나 무엇보다도 중요하고 큰 이점은 범법자들이 기소되지 않기 때문에 전과 기록을 피할 수 있고, 전과로 인한 취업 등 사회적 불이익도 받지 않는다는 점이다. 이처럼 어떤 면에서는 회복적 사법이 피해자-지향, 피해자-중심 사법의 대표적인 것으로 알고 있지만, 사실은 특히 범법자와 피해자 권리가 일종의 zero-sum 게임으로 보는 입장에서는 피해자가 아니라 범법자의 이익이 더 크고 많다는 주장도 제기될 정도라고 한다.600

3) 피해자가 거절한다?

모든 피해자가 다 같지 않다는 데서 시작되는 쟁점이다. 특정 피해자가 다른 피해자에 비해 더 자비롭고, 범법자를 만날 의향도 더 강하다면, 특정 범법자가 다른 범법자에 비해 상대적으로 더 유리하다고 하는 범법자의 입장에서 보면 어쩌면 이런 잠재적인 불평등이 문제일 수 있다는 것이다. 물론 여기에 대해서 전문가들은 상이한 피해자 반응으로 인한 이런 잠재적 불평등은 판사에 따른 전반적인 양형의 차이와 불평등(Sentencing disparity)보다 훨씬 덜 심각하다고 주장한다. 사실 이러한 불평등은 경찰, 검찰, 법원, 심지어는 교정단계에 이르는 전체 형사사법제도 전반에 걸친 문제로서 특별히 회복적 사법의 문제는 아니라는 것이다. 특히 여기서 주목해야 할 것은 범법자, 피해자, 그리고 그들 각자의 친지나 지지자 모두가 자발적으로 참여한다는 점이다. 사실

---

600 C. George, "Victim support's perspective on restorative justice," Prison Service Journal, May 1999, pp. 12-13; Sherman and Strang, op cit.

피해자가 범법자를 면대면으로 다시 만난다는 것은, 특히 폭력 범죄의 경우라면 더욱 더 충격을 받기 쉬운 것이고, 이런 점에서 피해자 지원 조직이나 단체에서는 그러한 만남으로 피해자가 강요되지는 않는지 우려를 표하고 있다. 이런 우려는 만약 프로그램이 피해자의 치유보다 범법자의 재범을 줄이는 것을 목표로 한다면 더욱 더 그렇다고 한다. 이런 우려는 결국 전통적 사법에서의 "법정에 쓸모가 있는 사람(Court fodder)"에서 회복적 사법에서의 "범법자 교화와 개선의 요원(Agent of offender rehabilitation)", 그래서 새로운 기회라기보다는 새로운 의무, 임무를 맡게 되는 기회로 전환되는 두려움으로 이어진다고 한다.601

2. 회복적 사법은 범죄를 증대시켜서 지역사회를 더 위태롭게 하는가?

사람들은 범법자에 대한 강력한 대응, 즉 처벌이 아니라 피해의 회복에 그치는 회복적 사법은 강력한 형벌을 통한 범죄 억제 효과를 경감시켜서 더 많은 범죄를 야기함으로써 지역사회를 더 위험에 빠뜨릴 수도 있다고 우려하는 것이다. 범죄 예방 영역에서는 회복적 사법은 이론적, 경험적 모든 면에서 그 효과가 의심된다는 것이다. 물론 이론적으로는 일반 억제(General deterrence)와 특별 억제(Special deterrence) 모두를 의심하는 반면에, 경험적 연구 결과는 특별 억제에만 국한된 의문이라고 한다. 이론적으로는, 잠재적 범법자가 범행을 하지 않도록 억제하는 것은 확고하고 일관적인 처벌이라는 것이다. 고전주의 경제학적으로는, 이 억제이론의 인과기제(Causal mechanism)는 다름 아닌 법률 위반의 비용-편익(Cost-benefit)에 비교하여 법률 준수의 비용-편익의 비율이 더 호의적인 것을 선택한다는 합리적 선택(Rational choice)이다. 당연히 여기서 비용은 처벌일 것이므로 형벌이 부과되지 않는 회복적 사법은 당연히 억제 효과가 없거나 심각하게 약화되기 마련이고, 따라서 범죄도 억제되지 않기 때문에 더 많은 범죄가 발생할 수 있고, 그래서 지역사회가 더 위험해질 수 있다는 우려

601 Sherman and Strang, op cit. pp. 37-38

인 것이다. 회복적 사법이 이처럼 법률 위반의 비용을 낮추는 것으로 인식된다면, 일반 억제 이론은 범죄율이 올라갈 것으로 예측할 것이다. 마찬가지로, 만약에 범법자가 관습적 사법에 비해 회복적 사법이 덜 고통스러운 것으로 인식하고 경험률을 높일 수 있다고 특별 억제 이론도 주장할 수 있는 것이다. 그러나 지금까지의 경험적 연구에서는 회복적 사법에 관한 특별 억제 가정을 일관되게 부정하고 있다고 한다. 즉, 회복적 사법이 재범의 통제에 있어서 기소보다 낮거나 적어도 뒤지지 않는 억제 효과가 있다는 것이 밝혀지고 있다는 것이다.602

---

602 Sherman and Strang, op cit., pp. 38-39

SECTION 2

피해자 운동의 몇 가지 위험

1. 범법자-비난 운동(Offender-blame Movement)으로 변질될 위험

　피해자 필요와 요구를 충족시키고 형사 절차를 가해자를 떠나 피해자를 지향하라는 장기간의 부르짖음은 법 집행에 대한 '법과 질서(Law and order)' 접근과 밀접하게 관련되어 있다. 이러한 '강경 대응 정책(Get-tough policy)'은 피해자에 대한 확실한 관심과 아주 잘 결합되었다. 당연히 대부분의 피해자 옹호는 피해자 권리 헌장이나 피해자에 대한 더 좋은 일, 지위에만 자신들의 요구를 제한하지 않는다. 그들의 요구는 보통은 범법자에 대한 보다 억압적인 처우와 보다 엄중한 처벌, 그리고 엄격한 대책의 요구와 함께 또는 그로 인하여 빛을 잃기도 한다. 이러한 강경 대응 정책은 종종 범죄 피해자에 대한 사회의 의무의 중심적인 요소로 또는 적어도 핵심 요소로, 그리고 피해자에게 가해진 잘못을 바로잡는 필요불가결한 요소로 증진되었다. 그러나 건강한 피해자 운동이 그래서 범죄자에 대한 반발로 전이되고, 수년 동안 형사 정책과 형사사법 정책의 인간화를 위한 진전들이 뒤집히는 위험을 배제할 수 없다고 경고한다.603

---

603 E. A. Fattah, "Prologue: On some visible and hidden dangers of victim movement," in E. A. Fattah(ed.), From Criminal Policy to Victim Policy, London: The Macmillan Press LTD., 1986, pp. 1-14

2. 사회통제망 확대(Social Control Net Widening)의 위험

범죄자에 대한 처우와 교화 개선이 강조되면서 전환(Diversion) 프로그램이나 지역사회 교정(Community corrections)과 처우를 비롯한 이를 위한 다양한 정책과 프로그램이 도입, 시행되면서 이들 프로그램이 오히려 기존 공식 사회통제(Formal social control)의 망을 확대하고, 그러한 통제 기제를 강화시킨다는 우려에 직면하게 되었다. 이러한 우려가 비단 범법자 관련 정책에만 국한되지 않고 심지어 피해자 정책도 유사한 우려와 위험을 초래할 수 있다는 것이다. 실제로 대부분의 피해자를 위한 서비스가 사실은 범죄를 통제하거나 피해자의 필요를 충족시키기보다는 좁게는 피해자를 통제하거나 넓게는 불만을 통제하는 것을 지향하는 것으로 보인다는 것이다. 정부가 주도하거나 주관하는 대부분의 피해자 서비스가 어떤 방식으로거나 단순히 피해의 회복 그 이상으로 공헌하는 것으로 보인다는 것이다. 피해자가 효과적인 범죄 통제와 더 활발한 시민 참여, 그리고 협조적 정신 등을 제공하기보다는 피해자 증언 등 피해자가 기관의 필요와 관점을 위한 절차와 과정으로 돌려지는 것으로 보인다고 비판한다. 이는 마치 사회복지 정책도 정신 건강 정책도 수혜 대상자들에 대한 길들이기식, 또는 순응을 통한 통제의 새로운 기제로 활용될 수 있는 것과 유사하다고 할 것이다.[604]

---

604 Fattah, 1986, op cit., p. 3

내일을 위한 제언-피해자와
형사사법, 그 다음은?

피해자와 형사사법

　길지 않은 역사에도 불구하고 피해자 권리 운동이 놀라울 정도로 적어도 정치적으로는 성공적이었다고 하는데, 그 성공이 부분적으로는 "좋은(Good)" 피해자와 "나쁜(Bad)" 가해자라는 대중적인 전형화, 정형화에 기인하고, 또 다른 부분적으로는 피의자의 권리에 비슷한 수준의 절차적 권리를 피해자에게도 제공하는 것을 강조하는 입법적 개혁에 기인한다고 할 수 있다. 이러한 개혁은 형사 절차의 극단적인 재구성, 재구축을 필요로 하지 않고, 다만 사법 절차의 틀 안에서 피해자에게도 목소리를 낼 수 있는 새로운 기회를 요구하는 것이라는 점에서 쉽다고도 할 수 있다. 이러한 절차적 권리의 비용은 엄격하게 적대적인 것으로서 피해자-가해자 관계에 대한 보편적 인식을 고려하면 미묘하고, 거의 글자 그대로 평판이 좋지 않고 정치적으로 권리를 박탈당하는 사회집단인 범죄자에게 가장 무겁게 매겨지는 것으로 간주될 수 있다. 이렇게 바라보면, 피해자 권리는 입법을 통하여 범죄자에 대한 적대감을 표현하고자 하는 겉보기에는 불안정한 욕망, 욕구로부터 힘을 얻을 수 있다. 확실히, 정치적으로는 채택하기가 쉬운 개혁은 그럼에도 그 실행은 어려운 것으로 입증되고 있다. 정치적 수사로서 개혁은 "역균형 잡기(Counterbalancing)" 또는 "재균형 잡기(Re-balancing)"라고 소리칠 수 있지만, 다른 한편에서는 실무적으로는 어디에 어느 만큼의 가중치를 줄 것인지 정확하게 파악하기란 그리 쉽지 않다. 비록 권리의 측면에서는 어차피 가해자의 권리와 피해자의 권리가 상호 배타적이거나 "zero-sum"이 아니어서 가해자, 피해자 모두의 권리를 신장시키고 향상시킬 수 있을지 모르지만, 적어도 이를 위한 자원의 확보와 분배라는 측면에서는 그리 간단치가 않은 것이다. 이런 점들을 염두에 둔다면, 피해자사법을 지향하는 다음 발걸음은 무엇이어야 할까?605

이처럼 형사사법제도가 더 이상 그들, 범죄자들만의 리그로 그치지 않고 피해자 관점까지도 통합할 수 있어야 함은 당연하고 타당한 것으로 보인다. 그러나 여기서 형사사법으로의 피해자 관점의 통합은 진정으로 과연 누구의 이익을 위한 것일까? 다시 말하자면, 피해자 관점을 사법제도로 통합하는 것은 피해자, 범법자, 아니면 사법제도, 그것도 아니면 지역사회/대중 누구의 이익을 위한 것인가? 예를 들어, 피해자 (영향) 진술은 분명히 자신의 목소리를 법정에서 낼 수 있다는 점에서 피해자에게 만족감을 주는 반면에, 비판하는 사람들은 피의자의 권리를 침식할 수 있다고 우려한다. 이와는 반대로 회복적 사법은 피해자의 피해 회복이라는 피해자를 위한 피해자 지향의 피해자 중심 제도라고 하지만, 과연 그럴까? 일부에서는 오히려 범법자에게 더 큰 이익이 되는 범법자 중심, 지향의 제도라고 비판한다. 물론 피의자를 위한 것이건 피해자를 위한 것이건 재범의 방지나 사법 경비의 절감이라는 면에서 대중과 지역사회, 그리고 국가 전체의 이익이기도 하다. 이런 제도와 정책과 시도들이 어느 정도까지 피해자를 위한 것이고 또는 어느 정도까지 재범율을 낮추고 범법자의 사회복귀를 조장하는 것인지, 아니면 형사사법기관이 대중적 지지를 발전시킬 수 있는 수단인지 묻지 않을 수 없다.606

피해자 관점의 통합 또는 피해자 지향, 피해자 중심의 사법이 누구를 위한, 누구의 이익을 위한 것인가 묻기보다는 또 다른 한 가지 우리가 답해야 하는 물음은 '왜 (피해자, 범법자, 대중과 국가로서) 우리는 피해자 관점을 형사사법제도로 통합시켜야 하는가'이다. 이 물음은 어쩔 수 없이 우리에게 피해자, 범법자, 그리고 지역사회를 형사사법으로 통합시키지 않는 비용은 어떤 것이고 얼마나 될까를 묻게 한다. 먼저, 과연 이 새로운 도전이 피해자 지향, 피해자 중심으로의 진정한 변화요 개선인지, 아니면 과거 우리가 범죄자의 교화 개선이나 처우와 관련하여 기껏해야 그것들이 '눈 감고 아웅' 식의 "Window

---

605 M. M., O'Hear, "Victims and Criminal Justice: What's next?" Federal Sentencing Reporter, 2006, 19(2): 83-90
606 Goodey, op cit., p. 28

Dressing"에 지나지 않았고, 결과적으로 형사사법의 확대, 즉 사법망의 확대 (Net widening)를 초래하지는 않았는지 의심케 했던 것처럼 피해자 관점의 통합도 또 다른 하나의 형사사법제도가 되지는 않을지 우려하지 않을 수 없다. 이는 곧 추가적인 형사사법 경비를 초래하기 마련이다. 만약 우리가 피해자와 잠재적 피해자라고 할 수 있는 지역사회를 사법제도로 통합하지 않는다면 그들의 사법제도와 기관에 대한 불만과 불만족은 형사사법제도의 존재 가치를 의심케 하고, 그 운영을 불가능하게 할 것이다. 당장 시민의 신고율이 떨어지고 경찰의 사건 인지가 어렵고, 제보 등 참여와 협조도 기대하기 어려워져서 사건 해결 또한 어려워져서 사법제도에 대한 불신은 더욱 커질 것이다.607

결과적으로 피해자의 필요와 요구를 충족시키는 것이 어쩌면 일차적 과제일 것이다. 그렇다면 범죄 피해자가 진정으로 바라고 원하는 필요와 요구는 무엇일까? 아마도 크게는 피해자의 권리와 역할이 그 하나이고, 피해의 회복 또는 손상이나 해악의 감축이 다른 하나일 것이다. 먼저 피해자 권리와 관련해서는 피해자 권리가 범죄자, 피의자 권리 그 이상이거나 최소한 동등한 수준은 되어야 한다는 주장이다. 소위 피해자와 가해자의 동등한 권리 패러다임이다. 실제로 일부 피해자 권리 옹호론자들은 피해자 권리 운동을 피의자와 피해자 권리를 동등하게 하는 문제로 자신들의 개혁 의제로 제시하는 하나의 민권 운동 (Civil rights movement)으로 특징을 지운다. 범죄 피해자 권리 법(Crime Victims' Rights Act)과 같은 법률이 피의자 권리와 새로운 피해자 권리의 균형을 다시 맞추는 수단으로 제시되고 있는 것이다. 법 앞의 평등이 강조되는 가치인데도 불평등, 불균형이 "선한, 착한, 좋은(Good)" 피해자를 희생으로 "나쁜, 악한 (Bad)" 피의자에게 유리하게 하는 것으로 보인다면 입법적 대응을 요구하는 소리는 더 커지기 마련이다. 그러나 민권 운동으로는 형사사법제도에서 진정으로 피해자 권리와 이익을 향상시킬 종합적인 개혁 의제에 대한 완전한 기초를 제대로 제공하지 못한다. 피해자와 피의자의 이익은 형사 소송에서 너무나 극적으로 서로 갈라지기 때문에 '균등한 권리'라는 개념은 급속하게 그 의미를 잃는다. 동등한 권리라는 이념, 사상은 비슷한 상황에 처한 피해자와 피의자가 그러나 실제로는 비슷한 상황에 처한 것이 아니라는 것이다.

---

607 Goodey, op cit., p. 29

한편에서는 피해자 이익이나 권리가 사법 과정과 절차에의 참여와 역할로 요약되는 그들의 절차적 권리와 그들에게 가해진 또는 가해지는 손상이나 해악의 감축의 경쟁적, 상대적 중요성의 문제가 따른다. 피해자와 가해자의 균등한, 동등한 권리와 재균형이라는 견지에서 보다 더 새롭게 제안되는 피해자-중심의 개혁을 생각하는 더 좋은 방법이 있다. 이 대안적 패러다임은 피해자라는 새로운 당사자를 기존의 절차적 틀에 단순히 추가하는 것보다 형사사법제도에 더 광범위한 함의를 갖는다. 형사사법의 목적 또는 목표가 범죄의 감소에 있는지, 아니면 피해의 축소와 그 회복에 있는지 되짚어 볼 필요가 있다. 여기서 일부에서는 일종의 간접 피해라고 할 수 있는 범죄에 대한 두려움, 공포의 감소가 범죄의 감소보다 더 강조되어야 한다고 주장한다. 이유는 범죄 감소 전략은 거의 성공한 적이 없으며, 절대다수의 국민이 범죄의 직접 피해자가 아님에도 범죄에 대한 두려움과 공포에 시달린다면 범죄 감소보다는 두려움, 공포 감축이 더 중요한 가치라는 것이다. 이는 곧 사법 정의의 구현과 피해 축소와 회복이라는 두 가지 정책적 목표와 목적 사이의 선택 내지는 우선순위의 조정이 논의되어야 함을 여실하게 보여주고 있다. 당연히 피해자사법을 논하는 마당이라면 피해의 축소와 회복에 우선순위를 두어야 하지 않을까.[608]

사법 정책과 제도의 우선순위를 손상의 감축이나 피해의 회복에 둔다면, 피해자에 기초한 개혁, 즉 피해자사법이야말로 그 중심에 설 수 있지 않을까. 피해자의 복지라는 논제, 의제는 기본적으로 법률가적 입장과는 부합되지 않는다. 만약에 피해자들은 처벌을 극대화하는 데만 관심을 갖고, 피해자 참여가 형벌을 증대시키는 것을 제외하고는 실제로 결과에 영향을 미치지 않고, 피해자가 바라는 바가 검찰이 바라는 것과 크게 다르지 않고, 피해자 필요와 요구가 획일적이고 예측이 가능하고, 피해자 행동이 가해자 행동보다 거의 항상 훨씬 덜 비난 받는 경우라면 확실히 어려움은 사라질 것이다. 그러나 모든 피해자의 요구와 필요가 다 다르기에 표준적인 피해자 전형이란 있을 수 없다. 그러나 한 가지 분명한 것은 범죄에 대한 법률가적 반응은 아마도 통상적으로 피해자 이익에 봉사하는 것은 아니라는 점이다. 이와는 대조적으로 피해자 중심, 피해자 기초의 의제는 손상 감축(Harm-reduction) 유형의 사고와 부합된다는

---

608 O'Hear, op cit., p. 87

것이다. 법 집행과 형벌이 범죄에 대한 유일한 정당하고 합법적인 대응으로 인식, 인정되는 것은 아니며, 상담, 배상, 중재 등도 여러 가지 다단계 사회적 대응에서 적절한 자리를 점하고 있다. 더구나 법률제도의 운용 자체가 피해자가 참여를 원하는 재판에서 배제되거나 자신의 프라이버시를 상실할 때와 같이 손상의 잠재적 원천으로 인식되기도 한다. 당연히 법은 사적인 범죄 행동의 빈도뿐만 아니라 범죄자를 처벌하고자 하는 국가 행위자(경찰, 검찰, 법원, 교정 등)의 행동에서 일어나는 손상도 최소화해야만 한다는 것이다. 실제로 이러한 일종의 '2차 피해(Secondary victimization)'의 최소화라는 목표는 피해자 중심 의제의 발전에 핵심적인 역할을 하였다.609

이렇게 손상 감축이라는 관점에서 바라보면, 피해자 권리 운동은 엄격하게 법률가적 취지의 형사사법으로부터의 일종의 상쾌한 휴지, 중단, 이별일 수 있다. 실제로 법률가적 접근의 문제는 미국의 교도소 수용인원이 전례가 없을 만큼의 수준까지 증대하였다는 사실이 이를 입증해준다. 재미있는 것은, 피해자 권리 운동은 피해자만을 위한 것이 아니라 궁극적으로 다수 피의자의 많은 것을 향상시키기 위한 것들을 다수 포함한다. 굳이 예를 들자면, 피해자 중심, 피해자 지향의 사법 정책의 핵심이라고 할 수 있는 각종 회복적 사법 정책이나 프로그램이나 제도가 과연 피해자만을 위한 것인가 아니면 더 극단적으로는 진정으로 피해자를 위한 것, 나아가 피해자 중심의 피해자를 지향하는 제도인가 의문을 갖게 한다. 오히려 피해자를 위한 것이라기보다는 가해자, 피의자를 위한, 적어도 피의자를 희생으로 하지 않는, 그래서 피해자를 지향하는 새로운 도전이나 개혁이라고 결코 피해자만을 위한 것이 아님을 보여준다.610

---

609 D. E. Beloof, "The third model of criminal process: The victim participation model," in Beloof et al.,(eds.), Victims in Criminal Procedure, 2006, pps. 38, 41
610 J. Q. Witman, "A plea against retribution," Buffalo Criminal Law Review, 2003, 7: 85

피해자의 새로운 지위-기회와 위협

피해자를 위한 새로운 정책과 시도는 지난 수년 동안 엄청난 성장과 발전을 했음은 분명하다. 이는 곧 피해자들이 형사사법제도 내에서 취급되는 방식도 그만큼 엄청나게 향상, 개선되었다는 의미이다. 그렇다면 이제는 피해자들이 더 이상 잊힌 존재가 아니고, 그들의 목소리를 낼 수 있고, 사법 절차와 과정에서 참여와 역할도 충분히 확대되었고, 그들에 대한 지원과 보호도 만족스러운 수준에 도달했다는 것인가?

이에 대한 정확한 대답은 쉽지 않겠지만, 적어도 하나의 분수령은 되었다고 할 수 있을 것이다. 우선, 피해자들이 이제는 단순히 증인으로 증거의 원천으로서만 간주되지는 않고, 그들 스스로의 권리와 요구에 대한 정당한 이해관계가 있다고 여겨지고 있다. 경찰의 피해자 전담인력이나 민간 분야 피해자 지원, 보호 단체와 같은 새로운 유형의 집단들이 피해자들과 접촉하게 되고, 그들의 관점을 고려하도록 요구받고 있다. 적절한 보호와 정보의 요구와 같은 피해자가 직면한 문제에 대한 이해와 인식의 증대는 관련된 입법과 각종 지침이나 표준이 만들어지도록 이끌고 있다. 그러나 이러한 변화는 당연히 피해자를 위한 기회이겠지만, 그 가치와 성패는 어떻게 실천, 실행되는가에 좌우될 것이다. 당연히 모든 향상과 개선과 발전을 위한 변화들이 그렇듯이, 피해자를 위한 변화도 때로는 오히려 잠재적인 위험을 초래하거나 위협이 될 수도 있음도 명심해야 할 것이다.[611]

---

611 H. Reeves and K. Mulley, "The new status of victims in the UK: Opportunities and Threats," in Crawford and Goodey(eds.), op cit., pp. 125-145

1. 피해자를 위한 적절한 역할의 확인

역사적으로, 국가가 범죄라는 갈등을 피해자로부터 훔쳐서 사적인 분쟁을 국가와 범법자 간의 논쟁, 실랑이로 전이시켰다. 전통적인 형사사법제도에서는 범죄 행위가 국가에 대항한 범죄, 위반으로 구성되었던 것이다. 물론 국가에 대한 정치적 범죄와 같은 국가가 범행의 대상, 표적이 되는 범죄도 없지는 않지만, 전통적 유형의 범죄라면 사인 간의 갈등이나 충돌임에도 범죄가 국가에 대항한 위반이나 침해나 범행으로 간주되었기에 당연히 국가가 개념상으로 피해자로 인식되는 반면에 범법자, 가해자의 행동의 결과로 일차적 고통을 받는 사람은 사법 과정에서 어색한, 불편한 이방인으로 간주되었다. 그러나 사법 과정이나 절차가 효과적으로 운영되기 위해서는 형법은 범죄가 성공적으로 수사되고, 기소되고, 처벌되기 위해서 피해자의 협조를 필요로 하였다. 그런 연유로, 피해자는 형사사법제도 내에서 사법 운용상의 역할로 징집되었고, 종종 형사사법기관의 하인이나 요원으로 개념화되었던 것이다. 전통적으로, 피해자가 가해자를 보복하기를 바란다는 태생적 가정이 형사사법제도의 중심적인 도구로 여겨지고, 이와 함께 범죄가 받아들일 수 없는 행위이기에 이를 비난하고 고발하고 처벌하는 데에 대한 공공의 이익이 자리하고 있다고 가정되었다. 물론 범죄가 사회 계약의 위반이고 지역사회와 공동체에 대한 침해이기에 당연히 대중들이 형사사법 운영에 정당한 이해관계를 가지고 있지만, 매우 실질적이고 유형의 방식으로 범죄의 영향을 경험하게 되는 사람은 피해자라는 것이다. 이러한 개념은 피해자를 폄하할 뿐만 아니라 별개의 반대되는 이해관계를 가지는 이분법적 견지에서 범법자와 피해자를 묘사하는 것을 단단하게 자리잡게 하는데 기여했다고 한다.612

그러나 최근 들어 이러한 형벌적이고 배타적인 패러다임은 적지 않은 압박을 받게 되었다. 형사사법이 형사 절차에서 명시되어야 할 가치로서 참여가

---

612 A. Duff, "Restoration and retribution," A. Von Hirschi, J. Roberts, A. E. Bottoms, K. Roach and M. Schiff(eds.), Restorative Justice and Criminal Justice, Hart: Oxford, 2003, pp. 43-60; Doak and O'Mahoney, op cit., p. 159

점증적으로 인정되는 보다 전체론적 견지에서 간주되고 있는 것이다. 법원에서도 피해자의 이익이 영향을 받는다면 피해자들에게 사법 절차의 적절한 단계에서 그들의 견해와 우려를 제시할 수 있도록 허용해야 한다는 것이다. 결론적으로, 범죄는 점증적으로 그냥 국가에 대한 범행이 아니라 오히려 개인과 지역사회 또는 공동체 사회에 대한 범행으로 간주되고 있다. 사실, 범죄에 대한 두려움과 공포(Fear of crime)도 일종의 간접 피해라고 할 수 있다는 점에서 범죄는 적어도 부분적으로는 지역사회에 대한 범행이라고도 할 수 있는 것이다. 그러나 직접적인 영향을 가장 많이 받는 당사자는 피해자라는 측면에서, 범죄와 형사사법제도에 대한 규범적 인식은 물론이고, 그에 동반되는 구조와 과정도 범죄는 그 직접적인 피해자에게 가장 먼저, 그리고 가장 크게 영향을 미친다는 점을 반영해야 한다는 것이다. 물론 이것이 범죄를 관리하고 범행을 줄이는 데 있어서 정당한 공공의 이익을 부정하는 것은 아니지만, 형사사법 구조는 물론이고 그들의 이론적 근거도 국가의 더 광범위한 이익은 물론이고 개별 피해자의 이익도 반영해야 하는 것은 바람직한 것으로 받아들여진다. 우리가 마주해야 하는 도전은 이러한 형사사법의 틀이 핵심 적법 절차의 가치를 보호하기 위한 사법적 관리와 감독을 보전하는 동시에 피해자의 참여를 용이하게 하도록 조정될 수 있는지 검토하는 것이라고 한다. 불행하게도 오래도록 그와 같은 과업은 형사사법의 형벌적 패러다임의 틀 안에서는 근본적으로 불가능하였으며, 따라서 제도 전체가 전반적으로 사법의 참여 모형을 완전하게 수용하기 위한 혁신적, 개혁적 점검이 필요하다는 것이다.[613]

---

613 J . Braithwaite, "Principle of restorative justice," in Von Hirschi et al.(eds.), op cit., 2003, pp. 1-20; M. Cavadino and J. Dignan, "Reparation, retribution and rights," International Review of Victimology, 1997, 4: 233; Doak and O'Mahoney, op cit., pp. 159-160

2. 피해자 지원 행동의 관점과 의제

피해자 지원이라면 범죄 피해자에게 정보, 감정적 지지, 그리고 현실적 도움을 제공하는 것이다. 관련 서비스를 제공하는 것뿐만 아니라, 피해자 지원은 범죄의 영향을 더 잘 알고, 더 잘 이해하고, 피해자 권리에 대한 더 나은 인식을 담보하기 위한 일들도 포함된다. 피해자와의 접촉 정도로 인하여 범죄의 영향에 관한 정보를 확보하는 특별한 위치에 있다고 할 수 있으며, 또한 형사사법제도에의 변화의 도입을 관찰하고, 그 변화들을 피해자들은 어떻게 받아들이고 활용하는지 시험도 할 수 있다.

1) 범죄의 영향

범죄 피해 경험은 다른 질병이나 사고의 경험과는 실질적으로, 근본적으로 다른데, 이는 다른 사람이 의도적으로 해치거나 훔치거나 하는 등 범죄를 일으킨 것이기 때문이다. 바로 이 부정적 경험이 그들의 세계관을 근본적으로 바꿀 수도 있을 정도로 그 충격이 크다고 할 수 있다. 실제로 직접적인 피해를 경험하지 않고 단순히 범죄의 공포나 두려움으로 인한 간접 피해만을 겪어도 이와 같은 세계관, 즉 '무자비한 세상, 비열한 세상(Mean world)'이라는 세계관을 갖게 된다. 그 결과적인 분노, 두려움, 그리고 죄책감 모두가 보편적이며, 어쩌면 정상적이고 건강한 것이다. 그러나 사람들이 이런 감정들을 극복하고 그 해결책을 마련하지 못하면 장기적인 문제가 초래될 수 있다.

연구에 따르면, 범죄의 감정적, 영향은 여러 면에서 신체적 고통이나 재산상의 손실보다 더 중요하다고 한다. 비교적 경미한 것으로 보이는 범행일지라도 심각한 트라우마로 이어질 수 있다고 한다. 먼저 많은 경우, 가해자가 발각되지도 않을 것이며, 이는 다수 피해자가 형사사법 과정을 통한 해결에 대한 희망조차 할 수 없다는 것을 의미하고, 이는 그들에게 좌절과 속상한 감정, 즉 자신을 보호하지 못했다고 믿는 경찰을 비롯한 관련 당국과 기관을 향한 분노를 표출하게도 만드는 그런 감정, 느낌을 남기게 된다. 피해자 지원은 그들의 이런 고통, 감정, 느낌을 다루는 데 도움을 주는 것은 물론이고, 실질적인 도움과 지원을 제공하는 것을 목표로 한다. 이러한 서비스는 자신의 시간과 노력을 무료로 기부하는 지역민들에 의하여 제공되기 때문에 범죄의 부정적 영향에 대응하는 데 도움을 주는 사회를 대신, 대표하여 관심을 보이는 것이다. 이런 면에서, 피해자 지원이 그 특성상 진정으로 회복적인 것으로 기술될 수 있는 것이다. 그래서 피해자 지원 철학의 중요한 부분은 바로 피해자의 분노와 불신과 불만의 감정을 완화시키는 데 도움이 되도록 범죄에 대한 지역사회의 대응, 반응을 제공하는 것이다. 궁극적으로, 범죄를 겪고 난 후 긍정적인 전망의 가능성을 극대화하기를 바라는 것, 즉 피해자에게 도움을 주는 것이 유일한 목표, 목적인 것이다.614

우리 모두는 당연히 국가가 가능한 한 힘껏 피해자가 범죄로부터 회복하는 것을 도와야 한다고 믿고 있지만, 우리의 경험상 실제로는 거의 불가능한 일이 되고 있다. 너무나도 빈번하게, 범죄 피해자가 되는 데에 대한 범죄 피해자 개인의 첫 번째 부정적 반응은 형사사법 과정과 절차를 경험하면서 더욱 심화되고 재강화된다. 때로는 2차 피해마저 경험하게 되기도 한다. 이러한 데는 여러 이유가 있겠지만, 과거 다수의 피해자가 자기들의 주요 불만으로 정보의 부재, 결여, 부족을 꼽았다. 사법 절차와 과정에서 배제되고 소외되었다고 느끼게 되고, 이런 느낌은 사법 과정에 대한 피해자의 직접 참여가 그들을 오히려 위험에 처하게 하고, 그러면서도 그들의 보호를 위하여 충분한 조치가 취해지지 않을 때 더욱 심화된다. 마치 최근 발생하고 있는 스토킹 피해자나 가정폭력 피해자, 그리고 교제폭력 피해자 등에 대한 보호의 부재나 미비로 인한 2차 피해에서 잘 목격하고 있다. 이에 더하여, 피해자임에도 매정하게 취급된다면 추가적인 모욕을 느끼게 될 것이다.615

2) 피해자 지원 정책 업무

피해자 지원은 피해자와의 접촉으로 가장 이른 단계에서부터 피해자의 문제와 쟁점을 파악하는 데 도움이 되고 있다. 이를 통하여 우리는 범죄 피해자가

---

614 H. Reeves and K. Mulley, op cit., p. 127
615 Ibid.

겪는 고통과 고난은 처음 범행의 트라우마를 훨씬 넘는 것이라는 것을 보고 알 수 있게 된다. 이런 일선에서의 직접적인 경험을 종합, 분석한 결과, 피해 자들은 정보의 부족, 지역사회에서 가해자로부터의 보호, 그리고 특히 성폭행 여성 피해자들이 법정에 증인으로 호출되었을 때 그들을 대하는 방식 등이 가장 관심을 갖는 분야라는 것을 알게 되었다. 피해자들의 요구나 바람은 결국, 가해자를 다루는 방식이나 그들에게 제공되는 권리나 보호에 대한 국가의 관심은 피해자에 대한 그와 유사한 관심에 맞춰져야 한다는 것이며, 이는 곧 국가가 그러기 위한 몇 가지 책임을 감수해야 한다는 것이다. 보상, 보호, 서비스, 정보, 그리고 가해자에 대한 책임이 바로 그런 것들이다.

범죄 피해자에 대한 보상은 피해자들이 범죄 이전 수준의 재정적 위치에 거의 동일한 정도가 될 수 있도록 보상을 받아야 한다는 것이다. 보호는 필요한 어떠한 방식이건 피해자는 언제, 어디서건 보호되어야 한다는 것이다. 사법 과정에 직접 참여함으로써 피해자 스스로 협박, 위협, 희롱의 위협에 처하게 된다. 물리적, 신체적 보호뿐만 아니라 프라이버시의 보호와 같은 일정 정도의 심리적 보호를 기대할 권리도 있다. 피해자에 대한 서비스는 피해자는 존중, 인정, 그리고 지원을 받을 권리가 있어서 그들의 필요에 기여, 헌신하는 피해자 지원 조직과 단체 등으로부터의 서비스를 받을 자격이 있다는 것이다. 정보는 피해자가 당사자로서 자기 사건의 전개, 앞으로의 절차, 이 과정에서 자신의 역할, 가능한 권리에 관한 분명한 정보를 받을 권리를 말한다. 사실, 이런 정보의 결여나 부족이 범죄 피해자들이 가장 불평하고 불만스러워하며, 그래서 전체 사법제도와 사법 과정에 대한 불만을 초래한다. 뿐만 아니라 피해자들이 범죄의 당사자이기 때문에 범죄 상황에 대하여 가장 정확하게 가장 많은 정보를 가지고 있음에도 그들이 그 정보로 기여할 수 있는 기회나 참여의 길이 거의 없다. 책임이란 피해자는 가해자와 관련된 어떠한 결정의 부담으로부터 자유로워야 하고, 그 책임은 국가에 있지 피해자에게 있어서는 안 된다는 것이다.616

---

616 Reeves and Mulley, op cit., pp. 129-130

3. 피해자의 새로운 기회

위에서 언급된 우려와 관심을 중심으로 만들어진 영국의 소위 '피해자 권리 장전' 또는 '피해자 헌장'은 피해자의 정보를 받을 권리, 그래서 경찰에게 가능한 빠른 단계에서 피해자에게 정보를 제공할 책임을 지우는 것에 초점을 맞추고 있다.

4. 위협: 피해자를 위한 새로운 대책의 내재적 위험

1) 입법의 한계

모든 법률이 다 언제나 제대로 집행되고, 효과적이라는 보장은 없다. 법제가 이처럼 효과적이지 못한 데는 몇 가지 이유가 있다고 한다. 법의 해석이 핵심 개인의 재량에 달리거나, 법률 조항이 집행되지 않거나, 거의 알려지지 않고 활용되지 않아서라고 한다. 먼저 핵심 개인의 재량으로 인한 문제의 사례로서 흔히 성폭력 피해자에 대한 재판장에서의 대질심문에서 범법자가 아니라 오히려 피해 여성의 명성, 과거가 심판대에 오르는 가장 큰 이유의 하나로 전문가들은 이와 관련된 법률의 해석이 전적으로 재판관에 달려있기 때문이라고 지적한다. 두 번째 사례는 스토킹 범죄와 관련하여 어떻게 스토킹을 규정할 것인가가 문제가 되고 있다. 이는 곧 또 다시 핵심적인 개인의 해석과 재량이 좌우하는 결과가 되어, 경찰, 검찰, 재판관의 손에 전적으로 의존하게 되기 때문이다.617

2) 형사사법제도에서의 문화의 변화

기존의 범죄자 지향, 범죄자 중심의 사법제도와 체계에서는 대부분의 일이 범법자를 다루는 것과 직결되어 있다. 그러나 현재 많은 형사사법 기관이 피

---

617 Reeves and Mulley, op cit., pp. 135-136

해자에게 고지하고 상담하는 새로운 업무와 책임을 요구받기 시작하였는데, 이는 곧 그들의 기존의 업무와 책임과 이해관계가 상충되거나 갈등의 소지를 초래하게 된다. 당연히 전통적인 업무와 책임으로 훈련받고 일을 해온 관료들은 새로운 업무와 책임을 처리할 훈련이나 준비가 반드시 되어 있지 않았으며, 당연히 이들의 다수는 새로운 임무와 책임을 환영하는 것만은 아닐 것이다. 특히나 언제나 자원은 정해져 있고 한계가 있는데, 이 새로운 일을 위한 인적, 물적 자원이 보강되지도 않는다면, 기존의 일 외에 추가될 수 있는 피해자에 대한 보호와 지원이 핵심적인 목적이 되기는 힘든 것이다. 예를 들어서, 보호관찰관은 전통적으로 보호관찰을 조건으로 가석방된 범법자를 보호하고 관찰하는 것이 그들의 본연의 임무라고 생각하는데, 피해자를 접촉하고 그들에게 필요한 보호와 지원까지 하도록 임무가 새로이 주어지는 경우가 이를 잘 보여준다. 또 다른 사례로서, 한때 미국을 강타하였던 도보 순찰(Foot patrol)이 처음 시도되었을 때 가장 큰 어려움이 바로 경찰관들의 반대와 불만이었다. 차량 순찰을 하던 경찰관에게 걸어서도 순찰을 하라는 것이 달갑지 않았던 것이다. 요즘 우리나라에서도 이와 유사한 상황으로서 특별 치안 활동이다 도보 순찰이다 하는 새로운 경찰 활동이 일선 경찰관들의 불만을 자아내기도 한 바 있다.618

3) 피해자를 위한 새로운 의무

피해자를 위하여 새로운 증대된 기회를 제공하려는 어떠한 시도라도 새로운 임무를 수반하는 것은 당연한 일이다. 가장 대표적인 소위 피해자-중심, 피해자-지향이라고 하는 회복적 사법을 보면 거의 전 단계에서 피해자가 참여하고, 자문과 상담을 하고, 고려되어야 하고, 피해자의 관점에서 보고서가 작성되어야 하고, 새로운 배상명령도 도입되어야 한다. 우선 피해자사법의 하나가 되기 위해서는 정보, 보호, 서비스, 보상, 그리고 범법자와 관련한 결정의 부담으로부터의 자유라는 다섯 가지 핵심 원리 모두가 먼저 고려되어야 한다. 그런데 이러한 조건이 충족되기 위해서는 관계자에게는 추가적인 부담이 될 수 있으며, 심지어 피해자에게도 추가적인 부담을 유발할 수 있다. 물론 참여

---

618 Reeves and Mulley, op cit., pp. 137-138

하고 안 하고는 전적으로 피해자의 선택이지만, 어떤 결정을 하거나 피해자를 힘든 위치에 세우는 것은 마찬가지이다. 참여하지 않기로 결정한다면 일말의 죄책감을 느낄 수 있을 것이고, 참여를 결정한다면 불안하게 만들기 때문이다. 피해자가 참가를 결정한다면, 그래서 점증적으로 참여한다면, 실제로 매 단계마다 자문과 상담을 해야 한다면, 담당자는 일을 처리하는 데, 그리고 피해자는 자신의 선택지를 고려하거나 자문을 구하는 데 충분한 시간을 필요로 할 것이다. 그런데, 이보다 더 근본적인 문제는 나름대로 피해자를 지향하는 피해자 중심의 새로운 시도라고 하지만, 실상은 오히려 가해자를 먼저 고려하는 여전히 가해자-중심의 전통에서 크게 벗어나지 않는다는 것이다. 그러면서도 이 새롭지 않은 대안적 시도로 더 많은 노력, 시간, 자원을 필요로 하는 추가적인 부담만으로 남을 수도 있다는 것이다.[619]

---

619 G. Davis, J. Boucherat and D. Watson, "Reparation in the service of diversion: The subordination of a good idea," The Howard Journal, 1988, 27(2): 127-134; Ibid., pp. 138-141

새로운 형사사법의
과제와 전망

책임 있는 형사사법기관의 도입

지난 80년대에도 피해자 요구나 필요에 관한 연구 보고서, 전문 학술서, 정부 보고서는 형사사법 전반에 걸친 피해자 지원의 필요성, 정보의 제공, 법정기관의 피해자 관점 견지 여부, 보상, 배상, 화해, 피해자의 취약성 등에 관한 내용들로 채워져있었다. 40여 년이 지난 지금도 거의 동일한 관심과 우려로 가득하다. 그러나 나라마다 저마다 일종의 피해자 권리 장전과 같은 토대를 마련하곤 하여, 장래에는 1) 피해자가 신고한 범죄는 수사가 되고, 진행되고 있는 상황에 대한 필요한 정보를 받을 것이며, 2) 피해자의 이익이 고려될 수 있도록 범죄가 그들에게 미친 영향을 설명할 수 있는 기회를 제공하고, 3) 증인으로 법정에 선다면 존중과 민감성으로 다루어질 것이며, 4) 감정적이고 실질적인 지원을 제공받을 것이라는 기대를 피해자들이 가질 수 있도록 서비스의 표준을 마련하고 있다고 한다. 그럼에도, 같은 기간, 피해자들이 형사사법제도와 관련하여 경험하는 문제에는 거의 변화가 없다.[620]

수십 년의 관심에도 별 다른 개선, 향상, 변화가 없었다면, 그 원인은 어디에 있을까. 보다 면밀하게 이 문제를 검토해 보면, 그 해결책은 아마도 형사사법기관들이 피해자에게 손을 뻗어서 그들에게 반응하고 대응할 필요성이 아닐까 한다. 피해자 헌장과 같은 경우, 피해자와 형사사법의 완전한 분리를 가정하고 있다. 기존의 형사사법기관의 핵심 목표, 업무성과 측정, 주도권 등이 모두 사건의 효과적이고 효율적 진행의 필요성을 강조한다. 여기에는 그 어디

---

620 J. Shapland, "Victims and criminal justice: Creating responsible criminal justice agencies," Crawford and Goddey(eds.), op cit., pp. 147-164

에도 피해자의 자리는 없기 마련이고, 이러한 형사사법제도는 지난 수십 년 동안 피해자가 사법 정의와 오히려 거리를 두었지만 이제는 모종의 반응, 대응책을 창안하고 어느 정도 양보를 하는 것을 고려할 필요가 있는 성가신 집단으로 여겨져 왔다. 피해자가 근본적으로 사법 정의와 엮어져 있다는 생각은 거의 하지 못하였다, 즉, 사법 정의는 피해자와 가해자 양자를 함축하고 있다는 생각은 거의 없다는 것이다.[621]

---

621 Shapland, op cit., pp. 147-149

형사사법의 무결성

　과연 형사사법은 진정성, 진실성이 있는 무결성, 무결점의 제도인가. 이런 의문에 그렇다고 쉽게 긍정적인 대답을 하기는 쉽지 않다고 한다. 형사사법제도가 피해자의 역할과 형사사법제도가 피해자에게 제공할 필요가 있는 서비스를 인정하고 고려하지 않는 한, 형사사법은 결코 무결하다고 할 수 없다는 것이다. 물론 범법자에 대한 임무와 관련하여서도 같은 논리가 적용되어야 한다. 형사사법에 있어서의 진정성, 무결성, 책임감의 개념은 피해자 헌장을 비롯한 대부분의 개혁의 저변에 깔린 철학적 기초의 핵심적인 요소일 것이다. 여기서 진정성, 무결성이란 사법제도의 모든 기관이 공개적으로 기술되고, 그 당시 사회에 의하여 공정하다고 판정되는 기준을 따르고 준수해야 한다는 것을 의미한다는 것이다. 그러한 의미의 진정성, 무결성이라면 피해자라도 예외 없이 동일하게 적용될 수 있어야 한다. 시민으로서 자신의 권리가 범행으로 침해된 피해자는 그가 참여하는 모든 절차에 있어서 적정한 관심과 존중이 부여되어야만 한다. 형사사법기관이 고수하고, 공개적으로 알려진 그러한 절차에 대한 기준이 있어야만 한다. 당연히 그 기준은 공정해야만 한다고 강조되고 있다.622

　피해자와 관련하여, 무결성, 진정성의 핵심 요소의 하나는 피해자와 형사사법 기관 둘 다 각자 서로에 관련된 권리와 책임 모두를 가지는 것으로 본다는 점이다. 이러한 구성에서, 권리와 책임은 동전의 양면과 같아서 불가분하게 연계되어 있다는 것이다. 피해자의 책임은 형사사법제도가 피해자에 대하여 가지는 기대 또는 권리라고 한다. 형사사법 기관의 책임은 그렇다면 피해자가 형사사법제도에 대해 가지는 기대나 권리일 것이다.

---

622 Shapland, op cit., pp. 149-150

1. 형사사법에 대한 피해자의 책임: 형사사법제도가 가지는 피해자에 대한 기대

피해자는 이미 형사사법제도 안에서 사건 수사를 돕고, 경찰에서의 진술을 통하여 증거를 제공하고, 법정에서 증언을 하고 증거를 제출하는 등을 포함하여 다수의 책임을 가지고 있다. 그럼에도 최근에는 장기 수형 이후 범법자의 석방 여부나 조건부 가석방 여부에 대해서 피해자의 견해를 묻는 등을 포함하여 이러한 책임을 증대시키자는 제안들이 나오고 있다. 물론 그렇다고 피해자가 완전한 책임을 가져야 된다는 것은 아닐 것이다. 당연히 피해자는 범법자가 혐의가 인정되고, 기소되고, 유죄가 확정되거나 선고를 받아야 하는가에 대한 책임이 주어지지 않는다. 사실, 오히려 일부에서는 경찰이 가정폭력 사건에서 피해자에게 고소할 것인지 여부를 묻는 경향, 추세를 폄하하기도 한다. 이또한 그렇다고 범법자에게 어떤 일이 일어나고 범법자가 어떻게 될 것인지에 대하여 형사사법기관에 책임을 떠맡기는 것이 우리가 아직도 피해자에게 두고 있는 책임을 보지 못하게 해서는 안 된다는 것도 사실이다. 물론 경찰에 진술서를 제출하고, 피의자 식별 과정에 참석하고, 법정에서 증언을 하는 것은 시간을 요하고 스트레스를 주고 불편함도 초래하지만, 그러한 일들을 수행해야 할 책임 또한 피해자에게 있다.[623]

2. 피해자를 위한 권리?

책임에 비등하게, 마땅히 피해자에게 권리 또한 있다. 통지나 고지받을 권리(반대로 경찰에게는 고지, 통보할 의무)를 포함하는 정보에 대한 권리와 같은 일부 권리는 보편적으로 좋은 관행으로 알려지고 있다. 여기서 한 가지 애매한 것은 아직은 대부분의 나라에서 피해자에게 정확한 의미의 권리, 예를 들

---

623 Shapland, op cit., pp. 150-151

어 표현의 자유와 같은 수준까지는 이르지 못하고, 대체로 형사사법기관이 피해자에게 지고있는 정보, 상담, 지원과 같은 일부 서비스의 기준, 표준을 규정하는 정도라고 한다. 어쩌면 아직은 강제 규정이라기보다는 임의 규정의 수준 정도에 머물고 있다는 것이다. 물론 그중에서도 재판에서 자신의 목소리를 낼 수 있는 권리와 같이 개인이 능동적인 참여자가 되는 것을 통하여 집행할 수 있는 권리가 있을 때는 권리로 불리기도 한다. 반면에 옴부즈만과 같이 개인에게 능동적, 절차적 권리가 아닌 집행 수단이 주어졌을 때는 '기대' 또는 '정당한 기대'라고 불리기도 한다. 당연히 분명한 기준이 설정되지 않고, 책임성 설정을 위한 아무런 기제도 마련되지 않았던 과거에는 '기관의 의무'나 '피해자에 대한 서비스'라는 말이 사용되었다.[624]

 3. 피해자의 정당한 기대

정당한 기대란 피해자가 형사사법기관에 대하여 가지는 기대가 공개적으로 알려진 기준, 표준과 이들 기준을 충족시키기 위한 기관의 분명한 서비스 전달 기제로 이어져야 한다는 것이다. 그렇다면 피해자가 가지는 정당한 기대란 어떤 것이 있는가? 상식적으로, 범행의 결과와 관련된 피해자에 대한 지지와 지원, 형사사법과 관련하여 그들에게 주어진 모든 책임의 해소, 사건 진행에 관련된 정보와 설명, 범행과 피해자에 미친 영향에 관하여 상응한 형사사법기관에 시의적절하고 정확한 정보를 제공할 수 있는 수단, 각 단계마다 피해자에게 기대되는 것의 인지, 피해자와 근친 등의 안전을 형사사법 결정과 관련한 의사결정의 주요 요소화, 형사사법 절차를 통한 피해자에 대한 더 이상의 해악과 손상의 최소화, 범죄 영향의 완화와 보상은 물론이고 형사사법에 협조하는 피해자 비용의 최소화 등이 피해자가 가지는 정당한 기대라고 한다.[625]

---

624 J. Shapland, "Victims and justice: Needs, rights and services," in J. van Dijk, C. Haffmans, F. Rutter, J. Schutte and S. Stolwijk(eds.), Criminal Law in Action, Arnhem: Gouda Quint, 1986, pp. 393-404
625 Ibid., 2016, p. 153

4. 기관의 책임: 피해자의 정당한 기대

그렇다면 기관의 책임은 무엇인가? 이 질문에 대한 답은 매우 간단하다. 물론 범법자의 기대도 포함되지만, 피해자의 정당한 기대를 충족시키는 것이다. 당연히 과거 전통적 사법에서도 없었던 것은 아니지만, 피해자 지향의 사법에서는 그 기대가 모든 기관마다 각각의 책임을 분명히 하여 어떤 기관이라도 예를 들어 정보를 제공하는 것과 같이 어떤 특정한 것을 하는 책임이 자기들의 책임이 아니라 다른 기관의 책임이라고 주장할 수 없게 된다는 것이다. 쉬운 예를 들자면, 법정에서의 모든 개인의 협박과 위협으로부터의 자유와 안전을 담보하는 것은 법원의 일이라는 것이다. 이처럼 책임을 기관별로 구체화하는 것이 중요한 이유는 책임의 전가를 피하고, 피해자에 대한 권리와 지원을 강화하기 위함은 물론이지만, 예산과도 직결되는 문제이기 때문이다. 형사사법기관의 핵심 업무, 그래서 예산 또한 범법자의 처리라는 측면에서 규정되었지 피해자 관련 업무는 대부분의 형사사법기관에게 핵심 업무로 규정되지 않았고, 따라서 결과적으로 기관들이 피해자에게 시간과 자원을 헌신하기란 매우 어려웠다고 한다. 그것은 그러한 책임이 기존에는 분명하게 규정되어 있지 않고, 기관들이 피해자에게 서비스를 제공하는 것을 못마땅하게 생각하기 때문이다. 상식적으로도, 예산과 자원의 한계로, 어쩌면 새로운 고객집단에 대한 새로운 일로 간주될 수 있는 피해자에 대한 서비스를 새롭게 만들기를 원하지 않는 것은 당연한 것이다. 기존의 범죄자와 사건의 처리라는 핵심 업무 수행도 어려운데 새로운 업무를 핵심 업무로 추가한다는 것은 매력적일 수가 없는 것이다. 따라서 오로지 피해자와 접촉하는 모든 기관이 피해자에 대한 책임을 진다는 것을 분명히 할 때만이 기관의 그러한 망설임, 저항이 줄어들 것이다.626

---

626 Shapland, op cit., p. 154

5. 형사사법의 궁핍화

그런데, 왜 위에서 기술한 책임 있는 기관, 즉 모든 기관이 분명한 책임을 가진다는 개념이 철학과 태도의 혁명이라고 할까. 그것은 형사사법제도에 대한 우리의 견해, 시각이 지나치게 비좁아지고, 지나치게 궁핍해졌기 때문이라고 한다. 점차적으로, 우리가 형사사법이 어떤 것인지에 대한 우리의 지평을 제한 하였다는 것이다. 그 결과, 우리가 말하는 소위 형사사법제도는 같은 목적을 가지고, 동일한 목표를 지향하는 모든 기관의 통합된 연합체라는 측면에서의 제도(System)가 전혀 아니라는 것을 깨달을 필요가 있다고 한다. 이러한 주장은 이제 너무나 자명한 것이 되었다. 최근에서야, 비로소 전반적인, 전체적인 업무 성과는 그러한 업무성과 측정이 전반적인, 전체적인 제도 목표를 지향하는 기관 전반에 걸쳐서 공조, 협조되지 않는 한 특정한 기관으로부터 초래되지 않을 것이라는 점을 깨닫게 되었다. 피해자에 대한 권리와 서비스라는 측면에서도, 경찰로부터 교정에 이르기까지 같은 목적을 가지고 같은 목표를 지향하는 하나의 체계, 제도로서 작동해야 한다는 것을 암시하고 있다. 그러나 현실은 기관 간 행동을 조직하고 조정하기란 무척이나 힘든 것임이 틀림이 없다. 이는 아마도 수사, 기소, 재판 기능이 적어도 권력의 남용을 막기 위해서 독립적이 어야 한다는 것이 점증적으로 핵심적인 것으로 간주되고 있기 때문이다.627

---

627 Shapland, op cit., 2016, pp. 156-158

저자 약력

이윤호

학력: 동국대학교 경찰행정학과 학사
동국대학교 대학원 경찰행정학과 석사
미국 Michigan State University, School of Criminal Justice 석사, 박사

경력: 현) 고려사이버대학교 경찰학과 석좌교수
동국대학교 경찰사법대학 경찰행정학부 명예교수
전) 경기대학교 교정학과, 경찰학과 교수, 교학2처장, 대외협력처장, 행정대학원장
동국대학교 경찰사법대학 경찰행정학부 교수, 사회과학대학장, 경찰사법대
학장, 행정대학원장, 경찰사법대학원장, 입학처장
전) 국가경찰위원회 위원
법무부 법무연수원 교정연수부장(민간전문가 초빙 2급 이사관)
한국공안행정학회 회장
한국경찰학회 회장
대한범죄학회 회장
한국산업보안연구학회 회장
한국테러정책학회 회장

저서: 범죄학(박영사), 교정학(박영사), 경찰학(박영사), 피해자학(박영사),
현대사회와 범죄(박영사), 범죄, 그 진실과 오해(박영사), 범죄심리학(박영사),
청소년비행론(박영사), 범죄예방론(박영사), 범죄 기네스북(도도),
연쇄살인범, 그들은 누구인가(도도), 우리 속에 숨은 사이코패스(도도),
세기와 세상을 풍미한 사기꾼들(박영스토리),
영화 속 범죄 코드를 찾아라(도도)
세기의 오심(2인 공저, 박영스토리)

이승욱

학력: 미국 Michigan State University, School of Criminal Justice 학사
미국 Illinois State University, Department of Criminology 석사
미국 Michigan state University, School of Criminal Justice 박사

경력: 현) 미국 Texas A&M University, San Antonio, 조교수
전) 미국 University of Southern Indiana 조교수

저서: 세기의 오심(2인 공저, 박영스토리)
청소년 비행론(2인 공저, 박영사)
현대사회와 범죄(2인 공저, 박영사)
범죄학(2인 공저, 박영사)

일러스트 - 불이 박진숙 작가 작품

피해자사법

초판발행	2024년 7월 31일
지은이	이윤호·이승욱
펴낸이	안종만·안상준
편 집	박세연
기획/마케팅	정연환
표지디자인	BEN STORY
제 작	고철민·김원표
펴낸곳	(주) **박영시**
	서울특별시 금천구 가산디지털2로 53, 210호(가산동, 한라시그마밸리)
	등록 1959. 3. 11. 제300-1959-1호(倫)
전 화	02)733-6771
f a x	02)736-4818
e-mail	pys@pybook.co.kr
homepage	www.pybook.co.kr
ISBN	979-11-303-2043-4 93350

정 가   28,000원